國家出版基金項目
NATIONAL PUBLICATION FOUNDATION

陝西出版資金資助項目

「十二五」國家重點圖書出版規劃項目

關學文庫·關學文獻整理系列

總主編　劉學智　方光華

呂柟集·涇野經學文集

[明]呂柟　著　劉學智　點校整理

西北大學出版社

明萬曆孫祖訓匯編的《明狀元考》中的吕柟讀書圖像

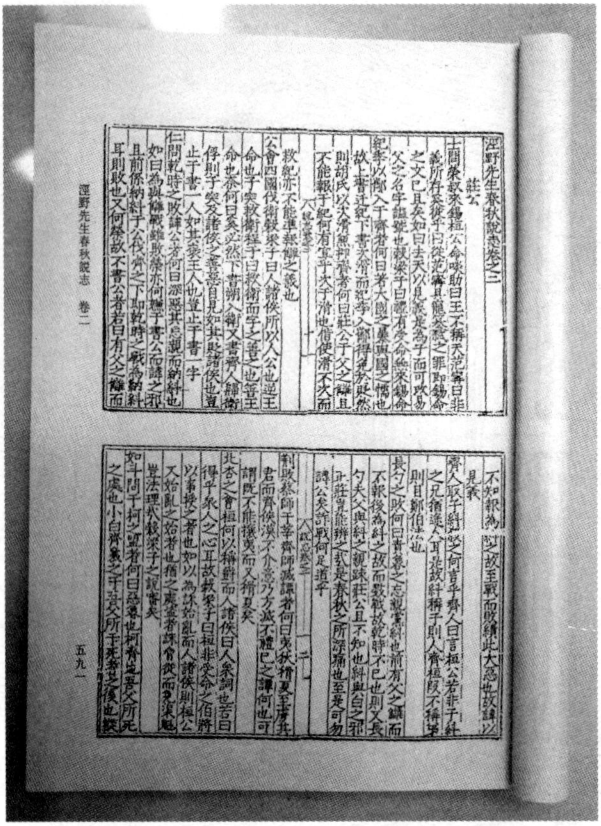
涇野先生春秋說志卷之二

莊公

涇野先生春秋說志　卷二

五九一

《四庫全書存目叢書》中收録的《涇野先生春秋説志》書影

總序

張載(一〇二〇—一〇七七),字子厚,宋鳳翔府郿縣(今陝西眉縣)人,祖籍大梁,宋仁宗嘉祐二年(一〇五七)進士。張載出身於官宦之家。祖父張復在宋真宗時官至給事中、集賢院學士,死後贈司空。父親張迪在宋仁宗時官至殿中丞、知涪州事,贈尚書都官郎中。張迪死後,張載與全家遂僑居於鳳翔府郿縣横渠鎮之南。因他曾在此聚徒講學,世稱「横渠先生」。他的學術思想在學術史上被稱爲「横渠之學」,他所代表的學派被後人稱爲「關學」。張載與程顥、程頤同爲北宋理學的創始人。可以説,關學是由張載創立并於宋元明清以至民國初年,一直在關中地區傳衍的地域性理學學派,亦稱「關中理學」。

關學基本文獻整理與相關研究不僅是中國思想學術史的重要課題,也是體現中國思想文化傳承與創新的重要舉措。關學文庫關學文獻整理系列以繼承、弘揚和創新中華文化爲宗旨,以文獻整理的系統性、全面性爲特點,是我國第一部對上起於北宋、下迄於清末民初,綿延八百餘年的關中理學的基本文獻資料進行整理的大型叢書。這項重點文化工程的完成,對於完整呈現關學的歷史面貌、發展脈絡和鮮明特色,彰顯關學精神,推動傳統文化創造性轉化、創新性發展無疑具有重要意義。因爲文庫關學文獻整理系列的各部分均有整理者具體的前言介紹和點校説明,我這裏僅就關學、關學與程朱理學的關係、關學的思想特質、關學文庫關學文獻整理系列的整體構成與學術價值等談幾點意見,以供讀者參考。

一、作爲理學重要構成部分的關學

衆所周知,宋明理學是中國儒學發展的新形態與新階段,一般被稱爲新儒學。但在新儒學中,構成較爲複雜。比較典型的則是程朱理學與陸王心學。南宋學者呂本中較早提到「關學」這一概念。南宋朱熹、呂祖謙編選的近思録較早地梳理了北宋理學發展的統緒，關學是作爲理學的重要一支來作介紹的。朱熹在伊洛淵源録中，將張載的「關學」與周敦頤的「濂學」、二程（程顥、程頤）的「洛學」并列加以考察。明初宋濂、王禕等人纂修元史，將宋代理學概括爲「濂洛關閩」四大派別，其中雖有地域文化的特色，但它們的思想内涵及其影響并不限於某個地域，而成爲中國思想文化史上重要的一頁，即宋代理學。

根據洛學代表人物程顥、程頤以及閩學代表人物朱熹對張載關學思想的理解、評價和吸收，張載創始的關學本質上當是理學，而且是影響全國的思想文化學派。過去，我們在編寫中國思想通史第四卷、宋明理學史上册的時候，在關學學術旨歸和歷史作用上曾作過探討，但是也不能不顧及古代學術史考鏡源流的基本看法。

需要注意的是，張載後學，如藍田吕氏等，在張載去世後多歸二程門下，如果拘泥門戶之見，似乎張載關學發展有所中斷，但學術思想的傳承往往較學者的理解和判斷複雜得多。關學，如同其他學術形態一樣，也是一個源遠流長、不斷推陳出新的形態。關學沒有中斷過，它不斷與程朱理學、陸王心學融合。明清時期以至民初，關學的學術基本是朱子學、陽明學的傳入及與張載關學的融會過程。因此，由宋至清末民初的關學，實際是中國理學的重要組成部分，它是一個動態的且具有包容性和創新性的概念，它開啓了清初王船山學術的先河。

關學文庫關學文獻整理系列所遴選的作品，結合學術史已有研究成果，如宋元學案、明儒學案、關學編及關學續編、關學宗傳等，均是關中理學的典型代表，上起北宋張載，下至晚清的劉光蕡、民國初期的牛兆濂，能够反映關中理學的發展源流及其學術内容的豐富性、深刻性。與歷史上的關中叢書相比，這套文庫文獻整理更加豐富醇純，是對前賢整理文獻思想與實踐的進一步繼承與發展，其學術意義不言而喻。

二、張載關學與程朱理學的關係

佛教傳入中土後，有所謂「三教合一」說，主張儒、道、釋融合滲透，或稱三教「會通」。唐朝初期可以看到三教并舉的文化現象。當歷史演進到北宋時期，由於書院建立，學術思想有了更多自由交流的場所，從而促進了學人的獨立思考，使他們對儒家經學箋注主義提出了懷疑，呼喚新思想的出現，於是理學應時而生。理學主體是儒學，兼采佛、道思想，研究如何將它們融合爲一個整體，這是一個重要的課題。從理學產生時起，不同時代有不同的理學學派。譬如，在「三教融合」過程中，如何理解「氣」與「理」（「理」）的問題是迴避不開的，華嚴宗的「理事説」早在唐代就有很大影響）的關係？理學如何捍衛儒學早期關於人性善惡的基本觀點，又不致只在「善」與「惡」的對立中打圈子？如何理解宇宙？宇宙與社會及個人有何關係？君子、士大夫怎麽做才能維護自身的價值和尊嚴，又能堅持修齊治平的準則？這些都是中國思想史中宇宙觀與人生觀的大問題。對這些問題的研究和認識，不可能一開始就有一個統一的看法，需要在思想文化演進的歷史進程中逐步加以解決。宋代理學的産生及不同學派的存在，就是上述思想文化發展歷史的寫照，因而理學在實質上是中國思想文化的傳承創新，具有重要的歷史意義。

張載關學、二程洛學、南宋時朱熹閩學各有自己的特色。作爲理學的創建者之一，張載胸懷「爲天地立心，爲生民立命，爲往聖繼絶學，爲萬世開太平」的學術抱負，在對儒學學説進行傳承發展中做出了重要的理論貢獻。北宋時期，學者們重視對易的研究。易富於哲理性，張載通過對易的解説，闡述對宇宙和人生的見解，積極發揮禮記、論語、孟子等書中的義理，并融合佛、道，將儒家的思想提升到一個新的高度。

張載與洛學的代表人物程顥、程頤等人曾有過密切的學術交往，彼此或多或少在學術思想上相互産生過一定的影響。宋仁宗嘉祐元年（一〇五六），張載來到京師汴京，講授易學，曾與程顥一起終日切磋學術，探討學問（參見二程集河南程氏遺書卷二上）。張載是二程之父程珦的表弟，爲二程表叔，二程對張載的人品和學術非常敬重。通過與二程的切磋與交流，張載對自成一家之言的學術思想充滿自信：「吾道自足，何事旁求！」（呂大臨橫渠先生行狀）

因爲張載與程顥、程頤之間爲親屬關係，在學術上有密切的交往，關學後傳不拘門户，如呂氏三兄弟呂大忠、呂大鈞、呂大臨，蘇昞、范育、薛昌朝以及种師道、游師雄、潘拯、李復、田腴、邵彦明、張舜民等，在張載去世後一些人投到二程門下，繼續研究學術，也因此關學的學術地位在學術史上常常有意無意地受到貶低甚至質疑（包括程門弟子的貶低和質疑）。事實上，在理學發展史上，張載以其關學卓然成家，具有鮮明的特點和理論建樹，這是不能否定的。反過來，張載的一些觀點和思想也影響了二程的思想體系，對後來的程朱學說及閩學的形成也有重要的啓迪意義，這也是客觀的事實。

張載依據易建立自己的思想體系，但是，在基本點上和易的原有内容并不完全相同。他提出「太虛即氣」的觀點，認爲沒有超越「氣」之上的「太極」或「理」世界，換言之，「氣」不是被人創造出的產物。又由此推論出天下萬物由「氣」聚而成；物毁氣散，復歸於虛空（或「太虛」）。在氣聚、氣散即物成物毁的運行過程中，纔顯示出事物的條理性。張載說：「太虛不能無氣，氣不能不聚而爲萬物，萬物不能不散而爲太虛，循是出入，是皆不得已而然也。」（正蒙卷一）他用這個觀點去看萬物的成毁。這些觀點極大地影響了清初大思想家王船山。

張載在西銘中說：「乾稱父，坤稱母。予茲藐焉，乃混然中處。故天地之塞，吾其體；天地之帥，吾其性。民，吾同胞；物，吾與也。」天地是萬物和人的父母，人是天地間藐小的一物。天、地、人三者共處於宇宙之中。由於三者都是氣聚之物，天地之性就是人之性，所以人類是我的同胞，萬物是我的朋友，歸根到底，萬物與人類的本性是一致的。進而認爲，人們「尊高年，所以長其長；慈孤弱，所以幼其幼。聖，其合德；賢，其秀也。凡天下疲癃殘疾、煢獨鰥寡，皆吾兄弟之顛連而無告者也」。這裏所表述的是一種高尚的人道主義精神境界。

二程思想與張載有別，他們通過對張載氣本論的取捨和改造，又吸收佛教的有關思想，建構了「萬理歸於一理」的理論體系。在人性論方面，二程在張載人性論的基礎上進一步深化了孟子的性善論。二程贊同張載將人性分爲「天地之性」和「氣質之性」。但二程認爲「天地之性」是天理在人性中的體現，未受任何損害和扭曲，因而是至善無瑕的；「氣質之性」是氣化而生的，也叫「才」，它由氣禀決定，禀清氣則爲善，禀濁氣則爲惡，正因爲氣質之性不可避免地受到了「氣」的侵蝕而出現「氣之偏」，因而具有惡的因素。在二程看來，善與惡的對立，實際上是「天理」與「人欲」的對立。

朱熹將張載氣本論進行改造，把有關「氣」的學說納入他的天理論體系中。朱熹接受「氣」生萬物的思想，但與張載的氣本論不同，朱熹不再將「理」看成是「氣」的屬性，而是「氣」的本原。天理與萬事萬物是一種怎樣的關係？朱熹關於「理一分殊」的理論回答了這一問題。他認爲：「太極只是個極好至善的道理。人人有一太極，物物有一太極。」又說：「太極非是別爲一物，即陰陽而在陰陽，即五行而在五行，即萬物而在萬物，只是一個理而已。」（朱子語類卷九四）「理一分殊」理論包括一理攝萬理與萬理歸一理兩個方面，這與張載思想有別。

總之，宋明理學反映出儒、道、釋三者融合所達到的理論高度。這一思想的融合完成於兩宋時期。張載開創的關學爲此做出了重要的學術貢獻。正如清初思想家王船山所說：「張子之學，上承孔孟之志，下救來茲之失，如皎日麗天，無幽不燭，聖人復起，未有能易焉者也。」（張子正蒙注序論）船山之學繼承發揚了張載學說，又有新的創造。

三、關學的特色

關學既有深邃的理論，又重視經世致用。這可以概括爲以下幾個方面：

首先，學風篤實，注重踐履。黃宗羲指出：「關學世有淵源，皆以躬行禮教爲本。」（明儒學案師說）躬行禮教、學風樸質是關學的顯著特徵。受張載的影響，其弟子藍田「三呂」也「務爲實踐之學，取古禮，繹其義，陳其數，而力行之」（宋元學案呂范諸儒學案），特別是呂大臨。明代呂柟其行亦「一準之以禮」（關學編）。清代的關學學者王心敬、李元春、賀瑞麟等人，依然守禮不輟。

其次，崇尚氣節，敦善厚行。關學學者大都注意砥礪操行，敦厚士風，具有不阿權貴、不苟於世的特點。張載曾兩次被薦入京，但當發現自己的政治理想難以實現時，毅然辭官，回歸鄉里，教授弟子。明代楊爵、呂柟、馮從吾等均敢於仗義執言，即使觸犯龍顏，被判入獄，依舊不改初衷，體現了大義凜然的獨立人格和卓異的精神風貌。清代關學大儒李顒，在皇權面前錚錚鐵骨，操志高潔。這些關學學者「窮則獨善其身，達則兼善天下」，體現出「富貴不能淫，貧賤不能移，威武不能屈」的「大丈夫」氣節。

最後，求真求實，開放會通。關學學者大多不主一家，具有比較寬廣的學術胸懷。張載善於吸收新的自然科學成果，不斷充實豐富自己的儒學理論。他注意對物理、氣象、生物等自然現象做客觀的觀察和合理的解釋，具有科學精神。後世關學學者韓邦奇、王徵等都重視自然科學。三原學派的代表人物王恕以治易入仕，晚年精研儒家經典，強調用心求學，用心考證，求疏通之解，形成了有獨立主見的治國理政觀念。關學學者堅持傳統，但并不拘泥於傳統，能够因時而化，不斷地融合會通學術思想，具有鮮明的開放性和包容性特徵。由張載到「三呂」、呂柟、馮從吾、李顒等，這種融會貫通的學術精神得到不斷承傳和弘揚。

四、關學文庫關學文獻整理系列的整體構成與學術價值

關學文獻遺存豐厚，但是長期以來沒有得到應有的保護和整理，除少量著作如正蒙、涇野先生五經說、少墟集、元儒考略等在清代收入四庫全書之外，大量的著作仍以綫裝書或手抄本的形式散存於陝西、北京、上海等地的圖書館或民間，其中有的已成孤本（如韓邦奇的禹貢詳略、李因篤的受祺堂文集家藏抄本），有的已殘缺不全（如南大吉集收入的瑞泉集殘本，現重慶圖書館存有原書，國家圖書館僅存膠片；收入的南大吉詩文，搜自西北大學圖書館藏周雅續）。即使晚近的劉光蕡、牛兆濂等人的著述，其流傳亦稀世罕見。二十世紀七十年代以來，中華書局出版了張載集，并將藍田呂氏遺著輯校、關學編、正蒙合校集釋、涇野子內篇、二曲集等收入理學叢書陸續出版，這些僅是關學文獻的很少一部分。全方位系統梳理關學學術文獻仍係空白。

關學典籍的收集與整理，是關學學術研究的重要基礎。這次關學文庫文獻的整理與編纂者在全國范圍的圖書館和民間廣泛搜集資料，一是搶救性發掘整理了一批關學文獻，二是對一些文獻以新發現的版本進行比對校勘、輯佚補充，從而使關學文庫關學文獻整理系列成爲目前最能反映關學學術史面貌，對關學研究具有基礎性作用的文獻集成。關學文獻整理系列圖書共涉及關學重要學人二十九人，編訂文獻二十六部，計一千八百六十餘萬字。這些文獻分別是：張子全書、

藍田呂氏集、李復集、元代關學三家集、王恕集、薛敬之張舜典集、馬理集、呂柟集涇野經學文集、呂柟集涇野子内篇、呂柟集涇野先生文集、韓邦奇集、南大吉集、楊爵集、馮從吾集、王徵集、王建常集、王弘撰集、李顒集、李柏集、李因篤集、王心敬集、李元春集、賀瑞麟集、劉光蕡集、牛兆濂集以及關學史文獻輯校等。其中的韓邦奇集、南大吉集、李柏集、李因篤集、牛兆濂集屬于搶救性整理；李復、王恕、薛敬之、呂柟、馬理、楊爵、王建常、王弘撰、王心敬、李元春、賀瑞麟等學人文獻屬于首次系統整理出版；張子全書、藍田呂氏集、李顒集、劉光蕡集、關學史文獻輯校是在進一步輯佚完善的基礎上整理出版的。總之，關學文獻整理的系統性和全面性得到了體現。

關學文庫文獻整理力圖突出全面性、系統性和深度整理的特點。就全面性和系統性而言，就是保證關學史上重要學人的文獻資料不被遺漏，這裏所選的二十九位學人，都是關學史上較爲重要的和代表了關學發展某一環節的學人。其中如張載、藍田「三呂」、馬理、呂柟、楊爵、馮從吾、王弘撰、李顒、李柏等人的著作集，是迄今文獻收集最爲齊全的。同時對於有關關學史的文獻也進行了全面系統的搜集和整理，如關學史文獻輯校，不僅重新點校整理了馮從吾的關學編，收録和點校整理了王心敬、李元春、賀瑞麟以及由劉光蕡、柏景偉重加整理校勘的關學續編，還首次點校整理了清末民初張驥的關學宗傳，并從諸多史書中輯録了一些零散的關學史資料，使之成爲目前能全面反映關學史面貌的文獻輯校本。關學文庫關學文獻整理系列，以豐富的關學史文獻，證明了「關學之源流初終，條貫秩然」，關學有其自身發展演變的歷史。就深度整理來説，關學文獻整理系列遵循古籍整理的傳統做法，采用繁體字、竪排版，標點、校勘，并對專用名詞做下劃綫處理。其目的不僅在於使整理與編纂者在文獻整理中提高自身的學術素養，同時也爲以後文獻研究者提供方便，推動關學研究深入開展，這也是關學文庫關學文獻整理系列圖書出版的重要目的。

關學文庫係「十二五」國家重點圖書出版規劃項目，國家出版基金項目、陝西出版資金資助項目，得到了中共陝西省委、陝西省人民政府、國家新聞出版廣電總局以及陝西省新聞出版廣電局的大力支持。文庫的組織、編輯、審定和出版工作在編輯出版委員會領導下進行，日常工作由陝西省人民政府參事室（陝西省文史研究館）和西北大學出版社負責。本文庫歷時五年編纂完成，凝結着全體參與者的智慧和心血。總主編劉學智、方光華教授，項目總負責徐曄、馬來同志統籌全書，精心組織，陝西師範大學、西北大學、西北政法大學、中國人民大學、華東師範大學、鄭州大學等十餘所院校的數十位專家學者協力攻關，精益求精，體現出深沉厚重的歷史使命感和復興民族文化的責任感；他們孜孜矻矻，持之以恒，任勞任怨，樂於奉獻，以古人爲己之學相互勉勵，在整理研究古代文獻的同時，不斷錘煉學識，砥礪德行，努力追求樸實的學風和嚴謹的學術品格。出版社組織專業編輯、外審專家通力合作，希望盡最大可能提高本文庫的學術品質。作爲文庫編輯出版委員會主任，我謹向大家卓有成效的工作表示衷心的感謝。由於時間緊迫、經驗不足等原因，文獻整理中存在的疏漏差錯難以完全避免。希望讀者朋友們在閲讀使用時加以批評指正，以便日後進一步修訂，努力使文庫文獻整理更加完善。

張豈之

二〇一五年一月八日

于西北大學中國思想文化研究所

前言

呂柟，字仲木，號涇野，陝西高陵人，生於明成化十五年（一四七九），卒於嘉靖二十一年（一五四二）。弘治辛酉（一五○一）舉於鄉。一生仕途坎坷，曾有三次起落。正德三年（一五○八），時年二十九歲的呂柟，舉南宮第六人，擢進士第一，授翰林修撰。然而，時值閹黨劉瑾把持朝政，正直之士不爲其所容。適逢西夏擾亂邊境，他上疏請帝入宮御經筵，親政事，結果遭到劉瑾忌恨，遂與何瑭（粹夫）一起引退，在官僅兩年。這是他人生第一次起落。正德九年（一五一四），呂柟於劉瑾伏誅後，官復原職，時年三十六歲。然不久又遇乾清宮火災，他應詔上書呈六事，又多次上書直諫，皆不被採納，於是便再次引疾而歸。這是他仕途的第二次起落。嘉靖元年（一五二二），世宗即位，呂柟再次被起用，不久卻因「大禮議」之爭而觸犯龍顔，與鄒守益（東廓）一起被處入獄。這是他仕途的第三次起落，在京爲官亦僅兩年，後被貶爲解州判官。然呂柟仍積極參與時政，不與閹宦妥協。在任地方官時，他廣開教化，曾興建解梁書院，人贊其「興學而人才丕變，勵俗而禮讓大行」（焦竑國朝獻徵録卷三七馬汝驥通議大夫南京禮部右侍郎涇野呂公柟行狀）。嘉靖六年（一五二七），呂柟轉爲南都吏部考功郎中，自此以後，他才逐漸走出仕途的陰霾，先後陞南京宗人府經歷，尚寶司卿，太常寺少卿，國子監祭酒，累官至南京禮部右侍郎等，在南都共計九年。嘉靖十七年（一五三八）上疏請歸，嘉靖二十一年（一五四二）病逝。一生爲官，剛正不阿，兩袖清風，深受人們愛戴。史載呂柟「年六十四卒，高陵人爲罷市者三日。解梁及四方學者聞之，皆設位，持心喪。訃聞，上輟朝一日，賜祭葬」（明史卷二八二呂柟傳）。

與宦海多舛、仕途低迷形成强烈反差的是，呂柟爲學卻日漸精進，影響甚大。他在第一次引退之後，即在家鄉營造了東郭別墅，每日聚徒講學其間，四方學者慕名雲集而來者衆。後因別墅不能容納，旋即又築東林書屋，講學的規模和影響愈來愈大，史稱「時先生講席，幾與陽明氏中分其盛，一時篤行自好之士，多出先生之門」（明儒學案師説）。在貶解州判官期間，其爲政之餘常在解梁書院講學，今本涇野子内篇中的端溪問答、解梁書院語等即爲這一時期講學的記録。在南京任職的九年中，呂柟與當時天下著名的學者進行了廣泛而頻繁的學術交往和論辯，其涇野子内篇中的柳灣精舍語、鷲峰東所語即是這一時期講學的記録。在致仕回歸後至逝世的四年中，他仍孜孜講學於北泉精舍等。明史稱其「仕三十餘年，家無長物，終身未嘗有惰容。時天下言學者，不歸王守仁，則歸湛若水，獨守程朱不變者，惟柟與羅欽順云」（明史卷二八二呂柟傳），顯然他是明代陽明流行時堅守程朱立場的代表學人之一。

呂柟早年問學于渭南薛敬之，始得周、程、張、朱之理學正傳。薛敬之受業於秦州周蕙（號小泉），而周蕙又曾聽學於蘭州段堅，段堅私淑薛瑄，並直接受學於薛瑄門人閻禹錫。故明史呂柟傳稱：「柟受業渭南薛敬之，接河東薛瑄之傳。學以窮理實踐爲主。」四庫全書總目提要亦曰：「柟之學出薛敬之，敬之之學出於薛瑄，授受有源，故大旨不失醇正。」（卷一七六）故黄宗羲將呂柟列入河東學案中。雖然呂柟之學出自河東，但薛瑄之學對他的影響亦隨著時代的推移和思想的發展在逐漸減弱，黄宗羲說：「先生之學，以格物爲窮理，及先知而後行，皆是儒生所習聞。而先生所謂窮理，不是泛常不切於身，只在語默作止處驗之；所謂知者，即從聞見之知，以通德性之知，但事事不放過耳。」（河東學案下，明儒學案卷八）儘管呂柟在學問上宗程朱，但他卻不偏執，一面對朱子學仍有修正，一面對其他諸家特别是陽明心學持寬容的態度。如世宗即位後，呂柟官復原職。當時王陽明講學東南，當權者推崇程朱之學，主考官對陽明之學又深爲嫉恨，竟有焚書禁學之議，呂柟卻不因其與陽明學術有異而排斥之，反而對其「力辨而扶救之」，終於使某些人的禁學之議未能實施。時考試場中有一士子在對策時，提出要將宗陸辨朱者「誅其人，火其書，極肆詆毁」，雖然他的策問甚合所問之目的意旨，其他經、論、表所答也可以，同事欲録取他，呂柟認爲「此人今日迎合上司，他日必迎合權勢」（關學編卷四），遂不贊成録用。這既反映了呂柟不因學派之異而排他的寬容心胸，也反映了呂柟爲人的一身正氣。

一、呂柟的理學思想

（一）理氣觀

在理氣觀上，呂柟不贊成朱熹所說「理與氣，此決是二物」（答劉叔文，晦菴先生朱文公文集卷四六）的說法，主張「理氣非二物」。他認爲：「天命只是個氣，非氣則理無所尋著，言氣則理自在其中，如『形色天性也』即是，如耳目手足是氣，則有聰明持行之性。」（四書因問卷二）這就是說，理只是氣之理、氣之性，因此人性也没有所謂義理之性與氣質之性之分，義理之性即在氣質之性中。從這裡可以看出，呂柟的思想已經由程朱的理本論而轉向了張載的氣學。但是他又對張載的某些提法有所質疑，他認爲張載「合虚與氣，有性之名」的說法有分理氣爲二之嫌，而在他看來，易言「一陰一陽之謂道」，便已經說明了理氣非二物，因爲「一陰一陽」就是氣在運動變化過程中所呈現出來的條理性，而這是氣自身所固有的，也就是「道」。可見，理並不是存在於氣之外或氣之中的另一物，而是氣本身具有的條理、規律，理只是氣之理，故曰「理氣非二物，若無此氣，理卻安在何處」。正是因爲呂柟堅持這種氣論的立場，使他對形而上的思辨缺乏興趣，認爲堅持「『致曲』工夫就便是『明誠』盡頭」（涇野子内篇卷九），從而把學問的重心放到了日用常行上，因此他的理學思想主要體現在修養工夫上。這一點也深深影響了他的弟子，如呂潛，「凡一言一動，率以涇野爲法」（槐軒呂先生，關學編卷四）。

（二）「君子貴行不貴言」

呂柟注意到，當時的一些學者「平日都能道仁義氣節，及遇小小利害，便改移了」，对此，呂柟斥此「何以爲學！由是知高談者之無益也」（涇野子内篇卷七）。故他不主張專以理氣、心性爲道學，而强調「必措諸躬行，方是親切，性命自在其中，庶不爲徒講也」（涇野子内篇卷一〇）。正是基於此，呂柟提出「君子貴行不貴言」（涇野子内篇卷一）的主張，强調學者更應在躬行實踐上用力。時人評價他時也都注意到他「重行」的特點，如徐階稱他：「反身克己，於其日用常行者實致力焉，其他未嘗及也。」（涇野子先生集序）四庫館臣亦謂「其踐履最爲篤實」（卷九三）。

從工夫論上來看，呂柟的「君子貴行不貴言」，首先體現在主張涵養省察與格物窮理應該是並行不悖的。他一方面主張學者要格物窮理，強調知對於行的邏輯在先性，所謂：「須知得何者是天理，何者是人欲。不然，戒慎恐懼個甚麽？」（涇野子內篇卷一五）另一方面又指出道德的修養不能單靠一「格物」便能完成，還需要有涵養省察的工夫並見之於躬行。他不贊成朱子把涵養與省察分爲兩截工夫，分別屬於「存天理」與「遏人欲」兩邊，而認爲戒慎恐懼與慎獨、閑邪與存誠、克己與復禮，都只是一個工夫，「才省察便涵養，才閑邪便存誠，才克己便復禮，實非有兩事也」（四書因問卷二）。

其次，呂柟在工夫論上也強調中庸所說的「致曲」。他強調「致曲」的重要性，說「君子之學，致曲爲要」（贈別林秀卿語，涇野先生文集卷三三）。按照朱子對中庸「其次致曲」的解釋，即「天下至誠」指的是聖人之德，「致曲」則是指學者以至賢人應做的工夫。「致曲」是就人之善端發見之偏處而推致之，由「一曲」而至於「全體」。呂柟承繼了這一思想，並把「至誠」與「致曲」看作是分屬「自誠明」與「自明誠」兩事，只是他對「致曲」的解釋略有不同，說「夫曲也者，委曲轉折之處也」。這樣，其所說「致曲」，主要是指從細微、周全處着手，使事物無不合其宜，以爲「曲是纖悉委曲處皆要推而致之，使無遺欠」（四書因問卷二），強調要在平日的一言一行、一舉一動上用功。

（三）「以仁爲學」

對「仁」的討論在呂柟思想中也很具特點，它體現了呂柟對孔子之「仁」與張載「民胞物與」和程顥「萬物一體」精神的繼承與發展。

呂柟認爲「聖人之學，只是一個仁」（涇野子內篇卷八），「孔門教人，只是求仁」（涇野子內篇卷一六），「仁是聖門教人第一義，故今之學者必先學仁」（涇野子內篇卷二〇），他指出學者爲學「必先學仁」，否則就會偏離大道。呂柟強調的「仁」，不是一般的道德之仁，而始終貫穿着「萬物一體」的觀念。他說：「凡看論語，且須要識得聖賢氣象。若天地之所以爲天地，只是一個至公至仁。」呂柟的這一思想其實融會了張載及程顥「民胞物與」和「萬物一體」的思想，他說：「這個『仁』字是天地生生之理。吾之心原與天地萬物爲一體，第人爲私意所蔽，遂將此仁背去了。誠能好仁，則必視天下猶一家，萬民猶一人，心中自然廣大。」（四書因問卷三）即只有做到仁，才能與萬物同與，與天地同體。

對於學仁之工夫，呂柟比較注重「克己」與「孝弟」等日常的道德倫理實踐。他說：「學者切要工夫只在克己。克己之要，須自家密察此心，一有偏處即力制之，務有以通天下之志。故曰『一日克己復禮，天下歸仁』」（涇野子內篇卷一五）。在他看來，「克己」就是要去除己私，即「一有偏處即力制之」；能「克己」便可以做到「無我」，「無我」則胸襟自然廣大，就可以像天一樣無不覆，像地一樣無不載，就能位天地、育萬物。故呂柟非常重視「克己」工夫，而「克己」就要從日常躬行孝悌做起。呂柟認爲，「孝弟便是個根」，「學仁從那裡起？只于孝弟上起」（涇野子內篇卷二一）。呂柟把「學仁」視爲人生的一種境界和樂事。強調學仁，心中便會生意常常流動，無有窒礙，就能體會到古人說的那種鳶飛魚躍的樂趣。

二、呂柟的經學思想

重視經學的學習，是張載關學的一個重要特徵。張載對讀書的重要性和意義有許多論述，但他並不認爲讀書就是去毫無目的地泛觀博覽，他對讀什麼書、如何讀書有著明確的態度。概言之，張載認爲史書、文集、文選之類用處不大，可以少看，而佛道典籍則全無是處，「不看亦無害」，學者應當將精力集中於詩、書、禮、易、春秋，「少一不得」，而且要反反復復地看，當然，論語、孟子作爲瞭解聖人之學的最切要之書，更要涵泳。張載對經學的重視，如同他「以禮爲教」一樣，也深深影響了後來的關學學者。從明初的張傑到三原學派的王恕、王承裕父子，從呂柟、馬理、韓邦奇、楊爵到藍田的王之士，都無不重視經學的學習並有相關的研究，而呂柟則對經學更爲重視，其講學多爲講儒家經典，所著涇野先生五經說（周易說翼、尚書說要、毛詩說序、春秋說志和禮問）以及四書因問，多是他與弟子講論經學的記録。呂柟的經學思想主要表現在：

首先，在呂柟看來，「五經」與「四書」並無高下之分，它們都是聖人之道的體現，都應該努力加以研習。呂柟還把五經看作是糾正當時士風的良藥，他說：「士習易於趨卑，猶水之易於就下，何也？蓋各就其性之所近，以爲所好而進耳。是故高者耽玄，卑者溺俗，治詞者忘物，榮名者廢實，喻利者損義。此五者，多士之病也。其藥石皆具於六經。是故經學者，士子之隄坊也」（贈張惟靜提學序，涇野先生文集卷七）。以經學爲「士子之隄坊」，足見其對經學與人修身關係的重視。

其次，呂柟認爲，「治經」之關鍵在於「求道」，而「求道」則要落實于「修身」。他重提「經明則行修，士醇則政良」的古訓，目的是要糾正時儒不能躬行、不能修身而喜出新奇議論之浮虚，在他看來，詩、書、禮、易、春秋中所言的「道」主要是就人事來説的。其中，禮是最切於日用的。易則專言正心、修身、齊家、治國的道理，而非後世所説的卜筮之學，專講吉凶禍福，因爲「易之理只是變易以生物，故君子變易以生民」（涇野子内篇卷一三），故易之所言都是切近人事的。至於春秋所記録的日蝕、雨雹、水旱、霜雪等自然現象，也都是爲了説明人世間的道理，而不是純粹在講天地變化，所謂「言人即言天，言天即言人」（涇野子内篇卷三），離開人事而求之于渺茫的天道、鬼神，並不是聖人的本意。因此在呂柟看來，五經都是盡時務之書，只是讀經者不知道而已，才會被人譏笑爲不懂時務、只好談經的腐儒。如果人們一旦懂得了經書中所言的道理，就必然不敢輕視經書乃至背叛經書。由此，他特别强調學者應「以明經爲重」「以守經爲貴」（送費振伯語，涇野先生文集卷三三）。當然，明經、守經並不意味着要固守經説不變，或者不用讀其他的書了，而是主張「博取之功亦不可缺」，「與比之義亦不可廢」，即要博學多聞也要懂得變通。

正是出於對儒家經書的重視，所以他著有涇野先生五經説和四書因問。對於呂柟經説的成書及得失，四庫館臣多有評論。周易説翼是呂柟平時講易的記録，後由其門人馬書林、韋鸞、滿潮等「録其問答之語而成」。該書對每卦專從義理方面解釋，而不及象數，從中可見玄學和宋儒對他的影響。（參見四庫全書總目提要卷七）尚書説要是呂柟「及門人論書之説」，逐漸累集成帙。其内容「大抵推尋文句」，亦「間有闡發」。由於他在經學方法上不重訓詁，故有些解釋不免有「臆度之辭」，這一點嘗爲四庫館臣所詬病。（參見四庫全書總目提要卷一三）毛詩説序亦記門人就毛詩相與問答的内容，其中多「標舉大意，主于疏通毛義而止，其諸説之異同，皆不置辯。其名物訓詁，亦皆弗詳，猶説詩家之簡嚴者，但疏解未免太略」（四庫全書總目提要卷一七）。至於春秋説志，四庫館臣認爲與其他書皆「率篤實近理」不同，該書則頗「務爲新説苛論」，其間嘗「假他事以發之，而所書之本事，反置不論」，故有「褒貶迂刻，不近情理」之嫌。不過，其書雖有不足，卻不至於有穿鑿之失。禮問一書是呂柟「雜論冠昏喪祭之禮，皆及門人問答之辭」，其中有些解釋「持擇頗爲有見」，然亦有諸多紕漏，總體上說該書「亦多循舊義，少所闡發」（四庫全書總目提要卷二五）。四書因問，是記呂柟門人「質問四書之語」。從書中多處稱呂柟爲先生看，疑其非柟自作。該書的特點是「多因四書之義，推而證諸躬行，見諸實事」，四庫館臣認爲所言「皆開示親切，不徒爲訓詁空談」（四庫全書總目提要卷三六）。呂柟的經解多是爲官之暇講學的記録，其講學多以「開示」的方式爲主，表現出重視實踐躬行而不尚空談的特點。雖然在四庫館臣看來，書中有諸多紕漏不當之處，但客觀地說，此蓋與是書多是在爲官之暇及門人論學的記録的情實有關，故不宜將其與那些專精學問的經學家一樣去苛求。方山先生文録則對其諸經說有很高的評價，謂呂柟所著諸經說，「皆仁義之精華，孔顔之正脈，有非遷、固以來文人詞客所能與者」（明嘉靖東吴書林刻本）。西園聞見録卷七亦稱其「足以發前聖之奥旨，正後賢之偏識，指來學之迷途。若斯人者謂不有功于聖門可乎」（民國哈佛燕京學社印本）。

最後，在治經方法上，第一，呂柟主張「治經求之於心而放之於行」。針對當時學者讀經或者是用來獲取科舉功名，或者議論經書的不是而另創新奇之說等，他認爲這都是不肯按經書所言之理去修身、實踐所致。呂柟說：「今之亂經者又多矣。以權者假，以術者賊，以功利者叛，以辭賦者荒，以章句者支，以記誦者淺，以靜虚者玄，以俗者卑，以名者襲，故治經求之於心而放之于行者鮮矣。」（送崔開州序，涇野先生文集卷二）呂柟在這裡指出的種種如權、術、功利、虚名、辭賦、章句等行爲，都可能會影響對經義的準確把握。所以他提出治經的關鍵是要「求之於心」，即不受權力、功利等世俗觀念的影響，而能去獨立思考，盡力闡發自己對經義的理解。所謂「放之於行」，就是要使對經義的理解與個人的修身踐履、生活實踐相結合，不可空談，關鍵是要通過自己的身心體驗，去真切地把握經的內在意藴，而不必拘泥於具體事件，這在他所著五經說中也能看得出來。呂柟說：「且學聖人，須師其意，不必泥其跡。」（涇野子内篇卷一九）他本人治經講學不尚章句，嘗以「開示」的方式，力求「證諸躬行，見諸實事」，而不尚空談。（四庫全書總目提要卷三六）在他看來，禮貴在合宜，詩則主於興，而易與春秋「當外言而求意」（答王端溪子德徵書，涇野先生文集卷二〇），以準確理解經義，否則讀經再多又有何用。第二，呂柟認爲，讀經與躬行並不是兩件互不相干之事。在呂柟看來，讀經與修行如同車之兩輪、鳥之雙翼，是相互作用、相輔相成的，他指出：「看經要體認玩索，得之於心、見之於行才是。若唯讀了，卻是記誦之學，雖多亦奚以爲。」（涇野子内篇卷二七）因此閱讀、記誦經書只是爲學的第一步，還要體認躬行，見諸實踐，不能認爲讀書就是指讀了多少書，況且，「道以砥行爲先」，義理的探究不比力行更具優先性。故馮從吾説：呂柟「重躬行，不事口耳」（關學編卷四）。

三、呂柟的關學特質

關學自張載起，逐漸形成了一種獨特的宗風，這就是躬行禮教，重視踐履，崇尚氣節，這在呂柟身上也有突出的體現。首先，以禮爲教。「以禮爲教」是張載關學的一個突出特點，黄宗羲説：「關學世有淵源，皆以躬行禮教爲本。」（明儒學案師説）誠如此，明代關學學者多重視禮教，如明初鳳翔的張傑被時人稱爲「以五經教授，明心學於狂瀾既倒之餘；以四禮率人，挽風化於頹靡不振之秋」（默齋張先生，關學編卷三）。三原學派創始人王承裕（平川，一四六五—一五三八）「自始學好禮，終身由之，故教人以禮爲先。凡弟子家冠婚喪祭，必令率禮而行」（平川王先生，關學編卷三），並刊佈藍田呂氏鄉約、鄉儀等書來教化鄉人，使三原士風民俗爲之一變。王承裕弟子馬理亦「執禮如横渠」（谿田馬先生，關學編卷四），而呂柟更是明代關學「躬行禮教」的代表人物。

呂柟認爲，學者「當先學禮」（涇野子内篇卷一〇），他説：「教汝輩學禮，猶堤防之于水。若人無禮以堤防其身，則滿腔一團私意縱横四出矣。」（涇野子内篇卷七）學禮、執禮即是從義，則工夫有準的，身心有所持守，而「邪僻之心無自而入」（禮問卷二），故動静都應當用禮來規範。此外，涇野子内篇與禮問記録了大量呂柟有關冠、婚、喪、祭諸禮的討論，足見其對禮的重視。

呂柟認爲，禮能夠經世。呂柟説：「夫周禮行，天下無窮民。」（涇野子内篇卷一）並認爲儀禮是「先王經世之書」，要求學者要講而習之。雖然呂柟强調學禮、守禮，但他並不認爲在任何時候、任何情況下都應執禮不變，在他看來，禮貴在合宜，「夫禮因人情時事而爲之節文者也，不可只按著舊本」（涇野子内篇卷一四）。

呂柟不僅在理論上注重對禮的探討，而且在日常生活中也非常重視禮的實踐，如在山西解州爲官時，曾選民間俊秀子弟入解梁書院歌詩習禮，並讓人於每月朔望講讀會典諸禮，還在當地推行呂氏鄉約和朱子家禮，諸「凡冠、婚、喪、祭，俾皆尊聞行知」。而在北京國子監任祭酒時，亦讓諸生每月習禮二次，每日歌詩一次。故馮從吾說：「蓋先生之學，以立志爲先，慎獨爲要，忠信爲本，格致爲功，而一準之以禮。」（關學編卷四）呂柟對禮的重視深深影響了其周邊及後來的關中學者，如其弟呂栖（字仲止）從師於馬理的儀式，在當時京師成爲典範。而呂柟的門人呂潛「尤嚴于禮，諸冠、婚、喪、祭，咸遵文公惟謹，即置冠與祭器，式必如古人，或以爲迂，弗恤也」，「又率鄉人行鄉約，人多化之」（槐軒呂先生，關學編卷四）。

其次，重視踐履。呂柟在道德實踐方面，大有關學學者的風範。他「不妄語，不苟交。夙夜居一矮屋，危坐誦讀，雖炎暑不廢衣冠」，儼然一位守禮嚴謹、甘貧樂道的學者形象。恪守孝道，早年在開元寺講學，聞父病，他徒步回家，從者以馬追送不及。他說：「親在床褥，安忍俟乘爲也！」其父病危時，呂柟「侍湯藥，晝夜衣不解帶，履恒無聲」。父親去世後，他「哀毀逾禮。既葬，廬墓側，旦夕焚香號泣，門人感之，皆隨先生居」。即使對於繼母，他也堅守孝道，「事繼母俟色養篤至」。對於自己的叔父亦事之如父。一生「室無妾媵，與李淑人相敬如賓」。在饑荒之年，嘗能分俸賙其族衆，對於貧困者嘗「時時濟之」。雖然爲官多年，卻極爲清廉，「既歿，家無長物」。（以上參看馮從吾關學編卷四）呂柟在道德實踐方面，堪稱楷模。故黄宗羲謂：「先生所謂窮理，不是泛常不切於身，只在語默作止處驗之。」（明儒學案卷八，河東學案下）

最後，崇尚氣節。張載頗重氣節，這成爲其開創的關學宗風。關學「崇尚氣節」在呂柟身上也有突出的表現。呂柟狀元及第後，不僅拒絕權宦劉瑾的祝賀，事後亦不相往來。也許正因爲對氣節的重視，使呂柟避免了劉瑾被誅後的牽連，且贏得了一些正直士大夫的敬重，如後來王廷相上疏武宗請起用呂柟時就稱：「當瑾賊擅政、朝士側目之時，……惟本官（呂柟）不顧時忌，乃敢求歸。逆探初心，似難盡知；據今形跡，實亦可取。」（請起用修撰呂柟疏，王廷相集浚川奏議集卷一）不僅對劉瑾如此，呂柟一生爲官，從不結交權貴，居家之時，「鎮守閹廖饋以豚米，卻之。廖素張甚，乃戒使者曰：『凡過高陵毋擾，有呂公在也。』」（涇野呂先生，關學編卷四）其聲名如此，即使「門庭蕭然，無異寒素」，也怡然自得。

呂柟對氣節的重視，反映在思想上，則主要體現在他的守「甘貧」之說中。呂柟說：「聖賢之道，雖千言萬語不能盡，切於今日之急務者，惟有二焉，一曰改過，二曰甘貧。」（贈鄧汝獻掌教政和序，涇野先生文集卷八）呂柟之所以安於「甘貧」，就是因爲其與學者的氣節操守有關，他說：「『人但伺候權倖之門，便是喪其所守。』是以教人自甘貧做工，立定跟腳自不移」（涇野子内篇卷七）。又說：「吾人只是貧富二字打攪，故胸中常不快活」，表現在「君臣之相要，貧富二字要之也；父子之相欺，貧富二字欺之也；兄弟之相戕，貧富二字戕之也」（涇野子内篇卷二二）。在呂柟看來，貧與富是當時學者难以回避的一個問題，許多人一天到晚，自少至老，從讀書到做官，都只是爲了追求富貴利禄。而正因爲學者不能安于貧賤，不僅常會犯錯誤，而且還會丟失操守，喪失氣節，所以呂柟認爲，能甘貧即能安於道義，他說：「能甘貧，則凡一切浮雲外物，舉不足爲累矣。」（涇野子内篇卷一〇）又說：「學者能甘貧儉約，不爲利所動，自無往而非義。」（涇野子内篇卷一二）

總體上說，從明清以來，關中學者都將呂柟看作是明代中期關學的一位標志性人物，如馮從吾說：「論者謂關中之學自横渠張子後，惟先生爲集大成云。」（涇野呂先生，關學編卷四）（光緒）三原縣新志也說：「關學自横渠後，在明惟高陵呂涇野爲最著，而谿田則媲美涇野。」（（光緒）三原縣新志卷六）此外，其他學者也多把呂柟看作是代表明代關學發展的一個高峰，如晚明馮從吾稱其「集諸儒之大成而直接横渠之傳，則宗伯（指呂柟）尤爲獨步者也」（關學編序）。江右學者鄒元標就說：「横渠之後，明有仲木，今有仲好，可稱鼎足。」由此可知呂柟之學在明代關學史上的重要地位。

呂柟一生亦官亦學，雖多年爲官，其著述仍甚豐碩。據張驥關學宗傳和馮從吾關學編載，著有四書因問、周易說翼、尚書說要、毛詩說序、春秋說志、禮問内篇外篇、宋四子抄釋、史館獻納、南省奏稿、詩樂圖譜、史約、高陵志、解州志、涇野文集別集傳世。這裏尚未提及呂柟的重要著作涇野子内篇以及他撰寫的陽武縣志、灊江縣志以及與馬理共同撰寫的陝西通志等。上述著作有些已無書，有些則是與他人合寫，如陝西通志（三秦出版社已經出版有點校本），有些因非專門著述（如宋四子抄釋），此類著述本次整理時未能列入。本次整理呂柟集，經學選取涇野先生五經說、四書因問，子書方面選取涇野子內篇，集部選取涇野先生文集。儘管有所選擇取捨，然其規模已相當宏大，足見其一生之勤奮。

劉學智
二〇一三年孟秋于長安

點校說明

呂柟著述頗豐，然諸種公私著録多有出入。據清乾隆四年所刻涇野子内篇所載其後裔呂吉人跋中說，其「生平所著述三十餘部」，邑人樊景顔重刻紀事亦說「先生書目三十六部」，可知其著述當在三十部以上，或許還要多些。據馮從吾關學編載，柟「所著有四書因問、周易說翼、尚書說要、毛詩說序、春秋說志、禮問内篇外篇、宋四子抄釋、史館獻納、南省奏稿、詩樂圖譜、史約、高陵志、解州志及涇野文集、别集傳世」。張驥關學宗傳所述略同。上述著作有些今已不存，有些則是與他人合寫，如陝西通志（三秦出版社已經出版有點校本），有些因非專門著述（如宋四子抄釋），此類著述本次整理時未能列入。本次整理主要選取其存世的重要理學著作，這些是：涇野先生五經說、四書因問、涇野子内篇、涇野先生文集等四部分。儘管有所選擇取捨，然其規模已經相當宏大，足見其著述之豐碩。

呂柟所處的明季中葉，時陽明心學頗爲時興，而堅守程朱理學者則爲數不多。呂柟之學因「接河東薛瑄之傳」，故嘗堅守程朱理學的宗旨。在心學盛行的時代，能堅持己見，恪守程朱理學，尚不爲時勢所趨，這是難能可貴的，此正與其獨立的人格密切相關。呂柟雖爲關中人氏，但其早年學術活動主要在關中之外的北京和南京等地，所以也就有了與國内異地學者廣泛交流的機會，其思想也表現出寬廣的學術視野，方法上亦頗顯公允。自南宋以來的朱陸之爭，一直是聚訟不已的學術公案。後世學者有依據程朱理學抨擊陸氏心學者，亦有篤信陸氏心學而批駁程朱理學者，至元代則逐漸形成朱陸合流之勢。到明朝初年，程朱理學的官學地位已被正式確立，於是天下幾尊程朱一家之言，朱陸之爭漸趨隱微。明代中葉，隨着陽明心學崛起，理學與心學之爭又重新凸顯出來，尊程朱理學者與篤信陽明心學者各持所見，相互爭持，不相上下，此後陽明學漸成顯學。呂柟雖篤守程朱，卻能站在學術史的高度，對其論爭持較爲公允和審慎的態度，且能吸收心學的合理因素，以矯正程朱理學之弊。他認爲理學與心學「同法堯舜，同師孔孟，雖入門路徑微有不同，而究其本源，其致一也」（孫奇逢理學宗傳）。他甚至認爲王陽明「講學近精，亦得程氏之意」，並對那些試圖以行政手段干預學術的做法「力辨而扶救之」（馮從吾關學編卷四）。

涇野先生五經說，四庫全書文淵閣本未見收録。齊魯書社於一九九四至一九九七年出版的四庫全書存目叢書收録有：周易說翼三卷，尚書說要五卷，毛詩說序六卷，春秋說志五卷，禮問二卷，總計二十一卷。所收入各經說，皆據國家圖書館藏明嘉靖三十二年謝少南刻涇野先生五經說本影印。而上海古籍出版社於一九九六至二零零三年出版的續修四庫全書，僅收録周易說翼（三卷）、尚書說要（五卷）、春秋說志（五卷）、禮問（二卷）四書，缺毛詩說序。所收亦是據國家圖書館藏明嘉靖三十二年謝少南刻本影印。惜陰軒叢書續編所收録五經說，其所用版本較爲複雜。據王治惜陰軒叢書續編序說，清道光丙午（一八四六）李錫齡（？—約一八四九）在惜陰軒叢書梓成時，呂柟的五經說僅得尚書說要、毛詩說序，其餘三種則「散佚已久」，雖「搜羅累年不可得，故未編入」。後其表弟張伯穫於咸豐丙辰年（一八五六）夏，搜得周易說翼、春秋說志、禮問三種，爲正學書院鐫本。其卷首有「曹氏石倉圖書」「嘯月樓珍藏」等字樣，於是另編爲續編二函，該書卷前有謝少南嘉靖三十二年（癸丑）十月所撰的序。由此知惜陰軒叢書續編二十一卷爲明關中正學書院據嘉靖三十二年謝少南刻本的翻刻本，版藏三原宏道書院。相較而言，該本校勘較爲精良。四庫存目叢書本和惜陰軒叢書續編本這兩種版本卷數相同，均爲二十一卷。另，又有中華書局一九八五年曾據惜陰軒叢書續編本出版涇野先生五經說排印本。又，是書經義考著録十卷。經義考引陸元輔說：「涇野經說：周易說翼三卷，尚書說要二卷，毛詩說序二卷，春秋說志二卷，禮問一卷，共十卷。陝西正學書院刊行，其門人謝少南序之。」此十卷本的子目實與二十一卷本同，疑其爲在嘉靖三十二年謝氏刻本基礎上刪節而成。千頃堂書目著録：「涇野經說，一作二十二卷。」虞山錢遵王藏書目録彙編亦著録呂涇野五經說二十二卷。明嘉靖二十一年由趙廷瑞主修、呂柟等參纂的陝西通志卷一五經籍志著録：「周易說翼四卷，高陵呂柟著。」「尚書說要五卷，呂柟著。」「毛詩說序六卷，呂柟著。」「禮問四卷。」「春秋說志五卷，呂柟著。」按此說，呂柟五經說總計二十四卷，較之國家圖書館藏明嘉靖三十二年謝少南刻本、惜陰軒叢書續編本多出三卷，即周易說翼多出一卷，禮問多出二卷。傳是樓書目則著録周易説翼二卷。叢書綜録著録呂涇野五經説嘉靖、道光兩種版本，周易説翼作五卷。史所著録嘉靖二十一年刻本今已難見，今存世的僅有謝少南刻本亦在嘉靖年間，作周易説翼三卷、禮問二卷。看來，通志雖爲呂柟親自參加纂修，但傳抄過程中或未免有誤。從上所述，五經説現存的諸種版本，雖然各書來源有所不同，然最初皆是以嘉靖三十二年謝少南刻本爲底本或影印或翻刻或排印的。又據四庫全書總目提要卷七，周易説翼「前有嘉靖己亥王獻芝序，後有李遂跋」，然現存諸種版本未知何故，皆無此序和跋。

本次涇野先生五經説的校點，是以清李錫齡惜陰軒叢書續編本爲底本，以四庫全書存目叢書本爲校本，以中華書局叢書集成初編本爲參校本進行點校的。涇野先生所著五經説嘗能抒發己見，不願苟同於他人，雖四庫館臣對其中某些説法頗多微辭（見附録一），然亦多見仁見智，正見其不因襲他説也。

四書因問是呂柟關於經學的另一部重要著作，共六卷。其内容係他與門人討論四書的答問。從其文中稱呂柟爲「先生」來看，似非呂柟自著，四庫館臣即持此看法。四書因問，於呂柟在世時即已刊刻，然該本已佚。明史卷九六藝文志：「呂柟四書因問六卷。」千頃堂書目卷三亦著録六卷。内閣藏書目録著録「四書因問六册全，呂柟著」。國史經籍志卷二亦著録六册。今存世的版本有二，一是四庫全書文淵閣本。據上海古籍出版社一九七九年版增訂四庫簡明目録標注載，其所採用版本爲清嘉慶三年（一七九八）重刻本，並記「疑其門人魏廷萱等記録，非所自著也」；二是楊浚本。該本爲由門人魏廷萱會集、清富平楊浚於道光十二年（一八三二）之刊本。楊浚寫有重刻四書因問序，對四書因問評價甚高，謂關中自明中葉以來，一些人或「沉埋功利」，或「墮入枯禪」，而那些「深知講求聖學」者，又往往宗姚江之説，他認爲唯「是書足以救俗學而正異學」，故將其「亟付剞劂」，以便讓學者「上溯閩、洛、洙、泗，體認躬行，不至空談心性」，從而涵養德業，以能不負「先生答問之志」。不過此本與惜陰軒叢書本、四庫本相較，缺漏訛誤處較多，不過該書也有四庫本所遺漏的内容，可補四庫本之缺。另據高陵縣志載，知縣龍萬育曾於清嘉慶三年（一七九八）刻四書因問，並寫有龍氏序文，但此書今不見存。

四書因問一書對大學、中庸、論語、孟子均有討論，所採用的大學、中庸皆從古本之序。其「所説多因四書之義，推而證諸躬行，見諸實事」（四庫全書總目提要卷三六，經部三六）。即呂柟不是採取章句訓詁的方法，而是使用「證諸躬行，見諸實事」的現實開示方法，故「平正篤實」（同上），讀之頗感親切。

本次四書因問的校點，是以四庫全書文淵閣本（清嘉慶三年（一七九八）重刻本，簡稱四庫本）爲底本，以清道光十二年（一八三二）富平楊浚重刻本（簡稱楊本）爲校本進行的。

本書點校方法如下：

一、本次校勘涇野先生五經說，以清李錫齡惜陰軒叢書續編本（簡稱惜陰軒本）爲底本，以齊魯書社一九九四至一九九七年版四庫全書存目叢書本（簡稱四庫存目本）爲校本，以中華書局一九八五年版叢書集成初編本（簡稱叢書集成本）爲參校本進行點校。

二、本次校勘四書因問，以四庫全書文淵閣本（清嘉慶三年（一七九八）重刻本，簡稱四庫本）爲底本，以清道光十二年（一八三二）富平楊浚重刻本（簡稱楊本）爲校本进行校勘。

三、本次校勘所引詩、書、禮、易、春秋、孝經、論語、孟子等諸經及注文，皆據中華書局十三經注疏本（一九八〇年版）。所引張載正蒙、横渠易說、經學理窟中語，皆參見中華書局一九七八年版張載集。

四、呂柟在引用五經、四書文字或其他諸子的話語時，有時只述其大意，在字句上未能詳核。此次校勘對其文字大意未變者一般不出校說明；對有些文字有較大出入可能影響文句大意者，則出校說明。文中多爲對話方式，凡有人名出現者，其引語一般加引號。凡自問自答者，一般不加引號。

五、校勘記列于當頁文後，依順序編號。校勘原則：標點，凡題目皆不標句讀、標點；凡底本有訛、脱、衍、倒者，一律據他本校改後出校；凡底本明顯不誤而校本或參校本誤者，皆不出校記；底本所無而據他本補入者，均出校說明。

六、有關史、傳及與本書内容相關之内容，列於附録。文末附有涇野先生著作存目存書知見録。

本次整理得到一些朋友和研究生的極大幫助。如毛詩説序在校點時得到孫學功博士的極大幫助，春秋説志在校點時得到張波、王美鳳的極大幫助，四書因問在校點時得到米文科博士的極大幫助。此外，張瑞元、郭鋒航、陳華豔、張曄、田芳、李彦榮、王孜、王樂等，都曾幫助我做過文字的處理和資料核對的工作。書稿完成後，山西大學的趙瑞民教授、西北大學郝潤華教授還認真審閲了書稿，並提出具體的修改意見。對於諸位朋友和研究生同學的幫助和付出的辛勞，在此表示衷心的感謝！我還要特别感謝西北大學出版社馬平編審，他不僅認真審閲了全書，還幫助我核對了許多文字資料。對於他嚴謹的學風和專精的業務，在敬佩之餘亦表示衷心的感謝！

目録

周易說翼卷之二

毛詩說序……七九

四書因問

附録

涇野先生五經說

惜陰軒叢書續編序

吾鄉李夢溪中翰編輯惜陰軒叢書，經始於道光甲午，迄庚子梓成十五種，分爲六函。嗣又得書二十種，取次付梓。甲辰秋，工垂竣而没，囑渠表弟張百穫廣文竟其事。越丙午，梓成十九種，分爲十函。咸陽程杏牧隸題其面，合其前六函，共藏板於宏道書院。惟吕涇野先生五經説，舊祇得其尚書説要、詩經説序，付之剞劂氏，而餘三種散佚已久，捜羅累年不可得，故未編入。百穫與余每談及此事，輒拳拳不釋於懷。咸豐丙辰夏，忽訪余於涉趣園，喜見顔色，曰：「吾今始得五經説之餘帙矣！」頃，書賈王成菴假於蒲城張少溪家，乃明正學書院鐫本，書、詩而外，有周易説翼、春秋説志並禮問三種，卷首「曹氏石倉圖書」「嘯月樓珍藏」，朱印如新。擬即鳩工重刻，以償吾夢溪表兄之夙願。閲年餘，栞校既畢，倩同里温和亭亦以隸書，題曰續編，共二函，板片仍藏書院板庫。百穫囑余弁言於簡端，余喜前賢之書佚而復完，故人之志久而始慰，若陰有相之者，因略述梗概如右。戊午冬十一月上浣，六九老人王治識於兩度聞天香室。

刻涇野先生五經説序〔一〕

戊戌八月五

自漢、唐來挾策習文字型大小儒家者流率慨焉，永嘆恨不生聖人之時，得從聽其言。今遺經非聖人言哉！當時親炙之徒所傳與所得聞，夫非是與？遺經在前，而又嘆息求所謂言，惑矣！是故六經若大都然，由入之道則不必同，要之適國；諸説經家雖所由入言人人殊，然抱遺經，出所自得，不愧稱明經士。今人應科試乃不然，崇一家疏，硜硜守之不得旁

〔一〕今叢書集成初編本、四庫存目叢書本皆未有此序。

及，雖剿說雷同，漫不省戒，顧猶曰：「嘆不聞聖人之言。」是餔糟粕者，怪乏酒味，顧安所從得哉！予刻涇野先生經說，傳業經家得兹意，毋剿說雷同，求所自得，辟諸達大都，見宗廟之美、百官之富，奚啻云足，乃所由蹊徑東西夫誰與問！易曰「天下同歸而殊塗」，此之謂也。

嘉靖癸丑冬十月朔門人江左謝少南識

周易說翼

周易說翼卷之一

乾

官問：卦之畫者何？曰：自十一月至四月，乾之畫也。自五月至十月，坤之畫也。故乾坤之畫，一歲之月數也。其策，一歲之日數也。故六九而天下之陽事畢矣，六六而天下之陰事畢矣。

「資始流行」，言「元亨」矣。又曰「乾道變化」，以下不亦復乎？曰：性命太和，於流行雖已有之，然言各正「保合」，則以見「利貞」也。夫「元、亨、利、貞」，豈有二理者哉！猶聖人使萬國咸寧者，不外乎「時乘六龍」耳。故子夏曰：「元，始也；亨，通也；利，和也；貞，正也。」

乾何以「自強不息」也？曰：君子不動而敬，以存性也。不見是圖，以知幾也。不賴乎力，以尚志也。不違乎時，以盡神也。不易乎道，以歷變也。知斯五者則天矣，故曰：「乾，元、亨、利、貞。」

「潛龍勿用」，何以「陽在下」也？曰：君子大其學而後試，相其時而後動，得其位而後行，察其幾而後諫，是故小學而大用，其用匱。違時而妄動，其動蹶。位卑而舉重，則不勝。失幾而強言，則不信。

「二五之利」者何？曰：臣之就君，以行學也；君之養臣，以治世也。二五之利，以德相遇也，夫君臣以德相遇，而民不康者鮮矣，其利孰大焉？

詔問：「君子終日乾乾」，何以「反復道也」？曰：君子一念不誠不仁而不可爲也。一時不誠不仁而不可爲也。故君子知德爲至也，而忠信以至之，則獨知之幾，無人能與矣。知業爲終也，修辭立誠以終之，則事理之宜，無人不得矣。夫「反復道」者，猶天運之不已乎。三何以獨不言龍？曰：龍有「亢」則無不中正，三不中正也，故君子以求之耳。君子其猶龍乎，四之「躍」，初之「潛」，上之「亢」，龍皆中正耶？曰：四以勢言，初與上，以位言，各有當也。若王輔嗣謂「『乾乾夕惕』，非龍德」者，則過矣。

「或躍在淵」，何以進「无咎」也？曰：有聖人之德矣，猶詳焉而後行之，進也又何咎乎！書曰：「慮善以動，動惟厥時。」

「飛龍在天」，何以大人造也？曰：言大人之作之也，於是乎命自聖人而立矣。是故立斯立，道斯行，綏斯來，動斯和，其龍乎？而人莫之知也。詩曰：「胡然而天也，胡然而帝也。」橫渠張子曰：「大人造位天德，成性躋聖者耳。若夫受命首出，則所性不存焉。故不曰『君位』而曰『天德』，不曰『大人君』而曰『造』。」〔一〕

「亢龍有悔」，何以盈不可久也？曰：夫子不云乎：「易，窮則變，變則通，通則久。」詩云：「哿矣富人，哀此煢獨。」

「用九」，何以「天德」不爲首也？曰：「天德」爲首，則與物敵矣，是亦一物也。故君子大剛不剛而天下畏，大用不用而天下服，大善不善而天下慕，故「用九」者不用九也。詩云：「或以其酒，不以其漿，鞙鞙佩璲，不以其長。」若王輔嗣謂「以剛健而居人之首，則物之所不與者」，是以利言也。

〔一〕此語見張載正蒙大易，原文作：「乃大人造位天德，成性躋聖者爾。若夫受命首出，則所性不存焉，故不曰『位乎君位』而曰『位乎天德』，不曰『大人君矣』而曰『大人造也』。」

鸞問：「君子行此四德」，何以曰「故曰：乾，元、亨、利、貞」？曰：此仲尼言天人之一也。言卦所謂「乾，元、亨、利、貞」者，雖天道也，實爲人事言之耳。故君子而行四德，即「乾，元、亨、利、貞」矣。君子猶乾也，此謂易之本義，發端於乾，六十四卦皆可通，故程子曰：「行此四德，乃合於乾也。」

「『潛龍勿用』，下也。」以下何？曰：言人道也。「陽氣潛藏」以下，不亦瀆乎？曰：言天道也。君子之盡人道，凡以師乎天道耳。故孔穎達曰：「前言六爻之人事，後論六爻自然之氣也。」[一]

「乾元，始而亨者」[二]以下何？曰：言四德一理也。是故，或別而言之以盡其用，或合而言之以著其體。是故「乾元始亨」，言「亨」即「元」也，其「利貞」即「乾元」之「性情」也。故「乾始」即「能以美利利天下」，則「亨利貞」者，非「乾元」之外又有物也。故「剛健中正純粹精」之七言，以贊此也，六爻以明此也。故聖人「乘六龍以御天」，通其變使民不倦，雲雨之比，亶其然乎。

「君子以成德爲行」，以下何？曰：前云者，自各爻而言之也。各爻而義足矣，此言其序而統於五也。故「初九」言未成也。未成者，未著也。「九二」言「進德」也，三四言歷變也，至「九五」則其德大成矣。若於進退存亡得失之間，未知其權而亢焉，亦非聖人矣。故曰「君子行此四德者，故曰：乾，元、亨、利、貞。」「進退存亡得失」之謂何？曰：由其處己也，「進退」以位言，「存亡」以身言，「得失」以禄言；由其行政也，「進退」以人言，「存亡」以財言，「得喪」以土言。

[一] 語見孔穎達周易正義卷一釋文言，原文作：「自『潛龍勿用』下至『天下治也』，論六爻之人事，爲第三節；自『潛龍勿用，陽氣潛藏』至『乃見天則』，論六爻自然之氣，爲第四節。」此有省略。

[二] 周易文言原作：「乾元者，始而亨者也。」

坤

顯問：坤，「利牝馬之貞」，何以言「地類」也？曰：女子未嫁者不稱婦，言未有夫也。有夫而後稱然者，輔乎夫也。民之未仕者不稱臣，言未有君也。有君而後稱然者，承乎君也。以此爲訓，夫猶有帷婦言是用，臣猶有篡弑其君者，「牝馬之貞」。地不可以先天，蓋言順也。故「東北」雖「喪朋」，乃有慶也。

「坤」何以「厚德載物」也？曰：麟鳳虎兕，雖異性矣，然而並產於山林；松桂荊棘，雖異用矣，然而並生於林麓。故君子之于善人也樂之，如其有功也則又賞之；其於惡人也誨之，如其傷善也則斯罰之。故賞一善而天下之爲善者衆，罰一惡而天下之爲惡者孤。物其有不載乎？物其有不載乎！

「馴致其道」之謂何？曰：屋漏之或愧，市朝可得而肆也；宮壼之不肅，夷狄可得而致也。「履霜堅冰」，言君子以漸而爲著者也。

官問：「敬義立而德不孤」者何？曰：君子敬其身以直心，則暴慢遠而内無淫思。君子義其心以方事，則權衡定而外無妄舉。有不爲，爲斯順；有不動，動斯化，何「孤」之有乎？

「時發」及「智〔一〕光大」者何？曰：言不居其成功而有終也。是故君子之不言非固寵，言之不足以「成務」也；君子之不行非忘國，行之不足以「敦化」也。是故言而世爲天下道，行而世爲天下法。

「慎不害者」何？曰：近君之臣而發有逸口，譬之不得，而咎且至矣。可不慎乎！詩云：「我聞有命，不敢以告人。」其時乎！其時乎！

〔一〕「智」：周易象傳作「知」。

「文在其中」者何？曰：文也者，理也。中也者，至中之道也。中而理，斯順諸天下矣。故黄中通理，足以立天下之大本；正位居體，足以止天下之至善。蓋道至於中，則無餘理，所止之位，各得其體，則無弗正矣。程子曰：「臣居尊位，羿莽是也，猶可言也。婦居尊位，女媧氏武氏是也，非常之變不可言也。」故有黄裳之戒而不盡言者，其義深哉。

道何以有窮乎？曰：陰道之窮也。奚戰乎？曰：不窮則不戰。其能敵陽乎？曰：當是時也，陽方微，陰已極，玄黄之血，宜乎其然也。陽何以備之？曰：其在「履霜」之前乎，亦已暮矣。此劉絢所謂「頻復不已，至於迷復」，春秋書翬「帥師會伐鄭」，「慶父伐于余丘」之意也。

屯

保之問：屯既「勿用有攸往」，又何以「利建侯」？曰：「建侯」將以求往也，當其時不可往，當其人則可往。

「屯」何以「君子經綸」？曰：時難而民志未定，故可創制度以一之也。苟且而取具焉，後世則難改矣。是故井田不立，兼併之難制也；肉刑不立，獄訟之滋煩也；鄉舉里選不立，賢才之穢冒也。中世之主更之則衆駭，襲之則民困。自漢至元，未之能行也，故屯曰「經綸」，「經綸」曰君子。夫「經綸」者治絲之事，縱横有法；君子者成德之人，體用咸備。

「初九」曰「建侯」，可乎？曰：此蓋占得「初九」者，利建他人以爲侯耳。夫初也當得民之際，言之則人聽，行之則人從，故可率衆利建人以爲侯也。若謂己可建侯，則叛逆之事，不可訓矣。然則畢萬之事非與？曰：辛廖之占，蓋推及後世言也。故輔嗣曰：「屯難之世，陰求於陽，民思其主之時也，初處其首，而又下焉，宜其得民也。」[一]

「六二之難」，何以「反常」也？曰：言二之應五，婚媾之常也。「乘」初之「剛」，則邅回不進而與五乖，匪寇五之婚

[一] 語見王弼周易注。原文作：「屯難之世，陰求於陽，弱求於強，民思其主之時也，初處其首，而又下焉，爻備宜其得民也。」

媾。然初剛方乘，而貞女愆期，不汲汲於婚媾耳。至十年始「字」，是「反常」也。故君子尚義而俟命，相時而後動。詩云：

「招招舟子，人涉卬否，卬須我友。」

「求而往，明」者何？曰：「六四」昏人也。能下求婚媾之賢以共政，雖有不明亦可以獲明矣。

「施未光」者何？曰：程子曰：「人君之尊，雖『屯難之世』，於名位無損，唯其德澤有所不下，故威權不在己，欲驟正之，凶之道也，故『小貞』則吉。」

「上六」何以不戒？曰：欲人之謹，其始也。始而不謹，「泣血漣如」又何及哉！

蒙

保之問：「亨行時中」者何？曰：志應剛中不瀆者，皆「時中」也。然必養正而後可，養正則得中，是以「亨」也，是故中可以兼正，正可以至中。張子曰：「人心多則無由光明，『蒙雜而著』，『著』古『着』字，雜著於物，故爲蒙也。」

「蒙」何以「果行育德」？曰：改蒙也。夫山下之泉，其行豈有滯乎？泉中之水，其德豈可測乎？故君子于蒙以有仁義也。

「初六」「正法」者何？曰：此「發蒙」之機也。過此後，發桎梏必深矯楺斯難吝道也。「正法」者，正教也。

「子克家」，何以「剛柔接」也？曰：爭小忿則喪大和，忘遠慮則有近憂，見細惡則癈大善，泥小利則破大義，四者家之所以不齊、國之所以不治也。「包其蒙」，如婦人之暗且納焉。其剛柔交際以處之者至矣。此忠臣孝子之心也。

「勿用取女」，何以「行不順」也？曰：見「金夫」而身且不顧行也，又何順乎？故干禄之人不可以爲臣，好利之徒不

可以爲友，德之所由敗，國之所由喪也，可不愼乎！王輔嗣曰：「上九剛陽，故稱『金夫』。」[一]

「獨遠實」者何？曰：「蒙」而近「實」，猶有憫焉而發之者；蒙而遠實，所謂今之愚也，詐而已矣。其誰與之，不亦困且吝乎！詩云：「取彼譖人，投彼豺虎，豺虎不食。投彼有北，有北不受，投彼有昊。」[二]故張子謂「不願不信，蒙之失正也。」

「童蒙之吉」，何以「順以巽也」？曰：「順」言乎其心也，「巽」言乎其貌也。言之則從，行之則讓於天下，其如視諸掌乎？恃長而恥聞善，養驕而憚徙義，雖聖人與居，亦無如之何矣。詩云：「或以其酒，不以其漿。」

需

潮問：「需有孚，光亨」矣，又何以「貞吉。利涉大川」？曰：吉利「涉大川」，即所謂「光亨」矣。以正而信，又何患難之不濟？

需何以「飲食宴樂」？曰：君子處信以履順，安動其危可立而至。君子居正以俟時，躁進其憂可坐而待。若未有剛健中正之德，而「飲食宴樂」，所謂安其危而利其災者也。

「利用，恒无咎」，何以「未失常」也？曰：其經德不回之人乎？又何「犯難以行」之有耶？伊尹曰：「恒厥德，保厥位。」程子曰：「雖不正，而志動者不能安其常也，君子之需時也，安靜自守，恬然若將終生焉，乃能用常也。」[三]

[一] 此語見於周易正義孔穎達疏。原作「上九以其剛陽，故稱『金夫』」。
[二] 此語見詩經小雅巷伯，原文作：「取彼譖人，投畀豺虎。豺虎不食，投畀有北。有北不受，投畀有昊。」
[三] 此語見於周易程氏傳卷一。「雖不正」，「正」原作「進」。「安靜自守」下脫「志雖有須」句。「終生」原作「終身」。

「雖小有言」，何「以吉終」？曰：其以衍在中乎！當是時也，過於退者，謂我不潔身也；過於進者，謂我不濟險也。然潔身則亂倫，濟險則時未至。是故「小有言」而不吉終者，褊人耳。

「災在外」者何？曰：榮者辱之對也，利者害之地也。小人見榮則忘辱，辱至而不可辭；見利則忘害，害至而不可逃。是故郊不能需則沙，沙不能需則泥，泥不能需則血矣。血由乎人哉！泥由乎人哉！

「酒食，貞吉」，以「中正」何？曰：「中正」之道既得，雖以天下奉一人可也。

「不速之客來，敬之終吉」，何以「雖不當位，未失」也？曰：言能敬焉。雖未當位且未失，況「上六」之當位者乎！此敬之德所以爲大也。

訟

書林問：訟既「孚」何「窒」？既「窒」何「惕，中吉」？既吉何又「終凶」？既凶何又「利見大人」？既「利見大人」又何「不利涉大川」？曰：訟非君子之事也，故雖「有孚」亦見「窒」，「窒」故「訟」也。既窒矣，若臨事以求諸己，又不爲過言以誣人，其窒可通，亦吉也。既吉矣，若終極其事則凶，然尤不可見乎小人。小人者，惟官、惟友、惟貨、惟內、惟來者也，大抵訟危事，猶「大川」也。一涉於此，害不可測，故曰「君子作事謀始」。

訟何以「作事謀始」？曰：在上者以德行政，斯遠欺；在下者以德處身，斯遠爭。「有孚」而見「窒」，能「惕」而「終凶」，知「訟」之無益也。故夫子曰：「聽訟，吾猶人也，必也使無訟乎？」孔穎達曰：「天道西轉，水流東注，故曰違行。」〔一〕

需九二「小有言，終吉」，曰「衍在中」。訟初六「小有言，終吉」，曰其「辯明」，奚異乎？曰：患之來也，非量不能容，非

〔一〕此語見周易正義孔穎達疏。原文作：「天道西轉，水流東注，是天與水相違而行。」

明不能察，兼斯二者其免夫，在中以量言，在始以明言。

「不克訟」，何以「歸逋竄」也？曰：其見幾而作之人乎？又何戀於「三百戶」之寵哉？不然，躭禄而訟上，其自取患乎？自處卑約之訓，非歟？曰：象止言「歸逋竄」，而爻言「邑人」，則知「三百戶」者，二之先有者也，夫「三百戶」豈爲卑約哉？

「食舊德，從上吉」者何？曰：言從在上之人也，蓋剛明果斷，視己爲高賢也。詩云：「我心匪鑒，不可以茹，亦有兄弟，不可以據。」故云「從上」。

「復即命渝。安貞」，何以未失也？曰：「不克訟」而復從其命，非苟爲比也。變而安於正，又何失之有乎？不然，是阿諛之臣耳。命非正理乎？曰：命，君命也。若謂正理則重貞字矣。

「訟元吉」，何以「中正」？曰：其大畏民志者乎？行且無訟矣。「以訟受服，亦不足敬」者何？曰：「訟」至於「受服」，且「不足敬」也，訟何足用哉？「訟」無「受服」之理，極言「訟」之不可尚也。

師

世寧問：「毒天下」豈聖人之言乎？曰：刺病所以安身，誅暴所以綏良，然非剛中而應、行險而順者，其能乎？故衆正在常日言，「毒天下」在行師之時言。

「師」何以「容民畜衆」？曰：天下莫險乎水，可以覆舟，可以溺人，惟地則能含之矣；天下莫險於衆，可以克敵，可以殄寇，惟容則能聚之矣。故君子養民于畎澮溝洫如父母，教民以孝弟忠信如師保，此省刑罰、薄稅歛、製梃以撻甲兵者也。

「失律凶」者何？曰：臧者行師之名，如弔民伐罪之擧也。律者行事之法，如攻殺擊刺之制也。不以律雖臧亦敗，而況於不善乎？故曰有制之師，无能之將，不可以敗，然則智莊子論於邲之戰，以順成爲臧，不臧且律竭者何？曰：荀息可謂知律而不知臧者也，若荀林父者並律亦失之矣。

「輿尸，大无功者」〔二〕何？曰：古之遣將者，閫以外將軍主之，雖人君不得而與焉，而況使衆人主乎？輿師猶可説也，宦寺之觀軍容、監軍容，不可説也。撓敗師徒之訓非與？曰：若是則「大无功」者爲贅辭，而「凶」字爲復出矣。故詩云：「如彼築室於道謀，是用不潰于成。」師用「丈人長子」何？曰：丈人積德厚而能服衆，長子歷事熟而能用衆也。趙去廉頗用趙括，是以敗績於長平。詩云：「方叔元老，克壯其猷。」「顯允方叔，蠻荊來威。」〔三〕

比

顯問：「比，吉矣」，又何以「原筮元，永貞无咎」？曰：上下相比，則邦寧而身安。雖皆獲吉，然上必度己之元永貞也，斯能比乎民下；必度上之元永貞也，斯可比乎上。是其比，非苟合。吉，斯「无咎」矣。王輔嗣曰：「安則不安者托焉，火有其炎，寒者附之。」

「建萬國，親諸侯」者何？曰：萬國曰「建」，視天下猶一家，無棄民矣。諸侯曰「親」，視天下猶一身，無遺賢矣。故法之立也，先建而後親。恩之行也，先侯而後國。

初六「有他吉者」何？曰：言積誠之效也，是故「有孚」言始交也，「盈缶」言既交也，孚非有二物也，交久而見其「盈缶」耳。

〔二〕語出周易象傳。原文爲「『師或輿尸』，大无功也。」

〔三〕此所引見詩小雅采芑。原文作：「方叔元老，克壯其猶。方叔率止，執訊獲醜。」「顯允方叔，征伐玁狁，蠻荊來威。」此爲略述。

「不自失」者何？曰：苟合者難一，面與者不久，失親者寡宗，諂上者無身，皆其「自失」也。「比之自內」，由中心以比乎上，忠義明直，先正其我矣，其有不同且久者乎！故程子曰：「己以得君，道合而進，乃得正而吉也。」若張子言「愛自親始，人道之正」者，亦通。

「匪人」之「傷」奈何？曰：君比小人，禍及社稷。臣比汙君，災及宗族。士比燕朋，辱交身心。「匪人」之「傷」，自取之也。

「外比於賢」，何以「從上」也？曰：聖賢君子，其道在己之上者也。故溺於內比者，爲徇己，爲從下；樂於外比者，爲忘私，爲從上。

「邑人不誡」，何以「上使中」也？曰：親近者多恃寵而驕，疏遠者率寡援而懼。邑人不誡，約亦知顯，比失前禽焉，天下可知也，其所漸磨者多矣。

小畜

潮問：「既『施未行』，何以『亨』」？曰：「尚往而行則亨矣。故曰：『健而巽，剛中而志行，乃亨。』我者文王之自我乎？曰：文王而云我，豈純臣哉？我，語辭，不然，小過六五，亦文王之言乎？」

「懿文德」者何？曰：天不風，雖有剛健好生之德，不化也。君子不文，雖有純亦不已之德，不變也。故風行天表，文見身外。

「義吉」者何？曰：小人既得高位，必畜君子以爲助也。苟志不堅，貶其道與之合，豈惟有過？將同受其害矣。初九進「復自道」，正己而物正者，何咎之有？「義吉」者，事未可知，而於義當吉也。

「亦不自失」者何？曰：承初而言也。「牽」而「復」，與之同中道焉，於天下可也，中者相時而動，不危言激論也。

「不能正室」者何？曰：小人之訕，君子之病也。外夷之侮，中國之隙也。反目之事，于妻乎何尤？故君子務本。

「上合志」者何？曰：言誠能協上以濟事也。不然，挾小人之術，以畜人，欲去血而出惕，亦以難矣。故誠者，動物安身之本也。

「不獨富」者何？曰：程子曰：『小畜，乃衆陽爲陰所畜之時，惟九五中正居尊而有孚信，則其類皆應之，且必援挽上下與之相濟，富以其鄰也。』

「有所疑」者何？曰：有疑於前，亦若君子矣。是將待我而行賊也，奚其徵？故曰陰疑於陽必戰。

履

官問：「辯上下，定民志」者何？曰：「履」者禮也。君子以禮理上則上不僭，如天之威而尊矣；以禮理下則下不淩，如澤之喜而卑矣。及其至也，日月星辰序焉，草木鳥獸若焉，民志尚有不定者乎！

「獨行願」者何？曰：慕外者喪志，援上者踰節，素履而往，何所求於世哉！知命與義者也。故程子曰：「欲貴之心與行道之心，交戰於中，則不能素履以往矣。」〔二〕

「中不自亂」者何？曰：在難而持其志，居易而恣其欲，人情耳。當坦坦之時，而以幽人之貞處之，視富貴利達如浮雲耳，其吉可知也。

六三之象何？曰：冥行而妄作，以當大位，豈惟傷人，亦以自傷。故曰咥人之凶，位不當也，武人爲于大君，志剛也。

〔二〕語出元刻本伊川程先生周易上經傳卷一。原文作：「欲貴之心與行道之心，交戰於中，豈能安履其素也。」

「志行」者何？曰：近君而位不中正，上下之所尤怨者也。愬愬自懼以稱其位，而不淫于富貴也，非志士豈能然乎？夫「履貞厲」，何以「位正當」？曰：德且不可恃，況於位乎？恃位則傷德。九五剛健中正矣，何以傷其德？曰：因所處而改其德者多矣。

泰

官問：「泰之象何？」曰：「其惟聖王之用賢相乎？通其變使民宜之。」其惟聖王之用賢相乎？裁成輔相之事何？曰：「制度文爲之跡，損益因革之間，非泰之時，不能舉也。」人倫四時之說非與？曰：「此則自然者也。」

「志在外」何？曰：君子積學于躬，待時而動，有志於天下國家者也。非「拔茅」連「茹」，則不能以共濟。故程子曰「上進也」。

「光大」者何？曰：「包荒而不遐遺」者，仁之容也。「馮河而朋亡」者，義之決也。仁且義，「中行」之道也。非其心之光明廣大，能如是乎？然必先仁而後義，故曰「包荒得尚於中行」。

「天地際」者何？曰：此欲以人而勝天也。故象曰：「艱貞无咎，勿恤其孚。」

「中以行願」者何？曰：其願中道以下賢而致治者乎？故「以祉元吉」。

「其命亂」者何？曰：「城復於隍」，恃泰也。「自邑告命」，保城也。泰極之時，矜盛治則忘備，務遠功則忽近，見亂而後救，故貞吝。子夏曰：「隍城下池也。」城之體由基土培扶，乃得爲城。不然，必損壞崩倒，猶君賴臣之輔翼云。

否

官問："「否之匪人」者何？"曰："言致此「否」者，皆「匪人」之故也。天地之否，亦匪人之故乎？"曰："三光虧食，山川崩壞，亦由乎匪人耳。"

"「儉德避難」何？"曰："知也。夫子之棲棲者愚乎？"曰："君子道其常，聖人處其變，未至聖人之地，而欲爲聖人之用，鮮不及矣。"

"「志在君」者何？"曰："此聖人並生之心也。初六苟改其邪心，「拔茅而貞」，聖人亦與其吉亨，固不終較也。詩云：「率土之濱，莫非王臣。」"

"「不亂群」者何？"曰："此可與立矣。若君子喜小人之包承也而不察，即沒乎其黨矣，其何以否亨？詩云：「我心匪石，不可轉也。」"

"「有命」者何？"曰："夫四也當否之時，居近君之位，假君威以震衆，行己秘以招權，微犯而中傷，群怒而難言者，皆其所爲也。若是身且不保，況疇離祉乎？苟勤守君命，合乎大道，則可以濟否而福群賢。天下信之，其志可知也。天命之説非與？"曰："若歸諸天命，則不可言志行，又豈君子待否之心哉？"

"「位正當」者何？"曰："言有大人之德，而又位正與之當也。故位不足則不尊，德不足則不信，德位兼備，而又有苞桑之懼，斯不可休否乎？"

同人

顓問：君子能「通天下之志」者何？曰：「文明」則不言而信，「健」則不行而至，「中正」則不約而應。程子曰：「同人者，天下大同之道，聖賢至公之心也。」故雖居千里之遠，生千歲之後，若合符節，推而行之，四海之廣，兆民之衆，莫不同。小人則惟用其私意，所比者雖非亦同，所惡者雖是亦異。故其所同者則爲阿黨，蓋其心不正也。故同人之道，利在君子之貞。

「類族辨物」者何？曰：族有邪正也，類其族而不仁者遠。物有善惡也，辨其物而暴政息。

「又誰咎」者何？曰：言在門内則有私矣，故親狎昵則疎遠忘，分内外則町畦立，出門同人，四海皆兄弟也，又誰咎？

「安行」者何？曰：小人見善則必嫉，善至則無間可投。四夷窺夏則必侵，夏實則無隙可抵。故君子防意如城。

「困而反則」者何？曰：尚勇不終而歸于讓，求利不遂而歸于義，雖非君子之純也，比干死于勇利而不悔者，有間矣。

「同人中直」，何以「相克」？曰：以先直而不遇，故相克耳。若夫致于奸讒，與賢者疎遠，至亂而不敢動者，可謂先笑而後號咷矣！噫！

大有

顓問：「遏惡揚善，順天休命」何？曰：其惟剛明之聖人乎？是故非至明不足以察天下之善惡，非至剛不足以行天下之賞罰，此奚異於天哉？故王輔嗣曰：「德應於天，則行不失時矣。」司馬公曰：「柔而不明，則前有讒而不見，後有賊而不知。明而不健，則知善而不能舉，知惡而不能去。」

「初九无交害」者何？曰：大有之時，人所易忽耳。詩云：「誰生厲階，至今爲梗。」

「積中不敗」者何？曰：毅也，素有材力也，大車以載，弘也。弘而毅，於天下無難矣。詩云：「終踰絶險，曾是不意。」

「小人害」者何？曰：張子曰：「非柔中文明之主不能察，非剛健不私之臣不能通。故小人弗克。」

「明辯晳」者何？曰：言知幾也。書云：「滿招損，謙受益。」詩云：「我友敬矣，讒言其興。」其皆匪彭之意乎？

六五既「信以發志」，又何以「易而无備」？曰：人心險於山川，禍患生於所忽。

謙

官問：「君子之終」者何？曰：言有君子之德，斯能謙而「有亨」。不然。則雖謙也，尊而不光，卑而可踰矣。

「裒多益寡」者何？曰：此夫子懼人之謙而不知變也。故宜謙而不謙者爲寡，不宜謙而謙者爲多，豈「平施」之謂乎？觀此，可以知一貫矣。

「萬民服」者何？曰：王輔嗣曰：「履得其位，群陰所宗，上承下接，勞謙靡懈，是以吉也。」[一]

「不違則」者何？曰：君子以謙事上，則上不以爲侵也。以謙處下，則下不以爲陵也。「无不利，撝謙」，上下之心皆爾安矣，其知則乎？

「征不服」者何？曰：記不云乎，張而不弛，文武不爲也。弛而不張，文武不能也。一張一弛，文武之道也。六五

[一] 語出王弼周易注謙九三釋文。原文作：「履得其位，上下無陽以分其民，衆陰所宗，尊莫先焉。居謙之世，何可安尊？上承下接，勞謙匪解，是以吉也。」

「不富以其鄰，利用侵伐」，張弛之意也。此之謂「裒多益寡，稱物平施。」

「鳴謙，志未得」者何？曰：惟志未得，故自聲其謙，如又能「征邑國」焉。己私去而志可得，謙不必鳴而人自信矣。

六二「鳴謙」，亦自聲乎？曰：六二中正，惟自然耳。以謙有聞之說非歟？若是，則當云謙鳴也，且于「鳴謙」之體亦礙。故程子曰：「積中發外，見於聲音顏色，故曰鳴謙。」

豫

九儀問：豫何以「作樂崇德」？曰：周茂叔曰：「三剛正，九疇敘，百姓泰和，乃作樂焉！夫人心未悅，則雖奏以咸英昭護，祇滋帝考之怒耳。故鐘鼓非樂也。」

「志窮凶」者何？曰：程子曰：「小人處豫而爲上所寵，其志意滿極，至發於聲音，輕淺如是，必凶也。」

「以中正」者何？曰：朱子曰：「上下皆溺於豫，二獨能以中正自守，其介如石也。其德安靜而堅確，故其思慮明審，不俟終日，而見凡事之幾也。」

「志大行」者何？曰：君子之得位也，上使君樂得其道，下使民樂得其所，斯其志也。然必「勿疑，朋盍簪」者，斯能致之。不然，四以剛而近暗主，其能免乎？

「中未亡」者何？曰：體肥而中心亂者，死症也。體弱而中心存者，雖有疾，恒不死矣。滋之以正，疾且瘳焉，又何外寇之懼侵？程子曰：「柔弱不能自立之君，受制於專權之臣，六居尊位，權雖失而位未亡，言貞而有疾，常疾而不死，如漢魏末世之君也。」

隨

書林問：「隨，元、亨、利、貞」，何以「天下隨時」？曰：君子以從道也，天下莫大於時，時不外於道，道不外於元亨利貞。穆姜之言，其知此乎？故易非謂卜筮。

「嚮晦宴息」何？曰：「澤中有雷」，將以時發也；「嚮晦宴息」將以時行也。故君子語默動靜，如陰陽晝夜。

「從正吉」者何？曰：「官有渝」而不貞所主，以爲變而隨者，亦非也。故「出門交有功」不失者，存在我之正也。「官有渝貞吉」者，擇在人之正也。程子曰：常人之情，愛之則見其是，惡之則見其非。故妻孥之言雖失而多從，所憎之言雖善猶惡也。故「出門而交則有功」也。張子曰：「凡所治務能變而任正，不膠柱也。」

「弗兼與」者何？曰：爲善而不去惡，善亦不進。去惡而不進善，惡亦不去矣。既係小子而能復得丈夫者，未之有也。

「明功」云何？曰：其子思所謂著則明，「有孚，在道」以明，人且動而變矣，何凶之有？苟於道未誠，誠而未明，雖隨有獲，人不信矣。何功之有？程子曰：「爲臣之道，當使恩威一出於上，衆心皆隨於君。唯乎誠積于中，動而合于道，古人有行之者，伊尹、周公、孔明是也。是以下信而上不疑，位極而無逼上之嫌，勢重而無專強之過。」

「上窮」者何？曰：程子所謂周之王業亨通於西山時也。亨之訓如何？曰：周室祭岐山，恐未爲王。

蠱

九儀問：「天行」云何？曰：事不謀始，蠱之源也。事不慮終，蠱之流也。「先甲三日」，「後甲三日」，兼始終而究之，鮮不合于天道也。故曰「蠱元亨，而天下治也」。輔嗣之訓，其殆是乎？辛丁之說非與？曰：何新巧乎？何新巧乎！

「振民育德」云何？曰：山下有風，舊物雖壞而新物復生。君子作新民之景也，育德非治己乎？曰：非有德之人，其能「振民以育德」哉？

「意承考」者何？曰：忠臣孝子之事君父也，伺其小疵而救之，況睹其跡乎？察其邪思而止之，況殞其名乎？事已僨而後諫，名已敗而後言，其事雖濟，考之志已傷矣，知忠孝者不爲也。禮曰：「視於無形，聽於無聲。」張子曰：「處下不係應於上，如子之專制，雖意在承考，然亦危以柔巽，故終吉也。」

「得中道」者何？曰：子乾母蠱，其因時制宜而巽以行權乎？左師觸龍爲似之。若肆剛直于暗主，祇見其尤耳。惡能有濟哉？

「志可則」者何？曰：君子之道，使萬物各得其所，直不苟於進退耳。故蠱之上九，聖人與其志不與其道。

臨

詔問：「消不可久」者何？曰：「大亨以貞」，雖「天之道」也，然八月之消，亦天道耳。易其謂君子謀者深矣。故程子曰：「自古天下安治，未有久而不亂者，蓋不能戒于盛也。故狃安富則驕侈生，樂舒肆則綱紀壞，忘禍亂則釁孽萌，是以浸淫不知亂之至也。」

象云何？曰：惟教能容乎民，猶地能容乎澤耳。是故君民之上下，猶地澤之尊卑。程子曰：「無窮者，至誠無斁也。」

「志行正」者何？曰：陽德在下，四自求之，感之以道，非爲諂也。偏臨之說非與？曰：卦惟一陽則可言。程子曰：「咸，感也。」

「未順命」者何？曰：六五柔暗之主，其命未必皆當也。如九二舍我所學以從之，豈曰感之以道哉？故孔穎達曰：「斟酌事宜，有從有否也。」

「至臨位當」者何？曰：此其心可謂樂善好士之至矣。無他技者斯人夫。

「行中」之謂何？曰：此不自用而取諸人，所以爲大君之智也，與用術力者異矣。

「志在内」者何？曰：其心之所存者深乎，非人之所能知也。古之人有行之者，陳寔之處張讓，管寧之君居遼東，是也。

觀

詔問：「神道」云何？曰：「中正」而誠耳。天與聖人一也，是故「中正」而「有孚顒若」，即神可格矣，天下有不服乎？

「省方觀民設教」云何？曰：聖人以盡神也，是故「觀盥而不薦」者，聖人之體，「省方觀民」者，聖人之用。

「小人道」者何？曰：聖人在上而「童觀」，所謂「邦有道，貧且賤焉，恥也。」

「亦可醜」者何？曰：伺隙而讒賢，投間而惑主，斯其人真妾婦耳。烈女貞婦，不願爲之班也，丈夫不假言矣。

「尚賓」者何？曰：斯時也，上有好賢之主，下無妬能之人，所不尚慕以爲賓者，不才者也。周史筮陳敬仲之生如何？曰：雖有之，亦偶中之言耳。

「觀我生」，何以「觀民」也？曰：明民爲五之所生也，我生皆君子焉，天下化中矣，斯无咎。六三亦爲觀民乎？曰：民亦臣之所生也，三視民之善惡以爲己之進退耳。三四所進，有近有遠，故所觀有上下，惟上九无位，則觀己之生耳。

故變我爲其也。

「志未平」者何？曰：傳不云乎：「古之人得志，澤加於民。」其生雖君子，其志猶以爲獨善也。

噬嗑

「噬嗑」何以「利用獄」？曰：程子曰：「凡天下萬事所以不和合者，皆由有間也。」若君臣父子親戚朋友之間，有離貳間隙者，蓋讒邪間於其間也，除去之則和合矣。故間隔者，天下之大害也。

「柔得中」以「上行」「利用獄」者何？曰：溫良長者而所處得中，復有高明之見，其于折獄何有？若暴悍之人，肆其聰察，則民不獲其情矣。

官問：「明罰敕法」者何？曰：電，天下之至顯也；雷，天下之至威也。電不雷爲玩民，雷不電爲罔民。「明罰敕法」，雖有暗昧強梗者，無弗去矣。

「乘剛」者何？曰：去暴不嚴，是長奸也；克己不力，是習欲也。夫鼻者人生之始也，深沒其鼻，根株悉拔矣，於咎何有？書云：「除惡務本。」

「位不當」者何？曰：身正則民不令而行，德明則訟不聽而無。腊肉遇毒，豈其民之罪哉？我不中正耳。然臘肉不可不噬也，故「小吝，无咎」。

「利艱，貞吉」，何以「未光」也？曰：噬乾胏必得金矢，剛直以爲斷，斯其人固已不能大畏民志矣。

「貞厲无咎」，何以「得當」也？曰：既得「黃金」以中斷，而又守正懷危以防之，則足以變其位之不當矣。又何乾肉之難噬？金矢黃金，非鈞矢之說乎？曰：欲訟先納黃金三十斤，世無此富人，法無此先王，貧者又何辜也？

賁

保之問："天文"、"人文"云何？曰：柔來文剛，坤入于乾剛而以柔行之，則弗折，故亨也。剛來文柔，乾上于坤柔而以剛飾之，則不廢，故"小利有攸往"。小者，陰也，柔也，地類也。"文明以止"，則錯綜經緯，無弗有條，而止於至善，其亦"天文"乎？

賁之象云何？曰："山下有火"，明而止也。敢於"折獄"，則有未明民情而妄刑者，豈明止之意哉？

"義弗乘"者何？曰：程子曰："君子修飾之道，守節處義，其行不苟，義不當，則舍車輿而寧徒行，衆人所羞，而君子以爲賁也。"

"與上興"者何？曰：自天子至於庶人，未有不須友以成者，與高賢在己上者而興起，固不可乎。

"終莫之陵"者何？曰：適意之地，易喪所守，合志之徒，易溺所好。永貞而處二四之間，"賁"如"濡如"，亦何傷乎？

"六四當位"、"疑"者何？曰：三爲之疑也，匪三之寇翰白馬，豈有不遇初之婚媾者哉？終无咎者，邪不勝正耳。注曰："或飾或素，内懷疑懼也。"

"六五之吉"、"有喜"者何？曰：六五才弱而心虚，賢者享儀而不以物，丘園之英，有不輔以成治者乎？喜而後可知也。

剥

保之問：既「不利有攸往」，又曰「天行」何？曰：能尚消息盈虚，順時而止，雖不行猶行耳。是故不冬不春，不夜不晝，天道也。不語不默，不出不處，人道也。天人之理其究一也。」

剥象何以言「上下」？曰：言上下一體也，故下剥則上危。

「滅下」者何？曰：滅其下則君之足折矣，此小人防賢之始也。

「未有與」者何？曰：程子曰：「言君子未有應與徒與也。不然，不至辨矣。」張子曰：「雖陰類，然志應在上，二不能進剥陽爻，徒用口舌間說，力未能勝，故曰『未有與』也。然志在滅陽，故亦云蔑貞凶也。」

上九之象何？曰：「碩果在上」而不食，將以復生也；「君子得輿」而民載，將以求生也。彼小人者，終何用哉？

復

挺問：臨「八月有凶」，復「七日來復」何？曰：此聖人扶陽之意也。於其去也以月言，遲之也。於其友也以日言，速之也。七日猶八月耳，猶曰七月之日八月之日也。月，陰言也；日，陽言也。」

「復其見天地之心」者何？曰：天地之大德曰生，剥之時豈無此心？至動之端而始見也。張子曰：「剥之與復，不可容線，須臾不復，則乾坤之道息也，故適盡即生，更無先後之次。地雷見天地之心者，天地之心惟是生物也。」

「閉關不省方」〔二〕者何？曰：善方生而遽撓之以物，方寸亂矣。「閉關不省方」，其所養者固也。既曰「先王」又曰「后」何？曰：言下則「商旅不行」，上則君「不省方」，皆先王體復以垂治也。

「以修身」者何？曰：如知戲言之將出也，緘其口而不發；如知戲動之將舉也，禁其足而不行；如知邪念之將興也，制其心而不肆。夫有失而後悔，不失，何悔之有？程子謂顏子無形顯之過者，其是乎？故「元吉」。

「義无咎」者何？曰：惟其頻失也，足以殞身而喪名，亡國而敗家。惟其頻復也，則昨鳥獸而今聖賢，夕桀紂而朝堯舜，美足以蓋其愆也，故「无咎」。

「以從道」者何？曰：其始陷於群小而不知，「中行」而見賢人焉，其志勃然而興應矣。當是時也，偕儕輩以同征，有墮陷阱者焉，有入荊棘者焉，而己獨坦然於周行之上矣，是以君子慎所交也。詩云：「莫赤匪狐，莫黑匪烏，惠而好我，攜手同車。」

「中以自考」者何？曰：其復也久而不改，深而不露，斯豈外人所能知哉？惟中以自考耳，如有未敦，其「无悔」乎？

「反君道」者何？曰：君道貴明也，昏迷不復，凶可知矣，故行師大敗，十年不克征也。昔鄭游吉聘楚而歸，謂公孫舍之曰：楚子將亡矣。不修其政德而貪昧于諸侯，以逞其願，欲久得乎？所謂「迷復」也。未幾，楚子卒，若吉者可謂知占矣。

〔二〕周易象傳原作：「先王以至日閉關，商旅不行，后不省方。」此爲略語，故後有「先王」「后」等。

无妄

鸞問：「无妄之往」，何以「天命不佑」？曰：大亨以正，天之命也，在「无妄而往」，則入于妄而匪正矣。「匪正」則違天命，天命豈順我乎？其何以行之哉？

「茂對時，育萬物」者何？曰：其「至誠盡性，以盡人物之性」者乎？可與「窮神知化」矣。

「未富」者何？曰：君子口無擇言，非欲其人之悅也，而人莫敢或議焉。身無擇行，非欲其人之感也，而人莫敢或違焉。是其「不耕」「不菑」，無所爲于先，「不穫」「不畬」無所冀于後也。斯人也而不可以有所往哉。

「行人得牛，邑人災」者何？曰：六三之位不當耳。其在闤闠之間、市廛之際乎？程子曰：「或繫得牛，行人得之以爲有得。邑人失牛乃是災也。借使邑人繫得馬，則行人失馬乃是災也。言有得則有失，不足以爲得也。行人邑人，但言有得則有失，非以爲彼己也，妄得之福，災亦隨之，人能知此，則不爲妄動矣。」

「不可試」者何？曰：君子存誠則邪自閑，舍誠而逐邪，邪斯爲敵。君子舉直則枉自錯，舍直而攻枉，枉斯爲仇。是故干羽舞而有苗格，碩膚孫而管、蔡誅。

九儀問：「窮之災」不見有人妄之意者何？曰：但以當无妄之極，處至高之位，遂自信而旁若無人，夬行而不復審處。故「有眚，无攸利也」。

大畜

「能止健，大正」者何？曰：程子曰：「人之蘊畜，宜得正道，異端偏學，所畜至多，而不正者固有矣。」

潮問：「畜其德」云何？曰：以天而入于山，其理尚有所遺乎？以山而包乎天，其學尚有所缺乎？夫多識前言往行，非徒誦說而已也。蓋入于耳，通于心，得于人，有諸己也。不然，以非爲是，以虛爲盈矣。故曰「無此不足以爲德，有此不足以爲德，有而無焉，斯德矣。」

「不犯災」者何？曰：樂進而不知阻，貪利而不知害，小人之道也。初九剛明「有厲利已」，可與知變矣，蓋審進退存亡之幾，守禍福吉凶之介者也。

「中无尤」者何？曰：道以至而極，學以中而成，其中在行。白馬翰如不爲速，其中在止，輿脱其輹不爲遲。故仲尼有接淅之行，子騫有汶上之在，夫既說其輹矣，險不能折軸，金不能柅輪，而輿中之物固自如也。

「上合志」者何？曰：燕朋逆其親，燕辟喪其志，故君子慎所交也。夫良馬相逐，則其進無疆；日閑輿衛，則積中不敗，而器械嚴明，不亦可往乎？詩云：「終踰絶險，曾是不意。」

六四「有喜」者何？曰：治下以事上者，「童牛之牿」，下無頑民矣。有不獲其上乎？程子曰：「大臣之任，上畜止人君邪心，下畜止天下之惡人。人之惡，止于初則易，既盛而後禁，則扞格而難勝。」尤當預〔一〕備也。六五「有慶」者何？曰：君子以力制欲，欲益熾；以氣制忿，忿益張；以利取士，士益卑；以兵弭盜，盜益横。故君子之治己也，明理以制欲，思難以制忿。其治人也，身道德以率士，先教養以彌寇，其豶豕之牙乎。

「道大行」者何？曰：上九積久而盈，畜極而通，可謂「萬物皆備於我矣」。當是時也，乘雲而往，鞭風而行，輪日月以周游，鼓雷霆而歷覽，真在「天之衢」也，其諸旁蹊曲徑，皆不足道矣。

〔一〕「當預」：四庫存目本無此二字。

頤

潮問：「頤貞之吉」，何以「觀其所養」及「自養」也？曰：「觀其所養」者，忠信重禄皆正人，則天下治；「觀其自養」者，言語飲食皆正道，則君德成。然必先「自求口食」〔一〕，而後能養賢也。故卦辭云云，所養非養己之道乎？曰：以二「自」字觀之，知其爲養人也。

頤何以「慎言語，節飲食」？曰：言語慎，則有以正天下之令而民性復。飲食節，則不至耗天下之財而民生遂，此君子養正之爲大也。

「十年勿用，道大悖」者何？曰：六三「拂頤之貞」，則上而竊君之禄，下而剥民之財，何所不至哉？斯人也，當其時自以爲得志矣，其終何所利乎？孔穎達曰：「養上以諂媚，則于正道大悖亂，故見棄也。」

「顛頤之吉」，何以「上施光」也？曰：在初九則爲枉己而徇人，舍義而趨利。故雖有剛明之才如「靈龜」，然亦不足貴也。在六四則爲舍己而從人，以貴而下賢。故雖有眈逐之欲如虎視，然尤見其光也。上下異位，取舍異用，易其通矣乎。

「居貞之吉」，何「順以從上」也？漢儒以反經合道爲權，于六五見之矣。儀曰：六二「顛頤拂經」何以凶？曰：在六五而順上九，爲貴德尊士。在六二而乘初九，爲淩賢攘善。

「由頤厲吉，大有慶」者何？曰：知天下由己以養也。正身以格君心者，危言危行而無一時之或安，求賢以及萬民者，握髮吐哺而無一事之或寧，故慶也。張子曰：「由頤自危然後吉者，下有衆陰順從之慶，『利涉大川』，蓋養賢然後可動耳。」

〔一〕「食」：周易頤卦辭作「實」。

大過

書林問：大過既「本末弱」，何以又「利有攸往，乃亨」也？」曰：當過時之事，非有過人之材者，不足以濟也。「剛過而中，巽而說行」，過人之材也，又何棟橈之足患？

大過何以言「澤滅木」？又何言「不懼」「无悶」也？曰：在地之物，莫高於木，以澤滅之，則足以懷山襄陵矣。在世之靈，莫高於人，以「獨立不懼，遯世无悶」而過之，則足以超群出類矣。「不懼」則非諂俗，「无悶」則非計名。程子所謂「天下非之而不顧，舉世不見知而不悔者也」。如未有「遯世」「獨立」之行，而「不懼」「无悶」，是妄人耳！

「柔在下」者何？曰：「白茅」亦柔物耳，故君子懼其自用也，必擬之而後言，議之而後動。懼其無本也，必資于事父以事君，資于事兄以事長。

「老夫女妻」，何以「過以相與」也？曰：言其「相與」之「過」，非常夫婦之可及也。故在難之君而獲撥亂之臣，其情甚于魚水。起家之父而遇克家之子，其心通乎鬼神，是枯楊而生稊，剛而能柔，分言之雖各過，合言之則共中也。

「棟隆之吉」，何以「不橈乎下」？曰：爲善而阻于邪言，則不足以道遠，輔世而惑於小人，則不能以任重。夫下也者，卑佞之徒也，是以君子深惡夫初六焉。詩云：「有扁斯石，履之卑兮。」

「何可久」，「亦可醜」者何？曰：舍忠信而惟事巧言令色，棄老成而惟任詞人墨客，其「枯楊生華」老婦士夫者乎？尋且殞身而喪國也。詩云：「顛沛之揭，枝葉未有害，本實先撥。」

坎

鸞問：習坎何以言「維心亨」？曰：當險之時，身與天下國家之亨，不可得也。「剛中」在內，故「維心亨」耳。雖然，以此而行修齊治平，亦可必矣。故曰「王公設險，以守其國」。

儀問：「設險」云何？曰：「設險」如天，使尊卑之分凜不可犯。「設險」如地，使經緯之限截不可越。其惟「流而不盈，行險而不失其信」者乎？

「常德行習教事」者何？曰：德行常，則己私之險，不能溺天理；教事習，則民心之險，不能阻王化。此君子變險之學與政也。

「求小得」，何以「未出中」也？曰：言中在內，未出而用之，以濟天下之險也，故曰「求小得」，蓋以無正應耳。未出坎之中者非與？曰：象固是也。張子曰：「險難之際，弱必附強，上下俱陰，求必見從。故求小得，然居險中，故未出也。」

「樽酒簋貳，剛柔際」者何？曰：人臣之事君也，文以虛辭，侈爲大言，是褻君也。不量君之所能，而任己所至以爲言，是閉君也。褻則非誠，閉則非明，六四剛柔迭用，惟變所適。竭誠以發其志，因明以通其暗，非有志於濟險者，能如是乎？「樽酒簋貳」奚句乎？曰：從小象。

「坎不盈」，何以「中未大」也？曰：如厥中高大，視四方如在其下也，安能爲之坎乎？惟其未大也，故亦在險內，特未滿耳。如加以祇敬之功，存養擴充，以起其中，求賢用士，以助其中，則可以治周道之平，九夷八蠻皆來王矣，又何咎乎？

離

九儀問：離既「利貞」，又何以「畜牝牛，吉」也？曰：猶之修身焉，行順正之事耳。猶之爲政焉，養順正之賢耳。然非明則不能也，故力行貴致知，安民貴知人。

「大人以繼明照于四方」者何？曰：君雖明矣，而猶繼之以明臣，則窮巖蔀屋之下，鰥寡孤獨之輩，舉無所遺矣。書曰：「辟四門，明四目，達四聰，其大人乎？」大人者，不自用而用人之人也。世襲「繼照」之説如何？曰：能照四方於當時者，必能照之於後世。張子曰：人「患惰於博覽，惟大人能勉而繼之也。」

「履錯之敬」，何以「辟咎」也？曰：跬步之差，終身之累也。片言之諾，百口之嘲也。當麗之始而不敬，奚足謂之剛明乎？敬之如何？曰：如擇主而仕，見賢而友，量時而動，順理而言，皆是也。

「黄離元吉」，何以「得中道」也？曰：六二離乎中道，則上以格君者，皆剛柔之濟，而下以成俗者，得寬猛之宜，其吉有不元乎？

「日昃之離，何可久」者何？曰：不能貞而樂者，則必死而憂也。夫子曰：「朝聞道，夕死可矣。」張子曰：「存吾順事，沒吾寧也。」其「鼓缶而歌」之意乎？

「六五之吉，離王公」者何？曰：六五迫於上下之剛，而以麗王公之道處之，斯吉耳。苟不知憂懼自責，而以權力術數如伯政焉，其患可坐而待〔一〕也。故曰「出涕沱若，戚嗟若，吉」。

「王用出征，以正邦」者何？曰：人情麗久則玩心生，玩心生則傲慢長，傲慢長則寇戎興，折首匪醜，可謂任義並用，

〔一〕「待」：四庫存目本作「得」，「待」意長也。

民安而邦泰，此師之所以嘉也。然非明以察爲惡之大小，剛以立行師之威愛者，不能也，故當離之上九。

周易說翼卷之二

咸

顯問：「觀其所感」，何以見「天地萬物之情」？」曰：天地之情曰生，萬物之情曰好生，非其感也，其何以見之乎？恒能見「天地萬物之情」者何？曰：其惟變化乎？不然，則天地聖人之用息矣。橫渠張子曰：「咸不可止，以言夫婦之道。蓋或同或異，或以相悅，或以相畏，以愛心來者自相親，以害心來者色自別。聖人老吾老以及人之老，實相感也。」

咸「以虛受人」者何？曰：自僞者不足與有明也，自實者不足與有能也，確如山，悅如澤，忘私而順理，將天下之志可通矣。

「志在外」者何？曰：初六位卑，不足以觀乎人，人微不足以動乎人，然有正應焉。故其志則在天下國家矣。

「雖凶，居吉」，何以「順不害」也？曰：言二咸腓而動，雖凶也，能順乎理而得其所居以動，斯免夫。本義訓「居」爲「靜」如何？曰：與小象「雖」字不合。

「所執下」者何？曰：咸股以感在上之人，德不足以動其好，材不足以動其求，是隨在下。小人以往，其所見亦卑矣。是故衛鞅以景監車裂，孔光以董賢招尤。

「志末」者何？曰：程子曰：「五上係于上六，下係于六二，感人之志淺末焉。是以當咸脢而背私心也。」不然，四也且「朋從爾思」，而況于五乎？子夏曰：「在脊爲脢。」

恒

增問：「終則有始」者何？曰：言能變也。夫子又不云乎：「易，窮則變，變則通，通則久。」如不能「利貞」而知變焉，其何以「恒亨，无咎」乎！是故夏之「忠」不可以治商之民，商之「質」不可以治周之民，循是損益，皆不得已而然也。

「日月得天」者何？曰：得天「終則有始」，變化之理也。四時，聖人皆謂此耳。孔氏曰：「變通隨時，方可長久。」

「立不易方」者何？曰：既動而順，又「易方」焉，是渝常道也。「不易方」者非泥也，君子懼誘于其物也。

「始求深」者何？曰：常道可守也，不可浚也。浚而深之，則反常矣，況于始乎？故下學所以上達，索隱所以敗俗。非求于九四者之說乎？曰：借四爲言耳。

「无所容」者何？曰：不德之人，已不用恥矣，人亦莫之恥也。惟「不恒其德」者，有至焉，有不至焉，人將以其所至議其所不至，其君子則絶交，其小人則肆謗羞也。紛然而來，何所容乎？故修德者必熟而後已。詩云：「禾易長畝，終善且有。」

「久非其位，安得禽」者何？曰：君子久于仁義之政，則下足以化民；久於仁義之謨，則上足以正君。舍是而恒焉，則雖術之如彼其詐也，行之如彼其久也，衹以滋亂耳。「田」也何所獲禽乎？詩云：「允矣君子，展也大成。」

「從一而終」者何？曰：古之忠臣節士不事二君者，可謂「婦人貞吉」矣。「從婦凶」者何？曰：唐玄宗之于李林甫，宋神宗之于王安石，可謂夫子之凶矣。曰：太甲成王之於伊尹周公，何以不凶？曰：是從其賢也，非從其婦也，從其賢猶「從一而終」也。

「大无功」者何？曰：仁將熟而一欲之不忍，前仁盡癈矣。義將精而一利之不制，前義盡棄矣。書曰：「爲山九仞，功虧一簣」，其振恒乎？

遯

問：「遯，亨，小利貞」，何以「浸長」也？曰：當遯之時，小人方浸長也。若大有所正、顯有所爲，其難可立而至矣。剛當位而應，與時偕行，不亦「小利貞」乎！

遯何以「遠小人而嚴」〔一〕也？曰：君子言雖遜而正，行雖謙而危，故疾之則無瑕，詆之則無隙，故曰市朝有山林焉，商賈有巢許焉。詩曰：「衣錦絅衣，裳錦絅裳。」

「不往何災」者何？曰：既失幾而後遯，又臨危而遽逃，斯是以爲災乎，責小而位卑，晦處而靜俟，又何災？

「不可大事」者何？曰：陽剛之賢，方遯而有所繫，則不能遯矣。此臣妾之輩，肆爲奸讒以害我之時也。若大正之，其禍可立而至矣。包容含蓄，不露圭角，斯免夫。昔者陳寔之處張讓，狄仁傑之處諸武，蓋由是道也。詩云：「我友敬矣，讒言其興。」

「以正志」者何？曰：密其謀非以爲邪也，社稷之基自此立。隱其行非以阿黨也，危亂之機自此消。如是之遯，不亦嘉乎。故五曰「正志」，二曰「固志」，君臣同心，其所以防禦人者密矣，誰其繫而好之者哉！故張子曰：「二居君臣正合之位，中順固志，使奸不能干。不然，小人易間矣。」

「肥遯」何以「无疑」也？曰：其中心蚤有所見者乎！誰其繫而好之者哉？子夏曰：「肥饒裕也。」

〔一〕周易象傳遯作「君子以遠小人，不惡而嚴」，此處爲略說。

大壯

景童問：「大壯，利貞」，何以「剛以動，故壯」「大者正」也？曰：天下之政，不外于大。天下之剛，不外于正。一理而三名。

大壯何以「非禮弗履」？曰：天下莫剛于天理，莫柔於人欲。棖也欲，焉得剛？

「其孚窮」者何？曰：位卑而言高，交淺而謀深，居近而圖遠，力小而任大，壯趾之志，雖非求榮達也，亦且窮而凶矣，況志在榮達者乎？

「九二貞吉」，何以「中」也？曰：書不云乎：「不剛不柔，厥德允修。」故壯而不壯，斯壯矣。

「小人用壯，君子罔也」者何？曰：小人用壯，君子用罔以制之，如羝羊觸藩以羸其角，故雖貞亦厲也。故君子以德化，不以智窮。程朱二傳，以「罔」爲「無」，亦通。

「藩決不羸」，何以「尚往也」？曰：非壯于大輿之輹者，其能然乎？斯其人可謂力足任重，而材足以過險。其往也，又何所礙哉？

「喪羊于易，位不當」者何？曰：位雖不當，道乃當也。詩云：「魚網之設，鴻則離之。」朱子解羊爲五之壯，程子解易爲五之和，當兩取也。

晉

挺問：「晉象何也？」曰：「明出地上」，無所不照，雖百姓亦昭明矣。「順而麗乎大明」，君臣同心，小人難容奸矣。

「柔進上行」，變無斷之資而爲高明之主，此康侯所由以行其志也。「錫馬蕃庶，晝日三接」，亦其時之宜然乎。

晉何以「自昭明德」曰： 此君子治己以治人也。故小人之所進，君子之所退也；君子之所進，小人之所退也。

「獨行正」者何？曰： 言四雖初之正應也，然進不以正，貪而嫉賢，則不我應。初之行正，不亦獨乎？裕宜乎其然也。程子曰：「苟未見信，則當安靜自守，無急於求上之信。苟欲信之心切，非汲汲以失其守，則悻悻以失於義矣。」〔一〕蓋始進未受命當職任故也。

六二亦「貞吉」也，又何以「受福」？曰： 六五之志，猶可通焉耳。司馬君實之於宣仁是也。故苟有用賢之主，天下雖婦人猶可爲也，而況于以天子行之乎？然如不用何，愁如者，恐懼憂患之謂。蓋上疑六五之不斷，下防九四之見害也。

「衆允之」，何以「志行」也？曰： 其改過乎。善日進高明以思齊群賢者乎！人皆信之，悔宜其亡矣。詩云：「謂予不信，有如皦日。」

「鼫鼠貞厲」，何以「位不當」？曰： 言位不當己之德也。德不中正而據高位，位也適足以濟其貪耳。詩云：「擇有車馬，以居徂向。」

「往有慶」者何？曰： 柔弱之君，多聽左右之言，與賢者疏遠矣。失得勿恤，可謂上不恤晉角之勢，下不恤鼫鼠之讒，而惟親中正之賢也。斯往也，將天下可爲，吉無不利，宜乎其然。

「道未光」者何？曰： 當是時也，位已崇，富貴已極，可謂「晉」之于「角」矣。惟「伐邑」自治其私，雖危，「厲吉，无咎」也。然不知以盈滿自裁，至是始自治以保位，故又「貞吝」，斯夫子謂「道未光」乎。

〔一〕語見周易程氏傳卷三。原句作：「苟上未見信，則當安中自守，雍容寬裕，無急於求上之信也。苟欲信之心切，非汲汲以失其守，則悻悻以傷於義矣。」

明夷

詔問：明夷「利艱貞」，何以言「文王箕子」也？」曰：羑里之囚，傷其明也，其天乎？佯狂之利，晦其明也，其人乎？在天者不可求，在人者不可不勉，文王箕子有安勉之異。

「蒞衆，用晦而明」者何？曰：其不教之教、不令之威乎，將天下陰受其化矣。

「義不食」者何？曰：王弼曰：「絶跡匿形，不由軌路，曰『（明夷）于飛』。懷懼而行，不敢明顯，曰垂（其）翼，然皆見之早也。故『三日不食』，接淅而行也。『主人有言』，衆人固不識也。」昔者叔孫豹初生，其父得臣筮得此爻。卜楚丘曰：是將行，而歸爲子祀，以讒人入，其名曰牛，卒以餒死。後穆叔果過婦人于庚宗。生豎牛何？曰：雖謂穆叔見之不早可也，如其早見而不動於欲，豈至是乎？

「順以則」者何？曰：「夷于左股」，行不順矣。「用拯馬壯」，可謂求賢以輔其不足而將有爲也。其知則之當順者乎？蓋從九三而言也。

「獲心意」者何？曰：程子曰：「入于左腹，其交深矣。獲明夷之意，奪其志也。于出門庭，斯行之于外也。」嗟夫！用是道者，其王安石之於宋神宗乎？當時也，君子猶欲有言，其不折肱者幾希矣，是以君子辯之於早也。詩曰：「爲鬼爲蜮，則不可得。」醫書：「心在左腹。」

「箕子之貞」，何以「明不（可）息也」[一]？曰：天人之一也。天之陽未嘗盡消，人善未嘗盡亡，故君子保其身以有爲也。洪範之陳，其天乎？其人乎？

[一]「不」之後，據周易象傳補「可」字。

家人

官問：「家人，利女貞」，彖何以曰「男女正，天地之大義也」？曰：有禹文則有塗山太姒，有桀紂則有妹喜妲己。「女貞」者，家人之本也，然皆丈夫表之耳。丈夫而苟耶，女不貞矣。故女正位以下責乎男，嚴君以下責乎爲父母者也。

「言有物行有恆」者何？曰：辭能居業謂之物，行能信人謂之恒，此種火之本、起風之機也。

「志未變」者何？曰：事已儥而後〔一〕捄其策，則不善；家已衰而後振其力，則不易。初九而「閑（其）〔有〕家」〔二〕，骨肉之情無間，雍睦之化自昭，又何悔之有邪？書云：「制治於未亂，保邦于未危。」

「六二之吉」，何以「順以巽」也？曰：牝雞之晨，身與夫而並殲；蠶織之休，家及國而俱殞。中饋而在，則事神養老之需，軍國賓客之費，佐乎夫君者亦多矣。又何必自遂哉？

「順（正）〔在〕位」〔三〕者何？曰：上逆其君以聚斂，下逆其民以施奪，雖富如季氏，謀如安石，皆非順也。故兄弟和順，則財不私積；出入有經，則國用不匱。方夏寧而四夷賓，皆大吉之美也。

「交相愛」者何？曰：孟子曰：「（無）〔不信〕仁賢〔四〕，則國空虛。」王至有家，其人以安社稷爲悅者也。庶事可勿問矣。吉又何疑也？

〔一〕四庫存目叢書本、惜陰軒本皆作「后」，依文意疑作「後」。
〔二〕據周易家人初九爻辭，「其」當作「有」。
〔三〕據周易象傳，「正」當作「在」。
〔四〕原文作「無仁賢」，據孟子盡心下，「無」當作「不信」。

「反身之謂」者何？曰：家過盛則驕泰之子生，財極足則淫奢之徒出。「有孚，威如」，言主家者之言行無時而可易也。論語云：「其身正，不令而行。」孟子曰：「身不行道，不行于妻子。」

睽

九儀問：「說而麗乎明，柔進而上行，得中而應乎剛」，何以正「小事吉」？曰：志之始求合也，爲之則以漸也，舉之不太過也，故小有所事以濟「睽」也。然而大同自是乎基矣，遯曰「小利貞」，屯六五「小貞」，皆此類乎。

「以同而異」者何？曰：同而不異，墨翟之廢義也；異而不同，楊朱之賊仁也。理一而分殊，于天下無難也。程子曰：「不能大同者，亂常拂理之人也。不能獨異者，隨俗習非之人也。」

「辟咎」者何？曰：始睽而「見惡人」，彼將不復爲異而自化也。如既睽而後求見，于事則無濟，于己則損德，淄磷已甚，故有悔而「喪馬」者，見惡人也。「悔亡」而「无咎」者，「自復」也。

「未失道」者何？曰：舍肉之事，非君子所宜行也，穎考叔則爲之。履踴之價，非君子所宜識也，晏平仲則言之。崇孝而省刑，又何「失道」之有乎？夫巷也，雖閭閻之小徑，內可以通朝市，外可以通四海，于道未嘗有礙也。

「位不當」者何？曰：處不中正，而復柔懦以利人，其能有立且行乎？是以後曳其輿而前掣其牛也，斯人也天且劓之，謂其昏暗無所聞知也，若遇剛明之友，斯免夫。程朱以天訓髡，非與？曰：改經而訓，予未之敢安也。

「往有慶」者何？曰：膚噬則肝膽心肺之相照矣，又何睽之不能濟哉？

「群疑亡」者何？曰：陰陽和則中道見，時雨降則萬景新。於是豕洗其塗，鬼奔其車，弧解其膠矣，然後知婚媾之不至。非彼之罪，實己之未往也，蓋傷於明之太過耳。

蹇

增問：「蹇利西南」，何以「往得中」也？曰：天下之道，惟中正則無危險，以九居五，斯往也其免夫。故利見中正之大人，則可以「正邦」矣。

「反身修德」者何？曰：君子之遇難也，怨天，誣也；怨人，妄也。誣與妄，阻莫甚焉。「反身而修德」，克己之仁，待時之義，處難之智，固窮之信，兼之矣，又何蹇？

「宜待」者何？曰：言是來也，非既往而復還也，即不往而待之耳。斯人也，爵禄不得而餌，勢位不得而迫，其所守者可知，譬何如也。

「終无尤」者何？曰：義之所至，利莫大焉；忠之所極，順莫過焉。終无尤者，夫子之進忠臣也。詩云：「靖共爾位，正直是與。神之聽之，式穀以女。」

「内喜」者何？曰：九三往則遇蹇，不往則遠得其所矣。安處善，樂循理，中心之喜可知也。今有丈夫從役于外也，不往而處，其室家之喜何如哉？

「當位實」者何？曰：以六居四，乃實當位，非僞也。既以實而來，何所不連哉？孟子曰：「至誠而不動者，未之有也。」

「中節」者何？曰：人君偏聽小人，雖有忠朋，去之先矣，故臨難而莫救也。九五中正，讒邪無自而入，當其「大蹇」也，匪躬之臣，胡爲而不來乎？

解

顒問：解「來復吉」，何以「得中」也？」曰：當蹇之時，以失剛中之臣也。難既解而「來復」，得此剛中之臣耳。「西南之利」，可謂平易近民者也，衆其有不得乎？若或「有攸往」而不夙，則禍幾除而復作，業垂成而復壞，前功盡棄也，故「夙吉」者，往有功也。故失剛中之臣，雖九五亦蹇；用剛中之臣，雖六五亦解。進賢爲大也。

「赦過宥罪」者何？曰：雷者，天之義也，不義則民不威；雨者，天之仁也，不仁則民不懷。故雷雨作解者，言既懲其過罪矣，故可赦而寬之也。孔氏曰：「赦，放逸也。過，失誤也。宥，寬也。罪，故犯也。」

「義无咎」者何？曰：當解之始，以初柔而濟四剛，可謂不折不廢矣，故無咎。

「九二貞吉，得中道」者何？曰：君子之于小人，絕之太過則怨深，懲之不及則害長，此後世調停之説也。若得「黃矢」而去「三狐」，深中邪媚之病矣，其能復行乎哉？

「未當位」者何？曰：惟其已位未當而不正，斯小人易親而君子易遠也。若九四解去初六之拇，陽剛之朋，斯孚之矣。蓋世未有依違於邪正之間，而能有濟者也。

「君子有解，小人退也」者何？曰：六五柔尊，群邪之所共趨也，衆奸之所咸附也，於是迷惑其心使不正，纏綿其足使不行矣。故君子惟有解去此輩，不爲所羈縛，則吉矣。然使小人未退，猶未驗其能有解也。詩云：「雨雪瀌瀌，見晛曰消。」

「以解悖」者何？曰：蓋解其既降而復返者也。其周成王之誅奄、漢高帝之伐陳豨乎？故曰登墉而射隼也。弓矢之器，如之何其勿藏，然則放馬牛罷兵歸家者已早乎？

損

保之問：「損而有孚」「二簋應有時」者何？曰：「二簋用享」，即「損而有孚」也。蓋事神之誠，即取民之孚也，養神之儉，即損民之節也。「損而有孚」，蓋于法不違，于禮不悖，薄于自奉，信于自足，是以雖「二簋可用享」也，故有「元吉」。「應有時」者何？曰：其曾子所謂「國奢示之以儉」之意乎。

「懲忿窒欲」者何？曰：君子不忘則不存，不失則不得。故忘其忿以存親也，失其欲以得理也，雖「損之又損，以至於無」，可也。

「尚合志」者何？曰：位卑而上志不合，其能行乎？然居下而任重，功成而受美，鮮不及矣。故程子曰：「已事遄往，不自以爲功也。酌損之，過與不及皆不可也。」嗚乎！量力而動，見機而作者，知矣哉？詩云：「無將大車，祇自塵兮。」

「中以爲志」者何？曰：天下之道，中而已矣，是豈可損乎？故弗損乃益之也，其天下之化中乎？故曰「利貞，征凶」。

「三則疑」者何？曰：猶書言「任賢勿貳」乎？然則古之舉八元八愷者，不已多乎？曰：其實一也。如其一也，雖百辟庶士奚其多？

「亦可喜」者何？曰：改過不速則成惡，去疾不速則成病。故喜聞過者不憚直友，樂去疾者不忌良醫，損疾使遄，又何咎耶？

「自上祐」者何？曰：「十朋之龜」，天下之至寶也。六五虛中居尊，受而從之，以通天下之志，以成天下之業，以定天下之疑，何往而不可哉？故弗克違者，雖欲拒之不能也。非天啟其衷乎？

「大得志」者何？曰：君子散財以發身，小人忘身以殖貨，「弗損益之」，取其心矣。其不「得臣无家」乎？「无家」者，天下一家也。

益

世寧問：益既言「損上益下」，「其道大光」，又言「中正有慶」「木道乃行」「日進无疆」「其益无方」「與時偕行」者何？曰：「其道大光」，非違道干譽也，皆「中正有慶」耳。若是則仁德廣被，是「木道乃行」也。故益動而巽，德行政事，日祇于無窮矣。猶天施地生，「其益无方」也。蓋凡益之道，「與時偕行」耳。子夏曰：「雷以動之，風以散之，萬物皆盈曰益。」

象云「見善則遷，有過則改」者何？曰：過不改則善不遷，風不烈則雷不迅。昔者仲尼之誨七十子也，問善者皆告之以其過，其益乎。

「下不厚事」者何？曰：王輔嗣曰：「時可以大作而下不可以厚，事得其時而無其處。故元吉乃无咎也。」「元吉」者何？曰：言天下之大謀，非好名也。任天下之大事，非利己也。

損益二五，何以皆「弗克違」「十朋之龜」也？曰：六五虛中居尊，樂取天下之善者也。雖天且佑之矣，況于人乎？六二虛中任事，樂受天下之善者也。雖天且通之矣，況於他乎？

「益用凶事固有之」者何？曰：凶事者，如震撼、擊撞、盤錯、紛結、黯暗、汙濁、險阻、患難之類，蓋皆使之困心衡慮而固有之也。是故不孚則上不信，不中則上不從，不用圭則越職而犯分，鮮不及矣。昔汲黯矯制振貧，趙充國之屯田先零，其固有之者乎？

「以益志」者何？曰：撥亂而反正，舍危而就安，其志豈以損天下哉？公也，如之何其弗從乎？蓋告公之道，雖本中行，而尤貴于誠也。中而誠，雖「遷國」可也。

「莫益之，或擊之」，何以皆「自外來」也？曰：程子曰：「苟爲善則千里之外應之，六二中正虛己，益之者自外而至是也。苟爲不善，則千里之外違之，上九求益之極，擊之者自外而至，是也。」信斯言也。義利之間，盈虛之際，其吉凶之門乎？

夬

詔問：既曰「所尚乃窮」，又何以「其危乃光」也？曰：君子之去小人，不徒言也，尤以其身耳。是故「揚于王庭，孚號有厲」，言決也。「告自邑，不利即戎」，身決也。蓋身之不治，而惟言之是尚，人將議我，如之何其去人哉？詩云：「君子所履，小人所視。」

夬之象何？曰：「施祿及民」[一]，夬之利也；「居德防讒」[二]，夬之義也。故君子散財以發身，正己而正人，如是而小人不去者鮮矣。

「不勝，而咎」者何？曰：位卑而無正應，言之無與爲倡也，行之無與爲道隨也，以其憤心而往，豈惟蹶其前趾，將終身俱仆矣，則何益哉？

「有戎勿恤，得中道」者何？曰：惕號，人所難能也；莫夜，人所不知也。可謂「戒慎乎其所不睹，恐懼乎其所不聞」，剛而能柔，中尚有失乎？戎且去之，奚恤耶？

[一] 「民」：周易象傳作「下」。

[二] 「防讒」：周易象傳作「則忌」。

「君子夬夬，終无咎」者何？曰：壯頄遇剛也，非君子之夬也。「獨行遇雨，若濡」，則君子之夬道也，其志密矣。人雖「有慍」，又奚咎哉？詩云：「人知其一，莫知其他。」

既曰「位不當」，又曰「聰不明」者何？曰：惟其不明，是以居不安，行不進耳。

「聰不明」者何？曰：張子不云乎：「一陰在上，衆陽爭趨，三其正應，（己）〔四〕獨乘之。故行止皆凶，牽羊者必讓而先之，則爲力易，溺於所趨者，必不能用。故『聞言不信』也。」〔二〕

「中未光」者何？曰：比于上六故耳，若中行則免矣。程子言「雖行於外，不失中正」。而未能心正意誠，恐非也。夫人心不正，意不誠，而能行中者耶？子夏曰：「莧陸，木根草莖，剛下柔上也。」

「終不長」者何？曰：慎始也，始而能反乎正，其終豈至於「无號」乎？

姤

官問：「不可與長」者何？曰：奸邪足以敗國，囂訟足以殄世，牝雞之晨可以索家，皆女壯也，又何長之有？

「施命誥四方」者何？曰：天下風行，無物不遇，后爲「施命誥四方」，無人不化。

「柔道牽」者何？曰：此聖人待小人之仁也。初陰而「繫于金柅」，斯勿「見凶」矣。不然，如「羸豕蹢躅」，祇自取害耳。以「羸豕曉君子」者，亦通。

「義不及賓」者何？曰：君子防其始，則其終可救也；謹于微，則其著斯善也。夫「包有魚」者，其叔敖之瘞雙首蛇乎，又奚及賓以害人哉？詩云：「誰生厲階，至今爲梗。」九二之道廣矣。

〔二〕「四」：張載橫渠易說下經作「己」，「力」下有「也」字，「故」下有「曰」字，無「也」字。

既曰「中正」，又曰「志不舍命」者何？曰：命，天理也，即中正耳。舍之在己，天其焉往？故曰「有隕自天」也。蓋「以杞包瓜」而「含章」以處之，即不言之天也。子夏曰：「作杞匏瓜。」朱子曰：以陽剛中正防始生必潰之陰，然陰陽迭運，乃理之常。若含晦章美，靜以制之，則可以回造化矣。

「上窮吝」者何？曰：知進而不知退，知得而不知喪，其姤角之徒乎！

萃

鸞問：「用大牲吉，利有攸往」，何以「順天命」也？曰：幽孝享于有廟，而明利見乎大人，何所愧怍者哉？故徵用大牲，蓋非諂神媚人也，于天理何逆乎？王弼曰：「聚得大人，乃得通而利正也。」全乎聚道，用大牲乃吉，聚道不全而用大牲，神不福也。

「除戎器，戒不虞」者何？曰：其順以說乎？苟未順民心而使之悅，則戎器爲瀆武也。

「其志亂」者何？曰：爲善而力小，親仁而志弱，方有所爲，而群小譁然。是以于「有孚」之正應「不終」，乃亂乃萃也，勿恤「一握之笑」而若號呼，君子斯善補過矣。

「中未變」者何？曰：六二柔順中正而有正應，其引五以聚也。蓋道之以正，而開之以誠，是其中心「孚乃用禴」耳，又何變于群陰之有？

「上巽」者，巽乎上六乎？曰：上六陰柔，非六三之正應也。如是而萃，真可嗟而無所利矣。夫所謂「往无咎」者，蓋舍上六而往求賢于己者也，其九四或九五乎？然始恃所合之小人，其晚也不利而後遷善，故雖「无咎」亦「小吝」。

「大吉，无咎」，何以「位不當」也？曰：以不正事君者，雖萃乎君，民斯怨；以不正臨民者，雖萃乎民，天斯怒。「大吉，无咎」，言君子以道而變位也。

「志未光」者何？曰：萃有位，非萃有德也，如是則有悔矣。「元永貞」焉，斯天下信之，德充其位，志斯爲光也，故「悔亡」。

「未安」者何？曰：上六小人以媚悅而盜高位，是以禍至而「齎諮涕洟」，無所咎也。如其德安乎上，臨難不懼，又何「齎諮涕洟」之有？戒占者如何？曰：嗟何及矣！

升

世寧問：「南征吉」，何以「志行也」？曰：巽而順，剛中而應，其所存者可知矣。然必用見大人，斯可以志行而有慶，故元亨也。王弼曰：「以柔之南，則(利)〔麗〕[一]乎大明也」，「巽順以升，至於大明，志行之謂也。」

升何以「順德，積小以高大」？曰：其巽以順乎？夫順言乎其坤也，積言乎其巽也。故君子舍信美而求聖神，外致曲而思變化，吾未見其然也。

「上合志」者何？曰：變昏暗之氣，革柔溺之資，憤卑下之汙，憎狹小之見，起赤子之心，巽剛明之賢，上將憐而與之同德矣。信乎其升哉！大乎其吉哉！

「九二之孚」，何以「有喜」也？曰：主升之君而才弱，當升之臣而質剛，天下之所必疑也。「孚而用禴」，質諸鬼神且不疑，而況於人乎？喜而後可知也。

「无所疑」者何？曰：君子剛則不困，巽則不躓，雖升夫萃，如入無人之邑矣。何所疑哉？傳曰「君子無入而不自得」，其是乎？其是乎！

〔一〕「利」：王弼周易注作「麗」。

「順事」者何？曰：言周之王業，通於岐山之日，三分天下有二者，豈有所謂逆哉？人心從而天命歸，乃至順之事，斯是乎其升矣。程子曰：「昔者文王之居岐山，上順天子，而欲致之有道，下順天下之賢，而使之升進，己則柔順謙恭，不出其位，周之王業，用是而亨也。」

「大得志」者何？曰：「貞吉升階」，則必升堂而入室矣。內無屋漏之愧，外無門庭之寇，坐神聖于九重，極統御于八荒，其志有不得乎？

困

九儀問：困既「亨，吉，无咎」，而又云「有言不信」者何？曰：語不云乎：「予欲無言。」

困何以「致命遂志」也？曰：命者，天之數也，出于無爲。志者，我之道也，根于有生。故命不致則誣天，志不遂則誣己。故君子「致命」以「遂志」，「遂志」以立命。

「幽不明」者何？曰：株木無枝葉之榮，幽谷非發生之所，皆在下而陰者也。使少有從善向上之明，豈至于盤處于塊然木根而坐臥不安乎？

「中有慶」者何？曰：既醉以酒，既飽以德，而不施于時，君子之所困也。然斯其中皆天下之福也，惟候「朱紱」者求之耳。故「利用亨祀」，積誠以感君也。若征則有凶，然而志在天下，非有私也，其義亦何咎？

「乘剛」及「不祥」者何？曰：六三小人也，而舉逆謀，鮮不及矣。昔者齊崔杼取棠公之妻，筮得此爻，而陳子獨曰不可，後棠姜通於莊公，杼因弒君而自戮。

「志在下」及「有與」者何？曰：九四位不中正，而爲二所間。故「困于金車」也，故徐徐之來，固欲求下位之賢以共載也。夫初也既以正應而相與，四又何患哉？程子曰：「二以剛在下載（己）〔四〕[三]，故云金車。」

「志」既「未得」，何以「中直」又「受福」也？曰：書云：「臣作朕股肱耳目。」夫劓刖，則前後左右皆無聞無行之人，五也雖有赤紱，將安用之？故志未得，然猶幸中直之心，尚可通乎剛中之賢耳。嗚呼！使非如祭祀積誠以感之，又何以受福哉？蓋當困之時，二五尤貴誠交。

井

書林問：既「剛中」，何以「未有功」？曰：「剛中」，言體也；「汔至」，言用也。夫君子有「剛中」之德，則雖富貴貧賤，夷狄患難，歷變于前，不能奪也，如是則其體已定，其出無窮，故曰「改邑不改井，无喪无得，往來井井也。」若其用之也，君不盡其下之長，而臣或隱其己之能，不亦同于「羸瓶」而無功者乎！

井何以「勞民勸相」也？曰：有本者如是，是之取爾，故君子先之而勞之。

既曰「下」又曰「時舍」者何？曰：汙下之人而欲用于時，難矣。故君子「親親而仁民，仁民而愛物」。

「无與」者何？曰：中人之性，不爲高賢所汲，以爲卑邪所誘也。故甕敝漏而後井谷射鮒，故凡與陰蟲汙輩所聚者，必其以身先破敗者也，其誰賢與之？子夏曰：「井中蝦麻，呼爲鮒魚。」

「井渫行惻」，何以「求王明」也？曰：猶言見求于「王明」耳。夫王者有知人之明，求此井渫之賢而汲之，澤及天下矣。故曰「王明並受其福」。傳曰：「膏澤下于民。」

「脩井」者何？曰：威儀一改則身危，紀綱一亂則國亡。夫君子常井井乎其有條也。故无咎者，善補過也。子夏

〔三〕「四」：原作「己」，據周易程氏傳改。

曰：「甃亦治也，以塼壘井，脩井之壞也。」

「寒泉之食」，何以「中正」也？曰：君德而不「中正」，則貴戚有優渥之耗，疏遠無沾濡之益，是斜口井也。惟「中正」則四方皆被其澤矣。詩云：「池之竭矣，不云自中。」若孔氏曰：「九五剛中之主，不納井賢，必須才行高潔而後乃食之，以用人言也。」

「元吉在上」云「大成」者何？曰：斯井也，脩之極矣，位之高矣，取之衆矣，澤之不私矣。

革

顚問：「革而信之」矣，又何以言「文明以說，大亨以正，革而當」也？曰：文明則人知之，悅則人從之，正則人服之。故人信而可革也，悔宜其亡乎！

「治曆明時」者何？曰：春夏秋冬審而天道成，進退存亡審而人極立。故「革」也者，權也。

「不可以有爲」者何？曰：莫大于天，不專一則不能直遂；莫大於地，不翕聚則不能發散。故「鞏用黃牛」者，不爲于前，以有爲于後也。

「巳日(乃)革之」卦辭也，何於六二又言之？曰：卦以六二爲主，文明之賢而上應剛中之君，雖變革天下之制度，皆在我矣。然非「巳日」，其能「行有嘉」乎？

「又何之矣」者何？曰：論革可就而其就且至三，則非小就矣。是謂貞厲，斯革也人皆信之，其征又焉凶？

「信志」者何？曰：其湯武爲匹夫復讎之事乎？苟人未信己之志而改命焉，大則人以爲篡，小則以爲紛，更約束也，故曰「有孚，改命吉」。

「其文炳」者何？曰：賞觀斯變于唐堯孔子矣。書曰：「乃聖乃神，乃武乃文。」論語曰：「望之儼然，即之也溫，聽其言也厲。」炳哉文乎！

「順以從君」者何？曰：君子雖無文王猶興者也，故其革蔚然外見，如「豹變」也。若小人非假君威，則亦莫能革其面。所謂「民可使由之」者也。程子比之「自暴自棄」，過矣。

鼎

挺問：「聖人亨以亨上帝，而大亨以養聖賢」矣，何以又言「巽而耳目聰明，柔進而上行，得中而應乎剛」也？曰：非如此，聰明神武之聖人，其能亨神人而致元亨乎？子夏曰：「初分趾也，次實腹也，中虛耳也，上剛鉉也。故曰鼎象也。」

「正位凝命」者何？曰：己位不正則天命不凝，猶夫鼎也，錯諸地不安則餗覆矣。苟在我者各止于至善，命將焉往？詩云：「命之不易，無遏爾躬。」

「未悖」，「以從貴」者何？曰：惡不去不足以遷善，舊不去不足以從新，賤不易不足以獲貴。是故得爲人之妾，遂成人之子；得爲人之臣，遂安人之民。何所悖乎？

「慎所之」者何？曰：有實之鼎，而使有疾之人，我即幾何？其不載胥及溺哉！故孔子不欲遇乎陽貨，孟子不肯言乎王驩，斯其吉「終无尤」也。

「鼎耳革」何以「失其義」也？曰：五居君位而當鼎耳，群臣皆宜爲鉉以舉之者也。三反五應上而革其耳，君臣之義安在乎？夫耳既變，其何行如之？雉膏不得而食，宜乎其然也。然五聰明如天，而上下巽方降雨澤而和則三也，其悔而終吉也。

「信如何」者何？曰：猶云「果如何」乎，其材本不足以當大任，乃竊據高位，徇私而寵佞，欺君而悞國，果然覆餗矣。

其「形渥」者何？曰：古者刑諸侯、大夫于甸徒有屋之處，故曰「形渥」。

「鼎黄耳」，何以「中爲實」也？曰：其君子之「仁義禮智根于心，其生色也，睟面盎背者乎」？夫「黄耳」之鼎，而以「金鉉」舉之焉，中正可以行乎四海矣。故執中之堯而得玄德之舜，溫恭之舜而遇執法之皋陶，宜四方之風動也。

「剛柔節」者何？曰：君子之事君也，不瀆而不諂，如玉然。故其德斯成，其政斯行，其社稷之臣乎！

震

詔問：既「恐致福」矣，何以又「後有則」？曰：猶之先號咷而後笑乎。夫「震驚百里，驚遠而懼邇」，「虩虩」乎其所脩者周矣。若是真國之長子也，其出也信，「可以守宗廟社稷」，又何喪匕鬯之有？「笑言啞啞」，斷可知矣。王弼曰：「樂然後笑則也」。程子曰：「蠅虎謂之虩。」

「恐懼脩省」者何？曰：雷洊動而群陰解，君子「恐懼脩省」而衆欲退，皆自治也。

初九何同乎卦辭？曰：震主也。

「乘剛」者何？曰：以柔順而乘初九，故必震懼危厲，大喪其所有，升于重高之上，始可勿逐而七日得也。蓋君子致懼，必去其私欲，君子去欲，斯登于高明也。震來者非初乎？曰：猶六五往來之來，與初九震來同。億，大也，九陵在初上也，高明之地也。

「危行」與「大无喪」者何？曰：既以危行，則事皆得中矣，又何喪之有？書曰：「惟精惟一，允執厥中。」其「震往來厲」之謂乎？張子曰：「能行己以危，則富貴可保，不失其所有也。」[一]能行己以危，則富貴可保，故曰「无喪有事」，猶

[一] 張載横渠易說原文作：「能行己以危，則富貴可保，故曰『无喪有事』，猶云不失其所有也。」

云不失其所有也。〔一〕

「中未得」，「畏鄰戒」者何？曰：以其「中未得」也，故「畏鄰戒」耳。禮曰：「視于無形，聽於無聲」，豈家人之所能識乎？故曰「婚媾有言」，明夷言「主人有言」者，對行客之辭也。

艮

官問：「艮，止也」，何以又言「時行則行」？曰：君子止乎人之所不見，則皆天理矣。是以不獲其身，我且忘也，況于人乎？內忘我則智深，外忘人則仁周，仁且智，故時措之宜也。是故止止也，行亦止也，故「无咎」。何以不言吉？曰：君子之止，有「殺身以成仁」者。朱子曰：「身，動物也，惟背爲止。」

「思不出位」，何以「象兼山」？曰：止于所止也。

「艮其趾」，何以「未失正」也？曰：跬步之錯，終身之累也；片言之誤，萬事之僨也。故君子謹其始而防其微。詩云：「肇允彼桃蟲，拚飛維鳥。」

「未退聽」者何？曰：二隨初而動，猶腓隨趾而行。二若退聽于初六而爲隨所極，則已亦「未失正」矣。足不行而心欲動，斯其心不快也。隨非九二乎？曰：三，止之主也，非退之地也。以咸二三比之，猶可見其危。初九若曰二心未肯退聽，而必欲拯所隨之三者，亦通。

「危熏心」者何？曰：艮其限是自折，列其夤而不屬也。斯人也既不能令，又不受命，是絕物也。免是危，其維止于躬與趾乎？

〔一〕惜陰軒本、續修四庫本均無「能行己以危……猶云不失其所有也」句，此據四庫存目本補。

「止諸躬」者何？ 曰：「止諸躬」則可以止上下矣，故无咎。故曰大人者正己而物正者也。蓋天下皆關於一身之正耳。程子言「不能爲天下之止」者如何？ 曰：豈有止身而不能止人者哉？

「以中正」者何？ 曰：「艮其輔」，則言必顧中正之行而有序，斯如綸如綍，悔宜其忘矣。

「以厚終」者何？ 曰：程子曰：「節或移于晚，守或失于終，事或廢于久，人之同患也。」故「敦艮吉」。

漸

官問：漸既言「進」，「得位」以下又言「止」，而「巽，動不窮」者何？ 曰：言斯進也，非有欲心，止于至善，而巽順以進，如女歸之有序也，故「有功」「正邦」而「其位剛得中也」，其大舜乎？

「居賢德善俗」者何？ 曰：山上有木，其蔭以漸而長，居賢能德行之人于高位，則其俗以漸而善。蓋君子之善俗，非家至而戶曉之也，漸磨之而已矣。

「小子之厲」，何以「義无咎」也？ 曰：見之遠者不恤乎近，行之高者不累于卑。夫鴻漸於干，其識深矣。其知義與幾者乎，又何安飽之急求？ 夫小子者，邇見者也。

「不素飽」者何？ 曰：以中正之道而進于盤，豈惟己得其安哉？ 將措天下于磐石之上矣，故「飲食而衎衎」也。不然，思天下之飢溺由乎己，其能衎衎乎？

「夫征不復，離群醜也。婦孕不育，失其道也。」何以又曰「利用禦寇，順相保」也？ 曰：九三離其群類而與六四合，是其征也。雖「婦孕不育」矣，動于欲而「失其道」也。夫失道寇斯奪之矣，以道相保可謂止而巽矣。故傳曰：「守正閑邪，以禦寇也。」陸非鴻之道也。

「或得其桷」，何以「順以巽」也？ 曰：六四而在艮剛之上，使非順巽，幾何其不墜枝而殞身哉？ 故君子從賢以就平也，好善以即安也。程子曰：「鴻趾連，不能握枝。」

「終莫之勝，吉」，何以「得所願」也？曰：陵非鴻之所據也，故娶婦三歲而不孕，雖有賢臣，隔于讒邪，其能子萬民乎？夫九五、六二正應也，但合之有漸耳，三四終奈何？

「不可亂」者何？曰：篤近所以致遠，自卑所以登高。故灑掃應對，以窮神也。周旋中禮，以盛德也。夫鴻漸於達，其所積者厚矣。風雷不能亂其行，雨雪不能變其色，斯羽也不可法乎。

歸妹

保之問：既言「歸妹，天地之大義」以下，又言「說以動」以下，不亦背乎？曰：前自女歸而言也，後自歸妹而言也，言歸妹不可不正也。夫士之仕也，豈爲不正乎？惟以媚悅于主而求厭君子，故凶耳。

「永終知敝」者何？曰：夫悅以動，其有不敝乎？知其敝則可永終，蓋有澤上雖雷而不雨者矣，故君子量而後出，不出而後量，臣道也。臣其所受教，而不臣其所教，君道也。故朱子曰「君子觀其合之不正」，知其終有敝也。

「歸妹以娣，以恒也；跛能履吉，相承也」者何？曰：小臣而或能補于君，其是乎？故仲尼或許叔山無趾以德充也。「征吉」者何？曰：班婕妤爲近之。

「利幽人之貞」，何以「未變常」也？曰：「眇能視」，雖其明不能及遠，然而亦有所見矣。蓋眇九二之目者，六五也，猶能視六五之家者，九二也。夫二也，若謂五之昏庸，休蠶織而有公事，則變矣。故未變者，猶以恒也，柳下惠甯武子爲近之。丘可曰：「跛能履」，則無僭上之疑，而嫡妾之分明；「眇能視」，則無反目之嫌，而夫婦之倫正。

「有待而行」者何？曰：孟光之年踰三十，呂望之年踰八十，皆抱道「愆期」之志者也。詩云：「招招舟子，人涉卬否。人涉卬否，卬須我友。」

「其位在中，以貴行」者何？曰：是即月將望而未望也，其德如是，又何必如「其娣之袂良」哉？故君子之仕也，在篤其實，其文非所先也。在中其行，其言非所尚也。

「上六无實，承虛筐」者何？曰：以陰之極，處嫁之終，又何實心之有？所承者非虛筐而何？豈不敗乃國事哉？蘇秦張儀是也。然亦由士刲羊無血耳，可不嚴乎？昔晉獻公嫁伯姬于秦，筮得此爻，史蘇占之曰：「歸妹睽孤，寇張之弧，姪從其姑，六年其逋，逃歸其國，而棄其家。明年其死于高粱之虛。」及惠公在秦曰：「先君若從史蘇之占，吾不及此。」韓簡子曰：「龜，象也。筮，數也。物生而後有象，象而後有滋，滋而後有數，先君之敗德其可數乎？史蘇是占，勿從可益。」詩曰：「下民之孽，匪降自天。噂沓背憎，職競由人。」嗚呼！若能由人而實德，又何不利之有？夫韓子可與知象已。

豐

世寧問：既言「豐，大也」以下，又言「宜照天下」者何？曰：「宜照天下」以下，言保豐也。是故日不中則向陽易春，而寒穀無輝矣。既言「宜日中」，又言「天地有消息」，人與鬼神不足道者何？曰：「天地有消息」者，自然之常運；「宜日中」者，聖人以人而勝天也。

「折獄致刑」者何？曰：致治之時生怙惡，大亨之日興惰心，「折獄致刑」如雷電之皆至也，豐其可久乎？書曰：「德威惟畏，德明惟明。」

「雖旬无咎」，何以「過旬災也」？曰：初之與四，雖體均不相應，而用事實相濟，故君子外不可有上人之心，內不可有偏勝之意。故程子曰：「非明則動無所之，非動則明無所用。」斯其災乎？

「信以發志」者何？曰：豐其蔀而日中見斗，俾晝作夜矣。當是時也，君志昏而群邪聚，君子苟以其行正君也，則君以爲戾己矣。苟以其言直君也，則君以爲謗己矣，故「有孚發若」，其所感之者深矣。如己身未正，而諛悅取容以爲發者，斯孟子所謂「民賊」也。

「豐其沛，不可大事也。」何以又「終不可用」也？曰：上言其時也，下言其義也，又何咎哉？

既「位不當」「幽不明」，何以「吉行」也？曰：雖當「豐蔀見斗」之世，偕夷主以共治，可謂「同心斷金」矣。

既「天際翔」，又何以「自藏」也？曰：學淺而暗，猶思遜友也，位卑而暗，猶思下人也。夫上六雖「豐其屋而蔀其家」矣，其中何所有哉？故窺戶而無人，蓋文外飾內者也。昔王子伯廖言鄭公子曼滿無德而貪，卿以當此爻，而曼滿卒被殺，然猶不如商辛、王安石之似此也。

旅

九儀問：「旅小亨」，何以「柔得中」乎？外而「順乎剛」「麗乎明」，曰有剛明之主，則可以使旅得所矣。「柔得中」而順乎上，止而「麗乎明」者，則可以爲旅得主矣。孔子主司城，伯夷不事惡君，似之也。

「明慎用刑〔而〕不留獄」[一]者何？曰：明如火則下無遺情，慎如山則上無容私，故「不留獄」。

「終无尤」，何獨言「得童僕貞」乎？曰：非有即次之體，懷資之用，其能得童僕貞邪？故君子止于至善而後安，多識前言往行而後富，獲交賢友而後益，雖旅事王朝可用也。

「未得位，心未快」者何？曰：君子懷才抱德，必賴位而後行，心斯快矣。身且處旅，雖得資斧，將安用之？九四近君有未得位乎？曰：以九居四，猶羈旅之臣耳。

〔一〕「刑」下周易象傳有「而」字。

「上逮」者何？曰：雖亡一矢，而得乎文明之雉，則可以播德譽受天命而在人上，非復旅矣。故君子不失不得，不亡不存，君子以明德爲存爲得，以利欲爲失爲亡，注謂動而無失，如射雉矢亡，發無不中也。

「以旅在上」，何以「其義焚」也？曰：猶九三以旅與下，其義喪也。夫旅非在上之人也，旅而高亢以在上，其奚行之？故「焚巢」而「喪牛」，旅非與下之道也。旅而過剛以與下，其誰從之？故焚次而喪僕，蓋天下之道雖在旅，當處如在家；處旅之道雖在上，當處如在下。張子曰：「易，肆也，肆怒而忤物，雖有凶危，其誰告之，故『終莫之聞』也。」

巽

文學問：「重巽申命」矣，又曰「剛巽中正而志行，柔皆順乎剛」者何？曰：是以中正爲命矣。以中正爲命而柔皆順之，故小亨、利有攸往、利見大人也。剛巽中正，兼二五言也。

「申命行事」者何？曰：其所以鼓舞漸摩而入人者深矣，是以君子貴有中正之德也。不能，雖令不從矣。

「志疑」「志治」者何？曰：志一也，疑則不治，治則不疑，惟視人所存耳。夫匹夫之志，三軍不可奪，「武人之貞」，亦不足道也。

「巽在牀下」，二何以吉，上何以凶也？曰：在九二所謂有若無實若虛者也，而況於用其「史巫」誠允篤志者乎？故「紛若，吉」也。在上九所謂過于巽傷于和者也，而況于「喪其資斧」優遊不斷者乎？斯正所謂「凶」也。

「田獲三品」，何以「有功」也？曰：君子巽于下人，非以喪位也，而民久懷矣。巽于敬上，非以喪身也，雖神可享矣。巽于信友，非以失班也，而人皆孚矣，悔宜其亡乎？蓋乾豆足以格七廟，賓客足以穆四門，充庖足以肥百姓也。

九五之吉，何以「位中正」也？曰：當巽之任，變更其命，不中正，則有悔而無利。先庚三日，後庚三日，所以求中正也。斯是乎「无不利，有終」矣。

兌

書林問：兌何以「順乎天而應乎人」？曰：以「剛中柔外」而利于正也。故程子曰：「違道非順天，干譽非應人。」故先民犯難者皆是正耳，故「民忘其勞」與「死」也，何獨言「先民犯難」？曰：民者天之心也，應乎民即所以順天也。

「利貞」者何？曰：即「剛中柔外」耳，「剛中」順天，「柔外」應人。

「朋友講習」者何？曰：其兩相悦乎！是故不悦則不合，不合則何益之有？夫「講」言乎其知也，「習」言乎其行也，故兩講足以明道，兩習足以進德，猶兩澤足以相潤也。

「和兌之吉」何曰以「行未疑」也？蓋「和順于道德」以爲悦者乎？夫和順于道，其行也又何有所疑乎？故曰内不怍于心，外不怍於人。張子謂「以陽居下，無所比附，出門同人，行自信者也」。

「信志」者何？曰：其言志，人皆信之矣。其論語所謂「信而後諫」與「勞民」者乎，故吉。

「位不當」者何？曰：説可應也，不可來也，獻諂而進諛，幾何不爲君子之所拒乎？

「有慶」者何？曰：九四當大臣之位，君子小人所係以消長也。介然守正而嫉邪惡，九五足以成其德，六三不能殃其民，喜也非一己之私，非慶乎？

「孚于剥，位正當」者何？曰：五所處之位，正當「孚于剥」之地耳。故程子曰：「堯非不知四凶之終惡以剥君子也，取其畏罪強仁耳。若使誠心信小人之假善爲實善也，是危道也。」

「未光」者何？曰：如其德之光也，人皆信之，又何待于引長其説以干人哉？故君子「欲訥於言而敏於行」。朱子謂引下二陽以説者，亦通。

渙

挺問：「剛來而不窮，柔得位乎外，而上同」者何？曰：言中也。故王弼、程子曰：「二以剛來居內，而不窮於險；四以柔得位乎外，而上同于五。內剛而無險阻之難，外柔而無違道干譽之異，是以亨。『王乃在中』，『乘木有功』也。蓋剛來既中，而上同于五亦中者，天下之大本。」故能乘木而行仁也。

「亨帝立廟」，何以體「風行水上」也？曰：改渙也，幽明一理，能「亨于帝」，則能得民之散矣。

「順也」者何？曰：初六位卑不足與有立也，才弱不足與有任也，學淺不足與有行也。若順九二壯馬以拯之，渙未至而已濟矣。故君子以好善從賢爲急。

「得願」者何？曰：九奔二機，得卦變之意。程傳謂「二就於初以求安，乃得願也。」

「志在外」者何？曰：自是者不虛，自利者不廣，渙躬之志，其在天下國家乎？

「光大」者何？曰：朱子散朋黨以成大羣之說，可謂王道蕩蕩矣。

「王居无咎」，何以「正位也」？曰：汗身之所出，不可僞；號口之所出，猶可文。渙大號而若汗焉，其身正不令而行矣，斯渙也。蓋王居之斯无咎也，言有聖人之德，在天子之位也。

節

官問：「說以行險，當位以節，中正以通」者何？曰：此剛柔分而剛得中也。不然，則「苦節道窮」矣。天地之節四時，聖人之節三重，何其有窮乎？

「制數度，議德行」者何？曰：「制數度」，爲政之用也，則人有定守矣；「議德行」，爲政之本也，則人有定師矣。故夏時、商輅、周冕、韶舞，善制也；放鄭、遠佞，美議也。

「戶庭」「門庭」之吉、凶不同者何？曰：戶庭言乎其初也，當塞而塞，知時而慎矣。門庭言乎其中也，當行而塞，失時之中矣。

「居位中」者何？曰：惟其中也，故能調劑天下使得其平，是故寵幸無粱肉之厭，閭閻無糟糠之苦。何以異于「安節」也？曰：甘言中也，數度德行，自是而劑定矣。安言順也，承而奉行之也。

上六之辭，何以與卦同，卦不足以兼六爻乎？曰：節言乎其極也，其前五爻可兼矣。猶震言乎其初也，其後五爻可兼矣。故節同于上六，震同于初九。

中孚

鸞問：中孚以「利貞」，乃「應乎天」者何？曰：言如天道之正而信焉，斯能信及「豚魚」，乘虛而化邦矣。其惟柔在內而剛得中者乎？

「議獄緩死」者何？曰：苟微「中孚」，「議獄」爲故入，「緩死」爲故出，斯風也其能悅人乎？

「志未變」者何？曰：虞，安也。安于所信之政而不變于他，篤信于道者也，故吉也。故君子安于庸言，邪說非所惑也；安于庸行，曲行非所惑也。故變常者招異，僞祥者速災。詩云：「雖有姬姜，不如憔悴。」其初與四乎？

「或鼓或罷」，何以「位不當」也？曰：知命者不驚寵辱，見義者不輕喜怒，小人不知命故忘其身，進退非所專也。不見義故喪其心，好惡無所定也。

「馬匹亡」，何以「絕類上」也？曰：君子不有所失，則無所得。不有所違，則無所從。故君子舍小而謀大，去下而就上，幾望之月，可以輔日矣。又何初九之是戀！

「有孚攣如」，何以「位正當」也？曰：位者所履之地，當者所止之善，位不當則下疑夫九五，至誠能盡人物之性者也，天下中心悅而誠服不可解矣，又何咎？

「翰音登天」，何以「不可長」也？曰：小信破義，曲行害道，故非所信而信之，君子以爲僞也；非所進而進之，君子以爲退也。程子曰：「音飛而實不，信終則衰者也。」〔一〕

小過

書林問：小過何以言「上逆而下順也」？曰：去逆效順，君子之所以小過也。夫「飛鳥遺音」，此小過者也，聞其音可知矣。故曰「時行」也，時行則亨，蓋小既過而必大也，故「利貞」。王注曰：「下則得安，上則遇窮，莫若飛鳥也。」張子曰：小過「過於自大，其勢必危，過於自損，可以獲吉。故曰上逆而下順。」

「過恭」「過哀」「過儉」者何？曰：言此之過，過之無害者也。猶曰小有差失云爾，非以謂小者而過之也。程子曰：「當過而過，宜也。」

「不可如何」者何？曰：程子曰：「其過也飛鳥躁疾，速且遠也，焉可救乎？」蓋小人而恃應援，動必如是耳，故凶。若「上六飛鳥離之」者，則以弗遇過之也。故王注謂六「進而之逆，無所措足，凶也」。

「不及其君，臣不可過也」，孫可過其祖乎？曰：過祖，言德也。不及君者，言位也。故君子有過祖之行，斯成遇妣之孝，有遇妣之孝，斯成遇君之忠，故曰求忠臣于孝子之門。三四，陽也，而四取上，故言祖。五，陰也，故言妣，雖妣實

〔一〕此句，周易程氏傳作「音飛而實不從。處信之終，信終則衰。」

君也。

「凶如何」者何？曰：君子見惡如疢疾，未聞以爲粱肉也。禦寇如虺蝮，未聞以爲朋侶也。故對色而思亡者，終身不蠱；對音而思荒者，終身不瞶。九三而過防小人之妬，其又誰戕之哉？

「弗過遇之，位不當，往厲必戒，終不可長」者何？曰：君子有不言之言，言之反以取尤也；有不行之行，行之反以速悔也。故孝子回轅于勝母之里，義士忍渴于「貪泉」之水。昔王拱辰問見南子于尹子，尹子曰：「若焞則不敢見，蓋未能磨不磷，涅不緇也。」其知勿用永貞之義乎！故易有「位不當」者當也，蓋魚網而鴻罹也。

「密雲不雨」，何以「已上」也？曰：養高者忘勢，得道者忘利，知人者擇交，見幾者遠害，此四者，人君屈己以求，且不能至，況「已上」乎？夫巖穴之賢，豈弋繳可得乎？焉能雨我？

既濟

挺問：「既濟，亨」。何以曰「小者亨」也？」曰：言亨至小者皆亨，可謂「亨」矣。故能「利貞」，則初吉而終，亦可免於亂也。

「曳其輪」，何以「義无咎」也？曰：有善者喪善，有功者喪功，故君子列鼎不食，非以餒腹也，將使終身之不飢；重裘不禦，非以凍體也，將使終歲之無寒。故當既濟之初而能曳輪，雖首已濟險而尾猶濡，亦无咎也。

「三年克之」，何以「憊」也？曰：太上貴神，其次貴心，其次貴力。貴神之事，不疾而速；貴心之事，不行而至；貴力之事，三年克之。書曰：「舞干羽于兩階，七旬有苗格。」〔一〕

〔一〕語出尚書大禹謨作「舞干羽於兩階之間，七旬而有苗自服來至。」

「終日戒」，何以「有所疑」也？曰：其當既濟之盛乎？人情其有所忽乎？政事其有所廢乎？讒邪或投其間，奸宄或抵其隙，宜有衣袽茹之備也。豫九四言「勿疑」者何？曰：言本也，此言用也。

「不如西鄰之時」者何？曰：在西鄰盥而不薦之時，在東鄰則既盥而往之時。此震驚百里，不喪匕鬯之意也。

「濡其首，何可久」者何？曰：初「濡其尾」，自體以上皆出險矣，但「濡後尾」耳，故无咎。上自首以下皆入險矣，方在水頭耳，故厲。蓋在初爲既濟之時，而上已陷未濟之中也。其志乎？其時乎？其天乎？其人乎？

未濟

世寧問：既「小狐汔濟，未出中。濡其尾，无攸利，不續終」矣。又曰：「雖不當位，剛柔應」者何？曰：言雖未濟，有可濟之理也。故曰「未濟亨，柔得中也」。

「辨物居方」者何？曰：世之不濟，邪正混處耳。故君子辨小之善也，居之于朝以勸善；辨小人之惡也，居之于野以懲惡。如是之不濟者，未之有也。

「濡其尾」，何以「亦不知極也」？曰：程子言亦「不知之極也」。蓋君子見幾而作，斯身不危，于鄰而震，斯家不敗，難至于濡尾焉，淪胥以亡矣，猶爲有知乎！故君子辨之于首也。

「六三未濟征凶」，固「位不當」矣，何以又「利涉大川」？曰：見義不遷，不足以解過；臨害不懼，不足以去惡。故「一日克己」，所以「復禮」也。三年蓄艾，所以救危也。故未濟雖「征凶」也，而有涉川之勇，斯免夫。夫子曰：「人一能之己百之，人十能之己千之。」

「貞吉悔亡」，何以「志行」也？曰：善救疾者，先藥石而後粱肉；善除暴者，先枝葉而後根本。故震伐鬼方而後能行政也。詩云：「苞有三櫱，莫遂莫達，九有有截。韋顧既伐，昆吾夏桀。」

「君子之光」，何以「其暉吉也」？曰：光在身者也，暉在政者也，故致恭以下賢，王公之光也；得賢以成治，雍熙之暉也。故光者貞之實，暉者光之茂。又曰：光以禮貌言，孚以誠心言，皆所謂「貞」也。

周易說翼卷之三

繫辭上

官問：「天尊地卑」之章如之何？曰：此言天地，自然之易也；人體之，可參天地耳。故尊卑定乾坤之體，卑高列貴賤之位，乾坤定而剛柔斷，貴賤位而吉凶生。故剛柔摩而八卦蕩，爲雷霆，爲風雨，爲日月，其究皆男女也，故說卦言乾坤生三男三女者此也。故由其流行言之，曰貴賤，曰萬物，曰八卦，皆象形之別名也；由其定體言之，曰乾坤，曰剛柔，曰男女，皆天地之異稱也。然流行之物，皆在於定體之中，故乾坤者，八卦之父母也，故曰「乾知大始，坤作成物；乾以易知，坤以簡能」。既言「剛柔斷」，又言「相摩」者何？曰：斷言乎其體也，摩言乎其交也，故天地不交則八卦不蕩，猶磨之兩扇，不摩則齒中之物不得而出也。何以不言艮、兌？曰：孔氏曰：「風雨雷霆，皆出於山澤也。」坤何以言作？曰：乾主氣，坤成形耳，故又曰能也。「易則易知」以下者何？曰：此君子學乾坤之事也，故韓康伯曰：「乾坤易之門戶，先明天地尊卑，遂涉乎萬物貴賤之位矣。」「男女」云何？曰：豈惟人哉？雖風雷暑日皆男也，雨霆寒月皆女也。

九儀問：「聖人設卦觀象」繫辭之章如何？曰：上章既言天地之易，此言聖人以之作書，君子學之以得天也。聖人之設卦爻也，則以「剛柔相推而生變化」，故其觀象繫辭也，則有吉凶悔吝之異矣。「變化」者，即前貴賤、卑高、消長之象；「剛柔」者，即前剛柔、動靜、晝夜之象，故六爻之動，即三極之道也。若是則卦爻非聖人之強畫，繫辭非聖人之私說。

故君子以卦爻之剛柔變化者居而安，蓋其體即天地動靜之易也；以繫辭之吉凶悔吝者樂而玩，蓋其心即失得憂虞之易也，夫此但以其常言耳。至其動也，則又觀卦爻之變，與其繫辭之占，斯行皆合天矣，故曰「自天佑之」也。何以又曰變占乎？曰：變即象之顯，蓋已事之所當也；占即辭之決，蓋已事之所值也。故程子曰：「觀象玩辭而能通其義，觀變玩占而能順其時，則動不違天矣。」〔一〕

「彖者言乎象」之章如何？曰：彖斷一卦之辭也，爻斷一爻之辭也，吉凶、悔吝、无咎，即所謂辭也。「列貴賤」「齊大小」，則觀卦爻之象之事也。「辨吉凶」「憂悔吝」「震无咎」，則玩卦爻之辭之事也。然卦爻有小大、貴賤，斯辭有吉凶、悔吝、无咎之險易不同也，故曰：「辭也者，各指其所之。」故「君子觀其象而玩其辭」。

顯問：「易與天地準」之章如之何？曰：此承上卦爻之辭而言也。言天地之道，大化而已，即幽明、死生、鬼神之謂也。易之卦爻，辭能知之，是其準也。惟準也，則高明配天，智周萬物，旁行而樂天知命；博厚配地，道濟天下，不流而安土敦仁，是彌其大也；範圍曲成，兼知晝夜，是綸其化也。注云：「窮理盡性至命者何？曰：亦猶是焉耳。」

增問：「一陰一陽之謂道」者何？曰：承上言易非獨與天地準，又兼乎天地也。蓋道，易也，兼陰陽而言也，故自其流行言之謂之善，自其各正言之謂之性。斯道也，非人之所易識也。蓋「藏諸用」者，盛德也，獨謂之仁者非矣。「顯諸仁」者，大業也，獨謂之智者非矣，斯皆生生之易。所謂道也安在乎？在天地焉，成象效法是也，乾坤所由名也；在人事焉，極數通變是也，占事所由名也，斯皆兼陰陽而言。道其神矣乎？夫仁者見陽而不見陰，智者見陰而不見陽，百姓又日用而不知，則易道不測之神鮮矣，故曰非人之所易知也。繼、成何以又曰善、性？曰：繼如日新之德，便欲生物，豈有惡意乎？成如富有之業，皆能成物，豈非所性乎？孟子之言性善其本諸此乎？歐陽修童子問亦左矣。孟子不援此以證，而以情才言者何？曰：蓋學易而有用者也。「鼓萬物」之謂何？曰：兼天地萬物而言也，故曰道在天地，先太極生兩

〔一〕語見河南程氏經說，原文作：「觀象玩辭而能通其意，觀變玩占而能順其時，動不違於天矣。」

儀也。

世寧問：易廣大者何？曰：此又言易之廣大，不外乎天地也。夫乾能專直，坤能翕辟，是以能廣大也。故易之廣大，即天地也。言廣大而又言變通、陰陽之義者何？曰：廣大自其定體言也，變通、陰陽之義自其流行言也。又何以言易簡？曰：言乾坤之廣大變通者，非有所難而煩也，即太極之至德也。故其曰「配」者，非以彼配此之謂也，猶曰配天地而觀廣大，斯可見矣，故曰廣大即天地也。孔氏曰：「遠不御、靜而正者，互言也。」

保之問：易何以崇德廣業也？曰：夫易在天地則爲易，在人性則爲道，故「天地設位，而易行乎其中」，是以富有而日新也。人之智禮成性，而道義出乎其中，是以德尊而業廣也。德尊言乎其道也，圓也；業廣言乎其義也，方也。故孔子言博文者，「智崇」也；約禮者，「禮卑」也。蓋智禮之性不成，非狂則狷矣。其至中之道義，此心必不能變化而出也。

挺問：「聖人有以見天下之賾」者何？曰：上章言易之約，惟智禮，此言易之博，兼天下之賾動也，然其究不外修身耳。故曰「擬議以成其變化」，下七爻之謂也。故中孚九二，同人九五，皆言行也。大過初六，言慎也。言行修身，當慎如白茅也。謙九三，言人臣處勞之道也。乾上九，言人君守位之道也。節初九，言密也，舉君臣皆當如是也。「負乘」，言其不能如前之六爻也。君臣不能如前之六爻，是暴君賊臣，其位可盜而取矣。天下之道，莫大乎君臣；修身之事，莫過乎言行，故擬議之學，惟此爲要也。然則擬議止於七爻乎？曰：七爻舉其例耳，今若擬議七爻，則又必以己之所宜者，非啻舊文也。卦獨有象而無辭乎？曰：此互言也，是故形容物宜，在爻亦有之矣；會通典禮，在卦亦有之矣。先象而後辭者，先卦而後爻也。賾與動，奚別乎？曰：賾以言之煩雜言，動以行之交錯言也。

顓問：「天一地二」之章如何？曰：此言天地陰陽之數，具於河圖，而聖人因之立蓍明易，以成變化而行鬼神也。是故天之五位相得而有合，則一合九，三合七，並五而爲二十五也；地之五位相得而有合，則二合八，四合六，並十而爲三十也。故天地之數五十有五，以成變化、行鬼神，如下大衍之數，以成六十四卦者是也。故又申言之曰：「知變化之道者，其知鬼神之所爲乎！」言變化即神也。何以獨用五十？曰：地不可過乎天也。乾坤之策者何？曰：舉二太以見二少耳，然計二少掛扐之策，當三百六十也。引伸觸類者何？曰：　自八卦小成而言，以至六十四卦也。若指四千九十六卦，則六十四卦者不足以畢天下之能事，其文又何以承八卦小成也？五位相合何以又曰相得？曰：　不相得則不合，故其曰「各」者，非以天數合于地數也，蓋分天地而各言也，故二十有五及三十者，即各相合之積也。「顯道神德行」者何？曰：　道隱也而顯之，則可與酬酢矣。行顯也而神之，則可以助神矣。然酬酢即佑神，皆所謂成變化而行鬼神也。

書林問：「聖人之道四」者何？曰：　至精者，尚辭、尚占之事也；至變者，尚變、尚象之事。至神尚占之事也，至變何以兼尚象也？曰：　象者變之定體，變者象之根本，況經於至變之中，而已具象變之文乎。夫辭，占之至精，以其極深也，故能通天下之志，足以知來物而有爲有行矣；象，變之至變，以其研幾也，故能成天下之務，而成文定象矣。參伍錯綜者何？曰：　揲蓍之法，雖皆四數，然其初則參天兩地而倚數也，況掛一併四揲亦五乎？蓋凡數四八則方，參伍則圓，方則體而定，圓則神而變也。錯其數，左右相交也；綜其數，並左右而合之也。

官問：「夫易何爲者」何也？曰：　此言聖人先能用易，而後能作易也。故「開物」以下，言聖人用易之事也。故自「何爲者」以下，言聖人以易之開物者而通志也，以易之成務者而定業也，以易之冒天下之道者而斷疑也。「蓍之德」以下，則其故也，圓神所以開物也，方知所以成務也，易貢所以能冒天下之道也。故聖人洗心藏密，所以能通志之學也；吉凶同患，所以能成務之學也；知來藏往，所以能斷疑之學也。「聰明睿知，神武不殺」，則言其資耳。聖人有是資又有是學，故能明天道，察民故，崇此神物，以前民用，若上通志成務，以斷疑也。夫神物即易也，豈難知哉？近譬之，即人出入之門戶可見矣。夫斯門戶也，何莫而非乾坤變通、象器法神者哉？又豈小乎哉？出于太極，生于大業，見於天地、四時、日月、富貴、聖人、蓍龜也。夫易既如此，故聖人又則天地、日月、蓍龜以作易耳。兼天地、日月、蓍龜者，聖人也，故四象以示之。下申言通志定業，斷疑也，言其所示所告所斷者，皆天地蓍龜之意，非聖人之私說也。

九儀問：「自天佑之」之章如何？曰：　此言天佑履信思順之人，人能學易至于默成不言而信之地，則爲天所佑也。故「書不盡言」以下，言聖人作易之事也。「化而裁之存乎變」以下，言學者學易之事也。然作易之事，不過立象盡意、繫辭盡言而已。情僞皆出於意也，利神皆出於神也，故立乾坤之象，其易之意可盡矣；繫乾坤之辭，其易之言可盡矣。乾坤者，包六十四卦而言也。夫意在象外者也，故「形而上者謂之道」；言在象後者也，故「形而下者謂之器」。故自道而言，則爲變通焉；自器而言，則爲事業焉。是何也？聖人之立象也，極天下之賾皆存乎卦，故象立其道之意，可得而盡矣；聖人之繫辭也，鼓天下之動皆存乎辭，故辭繫其器之言，可得而盡矣。變通神明，則學形而以上之道之事，所謂意也；德行，則學形而以下之器之事，所謂言也。蓋不言乃所以盡言也，故曰「不言而信」也，如是履信而能順乎天，天豈不佑之哉？其曰人助之者，天人一理也，得人斯得天矣。是篇也，自「天尊地卑」以下，皆天地自然之象以爲卦爻；其「天一」以下，始兼蓍而言也。

繫辭下

九儀問：「八卦成列」之章如之何？曰：此言聖人立卦及繫辭，不外乎仁義以生人也。故「八卦成列」以下，言六十四卦之所由立而有變也。「繫辭焉而命之」以下，言吉凶悔吝之辭皆因乎此變也。「剛柔立本」以下，言卦爻之變之故也。「吉凶貞勝」以下，言繫辭因變之故也。「乾確然」以下，言卦可以兼乎爻、象之意，而含乎吉凶之辭也。爻、象蓋動於卦之內，功業所由生也，故曰：「八卦成列，象在其中矣。因而重之，爻在其中矣。」吉凶蓋見于卦之外，聖人之情所由著也，故曰：「繫辭焉而命之，動在其中矣。」吉凶悔吝生乎動也，是故曰卦爻、曰繫辭，凡以明天地之生物、聖人之生民耳。天地之生物也有剛柔，即卦爻之象也；聖人之生民也有仁義，即吉凶之辭也。既言吉凶貞勝，又言天地日月、天下之動者何？曰：皆指吉凶所見之處也，天人一理也。

書林問：「包羲氏」之章云何？曰：此言前聖作易、後聖用易之事也。故包羲初觀法象及鳥獸之文、草木之宜者，近取諸身，而後遠取諸此類之物也。故始作六十四卦，而陰陽神明之德、萬物雜糅之情皆具矣。故取象十三卦之物，皆卦所有也，十三卦舉其槩耳。包羲、神農言取離、益者何？曰：佃漁、耒耜，二聖之所由名也。黄帝、堯、舜言取乾、坤者何？曰：三聖其道之至、時之中乎！當其世，可謂上下與天地同流矣。衣裳舉其大耳，雖其下八卦皆此義也。是故水陸有宜，生殺隨時；上古之質，可革則革；當時之文，可興則興，皆乾、坤交泰之志，垂衣裳而治天下者也。

「易者，象也」以下云何？曰：證取十三卦之故也。彖爻所以立其體，吉凶悔吝所以達其用，皆像也。

挺問：「陽卦多陰」章云何？曰：天中之物皆地也，地中之氣皆天也。是故其婦貞者，夫之良也；其夫良者，婦之貞也。惟君子以人而勝天，故「一君而二民」。

保之問：又釋九卦十一爻之辭如之何？曰：此章以咸九四爲主，言聖人體天道自然之屈伸也。其屈也，精義入神，所以出而效用也；其信也，利用安身，所以入而崇德也。困六三言不能利用安身、死期將至者，由未精義也。解上六言能精義入神、藏器於身者，將以致用安身也。噬嗑初九、上九，否九五，鼎九四，皆申安身之意也。是必先知精義，則免滅趾、滅耳、折足之患，而係于包桑矣。豫六二，復初九，皆申精義之意也。蓋其望萬夫而無祇悔者，皆此知幾不遠復也。損六三，益上九，又推言之也。言精義未至于致一，欲安身必至于或擊矣，是故體用一原，屈伸一道。君子之學，真如日月寒暑之往來也，故曰：「同歸而殊塗，一致而百慮。」同歸，以行言也；一致，以知言也。不諂不瀆，何以爲知幾？曰：以吉凶之先見也，諂則辱身焉，瀆則傷身焉。「致一」而言化醇化生者何？曰：天地惟一氣，聖人惟一理。

顒問：「易之門」者何？曰：此言文王所繫諸卦辭之名物，舉乾坤，其概耳。夫「乾，陽物也；坤，陰物也」，凡諸陽卦之名物，凡諸陰卦之名物，豈能外是門乎？惟乾坤二物也，故剛柔有體，體天地之撰；惟二物陰陽也，故陰陽合德，通神明之德。夫其稱名雖雜，以體天地之撰，而不過於稽陰陽之類，以通神明之德也，其皆聖人扶衰世之意乎？故其稱名之雜也，凡彰往而察來，微顯而闡幽，皆備具乎開而當名辨物、正言斷辭之中，所謂體天地之撰也，其稽類也。稱名雖小也，取義類則甚大，指則甚遠，辭則甚文，言則曲而中，事則肆而隱，是皆因疑貳以濟民行，以明失得之報，所謂通神明之德也，故曰：「其衰世之意邪！」此兼卦爻言乎？曰：再以九卦專言卦也，「易道屢遷」[一]以下三章，專言爻也。

世寧問：聖人素乎患難，行乎患難，今曰「作易者，其有憂患」，則聖人亦以憂患動心乎？曰：非也，言是易乃聖人當憂患之時而作也。其下三陳九卦，則示人以處憂患之道耳。有敘乎？曰：初陳者，言九卦可用以修德也；再陳者，言九卦之德所以可用也。三陳者，言所以用之之方也，如曰履和而至，所以可爲德之基，而人當和行以學履也。九卦亦自有敘乎？曰：外立履而柄謙，內復本而恒固，雖可已矣。若或忿欲內動則當損，嘉言善行外接則當益，斯爲備耳，然此其素也。遭困而不知辨，以改其操，則前德俱喪矣。能辨焉，然後可以井地而巽制也，言立而後能權也。「基」「本」「地」奚別乎？曰：基，自其所立之位而言也；本，自其所養之始而言也；地，自其所行之處而言也。猶曰：無入而不自得也。

官問：「易之爲書不可遠」者何？曰：言易道不可遠也。夫道雖屢遷，惟變所適，似甚難而可遠矣。然「出入以度內外，使知懼」，如師保父母之在上，則未嘗無典常而可遠也。苟非德行之人，神而明之，不泥于典常，則流于變遷，易道豈可行乎？出入內外云何？曰：兼易與人而言也，出入猶行藏，內外猶隱顯。

「原始要終以爲質」者何？曰：此言易原始要終，以爲卦體。故六爻之事，惟其時焉。「其初難知」以下，言初上二爻也；「雜物撰德」以下，皆言中爻也。中爻謂二五也，言中爻雖雜物撰德，而辨諸爻之是與非，蓋一卦之折中也，王弼所謂「約以存博、簡以兼衆」[二]者也。然大要存亡吉凶耳，觀象辭則見矣。彖辭多主二五而言也，故其下言四爻而二五獨貴多譽，蓋天下之道中而已。

九儀問：「三才之道」云何？曰：言卦有六爻之故也，故三畫不足以備萬物，而爲四千九十六卦之說者，亦非所以盡易也。「爻有等，故曰物」者何？曰：孔穎達曰：「言爻有陰陽、貴賤等級，以象萬物之類也。」猶曰剛物、柔物也。

[一] 此句，易繫辭下曰：「易之爲書也不可遠，爲道也屢遷。」

[二] 語見王弼周易略例，原文作：「繁而不憂亂，變而不憂惑，約以存博，簡以濟衆，其唯彖乎！」

「物相雜，故曰文」者何？曰：主爻之變動而言。韓康伯曰：「剛柔相錯，猶玄黄相識也。」「文不當，故吉凶生焉」者何？曰：文，理也，當理則吉，失理則凶也。

易辭之危，何以言「百物不廢」也？曰：夫易也，舉天下之物，皆可以爲戒懼之資矣，故曰「其要无咎」也。「要」猶要領，或曰平聲讀，歸義也。

官問：「乾，天下之至健」之章如何？曰：「吳幼清曰：『至健』以下，言天地之能也。『説諸心』以下，言聖人成能也。『變化云爲』以下，言人鬼百姓與能也。」何言乎百姓人鬼與能也？曰：天地之變化，人事之云爲，其吉凶有災祥之先見，故觀變化云爲之象，而天地萬物形器之實可得而知也；玩吉事有祥之占，而吉凶悔吝方來之故可得而知也。人謀鬼謀，百姓皆可與能，如朝覲、祭祀、商旅是已。是何也？「八卦以象告」，而剛柔雜居，是皆變化云爲也，是以象事知器矣。「爻、象以情言」，而吉凶可見，是皆吉事有祥也，是以占事則知來矣。然其剛柔雜居也，則有「變動以利言」以下；其吉凶可見也，則有「將叛者其辭慚」以下。

大抵繫辭上下兩篇，多言卦爻之所以立，與辭之所以繫也。辭之所以繫，則本卦爻有是情耳。故其書曰繫辭。

説卦

官問：「幽贊神明生蓍」如何？曰：此言聖人立蓍之故也。言聖人之作易也，既設卦爻繫辭矣，又幽相神明生起用蓍之方，以爲後人求卦玩辭之門也。是何也？易之卦爻，觀變陰陽，發揮剛柔而有者也。易之繫辭，和順道德而理于義，窮理盡性以至命者也。蓍則通乎神明，而數倚乎天地，即陰陽剛柔之義，道德性命之理也，故可用以成卦爻及繫辭耳。「六畫成卦」，兼陰陽剛柔而言也。「六位成章」，何以不言仁義乎？曰：非仁義其能分陰陽用剛柔哉？

九儀問：先曰「天地定位」，又曰「八卦相錯」者何？曰：非天地定位，則山澤、風雷、水火不相交也，惟天南地北也。故山，天之陽也，而處于地之西北，澤氣可得而上山矣。澤，地之陰也，而接乎天之東南，山氣可得而湧澤矣。雷，天之陽也，起于地之東北，蓋陽在陰內，奮出而爲雷，雷動而風從也；風，地之陰也，發於天之西南，蓋陽在陰外，周旋而爲風，風發而雷應也。火，東陽也，木之子也；水，西陰也，金之子也。一往一來，日月之所以代謝，寒暑之所以屈伸，天地之所以交互者也。又何射之有乎？故曰非天地定位，八卦不交也。故下章曰雷動風散，雨潤日烜，艮止兑説，而皆歸于乾君坤藏也。何以曰「易，逆數也」？曰：卦之逆者固逆，而順者亦逆也。故自天運言，先震春而後乾夏，順也。自生卦言，則是四而三、三而二、二而一者也。

世寧問：先天既言天地定位，而後天乃置天地于西北西南者何？曰：先天自對待而言，故天地定位，而雷風、山澤、水火相錯于其中。後天自流行而言，自雷而風而火而澤而水而山以既成萬物，皆役于坤而戰于乾也，即所謂「水火相逮，而雷風不相悖，山澤通氣」者乎。其以地爲西南者，言地之道其盛於此時乎？蓋夏秋之交也。以天爲西北者，天之道其衰于此時乎？蓋秋冬之交也。是故地道盛而天道衰也。地道盛者，萬物之畢達也；天道衰者，不復生物而有待于未震也。故坤西南曰致役，乾西北曰戰。戰者，陰陽相薄也，故曰文王得天地之用，而夫子固曰「數往者順」也。

保之問：八卦之德如之何？曰：健而順，順而動，動而入，入而陷，陷而麗，麗而止，止而斯悦矣。故生卦之序自乾、兑，交卦之序自乾、坤。

乾之六爻皆言龍，此以言馬而以震爲龍者何？曰：震，乾之長子也。震且爲龍，乾不言可知矣。由是知乾爲牛亦可也，奚獨馬乎？何謂也？曰：坤爲牝馬，乾可爲牡牛。故雖雞雉羊豕，亦皆可通也。故知八卦之物，舉其大耳，「近取諸身」，亦由是也。

九儀問：乾、坤之生六子，謂揲蓍以求爻乎？曰：自然之象，亦如此耳。「兩儀生四象，四象生八卦」，亦謂此也。

廣八卦之象如之何？曰：觀此以見萬物之情皆可類矣。先儒謂「一梅一兔，皆可起八卦」，正此意耳。如乾爲玉矣，凡玉之次以至頑石之類，皆可推七卦也；乾爲木果矣，凡果之下以至枝葉根苗之類，皆可列七卦也。胡仲虎謂：「有相對取象，相因取象，有一卦之中自因取象者，其說亦庶幾也。」荀爽九家易解，則有增多其文者，則或因是而生，正所謂觸類之學也。

序卦

詔問：韓康伯謂序卦非易之蘊，而朱子則以爲非易之精者，如何？曰：皆非也。夫易，窮則變，變則通者，其序卦乎！不然，生卦之序自乾、兌，交卦之序先震、巽，合易，序卦則非生非交也，其精蘊自可見矣，故曰：易不可爲典要。泥象數卜筮之說者，皆其末焉耳。

需，待也，而曰「飲食必有訟」者如之何？曰：凡有利必有爭也。「比必有所畜」，何以受之小畜？「无妄然後可畜」，何以受之大畜也？曰：以政合者畜之小，以德合者畜之大也。蠱者，壞也，而曰「以喜隨人必有事」「有事而後可大」者何？曰：以喜隨人者，非行所無事也。故蠱言事，由此而生也，故雖可大之業，亦由是而基焉耳，故受之以臨。「致飾然後亨，則盡，受之以剝」[二]者何？曰：賁，外飾也，故剝。「不養則不可動」，「有其信者則必行之」，義異也，而受卦爲大過、小過者何？曰：大過，美之至也。小過，失之細也。是故養而動，則大過乎，人自信而行，能無失乎？「物不可以終壯，故受之以晉」者何？曰：漸進而不壯矣。「傷乎外者必反其家」[三]何？曰：時不可仕而家食也。「既解蹇矣，又有所失而損」者何？曰：此生于憂患，死于安樂者也。「困乎上者必反下」何？曰：此不得乎人而反求諸己也，其諸澤無水則浚井乎。大抵易卦變遷，其義各有攸指，是故序卦不作，則易之精蘊，亦不可見矣。

[二] 此句，易序卦傳曰：「致飾然後亨，則盡矣，故受之以剝。」
[三] 此句，易序卦傳曰：「傷於外者必反其家。」

雜卦

九儀問：雜卦云何？曰：不以序也，錯其卦對待而什之，故雜卦也。鄭玄以爲大過以下卦指不協，似錯亂者，如之何？曰：不然。大過對頤、既濟，其姤、漸則對歸妹、未濟也。

毛詩説序

毛詩説序卷之一

國風　周南

穀問：「周南、召南，何謂也？」曰：「周，周公也；召，召公也。南，和也，明也，房中之樂也。萬物至夏而始和，萬象至南而皆明。故房中和而天下樂，家道明而萬國理。」「何以領國風乎？」曰：「其以長養萬物者惟南風乎！故曰：風之始也，所以風天下而正夫婦也。」

「關雎，后妃之德也。」憂在進賢，不淫其色。哀窈窕，思賢材，而無傷善之心也。穀曰：何也？曰：本其樂之始也。心之憂思在乎進賢淑以爲樂。是以哀窈窕，思賢材，而無傷善之心也。興以關雎，荇菜者何？曰：鳥獸之行於夫婦，惟關雎之情至爲宜。草木之行於后妃，惟接余之爲當也。既曰「寤寐求之」，又曰「寤寐思服」，不亦復乎？曰：始旁求於寤寐之中，求而不得，斯思之也。左右流之，然矣。采芼亦言左右者何？曰：凡參差者，皆不遺也。在求以興廣，在樂以興具也。

「葛覃，后妃之本也。」后妃在父母家，則志在女功之事。躬儉節用，服澣濯之衣，尊敬師傅，則可以歸安父母，化天下以婦道也。」夫父母之説不亦背乎？曰：在父母家之父母，自女子時而言也。歸安父母之父母，自既嫁躬儉節用時言也。

是故知稼穡之艱難，王者之本也。知蠶葛之艱難，后妃之本也。內外各得其本，而天下治矣。刈濩澣濯，后妃親執之乎？曰：雖有贊勞，不害爲親執也。

「卷耳，后妃之志也。」如之何？曰：言君子之行役也，外執勞苦，內憂國政，是我之所懷耳，故采卷耳。不滿頃筐也，況其行也？不惟「寘彼周行」，而又崎嶇于「崔嵬」「高岡」之間。僕馬皆病，不少息焉，其時之難可知矣。我如之何而不懷傷永嘆乎！僕馬之我爲君子，金罍、兕觥之我爲后妃，不亦已析乎？曰：此夫婦一體之辭也，可以見其爲情矣。若曰又當輔佐君子，知臣下之勤勞，則所未喻也，宜朱子之弗取耳。毛萇曰：「卷耳，興也。」

「樛木，后妃能逮下也，言能逮下而無嫉妬之心焉。」夫其以累言綏、荒言將、縈言成者何？曰：維繫則安而不傾，蒙奄則美而得助，旋纏則久而有終，累而後荒，荒而後縈也。

「螽斯，后妃子孫衆多也。言若螽斯不妬忌，則子孫衆多也。」則何三章乎？曰：「振振」，起而不相害，性之和也。「繩繩」，方來而不絕，聲之繼也。蟄而復生，生而復蟄，終無窮極，「緝緝」而不斷也。

穀問：「桃夭，后妃之所致也。不妬忌則男女以正，婚姻以時，國無鰥民也。」夫之子于歸，有言華、言實、言葉者矣。何以皆謂之時乎？曰：其概也舉不違乎相配之時耳。「華」言「室家」，「實」言「家室」，「葉」言「家人」何？曰：「室家」，夫婦相對之辭；「家室」，由外及內，父子兄弟皆舉之矣；「家人」，則雖宗族上下，皆可兼也，猶桃華謝而實，實殞而尚有葉耳。故華言男女，實言有子，葉言蔭庇也。

穀問：「兔罝，后妃之化也。關雎之化行，則莫不好德，賢人衆多也。」夫兔罝，武夫也，何以知其好德乎？曰：陸佃曰：「椓之丁丁」，猶有所聞也。「施于中逵」，猶有所見也。「施于中林」，無所見聞，而猶肅肅，其德深矣。「丁丁、中逵、中林」何興？曰：「丁丁」，聲聞于外而內有所獲，故干城。「中逵」，出入往來之所必由，故好仇。「中林」，幽深而不見，故腹心耳。若是，而以爲「后妃之化」，何也？曰：以爲文王之化，衆人所知也。以爲后妃之化，衆人所不知也。故未有關雎之化不行而能致兔罝之賢者也，此序之善也。

「芣苢，后妃之美也。和平，則婦人樂有子也。」何哉？曰：孔穎達曰：「天下亂離則我躬不閱，豈暇思子乎？」毛萇曰：「芣苢宜懷妊。」

「漢廣，德廣所及也。文王之道，被于南國，美化行乎江、漢之域，無思犯禮，求而不可得也。」何也？曰：於是乎見男女之有別矣。是故無思犯禮如漢廣、江永，男正位乎外也。求不可得如喬木、楚蔞，女正位乎内也。斯男女之皆化乎！故曰：關雎之化，近至于兔罝，遠至於芻蕘。

衢問：「汝墳，道化行也，文王之化，行乎汝墳之國，婦人能閔其君子，猶勉之以正也。」奈何？曰：婦人以君子行役，而王事煩勞，其毒太苦。故未見，思之如飢。既見，喜其不遠棄我也。遂謂之曰：王室雖如燬，而周王父母之德，則甚邇，苦也可且忘矣，不正而能之乎？婦人猶正，君子之正可知，程子以「既見君子爲將見」，恐未然也。

「麟之趾，關雎之應也。」商經問：「何也？」曰：「關雎之化行，則天下無犯非禮。雖衰世之公子，皆信厚如麟趾之時也。」曰：「其以公族公姓非一世乎？於是乎見『關雎之化』，至後世猶未已也。趾在下，故言子。定在前，故言姓。角在末且盡也，故言族。是故關雎，后妃之德也。葛覃，后妃之業也。卷耳，道及君子矣。樛木，惠及宮中矣。螽斯，德被子孫矣。桃夭、兔罝、芣苢，化及中國矣。漢廣、汝墳，化及天下矣。麟趾則化及後世矣。此周南之序也。故何彼穠矣，言其化至于平王之女，以終召南。麟之趾，言其化至于衰世之子，以終周南。此夫子刪詩之意也。故毛萇亦曰：「後世雖衰，猶存關雎之化也。」

召南

「鵲巢，夫人之德也。國君積行累功，以致爵位。夫人起家而居有之，德如鳲鳩，乃可以配焉。」穀曰：「何也？」曰：「是可謂以德配德矣。送迎之『百兩』也，不亦宜乎？何以關雎興后妃，鳲鳩興夫人乎？」曰：「雎鳩摯而有別，其聖人人倫之至乎！非文王不足以配之也。鳲鳩均平專一，其臣妾事上之忠乎！非諸侯不足以配之也。其曰御、將、成者何？」曰：「巢在此，以速鳩，故言御。巢在彼，非鳩所有也，取而方之，故言將。盈則無虧欠，故言成。」

「采蘩，夫人不失職也。夫人可以奉祭祀則不失職者」，何也？曰：言能誠敬也。古者公侯親耕，以供粢盛。夫人親蘩以供葅豆，況沼沚而又于澗，求之益深矣。「僮僮」而又「祁祁」，思之已永矣，職又何失乎。

草蟲，何以「大夫妻能以禮自防」乎？曰：妻也，以大夫之久役也，外苦其四體，內荒其家政，此心之「忡忡」「惙惙」而「傷悲」也。故「忡忡」者，心懸不下也，故言降。「惙惙」者，心結不解也，故言悅。「傷悲」則非常矣。諸侯大夫妻之說，何也？曰：其諸侯之大夫之妻乎！

「采蘋，大夫妻能循法度也。能循法度，則可以承先祖，共祭祀矣。」然則法度之謂何？曰：其諸采之於濱潦，盛之于筐筥，湘之以錡釜，奠之以牖下，尸之以季女，不失其常而主之以敬乎！故毛公以爲能循未嫁時之法度也。

「甘棠，美召伯也。召伯之教，明於南國。」奈何？曰：南國之人曰：「凡我倫理正而訟爭息者，皆此樹之功耳，猶恨其不蔽芾也，翦伐而敗拜焉，是伐我召伯耳。」故孔子曰：「吾于甘棠，知宗廟之敬也。」晉韓宣子賦角弓，宴于魯。季武子指嘉樹而譽之。武子曰：「宿敢不封植此樹，以無忘角弓。」遂賦甘棠，則亦不知類之甚矣。

「行露，召伯聽訟也。衰亂之俗微，真信之教興，強暴之男不能侵陵貞女也。」然則文王獨化其女子乎？曰：非然也。言女夙夜之行，但畏多露耳，非復往日者之懼強暴也。設有速我於獄者，必其室家之禮不足，召伯自能聽之，我亦不從也。縱曰室家不足，則男之訟女，固亦有因女之自守必至愆期。故曰：男女之皆化也。

「羔羊，鵲巢之功致也。召南之國，化文王之政，在位皆節儉正直」者，何也？曰：羔裘而素絲五紽、五緎、五總焉，不儉而能之乎？退食而委蛇委蛇，不正直而能之乎？西京雜記曰：「五絲爲䌰，五䌰爲升，倍升爲緎，倍緎爲紀，倍紀爲總，倍總爲繸。」然則紽猶在䌰升之先乎？蓋製裘者，始縫而絲微，既敝矣，非絲大不足以固之也。故自紽至總，自皮至縫，又儉之至也。何以言五也？五猶周也、員也、徧也。德如羔羊，何也？言稱服也。夫羔也，羣而不黨，故卿以爲贄也。繁露曰：「羔有角不觸，類仁。執之不鳴，殺之不嗥，類義。跪飲其母，類禮。」既曰皮，又曰革者何？曰：皆節儉意也。

「殷其靁，勸以義也。夫召南之大夫遠行從政，不遑寧處」，則然矣，其曰「室家能閔其勤勞，勸以義」者，何也？曰：非「振振」之「君子」，其能完歸哉？奚興乎？曰：言雷且有定處，君子不遑，曾雷之不若也，有序乎！曰：陽而側，側而下，雷愈安愈近，君子愈危愈遠。

「摽有梅，男女及時也」，奈何？曰：詩人見梅落，而言求女之庶士，必及此吉日以相謂而不過也，其亦周南之桃夭乎？我者，詩人代女而言也。

「小星，惠及下也。夫人無妬忌之行，惠及賤妾，進御于君。知其命有貴賤，能盡其心矣。」故抱衾裯而宵征，肅肅以盡心，不知其命也，而能安之乎？呂氏謂：「上好仁，則下必好義，則上也者可與立命矣。」毛公曰：「命謂禮命。」鄭玄曰：「衆無名之星，隨心噣在天，猶諸妾隨夫人以御君也。」

「江有汜，美媵也。勤而無怨，嫡能悔過也。文王之時，江沱之間，有嫡不以其媵備數，媵遇勞而無怨，嫡亦自悔也。」奈何？曰：於是乎知嫡媵之皆化也。嫡媵且化，而況於其夫乎。「悔、處、歌」之謂何？曰：序也。「悔」而後「處」，「處」而後「歌」。「以、與、過」之謂何？曰：「以」而由「悔」，「處」而由「與」，「歌」而由「過」也。

「野有死麕，惡無禮也。天下大亂，強暴相陵，遂成淫風，被文王之化，雖當亂世，猶惡無禮也」。璽曰：「何哉！」曰：「死麕死鹿，非鳴雁之嗈嗈也。感帨吠尨，非桃夭之親迎也。亂世則爾也，今非其時矣。故述而惡之也。」曰：「行露、摽有梅、野有死麕，集注皆謂『女子懼強暴之辱』。今皆從序，何也？」曰：「序其舊矣哉！或曰子夏，或曰國史，或曰衛宏。毛萇雖不可據，然而授受則遠矣，如集注之說，則文王之化獨及其女子乎。且義理可以心度，事實必由口傳，生於數千百載之下，安知其前者之盡不然乎？雖違注，吾從舊。」

「何彼穠矣，美王姬也。雖則王姬，亦下嫁于諸侯，車服不係其夫，下王后一等，猶執婦道，以成肅雝之德也。」璽曰：召南而係以平王之詩，何也？曰：其見關雎之化至于此時乎，此聖人之意也。雖則之謂何？對猶執而言也。然則毛萇解平爲正，而爲武王者何？曰：曲說也。桃李絲緡之興何？曰：桃李，言女德之盛，見平王之孫不愧齊侯之子也。絲緡，言男道之正，見齊侯之子不愧平王之孫也，蓋皆世德作求，不惟尊貴耳。

「騶虞，鵲巢之應也。鵲巢化行，人倫既正，朝廷既治，天下純被文王之化，則庶類蕃殖，蒐田以時，人如騶虞，則王道成也。」璽曰：「王非諸侯之事也，奈何？」曰：「楊子曰：『非諸侯有騶虞之德，何以見王道之成哉！』」一發五豝之謂何？曰：或曰五矢爲一發，矢十爲一束。」

邶

「柏舟，言仁而不遇也。衛頃公之時，仁人不遇，小人在側。」琉曰：「何謂也？」曰：「言柏舟而泛流，有嘉謀不見用，是其隱憂，豈酒之能解乎？然我匪鑒，已不能度其君之不聽矣。往愬兄弟，亦遭其怒。蓋僚儕之皆變也。然我心不變，非如石席之可移，而又威儀棣棣，危行以處無道之時，而人滋異焉。閔侮紛然而來，使我寤辟之有摽也。嗚呼！謂日當常明也，君子當常亨也，豈憶日月更爲微虧？可憂一至此邪。當是時也，予欲奮飛以遯，而羣小以我爲沽名，禍且至矣，奈之何哉！是柏舟之旨也。故孟子亦以爲孔子可以當之。」「然則何以知其爲頃公也？」曰：「頃公者，隳廢社稷之謚，嘗賂玉請命矣。又在靖伯、真伯之後，釐侯、武公之前也。注以爲婦人之作者何？曰：婦人而思奮飛，其何以爲訓乎？」

「綠衣，衛莊姜傷己也。妾上僭，夫人失位也。」奈何？曰：黃裏黃裳，雖漸失位，猶未盡棄也，故猶憂之，冀其可改耳。至于專治綠絲，使絺綌而當淒寒之風，則不復我顧矣。雖憂無益也，惟追思古人，以省而自安焉，此莊姜之賢也。賢者不得于君，則何以異諸？

「燕燕，莊姜送歸妾也。」守德曰：「何以先君之思乎？」曰：「莊公寵州吁而不禮莊姜，莊姜諫而不聽。莊公歿，州吁亂，莊姜所以痛恨者也，故戴嬀以是而勗莊姜，使不失其貞焉耳。此二氏之賢也。」曰：「婦人從一而終，戴嬀雖妾，莊公死而遽歸，可乎？」曰：「是時州吁殺戴嬀之子，是何有於其母哉？故春秋傳慶父殺閔公而哀姜奔齊，此安知非州吁之所逐乎？興以燕燕者何？曰：燕春社而來生子，至秋社日去也。」

「日月，衛莊姜傷己也。遭州吁之難，傷己不見答於先君，以至困窮〔之詩〕〔一〕也」，何哉？曰：使莊公之生也，以古道自處，善德音而定其心，以顧報乎莊姜，則必如石碏所言，教子以義方也。桓公完不得見殺于州吁矣。今莊姜目擊州吁之亂，能無往日之思耶？日月之謂何？曰：夫者，婦所仰以照臨者也。且其所照則極廣而不私，所出有定方而不移，莊公則不然也。

「終風，衛莊姜傷己也。遭州吁之暴，見侮慢而不能正也。」琉曰：「州吁，人子也。雖暴矣，何至謔浪笑敖而莫我往來哉？」曰：「世之逆子，以其父之不在也，爲惡于外，不顧其母，其母正之，則反謔浪倨敖而笑耳。又或惡其正己也，遂不至親前矣，況州吁哉？衛亂可知矣。莊姜者，苟不忘先君，如之何不中心悼思嚏懷也。」

「擊鼓，怨州吁也。衛州吁用兵暴亂，使公孫文仲將而平陳與宋，國人怨其勇而無禮也。」琉曰：「何至契闊之不洵乎？」曰：「州吁弑其君而虐用其民，不務令德而欲以亂成，是將非丈人，士無鬥志，知其必敗于鄭而死也。勇而無禮，淺之乎云爾。死生契闊者何？曰：自生至死，甚隔遠也，雖隔遠而嘗約以偕老。今則不活，果失信矣。」

「凱風，美孝子也。衛之淫風流行，雖有七子之母，猶不能安其室。故美七子能盡其孝道，以慰其母心而成其志耳。」仁曰：「何也？」曰：「七子以棘及寒泉、黃鳥自喻，以聖善、劬勞、勞苦歸之母，斯是其爲孝乎？若曰慰母心以成其志，則爲義矣。孟子之說凱風也。」曰：「親之過小而不怨，則得之矣。故毛公以爲成孝子之志也。」「若是之母，而美以聖善，不亦誣乎？」曰：「此對無令人而言，猶劬勞也。」「勞苦之謂何？」曰：「其亦不甯其居乎？棘心夭夭，喻劬勞。其爲薪也，喻無令人。尤可觀。」

〔一〕「困窮」下毛詩原有「之詩」二字。

「雄雉，刺衛宣公也。淫亂不恤國事，軍旅數起，大夫久役，男女怨曠，國人患之而作是詩。」繼祖曰：「何也？」曰：「蓋國人代婦人而作也。然既憂其道遠，又慮其忮求，其時之難處，亦可知矣。當時也，既嘗入郕，又以燕師伐鄭，以報衛牧之役。至於圍鄭四年矣，齊僖公乎盟於瓦屋而後釋東門之役，軍旅之數，從可知也。」

「匏有苦葉，刺衛宣公也。公與夫人並爲淫亂」者奈何？曰：「匏有苦葉」，而濟有深涉，行者當度淺深之宜也。今深厲淺揭，則何以異於公與姜氏不知配偶之宜也。夫姜伋之妻也，宣公納之。公子頑，姜之庶子也，而烝焉，此豈惟不知淺深之宜，猶濟盈之不濡軌，雉鳴之求牡也。夫歸妻之士，尚待冰泮，涉舟之人，亦須我友。曾謂諸侯夫人不如庶士常人乎？

「谷風，刺夫婦失道也。衛人化其上，淫於新昏而棄其舊室。夫婦離絶，國俗傷敗焉。」何也？曰：雖則夫婦失道，其棄婦猶賢乎。故一章言成家之道也，二章言棄家之故也，三章言戀家之痛也，四章言持家之苦也，五章言夫之背德也，六章言夫之改舊也。嗚呼！是宜在「匏有苦葉」之後乎！

「式微，黎侯寓于衛，其臣勸以歸也。」何也？曰：言我在泥露之中者，凡以君臣之義耳。彼大國亦何無義寡仁之甚邪？然則猶有望救于衛者乎？毛公曰：「泥、露，衛之二邑。」

「旄丘，責衛伯也。狄人迫逐黎侯，黎侯寓于衛，衛不能修方伯連帥之職，黎之臣子以責於衛也。」何也？曰：「葛誕」，本其望救之深也。「有與」，開其緩救之故也。如是而不救焉，斯曰「靡所與同」，「褎如充耳」矣。爲此詩者，何其婉而盡邪！黎在衛西，泥、露在衛東，葛有連屬之意，故興。

「簡兮，刺不用賢也。衛之賢者仕于伶官，皆可以承事王者也。」何也？曰：「有力如虎」，才之武也。「執轡如組」，藝之良也。「顔如渥丹」〔二〕，容之充也。斯人也，不獲佐王，乃方萬舞公庭，僅得其勞爵。「西方美人」，如之何而不思乎？

〔二〕「顔如渥丹」：本是詩經秦風終南中句子，詩經邶简兮作「赫如渥赭」。

「西方美人」者，西周聖王也。然則斯賢也，其亦滑稽曠達者乎！故張子厚以爲東方曼倩之徒也。「榛」「苓」興不美。

「泉水，衛女思歸也。嫁於諸侯，父母終，思歸寧而不得」也。繼祖曰：何也？曰：是詩其亦許穆夫人之類乎！不然，衛之危亂如是，而此女思歸，何也？可知其志也。優于當時諸侯之大夫矣。

「北門，刺士不得志也。」奈何？曰：言衛之忠臣不得其志耳。故其言曰：終當解組以甘貧，蓋我之難，有不可以語人，非爲貧窶也。斯賢也，其以懼政埤我，有不得行其志，而室人又交讁其貧者乎，故謂之天也。

「北風，刺虐也。衛國並爲威虐，百姓不親，莫不相攜持而去焉。」何哉？曰：「北風」「雨雪」，則無處不寒矣。赤狐、黑烏，則無人不邪矣。當是時也，虐已極而不能堪，去之晚矣。程子以此爲君子見幾而作，何邪？朱子謂衛淫亂忘國，未聞威虐。夫「北風」「雨雪」喻虐已明，況未有淫亂而不威虐者乎！春秋於衛宣入郕之師，傳謂著其暴者，其此也夫。

「靜女，刺時也」。然則何以曰「衛君無道，夫人無德」乎？曰：惟宣公姜氏之亂也。斯有俟于「城隅」，貽我「彤管」之女乎？

「新臺，刺衛宣公也。納伋之妻，作新臺於河上而要之，國人惡之也。」弘學曰：「何也？」曰：「惡之以爲籧篨、戚施，則不欲正視之矣。甚之也。」

「二子乘舟，思伋、壽也。衛宣公之二子爭相爲死，國人傷而思之也。」弘學曰：「後新臺而終邶風者，何也？」曰：「其以衛國之亂皆宣公爲之乎！」

鄘

「柏舟，共姜自誓也。衛世子共伯蚤死，其妻守義，父母欲奪而嫁之，誓而弗許也。」琉曰：「何謂也？」曰：「共姜之志其上通于天乎！故謂母不能如天之諒己也。」「興以柏舟者何？」曰「柏舟美材，不改其操之物也，猶兩髦美行，不失赤心之人也。世家謂武公弑其兄，恐非其然也。」

「牆有茨，衛人刺其上也。公子頑通乎君母，國人疾之而不可道也。」夫以爲醜辱不可道，且讀者然矣，以爲長而不可詳者何也？曰：以其所從來遠矣。從來之遠者何也？曰：肇自宣公乎？

「君子偕老，刺衛夫人也。夫人淫亂，失事君子之道，故陳人君之德，服飾之盛，宜與君子偕老也。」穀曰：「何也？」曰：「言服以命德也。宣姜背德而不淑何也？然既不淑矣，又何玼翟鬒髮，玉瑱象揥，猶有尊者之儀乎？且其瑳展清揚之美，誠邦國有媛之女，特惜少此德耳。故呂伯恭以爲一章責之，二章問之，三章惜之也。」

「桑中，刺奔也。衛之公室淫亂，男女相奔，至於世族在位，相竊妻妾，期於幽遠，政散民流而不可止。」何以曰刺也？曰：陳其相期、相要、相送于桑中、上宮、淇上之地，暴其惡甚矣，猶爲無刺乎？

「鶉之奔奔，刺衛宣姜也。衛人以爲，宣姜，鶉鵲之不若也。」琉曰：「人之無良，我以爲兄，則若惠公之謂頑也，以爲宣姜何哉？」曰：「詩遺其母而言兄，猶爲溫厚乎爾。然言頑，則宣姜可知矣。故曰『刺宣姜也』。楊時有言，詩載此篇，以見衛爲狄所滅之由，故在定之方中之前。亶其然乎。昔鄭享晉趙武，而良霄賦此詩，趙孟曰：『床笫之言不踰閾，況在野乎？』非使人之所得聞也。又以告叔向曰：『伯有將爲戮矣，志惡其上，而公怨之，以爲賓榮，其能久乎？』幸而後亡，叔向曰：『然。』已侈。所謂不及五稔，夫子之謂矣。未久爲公孫黑所殺。夫伯有徒言之耳，其效如是其烈也，況於躬自蹈之而免於滅亡者乎！」

「定之方中，美衛文公也。衛爲狄所滅，東徙渡河，野處漕邑。齊桓公攘戎狄而封之，文公徙居楚丘，始建城市而營宮室，得其時制，百姓悅之，國家殷富焉。」穀曰：「何也？」曰：「其文公之中興乎？故一章言其作宮廟居室及樹材木也，二章言其始也，追本欲遷之由也，三章言其終也，言德政之善也。於是詩也，可以稽禮樂焉，可以考兵農焉，可以知事神人之道焉，可以知馭士馬之體焉。且夫桑中者，昔爲淫奔之淵藪，今爲稅駕之良田，非其志也，而能然乎？」「春秋僖公二年，城楚丘，其此耶匪直也人者奈何？」曰：「言非獨文公於民秉心塞淵而已，其效足使騋牝三千，桑田之盛，又何如也！」

「蝃蝀，止奔也。衛文公能以道化其民，淫奔之恥，國人不齒也」何？曰：其時之有恥可知矣，非文公以大布之衣，大帛之冠，率其國人，其能然乎？

「相鼠，刺無禮也。衛文公能正其群臣，而刺在位承先君之化無禮儀也。」夫既「正其群臣」矣，又曰「人而無儀」，何也？曰：未能盡化也。未能盡化，而惡之欲其死，時俗之美可知矣。蓋文公授方任能，而宣、惠、懿公之臣不能安其位也。

「干旄，美好善也。衛文公臣子多好善，賢者樂告以善道也。」何也？曰：旄也由郊而都，由都而城，馬也由四而五，由五而六，言其有進無已之意。程子曰：「畀，答也。予，交親之也。告，忠告也。待之益至，報之益厚，是樂告也。」

「載馳，許穆夫人作也。閔其宗國顛覆，自傷不能救也。衛懿公爲狄人所滅，國人分散，露於漕邑，許穆夫人閔衛之亡，傷許之小，力不能救，思歸唁其兄，又義不得也。」編曰：「既不我嘉，則知唁衛之非義矣，而又以許人爲穉狂，不如我所之者何？」曰：「憫當時諸侯大夫無能有救衛者。蓋其志以丈夫之見曾婦人之不若也，是豈兒女子之思哉？厥後，齊桓公遣公子無虧帥師戍漕，豈非聞載馳之風而興起乎？」「許穆夫人之謂何？」曰：「蓋與戴公、文公及宋桓夫人皆公子頑烝于宣姜所生者也。懿公亦則惠公朔子之後耳。鄭公子歸生，隨其君以宴魯文公于棐，而賦其四章。叔孫豹懼齊，而亦賦其四章於叔向，其亦許穆夫人之意與？」

衛

「淇奧，美武公之德也。有文章，又能聽其規諫，以禮自防，故能入相于周」也。祖學曰：「以爲有文章，以禮自防，然矣。以爲又能聽其規諫者何？」曰：「其在于『切磋琢磨』之間乎！故一章言其學有諸已也，二章言其德稱乎服也，三章言其德之成，庶幾乎時中矣。厥後，晉韓起聘于衛，而北宮文子賦此詩以比宣子，宣子答以木瓜，其亦知好德矣。」「重較之謂何？」曰：「即其所乘之車，歎其寬廣自如也。」

「考槃，刺莊公也。不繼先公之業，使賢者退而窮處。」何也？曰：鄭氏以爲誓不忘君之惡者，誠非矣。以爲誓不再過朝，不再告君者，此或其然也。夫賢者未至於聖人之地，其言豈能盡純乎？如考槃之言，亦人情之常也。程子以爲矢陳也。陳其不得忘君之意，不得過君之朝，告君以善也。是雖忠厚和平，則又過以己意改之，又不若朱子之說之爲得也。夫莊公之朝，以一石碏而不能用，考槃之詩宜爾也。

「碩人，閔莊姜也。莊公惑於嬖妾，使驕上僭，莊姜賢而不答，終以無子，國人憫而憂之（也）。」何也？曰：其亦惡州吁之亂乎！故先言族類之正，見其若得生子，則必貴且賢。次言容貌之美，見其若得生子，則必美且材，故遂云：「大夫夙退，無使君勞。」使莊姜之有子也，今奈何使庶姜孽孽，嬖而有子，而媵臣皆朅武而倨傲。莊公者，既如施罛，不能制鱣鮪之發。發又如（葭美）〔葭菼〕[二]之陰草，亦揭而長大乎？真河流之性也。故程子以末章爲興云。鄭氏云，一章言容貌之美，兄弟（日）〔且〕[三]正大也。

「氓，刺時也。宣公之時，禮義消忘，淫風大行，男女無別，遂相奔誘，華落色衰，復相棄背。或乃困而自悔，喪其妃耦，故序其故以風焉。美反正，刺淫泆也。」夫既刺矣，又何以美反正乎？曰：「女之耽兮，不可說也。」「女也不爽，士貳其行。」「靜言思之，躬自悼矣。」猶爲知正乎？然已晚矣。由是知良心人皆有之。染宣公之化，遂不知止，以至此極耳。然則賢士君子一失其身于邪汙，雖悔何追。

「竹竿，衛女思歸也。適異國而不見答，思而能以禮者也。」何以知其不見答乎？曰：如其夫之見答也，豈如此詩之所云乎？然而終不歸者，則猶爲有禮乎爾。不然，則以衛國之亂而思之，猶泉水、載馳之類乎。

〔二〕「葭菼」：原作「葭美」，據叢書集成本改。

〔三〕「且」：原作「日」，據叢書集成本改。

「芄蘭，刺惠公也。驕而無禮，大夫刺之。」祖學曰：「何也？」曰：「其亦異乎童蒙之吉乎？故言雖佩觿、佩韘、垂帶、容遂，若成人然，而其實材能不足以甲於衆人而君國，猶穉子耳。」「胡然乎其遽驕哉？」「是詩也，其作于奔齊之間乎！」穀梁子曰：『惠公初立，見天子，使守衛朔而不能，使衛小衆，越在岱陰，屬負茲。』然於是乎衛立黔牟矣，故其後齊、宋、陳、蔡伐衛，納惠公，而王人子突又救衛。春秋亦書其名曰：朔入衛。其人可知矣，故毛萇曰：『幼穉之君在用大臣，乃能成其政也。』」

「河廣，宋襄公母歸於衛，思而不止也。」何也？曰：枏於河廣見襄公之孝與其母之義矣。其亦襄公有奉母以歸之思，而母制於義，不反者乎！讀其詩，義自見矣。

「伯兮，刺時也。言君子行役，爲王前驅，過時而不反焉。」然則何以爲刺時也？曰：久役而夫婦怨曠，猶爲時之美乎？故毛公謂此爲從王伐鄭之役。

「有狐，刺時也。衛之男女失時，喪其配耦焉。古者國有凶荒，則殺禮而多昏。會男女之無夫家者，所以育人民也。」弘學曰：「何也？」曰：「鰥夫無裳、無帶、無服，而寡婦與憐之。雖其政教衰，猶爲存乎邪！」

「木瓜，美齊桓公也。衛國有狄人之敗，出處於漕。齊桓公救而封之，遺之車馬器服焉，衛人思之，欲厚報之也。」琥曰：「安成劉氏謂：比桓公之德如草木，爲非詩意者何？」曰：「是詩也，非是之謂也。蓋謂投我以木瓜、桃、李，尚當報之以瓊琚、瑤、玖，況桓公之德封我于楚丘，使公子無虧帥師戍漕，令我無國而有國，且其乘馬稱服、六畜門材、魚軒重錦，皆非常之贈也。然則又當何以報之也。厥後，晉韓起聘于衛，因北宮文子之賦淇澳，而遂答以此詩，是亦以德報德也。可以觀木瓜矣，而孔子亦曰：『吾于木瓜見苞苴之禮行也。』豈特男女相贈之辭哉？」

王

「黍離，閔宗周也。周大夫行役至于宗周，過故宗廟宮室，盡爲禾黍，閔周室之顛覆，徬徨不忍去也。」璽曰：「何謂也？」曰：「忠而實，可以觀怨矣。然其曰此何人哉？則其所以致怨於幽王者深矣。故元城劉氏曰：『初見稷之苗矣，又見稷之穗矣，又見稷之實矣，所感之心，終始如一。此詩人之意也。』鄭康成曰：『謂我何求，怪我久留不去也。』」

「君子于役，刺平王也。君子行役無期度，大夫思其危難以風焉。」大夫之謂何？曰：或當作「婦人」字。不然，則大夫下遺「妻」字也。蓋「雞棲于塒、于桀」，「牛羊下來、下括」者，皆婦人所見之景耳。孔氏謂在家之大夫亦非也。然則何以云思其危難？曰：其以「不知其期」「曷其有括」而知之乎？其言刺平王者，亦以戍申戍許之類邪。

「君子陽陽，閔周也。君子遭亂，相召爲禄仕，全身遠害而已。」何也？曰：其儉德之避難乎？其猶魯師摯、衛簡兮之徒乎？故輔漢卿曰：「賢者隱於樂官，而以全身遠害爲樂，則其時可知矣。」毛公曰：「由，用也。房，房中之樂也。」

「揚之水，刺平王也。不撫於民，而遠屯戍于母家，周人怨思焉。」何也？曰：揚之水，深矣哉！其所不言者廣矣！蓋謂諸侯之人不共戍申也，於是乎見平王忘君父而戍賊臣，人倫滅矣，不能以長諸侯耳。號令不及於天下，而專勞畿内之民，又何言哉？

「中谷有蓷，閔周也。夫婦日以衰薄，凶年饑饉，室家相棄」者何？曰：如王政行，豈有仳離之女也？然其曰遇人之艱難、不淑，則但怨其夫而不咎王，猶爲溫厚乎爾。

「兔爰，閔周也。桓王失信，諸侯背叛，構怨連禍，王師傷敗，君子不樂其生」者何？曰：惡之甚，痛之切，其惟兔爰乎？故其言曰：「百罹、百憂、百凶，而欲無吪、無覺、無聰者，其以王及鄭師戰于繻葛，祝聃射王中肩，爲憂凶之極而不忍聞之者乎？」然則兔爰爲鄭莊，而雉羅爲桓王矣。其曰桓王失信者何？曰：本兵興之始也。兵興之始者，王奪鄭伯之政耳。

「葛藟，王族刺平王也。周室道衰，棄其九族焉。」何以知其爲王族也？曰：係之王風，而以葛藟爲言，猶爲族王有戚乎爾。然則謂之平王奈何？曰：以其東遷之時不顧九族乎！孔氏曰：「棄其九族者，謂王不復以族食族燕之禮叙而親睦之也。」

「采葛，懼讒也」，奈何？曰：其以葛蔓生，蕭科生，艾蒼白色，如讒邪之人變亂黑白乎？一日不見，如「三月」「三秋」「三歲」者，何也？曰：小人欲進讒言於君，其親昵之狀如是耳。其當桓王失信之時乎？毛公曰：「興也，葛所以爲絺綌也。事雖小，一日不見于君，憂及于讒矣。蕭以供祀，艾以療疾，亦通。」

「大車，刺周大夫也。禮義陵遲，男女淫奔，故陳古以刺今。大夫不能聽男女之訟焉。」何也？曰：言古之大夫，德稱其車服，而其下或有邪思者，畏之至死不敢。今則禮義廢而淫奔盛，何往日之不若耶？設使大夫能聽男女之訟，豈至於是乎？然則秉檻檻啍啍之大車，服如菼如璊之毳衣者，不亦可愧耶？毛公曰：「天子大夫四命，其出封。五命，如男子之服。服毳衣以決訟。」

「丘中有麻，思賢也。莊王不明，賢人放逐，國人思之也」何？曰：麻直生者也，麥與李養人者也，皆在丘中焉，是賢人而在野矣。故曰「彼留子嗟、子國」。「留」者，留於丘中而不進也，安得其來施施，來食王禄，而貽王以佩玖乎？「玖」者，彼身所有之實，善道也。夫莊王在位十有五年，春秋無一事可書，況周公黑肩，爲子克之故，且欲殺王，非辛伯以告，幾乎不免，其時可知矣。毛公曰：「思之者，思其來，已得見之。留，大夫氏。子嗟，字也。佩玖，美寶。」孔氏曰：「猶美道也。」

毛詩說序卷之二

鄭

「緇衣，美武公也。父子並爲周司徒，善於其職，國人宜之，故美其德，以明有國善善之功焉。」琉曰：「何以知善其職？」曰：「桓公而死犬戎之難，已可知其平日矣。若武公屈突者，定平王於東都。傳曰：周室東遷，晉、鄭焉依。當是時也，受虢、檜、鄢、蔽、補、丹、依、柔、歷、莘十邑焉。」「改衣、授粲，又何言也？」曰：「桓輔幽王而王身弑，武輔平王而王道衰，猶爲善於其職乎？」曰：「孟子不云乎：一薛居州獨如宋王何？但驪山舉火，諸侯背叛矣，而桓獨死洛陽一遷，諸侯不至矣，而鄭獨從，猶爲彼善於此乎？厥後，公孫舍之相鄭簡公如晉，晉平公享之，賦嘉樂而子展賦此，叔向命晉侯拜，曰：敢拜鄭君之不貳也。子展蓋比平公如己之先君矣。毛公曰：『粲，采也。諸侯入爲天子卿士，受采禄。』」

「將仲子，刺莊公也。不勝其母，以害其弟，叔段失道而公弗制，祭仲諫而公弗聽，小不忍，以致大亂焉。」何也？曰：小不忍乃大忍也。初，段之請京也，祭仲諫以爲非制，後將弗堪，莊公不勝其母，則曰：「姜氏欲之，焉避害？」對曰：「姜氏何厭之有，不如早爲之所，無使滋蔓。蔓，難圖也。」公曰：「多行不義必自斃。」其後大叔完聚，繕甲兵，具卒乘，果襲鄭矣。是詩蓋謂祭仲無踰我里牆園，而折其樹杞、桑、檀，以喻害吾弟也。故毛公曰：「將，請也。仲子，祭仲也。踰〔二〕，越。里，居也。杞，木也。折，言傷害也。然實則假仁義而害其弟也，故春秋書克段于鄢云。」

〔二〕「踰」：原作「喻」，據叢書集成本改。

「叔于田，刺莊公也。叔處于京，繕甲治兵，以出于田，國人說而歸之。」夫京人美叔段之「居巷」「飲酒」「服馬」，而「洵美仁武」矣，以爲刺莊公，何也？曰：言段之不義得衆，而治兵繕甲以出田，已萌襲鄭之志矣。是巷無居人也，是莊公教之也。初，祭仲之諫封京也，公曰：多行不義必自斃。公子呂之諫貳西鄙、北鄙及收廩延也，公則曰：無庸，將自及。不義不暱，厚將崩。其諸莊公以惡養天倫而因以翦之乎？信乎其志慘矣。故曰：刺莊公也。東萊呂氏亦云然。

「大叔于田，刺莊公也。叔多才而好勇，不義而得衆也」，何也？曰：射御之善，言其才也。暴虎火烈，言其勇也。如是而得京人之愛者，將非以私恩結之而思欲襲鄭乎？

「清人，刺文公也。高克好利而不顧其君，文公惡而欲遠之不能。使高克將兵禦敵於境上，陳其師旅，翱翔河上。久而不召，師散而歸，高克奔陳。公子素惡高克進之不以禮，文公退之不以道，危國忘師之本。」故作是詩，何也？曰：鄭之人君，凡執政之臣，皆可知也。故春秋書曰：「鄭棄其師。」

「羔裘，刺朝也。言古之君子，以風其朝焉。」何也？曰：古之君子洵直且侯，舍命不渝，而爲邦之司直美士。其服羔裘，宜也。今則不然，而猶如濡、豹飾、三英焉，不亦可愧乎？厥後，子產賦此以餞韓宣子，宣子曰：「起不堪也」，則是詩之亡久矣。」毛公曰：「鄭自莊公，而賢人陵遲，朝無忠正之臣，故刺之也。侯，君也。三英，三德也。」

「遵大路，思君子也。莊公失道，君子去之，國人思望焉。」何也？曰：摻執袪乎，思之切也。無我惡魗，不敢直言其君子，厚之至也。不寁故者，留之以道也。留之以道者，猶孟子所謂「予豈若小丈夫然哉？諫於其君而不用，悻悻然見于其面，去則窮日之力而後宿也」。鄭氏謂「子無惡我擥持其袂，我乃以莊公不達于先君之道故耳」。若是，則非所以善留賢者之辭，賢者滋去矣。

「女曰雞鳴，刺不說德也。陳古義以刺今不說德而好色也。」蓋言古之夫婦交相儆戒，宜如琴瑟。又欲君子親賢友善，無所愛于雜珮。今則不然者，何也？其亦在上者之過與？以是知詩人之厚也，宜相樂也。

「有女同車，刺忽也。鄭人刺忽之不昏於齊。太子忽嘗有功于齊，齊侯請妻之。齊女賢，而不娶，卒以無大國之助，至於見逐，故國人刺之。」祖學曰：「夫齊侯之欲以姜氏妻忽也，忽辭曰：『人各有耦，齊大，非吾耦也。』既而救齊敗戎師，齊侯又請妻之，忽又曰：『無事于齊，吾猶不敢，今以君命奔齊之急，而受室以歸，是以師昏也，民其謂我何？』若忽之辭昏，皆不可謂不美也，而國人刺之者何哉？」曰：「夫道有經權，時有常變，故君子惡夫小信破義、曲廉而害道者。忽可謂不度德、不量力矣。蓋與息侯之滅、宋襄之敗均耳。故詩不顯其事，特以其情曰：縱爾忽之不好色也，則彼美孟姜者，洵美且都，德音不忘，不但顏如舜華，珮玉瓊琚者而已也。如之何辭之？至于見逐于祭仲，遂無大國之助乎，不亦愚邪？故毛公亦以刺不見親迎齊女同車也。然則此亦未必爲鍛鍊羅織鄭忽之罪。若以爲淫奔之辭，又何珮玉瓊琚，德音不忘之有邪？厥後，鄭豐施使子旗賦此詩，以餞韓宣子，宣子曰：『鄭其庶乎？』以君命貺起，賦不出鄭志，昵燕好也。數世之主也，可以無懼矣。以是知刺忽之不昏于齊也，益信矣。」

「山有扶蘇，刺忽也。所美非美然」也，何也？曰：山則有扶蘇、橋松，隰則有荷華、遊龍，然矣。彼忽者，不用子都、子充之賢，而用狂且小人，何也？何美之有乎？毛公曰：「言忽所美之人，實非美人。扶蘇、荷華，喻高下大小各得宜也。」

「蘀兮，刺忽也。君弱臣強，不倡而和也」，何也？曰：木落則風吹，君倡則臣和，其常也。今鄭忽爲其臣祭仲所逐，是其亡也，不倡而無和，曾風蘀之不若也。厥後，印祭子即賦此以餞韓宣子，宣子亦曰：鄭其庶乎？則又取晉倡而鄭和也。

「狡童，刺忽也。不能與賢臣圖事，權臣擅命也。」何也？曰：其賢者，親愛之意乎？言狡童何其無知之甚也。使當時「與我言」「與我食」，豈至見逐于祭仲，出奔於衛哉？惟此之故，使我不能餐、息，其誰之由也。故毛公謂「權臣擅命，祭仲專國也。」鄭康成言「賢者憾其不與我言也。」朱子以是序爲昭公無辜被謗。夫爲人君不能守其社稷，其罪重矣，又何謗乎？且紂天子而未亡也，當時之人，皆謂之獨夫受，而況於忽乎？

「褰裳，思見正也。狂童恣行，國人思大夫之正己也。」何也？曰：突忽之際，鄭人之苦甚矣。言子惠思我，則當褰裳涉溱、洧以正我也。不然，豈無他士哉？又言所以致有今日者，皆突忽狂童之故也。故毛公亦曰：狂童恣行者，突忽爭國，更出更入也。厥後，鄭子太叔賦此以餞韓宣子，宣子曰：起在此，敢勤子至於他人乎？游吉拜焉，宣子曰：善我子之言是也。不有始事，其能終乎？自是之後，晉能庇鄭，二十餘年不受楚師。其視齊不救忽之時則異矣。

「豐，刺亂也。婚姻之道缺，陽唱而陰不和，男行而女不隨。」故婦人言彼丈夫者，雖其資質丰昌，俟我巷堂之地，而我適有他心不送。既已悔之矣，然我衣裳皆錦，而又以褧襲之，不羨爾之豐昌也。其親駕予與歸，無徒俟之巷堂乎！然則以爲刺亂者何？曰：如其有政，豈至是乎？

「東門之墠，刺亂也。男女有不待禮而相奔者也。」何也？曰：言相奔於阪上之茹藘、栗間之家室，時之無政甚矣。鄭玄曰：女奔男之辭。

「風雨，思君子也。世亂，則思君子不改其度焉。」何也？曰：言世之亂也，若風雨凄凄、蕭蕭、如晦也，而君子者，則如雞鳴之喈喈、膠膠，而不已焉。今也安得見此人乎？故鄭氏曰：喻君子居亂世而不變節也。厥後，鄭駟偃子游賦此，餞韓宣子，宣子曰：鄭其庶乎？數世之主也，可以無懼矣，是可觀風雨矣。

「子衿，刺學校廢也。亂世則學校不修焉。」何也？曰：言「青青子衿，我思之悠悠」者，望以成材爲用也。「縱我不往」教，然亦不寄音以求學，而挑達于城闕，使我一日不見，如三月乎？毛萇曰：「青衿，青領也，學子之所服。不嗣音，不來，以思其忘己也。」鄭康成曰：「國亂，人廢學業，但知登高，見於城闕，以俟望爲樂也。」

「揚之水，閔無臣也。君子閔忽之無忠臣良士，終以死亡也。」何也？曰：言揚之水，不流束楚、束薪，而忽之見逐，則無忠良兄弟以相助，是以逐於祭仲，而殺於高渠彌也。故鄭氏曰：「揚之水，不流束楚，喻忽之政教亂促，不行於臣下也。」終鮮兄弟，言與突爭國也。惟予與女者，作此詩者，同姓之臣耳。

「出其東門，閔亂也。公子五爭，兵革不息，男女相棄，民人思保其室家焉。」琉曰：何也？鄭自莊公之後，昭公忽逐於祭仲，既復而高渠彌弑之。厲公突因祭仲之殺其婿雍糾也，亦奔蔡。于是子亹繼昭公而立子儀，厲公突自櫟侵鄭，又使傅瑕殺子儀焉。當是時也，國勢搶攘，男女相棄，其出於東門闉闍之間者，雖見如雲如荼之女，不以爲思，而猶憶縞衣綦巾之樂。蓋深痛室家之棄也，亂可知矣。故毛萇釋公子五爭曰：突再也，忽及子亹、子儀各一也。

「野有蔓草，思遇時也。君之澤不下流，民窮於兵革，男女失時，思不期而會焉。」何也？曰：「野有蔓草」，且「零露漙瀼」，今乃使我喪其室家，特適願於邂逅之人也。夫喪其室家，而邂逅清揚之人以爲樂，斯其淫亂甚矣。鄭享趙孟，而子大叔賦此，趙孟以爲君子之惠。鄭餞韓起而罕嬰又賦此，宣子以爲孺子善哉，吾有望矣。蓋皆指恩澤如「零露」，而又藉以爲相好也。

「溱洧，刺亂也。兵革不息，男女相棄，淫風大行，莫之能救焉。」何也？曰：鄭聲之淫，皆此類矣。毛公曰：「救猶止也。」

齊

「雞鳴，思賢妃也。哀公荒淫怠慢，故陳賢妃貞女夙夜警戒相成之道焉。」商經曰：「何也？」曰：「其志正矣。言古之賢妃，因雞鳴東方之白，又儆以爲因蒼蠅蟲飛之聲，欲其君之早朝也。今哀公荒淫怠慢，而其夫人曾古賢妃之不如，欲其内助成治，不亦難乎？毛公曰：『雞鳴而夫人作，朝盈而君作。』」

「還，刺荒也。哀公好田獵，從禽獸而無厭。國人化之，遂成風俗，習于田獵謂之賢，閑於馳逐謂之好焉。」夫從猎間之獸，而以爲儇、爲好、爲臧，則哀公之僻行入人深矣。

「著，刺時也。時不親迎也。」何也？曰：夫男不親迎，而俟於著庭及堂之間，不以爲非也，尚羨其充耳之美。斯女也，幾乎見金夫，不有躬矣。其時可知也。

「東方之日，刺衰也。君臣失道，男女淫奔，不能以禮化也。」夫男女淫奔，而在室履即，以爲刺衰，何也？曰：曾子不云乎：「上失其道，民散久矣。」故程子曰：「日月，興君臣不明也。」

「東方未明，刺無節也。朝庭興居無節，號令不時，挈壺氏不能掌其職焉。」夫自公召令，而使其臣顛倒衣裳，以爲挈壺氏之罪，何也？曰：使之失其職者，誰耶？君上之失政固可知，而挈壺氏不執藝以諫，能免於罪乎？夫至於挈壺氏亦失其職，其時可知矣。

「南山，刺襄公也。鳥獸之行，淫乎其妹，大夫遇是，惡而去之。」何也？曰：言襄公行如雄狐，曾兩屨雙緌之不若也。然其曰「娶妻如之何，必告父母。既曰告止，曷又鞠止」者，何哉？曰：襄公之惡亦魯桓縱妻之故耳。蓋怨襄公之廣也。

「甫田，大夫刺襄公也。無禮義而求大功，不修德而求諸侯，志大心勞，所以求者非其道也。」何也？曰：若能尊禮以去甫田之莠，修德以交四鄰之國，則如婉孌之丱，未幾而弁也。不然，其如甫田遠人何？祗見其惟莠驕桀、勞心忉怛爾。

「盧令，刺荒也。襄公好田獵畢弋，而不修民事，百姓苦之，故陳古以風焉。」何也？曰：言古之載盧以田者，其人容貌既美，而又盡其仁心，如王用三驅也，百姓欣而奉之。今之田者，能若是乎？

「敝笱，刺文姜也。齊人惡魯桓公微弱，不能防閑文姜，使至淫亂，爲二國患焉。」璽曰：「何謂也？」曰：「言魯桓從其私情如雲、如雨、如水，使之通于襄公，其魴鰥之在敝笱也。然豈獨我齊君之惡？」「或怨之廣也，或以爲桓當作莊，如何？」曰：「敝笱之喻，當夫婦耳，非所施于母子也。且桓公不聽申繻之諫，與文姜如齊，以至殺身，莊公之罪薄乎云爾，君子所以責造端者也。」

「載驅，國人刺襄公也。無禮義，故盛其車服。疾驅於通道大都，與文姜淫，播其惡於萬民焉。」何也？曰：此豈惟齊襄之惡哉？魯之桓公真惡魁耳！

「猗嗟，刺魯莊公也。齊人傷魯莊公威儀技藝，然而不能以禮防閑其母，失子之道，人以爲齊侯之子焉。」然實我之甥也，何也？曰：刺及魯莊、齊襄之惡，不假言矣。

魏

「葛屨，刺褊也。魏地狹隘，其民機巧趨利，其君儉嗇褊急，而無德以將之。」璽曰：「夫禮奢寧儉，而況于好人提提，宛然左辟者乎？以爲無德，何也？」曰：「心在乎節用以愛民，何用不臧。心在乎利，雖葛屨履霜，女手以縫裳，亦不足貴也。其能免于大國之侵削乎？故魏譜曰：『魏與秦晉鄰國，日見侵削，國人憂之。』鄭氏曰：『葛屨履霜，利其賤也。女子縫裳，利其事也。』朱子曰：『女者，婦人未見廟之稱。』」

「汾沮洳，刺儉也。其君儉以能勤，刺不得禮也。」夫儉以能勤，爲不得禮者何？曰：言于汾水沮洳而采其莫桑與藚之美，彼其之子，而貌之美信無度矣。不能修禮以治其國家，與「公路」「公行」「公族」不同耳。貌美而行不足也。

「園有桃，刺時也。大夫憂其君，國小而迫，而儉以嗇，不能用其民，而無德教，日以侵削」者何？曰：如其思之，則知所以用其民者。蓋在德教而不在區區之小儉矣。必不以我憂爲非也。故毛公曰：「園有桃，其實之殽，興國有禮教，民得其力。」

「陟岵，孝子行役，思念父母也。國迫而數侵削，役乎大國，父母兄弟離散」者何？曰：言父母與兄念我行役而不能歸，足見役夫與死爲鄰矣。

「十畝之間，刺時也。言其國削小，民無所居焉」者何？曰：古者一夫百畝，今以十畝之間，而男女往來無別，閑閑泄泄於此，此見削小之甚矣。毛公曰：「閑閑，男女無別，往來之貌。泄泄，多人之貌。」朱子謂「政亂國危，賢者不樂仕於其朝，而思與其友歸于農圃」。此亦斷章之意也。

「伐檀，刺貪也。在位貪鄙，無功而受祿，君子不得進仕」者何？曰：言有人用力伐檀，以爲車而行陸。今乃寘之河干而不用。彼君子既不用，豈復貪寵祿哉？蓋其志不耕則不欲得禾，不獵則不欲得獸，誓不素食也。彼無功而貪鄙受祿，使君子在野者，何邪？

「碩鼠，刺重斂也。國人刺其君重斂蠶食於民，不修其政，貪而畏人，若大鼠也。」夫碩鼠猶晉卦九四言，有司也而以爲比君者何？曰：國小而貪，又豈容有司乎？且其詩曰：「逝將去女，以適樂土、樂國、樂郊」，其爲刺君也審矣。

唐

「蟋蟀，刺晉僖公也。儉不中禮，故作是詩以閔之，欲其及時以禮虞樂也，此晉也，而謂之唐，本其風俗，憂深思遠，儉而用禮，乃有堯之遺風。」璽曰：「何以知其儉不中禮乎？」曰：「至於歲莫而猶不樂，則生人之美滅矣。是可以爲樂也，然但當職思其居、其外、其憂，如良士之瞿瞿、蹶蹶、休休，亦何不可？然而不樂，何也？居，謂所履之位，故言瞿瞿。外，謂所居之外，故言蹶蹶。憂，即居外之事，故曰休休，所謂憂深思遠也。昔鄭享趙武，而印段子石賦此詩，趙孟曰：『善哉！保家之主也，吾有望矣。』則儉非中禮，亦持家之本歟？唐譜曰：『唐當周公、召公共和之時，成侯之曾孫僖侯，吝嗇愛物，儉不中禮，國人閔之。』唐之變風始作焉，又曰：『外，如耕也餒在其中之意耳。』」

「山有樞，刺晉昭公也。不能修道以正其國，有財不能用，有鐘鼓不能以自樂，有朝廷不能灑掃，政荒民散，將以危亡，四鄰謀取其國家而不知」，何也？曰：君子之用財，視義之可否。舍治國之正道，惟務積衣裳車馬鐘鼓，而又弗用焉，其能免他人之侵侮乎？噫！此鉅橋之粟，爲周所有。洛口之倉，爲唐所獲。毛公曰：「國君有財貨而不用，如山隰不能自用其財。」

「揚之水，刺晉昭公也。昭公分國以封沃，沃盛強，昭公漸弱，國人將叛而歸沃焉。」何也？曰：國人以揚之水比昭公，以白石比桓叔，且欲以素衣朱襮從沃之爲樂，則昭公不能修道以正其國，政荒民散，將以危亡，從可知矣。信乎？雖有衣裳車馬鐘鼓，爲他人有也。故一章之樂，二章之何憂，皆爲三章之意也。

「椒聊，刺晉昭公也。君子見沃之盛強，能修其政，知其蕃衍盛大，子孫將有晉國」者何？曰：無朋，無比也。言沃無比，見無昭公也。且篤，見厚施也。陸佃曰：「沃以支子受邑，其後遂將盛大，子孫則猶之椒也。」又曰：「椒氣下達，故以譬沃也。」

「綢繆，刺晉亂也。國亂則婚姻不得其時焉。」夫朱子說詩序謂「綢繆乃婚姻相得而喜之詞，未必爲刺晉國之亂。」至集注，乃國亂民窮，男女有失其時而後遂婚姻之禮者，則又取序矣。如是者不一篇，何也？曰：說序之時，其或蚤年乎？

「杕杜，刺時也。君不能親其宗族，骨肉離散，獨居而無兄弟，將爲沃所並耳。」其曰「豈無他人」「嗟行之人」者何？曰：鄭氏曰指異姓之臣而言也。夫言異姓，視同父則又廣矣，怨之深也。此豈惟見昭公之孤，亦以見桓叔之不忠。

「羔裘，刺時也。晉人刺其在位不恤其民也」，何也？曰：可以見民俗之厚矣。言服此「羔裘豹袪」之人，自我人而「居居」「究究」焉。若是我國人可以適他人矣，但猶念子故舊之人，則未可耳。不厚也，而能然乎？「居居」，聚斂之重也。「究究」，尅剝之甚也。毛公曰：「羔裘豹袪，本末不同，喻在位與民異心自用也。居居，懷惡不相親比之貌。究究，猶居居。」

「鴇羽，刺時也。昭公之後，大亂五世，君子久從征役，不得養其父母。」何也？曰：於是晉亂甚矣。初，昭侯伯封弟成師于曲沃，是爲桓叔，好德，晉人附焉。於是晉潘父弒昭侯，迎桓叔，不克入。晉人立昭侯子孝侯平，誅潘父。桓叔卒，子莊伯鱓代，乃弒孝侯。晉人復立孝侯子鄂侯郤，居于翼。莊伯以邢人鄭人代翼，鄂侯奔隋。王命虢公伐曲沃，而立鄂侯之子哀侯光于翼，九族正五送翼，鄂侯復歸鄂。莊伯之子武公復伐翼，獲哀侯及其子小子侯殺之，遂滅翼。當是時，其民真如鴇羽之集栩棘苞桑也，豈能藝黍稷稻粱以食其父母乎？安得不呼蒼天而訴哉？

「無衣，刺晉武公也。武公始並晉國，其大夫爲之請命乎天子之使（也）」何？曰：於是乎見禮雖叛人所不敢廢也。故言雖有七章六章之車服，不如天子所命者之爲「安且吉」也。夫武公弒君，乃以賂請命，周王取賂而命賊臣，綱常滅矣，而大夫猶美焉，其時可知矣，然則美之者，刺之乎？

「有杕之杜，刺晉武公也。武公寡特兼其宗族，而不求賢者以自輔焉。」繼祖曰：「何也？」曰：「言武公寡特如杕杜，則君子不至矣。然我好君子，出於中心，而欲飲食之，猶不可得，亦徒然耳。」

「葛生，刺獻公也。好攻戰，則國人多喪焉。」何也？曰：言葛尚蒙楚，蘝尚蔓野，丈夫久從征役，使我獨處，如夏日冬夜，無期之得見也。其百歲之後，會之於墓乎？然亦可見民俗之猶厚矣。

「采苓，刺獻公也。獻公好聽讒焉。」何也？曰：士蔿譖而桓莊之族滅。驪姬讒而申生烹，重耳、夷吾竄，人之爲言，豈可以爲然邪？毛萇曰：「采苓細事，喻小行也。首陽幽僻，喻無征也。」故是詩爲比。

秦

「車鄰，美秦仲也。秦仲始大，有車馬禮樂侍御之好焉。」文隆曰：「何也？」曰：「大夫而如是，亦已僭矣。故曰美之者，刺之也。並坐猶同坐也。」

「駟驖，美襄公也。始命有田狩之事，園囿之樂焉。」何也？曰：幽王被害于犬戎，襄公將兵救周，後送平王東遷有功，封爲諸侯，遂得岐豐之地，則夫田狩園囿之樂，其在斯乎？然初有國而即躭樂于此，則其貽厥孫謀者可知矣。

「小戎，美襄公也。備其兵甲，以討西戎。西戎方彊，而征伐不休，國人則矜其車甲，婦人能閔其君子焉。」夫詩言車馬及矛盾弓矢之盛也，序言車而不及馬，言甲而不及矛盾弓矢者何？曰：其以車甲統之乎？秦襄公之祖秦仲爲西戎所殺，則西戎者，秦不共戴天之讎也。朱子謂從役之家人，先誇車甲之盛，而後及其私情。蓋以義興師，則雖婦人，亦知勇於赴敵者也。序曰國人，又曰婦人者何？曰：明國人之爲婦人也。有序乎？曰：一章多言車，二章多言馬，三章言

(干)〔矛〕[二]盾弓矢。然一章之心曲，二章之何期，皆爲三章之良人德音也。若言溫其如玉，又不瀆兵，能免患之意也。

「蒹葭，刺襄公也。未能用周禮，則無以固其國焉。」劉瑾曰：「何也？」曰：「言周之典禮，皆至中之道。人情之所欲，猶在水中央者。今乃不能順其情而爲之，乃溯洄以求之，可謂子之迂也。其能爲國乎？故程子曰：『葭待霜而後成，猶民待禮而後治，故以興也。』毛公亦曰：『秦處周之舊土，其人被周之德教日久矣，今襄公新爲諸侯，未習周之禮法，國人未服焉。』或曰：『伊人者，知周禮之賢人也，欲其君求賢也。』亦通。又曰：『遡洄，逆道而行，故遠。遡游，順道而行，故近。』」

「終南，戒襄公也。能取周地，始爲諸侯，受顯服，大夫美而勸戒之也。」夫既美，而勸戒之者何？曰：言初受服命，允然人君矣，不勉焉，其能保其美於後乎？故曰勸勉之也。鄭氏曰：「終南何有，有條有梅，喻人君有盛德，乃宜受顯服，猶山之木有大小也。」故曰勸戒之也。下四句，則美矣。雖則云然，亦且折矣。

「黄鳥，哀三良也，國人刺穆公以人從死也。」夫穆公從死者百七十七人，而獨哀三良者何？曰：言子車氏之奄息、〔仲〕行[三]、針虎。三人者皆百人之傑也，尤爲可惜耳。夫陳莊子魏顆不從親之亂命，而君子以爲知禮，則康公者亦可罪也。故毛公曰：「黄鳥來，且得其所，喻人之受命終其所也。」朱子曰：「說者徒哀三良之不幸，歎秦之衰。至於王政之不綱，諸侯殺人不忌，則莫知其非也。」俗之弊也久矣，蓋秦自武公卒，已以六十六人而從死。厥後始皇之葬，後宮皆令從死，工匠生閉墓中，尚何怪乎？

「晨風，刺康公也。亡穆公之業，始棄其賢臣焉。」穀曰：「何也？」曰：「毛公曰：『先君招賢人，賢人往之，如晨風之飛入北林，由其未見而思望之，心欽欽而靡樂也。』今考於蹇叔、由余、百里奚者，皆是也。然則康公者，如之何而忘我賢

〔二〕「矛」：原作「干」，據四庫存目本改。
〔三〕「仲」原脫，據四庫存目本補。

者之實多乎？曾穆公時之不若也。鄭康成曰：『櫟駁棣檖之在山，喻賢者爲國家之宜有也。』」

「無衣，刺用兵也。秦人刺其君好攻戰，亟用兵，而不與民同欲焉。」何也？曰：毛公曰：「上與百姓同宜欲，則百姓樂致其死。」鄭氏曰：「此責康公之言也。言君豈嘗曰惟女無衣，惟我與女同袍。」若周王欲興兵，則必使修我戈矛而與子同仇，何邪？故程子亦曰：「君當與民同欲也。同衣，則雖寒不怨矣。」

「渭陽，康公念母也。康公之母，晉獻公之女。文公遭驪姬之難，未返而秦姬卒，穆公納文公，康公時爲太子，贈送文公於渭之陽，念母之不見也。我見舅氏，如母存焉。及其即位，思而作是詩也。」穀曰：「何也？」曰：「昔我送舅氏，曰至渭陽，贈以車馬玉佩，今則不可得見，悠悠我思，安得見之乎？」

「權輿，刺康公也。忘先君之舊臣，與賢者有始而無終也。」夫賢者豈以夏屋四簋爲念哉？言君之誠不足，欲以效用則不能也。

陳

「宛丘，刺幽公也。淫荒昏亂，游蕩無度焉。」琉曰：「何謂也？」曰：「言冬夏值鷺羽於宛丘，無人君之儀也。」「以爲幽公者何？」曰：「其在申、相、孝、慎之後，釐、武、平、文、桓公之先乎？毛公曰：『子者，大夫也。』言幽公化之也，亦通。」

「東門之枌，疾亂也。幽公淫荒，風化之所行，男女棄其舊業，亟會于道路，歌舞於市井耳」。世輔曰：「何也？」曰：「男女舍麻不績，婆娑宛丘之市，反以爲莍椒，廉恥滅矣。其所從來遠也。唐孔氏曰：『子仲之子，男棄其業也，不績其麻，女棄其業也。』」

「衡門，誘僖公也。愿而無立志，故作是詩，以誘掖之也。」洙曰：「何也？」曰：「衡門尚可以棲遲，泌水尚可以樂飢，豈以國君而不可爲善乎？又言食魚豈必魴鯉？娶妻豈必姜子？苟任忠厚賢臣，不必聖人也。故孟子曰：『將五十里也，猶可以爲善國。』朱子謂隱者居自樂，而無求者之詞，亦通。但意料耳。」

「東門之池，刺時也。疾其君之淫昏，而思賢女以配君子也。」穀曰：「何也？」曰：「言東門之池，則可以漚麻與紵、菅矣。彼美淑姬者，端莊靜一，足以爲內助，則君可與晤歌語言矣。今乃不然，而淫昏於邪僻之人者何也？」

「東門之楊，刺時也。婚姻失時，男女多違，親迎，女猶不至者也」，何也？曰：言東門之楊，其葉牂牂肺肺矣。親迎以昏爲期，如之何明星煌煌晢晢而猶有未至也。其政之亂，可見矣。毛公謂「違秋冬之時」。鄭氏謂「違仲春之時」。然皆通。

「墓門，刺陳佗也。陳佗無良師傅，以至於不義，惡加於萬民。」編曰：「何也？」曰：「言墓門有荊棘，則以資斧析之矣。人有邪惡，則良師訓之矣，故佗既弒太子免而自立，又淫獵於蔡國，爲國人所惡，豈一日之積哉？蓋自昔幼小無良師傅爾也。」其曰「有梅」何也？曰：「程子曰：『梅雖美木，而生於墓門荊棘之中，則惡鳥萃之矣。雖有良心，與不善人處，則惡歸之矣。夫之不良，歌以訊之，訊予不顧，必待顛沛，當思我言也。』毛公曰：『夫也之夫，指傅相也。』」

「防有鵲巢，憂讒賊也。宣公多信讒，君子憂懼焉。」隆曰：「何也？」曰：「程子曰：『防有鵲巢，中唐有甓，興人心昏蔽汙下，則來讒言也。邛有旨苕旨鷊，人心高明乎夷，則來善言也。』夫宣公者，聽嬖姬之讒，欲立少子款而殺太子禦寇，使賢如公子完及顓孫者，皆出奔於齊，是（惟）〔誰〕[一]譸張予美，而使我心之憂忉忉惕惕邪？

「月出，刺好色也。在位不好德而說美色焉。」蓋言月出皎皓而照矣，在位者惟欲見此佼人之僚懰燎明，以舒窈糾懮受夭紹之懷也。鄭氏曰：「月，興婦人有美色者也。」

「株林，刺靈公也。淫於夏姬，驅馳而往，朝夕不休息焉。」夫靈公與孔寧、儀行父淫於夏姬，衷其衵服，以戲於朝。泄

〔一〕「誰」：原作「惟」，據叢書集成本改。

治所諫死者也，而詩以夏南爲云者何？曰：言公與二子飲於夏氏，又爭以徵舒爲似，於是徵舒弑靈公矣。株林而言夏南，著靈公殺身之由，且以罪夏南之不能防其母也。

「澤陂，刺時也。言靈公君臣淫於其國，男女相悅，憂思感傷焉。」故毛公曰：感傷至涕泗滂沱，傷如之何者？傷無禮也。言有美一人，而不以禮自防，乃如蒲荷之相悅，使我憂思時世之亂，如之何不至於涕泗滂沱也。

檜

「羔裘，大夫以道去其君也。國小而迫，君不用道，好潔其衣服，逍遥游燕，而不能自強於政治也。」繼祖曰：「何以知去其君乎？」曰：「其以豈不爾思乎？毛公曰：『以道去其君者，三諫而不從，待放於郊，得玦乃去。』鄭氏曰：『諸侯之朝服，緇衣羔裘，大蜡而息民，則黄衣狐裘。今以朝服而燕，祭服而朝，是好潔其衣服也。』檜譜曰：『周夷、厲之時，檜公不務政事而好潔衣服，大夫去之，於是檜之變風始作。』然檜無世家，故其風不詳。」

「素冠，刺不能三年也。」輔曰：「何也？」曰：「言棘人之素服者不可得見，徒使勞心慱慱，傷悲蘊結而已。聊與子如一者。毛公曰：『愛其人，欲同其行也。』」

「隰有萇楚，疾恣也。國人疾其君之淫恣，而思無情欲者也。」何也？曰：言安得如萇楚之「無知」「無家」「無室」，專于尚德者以事之乎？甚言其君之淫(盜)〔恣〕[一]害人。曾萇楚之不若也。鄭氏曰：「銚弋之性，始生正直，及其長也，則枝猗儺而柔順，不妄尋蔓草。」喻人小而端慤，及其長而無情欲也。

「匪風，思周道也。國小政亂，憂及禍難，而思周道焉。」劉銑曰：「何也？」曰：「匪風之發飄，與上政之亂也。匪車

〔一〕「恣」：原作「盜」，據叢書集成本改。

之偈嘌，興民俗之僻也。於是思周王之道，而中心爲之怛吊焉。且曰：誰能亨魚，我將溉之釜鬵。誰能從西周之道，我將懷之好音也。程子曰：『匪風，不和之風。匪車，無法之車也。』鄭康成曰：『好音，謂周之舊政令也。』亦通。」

曹

「蜉蝣，刺奢也。昭公國小而迫，無法以自守，好奢而任小人，將無所依焉。」商經曰：「何也？」曰：「言曹君衣裳楚楚，而不修國政，如蜉蝣朝生暮死，胡能久乎？憂其安所歸處也，可謂怨矣。」

「候人，刺近小人也。共公遠君子而好近小人焉。」夫朱子駁序以爲非共公也，及集注，則又曰晉文公如曹，數其不用僖負羈，而乘軒者三百人，其謂是與者何？曰：「朱子晚年又多以序爲是也。」程子曰：「候人者，言其甚者耳。三百，言其多也。」鄭氏曰：「鵜梁薈蔚，皆喻小人之在朝也。」

「鳲鳩，刺不一也。在位無君子，用心之不一也。」蓋言古之君子，儀一心結，足以正是國人，如鳲鳩之在桑。今則不然矣。

「下泉，思治也。曹人疾共公侵刻下民，不得其所，憂而思明王賢伯也。」祖學曰：「何也？」曰：「因寒泉之害稂蕭，思西周之明王也。因黍苗之膏陰雨，思郇伯之賢伯也。然則共公之不爲賢伯，其亦無明王使之乎？而不言焉，此詩之厚也。」曰：「匪風下泉何以居變風之終？」曰：「程子曰：『亂極則當思治耳，故繼之以豳。』夫豳也，多周公告成王及周大夫之作也，又不在東遷之後，何以不係之變雅。」曰：「皆爲周公也，周公則諸侯，且東居耳，然則變之可正之謂何？」曰：「程元問于文中子曰：『豳風之爲變風，何也？』曰：『君臣相誚，其能正乎？成王終疑周公，則風遂變矣。非周公至誠，其孰卒能正之哉？』元曰：『居變風之末者何？』曰：『夷王以下，變風不復正矣。夫子蓋傷之也，故終之豳風。言變之可正也，惟周公能之，故係之以正，變而克正，危而克扶，始終不失其本，惟周公乎？係之豳，遠矣哉。』」

豳

「七月，陳王業也。周公遭變故，陳后稷先公風化之所由，致王業之艱難也。」琉曰：「以爲周公遭變，則居東而作也，其說然與？」曰：「若非遭變而作，則係諸正雅矣。其意言王業之難。自后稷以來，躬行農桑，而入民心，故民愛之如父母，有衣以衣公，有豜以食公，有役以趨公，有朋酒羔羊以壽公，民雖終歲勤動，采荼薪樗，不以爲怨，而以爲樂，乃致有今日耳，豈可信讒而壞之乎？是七月之旨也。然金縢獨言鴟鴞者，舉其顯者耳。故毛萇亦曰：『周公遭變者，管蔡流言，避居東都也。』」「八章亦有序乎？」曰：「一年之辭也。一章蓋正月、二月之事也，二章、三章蓋三月四月之事也，四章蓋四月、五月之事也，五章蓋五月、六月之事也，六章七月、八月之事也，七章蓋九月、十月之事也，八章蓋十一月、十二月之事也。是周室勤苦之志也。」

「鴟鴞，周公救亂也。成王未知周公之志，乃爲詩以貽王，名之曰鴟鴞焉。」衢曰：「何也？」曰：「忠而勤，憂而深，其惟鴟鴞乎？故一章冀其室之不喪也，二章言其作室之故也，三章言其作室之功也，四章言其戀室之情也。嗚呼！此可以見其東征救亂之心矣。」

「東山，周公東征也。周公東征，三年而歸，勞歸士，大夫美之，故作是詩也。」一章言其完也，二章言其思也，三章言其室家之望汝也，四章樂男女之得及時也。君子之於人，序其情而閔其勞，所以說也。說以使民，民忘其死，其惟東山乎？」觳曰：「何也？」曰：「此周公避居東都，既歸而作也。毛公曰：『成王既得金縢之書，親迎周公，周公歸攝政，三監及淮夷叛，周公乃東伐之，三年而後歸耳。』考于書，伐武庚未必三年。朱子曰：『此周公之辭，非大夫之作。』然則『大夫美之』四字，其衍文乎？程子曰：『勿士行枚。枚，歷也，言當歸也。』」

「破斧，美周公也。周大夫以惡四國焉。」何也？曰：言四國之亂，適以破我斧、缺我斨錡銶耳。且周公東征，凡以四國爲惡而皇之、吪之、遒之也。然斯人也，心之勤勞，可謂大且嘉休矣，惜乎王不知也。故程子謂是詩哀周公忠勤之美，以刺朝廷之不知也。夫詩先四國而後言朝廷，猶爲溫厚乎爾？皇，急也。吪，動也。遒，迫也。

「伐柯，美周公也。周大夫刺朝廷之不知也。」遠曰：「何也？」曰：「言有斧而後器用成，有媒而後室家全，猶周公禮樂之聖，而後天下治也。且伐柯者，其則不遠。治天下，即周公之道足矣。故我遘之子，籩豆有踐，禮樂之不興者，未之有也，胡爲乎使周公東居而不歸乎？故毛公曰：『成王既得雷雨大風之變，故迎周公，而朝廷羣臣猶惑於管蔡之言，不知周公之聖德，疑於王迎之禮，是以刺也。』」

「九罭，美周公也。周大夫刺朝廷之不知也。」姜灝曰：「何也？」曰：「言九罭之網，則得鱒魴之美魚。我遘之子，則宜袞衣繡裳以迎之也。故溟鴻高飛，本以戾天，而反『遵渚』『遵陸』。公之聖賢，本在朝廷，而乃無所于歸，於汝信宿安處乎？且朝廷之有袞衣者，以爲聖賢之服也，不以衣袞衣之周公而歸焉，其心如之何而不悲乎？『公歸無所』，猶曰無所歸。『公歸不復』，猶曰不復歸。故毛公以爲伐柯刺羣臣，九罭刺王也。」

「狼跋，美周公也。周公攝政，遠則四國流言，近則王不知，周大夫美其不失聖也。」潤曰：「何也？」曰：「言狼跋其胡，則疐其尾，以其多欲也。若周公者，至公無私，進退以道，雖遭流言危疑之際，而居東。以（公）孫碩膚若曰我之不德，有以致之也。然而赤舄自几几，德音自不瑕，非狼跋之可比也，非其具仁義忠聖，孰能及之哉？」

毛詩說序卷之三

小雅

「鹿鳴，燕羣臣嘉賓也。既飲食之，又實幣帛筐篚，以將其厚意，然後忠臣嘉賓得盡其心矣。」洙曰：「忠臣嘉賓豈爲幣帛之厚、琴瑟之樂邪？」曰：「人主願治之誠，求教之篤，自茲將之耳。故孟子曰：『恭敬而無實，君子不可虛拘。』」「夫禮有養老乞言，鹿鳴之詩，其乞言乎？周行云何？」曰：「統馭臣民之大道也。」「德音云何？」曰：「其威儀動靜之間乎？」「何以曰音？」曰：「苟求之嘉賓威儀動靜之間，則渾身皆言矣。」「興以鹿鳴者何？」曰：「程子曰：『食草相呼也。』」「實以幣帛者何？」曰：「毛萇曰：『食之有幣，酬幣也。享之有幣，侑幣也。』」

「四牡，勞使臣之來也。有功而見知，則說矣。」琉曰：「詩不見有功也。」曰：「以王事之靡盬也。心傷悲而身不遑啟處，且於父母不暇以將抑何爲邪？其功可知矣。然非上知其心，鮮不倦於行而作北山也。易曰：『說以使民，民忘其勞。』況於臣乎？此先王緣人情而治也。」「毛、鄭私恩公義之說如何？」曰：「此可以並行不悖之義求之。蓋君子以忠爲孝也。傷悲之意，其在斯乎？鵻且集而已爲父母也。」

「皇皇者華，君遣使臣也。送之以禮樂，言遠而有光華也。」何言乎禮樂？曰：其當遣之之時乎？毛公言「人臣出使，能延君之美譽於四方，不辱君命，猶皇華也」。諏謀度詢，皆靡及之意乎？曰：然。奚其異？曰：叔孫豹曰：「諮事爲諏，諮難爲謀，諮禮爲度，諮親爲詢。」何以曰此詩廢則忠信缺乎？曰：諏謀度詢，非忠信者不能也。此詩與四牡何以後鹿鳴乎？曰：鹿鳴，坐而論道之臣也。四牡、皇華起而作事之臣也。內外之序也，皇皇有不及之意。濡、絲、沃，均有事難禮親之意。

「常棣，燕兄弟也。閔管、蔡之失道，故作常棣焉。」弘學曰：「周公誅管、蔡，又何以爲此詩乎？」曰：「常棣之詩，家人之情也。管、蔡之誅，有國者之法也。蓋管、蔡黨於武庚，謀危社稷，曾是常棣之不若也。故一章舉言之也，二章至四章以變言，六章至八章以常言，五章則承上起下而言也。」「興以常棣者何？」曰：「其以羣萼外見之盛，上下相成之切，如兄弟之並立乎？」「以爲燕兄弟之樂歌者何？」曰：「自召、穆公思周德不類，糾合諸侯於成周，而作此詩。序以爲然矣，毛萇以爲周公弔二叔之不咸，而使兄弟之恩疏，召公爲作此詩以親之。恐非其然也。」

「伐木，燕朋友故舊也。自天子至於庶人，未有不須友以成者，親親以睦，友賢不棄，不遺故舊，則民德歸厚矣。」以諸父諸舅兄弟爲友者何？曰：此古者師友重德之義，而忘尊卑親疏之勢，惟以齒德序，尊長比如舅父，而其儕輩如兄弟也。二章、三章專言飲食之盛何？曰：誠敬也。夫鳥鳴遷喬，既以興勝己之友矣。期其德，可以格神明而獲和平，如之何而不盡誠敬乎？友聲云何？曰：入于幽谷者，非己之友聲矣。和平云何？曰：和，以情言，無乖爭也。平，以性言，無阿比也。終，猶常也，非神之和平乎？曰：非也，天下豈有不和平之神哉？於父舅言羜、牡、八簋、灑掃。於兄弟言湑、酤、鼓、舞云何？曰：此雖互言，然亦隨尊卑立文，有嚴恭也。

「天保，下報上也。君能下下以成其政，臣能歸美以報其上焉。」衢曰：「獲福之言，不亦繁雜乎？」曰：「一章言多。二章言長。三章言多則如山阜岡陵，長則如川之方至也。四章言先祖錫福也，言天之保定有驗于先祖錫福也。蓋萬壽無疆，斯能享多且長之福耳。五章、六章則言福之實也，故日月言照民之不已，南山言安民之不已，松柏言庇民之不已也。然非君先能以德及民，則固無以格天與祖，獲其壽而享其福也。是德者，壽之本。壽者，諸福之源也。於此可見民爲神天之本。」

「采薇，遣戍役也。文王之時，西有昆夷之患，北有玁狁之難。以天子之命，命將帥遣戍役，以守衛中國。故歌采薇以遣之，出車以勞還，杕杜以勸歸也。」何言乎以天子之命？曰：夫采薇忠而貞，文而武，其文王以服事殷之實乎？故一章至三章言其勞王事，不顧身家也。四章示以勝敵，五章示以有備，皆勸以義也。六章言歸途之苦耳。此先王之所以達人情也。

「出車，勞還率也。」亦以天子之命勞之耳？曰：一章言出師之故，二章言憂懼，三章言威武，不懼則事不成，不武則敵不攝，故四章言自朔方伐玁狁也，五章言自玁狁伐西戎也，則固晚秋十月之後矣，六章言歸，蓋來年之春也。毛公云：「遣師及戍役同歌同日，欲其同心也。返而勞之則異者，殊尊卑也。」

「杕杜，勞還役也。」奈何？曰：私不先乎忠，情不掩乎孝，是「杕杜」也。蓋皆即家人之情言之耳，一章、二章以時物之變而望之也，三章言車馬之敝，以其事則可矣，四章言卜筮之吉，以其數則可矣。

「魚麗，美萬物盛多，能備禮也。文武以天保以上治內，采薇以下治外。始於憂勤，終於逸樂，故美萬物盛多，可以告於神明矣。」繼祖曰：「何言乎告於神明？」曰：「神明且可告，而況於賓客朋友乎？此可以見治人而後可以事神也。」曰：「燕禮及鄉飲酒皆言鼓瑟，歌鹿鳴、四牡、皇皇者華，然後笙入。樂南陔、白華、華黍，又前樂既畢，皆間歌魚麗，笙由庚。歌南有嘉魚，笙崇丘，歌南山有臺，笙由儀，則魚麗當在華黍之後、由庚之前也，序于杕杜之後、南陔之前者何？」曰：「鄉飲之禮，但取通用之樂，非有次第也。不然，則出車、杕杜、南陔之前，奚不歌乎？」「何以知爲文、武時之詩乎？」曰：「儀禮，周公所作，而因賦是詩焉耳，故小大譜曰：『小雅、大雅居豐鎬時詩也。』旨多有奚異乎？」曰：「旨，即嘉也。其麯蘖之精，鹽梅之均，珍羞之善者乎？多對少之辭，有則無不備也。」

「南陔，孝子相戒以養也。白華，孝子之潔白也。華黍，時和歲豐，宜黍稷也。有其義而亡其辭。」既亡其辭，何以有其義乎？鄭玄曰：「此三篇者，武王之時，周公用爲樂章，吹笙以播其曲，子夏序詩，篇義合編，故詩雖亡而義猶在也。毛氏訓(詩)〔傳〕[一]，各引序冠其篇首，故序具存而詩亡。」然此三篇及由庚、崇丘、由儀，而儀禮或曰笙，或曰樂，或曰奏，而不曰歌，則此六詩者，古但有其調，亦不可知也。

「南有嘉魚，樂與賢也。太平之君子至誠，樂與賢者共之也。」編曰：「非燕饗通用之樂乎？」曰：「亦是意也。」「罩罩興樂，汕汕興衎者何？」曰：「罩之于外，汕之于底，其樂衎之有深淺乎。」「嘉魚興嘉賓者何？」曰：「其以清潔極族類之美。」「膏澤得滋味之真者乎？又以樛木與鵻興之者何？」曰：「樛木言嘉賓能禮臣愛民也，鵻言高行卓立出風塵以翱翔霄漢也。」

「南山有臺，樂得賢也。得賢，則能爲邦家立太平之基矣。」穀曰：「此其興何也？」曰：「臺萊多根，以興基。桑楊遠觀，以興光。杞李庇人養人，以興父母。栲杻高密，以興茂。枸楰長久，以興後。其實能爲民之父母，則足以爲邦家之基

[一]「訓詩」：據毛詩小雅，「詩」當作「傳」。

光，可法今而傳後也。魯襄公賦此答季孫宿，宿其能堪此乎？」

「由庚，萬物得由其道也。崇丘，萬物得極其高大也。由儀，萬物之生各得其宜也。」三詩皆言萬物者何？曰：內外既治，賢材既樂，萬物之阜遂可由知也。

「蓼蕭，澤及四海也。」曰天子燕諸侯以示慈惠者，非歟？曰：亦是意也，但曰以示慈惠，則近伯矣。譽處云何？曰：以天子而與如是賢諸侯以燕，則非狎私昵而寵嬖幸，豈不有譽處哉？不爽之德云何？曰：即宜兄弟之義也。蓋雖鞗革和鸞之間亦發見也。湑，似處。瀼、泥、濃，皆各似其下也。

「湛露，天子燕諸侯也。」姜瀾曰：「同姓異姓皆在乎？」曰：「然。故一章言必醉也，二章言其所也，三章、四章言雖醉不亂也。故毛公曰：『宗子有事，族人皆侍，不醉而出，是不親也。醉而不出，是泄宗也。』」「杞棘桐椅奚興乎？」曰：「杞棘堅心，興令德之在內。桐椅美標，而其實離離，興令儀之在外也。故魯侯賦此以宴衛甯俞，俞不辭，亦不答，以爲肆業及之云云者，是其智足以知自處也。」

「彤弓，天子賜有功諸侯也。」洙曰：「有序乎？」曰：「藏而載，載而櫜，藏之益密矣。貺而喜，喜而好，交之斯真矣。享而右，右而酬，予之斯禮矣。衛甯武子、晉范宣子皆嘗聘于魯，魯侯賦此以享武子，武子不答。季孫子賦此以美宣子，宣子曰：『城濮之役，我先君文公獻功于衛雍，受彤弓于襄王，以爲子孫藏，匄也。先君守官之嗣也，敢不承命者何？』」曰：「武子不忘其上，宣子不辱其先，皆可與〔言〕[二]彤弓矣。」

「菁菁者莪，樂育材也。君子能長育人材，則天下喜樂之矣。」編曰：「燕享之詩，非歟？」曰：「此或其用之耳。故毛公曰：『歌樂人君教學，國人秀士選士俊士造士進士養之以漸，至于官之也。』」「其興云何？」曰：「阿中，言育我者盛，故興有儀之在外。沚中，言育我者深，故興我心之在內。陵中，道之及我者多矣，如錫百朋也。楊舟，材之濟險者美矣，

〔二〕「言」字原脱，據叢書集成本補。

故我心則休也。」

「六月，宣王北伐也。鹿鳴廢則和樂缺矣。四牡廢則君臣缺矣。皇皇者華廢則忠信缺矣。常棣廢則兄弟缺矣。伐木廢則朋友缺矣。天保廢則福禄缺矣。采薇廢則征伐缺矣。出車廢則功力缺矣。杕杜廢則師衆缺矣。魚麗廢則法度缺矣。南陔廢則孝友缺矣。白華廢則廉恥缺矣。華黍廢則蓄積缺矣。由庚廢則陰陽失其道矣。南有嘉魚廢則賢者不安，下不得其所矣。崇丘廢則萬物不遂矣。南山有臺廢則爲國之基墜矣。由儀廢則萬物失其道理矣。蓼蕭廢則恩澤乖矣。湛露廢則萬物離矣。彤弓廢則諸夏衰矣。菁菁者莪廢則無禮儀矣。小雅盡廢則四夷交侵，中國微矣。」繼祖曰：「何以有是說也？」曰：「此其在厲王之時乎！故宣王中興，則六月而征伐，如是其亟也。故一章、二章言六月出師之故也，三章言行師之本在嚴敬，四章言行師之法有節制也，五章言吉甫兼文武之材，六章言吉甫備孝友之德也，宣王用如是之人，中興而復小雅之舊，宜矣。」

「采芑，宣王南征」者何？曰：一章言方叔軍容之盛也，二章言方叔德容之雅也，三章言當戰之節制，四章言未戰之先聲也，蓋非壯猷以處己，則不能用人以有節制也。采芑、飛隼之興何如？曰：地力壯盛，可植美采，猶兵甲強而能成功也。急疾之鳥，戾天而又知止，猶兵雖強而用之有節也。服其命服云何？曰：命服既定于平日，則戎服亦可因數以制之也。曹氏解命服爲吳起不帶劍，杜預不跨馬，孔明不戎服及羊祜之輕裘，亦通。鉦人伐鼓者云何？曰：用鉦以戒貪殺，似仁。用鼓以警衰惰，似義。兵以金退，而曰振旅闐闐者何？曰：「闐闐」，歇鼓聲也。「莅止」「率止」云何？曰：「莅止」，自上統下言也。「率」則倡而行也。

「車攻，宣王復古也。宣王能內修政事，外攘夷狄，復文武之境土。修車馬，備器械，復會諸侯于東都，因田獵而選車徒焉。」劉銑曰：「此詩後六月采芑者何？」曰：「惟有車攻、吉日之詩，斯有南征北伐之功也。」「君子大成云何？」曰：「君子以德言，猶所謂恭肅節制，儀刑百辟，而不從一己之欲，足以合人心於既散也。大成以業言，猶所謂振武纘戎，戡定四方，而不爲一日之計，足以復境土于既廢也。」

「吉日，美宣王也。能慎微接下，無不自盡以奉其上也。」衢曰：「慎微之謂何？」曰：「以其將田而卜日，祭伯以差馬乎？」「接下無不自盡以奉其上者，其三章四章之意歟？」「大阜、漆沮則言田所也。」

「鴻雁，美宣王也。萬民離散，不安其居，而能勞來還定安輯之，至于矜寡，無不得其所焉。」輔曰：「雖則劬勞，云何？」曰：「自流離而言也。」「魯文公平晉、鄭，鄭伯宴魯公于棐，鄭公子歸，生賦鴻雁，季孫行父曰寡君未免於此者何？」曰：「魯鄭之弱比于流民矣。」

「庭燎，美宣王也。因以箴之。」夫既美矣，又奚箴？曰：毛公曰：「美其能勤于政，箴其不正雞人之官而問夜早晚也。」程子曰：「既云夜未央，又云未艾、向晨，不惟見無常節，且知其將急也。」夫是詩也，其當姜氏脫珥之時乎？

「沔水，規宣王也」者何？曰：邦人諸友，言諸侯。兄弟，言同姓臣也。我友敬矣，即是人也。讒言其興，其言興於讒者不能自免乎？

「鶴鳴，誨宣王也。」章詔曰：「二章之言相類，而意豈無別乎？」曰：「于野，以四方言也。于天，以上下言也。在淵在渚，言事雖散於廣遠，而道則不下帶而存，不可以爲遠而忘之也。在渚在淵，言事雖在於目前，而理則至深邃莫測，不可以其近而忽之也。「維蘀」，以榮悴言，猶利害安危之謂也，則思亂防危之意，其可怠乎？「維穀」，以美惡言，猶賢佞是非之謂也，則防奸遠佞之意，其可少乎？前章爲錯，猶渾淪以利器言之。後章乃言攻玉，夫人之德成如玉焉，則聲聞于天與野者，下可以悅百姓，上可以得天心矣。」

「祈父，刺宣王也。」朱傳以爲未必爲宣王之詩者何？曰：朱子嘗言：宣王始也任賢使能，如申伯、甫侯、韓侯，或爲將相，或爲諸侯。如方叔、召虎，或伐玁狁，或征蠻荊，或平淮夷。至其晚年，怠心一生，如虢文公之徒諫既不行，則小人乘間用事，故祈父之詩。司馬非人矣，小人在位，則賢者不留，故次以白駒，由是考之。東萊呂氏引太子晉諫靈之詞，則爲刺宣王，審矣。蓋言責司馬，則王可知矣。「止居」「底止」云何？曰：靡止居，言不得安也。無底止，言無時已也。是以有母尸饔耳。夫軍士以爪牙自言，以不聰明言祈父，則腹心不寧可知矣。故曰刺宣王也。齊圍魯郕，叔孫賦此于晉以乞師，苟偃即欲同恤社稷而不使轉之于恤者，蓋猶以祈父爲戒也。

「白駒，大夫刺宣王也。」劉銑曰：「詩亦有序乎？」曰：「一章欲求一朝以逍遥。二章又欲求一夕以爲嘉賓，增重我也。三章欲爲公侯以用之也。四章言賢者方束生芻往空谷以自秣其馬，其人如玉高潔，視公侯如糞土耳。言語且不可得聞，而況可使以公侯挽之以留朝夕耶？然則宣王不用其言，又可知矣。程子以爲爾公爾侯，勉在位者公卿。亦通。」

「黄鳥，刺宣王也。」輔曰：「比者何？」曰：「通言黄鳥也，然邦族者疏也，諸父、諸兄則漸親矣。夫使民適異國，而又思故鄉，其何所托身乎？」

「我行其野，刺宣王」者何？曰：蓋又甚於黄鳥矣。言雖婚姻之戚，亦以利爲重而改舊背親焉，此邦之路人又何足言哉！

「斯干，宣王考室也。」廷璽曰：「傳以爲未必宣王者何？」曰：「舊説厲王流於彘，宫室圯壞，宣王更作者，其亦有所見乎？然于斯干可以觀孝弟也。故一章言室美，當與兄弟相處也。二章言嗣續妣祖，以居處笑語也。夫兄弟翕，父母順，斯可以『攸芋』『攸躋』『攸寧』矣。『攸芋』，舉言之也。『攸躋』，言堂也。『攸寧』，言室也。六章以至九章，則言其後嗣耳，然其本在于孝弟，此斯干之意也。」

「無羊，宣王考牧也。」琉曰：「何題？」曰：「無羊，曰無羊者，言有羊也。有羊則有牛矣。故一章言牛羊之盛也。二章言其故也，言牧人負餱以飼牛羊，使牛羊眠食以時也。三章言畜牧相習，故牧有芻蕘雉兔之餘力也。四章言牧事之祥也。」「何以豐年人衆之祥歸之牧人？」曰：「宣王不能内修政事，外攘夷狄，牧人欲爲魚旐之夢，牛羊欲遂寢訛之樂，不可得矣。故于無羊知宣王太平之盛也，故即無羊之事，可以見豐年室家溱溱矣。」「衆魚旐旟者何？」曰：「此夢之變也，因小而知大也。衆則爲魚，旐則爲旟也。以考室、考牧後黄鳥者何？其亦惜宣王有此室家基業，而自怠政棄賢，將啟節南山之緒乎？」

「節南山，家父刺幽王也。」家父求車於桓公之世，而序云然者何？曰：此詩言尹氏已爲太師，年當老矣，而春秋于桓公之世，又書尹氏卒，以是知古者詳氏不詳名字也。且如家父作詩，在幽王之末年，平王之初，距求車之時亦不過十數年耳。故一章言尹氏失民所瞻，人不敢言也。二章言尹氏不平，我雖不敢言，民言已不嘉矣。三章言任大責重，不宜久行不平之政以空我師也。四章言所以不平者，委政姻婭也。五章言由是天降鞠訩也，尹氏而如届〔一〕以躬親政事。如夷以不用姻婭，庶幾其可以闋民之亂而違其惡怒乎？望之也。六章言其式月斯生，卒勞百姓也。是以七章使我雖有項領四牡，無所騁也。八章言情之不常。九章言其性之已定，蓋不平之本也。十章則又言其大本焉。

「正月，大夫刺幽王也。」弘學曰：「不亦已怨乎？」曰：「隱而切，直而不，但明于天人之際，其正月乎？故一章至四章，言訛言可憂，大致喪亂，雖天亦可勝也。五章至七章，言訛言有據以興禍亂，如天有心以敵我也。八章至十章，言致亂之由内用褒姒，而外棄賢輔也。十一章言若是其亂亡，亦如魚之在沼，無所逃也。彼訛言小人，方旨酒嘉殽，有屋有穀以自樂者，何也？故十二三章又云爾也。」

「十月之交，大夫刺幽王也。」士華曰：「何以知爲幽王？」曰：「以所嬖之人知之。是故一章二章言日食也，三章言震電山川之不寧，雖天地皆不位也。四章至七章，言致災變之由也，外用小人而内惑豔妻也，即皇父之貪讒，則番與家伯、仲允、棸子、蹶、楀之惡可知矣。内外之人如此，天災宜乎？是以亦孔之痗而獨居憂也。」

「雨無正，大夫刺幽王也。雨自上下者也，衆多如雨，而非所以爲正也。」繼祖曰：「集傳此序與詩絶異，元城劉氏嘗讀韓詩序，作雨無極，其詩文比毛詩多『雨無其極，傷我稼穡』八字者何？」曰：「此或然也。是詩也，臨難而不遁，遭變而思正，其社稷之心，同姓之臣乎？故一章言天變也。二章言人離也，是豈可徒咎王哉？故三章言群臣之當慎行也。四章言群臣之當進言也。五章則言巧言得寵，雖慎行忠言，祇惟躬之瘁耳。若是，則不可仕矣。仕而從君，又爲朋友之所怨也。彼不仕而去，託爲未有室家者何？其自便之甚，使我獨罹此進退維谷之苦邪！」「疑此爲東遷後詩者，如何？」曰：「東

〔一〕「届」：叢書集成本作「居」。

遷後，詩不入雅。然此言周宗既滅者，甚辭也。猶正月赫赫宗周，褒姒滅之云爾。彼正月者，又豈東遷後詩乎？」「匪舌是出者云何？」言忠，言自中心而發，匪事口舌如不能言也。」

毛詩說序卷之四

小雅

「小旻，大夫刺幽王也。」穀曰：「毛公曰：『所刺列于十月之交、雨無正之後，爲小。』故曰：小旻者何？」曰：「然因大雅言召旻，此在小雅，故別言耳。小宛、小弁、小明皆是說也。故小旻一章、二章言違善謀而不用也。三章、四章言不善之謀亂多，而且卑淺也。五章言雖善謀不能自存，況用之邪？是以有六章之懼禍耳。」

「小宛，大夫刺宣王也。」鄭玄以爲刺厲王，同上四詩者，非歟？曰：詳周宗既滅之類，知其爲刺幽王也。集傳以爲兄弟相戒免禍之詩，非刺王者何？曰：兄弟相戒以免禍，非刺王乎？故一章欲紹先業也。二章欲保天命也。三章欲修身以誨民也。四章欲爲善之速也，速于修身以誨民，先業可紹，天命可保矣。五章言時亂反常，故六章言懼禍也。二人，謂之文武。

「小弁，刺幽王也，太子之傅作焉。」弘學曰：「孟子之説是詩如何？」曰：「是詩于父子之情曲盡之矣。過大而怨，固其宜也。故一章二章即鸒斯周道，戀父母而憂也。三章言不爲父母所顧，雖桑梓不守也。四章言不爲所容，雖蜩葦不如也。五章不容至于無所措身，曾鹿奔雉雊之不若也，若是，不如死矣。六章則又言曾死人之不若也，其究皆由七章之信讒，八章之來讒也。」

「巧言，刺幽王也。大夫傷于讒，故作是詩也」奈何？曰：其亦蘇公之徒乎？故首章言無罪而遭亂。二章、三章言亂由信讒也。四章言讒人之情可得。五章言讒人之顔可恥。六章則言讒人無小而不大也。居河之麋者何？曰：近幸之地，浸潤之所也。既微且尰者何？曰：白傷人也。居徒幾何者何？曰：詭媚之輩也。

「何人斯，蘇公刺暴公也。暴公爲卿士而譖蘇公焉，故蘇公作是詩而絶之。」琉曰：「何言之復乎？」曰：「一章、二章言其爲讒以絶己也。三章、四章言讒之祕且疾也。五章、六章又冀其改之也。七章言其始之善，申一章二章也。八章言其終之惡，申三章四章也。王氏所謂處己忠而遇人恕者，其是乎？然則暴公其巧言之首哉？」「刺暴公而得爲王詩者何？」曰：「以王信暴公之讒，亦所以刺王也。」

「巷伯，刺幽王也，寺人傷于讒而作也。」曰：毛公曰：「巷伯與寺人之官相近，讒人譖寺人，寺人又傷其將至巷伯，故以名篇」者何？曰：譖至是無人之能容矣。故一章言讒心之孔毒也。二章言讒謀之甚密也。三章、四章欲其改也。曾氏曰：忠告之也。五章、六章言既不改，欲天制其罪也。七章欲人察其言也，是巷伯之旨也。故讀南山、正月、十月之交見厲王用人之失也。雨無正、小旻見用謀之失也，是以小宛之詩，雖百姓亦懼其禍也，其本皆由讒言也。小弁，讒及妻子也。巧言，讒及大夫也。何人斯，讒及公卿也。巷伯，讒及寺人矣。故自谷風以下，遂皆言其亂也。

「谷風，刺幽王也。天下俗薄，朋友道絶焉。」繼祖曰：「惡至是哉？」曰：「其幽王化之乎？故一章、二章言變常也，三章言其故也。」

「蓼莪，刺幽王也。民人勞苦，孝子不得終養焉」奈何？曰：「一章至四章言父母鞠育之恩，而己不材，且貽辱也。五章、六章言王酷烈之偏，蓋所以不得養其父母也。」

「大東，刺亂也。東國困于役而傷于財，譚大夫作是詩以告病焉。」商經曰：「何獨言東國？」曰：「周都西土，諸侯多在東，然舉東則四國可知矣。夫尹氏側，暴公讒，寺人譖，豔妻惑，皇父之輩貪，欲賦之平，不可得已。故一章言古者天子施予厚，貢賦平，賞罰直。今則不然，是以憂也。二章言貴者病也，公子以葛屨履霜，徒走周行也。三章言賤者病也，憚人曾獲薪之不若也。四章言賦斂不均，而小人得志也。五章以下言訴之于天，天亦若助惡人，甚怨之也。毛公曰：『譚在東，故其大夫尤苦征役。』大東小東，大小言賦役也。」

「四月，大夫刺幽王也。在位貪殘，下國構禍，怨亂並興焉。」士華曰：「何言乎四月？」曰：「四月，秋日、冬日皆非春也，故此三章皆言王政酷虐淒烈之甚耳。四章言賢者亦變爲小人也，是以使我盡瘁以仕，甯莫我有，思爲鶉鳶鱣鮪以逃之，如六章、七章云爾也。八章作歌之故也。」「蕨薇杞桋之興奈何？」曰「山高而蕨薇之菜小，隰下而杞桋之木大，傷所懷人莫之知也，故曰告哀。」

「北山，大夫刺幽王也。役使不均，己勞于王事，而不得養其父母焉。」盛德曰：「固如序說矣，六章謂之何？」曰：「上三章似言王使之不均，下三章似言臣使之不均，蓋賢者勞勩歷艱于外，皆此息偃、棲遲、飲酒、風議者之所陰遺也。」

「無將大車，大夫悔將小人也。」守德曰：「以大車而興小人，可乎？」曰：「此或使小人將大車，不持重慎行，以起塵汙也。是以思百憂而祇自疧、熲重耳。」

「小明，大夫悔仕于亂世」，何也？曰：言己勞役遠出，至歲暮而不敢歸者，爲此處者反復之中傷也。四章、五章則又忠告乎處者，使以正直爲心，無爲「反覆」、「罪罟」、「譴怒」，以遭天譴也。然亦怨之深矣！

「鼓鐘，刺幽王也。」士昂曰：「何言乎刺哉？」曰：「其亦傷今思古之作乎？故毛公曰：『言幽王會諸侯淮水之上，設其淫樂，不與德比，故賢者憂之，思古也。』」「然則以雅以南，以籥不僭者，亦謂古乎？」曰：「然。」「樂則是而人則非之說如何？」曰：「幽王而能奏二雅二南，豈有不動心改惡者乎？故每章四句以下，皆思古也。」

「楚茨，刺幽王也。政煩賦重，田萊多荒，饑饉降喪，民卒流亡，祭祀不享，故君子思古焉。」劉曰：「公卿有田禄者，力于農事以奉宗廟之祭者，非歟？」曰：「公卿奉祭，豈有異姓旅酬之禮乎？故一章言粢盛之潔而獲福。二章言犧牲之美而獲福。今皆不然，饑饉降喪矣。三章言主祭助祭之得人，而上下貴賤內外賓主皆得其人，禮儀甚備也。四章幾式之福，以報一章、二章也。萬億之福，以報三章也。五章、六章則祭畢，燕同姓之事也。今則不然，故曰刺幽王也。故毛公曰：

『田萊多荒，茨棘不除也。饑饉，倉庾不盈也。降喪，人不與助也。』」「獻酬交錯，止言賓主乎？」曰：「賓主獻尸而又相酬獻也。」「後祿云何？蓋以如幾如式、時萬時億爲前祿乎？莫怨具慶者何？」曰：「使非同好惡于平日，則有含怒飲酒者矣。」

「信南山，刺幽王也。不能修成王之業，疆理天下，以奉禹功，故君子思古焉。」編曰：「將非思成王乎？」曰：「蓋自成王以後之賢王也。故一章言曾孫能守地利。二章言能得天時。三章、四章言粢盛瓜菜之祭。五章言犧牲酒醴之祭。六章明其祭爲烝也。烝，冬祭也。烝而獲福也。今則不然矣。」

「甫田，刺幽王也。君子傷今而思古焉」，何以其傷今也？曰：即一章見今取之無度，用之無節，爲之無方，勸之無要也。即二章言不能爲農感神也。即三章見不能爲農勞人也。即四章見饑饉匱乏也。然則詩云曾孫，其亦古之賢王乎？

「大田，刺幽王也，言矜寡不能自存焉。」穀曰：「集傳謂農夫之辭，以答前篇者，云何？」曰：「於編詩之序，疑亦有此。大抵一章言古之民能勤農事以順上。二章言除田害，既去稂莠，又去螟螣也。三章言公田之利。公田利者，義於事上，而仁於侍煢獨也。四章言王者爲民祀神以獲福，所以報之也。今皆不然矣。」

「瞻彼洛矣，刺幽王也。思古明王能爵命諸侯，賞善罰惡焉。」繼祖曰：「集傳以爲天子會諸侯於東都，以講武事，而諸侯美天子者，如之何？」曰：「此固序之意也。然亦可以見當時諸侯皆叛，幽王不能作六師，內以保家室，外以保邦國矣。犬戎兵興，召諸侯而不至，此詩其漸乎？」

「裳裳者華，刺幽王也。古之仕者世祿，小人在位，則讒諂並進，棄賢者之類，絕功臣之世焉。」衢曰：「天子美諸侯之詩者何？」曰：「雖謂古天子用賢亦可也。是故左、右、宜、有，皆賢者之材也。乘四駱而我覯之有譽有慶，可知其見用矣。今皆不然，故曰棄絕賢者功臣焉。有，以體言。宜，以用言。沃若、有章，皆宜義也。」

「桑扈，刺幽王也。君臣上下，動無禮文焉」，何也？曰：曾有鶯其羽之不若也。蓋桑扈不交往來，則鶯羽不得而見。君子不來朝宴樂，則亦無以見受天之祜也。鶯領而興之屏者何？曰：領者，上以輔乎元首，下以統乎四體，猶屏之蔽內而捍外也。是詩也，當是諸侯傲上不朝，而無以樂胥，故云爾。鄭亨趙武而公孫段賦桑扈，趙孟曰：「彼交匪傲，福將焉往。」又曰：「段氏其後亡之次者乎？其言猶謂詩爲古乎？」故傳曰：「天子燕諸侯之詩。」

「鴛鴦，刺幽王也。思古明王，交于萬物有道，自奉養有節焉。」洙曰：「傳謂諸侯答桑扈者如何？」曰：「大抵諸侯願天子之辭。」「鴛鴦乘馬之興奈何？」曰：「鴛鴦，匹鳥。乘馬，匹獸。然鴛鴦起則于飛，宿則戢翼，是自處有道也。君子能不自用，而求賢以匹，圖爲萬年之計，則福禄之所宜也，于飛則免畢羅之禍。乘馬不在廐，則摧秣不可得。君子不萬年，則福禄不艾綏矣。故在廐者，自處有節也。萬年之意，亦若是乎？野牧則無節也。」

「頍弁，諸父刺幽王也。暴戾無親，不能宴樂同姓，親睦九族，孤危將亡（也）」，何也？曰：鄭氏謂豈伊異人？兄弟匪他，言皆至親，刺其不肯相樂也。故諸父言，未得見王，懼其將亡，無所依怙者而憂也。若見王而諍之，則庶幾悅懌矣。不然，死喪無日，如雨雪之有霰也。夫見且不可，而況親之乎？以爲宴弟兄親戚之詩者，如何？曰：方宴而言死喪無日，恐於宴不宜也。

「車舝，大夫刺幽王也。褒姒嫉妬，無道並進，讒巧敗國，德澤不加于民，周人思得賢女以配君子也。」世輔曰：「詩何以言雖無好友，旨酒嘉殽也？」曰：「此皆指幽王而言，故曰德音來括，令德來教，言褒姒教幽王者皆非德，而欲新昏者教之以德。與之燕喜歌舞，以寫慰我也。」「高山景行之興奈何？」曰：「高山景行則可仰行，興有德之新昏，非騑騑之四牡，如琴之六轡，不可以迎之也。孫毓解以慰我心曰：慰，怨也。則亦過求之矣。」

「青蠅，大夫刺幽王也。」穀曰：「三章奚序乎？」曰：「一章戒信讒也。二章言讒之害大也。三章言讒之起微也，起于微而成于大也。外亂四國而内構二人也。讒也豈可信乎？」「二人者何？」曰：「君臣也。」

「賓之初筵，衛武公刺時也。幽王荒廢，褻近小人，飲酒無度，天下化之，君臣上下，沉湎淫液，武公既入而作是詩也。」琉曰：「集注以爲飲酒悔過者何？」曰：「大侯既抗，既皆天子大射之禮，而烝衎烈祖，又非諸侯得祭禮也。若專爲武公之詩，即當列之衛風淇澳之間，不可入雅，以于天子之分也。故慎而有則，樂而有度，忠敬禮恭，其惟賓之初筵乎？故一章言古者因射而飲酒，以觀德也。二章言古者因祭而飲酒，以奏能與時也。今皆不然矣，是以三章、四章言威儀之失，五章言言語之失也。故曰刺幽王也。」「獻爾發功者何？」曰：「猶言射夫各貢其發矢之功能也。有的，即其實耳。」「籥舞笙鼓以下云何？」曰：「自此至有壬有林，言樂與禮之盛，故神錫以純嘏也。子孫其湛以下，則又言禮樂之實耳。故於其湛曰樂，各奏爾能。曰子孫，見其和之至也。酌彼康爵，以奏爾時。曰賓手，見其敬之至也。」守德曰：「既醉而出，至惟有令儀，言不復乎？」「上四句原過飲之害，下二句著節飲之美也。」

「魚藻，刺幽王也。言萬物失其性，王居鎬京，將不能以自樂，故君子思古之武王焉。」何以言思古之武王也？曰：言斯鎬也，武王之所初有，至於不那其居，將失之也。故鄭康成曰：「天下太平，武王處於鎬京，樂與群臣飲酒。今王惑于褒姒，而亦飲酒于鎬京，民不得其所，危亡將至，故以刺焉。」[一]頒首之興者何？猶言王能爲天下元首，與物同春而樂也。莘尾之興者何？猶言王能爲後世垂法，與道同久而樂也。依蒲之興何？曰：魚依于蒲，則釣餌不能施，綸竿不能加，可謂益安矣。王而那居，則仰得天命之眷，俯得人心之從，盜賊不興，四夷不侵，此所以豈樂飲酒也？

「采菽，刺幽王也。侮慢諸侯，諸侯來朝，不能錫命以禮數，徵會之而無信義，君子見微而思古焉。」士華曰：「車馬衣裳，未來朝之前已錫之何？」曰：「諸侯之錫，至于衮冕，極矣。若已錫也，福禄之申，又將何哉？故一章言古之天子能錫諸侯也。二章至四章言諸侯之賢，宜錫福也。五章言古之天子非濫賞也，乃度德而賞也。今諸侯優哉遊哉，彼交匪紓，殿天子之邦者，戾矣，其何錫之有？故曰刺幽王也。」「檻泉、采芹、柞葉之興者何？」曰：「筐莒以盛菽，猶車以載君子，采芹則知正泉之美，見旗則知君子之德也，柞枝則葉蓬蓬。」「興左右率從，楊舟言有材意，天子所予者何？」曰：「言中心喜之也，故命之申之爾。」「平平左右者何？」曰：「言左右之材也，故亦是率從，皆殿天子之邦之徒也，此萬物所以攸同，

[一] 此引鄭玄所說句原文作：「天下平安，萬物得其性，武王何所處乎？處於鎬京，樂八音之樂，與羣臣飲酒而已。今幽王惑於褒姒，萬物失其性，方有危亡之禍，而亦豈樂飲酒於鎬京，而無悛心，故以此刺焉。」

如柞葉蓬蓬也。」

「角弓，兄弟刺幽王也。不親九族，而好讒佞，骨肉相怨而作也。」商經曰：「讒佞云何？」曰：「其幽王之惑褒姒乎？故吾於角弓，知妻子合而後兄弟翕也。故一章言當親兄弟而不遠也。二章至五章言民化其上，下不親兄弟而相爭一方，不顧己之後也。六章至七章又歸于王之好讒佞，以增益之也。故曰「如塗塗附」，「式居婁驕」，「如蠻如髦」也。晉韓起聘魯，賦角弓，季武子拜曰：『敢拜子之彌縫敝邑，寡君有望矣。』蓋亦兄弟相親之意也。」

「菀柳，刺幽王也。暴虐無親，而刑罰不中，諸侯皆不欲朝事也。」弘學曰：「幽王固不足道，而當時諸侯何至此哉？」曰：「君臣以義合者也，故孔子亦曰：『不可則止。』」「上帝甚蹈，蹈作神者何？」曰：「毛公曰：『蹈，動也。蓋其威虐之變，如足蹈然也。』」「居以凶矜者何？」曰：「毛公謂處我于凶危之地，謂四裔也，亦與集注凶禍可憐之意同。故一章、二章猶欲靖王室也，三章則言不可靖也。」

「都人士，周人刺衣服無常也。古者長民，衣服不貳，從容有常，以齊其民，則民德一，傷今不復見古人也。」是詩言民德者何？曰：見在上者之化也。故一章言士之德也。二章言女之德也。三章言士女之貴也。四章言士女之威儀之餘也。五章言其出于自然也。綢直如髮者何？曰：鄭氏曰：「言其性情密緻，操行正直如髮，本末無隆殺也。」

「采綠，刺怨曠也。幽王之時，多怨曠也。」懷仁曰：「五日六日何至怨曠乎？」曰：「毛萇曰：『怨曠者，君子行役過時也。』鄭箋曰：『五日、六日，五月之日、六月之日也。』然是詩也，不以憂思，欲從君子于狩而觀其所釣，可謂非禮矣，故曰刺也。」

「黍苗，刺幽王也。不能膏潤天下，卿士不能行召伯之職焉。」卿士不能行召伯之職，何以刺幽王？曰：卿士廢職，幽王之所用也。我任我輦以至蓋云歸處，皆勞詞乎？曰：勞不止言語，雖犒賞亦在焉。召伯成之云何？曰：恤其飢寒，知其疾苦，均其勞勩，然後征師烈烈而威武也。不然，則有罷敝而不勝役者矣。魯既平邾，季武子如晉拜師范宣子爲賦此詩，武子曰：小國之仰大國也，如百穀之仰膏雨。若常膏之，天下其輯睦，豈惟敝邑？若宣子以召伯自比矣，豈其然乎？豈其然乎？

「隰桑，刺幽王也。小人在位，君子在野，思見君子，盡心以事之。」劉銑曰：「是詩亦可謂民苦小人之虐矣？」曰：「然。故一章、二章言得見君子以爲樂也。三章言所以樂者，君子德音孔膠也，是以四章中心藏之也。鄭享趙武，子產賦此詩，趙孟曰：『請受其卒章。』其知交相規誨乎？」

「白華，周人刺幽后也。幽王娶申女以爲后，又得褒姒，而黜申后，故下國化之，以妾爲妻，以孽代宗，而王弗能治，周人作是詩也。」懷仁曰：「何以知其國化也？」曰：「此亂之流也。故一章至五章，比背嫡也。六章至八章，比寵妾也。」「刺幽后奈何？」曰：「雖則幽王，究其本亦幽后也。」

「綿蠻，微臣刺亂也，大臣不用仁心，遺亡微賤，不肯飲食教載之也。」比至終章乎？曰：止于我勞如何？其下則賦耳。

「瓠葉，大夫刺幽王也。上棄禮而不能行，雖有牲牢如饔餼，不肯用也，故思古之人不以微薄廢禮焉。」衢曰：「君子以酒嘗、獻、酢、酬，而舉瓠葉、兔首者何？」曰：「雖常蔬野殽，而誠意不廢，其斯以爲古之人乎？今則不然也。」

「漸漸之石，下國刺幽王也。戎狄叛之，荊舒不至，乃命將帥東征。役久病於外，故作是詩」者何？曰：一章、二章言地理之難也，三章言天時之艱也，可知其人事矣。

「苕之華，大夫閔時也。幽王之時，西戎東夷交侵中國，師旅並起，因之以饑饉，君子閔周室之將亡，傷己逢之，故作是詩」者何？曰：附物而生之苕且如此，其何以爲生而不傷乎？且羊墳首而無所於牧，魚在罶而三星，水陸皆竭產矣，雖苕黃之不若也。

「何草不黃，下國刺幽王也。四夷交侵，中國背叛，用兵不息，視民如禽獸，君子憂之，故作是詩」者何？曰：豈惟視如禽獸哉？一章、二章言曾衰草之不如也。三章、四章言曾惡獸之不如也。嗚呼！可以見其時之難矣。

毛詩說序卷之五

大雅

「文王，文王受命作周也。」玧曰：「毛傳曰：『文王在上，在民上也。文王陟降，上接天，下接人也。』鄭玄曰：『在帝左右。在，察也。文王能觀知天意，從而行之也。』今注皆不用者，然歟？」曰：「在上之訓則可，陟降在帝左右，其文王與天同行乎？是以德昭于天而受天命也。故德者，命之本也。敬者，德之本也。故二章言文王以德膺命，而行與天通也。二章、三章言天命文王及其子孫臣庶也。四章、五章言文王之德商兼其子孫臣庶也。若是，則周之子孫當念祖修德以監商也。當監商祈天以法文王也，是文王之旨歟？若以爲文王既歿，在帝左右，子孫蒙其福澤者，是後世神怪之說也，且使文王有私矣。晉悼公享魯叔孫豹歌文王之三章，穆叔不拜，韓獻子使行人子員問之，對曰：『文王，兩君相見之樂也，臣不敢及。』」「乃與序不同者何？」曰：「其或兩君相見，歌此以相勉，故穆叔云爾也。」

「大明，文王有明德，故天覆命武王也。」編曰：「何言乎覆命也？」曰：「言文王有明德，則知武王亦云然。天覆命武王，則知已命文王矣。故毛公曰：『二聖相承，明德日以廣大，曰大明也。』故一章總言有德能代商適也。二章言文王之所以生。三章言文王之明德受命也。四章、五章、六章言武王之所以生。七章、八章言武王明德受命也。是皆所謂明明在下，赫赫在上耳。楚子圍享趙孟而賦其首章，叔向曰：『令尹自以爲王矣，故曰：王弱，令尹強，雖可，不終。』時趙孟以小宛二章答之，圍猶不悟，後圍弑君而卒被殺。夫無明明之德而欲與赫赫之命，亦已難矣。然則詩亦不易知也。」

「綿，王業之興，本由大王也。」衢曰：「毛以爲興，朱以爲比，如之何？」曰：「自民之初生，至未有家室，猶瓞也。自來朝走馬，至予曰有禦侮，猶瓜也。興其得體乎？不然，則瓞興大王也，瓜興文王也，亦通。若以爲比，則其下爲重出矣。」

故一章至八章，言自大王自豳遷岐，始有家室宗廟門社，遂服昆夷，乃岐周所以興也。故至文王之時，外服諸侯而內備群臣，遂受天命，如九章云爾也。魯昭公享晉韓起，季武子賦其卒章，以比晉君之有宣子，其亦謂是歟？宮室以宗廟爲先，而乃先築室於茲者何？言斯地也，可築室以居耳。至六章捄之陾陾以下，始築宮室也。」「八章獨言皇門、應門、冢土者何？」曰：「宗廟、朝廷，社稷，大者耳，故特言之。其諸宮室不詳也。」「不言朝廷者何？」曰：「言門，則有朝廷可知。」

「棫樸，文王能官人」者何？曰：言能得賢以成功也。故一章總言得賢在左右也。夫國之大事，在祀與戎。故二章言得人以奉祭。三章言得人以詰戎。夫髦士奉祭，則神之幽無不格矣。六師及邁，則人之惡無不除矣。然其本皆由文王作之也。文王身有其德，而能鼓舞變化以作之耳。故四章云爾也。曰壽考者，其亦古之人無斁之意乎？夫無競惟人，四方其訓之，遐不作人，故能綱紀四方，追琢金玉，則所作之人耳。

「旱麓，受祖也。周之先祖，世修后稷，公劉之業，大王、王季申以百福干祿焉。」衢曰：「注以爲詠歌文王之德者何？」曰：「若序所言，則當文王之世矣。故一章、二章舉言文王獲福也。三章言所以獲福也。所以獲福者，以豈弟之德能作乎人耳？是以享祀則介福景而爲神所勞，足見求福之不回矣。故四章、五章、六章云爾也。然旱麓玉瓚乃不回之體，作人乃不回之用，真如條枚之直也。」

「思齊，文王所以聖也。」劉銑曰：「所以聖者，謂大任然矣。文王方刑於寡妻，而曰太姒徽音何？」曰：「太姒一嗣其徽音，則百斯男，則大任之母乎文王者可知矣。故曰文王之所聖也，故惠於宗公以下，言文王能格神也。刑於寡妻以下，言文王能化人也。明不能化人，幽不能格神也。化人之初，雝雝在宮耳。格神之始，肅肅在廟耳。是皆不顯之處亦若有臨，而亦無厭射以保之也。夫如是，故戎疾雖不殄，而烈假自不缺。且文王雖不諫不聞而亦式入，況敵國外患之在前乎？是皆無勉於內，行與地安，無待于外，性與天合也。是以譽髦斯士，成人有德，小子亦有造矣，皆太任之賜也。」

「皇矣，美周也。天監代殷莫如周，周世世修德莫如文王。」然則太王之遷岐，王季之友兄，其德不及文王乎？曰：至文王而益大也。「上帝耆之，憎之式廓」者何？曰：上帝好大王之德，但惡邠地式廓之不美，乃眷岐周與宅爾。「串夷載路」者何？曰：承上「作屏」「修平」「啟辟」「攘剔」而言，言帝遷大王之明德而道路通平也。「比于文王，其德靡悔」者何？言王季之德足傳文王，其初受太伯之讓者，至是果無愧恨矣。「居岐之陽，在渭之將」者何？曰：言文王既伐密，遂作邑於是也。「不長夏以革」者何？曰：程子曰：「言人之惡不及於長大者而皆化也。」惟崇國不悛，是以以臨沖伐之耳。若曰因譖己於紂，以爲仇方而伐之者，則文王懟怨君父矣。

「靈臺，民始附也。文王受命，而民樂其有美德以及鳥獸昆蟲焉。」穀曰：「序不及辟雍者何？」曰：「言文王之靈德，始自髦士，次以及民，至于鳥獸昆蟲也。鳥獸昆蟲且及，其民與士可知矣。故曰『於樂辟雍』，作靈臺而民始附乎！曰泥矣，因靈臺之作而見耳，是故民不附，臺不作。」

「下武，繼文也。武王有聖德，復受天命，能昭先人之功焉。」弘學曰：「下武之下作文如何？」曰：「下，對三后在天而言，武王在下也。故一章言能對先后，居君位也。二章言能繼先德，成君道也。三章、四章則言爲法於當時。五章、六章則言垂法于後世。然皆不外于孝也。」

「文王有聲，繼伐也。武王能廣文王之聲，卒其伐功」者何？曰：言武王伐商而有天下，其事自文王始耳。故一章言文王安天下之志也。二章言文王安天下之實也。然上以孝先人，下以干四方，非有譖與私也，故三章、四章云爾也。由是至武王之世，四方來同於豐，功也。無思不服於鎬，德也。然鎬京之宅皆出於天，而豐水之注則存乎人。人事修于豐水之先，天意應于鎬京之時，皇王惟辟，無思不服，不徒爾也，芑有宿根，以與子孫。

「生民，尊祖也。后稷生於姜嫄，文武之功起于后稷，故推以配天焉。」祖學曰：「以歸肇祀，則后稷始主國而祭祀乎？」曰：「非也。此方言始祀后稷以配天，而又言后稷主國始祀，則誤矣。且八章后稷肇祀，即應以歸肇祀，猶曰肇祀后稷云爾。若曰后稷自祀，則卬盛於豆者何耶？且誕我祀如何，與卬盛于豆非一事乎？又庶無罪悔。言于文武以後之王則可，言于后稷則不可。故一章至三章，言后稷生之異也。四章至五章，言后稷躬稼而有天下也。六章至八章，皆言祀后稷以配天耳。」

「行葦，忠厚也。周家忠厚，仁及草木，故能內睦九族，外尊事黄耇，養老乞言，以成其福禄焉。」注謂祭畢而燕者奈何？曰：此則大射禮也。大射之禮，先燕而後射，射畢又燕。今此詩一章、二章言燕也。三章言射也。四章言又燕也。讀儀禮，斯知此詩曲盡其節也。「仁及草木」者何？曰：因牛羊勿踐行葦見之耳。內親外事，不亦已析乎？曰：互言也。養老乞言之謂何？曰：古之燕，不徒然也，猶曰示我周行耳。毛曰：曾孫，成王也。

「既醉，大平也。醉酒飽德，人人有士君子之行焉。」世輔曰：「何以見人人有士君子之行乎？」曰：「吾於既醉知修身齊家之爲大也。夫一章之景福，二章之昭明，三章之高朗令終，皆言其獲福。至六章、七章、八章，始指其實耳。然其本又在四章修身以攝威儀，五章齊家以有孝子也。修身而曰朋友攸攝，則王之左右前後無非正人。齊家而曰孝子不匱，則王之羣黎百姓徧爲爾德矣。故曰人人有士君子之行也。鄭玄曰：『君子，斥成王也，言成王之臣所以相攝佐以威儀之事者，皆有仁孝君子之行也。』孔穎達曰：『是詩也，皆乘其末句而轉之，故云其胤維何，不言其祚耳。』其實七章天被爾禄，景命有僕，即祚也。八章釐以女士，從以孫子，即胤也。」「以爲父兄所以答行葦者何？」曰：「朱子必有所受矣。」

「鳧鷖，守成也。太平之君子能持盈守成，神祇祖考安樂之也。」劉銑曰：「神祇祖考安樂者，其即公尸見之乎？」曰：「然。夫君子如不能持盈守成，而欲公尸福禄之成、爲、下、崇，以無後艱，不可得也。故曰：明乎郊社之禮，禘嘗之義，治國其如視諸掌乎？此鳧鷖之旨也。故成，不廢也。爲，不舍也。下，若自天而降也。崇，若自下而尊也。無有後難，即恒如是耳。福禄之謂何，即燕可見矣。毛公曰：『言太平之君子，非獨成王。』鄭氏曰：『水鳥而在水中，猶人爲公尸而在宗廟也。』集傳以爲，祭之明日繹而賓尸之樂也。」

「假樂，嘉成王也。」勝遠曰：「以爲公尸之所以答鳧鷖者，非歟？」曰：「雖則公尸，亦美成王也。蓋美成王之令德，宜於民人以及子孫也，願之也。」「舊章者何？」曰：「猶後世子孫言之，即宜民宜人也。故子孫率宜人之章以由羣辟，率宜民之章以爲民之攸塈也。晉平公賦此以享齊景，鄭簡則溢美也。」

「公劉，召康公戒成王也。成王將涖政，戒以民事。美公劉之厚于民，而獻是詩」者何？曰：一章言遷豳之故也，二章言相豳之地也，三章言勞豳之居，四章言禮臣之體，五章言仁民之政，六章則舉始終而言也。是詩愛而不威，勞而不怨，隨處而安，和而不流，兵農有制而不偏，宜乎從之者如歸市也。書曰：「克篤前烈」，亶其然乎？君宗之謂何？曰：君之則，尊卑有體，而新都之臣，各有所統。宗之，則親疏不亂，而流離之後各有所屬，故雖燕不褻也。其軍三單者何？曰：單，無羨也，猶曰單三軍而無餘卒也。

「泂酌，召康公戒成王也。言皇天親有德，饗有道也。」瀾曰：「天親有德，而曰民之攸歸攸塈何？」曰：「天人一理也。民之所欲，天必從之也。」「此何以爲興乎？」曰：「行潦餴饎，汙潔不同也。然挹彼注茲，汙者亦可潔用之。君子與民，上下殊分也。然豈弟以近之，則爲民之父母矣。行潦罍溉，貴賤不等也。然挹彼注茲，賤者亦可貴用之。君子與民，尊卑懸絕也，然豈弟以親之，則爲民歸塈矣。」

「卷阿，召康公戒成王也，言求賢用吉士也。」仁曰：「何以亂言車馬？」曰：「『晉康侯用錫馬蕃庶，晝日三接』者，其卷阿乎？故一章言作歌之地與其時及其人也，地則卷阿，時則南風，人則豈弟，可以矢音矣。二章至四章，祈王之福也，皆主盡性而言，盡人道，以如先公之終。撫地域，以主百神之祀。（膺）〔應〕〔一〕天命，而有純嘏之常也。五章至八章，則言所以能致此福者，賢君能使君子爲四方之則與綱，上以媚天子，而下以媚庶人也。九章、十章，則言所以能用賢耳。苟君子車馬忍不能予，或與之匪人，則彼鳴高崗餐梧桐之鳳凰，豈可留哉？」

「民勞，召穆公刺厲王也。」商經曰：「同列相戒之詞，非歟？」曰：「鄭玄曰：安定國家，爲王之功也，故以爲王休。無廢始時，勤政之功，以爲王者之美也。王欲玉汝，言王乎？我欲玉汝也，故寇虐之行皆詭隨之人也。縱之者其在王乎？故一章、二章言害王功。三章言害王德。四章、五章言害王之政。云刺厲王者，允矣。」

「板，凡伯刺厲王也。」祖學曰：「朱子說責同列如何？」曰：「以考七章則不合。」「鄭氏訓帝天皆指王，奈何？」

〔一〕「應」：原作「膺」，疑誤，據文意作「應」是，故改。

曰：「以例八章則不通。知其說者，一章之大諫，本之臣下不爲屈。三章之同僚，托之君上不爲僭。然則上帝板板，實指王也。直而婉，詳而不迂，誠而懇，借責同列以刺王。其忠臣節士之辭乎？故一章至四章，言王言之乖也。五章言王行之迷也。六章言天之牖民孔易，而王之言行如此，是自辟矣。七章言王不能用人也。若是者，蓋皆不以天之難蹶虐懠怒渝爲畏耳。是豈知出王遊衍上下一理者哉，是板也。」

「蕩，召穆公傷周室大壞也。厲王無道，天下蕩蕩，無綱紀文章，故作是詩」者何？曰：酒之禍人國，如此其甚乎？貪暴之人，安能而不至也。故一章言厲王爲君病威，鮮克有終也。二章、三章言由用彊禦、掊克、寇攘之人也。四章言若是，則何背側陪卿之有。五章則言其所以然者，皆由王之縱酒背義耳。六章言若是，是以奰及于內外而將喪亡也。七章、八章言喪也，蓋不特滅德而棄賢，並典刑盡廢之矣。

「抑，衛武公刺厲王，亦以自警也。」注專言「自警」者，非歟？曰：若是，則當列衛風，不可入大雅也。且其曰四國順之，用遏蠻方，萬民靡不承，天方艱難，曰喪厥國，罔敷求先王者，皆天子辭也。蓋本爲刺王之詩，其後用以自警耳。是詩也，其于修身治天下之道備矣，故天子廢之，則爲厲王。諸侯用之，則爲武公，故一章言哲人以喪儀而愚也。二章言道德威儀所係之大也。三章言今不然，惟酗酒以亂政也。四章言若是故天之降災，如流泉淪胥矣，是豈可不內修政事、外振威武哉？如此者，必自修身始。言行者，修身之地也。故五章、六章言謹言，七章、八章言慎行也。九章至十二章，責王不聽言也，其喪國也必矣。

「桑柔，芮伯刺厲王也。」琉曰：「何怨之深乎？」曰：「天人胥割矣。故一章舉言大亂而憂也。二章至四章言其亂在征役之苦，民無所措手足也。五章言救亂當用賢也。六章至七章言賢者既不見用，避亂在稼穡，而又遭蟊賊也。八章則言人君之自用。九章則言朋友之相譖。十章至十三章申自用之意。十四章至十六章申相譖之意，嗚呼！內自用而外聽反復之譖人，賢者其能留乎？是以若是其亂也。」

「雲漢，仍叔美宣王也。宣王承厲王之烈，內有撥亂之志，遇災而懼，側身修行，欲銷去之。天下喜於王化復行，百姓見憂，故作是詩也。」何以既喜于王化復行而又憂也？曰：憂旱而至於夜禱，不誠而能之乎？雖有饑饉，可且忘矣，故天下喜也。然怨天之意多，而責己之意少，其斯以爲宣王乎？一章舉言祭神之周也。二章、三章言天地先祖之祭也。四章、五章言群公先正之祭也。六章言方社也，可謂靡神不舉矣。七章、八章則言靡人不昭格也。於群公先正又言父母先祖忍予者何？言不得群公先正之助，皆父母先祖忍予也。其曰昊天俾我遯，昊天不我虞者，言祭羣公先正方社甚誠而不享，天曾亦不我知，怨之深也。

「崧高，尹吉甫美宣王也。天下復平，能建國親諸侯，褒賞申伯（馬）〔焉〕[一]。」弘學曰：「此封申伯，而言甫侯者何？」曰：「高之也，言與甫齊名也。故一章言申伯生之異也。二章至四章言召伯定申伯之邑田宗廟也。既定，則可錫之以往矣。故四章及五章云爾也。既錫，則可餞之以行矣。故六章云爾也。七章言申伯之材。八章言申伯之德，宜乎其錫而封之耳。民功曰庸，因人情而爲治也。世執其功，申伯之功，皆謂是也。往近、信邁、誠歸、式遄皆離別之至情耳。」

「烝民，尹吉甫美宣王任賢使能，周室中興焉」，亦有序乎？曰：一章言仲山甫之生異凡民也。二章言德。三章言職。四章言以德修職也，言外明邦國之若否，内知事一人之匪懈也。五章申若否之意。六章申匪懈之意。七章言往齊之事。八章言還齊之事。夫往齊而曰每懷靡及，曰王命既明，若否也。還齊而曰式遄永懷，即存匪懈也。清風之誦，其意在斯乎？言何悠久而懷思也，彭彭盛也，騤騤堅壯可久也，此馬出入之異詞。

「韓奕，尹吉甫美宣王能錫命諸侯。」轂曰：「何獨韓侯？」曰：「以見百辟也，故一章言韓侯受命爲諸侯。二章言入覲而錫。三章言將歸而贈。四章、五章言爲王室懿親。六章言爲大國之胤，宜其錫予如此之盛也。」

「江漢，尹吉甫美宣王也。能興衰撥亂，命召穆公平淮夷」者何？曰：江漢之志大矣。文武之墜緒，一朝而舉之，非有崧高、烝民、韓奕之文事者，不能也。故一章言始伐。二章言成功，蓋兼始終而舉之也。三章、四章言伐之故也。伐之故

〔一〕「焉」：原作「馬」，據叢書集成本改。

者，下則疆理南海以安民，上則是似召公以輔君也。五章言錫命召虎。六章則召虎答王命，皆勒于廟器之辭也。武臣答天子曰：矢其文德，可以知中興之故矣。然則文德及令聞，其天子萬壽之本乎？責難之辭也。

「常武，召穆公美宣王也。王有常德以立武事，因以爲戒焉。」商經曰：「何言乎常武？」曰：「威而不猛，敬而不懾，安而不徐，仁而不縱，一張一弛，其武之經乎？故一章言王親命太師皇父也。二章言王使內史尹氏命司馬程伯休父也。命皇父，則曰既敬既戒，惠此南國。命休父，則曰不留不處，三事就緒，此出師之本意也。而後可以言行師矣，故三章、四章言武勇，五章言節制，六章言王道。夫整之以三公，戒之以六卿，總之以天子。奮之以武勇，守之以節制，本之以允塞之猶，以此毒天下，而民從之何有於徐方。然則王猶其常武之實乎！」

「瞻卬，凡伯刺幽王大壞也。」編曰：「何言乎大壞？」曰：「瞻卬可謂孝慈矣。夫人爲婦寺所惑者，縱不爲事省，若上念其父母，下念其子孫，猶不痛心而改圖乎？一章言天降蟊賊小人，以爲罪罟大厲也。二章言小人攘奪罔民，真罪罟不收也。三章、四章言用小人之本乃褒姒也。五章、六章言既用小人，善人所以云亡也。七章又望以改行，無忝皇祖，以穀其子孫也。」「如是之人，而猶望以改之？」曰：「藐藐昊天，無不克鞏，況小過者乎？是詩之厚也。」

「召旻，凡伯刺幽王大壞也。旻，閔也，閔天下無如召公之臣也。」繼祖曰：「何言乎召旻？」曰：「或以閔召公而名，或以對小旻而名。」「然而召旻憂深而慮遠矣，何以言大壞如瞻卬也？」曰：「瞻卬言其內，召旻言其外，內有褒姒，而後外無召公之臣也。故一章言天降喪亂饑饉，民卒流亡。二章言致此者，專由用小人，孔貶君子也。故四章言亂如旱草棲苴耳。五章言亂如此，小人不替而且引長何也？六章言亂本也。七章言棄賢，棄賢所以助亂也。」

毛詩說序卷之六

周頌

「清廟，祀文王也。周公既成洛邑，朝諸侯，率以祀文王焉。」穀曰：「毛萇曰：『成洛邑，攝政五年，即洛誥戊辰。王在新邑，烝祭歲者。』然乎？」曰：「然。」「對越奔走者何？」曰：「言此敬和之顯相，盛容之多士，皆身有文王之德，如執持然，足則奔走於廟，心則對越乎天也！若是，則文王猶日月照臨，緝熙敬止之時，豈不顯承而不厭斁於人乎？斯廟也，眞於穆而清淨矣。」

「維天之命，太平告文王」者何？曰：太平之世可制作也，告文王者其制作之源乎？故毛公曰：告太平，周公居攝五年之末也。文王受命不卒而崩。今天下太平，故承其意而告之，以明六年制作禮樂也。孟仲子曰：大哉！天命之無極而美周之禮也。其謂是乎？言天道不已，文王純於天道，遂以此嘉多之道遺我子孫，子孫當收受以制典法。雖其後，亦當篤厚世守之不忘也。鄭玄曰：溢，盈益也，言美道饒衍於我也。其說又備。以假爲何？溢爲恤者何？曰：改經而訓。恐未然。

「維清，奏象舞也。」璽曰：「毛公曰：『典法也，象文王用兵。』時刺伐之法者何？」曰：「此或不然。夫維天之命既爲太平告文王以制作，則典者，即周官之制作也。周公不敢自居，又推所自曰：文王之典也。言維能清白文王之法，故自始祭文王，至今用之有成而太平也。斯典也，皆爲治之法。象，即天之垂象也，其周之禎瑞乎？」

「烈文，武王（恐爲「成王」）即政，諸侯助祭也。」弘學曰：「朱子之說是詩者如何？」曰：「善矣。但其所謂勸勉者，當自無封靡始也。用人尤其要焉耳。以爲人道者，亦似重出也。封，大也。靡，侈也。戎，兵也。皆經訓之常也。」

「天作，祀先王先公也。」鳳儀曰：「何？」曰：「言太王自諸侯而創有王業也。天作者，猶曰天造也。荒，奄有也。」

「昊天有成命，郊祀天地」者何？曰：郊祀天地，而以文武配之也。以文武配之，而言成王不敢康者何？曰：求享文武也。毛、鄭常昭先儒之美者也。訓成王爲成君道，非歟？曰：其說已泥矣。叔向言道成王之德者何？曰：道成王之德，正以慰文、武之靈耳。如曰祀文王詩也，則昊天成命，肆其靖之及不敢云者，非文矣。朱子及歐陽子謂爲康王以後之詩者何？曰：然。

「我將，祀文王於明堂也。」琉曰：「何言乎明堂也？」曰：「蓋祀上帝於明堂，以文王配之也。」「於牛羊，不敢必右享。於儀式刑文王之典，必其右享者何？」曰：「此黍稷非馨，明德惟馨之意也。儀式刑文王，即畏天之威矣。故牛羊儀式刑，互文也。晉韓宣子賦此以答鄭之六卿，子產及五卿皆拜，曰：『吾子靖亂，敢不拜德？』其猶知儀式刑文王乎？朱子曰：『禘者，古禮。明堂者，周制也。』」

「時邁，巡狩祭告柴望」者何？曰：此武王既克殷而巡狩也。其右序以下，即昊天子之之實乎？故右序以下，言武也。昭明以下，言文也。始而用武以震疊諸侯，懷柔百神，則非黷武。既而序在位之臣，用文德之士以保之，則非懦。信此，乃武王之事，周公之作也。鄭康成訓求美德之士者，是也。訓陳其功於是「夏」而歌之者，非也。「以此爲九夏之一，名肆夏者何？」曰：「朱子曰：『因時語而命之者，或其然也。』」

「執競，祀武王也。」輔曰：「何以曰不顯成康？」曰：「猶前言成王不敢康之意也。蓋自成康以來，其功則能安天下，其德則能和敬以奉祭祀，武王其可享之矣。」「既不以爲祭三文之詩，又不以爲成安人之功者何？」曰：「天下有廟，三君而一詩祭之，或無其制。毛、鄭成安之訓，又已泥矣。傳以此爲昭夏一名遏。」

「思文，后稷配天也。」琉曰：「鄭氏曰：『周公，思先祖有文德者。』惟后稷之功能配天者，如何？」曰：「觀帝命率育，即后稷之率育耳。是豈非配天邪？國語以此爲納夏一名渠。」「然則清廟之序，何以後思文？」曰：「清廟、維天之命、烈文，多祀文王之詩，故推其本至於太王，曰天作也。昊天有成命、我將、時邁、執競，多祀武王之詩，故推其本至於后稷，曰思文也。文王未有天下，止推其本至肇基王跡者。武王已有天下，則終于所自出之帝也。」

「臣工，諸侯助祭，遣於廟也。」懷仁曰：「何以遣乎廟？」曰：「遣于廟而戒以成法，惟在農事耳。」「方暮春，而求新畬之地何？」曰：「猶今麥將熟而治種禾之地也。曰奄觀銍艾者，急辭也。蓋無一日之可暇矣。迄，終也，終一年而大有也，言既割麥又割禾也，順天時而勤人事，故曰王釐爾成也。」「來諮來茹者何？」曰：「來，猶格爾衆庶之意，即諮茹成法也。」「成法又何待于茹乎？」曰：「更新之始也，重之也。」

「噫嘻，春夏祈穀于上帝也。」綬曰：「何也？」曰：「言人事勤于下，則天意感于上矣。」「何獨言私田？」曰：「自上下下也。故蘇氏曰：『民曰雨我公田，君曰駿發爾私，上下交相愛也。』而穀梁子亦曰：『私田稼不善，吏之責。公田稼不善，民之責。』」

「振鷺，二王之後來助祭也。」衢曰：「毛公謂二王爲杞、宋，如何？」曰：「漢氏謂專言宋者，似之。蓋自黄帝、堯、舜、夏、商之後，雖皆封之，而其修禮物，承先統，作王賓者，獨宋耳。若皆以爲客，豈惟杞哉？祝、薊、焦、陳，不勝其繁亂矣。在彼無惡以下，美之也，亦戒之也。『庶幾』以下一句讀。」

「豐年，秋冬報賽也。」衢曰：「祈豐年而曰烝畀祖妣者何？」曰：「見先民之以孝格神也。」「降福孔皆者何？」曰：「猶純嘏之意，指田祖先農方社而言也。」

「有瞽，始作樂而合乎祖也。」劉銑曰：「何也？」曰：「其祫祭乎？有瞽以下，言作樂之人也。設業以下，言作樂之器也。喤喤厥聲，言作樂之和也。在周之庭及永觀厥成云何，言斯庭也，非復商之庭矣，我周之庭耳。時王不能修德行政服諸侯而守先業，則庭也爲他人所有，客雖欲一觀其成且不能，況永乎？先祖其奚聽之邪？」「既曰既備乃奏，又曰簫管備舉者何？」曰：「簫管，人手所執，非可先陳也。」「既曰喤喤厥聲，又曰肅雝和鳴者何？」曰：「喤喤，大也。肅雝則其美耳，言聲喤喤而肅雝也，皆主祭和敬之德音也。」

「潛，季冬薦魚，春薦鮪」者何？曰：夫漆、沮，先祖初有之地也。今固取魚以薦，不孝守先業也，能之乎？是足以介景福矣。鮪薦于季春，則鰷鱨鰋鯉與鱣當爲季冬之所薦乎？曰：然。

「雝，禘太祖也。」弘學曰：「毛公曰：『禘，大祭也，大於四時而小於祫。』太祖謂文王也，云何？」曰：「其以文王當百世不遷之主乎？故孔氏曰：『文王雖不爲始祖，可以爲太祖也。』」「宣哲維人者何？」曰：「宣，以其行言，無事之不當。哲，以其智言，無理之不明。人之道，知而行之耳。」「克昌厥後者何？」曰：「即與祭者皆文之宣哲，文武之所致也。」

「載見，諸侯始見乎武王廟」者何？曰：此蓋成王初政，諸侯稟度，因以助祭耳。辟王者，成王也。曰求厥章者，諸侯遵其政也，不異武王時之度矣。龍旂陽陽，休有烈光，諸侯有德也，不異武王時之道矣。故成王率以孝享乎昭考，能綏我眉壽、多福、多祜，純嘏也。祜，即福也。多，對少之辭。純嘏則無不備，不止多而已。有眉壽而後享諸福也。緝熙者，欲諸侯常守其章，永有烈光也。不然，其何以孚昭考而厚純嘏哉？

「有客，微子來見祖廟也。」商經曰：「白馬，殷尚也，而曰亦白者何？」曰：「可以見人德之白矣，故淫威即白馬萋且之儀狀也。降福孔夷，見彼無偪僭之嫌，而我無厭射之心。斯人也，不可以縶馬而追綏之乎。淫，大也。」

「武，奏大武也。」祖學曰：「毛公謂周公象武王時之舞而作者，然歟？」曰：「然。故禮傳謂武王所作者。朱子亦辨之也。耆定爾功，無競惟烈也。勝殷遏劉，即嗣允文也。若是，則文王之文非不武，武王之武非不文。」

「閔予小子，嗣王朝于廟」者何？曰：毛公謂成王除武王之喪，將始即政，朝于廟也。然於文王緝熙敬止之狀，武王繼志述事之實，皆見之也。成王不學也，而能爲是言乎？皇王云何？曰：疑專言武王也。前既言武王之繼皇祖，故成王繼序，思不忘武王耳。不忘武王，即不忘文王也。

「訪落，嗣王謀於廟」者何？曰：成王免喪，始訪群臣，而以紹庭上下，陟降厥家爲言，其知治天下之本乎？則其所未艾、判渙以及多難者，亦可以免矣。故曰以保明其身。保，以安言。明，以德言。未艾，以質言。判渙，以學言。多難，以三叔、武庚言。庭，以朝言。家，以宮言。

「敬之，群臣進戒也。」璽曰：「朱子言維予小子以下，爲王之答辭，序何以獨言進戒也？」曰：「進戒可以兼之也。」「羣臣言天，而成王言日月者何？」曰：「日月之行，所以不違天也。」

「小毖，嗣王求助也。」士華曰：「辛螫、維鳥、集蓼，皆一事乎？」曰：「然。疑奄與淮夷徐戎甫叛之後所作也。然皆不謹小而疑周公之所致也。故成王深悔乎耳，是故辛螫我荓之也，桃蟲我信之也，于蓼我集之也，皆其自取耳。」

「載芟，春藉田而祈社稷也。」「良耜，秋報社稷也。」士華曰：「朱子以爲未見有所報者，然歟？」曰：「振古如茲，豈非祈乎？殺犧牲而續古人，豈非報乎？且此或古昔所傳也。若說詩者必以詩中文語名篇，亦已泥矣。彼酌與賚、般，又何嘗取詩中字也？即今之詩亦有不涉題者，而況於古乎？故小序不可輕改也。」「載芟之言不亦復乎？」曰：「載芟二句，言耕也。千耦二句，言耘也。侯主以下，言餉也，兼耕耘而言之也。有略以下，申耕之事，遂及其稼矣。『厭厭其苗』，申耘之事，遂及其穡矣。爲酒爲醴以下，則言祭祀賓客養老耳，皆所以祈其如此也。」「良耜亦有序乎？」曰：「大抵不過言耕耘所獲以報社稷乎耳，其饟伊黍，亦兼耕耘而言也。」

「絲衣，繹賓尸也。」高子曰：「靈星之尸也。」盛德曰：「何以言靈星？」曰：「靈星且有尸，況于宗廟乎？夫高子疑孟子時，高，叟也，而猶釋詩序焉，故曰詩序其來遠矣。」「告濯、告充、告潔者何？」曰：「禮也。儀禮有此文。或曰靈星，門名，此祝祭于祊之意也。」

「酌，告成大武也，言能酌先祖之道，以養天下也。」劉銑曰：「何以言酌先祖之道，以養天下？」曰：「先祖以酌而取天下，後王養天下，不外乎師此酌耳。嗚呼！此制禮作樂於成王周公之世，猶純熙而用大介也。」

「桓，講武類禡也。桓，武志也」，云何？曰：天命武王綏萬邦，屢豐年。如此之匪懈者，蓋以其初，桓桓武王，保有厥賢士，于以四方，克定厥家，於昭于天，故皇天始使武王伐商而有天下，眷之如此之匪懈也。君奭曰：武王惟茲四人，尚迪有禄，咸劉厥敵，昭武王惟冒，其是詩乎？

「賚，大封于廟也。賚，予也，言所以錫予善人也。」衛曰：「傳以爲頌文武之功者，何如？」曰：「此或武王時之詩，春秋傳編以爲大武之三章者。自後世而云也，故書曰：『周有大賚，善人是富。』然其本皆文王勤止之所賚也。然則諸臣受封賞者，思繹文王之德而報之，不亦宜乎？是武王之意也。」

「般，巡狩而祀四嶽河海也。」編曰：「何以云般？」曰：「般，猶般桓、般樂也。夫周王巡狩，哀時之對，斯以爲般，亦異于後世之般樂佚遊者矣。柟故曰：般，其太平之盛乎？所以終周頌也？或曰：般亦周遍之意也。」「允由翕河者何？」曰：「言允則疆土皆周有也，言翕則天地亦可知其位矣。」

魯頌

「駉，頌僖公也。僖公能遵伯禽之法，儉以足用，寬以愛民，務農重穀，牧于坰野，魯人尊之，于是季孫行父請命于周，而史克作是頌也。」士昂曰：「四章之思奚不同？」曰：「一章廣也，二章遠也，三章篤也，四章正也。本也，是故廣則馬善，遠則馬力，篤則馬雖倦歇又奮作，正則馬無不可徂也，皆思伯禽之法所致也。」

「有駜，頌僖公君臣之有道也。」德盛曰：「夙夜在公而飲酒，奚其道乎？」曰：「夙夜在公，在公明明，亦辦治政事也。故下兩章止言夙夜在公以兼明明也，蓋在公有時而飲酒也。其或祭畢之燕，養老之禮，饗賓之事歟？然願有歲以福民，有穀以貽子孫，則亦莫非明明之致耳矣。」

「泮水，頌僖公能修泮宮也。」世輔曰：「泮宮主文而言，獻功以下者何？」曰：「文所以出武也。故一章言往泮宮也。二章之伊教、三章之順道，言修文也，以言教也。四章之德孝，言本也，以身教也。以下則皆其效耳，皆修文之致也。然『虎臣』，以將言也。『多士』，以群帥言也。『徒御』，以卒言也。『飛鴞』之興言淮夷，亦夫人之心耳。朱子曰：『皆頌禱之辭也。』」

「閟宮，頌僖公能復周公之宇也。」編曰：「其序奈何？」曰：「自閟宮有侐至土田附庸，言魯之所以有也。自周公之孫，至三壽作朋，如岡如陵，言僖公祭祀而獲福也。自公車千乘，至復周公之宇，頌僖公修戎事，西懲荊舒，東來海邦淮夷，南荒徐宅，故居常與許，能復周公之宇，所以克享先祖而獲福也。自魯侯燕喜，至黄髮兒齒，言僖公安處善樂，循理以修其身，遂能刑寡妻，順父母，以齊其家，宜夫人庶士以治其國，期常有邦國也。徂來之松以下，則言僖公作廟之美，以安先祖。所謂閟宫者，宜乎其然矣。」「皇祖謂群公，然歟？」曰：「言於后稷之上者，即后稷也。言於周公之下者，即周公也。」「群公不言可知矣，郊廟之祭奚别乎？」曰：「龍旗承祀，至享祀不忒，總郊廟而言也。皇祖后稷，至降福既多，以郊言也。周公皇祖二句，以廟言也。然是事也，在詩，魯人之所頌。在春秋，則爲夫子之所貶也。」「壽而臧者何？」曰：「壽而不臧，苟生耳。臧，其考終命之謂乎？」「三壽者何？」曰：「鄭氏三卿之説，其有所傳乎？三卿所以壽國家者也，故曰三壽。」「三壽與試者何？」曰：「言其壽皆以黄髮台背爲驗也。」「俾爾昌而大以下，不亦復乎？」曰：「中言昌熾壽富黄髮台背者，萬有千歲如一日也。其下三章，乃其實耳。朱子曰：『皆頌禱之辭也。』」

商頌

「那，祀成湯也。微子至於戴公，其間禮樂廢壞，有正考甫者，得商頌十二篇於周之太師，以那爲首。」璽曰：「那意奈何？」曰：「言和敬也。故那至綏我思成，總言奏樂，期格乎湯也。鞉鼓淵淵以下，言和也。自古在昔以下，言敬也。可謂禮樂具至矣。湯也，豈不顧汝孫之烝嘗，綏以思成乎？蓋有思先之孝，斯有和敬之發，其曰湯孫，親之也。」

「烈祖，祀中宗也。」穀曰：「詩首稱烈祖，未言湯孫，而以爲中宗者何？」曰：「其以及爾斯所乎？爾，蓋止中宗也。若以爾爲今王，則於文未有貫也。祀中宗而言烈祖，究其本耳。」「其下云何？」曰：「既載清酤以下，言主祭者之和敬獲福也。約軝錯衡以下，言助祭者之和敬獲福也。其曰湯孫之將者，猶曰皆湯之孫而奉祀親之也。」「豐年云何？」曰：「有豐年，使諸侯備物以來假來享耳。」「安知爾爲中宗乎？」曰：「序必有所受矣。」

「玄鳥，祀高宗也。」奚謂乎？曰：自玄鳥以至武丁孫子，言高宗之所以盛也，言自湯至武丁孫子，其諸王受命不殆者，惟武丁耳。武丁孫子以下，則其所謂不殆也。是故四海諸侯皆建龍旂，承大糦，來假祁祁，以至於邦畿，非武丁不殆，能致是乎？孟子所謂武丁朝諸侯，有天下，猶運之掌者，此也。

「長發，大禘也。」衛曰：「何言乎相土與阿衡？」曰：「商所以始有者，契也。繼之者則相土。商所以大成者，湯也。輔之者，則伊尹。是詩禘其祖之所自出，伊尹其從與享之也。」「敘湯之事如何？」曰：「三章言湯德獲天以受命。四章、五章言湯政得人以受禄。其政則兼乎文武，皆所謂式於九圍也。」「式於九圍者，已有天下乎？」曰：未也。言天下諸侯，小球大球，小共大共，皆來取法，而足有百禄，皆帝之所命也。至六章九有有截，始言有天下也。」「不震戁竦如何？」曰：「言除惡之當也。」「蓋所謂奏勇也，何以先伐韋、顧、昆吾？」曰：「此助桀爲惡者，伐此三蘖，桀可以自警而悛矣。不悛焉，斯伐之也。」

「殷武，祀高宗也。」其義云何？曰一章言伐荊楚也。二章、三章言當伐之故，外而戎狄，内而諸侯，莫可抗王也。四章言能伐之美也。不懈稼穡，賞不僭也。不來享王，刑不濫也。故五章則言中興之盛耳。末章言祀之也，言其寢廟之盛，以見可爲不遷之主也。聲靈奚異乎？曰：言聲名洋溢，而神靈昭灼，皆可畏也。

尚書説要

尚書説要卷之一 戊戌八月

虞書

堯典

問：放勳，堯號也，又曰贊堯之功者何？曰：堯號其信夫。若今稱人者，必先曰某人，斯曰某德云爾，況孟子已言之乎。重華、文命亦爲舜、禹之號乎？曰：然。以文命爲禹號，敷于四海者何事也？曰：敷，分也。分治四海之水土，猶禹貢敷土云爾。曰：若然，則允迪亦爲皋陶之號乎？曰：非也。史臣稱堯、舜、禹之號者，因爲天子而記其功德，不可以遽爾。若皋陶者，直記其謨，雖有號，亦不得而系之也。故春秋傳引舜典以下爲夏書。

「欽明文思」「允恭克讓」者何？曰：猶稱舜者曰「濬哲文明，溫恭允塞」，猶稱仲尼曰「溫良恭儉讓」也。是故，欽，德之聚也；明，德之通也；文，德之理也；思，德之深也；安安，德之定也；允，德之積也；恭，德之顯也；克，德之才也；讓，德之固也。以欽爲先者，德之始；以讓爲後者，德之終也，若曰不是德而能讓也。然則安安非言「欽明」，允克非言恭讓邪？曰：古語質簡，非如後人方語，而又自發揮也。

問：堯親九族以至黎民時雍者何？曰：族有尊卑親疏，則恩有隆殺，教有勸督。百姓有賢愚貴賤，則道有舒慘，政有升降。萬邦殊俗而異尚，則法有因革，德有柔能。聖人雖神化，其實緣人情而治。此蓋記其成也。此說不幾於道政齊刑乎？曰：後德先之，豈無本者哉。然則丹朱嚚訟之在膝下，共工、驩兜之在朝下，民其咨之，在萬邦者何？曰：丹朱、共、兜者，下愚之不移，不害爲既睦平章也，且堯皆知其奸，舉疏賤之舜而加之九族之上。四嶽不能懲其惡，側陋乃能行其志，百姓有不感而雍乎？若下民之咨則由洪水，非咨堯也。

問：「乃命羲、和」者何？曰：德者，化民之本。政者，治民之具。黎民時雍而後命羲、和焉。記書者其亦知堯之道乎！是故曆象明而天道無愆，時時采若而人道無廢事，水土平而萬世昏墊之害人者熄，亦其序也。

「曆象日月星辰」者何？曰：言此日月星辰皆在天之象，爲之曆以紀之耳，故其下皆言曆。故疏曰：「曆，此法象之日月星辰也。」「敬授人時」，曆已頒乎？曰：四氏考驗於四方，閏定而後允釐，何爲其遽頒哉！曰：若是，不亦廢事乎？曰：軒轅、帝嚳以來之曆固行也。堯創法爲一代之定規，則不可以苟而取具矣。四時之曆，其文奚不倫？曰：古文簡重，多互見也。故言宅西，則春之嵎夷即東；言南交，則冬之朔方即北。冬曰幽都，見南方之明都；夏曰敬致，見冬致之亦然。春曰星鳥，則北爲玄武，東爲蒼龍，西爲白虎，可知。夏曰星火，則春爲降婁，秋爲壽星，冬爲星紀，可知。秋曰虛，冬曰昴，見春之星、夏之心也。春秋言分冬夏言申者何？曰：春夏屬陽，秋冬屬陰，故曰分；春夏十氏掌，秋冬一氏掌，故曰申。故春言日中，秋言宵中也。然則冬何以不曰宵永？曰：此古人抑陰之意。宵中猶可說也，宵永不可說也，故特曰日永。春秋何以言殷，夏冬何以言正？曰：殷，中也，未至於極，猶曰陰陽方盛也。正，則至其極，猶曰正所謂陰陽也。春秋何以言谷，冬夏何以言都？曰：谷以日之道路言，都以日之照臨言也。春秋言賓餞，冬夏言致者何？曰：後人比日月如過客，其祖於賓餞之意乎。夫賓，有迎候之意；餞，有繾綣之意；致，則日至中而後致，若曰日之景，我致之也。作訛成昜，不言時而言方者何？曰：東得春氣之先，舉東而西方皆作矣。南朔亦若是也。曆象日月星辰，其曰出納中永，言日也；鳥及虛昴，言星也；星火言辰也，奚不言月？曰：仲春、仲夏、仲秋、仲冬，非月乎。故日爲重，月次之，星次之，辰又次之。故言日月詳，言星辰略。故下朞日閏月，不道星辰也。民在冬春夏皆言身，獨秋而言氣。鳥獸在夏秋冬皆言毛，獨春而言交者何？曰：鳥獸之交，莫多於春。民之氣，莫平於秋也。嗚呼！此可以觀唐、虞之文矣，非後人所能損益也。孔安國謂重黎之後羲氏、和氏，世掌天地四時之官者，如何？曰：然。呂刑「乃命重、黎」，胤征「羲、和（亂）〔尸〕〔一〕厥官」，知其一事也。楚語：「顓頊命南正仲司天以屬神，比正黎司地以屬民。」〔二〕故法言云：「羲近重，和近黎。」然則分天地者，其以春夏屬陽，秋冬屬陰乎？陰陽，猶天地也。

閏月言朞而不言朔虛者何？曰：朞所以舉之也。蓋雖朔虛，亦在三百六十六日之內矣。是故由日與天會，則有三百六十五日二百三十五分，舉言之，則六日也。天體本有此度耳。由四月與日會，則有三百五十四日四百九十九分，舉言之，亦六十也。月會本二十九日耳。積天體則氣盈，積月會則朔虛。以一歲常數計之，則盈虛之數，皆閏月之由也。然不有氣盈，則無朔虛。故獨曰「朞三百有六旬有六日」也。（之）月之朔虛，何以有此數也？曰：月一日不及天十三度十九分度之七，則不及日十二度十七分二釐一毫弱也。故全度之積三百五十四分，餘分之積，二十九日一會，有四百九十九積，十二會，爲四百九十九者凡十二也。故五千九百八十八，如日法，九百四十爲一日，凡得六日，餘三百四十八也。

問：「象恭滔天」者何？曰：言共工之象恭，雖天且漫也。驩兜何以舉之？曰：其黨也。放齊，亦朱之黨乎？曰：放齊，其亦私心窺聖人乎！夫嚚訟之才類啟明，放齊或不能察，亦未可知，然其人亦卑矣。然則三臣者，堯既知其惡，奚不去？曰：不知其惡而用之，則不明，所謂「孚於剥」也；知其惡而用之，見聖人用人，如匠用木，棄其短，皆可用也，惟夫大登庸則不可。

胥問：堯之於鯀也，知其弗賢而用之，則非仁；如不知其弗賢而用之，則非智。仁智於堯有疑焉？曰：兹堯之所

〔一〕原作「亂」，據胤征原文改「尸」。

〔二〕國語楚語原文爲：「顓頊受之，乃命南正重司天以屬神，命火正黎司地以屬民。」

以仁智也。方割之水，不可以坐視；一己之見，不可以先四嶽也。既試之而後已，此堯之其智如神、其仁如天乎！

堯視天下，重於己子，然乎？曰：然。昔者堯以天下之故，捐二女于虞舜。若試之而不登庸焉，二女爲虛歸矣。及舜既可用也，又廢乎丹朱。當是時也，視天下重，視二女九男輕。然則孟子何以言「幼吾幼以及人之幼」？曰：推恩之仁，篤近而及遠；博愛之仁，舍小而謀大。

舜典

問：重華既爲舜號，協帝者何事也？曰：其下八德也，如曰「重有光華，則協帝爲」又語矣。是故濬與溫協，哲與思協，文與文協，明與明協，恭與恭協，允與允協。堯不言塞而欽舉之矣，舜不言欽而塞舉之矣。

「慎徽五典」至「雷雨弗迷」者何？曰：言舜之無入而不自得也。聖人窮神，與道俱寂；聖人知化，與時偕行。孔安國言舜舉八元，使布五教；舉八凱，使度百事。流四嶽以穆四門，然乎？曰：季文子必有所受矣。納者，堯納之乎？曰：堯既命以位，則慎徽、賓納皆舜也。司徒、百揆、四嶽皆言功效，司空獨言德量者何？曰：互舉之也。然非有風雷不迷之德者，豈能有是效乎？

伊問：「璿璣玉衡齊七政」者何？曰：察斗運也。斗者，所以斟酌四時而齊七政之候也。何獨言璿璣玉衡？曰：璿，斗魁之第二星也。璣，斗魁之第三星也。舉璿、璣，則前一星之樞，後四星之權，可知矣。衡，斗杓之第三星也。舉衡，則一星之搖光，二星之開陽，可知矣。是故堯典昏星言其經，舜典璿璣言其緯。經以南方而定，詳其目也。緯以玉衡而齊，舉其綱也。緯常行于經之中，故玉衡不復言經。經常包乎緯之外，故昏星不復言緯。合二典觀之，唐、虞之天象備矣。然則渾天儀之說非與？曰：雖渾天儀，亦必在是，而後作也。

鼐問：「類上帝、禋六宗」者何？曰：類者，祭上帝之名也。謂之類，必其知化窮神而道類乎天，斯可類之矣。禋，祭六宗之名也。謂之禋，必其繼志述事而德因乎祖，斯可禋之矣。故類者，類也；禋者，因也。六宗者何？曰：程子曰

「三昭三穆」也。不言太祖者，前已受終矣。祭法之説非與？曰：祭法之説，其常也。攝政之祭，其特也。況上帝可以無日月寒暑水旱之祀，而宗廟在攝位之初，豈宜遺之，又況于水旱之祭有定時乎。

詩問：程子曰「如五器，卒乃復。如，同也。五器，即五玉也。以物則曰玉，以形則曰器，以寶則曰瑞。諸侯尊而贄重，既卒如而復還之，餘則否」者何？曰：然。猶前言「班瑞群后」耳，聘禮亦曰：「已聘而還圭璋。」

「五載一巡狩，羣后四朝」者何？曰：言自輯瑞覲牧之後，五載而一巡狩，其羣后因巡狩，各朝于方岳者，則奏言試功而車服以庸也。蓋記前禮未備。又明歲二月巡狩者，凡五載一行之，其羣后述職，則在巡狩前五歲也，即「既月，日覲四岳群牧」耳。某聞之孔氏、程子云。然則四方諸侯于巡狩之後，遞年而來朝者，非與？曰：前既乃日覲四岳，此復一年覲一岳，不亦皆經乎。況周制，六年五服一朝，又六年，王乃時巡，後世皆以爲則，皆本於是也。又諸侯述職於一年，則四方風俗政教因以會同，亦合人心之事也。故曰「賓於四門」，故曰「天下朝覲者不之堯之子而之舜」。如各以方遞年朝，則四方諸侯有終世不相見者，又非臨下以簡之體。

世用問：「象以典刑」者何？曰：以典刑爲象而示人也。其輕者則流之，其又輕者則鞭之，又輕者則扑之，又輕者則贖之，又輕者則直赦之。惟怙終始賊刑也，此之謂欽恤之道。若曰贖刑惟鞭扑，則教人之法，豈可贖者哉。

邦獻問：舜命九官，濟濟相讓，殳、斨、伯與、朱、虎、熊、羆不命而不讓也，稷、契、皋陶、夔、龍之不讓者何？曰：命以舊職而復讓，非誠矣。曰：以其舊職，不疇若于僉，不咨于四岳不亦輕乎？曰：咨四岳而得禹，則得稷、契、皋陶；咨四岳而得伯夷，則得夔、龍矣。曰：禹之所讓則命之，伯夷之所讓則命之，垂、益之所讓而不命之者何？曰：垂、益職輕，所舉之賢小，雖或命焉，史固不得録也。故垂、益稱疇若，禹、夷則稱咨四岳。蓋帝王之道，明而治人，百揆總之，非與天地合德者不能；幽而事神，秩宗統之，非與鬼神合其吉凶者不能。共工與虞，不得而比之也。

印問：舜命九官懋言，百揆時言，后稷寛言，司徒明言，士諧言，工虞寅言，秩宗和言，典樂允言，納言者何？曰：君子盡智以知人，故曰懋；體仁以知天，故曰時；厚德以配地，故曰寛；至公以知情，故曰明；至誠以窮神，故曰寅；

本志以知行，故曰和；窮理以知言，故曰允；因利以知類，故曰諧。舉言之，故曰欽。舜方命夔典樂，夔遽言其功，蘇氏以爲簡誤，與九官相讓之文不倫者何？曰：無傷也。夔但即百獸率舞，以證神、人之和耳。故唐、虞君臣，言人之失不爲刺，自言其美不爲矜。蓋其心於後世相遠也，宜蘇氏所云然。雲霄問：有虞之時，兵刑掌于一官，教與禮樂掌于三官。後世兵刑分爲五官，教與禮樂統于二官者何？曰：此世變也。是故本盛則治，其末可廢。末盛則亂，其本難復，故圖治者先其本。

大禹謨

達問：「祗承」云何？曰：天施而後地順焉，君先而後臣承焉。「祗承于帝」，言舜有是意而禹承之也，然則君不明而強諫者難矣。

「帝德廣運」云何？曰：此益舉舜賚命之事，以證舜之言。言不特堯爲然，所以勸之也。其下言儆戒無虞者，則又戒之也。是謂將順其美匡救其惡矣。何以曰廣運？曰：聖、神、文、武皆具之謂廣，乃也者運也。

濟民問：禹言養民之事如何？曰：三事不出六府之外，故用六府而慈孝友恭之道，即正德也；六府適乎民用，即利用也；可以養人，即厚生也。故六府言其體，三事言其用也。

養敬問：禹既欲帝念皋陶之種德，又欲念其功者何？曰：功者德之顯。顯然而可見，則不可易之矣。帝苟念、釋、名、允焉，其能易此皋陶耶？曰：傳以念、釋、名、允爲禹，如何？曰：于禹則意淺，於帝則讓真。且首尾皆言帝，中衡決而爲禹，亦非言之體也。孔氏以念釋爲功罪者亦非。

略問：「好生之德」，何以罔愆也？曰：天地之大德曰生，聖人之大寶曰好生。帝之德，天地且不違，又曰愆乎？是故「臨下以簡」，坤能也。「御衆以寬」，乾知也。「罰弗及嗣」，世可知。「賞延于世」，嗣可知。「宥過無大」，小可知。「刑故無小」，大可知。「罪疑惟輕」，不疑而輕者可知。「功疑惟重」，不疑而重者可知，皆所謂寬簡也。

「曆數在躬」之謂何？曰：「惟汝賢」，言群臣之莫及也，不爭功能言天下之莫及也。「懋德丕績」，言人君之不及也，君臣上下皆高其功德，故曰「曆數在躬」。蓋人有功德，即天之曆數也，後世乃有符命圖讖之言，誤矣。

繼芳問：危微精一者何？曰：自心之發於形氣也，易私而不本于道，則蕩情而鑿性，殞身而喪家，禍皆由是出也，故危。自心之發于道義也，易昧而難形于人，則畜而不發，隱而未見，美皆自是沮也，故微。精者，察二心之異；一者，無二心之別也，無二心之別，則人心即道心之形矣，故曰中。是中者以理而制欲，故非過高而絕人心，亦非太卑而忘道心。故後世功利之言，不及寂滅之教，大過皆非中也。

舜之文德，自禹班師而始敷乎？曰：文德雖常敷，誕敷則自班師始耳。干羽之舞，誕敷之跡也。遠人之來王者，如之何而不化乎？故苗格。然則舜有意于化苗乎？曰：聖人之心，欲並生哉。苗之未化，方且以爲憂，豈但曰有意乎？

皋陶謨

文舉問：「迪德謨明」之謂何？曰：君能迪德則臣不敢欺隱乖戾矣。其所謂德，猶下九德云耳。既廣迪德謨明，若已能知人安民矣，必又云然者何？曰：言雖修身齊家以迪其德，其理固足以使庶明勵翼，邇可遠在茲也，然而知人安民之事正宜盡耳，故又云然。「惟帝其難之」謂何？曰：勵舜之辭也。言知人安民兼盡，使帝難于行，蓋激之使進也。故皋陶後曰「可底行」，以明禹吁之非也。何以知帝爲舜乎？曰：禹、皋陶言于舜之前耳，且放驩兜，遷有苗，難壬人，在堯未之有也。

思敬問：禹曰「俞，如何」，皋陶曰「都」。禹拜昌言曰「俞」，皋陶又言「都」者何？曰：此大禹之智，皋陶之仁也。是故聞善不究其極，與究其極而不受，皆非智也。有善謙讓而後言，與言而避嫌焉，皆非仁也。故「俞，如何」且拜之者，斯其人無遺蘊矣，不智而能之乎？因其問也，遂美之而不嫌，將言其善，又自美之，不以爲嫌也，不仁而能之乎？當是時也，禹之意，惟恐皋陶不言，使帝不得而聞。皋陶之意，惟恐大禹不問，使帝不得以爲行。舜以不得禹、皋陶爲己憂者，其在斯乎？其在斯乎？

應暘問：俊乂亦言九德乎？曰：然。身有九德，雖多寡不同，皆俊乂也。俊以多言，乂以少言。撫于五辰者何？曰：因人情，相土俗，準今古，如五行之錯行也。先言師師者何？曰：先德而後政也。

田問：「同寅協恭」，何以和衷也？曰：敬以直內，則心無不正；義以方外，則身無不恭，斯能和衷也，然不可徒委之臣下，故曰同協。曰：知人既以九德，至安民不言德而言典禮、賞罰者何？曰：此安民之目也，非九德之人其能用此乎？九德之人而不能行乎此，又何浚明亮采爲？

仲武問：聰明、明畏[一]云何？曰：敘典秩禮，天之聰明也；命德討罪，天之明威也。然皆出于斯民之視聽好惡，故曰：「敬哉有土。」

德與問：皋陶既以哲、惠言知人、安民，於其終也，惟言兢業與敬者何？曰：智仁者，知人安民之本；兢業與敬者，智仁之本也。皋陶既言庶績其凝與可底行矣，又曰予未有知，不亦背乎？曰：前之者，歆帝也；後之者，責帝也。端知人安民之本者，在于帝耳。帝行則有績，不行則無績，故曰未知。

益稷

官問：「汝亦昌言」者何？曰：此嘉言罔攸伏也。夫舜之于昌言也則求之，禹之于昌言也則拜之，皋陶之于昌言也則師之。君臣上下皆不自用，一取之人，其斯以爲唐、虞乎！衰世之君，諫且不行，況于求乎？其臣嫉善而杜言，況于師乎？如之何其可治也？故「師汝昌言」者，皋陶言此「孜孜」之意，即「昌言」也。夫禹既曰「何言」，又曰「孜孜者」，何事也？曰：其即知人安民乎。孜孜于知人安民，而述治水本末先後之謂何？曰：言其所以當孜孜也。是故師昌言

[一] 尚書大禹謨有「天聰明，自我民聰明；天明畏，自我民明威」句。結合下文之意，此處「畏」，或爲「威」之誤。

者，其用也；慎在位者，其本也，皋陶未盡而禹又發之也。是故弼直則人無不知，徯志則民無不安。是故臣鄰之修，光天之德，鳳凰何爲而不來乎？

本源問：「股肱耳目」，何以「爲鄰」也？曰：鄰非比舍也。夫比舍猶疏遠爾，股肱耳目則一體矣。一體而謂之鄰，正之者其心乎！左右、宣力之謂何？曰：左右以教，言有提撕之意，故言肱。宣力以養，言有奔走之意，故言股。明聽，以禮樂言也。栖曰：此皆稷、契、夔、夷之職，命之禹者何？曰：禹其百揆之官乎。「在治忽」之謂何？曰：五音順則律呂和，五音不順則律呂乖。

世用問：「庶頑讒説」即不忠直矣，又何言「若不在時」也？曰：時，當時也。當時君臣上下相儆以忠直，獨頑讒似不在乎此時，若異類也。故曰：「欲並生哉。」

用威亦爲政之常，何至戒以丹朱？曰：威入亂，德入治，履霜之意也。然則帝猶曰「方施象刑惟明」者何？曰：尚德去威者，人臣告君之體。德威並行者，人君治世之法。

滋問：禹之治水，不顧妻子矣。其後戒舜，猶識之不忘，聖人亦常情乎？曰：聖人之心，固人情也，但視事有輕重，則非人所及耳。當其水之方割也，視萬姓重，視妻子輕，猶堯爲天下得人，捐二女，棄九男，不恤，豈其人所可及哉？及其戒舜猶述之者，職于懲丹朱耳，蓋以所易戀者言之也。嗚呼！此聖人行高而言卑。

霄問：後世有如夔作樂者，亦能舞獸來鳳乎？曰：淺哉！子之説樂也。後世雖有百夔，不能格一鳳矣。有虞氏君迪其德，四岳九官舉其職，夔斯能效其藝也，是故以夔事終典謨。文中子曰：「虞氏之德，被動植矣。鳥獸之巢，可俯而窺也，鳳凰何爲而不來？」[一]智哉仲淹，足以及此矣。

邦獻問：賡歌之辭，在戛球擊石之後者何？曰：後夔之言，樂之粗，言器與效也。賡歌之語，樂之精，言聲與本也。

[一] 四部叢刊本中説卷一王道篇原文爲：「虞氏之恩，被動植矣。烏鵲之巢，可俯而窺也，鳳凰何爲而藏乎？」

聲在器先，效在本後。故夔之拊瑟擊石者，皆此賡歌之辭。夔之舞鳳來獸者，皆此貴難之故。亶其然乎，非後世史氏所能識也。

詩問：堯舜之治難名，其亦有要乎？曰：其欽乎。觀典、謨之始終可知矣，何謂其無爲哉！其曰：聖人生知，不學而能者，某未之信也。不然，則典謨欺我。詩云：「維此文王，小心翼翼。」亶其然乎。

尚書說要卷之二

夏書

禹貢

世用問：禹貢水土之序，先後不同者何？曰：於逐州而先冀、兖、青、徐者，從下流也；於導山導水而先岍、岐，西傾、岷、嶓，以及合黎、積石者，序先脉也。故循其先脉則施功不亂，從其下流則用力不難。此無事之智也。曰：導山之山，逐州有不載者何？曰：逐州之山，從其大者而治之，則凡小者可畧矣。導山之山，從其各脉而治之，則雖小者難遺矣。天下之水皆出于山，又敘水者何？曰：水之源亦有不盡出于山者，如地有原隰，水之會入有大小，則亦不可缺功也。故蔡傳言江、漢之原出于山，而後言水河、淮、渭、洛皆非出于其山，自其山以導之。故先言水，後言山也。

霄問：禹貢財賦，東南皆下等，西北皆上等。今天下財賦多出東南，其西北不逮十一者何？曰：當禹之時，洪水災，東南地下，受害劇，而西北之水蚤退，地脉厚，而加以沃壤，高下懸絕，故西北皆上等。比其久也，水潤東南而西北獨仰于天時，天時不至，赤地千里。故曰：「易窮則變，變則通，通則久。」

霄問：夏后氏五十而貢一，此又逐州而貢，如兗之漆絲，荊、揚之金玉，不已重乎？曰：五十貢一者，田賦之三壤也。漆絲金玉之貢者，財賦之庶土也。蓋處庶土者，財賦不用三壤。處穀土者，則三壤不征賦。後世則盡征之，民如之何其不病也。且禹貢皆服食、器用、禮樂、弓矢之物，又皆水運而無陸挽，後世如之何其可及也。然則孟子曰治地莫不善於貢之說，非歟？曰：孟子對助而言。

栖問：「南入于江，東匯澤爲彭蠡，東爲北江」，蔡傳謂彭蠡在江南，去漢入江之處七百里，疑東匯爲巢湖者何？曰：彭蠡雖在江南，對漢入江之處，未必直南北也，疑少東耳，故曰東匯。蓋漢水勢急，初入于江，不足以容也。乃東至彭蠡，遂匯爲澤矣。厥後漢勢既殺，則不復入彭蠡，而彭蠡之地已浚且深，是以饒、信、徽、撫、吉、贛、南安、建昌、臨江、袁、筠、隆興、南康之水皆入之，故今不復見漢之匯彭蠡也。其曰東爲北江，蓋亦對彭蠡而少東耳，則亦漢初入江，溢爲北江，既久而滅也，故導江曰東迆北，會于匯。東迆北，猶言自北而東南也，則彭蠡之在江南不謬。第未至其地，不知脉絡之詳，此以經文懸度也。

「祇台德先」者何？曰：言禹治水土，定貢賦，建諸侯，定疆里，莫非此德之先而仁天下也，與厲民毒衆者異矣。故令之則從，勞之則悦，制之則順，不距我行也。虞書曰「禹拜昌言」，其此之謂歟。

本源問：堯都距北狄，不過數百里，說五服者，曰四面相距五千里者何？曰：此執一說也。夫自堯都言之，北面甚近，而東、西、南三面甚遠。如論甸服，北不至百里，而三面已各有幾二百里者矣。是故東短則長其西，北近則遠其南，每服率不過五百里耳。如以畫地求之，則當堯之時，要荒不盡東西之域，侯綏已越南北之外矣。曰：每服五百里，合之纔二千五百里，云五千里者何？曰：此或自東西或自南北一面而言也，合二面則每服千里矣，故曰五千。

甘誓

滋問：有扈氏未至如後世叛逆之徒，啟征不亦過乎？曰：「威侮五行」，反天道也；「怠棄三正」，廢人倫也，叛逆孰甚？然孟子謂啟賢，能敬承繼禹之道，然啟立，有扈氏不服者何？曰：以舜爲君而有三苗，以禹爲君而有防風，是誓也奚其疑。且甘誓數言，可以考兵農之一焉，天人之合焉，車戰之法焉，祖社之制焉，紀綱之振焉，威德之著焉。啟如其不賢也，而能之乎？曰：安邑在扈東，甘在扈西。啟自東來，乃越扈而誓于甘者何？曰：此或非自南山之西而抵甘，必自渭河之北而包扈矣。扈以東近王畿，無所逃也。此在兵法爲出其不意。

五子之歌

德輿問：五子之歌，其歌之次第乎，抑人之長幼乎？曰：此蓋五子以長幼歌也，故曰：「五子咸怨。」且其歌首各創義例，知非一人之辭矣。況五歌與五子之數協乎，如其非也，寡何以不三則四，多何以不六則七。故曰五子以長幼歌也。然則訓即禹之訓乎？曰：意則禹，辭則五子，於是見大禹之以身示後世矣，然大要不外乎近民。近民之道，敬身爲先，勤政爲次。故讀其二之歌，可以觀德，讀其三其四之歌，可以觀政茲也。德政既失，故其五曰「萬姓仇予」。嗚呼，曷歸！然後知一歌曰「民惟邦本，本固邦寧」之爲切也。

胤征

應暘問：胤征者何？曰：其夏道之猶盛乎。是故胤侯命掌六師，夏兵之權也。謨訓、定保之事，遒人政典之言，夏政夏刑之善也；羲、和湎酒、辰弗集房之類，夏禮夏樂之略也。「火炎昆岡」以下，則行師仁義之道也，本諸仁義而行之以法，禹道猶爲存乎。故讀禹貢，足以觀經制之詳；讀甘誓、五子之歌、胤征，足以觀遺法之備。然則夫子之說夏禮者，其亦得諸此乎？曰：杞、宋豈無此夏書，何言乎不足徵？曰：因其跡，推其意，即其畧，究其詳，非夫子不能。

尚書說要卷之三

商書

湯誓

勷問：湯誓者何？曰：其聖人敬天仁民之至乎。故曰：「予畏上帝，不敢不正！」故曰：「有衆弗協，今朕必往。」[一]夫子曰：「革命順乎天而應乎人。」[二]其是也哉。

仲虺之誥

介問：仲虺釋湯之慚，乃終不言湯之慚者何？曰：觀乎天命則仰不愧，觀乎人心則俯不怍，故曰釋湯慚也。「佑賢」以下者何？曰：勸之也。「佑賢」以下言馭臣，「日新」以下言修己，修己者，馭臣之本也。然皆不越乎綏民心而保天命。故蔡氏曰：仲虺之誥，大意有三：先言天立君之意也，次言湯德得民之久也，末言爲君艱難之道也。夫知爲君艱難之道，憂且不暇，何慚之有？勇智、表正、纘禹、茲率、奉若之言不亦復乎？曰：勇智，即聰明也。天錫王以勇智之德，使

[一] 湯誓原文曰：「有衆率怠弗協，曰：『時日曷喪？予及汝皆亡！』夏德若茲，今朕必往。」

[二] 語出周易革卦彖辭：「湯武革命，順乎天而應乎人。」

其表正萬邦而繼禹舊服，蓋天命之意也。茲曰：「放桀非弑君也。」正以率循此舊服之典而奉順天命耳。下何以又言「式商受命」？曰：「無主乃亂」以下，主民怨而言；「夏王有罪」以下，主天怨而言，皆所謂仰不愧也。自「簡賢」至「舊哉」，則俯不怍人之實耳。佑輔、顯遂、兼攻、取侮云何？曰：佑有尊爲師傅之意，輔有加地進爵之意，顯有車服之意，遂有誘掖之意，兼有使吏治事之意。取者，去其君也。侮者，辱其主也。義、禮云何？曰：義，在心者也，故以制在外之事。禮，在身者也，故以制在内之心耳。此内外之合德也。

湯誥

印問：「恒性」「綏猷」者何？曰：中庸所謂天命之性、率性之道、修道之教者出於此乎。嗚呼！湯於是以天自處矣，是以「栗栗危懼，若將隕于深淵」也。是故聖賢之於天下亦何心哉？惟復此性耳，皆非心之所得已也。是故殘刑則傷民體，重役則傷民力，横征則傷民生，皆非綏猷之道也。

「請罪」「請命」云何？曰：請罪者，猶言夏罪在天，請而歸之于夏也。請命者，猶言民命在桀，請而還之于民也。既曰「罪當朕躬」，又曰「在予一人」者何？曰：上指諸侯，在未有天下之前言也；下指萬姓，在既有天下之後言也。

伊訓

栖問：「元祀十有二月」者何？曰：於此可以證春正月者，非改月數也，但自春正月紀之耳，故曰行夏時也。今觀詩、書所記時月，與春秋所書災異，俱可見矣，故商曰：「元祀十有二月。」「今王嗣德」者何？曰：言湯以德而得天下，則其傳於太甲者，雖位也，實德也。故太甲之所嗣者，德耳，位不足道也。故有德則存，無德則亡。故嗣德則爲湯之孫，不嗣德則繼桀之緒者也，其幾在此初乎。

滋問：「聖謨」「嘉言」云何？曰：修人紀，示後世以治己；求哲人，示後世以用人，皆聖謨也。三風十愆，皆嘉言也。風愆非聖謨乎？曰：專指此以爲聖謨，則「肇修人紀」以下無所用矣。「十愆」云何？曰：恒舞一，酣歌二，殉貨三，殉色四，恒遊五，恒畋六，侮聖言七，逆忠直八，遠耆德九，比頑童十。

太甲上

介問：太甲何以三篇？曰：上篇，太甲居桐之故；中篇，太甲改過之事；下篇，伊尹致政之由。伊尹放太甲之志，斯可考矣。曰：欲縱爲患，何至若是甚邪？曰：聖狂之分，於此關焉。絕之者爲堯、舜、禹、湯，流而不返者爲桀、紂，自桀、紂而返者爲太甲。

「以承上下神祇、社稷宗廟，罔不祗肅」者何？曰：言湯顧諟之心，質之鬼神而無愧也。非謂祭祀乎？曰：湯未有天下，而何以祭祀天地爲？

栖問：「自周有終」者何？曰：猶孟子所謂周于德也。忠信之訓非與？曰：惟忠信斯能周。故周者，無缺漏罅隙之可指也，人有僞則可指矣。

「儉德」云何？曰：儉有節制，不止於嗇也。儉德不慎，皆謀其私，不謀其社稷；慮其身，不慮其子孫者也。故其下「若虞機張，往省括于度，則釋」，度即儉德之訓也。「欽止率祖」[一]，又其實矣。

太甲中

栖問：既曰修身允德恊于下爲明后[二]，何以于先王獨言子惠困窮？曰：此舉用以見體，亦以見先王顧諟明命于上

[一] 太甲上原文爲：「欽厥止，率乃祖攸行。」
[二] 太甲中曰：「修厥身，允德協於下，惟明后。」

篇也。在太甲，則孝恭明聰，皆修身允德之目。孝，言乎繼志述事也；恭，言乎納諫從謨也；明，言乎照民隱也；聰，言乎察人讒也。能是四者，欲縱無自而生矣。

太甲下

本源問：「若升高」以下者何？曰：言太甲師先王以配上帝，不可遽至也，必自卑近始。始於卑近，惟在重民事、危厥位耳，然又當慎之於初也。其曰「有言逆于汝心」以下者何？曰：「升高」以下言修己，「有言」以下言接人，內外相資之道也。以爲皆矯情之偏者然乎？曰：然。凡有欲縱之病者，此數者必有未盡耳。弗慮、弗爲者何？曰：兼上言之也。

咸有一德

達問：「咸有一德」者何？曰：此伊尹言求命之道也。德者，命之本。德猶理，命猶氣，不相離也。太甲如無一德，予又且老矣，其如天命何？故下言新德。新德之道，在于有常，然又當取諸人，取人而曰協于克一，新德又取人之本也。夫然，則遠可以綏祿而觀德，近可以安民而觀政矣。然取人之道，雖至于民亦然。蓋君民相須，天下之民皆王有也。一夫之善未取，是不能有一夫；十夫之善未取，是不能有十夫。故自廣狹人，則猶獨夫，無以成厥功，是伊尹之意也。

「德無常師」者何？曰：「主善(而)〔爲〕師」〔二〕，則不論人與位，惟從其善也。「協于克一」，則不論時與事，惟求諸心也。孔子博約之教，其仿諸此乎！

「七世之廟」，若皆賢聖，奈何？曰：必有優劣，從其劣者祧之。若皆不賢奈何？曰：七世以下論親，七世以上論

〔二〕「而」：尚書作「爲」。

功德。故七世之廟，中制也。

盤庚上

鼒問：盤庚上篇「無傲」「從康」及「黜乃心」者何？曰：三者，世臣不遷之故也。故一篇反復言之，或以利，或以害，或稽古，或證今，皆是意也。曰：使臣至于傲上，從康而自悔拙謀，殷道不亦衰乎？曰：雖然，其曰「罰及爾身」之類，猶爲不失天子之權哉。且于是可以考愛民之仁焉，制臣之義焉，奉先之孝焉，事天之敬焉，交鬼神之誠焉。盤庚不賢也，而能之乎？

盤庚中

勳問：盤庚中篇告民乎？曰：然，大抵言君民當一心也。「古我前后，罔不惟民之承，保后胥戚」，此一篇之大綱也。故自「殷降大虐」，以至「丕從厥志」，言己惟民之承也。「將試汝遷」，以至「汝何生在上」，言民不保后胥戚也。夫民有不胥戚者，將非浮言倚其身，迂其心乎？「予迓續乃命于天」「曷虐朕民」，即天與高后之意，言己當承民也。自「汝萬民乃不生生」，至「不救乃死」，亦即天與先后之意，言民當胥戚也。夫民不胥戚，其亦浮言之臣，具乃貝玉之所致乎。然民苟分君猷念而設中于心，則雖有好貨以興浮言之人，不能動矣。「乃有不吉迪」[一]以下，又以其頑不改過者而警懼之也。

盤庚下

勳問：盤庚下篇告臣乎？曰：然。故王氏曰：「告百官族姓也。」故告以懋建大命，在恭承民命以求高祖之績

[一] 盤庚中爲：「乃有不吉不迪。」

耳。故敘湯及今之遷亳者，皆此謂也，然其源在群臣。「敢恭生生」，不總貨寶耳，故其下反復言之。「鞠人、謀人之保居」奈何？曰：言鞠育其民，謀處其民，使得安居也，即「敢恭生生」之意。

說命上

達問：商之群臣，既曰「明哲實作則」，又曰「百官承式」，不亦復乎？曰：陳氏曰：「明哲」，以德言也。「承式」，以位言也。「王言作命」，兼德位而言也。「以台正於四方，恐德弗類」，有其位而懼無其德也。此史氏記事之敘也。

滋問：伊耕莘野，說築傅巖，使非成湯、武丁之聘，終焉而已。此可以見二公之聖，與有殷人材之多也？曰：尹不舉，猶爲有遺賢；尹既舉，天下無耕叟。說不舉，猶爲有遺材；說既舉，天下無築夫。故子夏曰：「不仁者遠矣！」

雲霄問：既曰「若金」以下，又曰「若藥」以下者何？曰：前之者，喻己求輔也，其切在高宗；後之者，喻啟乃心也，其切在傅說。金以下之譬如何？曰：德未成器如金，道不登于岸如巨川，德不潤身以膏澤天下若大旱。既以藥喻，又以跣喻者何？曰：不跣則不藥。夫高宗既屢喻，亦懇矣，而又言從繩、從諫者何？曰：亦以美高宗堅其爲善之志也，於美之中而又勸焉者此也。「惟暨乃僚，罔不同心」，當亦瞑眩之藥乎？曰：然則後世君與大臣，指小臣以出位妄言者，皆高宗、傅說之罪人也。

說命中

濟民問：「奉若天道」奈何？曰：天道惟在不逸豫以亂民耳，即所謂聰明也。「時憲」以下，皆奉若之實。自「惟口」以下，至「事神則難」，其言不亦復乎？曰：「惟口」以下，言治人之道也。「黷於祭祀」以下，言事神之道也。人道莫大於行政用人，以止于至善也。故「惟厥攸居」，乃其本也，皆以行政用人而言也。「王忱不艱」云何？曰：忱，深信也，猶言真知也。苟真知之，不難矣。

說命下

官問：說言求多聞與學古訓者何？曰：高宗序「學於甘盤」，以至「克邁乃訓」，皆言資人之事，而未嘗反諸己也。故說以學訓爲重而言之曰遜志時敏、道積厥躬，其學古訓乃有獲之實乎！然求多聞亦不可缺，故教于人，亦爲學之半焉。教諸人，求諸己，皆所謂學也。若終始如一而有常德，其所修斯罔覺矣。「時乃風」者何？曰：高宗若曰爲學之道我盡之，若四海仰朕之德，則惟說之教，不可專求之我也，故其下以伊尹爲君爲民之事言之。「格于皇天」者，君聖而民化也，至是而說始言對揚休命者，蓋君學而後臣之言有地也。夫「對揚」二字，可以觀古忠臣之心矣。

高宗肜日

世用問：祖己於高宗正厥事，而先曰「格王」者何？曰：格心，本也。正事，用也。格心之道，知命與義而已。祈年豐禰，無義無命也。故格心之言繁，正事之言簡。言「王司敬民」而乃言「典祀」者何？曰：神人一理也。

西伯戡黎

世用問：祖伊告王之言如何？曰：自「天棄我」，至「率典」，言天怒也；自「民罔弗欲喪」，至「不摯」，言人怨也。天怒人怨，皆王之淫戲用自絕耳。詩不云乎：「儀監于殷，峻命不易。」又不云乎：「王室如毀，父母孔邇。」〔一〕於是乎可以考周德之盛矣。

〔一〕詩周南汝墳曰：「魴魚赬尾，王室如毀。雖則如毀，父母孔邇。」

微子

介曰：微子與箕子之謀顛也，皆曰我用酗酒、卿士非度、咈其耇長、殷民攘竊。然則紂之惡，無大于斯四者乎？曰：然。惟酗酒，則敗度喪禮，無所不至矣。「咈其耇長」，則賢者隱微矣。「卿士師師非度」，則與奸爲通矣。是以殷民攘竊至于犧牲，莫之能禁也。猶謂國有人乎，有一于此，未或不亡，而况紂且兼之乎，故二子咸言之。然至于自靖、自獻于先王，夫子謂「殷有三仁者」，其指諸此乎。

尚書說要卷之四

周書

泰誓　牧誓

介問：泰誓三篇及牧誓，數紂之惡，何其不憚煩也？曰：暴其實以作將士之勇也，然亦可以觀世變矣。其亦有序乎？曰：泰誓上篇，言其虐民而慢神，即天民言當伐也。中篇言其速于爲惡以化下，即成湯言當伐也。下篇言棄典常之道以悦婦人，即文王言當伐也。其于天人之際，皆昭昭爾矣。若牧誓則言致伐之法，並詳用婦言之惡。「惟婦言是用」，蓋衆惡之本也。西土之人而至牧野，亦不甚遠也。奚云逖曰：庸、濮，今湖廣之地；蜀及髳、微、盧、彭，今四川之地，尤爲遠乎爾。

武成

雲霄問：劉氏、王氏、程氏、蔡氏改正武成次序，如之何？曰：舊文固未嘗不通也。故自「一月壬辰」以下，言初伐商也。「四月哉生明」以下，言既伐商也，兼始終而言之也，言未匝兩月而商平也。「丁未」一節，則言既歸而祀神。「既生魄」一節，則言既歸而覲臣也。「惟先王建邦啓土」以下，則皆告臣之辭，述其既往之事也。「列爵」以下，則紀致治之法耳。其記日不倫者何？曰：以當日而敘往日之事耳。夫「既生魄」，雖在「丁未」之前，然覲臣不可以先祀神，且因覲臣而有所告，則又不可無承也。告神之辭止于何？曰：自「有道曾孫」，至「無作神羞」，皆告神也。「恭天成命」一節，亦告神乎？曰：然。「大賚」者何？曰：散財發粟耳。「萬姓悅服」，則自天下大定言。

洪範

介問：禹因洛書而敘九疇，洛書何以有是疇也？曰：此聖人以神道設教也，豈惟洛書哉。梅可以觀造化，兔可以觀八卦，洛書特其精焉者耳。此皆聖人一貫之學也。故通其變，河圖亦可第疇，洛書亦可畫卦。故洛書之數雖奇，而其用未嘗不方，蓋皇極中天下而立也。河圖之數雖偶，而其用未嘗不圓，蓋三兩自天地而變也。河圖之起八卦者何？曰：每方並中數而互觀之，皆二卦也。洛書之起八卦者何？曰：除皇極之中五，則履一，坎也。左足之八，艮也。左脅之三，震也。右肩之四，巽也。戴九，離也。左肩之二，坤也。右脅之七，兌也。右足之六，乾也。若配先天，則一坤，北也。四兌，東南也。三離，東也。六震，東北也。二巽，西南也。八坎，西也。七艮，西北也。九乾，南也。

「敬用五事」，即所以建皇極。皇極又在八政之後者何？曰「建用皇極」，不徒五事以修身，蓋又有造就民人之方耳。若曰身既修，民生既遂，而後可以行之也。在五紀之後者何？曰：先天道也。天道不明，而能立人紀者鮮矣。

繼祖問：「木曰曲直，金曰從革」者何？曰：言木之性，或樛而曲，或竦而直。金之性，可因其舊，可改其新也。其五行之味何？曰：東方之斥，西方之鹵，海濱之廣漠，皆可煮而爲鹽，知潤下之味鹹也。焚物則焦，觸氣則熏，知炎上之味苦也。木實未熟，或可止渴，知曲直之味酸也。金在火則氣腥，口嚼金則體澌，知從革之味辛也。稼穡之甘，能受四味可知矣。

既言五事之德，又言五德之用者何？曰：注言：「用者，即五德之妙也。」蓋能恭、從、明、聰、睿，自然肅、乂、哲、謀、聖也。哲、謀奚別乎？曰：既無所不見，則知識廣博，故曰哲；既無所不聞，則裁決多當，故曰謀。

八政之序，或言事或言官者何？曰：互見之也。據周禮，皆六卿之職耳。食貨，冢宰之職也；賓祀，宗伯之職也；師，司馬之職也。司空之職掌土也，司徒之職掌教也，司寇之職掌禁也。奚不俱言官俱言事？曰：以其切于民者而先後之，故或以事顯，或以官顯也。

雲霄問：五紀者，天之所以示乎人，曆數亦天之所示乎？曰：曆雖人之所作，然實在天自然之數而成也。若歲月日星辰者，雖天之所示，然實在人已然之推步而定也。天人之際，不甚相遠矣。夫此五紀不言象，又知堯曆象之象非器也。

世用問：建皇極，言斂錫以福而不言極。保極，言錫汝以極而不言福者何？曰：斂錫言福，明上之仁也；保極言極，明下之義也。故言福不言極者，其極之錫可知矣，若曰：「福之所在，極之所在也。」上之錫極，乃下之福也。言極不言福者，其福之得可知矣，若曰：「極之所在，福之所在也。」下之保極，非爲其利也。故「凡厥庶民，無有淫朋」以下，言皇極之身教也。「有猷有爲」以下，言皇極造就之教也。「無偏無陂」以至「歸其有極」，言皇極之言教也。若是，斯可言建極矣。「無虐煢獨而畏高明」，可乎？曰：此箕子因人情所向，而不加察者發也。故煢獨有惡亦當懲，特易至於虐耳。高明有善亦當勸，特易至於畏耳。漢孔氏曰：「煢，單無兄弟也。」大抵無依賴貧困之人耳。

濟民問：「平康正直」者何？曰：彊弗友、爕友，言習俗之偏者也。沉潛、高明，言氣習之偏者也。平康則無二者之偏，與皇極爲一者也。故錫以正直之福，則進而置諸其位矣。詩云：「靖共爾位，好是正直。」漢孔氏以沉潛爲地，高明爲天，則於義未免支離也。威福而言玉食者何？凡奢僭之臣，未有不作福威者也。

印問：卜兆云何？曰：對人事而列吉凶悔吝也。如曰：卜雨遇濕則吉，遇霽則凶乎。然而其法不可傳矣。鄭康成曰：「雨如雨下，霽如雨止，蒙鬱鬱冥冥暗也，驛疏稀之意也，克如氣色相侵入也。」夫後世龜兆，于此不同。以橫者爲土，直者爲木，斜向徑者爲金，背徑者爲火，因兆而細曲者爲水，不知何也？貞悔以卦之内外論乎，以遇之論乎？曰：自伏羲之後，卦皆六書矣。止當論遇卦之卦耳。故雖蠱之貞，風悔山，亦以之而言也。其法從遠不同者何？曰：神重于人，龜重于蓍，王與卿士、庶民無偏重者，人心一理也。鄭氏曰：「上言卿士，兼大夫、士也，故下别言庶民也。」周禮小司寇掌外朝之政，以致萬民，而詢國、危國、遷及立君，以三刺斷庶民。詢群臣、群吏、萬民，又詢進而問者，皆其意也。

介問：庶徵曰「時」者何？曰：雨、暘、燠、寒、風之來，皆係于時焉耳，故曰敘曰備，皆自時而言之也。肅、乂、哲、謀、聖而各有所屬者何？曰：但言其條理如此，其究也，一事修，五事皆修；一氣休，五氣皆休也。又以見五事皆修，而後五氣皆休也。「王省」以下者何？曰：蓋言其休咎之本，係于王與卿士、師尹。卿士、師尹，凡以爲乎民也。「好雨好風」者何？曰：鄭氏曰：「畢西方金星，雨東方木星，金克木爲妻，從妻所好，故好雨。」推此，則南宫好暘，北宫好燠，中宫四季好寒，可知也。

五福，先壽、富、康寧而後攸好德、考終命。六極，先凶短折、疾、憂、貧而後惡、弱者何？曰：其先者，皆在天者也；其後者，皆在我者也。修其在我者，在天者亦可以獲矣。惡、弱分剛、柔乎？曰：惡亦有柔，惡、弱則不能自立者也。

旅獒

得輿問：旅獒之旨奚在乎？曰：其深于道德乎。古之明王，行道而有德，故有四夷咸賓以下之事。今之明王，以道而修德，故有德盛不狎侮以下之事。然謹德之目有二：一曰玩人，二曰玩物。狎侮君子、小人，則玩人也；役于耳目，則玩物也。故「志以道寧」，則自不玩物，而于無益異物、遠物皆不寶矣。「言以道接」，則自不玩人，而惟賢是寶矣。惟不玩物，斯不玩人。故曰：「不矜細行，終累大德。」故曰：「旅獒其周于德而深于道乎。」

金縢

思敬問：金縢非一日之言乎？曰：然。自「既克商二年」，至「王翼日乃瘳」，一時事也，蓋周公代武王病之事也。自「武王既喪」，至「我無以告我先王」，一時事也，蓋成王即位之始，三叔流言，周公思避之事也。自「周公居東二年」，至「王亦未敢誚公」，一時事也，蓋周公避位既久，而成王始知罪人，周公始爲鴟鴞詩之事也。自「秋大熟」至「歲則大熟」，一時事也，蓋天警成王。成王感悟，始迎周公自東而歸之事也。故予于金縢而知豳詩之序不誤矣，蓋皆周公在東之詩也。故七月，周公始居東歸之詩也。鴟鴞，成王悟周公在東之作也。東山，公既歸之作也。破斧，周大夫美周公而惡四國也。伐柯、九罭，刺朝廷不知周公也。狼跋，美周公不失其賢也。此四詩其皆在鴟鴞之前乎。故觀金縢而知周公事君之忠、避位之義、愛國之仁、感天之敬，皆可見矣。此豳風之所由有也，故求周公之聖于詩、書者，金縢、豳風其要乎！

大誥

仲武問：大誥之言，不亦繁且紊乎？曰：有天命焉，有人事焉，於人事之中，又有寧王、寧人焉，各自其類而求之，自有條而不紊矣。然徵天以吉卜，徵人事以民獻。武庚之伐，其可已乎。于寧王言圖事，于寧人言圖功，休畢者何？曰：互舉之也。是故圖事亦言成功，圖功則言忱辭，休畢則言勤毖也。「若考作室」以至「民養其勸弗救」者何？曰：前以譬子之事父當孝，言君道也；後以譬下之事上當忠，言臣道也。

微子之命

仲武問：微子之命者何？曰：義而仁，信而禮，其賢王誼辟之志乎。故自「崇德」以下，皆言古制也。「乃祖成湯」以下，言崇德也。「踐修」以下，言象賢也。「往敷乃訓」以下，則言統承先王，修其禮物，作賓王家，與國咸休也。故「弘乃烈祖」，「世世享德」者，皆統承之事也。「愼乃服命，率由典常」者，皆修禮物之事也。「蕃王室」，「毗一人」，「俾我有周無斁」者，皆作實之事也。傳以「愼服命」爲戒，以「蕃王室」以下爲勉，然乎？曰：皆勉之也。微子未有失，豈容戒乎？蓋敷，乃訓者。治宋之道，愼服命者。守宋之法，以蕃以下，皆用此二者也。然毗比蕃益親，世比弘益遠，式比律益廣。無斁者，永綏之實也。

康誥

思敬問：康誥之敘曰：成王既伐管叔、蔡叔，以殷餘民封康叔，作康誥、酒誥、梓材。是否？曰：此亦通也。蓋以武庚既滅，三叔既除，遂命微子代武庚，即命康叔代三叔爲監也。然曰成王命者亦非是，此或即武王廟，周公稱武王意而命之也。蓋三叔監殷，本武王初命，既有罪自誅，故以康叔代封，若曰此亦朕弟也，或誅或封，豈有私哉？以在成王之時，故敘於微子之後，而當周公初于新邑洛之下。故三篇皆主殷而言，而啟監之言，猶明徵也。不然，武庚未滅，三叔未罪，康叔何以有是衛也。且書以篇既次大誥、微子之下，而篇首又有周公初基之事，安得有疑乎？孔安國解「朕其弟」曰：「言王使我命其弟封也。」則又已泥矣。若是，三篇中何屢稱文王，不一及武王也？且「乃寡兄勖」者，正所謂即武王廟言之也。其曰康叔者，以武王伐殷及崩期算之，亦通。

田問：「明德愼罰」者何？曰：是二事，固一篇之綱領也，然而明德尤爲之本耳。故「不敢侮鰥寡」以下，言文王明德愼罰也，言康叔得國之由也。「汝念哉」至「作新民」，欲康叔明德也。然「念哉」以下，欲其師諸人。「恫瘝」以下，欲其盡諸己。「乃服」以下，言所以當明德之故也。「敬明乃罰」至「則予一人以懌」，欲康叔謹罰也。然「敬明」及「有敘」二節，言罰有辟、宥之異也。故自「非汝封」至「朕德惟乃知」，多言罰之宥也。然或欲忘己，或欲師殷，或欲服念用義刑殺，以爲遜事，則固非縱也，是即不可殺，若保赤子之意矣。其又曰「未有汝封之心」〔一〕者，言其有是心，而後能爲是宥也。自「凡民自得罪」至「則予一人以懌」者，多言罰之辟也。然或言寇殺，或言亂倫，或言違教瘝君，則固非刻也，是即不可不殺，若有疾之意矣。其又曰「惟君惟長」「罔不克敬典」者，言端是本而後能用是辟也。「爽惟民」以下，言民有罪雖可罪，實由于德之未明也。故「予惟不可不監」以下，則言先其德之說于汝者，欲其行之罰也。若是，則明德、慎罰豈二事哉？故「無作怨」以下，專言盡明德之事以裕民，則罰可廢矣。「肆汝小子封」以下，則欲其聽言，蓋又以天命殷民警之，則所以明德而謹罰者，自不能已。是康誥之旨也。

酒誥

得輿問：酒誥其旨奚在乎？曰：其先正其本乎。夫由君而臣，由臣而民，本正而酒自禁矣。昔隋越公楊素以食經饋王仲淹，仲淹答之以酒誥及洪範三德。其謂是乎？其謂是乎？

官問：文、武告臣民及小子飲酒，其旨奚不一乎？曰：臣之道，以養老事神爲忠；民之道，以竭力保德爲孝。故文、武之誥，咸不出乎此耳。臣民及小子，商世毖酒何以不同？曰：此自其君相而言也。故「經德秉哲」「成王畏相」者，君道也。「厥棐有恭」「助成王德顯，越尹人祗辟」者，臣道也。何以言「助成王德顯，越尹人祗辟」也？曰：諸臣湎酒而不修職，是王德壅隱而不光，尹人事君之無效也。

雲霄問：君言剛制臣師友，疇言劼毖者何？曰：此處尊卑之道也。群飲諸臣，又言殺者何？曰：此處智愚之道也。然必教之不從而後殺，抑又仁矣。夫休、采既爲所事，似尊於若疇矣，而乃遲重以言若時者何？曰：休、采無定職，猶曰以賓師待者也。若疇有定位，蓋與君同躬一體，親重之臣也。

〔一〕康誥原文爲：「未其有若汝封之心。」

印問：酒亦人情之常，是誥何至如此之謹乎？曰：酒有七瘕，爲昏，爲狂，爲惰，爲淫，爲暴虐，爲剛愎，爲亂。故戒之者，自天子至庶人皆吉。耽之者，自天子至庶人皆凶。故湯、文以是興，商紂以是亡。

梓材

田問：梓材曰「汝若恒。越曰」。此所謂「以厥臣」也。「王啓監」以下，所謂「以厥庶民」也。「予罔厲殺人」者，以言相師也。「亦厥君先敬勞」至「戕敗人宥」，欲康叔以身爲師耳。蓋君先敬勞乎民，故三卿往敬勞也。三卿之宥奸宄、殺人、歷人者，見君之戕敗人宥也。康叔可不慎乎！「敬寡、屬婦」者何？曰：此即不侮鰥寡之意也。夫如是，所謂「以厥庶民暨厥臣達大家，以厥臣達王」者也。「稽田」以下，亦不過是耳。「今王」以下，若人臣進諫之辭者何？曰：此或即康叔答成王之言者。故曰「作兄弟方來」「惟王子子孫孫」，似同姓諸侯之辭，而「和懌先後迷民」於衛國，亦當也，但中有闕文耳。既曰康誥、酒浩、梓材爲周公托武王意命之矣，又曰「今王」以下爲康叔答成王之言者何？曰：雖則託武王意，亦成王之命也。

尚書說要卷之五

周書

召誥

田問：太保先周公相宅者何？曰：此上相下相之體。召公先理其繁，周公斯觀其要也。召公既得卜，周公又卜，不亦瀆乎？曰：重事也，各質諸鬼神也。各質諸鬼神皆不疑，見二公之心同也。召公命庶殷攻位不用書，周公命庶殷用書者何？曰：先粗而後精也，後精不可無書。召公攻位不祀神，周公至而後祀神者何？曰：此重事也，重事待上相行之耳。

思敬問：召公告王，大抵敬德諴民以祈天歷年也，一言足矣。屢出不憚煩者，亦有敘乎？曰：敬德其本也，其次化殷御事，其次化殷頑民，其次化四方，其次祈天命。故召公首言「誥庶殷越自御事」〔二〕者，庶殷之御事也。御事非執事之訓乎？曰：以王先服御事，知其不然也。故其後周公傳王命誥多方，亦先誥多士也。故自「皇天上帝改厥元子」，至「今時既墜厥命」，言殷之所以亡，與天之所以不可恃，欲王知所敬也。其言夏者，因殷而言也。「無遺壽耇」，明前所言之可信也。蓋前論夏、商之興墜，即「稽古人之德」也。論改殷命及天迎，即「稽謀自天」也，是皆壽耇有見之言，豈可遺乎？故自「元子哉」以下，欲其敬以諴民，以有成命而行之也。然諴民必先服殷御事，故曰「誥告庶殷越自御事」也。服殷御事，又必本於敬德，故監於夏、殷之歷年，墜命可知也。然則王可不行於初服之日哉？行于初服，惟在不用刑而用德也。故自「上下勤恤」以下，言臣雖同君以祈天，而其責則在君也。蓋臣但佐君以祈天，而其本不在臣故耳。「威命明德」者何？曰：威命者，罰民失德之命；明德者，賞民敬德之事也。保明德而受天命，其「惟恭奉幣」之類乎。幣即入錫周公之幣，蓋言率屬以一人心者，乃祈天之餘緒也。

洛誥

思敬問：洛誥何也？曰：可以觀義與仁矣。蓋「復子明辟」以下，周公復成王之命，言所以作洛之故，爲民也。「王拜手」以下，成王答周公之言，言其獻卜之圖敬天也。天民一理也。「王肇稱殷禮」以至「無遠用戾」，周公欲成王之來

〔二〕召誥原文曰：「旅王若公，誥告庶殷越自乃御事。」

洛也。然稱殷禮者，事神之周也。「記功宗」以下者，用人之公也。「敬識百辟享」以下者，統御諸侯之禮也。「乃惟孺子頒朕不暇」以下者，教養萬民之仁也。然事神御臣，凡以爲民耳。王如能盡乎此，故周治，欲明農也。「公明保」以至「四方其世享」，則成王留周公治洛也。然不過答上四事，而亦以仁民爲重也。言公當稱顯德，以佐予統御諸侯，教養萬民，記功宗，稱殷禮，不可專歸之我也。蓋惟公德明光、勤施、不迷，文武勤教故耳，予沖子所宜夙夜毖祀者也，公豈可去乎？且公功棐迪篤，豈可不若時而留後治洛邪？若以記功宗論之，迪亂之績，肅將之功，孰有過於公者？而宗禮且未定，豈可不保文武受民，使四方其世享邪？「周公拜手」以下不許留後，而猶欲王來洛，作恭先也。蓋言王命使予來洛，承保文武受命民，以弘朕恭者，朕豈敢當哉。惟是孺子來相宅，作周恭先，而我但率屬作周孚先，則可耳。「伻來毖殷」以下，王錫周公以秬鬯，使留後於洛。周公猶欲王來洛，使殷人承敘永觀懷德也。「戊辰」以下，周公始許留後於洛，誕保文武受命民也。

聘問：「王如弗敢及天基命定命」者何？曰：公爲王退辭而自任也。蓋洛邑立基與成，皆天命也。「公不敢不敬天之休」者何？曰：言周公之心之忠也，王而弗及，公能不敬乎？「我二人共貞」者何？曰：貞，正也，共正治洛邑也。殷禮云何？曰：咸秩無文，即殷禮也。百工何以言齊？曰：有遴選之意，如曰同皆善人也。其詩言「敦琢其旅」之意乎，既言丕視功，載所係之重，丕，欲其公也。「明作、惇大」云何？曰：明作，以撫事言也；惇大，以若彝言也。識百辟之享，不享何以用敬乎？曰：多儀固敬，以敬視敬，斯能辨之矣。「聽朕教汝於棐民彝」者何？曰：聽，欲其行之也，即「罔不若予」之意也。成王之答，上言「和恒四方民居師」者何？曰：言四方則統御諸侯亦在其中矣。「稱秩元祀」屬上句，蓋答以功作元祀也。「予沖子夙夜毖祀」者何？曰：猶所謂可作元祀也。「棐迪篤」云何？曰：即明光、勤施、旁作之事也。「未定宗禮」云何？曰：正所謂未惇宗也。「亂爲四輔」云何？曰：輔君以治四方者也。「公無困哉」者何？曰：困，困我也。哉，語辭。「王命予來」至「弘朕恭」，周公許成王留洛乎？曰：不然也。蓋周公述王命之意云爾，故有「孺子相宅」以下也。「予旦以多子越御事，篤前人成烈」者何？曰：篤有盡職纘述之意，蓋使成烈不廢也。故能在下則答其師，在己則作孚先，在上則成昭子刑，在前則單文祖德也。「伻來毖殷」者何？曰：此亦所謂定于宗禮之兆也。禱王而曰「殷乃引考」，責王而曰「王伻殷」者何？曰：此周公猶欲王之來洛也。「戊辰」以下，記日後記月，又其後記年者何？曰：先詳而後略也。且烝祭在歲十有二月，則凡釋經言，改月數者皆妄矣。

多士

應暘問：多士之誥云何？曰：先則三監、武庚叛，後則奄與徐戎叛，雖則其君與民也，然與同其謀而昌其亂者，皆多士耳，故誥之也。故召公于作洛之初，已曰：「誥告庶殷越自乃御事。」多士已遷于洛乎？曰：此其初遷也。此其初遷，召誥、洛誥何以皆用庶殷，多方何以言奔走臣我監五祀也？曰：皆用庶殷者，所使治洛者，皆殷之舊民也。奔走臣我監者，先臣三叔，後臣康叔，至今凡五年，猶未服，而商奄又叛也。故今作洛，遷之耳。蓋屢叛而後遷之也，故其言曰：「惟爾洪無度，我不爾動，自乃邑。予亦念天即於殷大戾，肆不正。」故敘亦曰：「洛既成，遷殷頑民，周公以王命誥，作多士也。」

道柔問：「弗吊旻天」以下之謂何？曰：言天喪殷而佑周也。故「肆爾多士」以下，言天喪殷者以其亂，佑周者以其德，非有私也。「惟帝不畀」以下，言天不外乎民也，民離即天喪矣。「上帝引逸」以下，桀以淫佚天喪之，而殷湯以德受命，至帝乙不衰，蓋故事也。「在今後嗣王，誕罔顯於天」以下，言紂猶夫桀也。「今惟我周王丕靈承帝事」以下，言周猶夫湯也，何足怪哉！「惟爾洪無度」以下，則言遷洛之故也。言故事甚顯，而爾不正無度如此，故惟時遷居西洛，亦天命也。夫成王既以殷革夏事誥多士，則多士亦不必述夏事以責周。故「惟爾知殷先人有冊有典」以下，探多士之心，而言「夏迪簡在王庭」也，而不知其無度不正，不可用也。故今遷洛者，蓋求多遜之德，將迪簡在王庭而用之也，則作洛者亦爲是故耳。故「爾乃尚有爾土」以下，勸戒之也，勸其能修業克敬，則天且畀矜，如夏士迪簡矣。不然，致天之罰，是其戒也。「今爾惟時宅爾邑」以下，豈惟以其身之迪否爲勸戒，又將以其後之興廢而歆動之也。足以知其爲新遷矣，故曰「時予乃或言爾攸居」也。

無逸

道柔問無逸之要。曰：一知稼穡之勞，二受忠直之言也。迪此者，爲三宗，爲文王。不迪此者，爲殷紂，爲厥後立王，可不慎乎？

勳問：「君子所其無逸」者何？曰：起下文也。言君子所以無逸者，由先知稼穡之艱難，乃逸，則知小人之依，故無逸也。小人則反是，故乃逸，乃諺，既誕也。所，非處所之所。既以天命自度，又何必嚴恭寅畏？既治民祇懼，又奚言不敢荒寧也？曰：貌肅而心敬焉者，然後能用天理，栗栗乎懼民之或叛者，然後能勤政事而不荒寧也。「亮陰三年不言」，而云乃或者何？曰：以三年不言，傳者之已過也，故云「乃或」。乃或者，未定之辭也。雖則未定，其亦寡言矣。故「言乃雍」者，皆繼志述事之發也。「至于小大」者何？曰：承殷邦言也。祖甲能保惠庶民，不敢侮鰥寡者何？曰：能言乎其材之長於此也，不敢言乎心之不忍於此也，蓋皆自舊爲小人學之耳。是故民飢也，莫能與之食；民寒也，莫能與之衣。東作有後種，西成無刈獲，此不可謂之能也。慈母之養嬰兒也，提之則惴惴，覆之則欽欽，食之則業業，惟恐其或傷也，此可謂不敢侮鰥寡也。

官問：無逸惡乎久？曰：一以存性，二以養情，三以遠害，四以廣恩，五以立命，六以得民，七以得天。夫何爲不久？于大王、王季何言抑畏？曰：豈惟大王、王季哉！雖齊民之起家者，皆自謙抑謹畏始耳，傳謂不翕聚則不能發散。人稱文、武、成、康之盛，而不知自抑畏之積也。文王之無逸云何？曰：卑服康功田功，其本也。蓋自是則能懷保小民，不侮鰥寡，自是則能徽柔懿恭，自是則能不盤游田，惟正之供也。懷保惠鮮，言徽柔懿恭。咸和萬民，言不遑暇食。「惟正之供」，言不盤游田者何？曰：小民鰥寡，非仁德不可近。萬民之廣，非勤政不易及。上無淫用，斯下無過取矣。「古之人」謂何？曰：指上三宗、文王也。「猶胥」以下，指當時之臣而言也。孔安國以爲君臣相訓告者亦通。然自此至是叢於厥身，專主聽言也。夫于小人之怨詈且樂受，而況臣人之訓告保惠教誨者乎？故「允若時」者，言其誠也；「不啻不敢含怒」者，言其非僞也。

君奭

九式問：「敘曰：召公爲保，周公爲師，相成王爲左右。召公不悦，周公作君奭。唐孔氏以爲召公以周公嘗攝王之政，今復在臣位，其意不悦」者何？曰：非也。其不悦者，猶今不以仕爲悦而有歸心也。若周公攝政，何嘗不在臣位哉。不在臣位，漢劉歆諂王莽之訓也。

詩問：「不吊」〔二〕以下，亦有紀乎？曰：自「天降喪」以下，周公言天命休咎皆不可知，故奭與己皆未嘗敢安天命。惟歸之人也，是豈可去乎？去則使我後嗣子孫弗克經歷，嗣前人恭明德，而天威與不祥俱至矣，誘曰：「在家不知，仁者固如是乎？」故在予小子旦戀戀不去者，非有他，能以正之也。惟迪前人光於我冲子，使延寧王之德，保文王受命而已，奭亦當如是耳。故「我聞在昔」以下，以商六臣輔君不去者告之也。「在昔上帝」以下，以周五臣四臣不去者告之也。若是，則與汝奭當共濟大川矣。不然是後不念後人迷，前不念前人敷心之遺命也。況殷喪大否在邇，如之何而弗念哉。且我之多誥，正以今日王業之成，止我二人，非若六臣、五臣、四臣之多也。汝如之何不留而敬德明俊民乎？況我二人篤棐以成今日之休，使去也，則丕冒海隅之功盡棄矣！蓋凡我多誥，惟畏天命與民心耳。往敬用治，其惟敬德明俊民乎！敬德明俊民者，一篇之要也。

思恭問：「我亦不敢寧於上帝命」，注以爲周公之言，然乎？曰：非也。自「時我」，至「惟人」，皆舉召公之所已言者也。蓋周公前以出休不祥爲不敢知，而召公亦以帝命天威爲不敢寧也。傳止以「時我」爲召公言，誤矣。「前人恭明德」者何？曰：即「前人光」也，蓋前人能恭敬此明德耳。注謂「恭德明德者」恐誤也。經歷嗣之，不徒言説，蓋親驗之躬行

〔二〕君奭原文作「弗吊」。

者也。

仲武問：於伊尹事湯，言格皇天；事太甲，不言功者何？曰：改太甲而言保衡可見矣。「率惟茲有陳」者何？曰：因上六臣之功有未詳者，故總之曰：大率。商臣惟如此陳言於君，以保乂有殷，故殷陟配天，眷佑子孫，多歷年所也。是何也？蓋商有此六臣，則能享天心而得天純佑命。使商國有人而實不但此六臣也，雖百姓、王人、小臣、侯甸皆知稱德乂君。故其君生而有事四方，四方信于卜筮，故能死而陟配天，多歷年所也。是雖天之純佑，何莫非六臣之功哉！

籲問：寧王集大命，於躬而言，惟文王修和有夏以下者何？曰：武王之受命，則自文王能用五臣始耳。夫惟有五臣，故亦如商爲天所純佑，使凡周國之臣，皆能秉德，迪知天威，昭文王，迪見冒以受殷命也。

「天休(滋)〔兹〕[一]至，惟時二人弗戡」者何？曰：此亦探召公之心之言也，其下則爲之處耳。蓋敬德則知所以化民，明俊民則知所以治民。雖六臣之在商，五臣四臣之事文、武，不過是也，故終曰「惟乃知民德」，「往敬用治」。得民則得天，其終可出于休而不出于不祥也。

蔡仲之命

世用問：既曰「率德改行」，又曰「蓋前人之愆」，又曰「率乃祖文王之彝訓，無若爾考之違王命」，不亦復乎？曰：非然前之者，舉素行也；後之者，欲其見諸行事也，則又擴充其所未盡者矣。爲善不同，豈以德與惠有不同乎？曰：非然也。大抵言善之可爲也。自其格天言，謂之德；自其德民言，謂之惠，其實一也。故自其用而言之，有五政；自其本而言之，惟一中也。

〔一〕「滋」：君奭原文作「茲」。

多方

印問：多方何其言之繁亂乎？曰：「洪惟圖天之命」二句，言商、奄也。自「惟帝降格於夏」，至「劓割夏邑」，言桀之虐爲天所喪也。自「惟時求民主」，至「刑殄有夏」，言湯之賢爲天所命也。「惟天不畀純」以下，則言天之所以喪桀者，桀之虐非一端，其所恭多士大不開民之麗也。「乃惟成湯」以下，則言天之所以命湯者，湯之善非一世，其所慎之麗至于帝乙也。「今至于爾辟」以下，則言紂猶夫桀也。「天惟求爾多方」以下，則言周猶夫湯也。「爾曷不忱裕之于爾多方」以下，勉也。「爾乃迪屢不靜」以下，戒也。「我惟時其教告之」以下，至「乃惟爾自速辜」以下，儆之也。自是以上，蓋皆使殷侯尹民以告多方之辭也。「有方多士」以下，則專言多士耳。多士者，多方民之本也。其曰「奔走臣我五祀」[一]者，非謂遷洛五年也。告多士之道惟在和順者何？曰：和則足以處僚而克臯，順則足以永圖而力田，多方民將自化矣。

立政

雲霄問：立政奚訓乎？曰：其大臣不過常伯、常任、準人，其近臣不過綴衣、虎賁也。知謹乎此，則爲夏禹，爲商湯，爲周文、武；不知謹乎此，則爲桀，爲紂。其謹之之道，不過乎知之明、任之專也。夫知之明，任之專，非修身有道者，不足以與乎此也。故桀德暴而紂德暋，見禹、湯、文、武之明德也。蔡氏謂「群臣用咸戒於王」者何？曰：周公作立政，未聞有群臣與也。故孔氏訓周公用王所立政之事，皆戒於王，於經文無增而自明，爲得其實矣。「乃有室大競」者何？曰：蔡氏訓爲王室，恐與下「迪知忱恂」不相接也。孔氏訓謂夏時，卿大夫家大強，猶有招呼俊賢，與共尊事上帝。而迪知忱恂於九德之行，以告其人君而擇人，則順也。常伯、常任、準人之謂何？曰：立政一篇之要也。然此三者非有定員，

〔一〕多方原文爲：「今爾奔走臣我監五祀。」

以其職任之大而舉之也。故孔氏謂常伯、常任爲三公六卿，準人爲士官也，三代三宅皆謂此矣。其後言庶言類常伯，庶獄類準人，庶慎類常任，大抵皆牧夫也，以愛民爲主耳。大都小伯云何？曰：此王畿内之臣也，比王宫内之臣爲外耳。故言内，注以表臣言也。大都小伯者，互言之也。上既言文、武克知灼見宅、俊之心，又言文王克厥宅心，以克俊有德者何？曰：克厥宅心者知其皆俊有德耳。克知灼見，何以不同？曰：三俊雖未居三宅之位，然皆已用之人，其心見諸政事，故可考而知也。三俊未用，或因言貌，或因舉措志向，昭見肺肝耳。故其下我其克灼知厥若者，亦兼俊而言也。

濟民問：立政止言文王用三宅三俊，武王率文王，不言宅、俊，而言義德、容德者何？曰：非有義德之才、容德之量者，不足以居三事也。唐虞兵刑統於一官，而禮樂分於二卿，立政不同者何？曰：此可以考世變而知刑獄之滋煩也。故文王罔攸兼者庶言，庶獄、庶慎至其罔敢知者，雖庶言亦不能也。故勿誤庶獄，凡再告於王，而猶繼以戎兵之詰，蘇公之事，雖庶慎亦不能也。以蘇公慎獄之事告之太史者何？曰：太史掌六典，有廢置官人之制。故唐孔氏以爲欲太史選主獄之官，當求蘇公之比也。以爲並書以戒後世者何？曰：戒，當時則兼後世矣。「以列用中罰」者何？曰：列雖條列之訓，然亦法度也。

周官

本源問：周官之要奚在乎？曰：人君修德以擇人，人臣以學而輔政。振古不可易之道也。故成王曰：「仰惟前代時若。」非有所紛更也。有序乎？曰：自「立太師」至「大明黜陟」，列其職也。自「凡我有官君子」以下，戒勉之道，一曰公，二曰學，三曰志勤勇，四曰儉德，五曰慎，六曰讓也。自慎以上，皆所以治己，讓則用人也。蓋秉之以公，廣之以學，行之以志勤勇，守之以恭儉，思之以慎，而又出之以遜讓，豈惟公卿可畢其職，雖州牧、侯伯無不可矣。

達問：「論道經邦，燮理陰陽」者何？曰：道者，陰陽之理。理不明不行，則氣即乖。故三公講論此道于人君，使其體行而經邦國以燮理陰陽也。漢丙吉不問殺人而問牛喘，則於論道經邦已弗能矣，又何陰陽之能燮。夫殺人固牛喘之大者也，有殺人而後有牛喘耳？「貳公弘化」之謂何？曰：即道之行也。弘者，猶宣布發揮之意也。故化，比道爲已顯，天地，比陰陽爲有迹耳。三公言「惟其人」，三孤言「弼予一人」者何？曰：互見也。卿、牧何獨言「阜成兆民」？曰：公孤爲上，爲德，爲下，爲民，内外之辭也，亦互文也。

印問：「治神人，和上下」者何？曰：治以禮言，和以樂言，皆兼幽明而舉之也。與司徒之教不亦復乎？曰：蓋相因而成也。既曰「慎乃出令」「民其允懷」矣，又曰「學古入官」以下者何？曰：猶言爲學而後能爲政，以出令耳。故學古及師典常，皆不可以利口亂之也。蓄疑、怠忽，明不學之故也，故莅事惟煩耳。公卿已在位矣，乃言入官者何？曰：入官，猶諺語做官也，即仕優則學之意耳。

君陳

藻問：成王命君陳，先言孝友者何？曰：德者，爲政之本也。周公之訓，亦不過明德耳。故欲懋昭式時，以圖政而弘之也。懋昭，欲其見之於政；式時，欲其體之於身。弘則欲其擴大而增光也。嘉謀嘉猷，舉其已有之善也。「弘周公丕訓」以下，即圖政之詳也。蓋用寬和之政，欲廢嚴而興和也。「殷民在辟」以下，則以其處刑者言之也，有辟、宥焉，故又各指之也，皆所謂廢興之政也。然恐其獨恃乎政而忘乎德，故「惟民生厚」以下，則又欲其敬典在德也。故曰：「德者，爲政之本。」

明遠問：「茲率厥常」者何？曰：猶所謂其爾典常也，蓋周家爲政之常法，如六典八法之類是也。「良顯」云何？曰：注所謂舉君陳已有之善而美之也。「寬而有制，從容以和」者何？曰：即不用刑待人之事也。夫寬，言含容乎頑慢也，有制則不縱耳。和，言消融其暴戾也，從容則有漸耳。「三細不宥」奚訓乎？曰：孔注不及蔡氏之明也。

顧命

龏問顧命之序。曰：孔氏曰：「惟四月哉生魄」以下，敘成王以病召臣，發命之端也。「王曰：嗚呼！疾大漸」以下，顧命之辭也。「茲既受命」以下，命後而王崩，敘伯相命陳儀衛，將傳王顧命之事。「王麻冕黼裳」以下，敘康王受命之事也。「王再拜興答曰」以下，則康王復命之辭，及儀衛之終也。

濟民問：成王將崩，召太保奭、芮伯、彤伯、畢公、衛侯、毛公、師氏、虎臣、百尹、御事者何？曰：此即立政所謂三宅及近臣也。「柔遠能邇，安勸小大庶邦」者何？曰：邦有遠邇、小大也，言邦則民可知矣。其下則自人君之身心始耳。

雲霄問：西序、東序、西夾、牖間、東西堂及畢門之訓如何？曰：孫炎曰：堂東西牆曰序，所以別內外也。孔氏曰：天子之堂有左右房，房，即室也。以其夾中央之大室，故曰夾室也。然戶在東南，牖在西南，故扆在戶牖之間。負此扆以設綴衣，而篾席、華玉几則設於扆前，以見群臣而覲諸侯也。東西堂，即東西序之前堂也。畢門，路寢之門，在應門內也。

世用問：篾席、底席、豐席、筍席及文貝，奚訓乎？曰：鄭玄曰：桃枝竹者，竹之次青者也。底席，青蒲也。蒻，苹也。豐席，莞席也。筍，竹萌也。文貝，餘蚳餘泉之貝也。

介問：王麻冕黼裳，卿士、邦君麻冕蟻裳，太保、太史、太宗皆麻冕彤裳，禮與？曰：朱子曰：朝廷之禮與庶人不同，蓋以天命及宗廟社稷爲重也。故太甲祗見厥祖，必易以喪服見，而後世漢、唐諸代冊立之禮，皆變服，其由來遠矣。

康王之誥

滋問：「誕受羑若」，奚訓乎？曰：馬氏曰：『羑，道也。若，順也。大受天道而順之也。』蔡氏以爲羑里。然皆未融，或者天下之別名也。

滋問：康王初即位而群臣即以張皇六師爲言，不幾於啟人君好武之心乎？曰：太平之後，武備易弛，守成之君，英心易衰，且其言以敬哉爲先，則所以去非幾而亂威儀者，固未嘗無也。然康王之答，亦以熊羆之士爲言，君臣將交相儆戒者，知因時之政矣。

官問：「王義嗣德，答拜」者何？曰：君臣交拜，唐虞之常事也。至是乃論諸義與嗣德，可以考世變矣。秦之尊君抑臣，由是而基也。

畢命

思敬問：畢命奚敘乎？曰：「惟十有二年六月庚午朏」以下，畢命之本序也。「惟文王、武王敷大德」，至「民罔攸勸」，舉周公輔文武之績，及今日當行之政也。「惟公懋德」，則稱畢公之善，可紹周公也。「旌別淑慝」，至「公其念哉」，則指因俗之政，皆言化民也。「世禄之家」，至「厥德允修」，言化殷民又當先乎殷士也。「周公克慎」以下，則期以成終，協心於前人，上以福君也。「惟時成周」以下，則期以立基，爲法于當時，下以遺後也。「罔曰弗克」以下，則又申言成終立基之道，蓋內外交盡也。

明堂問：郊圻封守云何？曰：因宅里、井疆而言也。凡郊圻封守之亂者，皆惡人也。京圻如此，無以康四海矣。以此爲防，未幾又有取成周麥禾及溫原樊茅向盟之地者矣。既曰政，又曰辭者何？曰：政本諸身，故貴有經常者則可行也；辭措諸事，故貴有體要則可發也。靡靡則非有經，利口則非體要。既曰「三后協心」，又曰「同底于道」者何？曰：心者，道之本。道者，心之用。故所謂因時處中、隨世升降之意也，非協心不足以與于此。弗克何以言既心，民寡何以言慎事？曰：弗克者，以心有所懼也。民寡者，以事爲可忽也。

君牙

瑤問：既曰「弘敷五典」，又曰「式和民則」者何？曰：式和有正身中心之義，蓋弘敷之本也，弘即在寬之意耳。既言「奉若先王」，又言「對揚文、武之光命，追配於前人」者何？曰：君牙之前人能篤忠貞，舉文、武光命于時者也。故能敬明乃訓，則爲能云爾。

冏命

薦問冏命。曰：冏命其周於德乎。昔周公嘆綴衣、虎賁之休，其猶見于穆王之世乎。既曰「匡其不及」，又曰「繩愆糾謬，格其非心」者何？曰：非心，其本也。自是而有未至，曰不及；自是而或大過，曰愆謬。

吕刑

應聞問：「敍曰穆王訓夏贖刑，孔氏謂訓暢夏禹贖刑之法」者，如何？曰：非也。贖刑自舜有之矣。訓夏者，訓諸夏也。

思敬問：吕刑之序云何？曰：「若古有訓」至「惟腥」，言苗民承蚩尤之亂而淫刑也。「皇帝哀矜」以下，言舜之德威也。「乃命重、黎」以下，言舜之德明也。蓋皆因鰥寡有辭於苗也。「乃命三后」以下，言群臣輔舜之德威德明也，由是而始命皋陶制刑耳。「穆穆」以下，申制刑之故也。「典獄」以下，言用刑之善也。「四方司政」以下，則明當時諸侯以苗爲戒，以伯夷爲勉也。「伯父伯兄」以下，言勉伯夷者，惟在乎勤敬也。勤，言乎其身也。敬，言乎其心也，敬而能勤耳。曰：父叔兄弟子孫者，即四方典獄也。舉其親者而言之，欲其言之入也。有邦有土者亦即四方典獄也，舉其責而言之，欲其言之行也。至擇人、敬刑、度及，則舉其要也。「兩造具備」至「有並兩刑」，即其所謂事焉耳。然「兩造」以下，皆言從輕之意，恐其出罪也，則言五過之疵。「五刑之疑有赦」以下，復言從重之意，恐其入罪也，則定刑罰之條。然此皆所謂經也。至「上刑適輕」以下，則又言刑罰之權耳。故「罰懲」以下，申擇人也。「察辭」以下，申敬刑也。「獄成」以下，申度及也。其「官伯族姓」以下，則又言其本也。本者，明清而無私家耳。然明清言單辭，則可以兼去私家矣。兩辭言去家，則亦可以兼明清矣，各挈其重而言也。「嗣孫」以下，則告後世耳。然其曰「哲人」，曰「屬於五極」，則亦擇人、敬刑、度及之意也。

汝鄰問：「士制百姓於刑之中」，奚訓乎？曰：中猶明於刑之中，蓋中道也。凡不敬其德者，即入於刑耳，故曰：「以教祗德。」「罔有擇言在身」者何？曰：言其行無不宜也。行無不宜，則與天同德，天命在我矣。「簡孚有衆，惟貌有稽，無簡不聽」者何？曰：「簡孚有衆」，若可赦也。「惟貌有稽」，恐有不可赦者存也。「無簡不聽」，不聽，其赦也。別言五罰之屬，合言五刑之屬者何？曰：言刑罰一也。孔安國曰：互見其義也。既言「獄成而孚，輸而孚」，又言「其刑上備，有並兩刑」者何？曰：輸非已獻於上也。大抵言斷獄既成，下上雖皆可信，然其讞亦必備其情節，及其法條也。上備，以所犯之故而言也；兩刑，以所當之法而言也。

文侯之命　費誓　秦誓

思敬問：文侯之命，蘇氏之論然乎？則夫子録之書，何也？曰：王道自是而衰乎，故次以費誓、秦誓也。平王不讎犬戎，而伯禽能征徐戎。平王不憤忘父之耻，而穆公能悔喪師之過，由二公而之焉。堯、舜、禹、湯、文、武、成、康、皋、夔、伊、傅、周、召皆可爲也。故尚書於文侯之命之下，而繼之以費誓、秦誓焉。又曰：秦誓其可以作聖人乎？人不患于有過，患于有過不知悔而改也。悔而改之，何有聖人之不可到哉。故書以二典首，以秦誓終。

仲武問：視師、寧邦，奚別乎？曰：視師即下柔能惠康之事也，寧邦即下簡恤之事也。蓋視師有養民之意，寧邦有練士之意。錫秬鬯、弓矢、四馬者何？曰：國之大事，在祀與戎也。然孝先者，視師之本；振武者，寧邦之實也。

思恭問：常刑不同乎？曰：然。牿之傷，有殘人畜之常刑；越逐不復，有失伍攘盜之常刑；軍人寇攘竊馬牛，有犯軍令之常刑。不逮糗糧芻茭，有軍興之死刑。三郊、三遂者何？曰：東郊不開，以拒守也。

仲武問：穆公思，斷斷之臣如何？曰：此其人豈惟可治秦國乎？雖天下有餘裕矣。故曾子引之以明大學之道也。然則書以秦誓終者，不愧典謨矣。

春秋說志

春秋說志卷之一

隱公

仁問：「春，王正月」者何？曰：即夏之春正月耳。周雖以冬十一月爲正朔也，孔子修春秋，則斷自春正月紀之，故曰行夏時也。故日食、地震、水雹、星隕、霜雪、螽螟之類，皆紀之以日月與時也。如以冬爲春，則日與災違，事與時背，何以訓後世乎！故凡有年饑，羅麥禾之無必書於冬；大水、大雩、嘗祭、麥苗之無，必書于秋；郊必書于春或夏也。然則三月震電亦宜也，何以書乎？曰：因庚辰之大雨雪，不可並見也。曰：桓八年「冬十月雨雪」，莊三十一年「冬不雨」，僖二年「冬十月不雨」，十年「冬大雨雪」，三十三年十二月「隕霜不殺草，李、梅實」，定元年十月「隕霜殺菽」者何？曰：莊、僖之十月不雨，旱也。或雪或雨，皆不雨也。雨雪、大雨雪，猶六月雨之意乎。十二月矣，隕霜猶不殺草，李、梅實，草木犯也。「隕霜殺菽」者何？曰：他穀未殺耳。若是，則正月必爲夏時之春審矣。「王正月」者何？曰：是豈惟見大一統哉，亦以寓行王道也。故程子曰：「假周王以正王法耳。」即位書之正月者何？曰：既以夏正紀事，則即位可書于此，以開後事也。其不書即位者何？曰：桓、宣繼弑君而立，與聞乎，故公羊子所謂如其意而書即位也。莊、閔、僖、定雖繼弑君、逐君而立，比於桓、宣親弑其君者，則有間矣。故不書即位，欲討賊也。閔公不討慶父，定公不討季孫，然矣。若彭生則魯人已請誅於齊，而僖公之討慶父雖緩，亦誅之也，奚皆云不討？曰：齊襄，桓公之賊也。莊公泰然在位，與之會盟。慶父聞奚斯之哭而自殺，實未嘗行討也。隱公未繼弒君而立，亦不書即位，意安存乎？曰：以諸大夫扳己而立，即篡弒之漸，不與其即位也，故左氏曰「攝也」。惠公蓋命立桓也，桓幼而隱攝立也。故改葬惠公，隱公弗臨，知其憾君父也。

于蔑之盟者何？曰：見天王不能體元而用正，以成分爭詐僞之俗，諸侯始叛而私盟耳。其春秋所以作乎，若魯隱求好于邾，屢盟而覆，不假言矣。

于鄢之役者何？曰：段不稱弟，罪段；不稱公子，罪武公。初姜氏亟請立段，武公雖不許，豈宜容其亟請乎？其後請京、請鄙，皆自是啟之耳。其書「鄭伯克段」，罪莊公也。穀梁子所謂甚鄭伯之處，心積慮成于殺也。于鄢遠也，猶曰取之其母之懷中而殺之云耳。不書段「出奔共」何？曰：若即滅之于鄢也，寘母城潁而誓及黃泉，大罪也。奚不書？曰：取改過也。悔于心而從考叔之言，遂爲母子如初矣。以爲改過而不書，聖人之意深矣。

裔問：歸賵何以不言賜與錫？曰：凡命言賜，凡物言歸。則何以言歸？曰：見諸侯之尊，雖王室歸諸侯耳。故凡賵、含、襚、賑之類皆書歸，若曰不得不歸云耳。金車之類皆書求，見諸侯富於王室，若曰：不求則不得也。命何以不言歸？曰：不可訓也。命猶在周耳。

及宋盟宿者何？曰：諱公之忘親也。孝子三年無改于父之道。惠公季年敗宋師于黃，公立即求成，其心忍矣。故諱公不書，故冬改葬惠公亦不書。天下豈有葬親而子不臨者乎？以爲大惡而諱之。故知盟宿之爲忘親也。

「祭伯來」者何？曰：見天王不能制其臣也，若祭伯之私交，不假言矣。穀梁子曰：寰內諸侯，非有天子之命，不得出會；聘弓鍭矢，不出竟場；束脩之肉，不行竟中。有至尊者，弗貳之也。

公會「戎盟」唐者何？曰：見天王不能治中國也。故中國諸侯從戎、狄而會盟耳，若魯隱廢伯禽之業，亂華夷之防，以爲諸侯先，其罪又何言哉！

「鄭人伐衛」者何？曰：見平王寵卿士，啟其殘弟之心，以至其後不已也。故上年衛人伐鄭取廩延，鄭人以王師、虢師伐衛南鄙，皆不書。

軫問：「鄭祭足帥師取溫之麥」及「成周之禾」，侵王室也，奚不書？曰：存王室也。王室不可言侵也，不忍言也。故凡侵王不書，戍王書。侵王不書，不幾于縱奸乎？曰：鄭莊公及虢公，皆王卿士也。平王貳於虢而不公，至與鄭「交質」「交惡」，甚矣。桓王不能蓋父之愆，又畀之政而益長之，鄭之師，王速之也。

「盟于石門」者何？曰：罪鄭伯憒懟君父，不奔王喪也。平王崩于春，而齊、鄭盟于冬。其諸鄭莊以王畀虢公政，使祭足帥師取麥禾，不足也，又私盟石門以脅王乎。不然何以視君父之喪若秦、越乎！以齊爲首者何？誅黨也。以爲惡其失信者何？曰：有是哉！淺之乎爲罪也。

「癸未，葬宋穆公」者何？曰：譏魯之不臣也。三月平王崩，八月宋公和卒，魯如視王如諸侯也，亦當論赴之先後而葬焉。乃舍王而葬宋公何也？且王嘗賵仲子也，魯此不念，真憾其君親矣。公羊子曰：不及時而日，渴葬也。不日，慢葬也。過時而日，隱之也。不日，不能葬也。當時而不日，正也。當時而日，危不得葬也。

衛州吁弑其君完，胡氏曰：「罪莊公不聽石碏之言，待以公子之道。」其説精矣。齊商人、鄭歸生、楚比，皆稱公子。蔡般、許止、楚商臣，皆稱世子。豈其君待以世子、公子之道邪？曰：此六弑者，當君身也。州吁則本先君耳，當君身也，故公子世子云者，因親而與權，甚之也。若曰：臣子也，而手弑君父云爾。

「遇于清」者何？曰：著魯、宋之不臣也。平王崩而不葬，桓王改元而不朝，宋殤初立而相遇何也，尚奚論其禮之煩簡哉。？

「衛人殺州吁于濮」者何？曰：「衛人」者，著天王、諸侯之縱賊也；「于濮」者，著石碏之忠也。不沒其實也，君子而求其實，則知石碏請于陳，使右宰醜並其子，殺之于濮耳。

五年觀魚者何？曰：君無克己之仁，斯無從言之智，而欲責其爲王事民事以出，亦難矣。

仁問：「葬衛桓公」者何？曰：不與魯葬也。黨其賊定其亂而後葬焉。死者如有靈，不以爲哀敬也。

王使尹氏、武氏以曲沃伐翼，翼侯奔隨，曲沃叛王。王使虢公伐曲沃，立哀侯于翼，奚不書？曰：翼，初微也，不然，其諸王猶能制命乎？故以爲常而不録。

「衛師入郕」者何？曰：見天王失命討之驗也。衛宣即位，不受命于王。既立，不見討于王。是以敢肆其暴。邾、鄭伐宋者何？曰：罪鄭失用兵之時，則亦邾之類也。當其大罪則不治，當其小怨則治之。大罪者，黨州吁，抗王師；小怨者，取邾田，圍東門。以王卿士且大國也，而爲侯國之附庸役，故序邾下。

「盟于艾」者何？曰：陳氏曰：「春秋之初，宋、魯、衛、陳、蔡一黨也，故數伐鄭。齊、鄭一黨也，故盟石門。」至是鄭既輸平於魯，故齊亦盟于艾也。」其諸鄭莊平齊、魯以謀伐宋乎。然則與之邪？曰：莊爲王卿士，不能入正其君以朝諸侯，而建此謀，亦末矣。若齊、魯從其言而私盟，又何言哉！

鄭伯如京師，蓋自祭足取麥禾之後，至此始朝桓王也，奚不書？曰：鄭伯本王卿士，既不書其侵王，亦可勿書其朝王也。

七年，裔問：叔姬歸於紀，胡氏、蘇氏奚從乎？曰：其胡氏乎，賢而得書，入酅之録自見矣，又何必三十年前而預褒。

「公伐邾」者何？曰：見宋之強，魯之無王也。宋逆王師取鄭邑，不足逞志也，又使魯伐邾以肆其忿耳。雖天子之使諸侯不是過矣，故書公伐。若曰：不令而行也，何以知爲宋伐也？前書邾、鄭伐宋，下書宋伐鄭、公伐邾者，故知爲宋也。若魯不義而叛盟，又何言哉？故左氏曰：伐邾，爲宋討也。

凡伯來聘，「戎伐凡伯于楚丘以歸」者何？曰：見王室不綱也。諸侯不朝，爭相侵伐，王師不加已矣。又聘之者何也？宜乎戎執之于楚丘耳。胡氏以爲責凡伯不死位者何？曰：至是而死，豈曰節哉。雖死百凡伯，祇填溝壑耳。春秋清源不清流。

八年，宋、衛遇垂者何？曰：著宋殤之慘也。以馮在鄭，又謀入之也，若其無人君相見之禮，小之乎爲失哉。

瓦屋之盟者何？曰：見天王不能有畿内也。瓦屋，畿内之地，宋及齊、衛參盟于此，視王如無，不一覲焉，猶爲王有畿甸乎。以信待人之説如之何？曰：諸侯無王之罪且未治，尚奚論其私交之信乎。永嘉呂氏亦云。

浮來之盟者何？曰：見天下尚力也。莒嘗入向，伐杞，取牟婁，天子不討焉，則可以横行天下矣。故雖莒之微者，而隱公猶汲汲與盟以求援，尚奚論其非謙德哉。是故尚力斯廢禮。

九年，天王「使南季來聘」者何？曰：見諸侯之尊强，不敢不聘也。不然，魯不朝聘京師，戎已執凡伯。王之君臣曾無憤恥之心而又使南季何也？其以戎尚未殺凡伯乎。甚矣哉，其懼諸侯也。

爵問：「三月癸酉，大雨震電。庚辰，大雨雪」者何？曰：大雨震電矣，非震電之小，雨不時也。而又大雨雪何也？其君臣錯列、夷華交雜之證乎？故穀梁子曰：「八日之間，再有大變，陰陽錯行也。」胡氏説震電非，説雨雪是。

公會齊侯于防，士曰「何也」？曰：左氏曰：「宋公不王，鄭伯爲王朝卿士，以王命討之。會于防，謀伐宋也。」何以不王？曰：宋初黨州吁以伐鄭。鄭以王師伐宋。宋遂圍鄭取長葛，使魯伐邾，乃又盟齊、衛于王畿之内而不朝。六年之冬，鄭伯既如京師矣，故以王命討之也。胡氏以爲若討違王命，則召陵之師不是過者，如之何？曰：非也。春秋世變日下，使召陵而在隱公之世，人視之猶于防耳。且桓公之世，陳、蔡猶能從王伐鄭。況隱初入春秋，而鄭伯真王卿士乎？但是時也，王命甚微，雖有之不足重輕。然則與之乎？曰：貶也。鄭伯不能匡其君以行王道於天下，已且使祭足帥師侵王，尚何責宋乎哉？及其敗宋也，又取郜、防以歸於魯，然則壅王命者鄭伯也。故會皆書爵，伐宋變而書人。至與翬比，不足也。又書宋、衛入鄭以著其效，不足也。又書伐取戴以甚其罪，然則所謂逆王命者，其程氏所謂「矯假以逞私忿」乎？

公會齊侯、鄭伯于老桃，敗宋師，獨書公敗何？曰：惡專利也。

「滕侯、薛侯來朝」者何？曰：見天王之無諸侯也。諸侯相率而朝魯，其以魯爲京師乎！魯之僭竊，亦可見矣。若滕、薛不合中聘，世朝之禮，又奚足論哉。

時來書會，罪鄭入許，書及罪公何？以齊侯主兵也？曰：其諸嚴治其黨乎。許、莊奔衛奚不書？曰：免許詞也。

若曰「許猶能守其社稷耳，免許則鄭人強暴之惡甚矣」。

王取鄔、劉、蔿、邘之田于鄭，以溫、原、絺、樊、隰郕、欑茅、向、盟、州、陘、隤、懷畀鄭人，奚不書？曰：天下之土，皆王土也。一予一取，誰敢禁之哉？故諸侯取一邑、失一地必書，王而不書。聖人之志，其欲王有其土乎。

桓公

如軫問：魯桓求援，何以獨先於鄭？曰：此鄭貪魯人之利，魯貪鄭伯之勢，皆無王也。魯人曰：「鄭伯王室懿親且卿士，我雖弑逆，苟得鄭，天子且交歡，列國諸侯其奈何？」鄭人曰：「王政在我，苟利於己，遑恤其他，此會垂盟越而假許田也。」故隱、桓之世，使王政不行于天下者，皆鄭莊挾天子以令諸侯之罪也。穀梁子曰：「用見魯之不朝於周，鄭之不祭泰山也。」

元年書王，治魯桓之罪；二年書王，治宋督之罪，程子之說也。十年書王，紀常事；十八年書王，誅既死。自三年及餘年皆不書王，見桓之無王，胡氏之說也。如何？曰：鑿斯甚矣。如從程子之說，則十二公內，亦有不弑君之年者矣，其書王何也？如從胡氏之說，則十二公內亦有弑君之年者矣，其皆書王何也？然則爲闕文審矣。

「滕子來朝」，其書子何？曰：自降也，如曰貶詞也，即弑逆之黨，人類所不容矣，尚得列于五爵乎？故程可久以子產爭承之事言也。四夷雖大，亦曰子者何？曰：禮言四夷雖大國，不得稱公、侯、伯，止稱子、男，降中國也。然則子、男豈夷狄之號哉。

于稷成宋亂者何？曰：罪鄭莊也。鄭莊，王之卿士，既取許田以成魯惡，又爲稷會以成宋亂耳。魯桓身負弑逆，會督，其小罪也，故不書及。其先齊侯、陳侯者何？曰：此絕鄭伯之黨也。絕鄭伯之黨者，絕桓、督之黨也。不書立華氏者何？曰：成宋亂，即立華氏耳。穀梁子曰：「此成矣。取不成事之辭而加之，君子於內之惡，而無遺焉爾。」

其曰「取郜大鼎于宋」者何？曰：以不義得者，必以不義失也。故郜之鼎宋取之，宋之鼎魯取之，魯之鼎其又將爲誰所取也？故太廟有靈，所不受也。若曰：「以利言之，許田比鼎孰輕重哉？孰多寡哉？我之子孫以弑逆而失許田，人之子孫以弑逆而失大鼎，周公之所甚傷也，伯禽之所甚痛也，故曰納。」穀梁子曰：「桓内弑其君，外成人之亂，受賂而退，以事其祖，非禮也。」孔子曰：「名從主人，物從中國。」

「杞侯來朝」，仁曰：何？曰：從經及左氏，如字者是公、穀，程子作紀者，非也。杞一年凡再見，後三年又見，豈皆誤乎。書之者何？曰：來朝于七月，入杞於九月，見魯桓忘義廢禮，肆行暴虐之甚也。蓋於其君親且不顧，是何有於杞哉？以爲求魯爲之主，而不貶者如何？曰：滕子朝且爲黨惡，況於未爲主乎。然則亦貶杞侯乎？曰：從滕子也。春秋起義於先者不再瀆，此爲入杞書也。

三年，「胥命于蒲」者何？曰：見王命之廢也。王命廢，故諸侯相命耳。當是時也，魯桓、宋督接踵弑逆，鄭伯既得賂以挾王，列國諸侯曾不誅，此其相命者何也？亦禮樂征伐自諸侯出乎？荀子諸傳皆以爲善，實某之所未喻也。

五年，「從王伐鄭」，王不稱天，弼曰：何？曰：省文也。省文則可讀矣，如以爲非天討，則十二公内非天命、天討者多矣，奚皆稱天？且宰渠伯糾、仍叔之子來聘，豈天命乎？王皆何以不去天？況定魯桓之位，成宋督之亂者，皆鄭莊乎。夫直紀其事，孔子猶以爲罪也。忽然而稱天，忽然而削天，豈臣子所得施于君父哉！夫君父一體也。父有不義，子諍之已矣，遂不稱父其可乎？三國諸侯從王而稱人何？衆詞也。虢公林父將右軍，周公黑肩將左軍，不書者何？曰：王統之也。射王中肩，所未弑耳，奚不書？曰，不忍言也，甚之也。故戰與敗且不書；知敗與戰且不忍書，則不可削天矣。又曰：作闕文亦可也。

七年，穀、鄧來朝，何以書名？曰：周禮諸侯鄰國間問殷聘而世相朝。穀在襄鄉，鄧今鄧州，去魯絕遠，乃委棄宗廟社稷不顧而朝魯，猶失國也，故名也。以爲專責朝弑逆而書名者何？曰：若是則當于滕子先書名矣。然則穀、鄧之朝，弑逆不貶乎？曰：從滕子也，不假言矣。春秋起義於先者不再瀆。其四年及此年去秋冬者何？曰：缺文也。不然，則聖人爲怨天。

八年，「春正月己卯，烝」，「夏五月丁丑，烝。」仁曰：何？曰：穀梁子曰：「烝，冬祭也。春夏與之，志不時及不敬也。」夫觀是說，又足證月數之不改矣。胡氏非志不時如何？曰：如以春爲冬也，謂之時，則夏之爲春而烝也亦時乎？惟再烝，見瀆之說爲允。

去年楚子敗隨師于速杞，今年楚鬬廉敗鄧師于鄾，明年敗鄖師于蒲騷，又明年敗絞師於山下，又明年羅敗楚師，屈瑕死。奚皆不書？曰：略夷狄也。略夷狄則急治中國之意可見矣。故凡中國侵伐皆詳也。不然，則夷狄方來之禍不可遏。

十一年，惡曹之盟，主盟在鄭，亦先齊者何？曰：從來戰于郎之文，誅其黨也。不如是，兵不解；不如是，盟不止。故君子遇鬬而思救，見詐而勸信。

「宋人執鄭祭仲」者何？曰：「罪宋莊也。非天子不封諸侯，非天子不廢諸侯，而況執其臣以立其君乎。若祭仲者，任大而不能托孤，臨難而不能死節，果使忽奔突入，其罪不假言矣。

十二年，「及鄭師伐宋。丁未，戰于宋。」何以不書公？曰：諱也。奚諱乎？魯桓以弟而弑兄，鄭厲以弟而逐兄，其罪一也。而乃伐宋、戰于宋者何哉？其以宋未之我討乎。天下無道，而亂賊横行，一至是乎，故以爲魯惡而諱之。以爲魯惡而諱之，其罪不容隱矣。然則宋之責賂無厭，屢盟無信，不可罪哉？曰：比於魯、鄭，罵詈之與殺人也。

鄭語來盟者何？曰：危二君也。鄭盟曰，我能逐兄。魯盟曰，猶不如我之能弑兄也。故書弟語，則鄭突魯桓，皆可寒心矣。夫語亦弟也，彼豈不能逐且弑乎我哉？故曰：危二君也。

「禦廩災。乙亥，嘗」者何？志不敬也，非志不時乎？曰：秋宜嘗，災不宜嘗，公羊子曰：「譏嘗也。」禦廩災，不如勿嘗而已矣。

宋人以齊、蔡、衛、陳伐鄭。穀梁子言「以者不以也」何？曰：誰使而立突乎。故前二年鄭人兩來戰，皆宋之自取也。不知自反，乃以四國伐鄭，焚渠門，入大逵，取牛首，祗益暴耳。列國之兵私爲之用，不假言矣。

士問：「鄭世子忽復歸於鄭」，何以稱「世子」乎？曰：明其宜有國也。突之奔蔡，何以稱爵？曰：雖有爵，不與也。非世子而有其爵，其力取之乎。若曰：「世子者，方歸而爲之，君者其誰邪？」然則忽之初出奔也，奚不稱世子？曰：忽已立乎其位，而稱世子，則舛也。則何以不稱伯？曰：莊公卒於五月，忽奔於七月，爵稱焉，是一年二君矣。故止於突歸不言鄭，於忽奔係之鄭也。然則今之復歸稱伯，不亦可乎？曰：是失實也。君子而與小人爭矣，非春秋已亂之法。

「許叔入于許」者何？曰：喜許叔，憫亡國也。鄭不亂，則許叔不能入。然則聖人幸鄭之亂乎？曰：鄭莊肆暴而入許，自以爲得矣。身歿未幾，子孫亂，許復有國，亦天道福善禍淫之常耳。雖不幸，則固以爲宜然也。胡氏以爲譏許叔非復國之義者何？曰：當是時也，天王且見射於鄭，告諸天王其奈何？莫大于齊、宋也。數被鄭師，訴諸方伯其奈何？斯其說亦迂矣。其曰「入」，難辭也。

「鄭伯突入于櫟」者何？曰：見諸侯爲突而伐鄭，且明櫟非鄭所得有耳。故上書鄭忽歸鄭，下書會伐鄭。若書突入鄭，則嫌於伐鄭矣。曰：既書會袲伐鄭，又書會曹伐鄭者何？曰：不如是，不見宋莊之僭。不如是，不見鄭突之強。

葬蔡桓侯季。得輿曰：「啖助之說如之何？」曰：非也，侯定爵也。蔡季如知請謚，在稱桓與他稱耳，不在公侯。

葬我君桓公。弼曰：公羊子以爲讎在外者何？曰：君父之讎，不共戴天，豈有外乎。觀莊公不書即位，以示討賊見矣，然則葬者何？曰：不以爲既葬而不討賊也。

春秋說志卷之二

莊公

士問：榮叔來錫桓公命，啖助曰：「王不稱天」，范甯曰：「非義所存，奚從乎？」曰：從范甯，且寵簒弑之罪，即錫命之文已具矣。如曰去天以見義，是爲子而可改易父之名字謚號也。穀梁子曰：「禮有受命，無來錫命。」

「紀季以酅入于齊」者何？曰：著大國之暴，與國之懦也。故上書遷紀，下書次滑，而紀季入酅，得免於貶。然則胡氏以次滑兼抑齊者何？曰：莊公于父之讎且不能報，于紀何有？宜乎次于滑也，借使滑不次而救紀，亦不能準報讎之義也。

公會四國伐衛，穀梁子曰：人諸侯所以人公也，逆王命也。子突救衛，程子曰：救衛而字之，善之也，善王命也。奈何？曰：奚必然。下書朔入衛，又書齊人歸衛俘，則子突及諸侯之善惡自見，如其貶諸侯也，豈止于書一人。如其褒王人也，豈止于書一字。

仁問：乾時之敗，諱公者何？曰：深惡其忘親而納糾也，如曰爲與讎戰，雖敗榮亦何嫌於書公而諱之邪？且前係納糾於公伐齊之下，即乾時之戰爲納糾耳，則敗也又何榮？故不書公者。若曰有父之讎而不知報，爲糾之故，至戰而敗績，此大惡也。故諱以見義。

「齊人取子糾，殺之。」何言乎「齊人」？曰：言桓公若非子糾之兄，猶途人耳。是故糾稱子，則人齊桓，段不稱弟，則目鄭伯，法也。

長勺之敗何？曰：責魯之忘親黨糾也。前有父之讎而不報，後爲糾之故而數戰。故乾時不已也，則又長勺。夫父與糾之親疏，莊公且不知也。糾與白之邪正，莊豈能辨之哉！是春秋之所深痛也。至是可勿諱公矣，詐戰何足道乎！

荆敗蔡師於莘，齊師滅譚者何？曰：夷狄猾夏，至虜其君，而齊侯漠不介意，乃方滅不禮己之譚，何也？可謂既不能攘夷，而又猾夏矣。

北杏之會，桓何以稱爵而人諸侯？曰：人，衆詞也。若曰：「得乎衆人之心耳。」故穀梁子曰：「桓非受命之伯，將以事授之者也。」如以爲誅始亂而人諸侯，則桓公又始亂之始者也。猶之處盜者，誅脅從而免渠魁，豈法理哉。穀梁子之說審矣。

如斗問：于柯之盟者何？曰：惡魯也。柯，齊地，吾父所死之處也。小白，齊襄之子，吾父所于死者之後也。縱曰敵怨不在後嗣，亦可與之會且盟而不動心乎？是故，明此義則齊地莊公終身之所不忍履，齊人莊公終身之所不忍交也。死而後已耳！其書爵者，正以顯之耳。

兩會於鄄，齊皆序宋上，伐郳而序宋下者何？曰：侵小淩弱而爲宋人役，不以伯者待之也。去年荊入蔡而不救，此年宋伐郳而聽命，必將滅郳如遂而後已乎。明年伐鄭。二十六年伐徐，皆後宋。以見不修德，而從人侵伐，猶夫人耳。然則會盟序宋先者何？曰：盟以尊周攘夷，猶善于侵伐乎。故舉善則進之，從惡則退之。此春秋王道之公也。故二十八年救鄭亦先宋。

同盟于幽，諱公而惡失信者何？曰：雖則下書鄭詹自齊逃來爲背盟。然其諱者，猶不止此也。夫單伯與齊盟，猶可說也。忘父之讎，從天下諸侯而聽命于仇人之子，是尚爲有人乎？是故，欲行尊君之忠者，必先存尊親之孝。

齊、宋、陳伐我西鄙者何？曰：此著魯失信之效也。前既盟幽，而復受鄭詹之逃。今雖公子結往盟，又何足信哉。西鄙之伐，宜乎其然也。夫齊也，懷受詹之憤，外與結盟而內藏禍心，秋歃血而冬舉兵，又豈王道哉！失己與人以招寇之說如何？曰：非伐我之本意也。

「肆大眚」者何？曰：豈惟譏失刑于人哉，所示者深矣。王仲仁曰：「亦莊公以不能報父之讎，並於己而肆之乎。」

及齊高傒盟，諱公不書，如齊納幣，及書公者何？曰：諱也者，以不諱也。不諱也者，以諱之也。仇讎之大夫盟，且爲惡而諱之，況於身娶仇讎之女乎。可勿諱之矣。

公如齊觀社何？曰：去冬納幣，今夏觀社，莊公之志不在社矣。父子夫婦之倫于是滅。

「大夫宗婦覿，用幣」何？曰：豈惟見男女同贄之失禮哉，亦可以見崇利貴貨之風也。利興禮廢。

「齊人伐衛」，而以衛人及戰，傳謂齊桓奉王命以討立子頹之罪者，然矣。齊亦書「人」如之何？曰：齊雖奉王命，而取賂以行，猶衛人耳。

仁問：莊二十八年冬，「大無麥禾」之傳，與春正月相背者何？曰：此胡氏改月數之説，推之自不能通矣。

公子牙酖于季子而書卒，傳曰「善季子」，子般弒于慶父而書卒，亦爲善慶父乎？且牙有今將之心，書季子之殺牙，正同周公之誅管叔，於季子未爲不善也。奚隱而書卒？曰：牙卒，猶曰牙自取之也。子般之卒，莊公之自取也，父子一體也。莊隨死而子即亡。莊公自絶其嗣者也。夫孟任之子，胡能有定哉。故牙卒不歸咎于季子，般卒不必罪乎慶父。公羊子曰：「君存稱世子，君薨稱子某，既葬稱子，踰年稱君。」

閔公

爵問：春秋于公子弒君者，皆去公子以著罪。慶父先弒般以如齊，後弒閔公以奔齊，皆書「公子」者何？曰：如齊書「公子」者，大慶父之勢，以著莊公之失也。出奔書公子者，大慶父之勢，以著季子之賢也。若曰：「是公子慶父也而殺子般，莊公使之也？不然，何以肆行無忌乎？」若曰：「是公子慶父也而出奔，是季子逐之也？不然，何以使若人而出乎？」故公子云：「然則何以不致討？」曰：力不能也。故于季子來歸，止曰「季子」，而於慶父猶稱「公子」，以見其勢之在也。故敗莒師始于季子，稱公子明有權，斯能討賊矣。季子以僖公適邾奚不書？曰：明季子在內也。季子在內而慶父始出奔耳。然以僖公適邾者，始能殺慶父敗莒師耳。

「吉禘于莊公」者何？曰：所謂吾宗國，魯先君，莫之行者此也。桓公方弑於齊，莊未練而主王姬之昏，宜乎其後？二十二月而吉禘于寢。

齊高子來盟何以不稱使？曰：言高子之賢，非桓公所得使也。桓公疑于行義，高子果於爲善。高高子之執義，故不稱使也。仲孫來亦不稱使奈何？曰：經於外臣來成，或盟或聘，必書其故，惟王臣則有不書者矣。仲孫之來，比于無上事而至者，猶曰不知何故而來也。然則可以不書名？曰：其諸比湫于無名之人乎。比于無名之人，則幾乎窺垣之盜矣。

士問：狄入衛，諸侯莫救。微許穆夫人載馳之賦，齊桓公猶不使公子無虧帥師以戍曹也，然則許穆夫人其亦賢乎？故聖人録其詩曰：「然。」閔公不書即位，穀梁子曰：親非父，尊非君，尊之如君父，受國焉爾，僖不書即位。公羊子曰：「臣子一例也。」

僖公

公子友「敗莒師於酈」者何？曰：嘉季友也。前書慶父出奔莒，此書季友帥師敗莒，師而稱「公子」，則季友得衆，爲國之志於是乎明。胡氏責備季友如何？曰：莒人受賕求賂，而又興師，尚可辭命之能喻，君子以爲迂也。

「城楚丘」，不書諸侯者何？曰：沒諸侯之功也。狄滅衛三年矣，而始城之，不亦暮乎？微許穆夫人之賦，文公之自強于爲善，桓公幾無此舉矣。故讀定之方中，足以見非諸侯之功。觀木瓜之詩，足以見衛人求救之意。故左氏以爲不書，所會後也，若曰：「衛自城之也。」故城邢猶書諸侯之師，楚丘愈緩，則盡沒諸侯矣。其專封之罪，不假言矣。

「虞師、晉師滅下陽」，何以先虞乎？曰：晉亦不足道也，爲其所欺而動於利，則亦春秋之所深惡。虞且以爲惡而先惡之，況晉乎？不責之責也。穀梁子曰：「重夏陽也，夏陽滅而虞、虢舉矣。」

「召陵之師」奈何？曰：伯者一假王祭，猶能攘夷。若使正其本而責楚之稱王，豈惟使屈完來盟於師哉？惜桓公、管仲之見不及此耳。故夫子曰：「器小也。」遂伐楚，譏專者何？曰：豈惟伐楚專哉。侵蔡受盟，曾稟王命邪。大抵見義不盡者，雖行無懿舉；見道不遠者，雖謀無長策。故君子之學，識其大。

仁問：「首止會盟」者何？曰：臣挾世子以抗王，子挾諸侯以抗父。嫡庶之分雖正，而父子之恩、君臣之義微矣，其聖人之所傷乎！然則從王之邪命而立庶子耶？曰：桓公如有匡王室之志，率諸侯九復于王，豈曰不可，何至外爲會盟以脅王哉？太子鄭如有伯夷之志，避諸侯九辭于王，豈曰不可，何至出而會盟以自立哉？故首止會盟正而未盡其正，亦公羊子所謂文與而實不與乎。然則鄭伯逃盟是與？曰：不能正君而奉王，邪命以從楚。過猶不及。

「晉人執虞公」奈何？曰：晉稱人，虞公不名，免虞公而罪晉人也。晉人之志，蓋已慘矣。其處心積慮，非一日也。虞公之愚，又何足道哉。夫其貪璧馬，失夏陽。撤捍蔽，是其自取滅己，猶曰侯也，爲常人執矣。

「甯母之盟者何？」曰：「喜管仲能正君，桓公能用言也。不如是而聽鄭世子華之言，以總其三罪人，鄭伯豈能心服乞盟于洮乎。或曰，是盟爲通王貢。

「葵丘會盟」如何？曰：孟子以爲雖不及三王，則優于諸侯。且天王方崩，不奔喪赴葬而會盟者何也？伯道多類此。

及荀息者何？曰：當息之以信許獻公也，世子申生已殺矣。息又爲奚齊、卓子之傅，故其死，爲成于信也。里克，申生之傅。卓非其君也，而書弒其君卓者何？曰：聽優施集枯之歌以中立，聞丕鄭多故之論而稱疾，其心胡能有定乎。是蓋已不爲申生臣，則不得不以卓爲君也。天下豈有無君之臣哉？其及丕鄭既殺也，奚皆稱大夫？曰：君卓者，春秋之法。不君夷吾，而思欲立重耳者，克鄭之志。有是志而不早決，故前書克弒其君，是皆可以爲善不至者戒。穀梁子曰：其君之子者，國人不子也；其君者，國人不君也。

「諸侯城緣陵」如何？曰：楚丘不書諸侯，沒其救衛之功也。緣陵之書，見楚滅黃、狄侵衛，而諸侯不救也。惟不救黃、衛，故淮夷因而病杞。救黃衛，則緣陵不必城矣。此春秋急于安夏攘夷之意。胡氏曰：此不書諸侯，譏其專。

「戰於韓，獲晉侯。」失地也，奚不書名？曰：晉侯雖有三施不報之罪，秦伐已矣。至於執而獲之，則已甚矣。故戰則于秦書，及其獲也，于晉則不名。

宋、曹、衛、邾伐齊之喪，齊人既殺無虧，宋師又「及齊師戰於甗」，如何？曰：此「齊師」乃四公子之徒也。齊人將立孝公，與宋公意合，四公子之徒乃與宋戰耳。故師救齊不書公，見齊人且殺無虧，魯之救爲緩也。狄救齊不稱人，見四公子不當稱亂，狄之救爲左也。然則宋師又書及者何？曰：本其出師爲奉少奪長，故無虧雖死，猶起四公子之爭也。若曰：「孝公既可殺無虧而自立，昭公獨不可殺孝公、懿公獨不可殺昭公、公子雍獨不可殺懿公乎？皆宋公教之也。」曰：其如桓公、管仲之初意何？曰：君子大從正，故狄救齊不稱人，及與邢人伐衛則稱人。

「盟於齊」如何？曰：見失齊桓之業也。齊桓攘楚，今陳穆從宜楚，曾是以爲無忘齊桓之德乎。于齊之盟，可深思之矣。胡氏云：「后列敘楚下，亦如鄭也。」

鹿上之盟稱人，盂之會何以稱爵？曰：盂之會稱爵，爲執宋公也。盟稱人，若微者也。執宋公奚不書楚乎？曰：是豈惟分惡于諸侯。主盂會者宋公，執宋公者誰邪？猶曰宋公自執自伐之也！楚何足道哉。

上書楚「宜申來獻捷」，下書「公會諸侯盟于薄，釋宋公。」則釋宋公者楚子也。奚不書楚子而書諸侯？曰：此春秋待諸侯若楚子之意也。若曰「執宋公者，皆諸侯也」，諸侯之擅執公。諸侯也擅釋公，楚何足道也。然則爲魯諱之，諱者非歟。曰：宜申獻捷且不諱，諱此何哉？不諱獻捷，則會盟釋宋公而書諸侯者，其義自見矣。故曰：實楚子而文諸侯云。

泓之戰，宋稱爵而楚稱人者何？曰：楚以小人之術，爲穽于前，而宋猶以君子之誠投之，不亦愚乎？故書及。若曰「敗績者，宋公自欲之也」，此固公子目夷之旨乎。

「齊侯伐宋，圍緡」如何？曰：此見宋襄公行不以正，雖私恩之人亦不與也。夫齊侯者，襄公所立之孝公也。若齊侯背德棄約而伐中國，又何言哉？

盟齊，楚人與焉。且諱公不書，以楚師伐齊取穀，大惡也，奚書公？曰：無虧之死，未必非孝公之罪。齊人殺兄而自立，魯假夷而伐之，可勿論矣。

圍宋，楚何以稱人？陳、蔡、鄭、許之諸侯何以敘楚下乎？曰：言雖陳、蔡、鄭、許之諸侯，皆在楚人之下，曾夷狄之不若也。

楚人救衛奚稱人？曰：不與楚救衛也。不與楚救衛，則不與衛昏于楚也。然則晉侯侵曹、伐衛是與？曰：意各有攸在。

晉侯入曹，執曹伯，畀宋人。既入其國，又執其君，又取其田，其惡甚矣。而不名者何？曰：亦以曹伯之從楚乎。

城濮之戰，晉何以稱爵稱及？齊、宋、秦何以稱師？楚何以稱人又稱師也？曰：晉稱爵者，攘夷之主也。稱及者，戰出於私意也。三國稱師者，君亦行也，見晉侯之得衆也。楚稱人者，降得臣也。又稱師敗績者，見失衆也。於是乎中國尊而夷狄卑，晉文之力也。然則此非譎乎？曰：君子用術以攘夷，則爲智。小人用術以猾夏，斯爲譎。夫子何以爲譎？曰：召天王狩于河陽，直譎也已。

踐土之會，天王下勞晉侯，削而不書。傳以爲去其實以全名，然則又何以書公朝于王所也？曰：著踐土爲天王之所也。陳侯又何以書如會，不言朝王？曰：陳侯之會，本爲晉也。杜預曰：「陳本與楚，楚敗，懼而屬晉。」來不及盟，故曰如會。又以見在會諸侯，其實皆非朝王也。然則朝王獨魯公乎？曰：諸侯皆朝。何以不言諸侯皆朝？曰：踐土書會，由諸侯會而天子來，若與諸侯同會也。若書同會，則非其名；若書皆朝，則非其實。然則魯朝爲實乎？曰：不有是名，則不有是實。如狩于河陽者書之，奚爲不可？曰：河陽以臣召君，故可改而稱狩，正名也。踐土天子自行，故諱而不言，存實也。變溫而言河陽者何？曰：使若自溫會而來也。故穀梁子曰：「全天王之行也。謂若將狩而遇諸侯之朝也。」

翟泉之盟，內何以沒公？外諸大夫何以稱人？曰：踐土王已下勞，河陽王已聽召。至乎翟泉，則王城之內也，宜乎皆朝王，且脅王子虎以盟矣。是尚爲有王乎？故程正叔以爲惡之大，而杜元凱以爲虧禮傷教。

「衛殺其大夫元咺及公子瑕」，衛侯鄭復歸于衛如何？曰：見咺瑕死而後衛侯入，臣強而君弱也。然則衛侯何以名，而咺不去官？其以衛侯先有所自取乎。

晉人及姜戎敗秦于殽如何？曰：以戎攻戎也。貪利而襲人，類戎也。忘親而及戎，真戎也。故書及與敗。

文公

如斗問即位，胡氏以爲告廟臨群臣者何？曰：何必文公，諸侯皆然。其吉服乎？曰：然。故朱子曰：「天子諸侯之禮，與士庶人不同。」而孟子有未學之説。如伊尹奉嗣王祗見厥祖，故不可用凶服矣。漢、唐新主即位禮，亦皆吉服。蓋異世傳授，國之大事，雖先君之喪，猶以爲己私服也。據此，則康王麻冕黼裳入受顧命，而後釋冕反喪服者，亦其舊也。舜格文祖，禹受命神宗，皆遜堯、舜之子而居喪，不可以例論也。

光祖問：楚世子商臣弒其君頵，郭瑜則謂唐世子弘曰：「春秋以善惡爲勸戒，商臣千載而惡名不滅。」胡氏以爲腐儒不知義者何？曰：即胡氏必陷篡弒誅死之罪者觀之，亦不過是義耳。

彭衛之師，何以獨責晉也？曰：此豈惟處己息爭之道、遠怨之方哉？家氏所謂晉襄背惠忘親之説，其亦或然乎。

良王問躋僖公，左氏、公羊子曰：「逆祀也。子雖齊聖，不先父食。先禰而後祖也。」何議至是乎？曰：胡子言臣子一例，兄弟之不先君臣禮也，夫豈惟兄弟哉。

伐沈，沈潰，傳何以言辭無褒貶？曰：天下之事，非善則惡，聖人之言，非褒則貶，二端而已。辭無褒貶，吾不知之矣。且楚世子商臣手弒其君頵，至此二年矣。而諸侯大夫若罔聞知，不一舉師，沈小國而服于楚，固其常也。而伐之，是何義乎。故諸卿稱人，貶其舍介狄而陵小弱也。

仁問：「晉陽處父伐楚以救江如何？」曰：「善晉之猶能伐楚，又譏晉之伐楚爲救江也。舍楚人覆載不容之罪而不問，而乃救江乎。

秦人伐晉，晉侯伐秦，如何？曰：聖人以秦穆將改過也，故微其事而稱人。以晉襄數報復也，故顯其事而稱侯，大抵事有善惡，以名之隱顯者定是非，行有邪正，以詞之大小者爲輕重，若曰「以常情待晉侯，以王事待秦穆」，則過矣。

斆問：王使榮叔歸含賵，召伯會葬，王皆不稱天者何？曰：此亦闕文也。不然，僖公之妾母比于惠公之妾，不重則亦均耳。彼則宰咺來賵，王何以不削天？

仁問：閏月不告月，何以不言告朔？曰：閏月不可以朔言也。言朔則歲十三朔也。故穀梁曰：「閏月者，附月之餘日，積分而成于月也」。

士問：「令狐之戰，程氏謂晉不謝秦，秦納不正，皆稱人罪之者何？」曰：有請于秦，如此其專也。有納於晉，如此其敬也。而以師逆之，猶論秦人之罪乎？故令狐之役，其以見趙盾立君之疑，亦可以占弑君之幾矣。

「公會諸侯、晉大夫，盟于扈」者何？曰：見諸侯之弱，大夫之強，故直敘之。若曰「諸侯也，大夫也」，而公同會之云耳。故公羊子以爲公失序也。若以爲公不及于會而不序諸侯，則又何以書公。

良玉問：于衡雍、于暴者何？曰：夷趙盾與雒戎等，夷公子遂與盾等耳。

公孫敖如京師者何？曰：刺其行若公，而志則私也。故穀梁曰：「其如非如也，其復非復也，唯奔莒之爲信。故謹而日之也。」

楚人伐鄭，公子遂會晉、宋、衛、許人救鄭者何？曰：善救鄭也。善救鄭而「人」者何？曰：大夫而人之，比于楚子諸侯也而人之者，不亦優乎？以是知春秋貴安夏而攘夷。

秦人來歸成風之襚。曰：「穀梁曰：即外之弗夫人而見正焉。」

光祖問：厥貉、新城，辭奚有詳略？曰：厥貉之次，同猾夏也。從者之志有不同，故畧陳、鄭、宋而詳蔡。新城之盟，同外夷也。從者之實斯可見，故詳陳、鄭、宋而畧蔡。

斗問：河曲之戰，是非奚定乎？曰：晉趙盾，大夫也，而稱人；秦康公，諸侯也，而亦稱人，其罪輕重自可見矣。蓋令狐之役，秦因晉之迎君而納則無罪。河曲之役，晉已立嫡，而秦之屢興師者何哉？

諸侯盟于扈者何？曰：卑晉、魯也。晉伯主也，而曰諸侯；魯我公也，而曰諸侯。是知伐齊之亂，晉受賂而魯後期者，皆諸侯之徒耳。皆諸侯之徒者何？皆齊商人之黨耳。天下無王，一至此哉。與後宋人弒君杵臼，而諸侯會于扈以平之者同。故胡氏曰：「分惡于諸侯也。」

春秋說志卷之三

宣公

元年，「遂以夫人婦姜至自齊」者何？曰：稱「夫人」者，見宣公當喪急婚以求安，姜未至而已爲夫人也。稱「婦姜」者，見敬嬴以妾母當國主昏而求安，姜未至而已成婦也。曰「遂以」者，見宣公、敬嬴皆爲仲遂所使耳。姦臣賊弑愚喪人之國家固如此乎？其後僑如以夫人婦姜至自齊亦是稱者何？曰：成公非喪，而穆姜尚存，則宜然耳。宜然而亦書者何？曰：穀梁子曰：「大夫不以夫人，以夫人非正也，刺不親迎也。」此非刺不親迎乎？曰：惡大而過小。

「楚子、鄭人侵陳，遂侵宋。」晉趙盾救陳者何？曰：責晉也。宋人弑君，晉及諸侯取賂而還，鄭穆公曰，晉不足與也，爲是受盟于楚而侵陳、宋。故盾救陳、宋，不書救宋，責晉也。故敘侵陳于侵宋之上，見楚、鄭討賊，雖緩猶可與也。削救宋于救陳之下，見晉人黨惡之甚，不可訓也。經曰：夷狄之有君，不如諸侯之亡也。棐林伐鄭，歷敘諸侯之爵。若又無貶者何？曰：鄭穆方興浮海之歎，而宋文自緩瀦宮之誅。以是興師，可謂以群醉而淩莊士矣。其敘爵者，若曰此宋公及諸取賂之君也，見小利背大義而伐鄭矣。穀梁、胡氏皆以爲美趙盾者，非與。曰：斯舉也，亦趙盾弑夷皋之萌乎？以是爲美，是夫子之賞姦宄也。再書晉人、宋人伐鄭者何？曰：猶棐林也，足以考鄭人背晉向楚之實矣。故二年大棘之戰，鄭先伐宋，而以宋及，其罪乃定。其後晉、宋、衛、陳伐鄭，止書「侵」矣。以此見強于爲善，雖弱小必與；黨於爲惡，雖強大不恕，是春秋討賊之意也。然則鄭之從楚，不爲黨夷狄乎？曰：比于受賂而黨弑君者，猶爲有說焉耳。

二年，晉趙穿弑君而書趙盾，不亦悖乎？曰：穿之行弑，盾教之也。故河曲之敗，養穿惡也。胥甲之放，縱穿逆也。侵崇之役，授穿刃也。桃園之舉，即提彌明靈輒之鬭也。迎子周於京師而即使穿，即同志也。盾爲大臣，使出而越境，入而討賊，猶且不免，而況于不然乎。故曰：「盾弑也。」

三年，「郊。牛之口傷，改卜牛，牛死，乃不郊。猶三望」者何？曰：此豈惟廢匡王之喪哉！可以見逆天而郊，逆地而望矣。夫郊，牛口傷，天以告也。改卜牛，牛死，告而不從，天怒也。天怒不畏，而又僭于地猶三望也。故穀梁子曰：「乃者亡乎人之辭也。」左丘明曰：「不郊亦無望可也。」胡氏曰：「『猶』者，可已不當爲之詞。」

「楚子伐陸渾之戎」者何？曰：著夷狄所由強也，伐陸渾，伐周也。往年宋人弑逆，而晉及諸侯庇之，楚之猾夏也爲有詞。今其伯國正卿亦且弑君，而四鄰不問，天討不興，中國之弱甚矣。成周之鼎，可問而取也。故伐陸渾之戎，見所由來也。

前既書晉、宋、衛、陳侵鄭，此又書「楚人侵鄭」，削其鄭及晉平暨士會盟者何？曰：見鄭之難爲國也。爲晉黨宋之弑君也而從楚，則晉侵。爲楚之不能庇己也而復從晉，則楚侵。力小而無興，其鄭乎。可以免夫，楚人猾夏之罪，不假言矣。

四年，平莒及郯，莒人何以不肯也？曰：郯者，魯私也；莒者，齊屬也。莒子曰：「魯君篡立，齊侵其地而定其位，吾不發其奸已矣。莒之與郯，非有弑逆之禍也，其何辭以平？」故弗肯也。伐莒取向者，平之不獲而興忿兵也。胡氏謂

「以利圖成者，本心可見矣」。故曰：「其身不正，雖令不從。」

（六）〔五〕年〔一〕，齊高固來逆子叔姬者何？曰：脅也。簒立之人，何往而不惴哉。其君欲土地則與之；其臣欲子女，則與之。故傳曰：「公如齊，高固使齊侯止公，請叔姬。」則高固者，豈惟脅魯宣，亦又脅齊惠矣？人君行有邪僻，而制于臣下，率如此也。

七年，黑壤之盟不書公者何？曰：畧也。盟不盟無益也。魯專事齊不事晉，衛欲爲晉致魯，使良夫來盟。公始如會，晉人止公于會，盟于黑壤。魯不與盟以賂免，疑公有歉，非主會盟者之過。故諱之也。今以爲畧者何？曰：晉人以公簒立也而黨齊，爲是敢止之矣。然魯宣立已七年矣，曾不見討，主會盟者，固如是乎？且晉有趙盾之逆，宋有甸徒之逆，鄭有歸生之逆，而王使王叔桓公及晉成、宋文、鄭襄方講斯盟，何爲者哉？若盟簒逆，則魯已躬行，勿與可也。若盟不簒立，則三國言不顧行，勿與可也。蓋與則不爲榮，不與不爲辱。故曰畧也。畧之者，重之也。重則皆簒逆之人，又奚問其盟也！書良夫來盟則謂之何？曰：衛無弒逆之罪，盟可也。來盟不可也，來盟爲即簒立之黨耳。

八年，仲遂卒于垂者何？曰：不欲其爲魯公子也。昔者彄忠於隱，雖卒於致仕，猶稱公子，明君臣之義也。遂殺太子赤兄弟而立宣公，于魯則仇讎也，又何公子之爲書？如齊而書公子者何？曰：著宣公親愛相德之意，真兄弟也。是故其生也，猶可加以恩禮。其死也，則非宣公之所能制矣。其伯禽諸廟所痛絶也，惟非宣公之所制，故壬午書「猶繹」者，不待以大臣之禮也。以爲失寵遇大臣之禮者何？曰：若是，則聖人爲賞亂賊也。故穀梁子曰：「書仲遂，疏之也，得春秋之旨。」

〔一〕 原文作「六」，四庫存目本同。春秋宣公五年曰：「冬，齊高固及子叔姬來。」春秋左氏傳宣公五年曰：「秋九月，齊高固來逆女，自爲也。故書曰：『逆叔姬。』卿自逆也。」春秋公羊傳宣公五年曰：「秋，九月，齊高固來逆子叔姬。」春秋穀梁傳亦有意思相同的記載。經傳互見，可知該條所述之事當以宣公五年爲當。

九年，會扈伐陳者何？曰：責晉及中國諸侯也。陳及晉平，楚師伐陳，取成而還，使晉能救之，陳豈復成于楚哉？以中國之大，不能庇一陳，至復興兵伐之，弱小之國將何如而後可乎？移此師以救陳，齊桓之功可幾矣。故曰：責晉也。曰：左氏以爲討不睦，胡氏以爲與晉罪陳，非歟。曰：胡氏嘗云：「鄭居大國之間，從于彊令，豈其罪乎？」不能以德鎮撫而用力爭之，是謂五十步笑百步。庸何愈于楚？夫陳也，猶夫鄭也。

「陳殺其大夫泄冶」者何？曰：罪陳之君臣也。靈公及公孫寧、儀行父之惡著矣。以冶爲不及子哀、叔肸者如之何？曰：皆是也。夫子不云乎：「殷有三仁，三子者其庶乎。」

十年，「齊崔氏出奔衛」者何？曰：家玄翁曰：「是歲至，杼弑君」。五六十年，此非杼也。雖然，杼之族其舊固彊矣，其所由來者漸矣。

「陳夏徵舒弑其君平國」者何？曰：言故也。君子而究其故，宜爲徵舒之所殺耳。然則徵舒無罪乎？曰：以臣弑君，又何言哉。比于書人則不及，比于書盜則有間矣。

十一年，辰陵之盟者何？曰：十年夏書晉、宋、衛、曹伐鄭，不書取成。冬書楚子伐鄭，不書士會救鄭，逐楚師于潁比及戍鄭，以見前救鄭之怠也。伐則四國出師，救則孤將幸成，怠於救鄭，宜辰陵之盟也。是故一盟而徵舒誅，陳國定，中國諸侯所不能也。陳、鄭如之何其勿從乎。從楚有功，從晉無效。故取成戍鄭皆不書，著楚莊之伯也。

十二年，邲之師，何以不書救鄭也？曰：不成乎救鄭也。雖爲救鄭往，不爲救鄭戰。是故以晉及戰也。敗是師者先穀、趙旃暨韓厥諸人，而書林父者何？曰：胡氏曰：「定于一也。」諸葛武侯祁山之戰，馬謖違於街亭，鄧芝失于箕谷，而武侯遂以是自貶大將軍，知春秋之意也。

「楚子滅蕭」者何？曰：實也。蕭由是潰也。滅陳而書「入」，入鄭而書「圍」，何以不實也？曰：楚雖縣陳，以申叔時之言而復行封，未成乎滅也。楚雖入鄭，以鄭伯之言，而復退三十里以許平，未成乎入也。然而皆足以見楚之強矣。

「同盟清丘」者何？曰：志不同也。以宋師伐陳，衛人救陳也。伐者是則救者非，救者是則伐者非，皆非同盟也，故先穀、華椒、孔達皆稱人。知然者，修道不修言。

十三年，晉殺其大夫先穀，衛殺其大夫孔達。先穀之殺，盡滅其族；孔達之殺，自縊而死。皆書殺何？曰：先穀違命喪師，其亦族自取之也。以如是之人而用之可乎？孔達以死利社稷，而衛人畏晉從之，是衛不有大夫也。不有大夫與不知人而用爲大夫，皆當國者之罪也。美惡不嫌同辭，然則孔達背大國之盟而救陳是歟？曰：宋人伐之非其義，則衛人救之亦可說也。如從清丘之盟，楚子以一申舟見殺之故不自反，其不假道于宋也。昔歲伐宋，今歲圍宋，汔周乎一期，至使宋人易子而食，析骸以爨，而同盟諸侯乃無一能救之，是尚爲能恤病討貳乎？

十五年，「宋人及楚人平」者何？曰：「平」者，春秋之所善。故傳書「子反懼，與華元盟」，經書「平」，不書「盟」也，又以見同盟者之不能救也。故上書公孫歸父會楚子于宋，懼而薦賄也。曰：二卿以情實私相告語，取必于上以成平國之功，而其君不與知焉。非人臣之義也，惡善之。曰：華元救國解難而紓其情實，果何尤焉？若子反之覆命莊王也。曰：「以區區之宋，猶有不欺之臣，可以楚而無乎？」莊王許之，退三十里而平，且盟曰：「我無爾詐，爾無我虞」，皆幾於自反矣。是以宋無亡國之憂，楚免滅國之罪，是二卿之力也。故穀梁子曰：「平者，成也。善其量力而反義也。」平稱「人」，上下欲之也。其曰「及」何？曰：宋志也。蓋宋人欲平，而楚許之也，曲直自見矣。且宋殺申舟，而楚不殺解揚，楚之君臣非宋文、華元之可及也。

「王孫蘇與召氏、毛氏爭政」，使王札子殺召、毛二伯，削蘇而書札，是舍渠魁而罪脅從也，不亦傎乎？曰：首是惡者，豈惟蘇哉。王而縱命，可知之矣。以爲王之縱命也，蘇可且逭也。是故求其札，必求其蘇。求其蘇，必求其王矣。書蘇則何義之有乎？

十六年，士會滅赤狄甲氏，且受黼冕之命于王以將中軍，沒而不書。書晉人滅赤狄者何？曰：罪乎晉也。既以私憾滅潞氏，又仍前怨滅甲氏。啟是謀者，晉侯伯宗也。荀林父、士會無能爲有無于其國矣。故前不書林父此不書士會，滅國而錫以服，賞罰如此，紀綱廢矣。如此之錫，可勿志也。賤之也，以此爲防。顯王以秦敗三晉之師于石門，猶錫以黼黻之服。若士會者，以訟受服，亦不足貴也。

十七年，同盟斷道者何？曰：非其同也，非其所當同者，陋之也。季孫行父禿，晉郤克眇，衛孫良夫跛，曹公子首僂，同時聘于齊。齊各如其人以御之。郤獻子遂乞師，諸侯爲是翕然謀舉兵焉。前此楚圍宋經年，陳殺其君，則固漠然視之矣。孟子曰：「不能三年之喪，而緦小功之察，其斷道之盟乎。」清丘同盟，雖大夫貶而稱人，此何不貶也？曰：清丘書「人」，若曰中國之無君臣耳。斷道書爵，若曰此中國諸侯也。爲其大夫怒婦人之笑而盟也，可醜之甚矣。

十八年，公孫歸父如晉，季文子言於朝曰：「使我殺適立庶以失大援者，仲也。」遂逐東門氏。故歸父還自晉，至笙奔齊，文子何遽至是甚哉？曰：歸父欲去三桓以張公室，與公謀而聘于晉以去之，季文子蓋竊聞之矣。故當殯而逐之也。不然，臧宣叔所謂：「當其時不治，後之人何罪乎？」當是時，三桓之惡未大著，而歸父恃寵之勢至於楚子、齊侯並會而不忌，文子亦含心久矣。歸父將欲謀人，不知其人之謀己也。若成公君臣速于改父之臣，其罪自見，不假言也。

成公

元年二月無冰何？曰：書常燠也。猶書無麥禾于歲杪耳。故穀梁子曰：終時無冰則志。夫自十月至二月，皆冰時也，十月不冰，則十一月十二月冰，十一月十二月不冰，則正月二月冰，二月啟淩室而無冰，則無冰矣。其失罰其所當罰乎。三桓秉政而歸父見逐，其象固若是耳。於是又知月數之不改也。

「臧孫許及晉侯盟于赤棘何？」曰：不與大夫結晉以背齊也。此季孫行父之志也。而以許及之者何？曰：不欲聽于行父也。正卿而不聽之可乎？曰：正卿正則聽，正卿不正則勿聽。不然，是有臣而無君也。

二年，「齊侯伐我北鄙」，何以不書取龍侵巢丘？曰：減齊之罪，見魯之自取也。龍人不殺盧蒲就魁，頃公固將盟而不入其封矣。況宣公德齊立己也，專意事之將終身矣。季孫行父惟以蕭同叔子笑己之禿也，故于宣公垂歿，已盟晉於斷道，怨歸父欲去三桓而奔齊也。又以宣公初沒，盟晉於赤棘，當其國有簒逆也。德齊過君父，及其國勢少安矣。背齊如寇仇，故北鄙之伐，魯之自取也。故齊侯無貶辭。

于鞌之師，晉有郤克、士燮、欒書、韓厥，衛有孫良夫、石稷、甯相、向禽，乃獨書郤克、良夫，而於魯則並書及季孫行父、臧孫許、叔孫僑如、公孫嬰齊者何？曰：著季氏之強也。故斷道之盟，于宣公書「會」，若曰迫於行父，不得不盟耳，非宣公之所欲也。此係三卿于行父之下，及赤棘之盟書「及」者，若曰懼乎行父，不敢不行耳。非三卿之所專也，魯之君臣皆制于季氏矣。若郤克請八百乘于晉侯，衛侯使良夫侵齊，則固出於其君之命。書其主將一人，體也。頃公不謹於禮，怒四國之卿，又伐魯北鄙，敗衛新築，以四國及戰何？曰：北鄙之伐，魯之自取；新築之敗，衛之先侵。於鞌之師，猶夫四國之志也？爲小忿而謀大舉也。逢丑父逸頃公而受斮，死難之烈士也，奚不書？曰：當是時邴夏御，丑父爲右，使齊不介馬而馳之，以乞剪滅而朝食之志者，皆丑父也。且其以肱擊蛇于轏下，遂不能推車，而爲晉師所及，真孔子所謂「暴虎馮河，死而無悔」者也。死有餘罪，又何書哉？戰既書及，袁婁之盟亦書及何？曰：皆非齊人之志也。國武子致賂，不獲，已揖而去之，四國請而盟之耳。

「取汶陽田」何？曰：明求賂也。前書齊師敗績，齊侯使國佐如師，及國佐盟于袁婁。此書取汶陽田，明非齊歸我也，魯取之耳。若其爲是與師耳，則晉取紀甗、王盤，衛取侵地，皆可知矣。

于蜀之盟，公及楚公子嬰齊、蔡侯、許男、秦右［大夫］〔二〕說、宋華元、陳公孫甯、衛孫良夫、鄭公子去疾，齊、曹、薛、鄫之大夫也，書人何？曰：左氏曰：「畏晉而竊與楚盟，匱盟也。」夫匱也者，藏也。不敢顯其跡，若隱暗之約，小人之語耳。蔡侯、許男奚不書？曰：此盟嬰齊爲主。書於其上則失實，書于其下則失名，故從其乘楚車而失位也，則不書。此盟之惡者也，何以弗諱公？曰：嬰齊侵我師於蜀，遂至陽橋，魯侯已會之矣。使臧孫許賂以執斲、執針、執紝皆百人，以公衡

〔二〕原文脫「大夫」，據杜預春秋經傳經解成公二年傳記載，及春秋秦職官名稱，此處當爲「秦右大夫說」。

爲質，而請盟主。是盟者公及嬰齊也，雖欲諱之，不可得也。若他盟非我當事，則可諱也。是故匱盟者，不匱也。胡氏謂「背華即夷」，不假言也。

晉侯使鞏朔獻齊捷于京師，王使單襄公辭。公幾于有王政矣，奚不書？曰：王曰「勿籍」，故春秋亦不得而籍之耳。傳何得云爾也？曰：記其傳聞之言耳。

三年，公會晉侯、宋公、衛侯、曹伯伐鄭何？曰：罪晉及諸侯也。方盟于蜀，復伐于伯牛耳。罪晉及諸侯，則鄭之罪可滅矣。是故鄭公子偃覆諸侯之師于鄤，敗諸丘輿，皇戌如楚獻捷，皆不書也。盟蜀者魯、衛、宋、曹，並罪晉者何？曰：使魯、宋、衛、曹爲是盟者，晉也。晉不能主盟中國也。

晉郤克、衛孫良夫伐廧咎如，不書廧咎如潰何？曰：春秋待中國嚴而詳，待夷狄恕而畧。

及荀庚、孫良夫盟，何以不書人？曰：書公則公不能爲之主，書季氏則有君在國，不可爲之辭。故不人也。故穀梁子曰：「不言人者，以國與之也。於是而見政在大夫矣。」其後及郤犨盟，及孫林父盟，皆是說也。

五年，諸侯不奔天王之喪，而同盟蟲牢，皆不臣也，書爵何？曰：見之也。天王崩于上，而諸侯盟于下耳。若書人，則或曰微者，或曰大夫，猶緩辭也。宋辭子靈之難不與盟，亦書同盟何？曰：主鄭服也。與之乎？曰：凡書同者，未同也。今年同盟，而明年魯、衛侵宋，同盟何足貴乎。故宋雖不與盟而書同，魯、衛書侵宋，見晉不能主同盟也，而況命魯、衛以侵之乎。

六年，楚公子嬰齊伐鄭，晉欒書救鄭何？曰：得救道也。得救道，則雖侵蔡也不書矣。

晉遷新田，重事也，不書。季孫行父如晉，賀遷也，書之何？曰：初晉人謀居郇瑕氏也。曰：「饒而近盬，國利君樂」，韓獻子曰：「國饒，則民驕逸；近寶，公室乃貧。不如新田土厚水深，居之不疾，有汾、澮以流其惡，且民從教。」爲是而去故絳，是擇民利而爲之也。易不云乎。中行告公從，利用爲依遷國。韓獻子爲近之，以其如在絳也。弗書，其曰：季孫行父如晉，言未改晉也，用是而見動能益民者，春秋弗禁也。

七年，「鼷鼠食郊牛角，改卜牛。鼷鼠又食其角，乃免牛」者何？曰：天不欲斯牛也。天之牛，鼷鼠焉能食之。鼷鼠而食，非天之牛矣。故乃免牛者，天免之也。魯之郊禘非禮也。故穀梁子曰，乃者亡乎人之辭也，免有司之過也。蓋災也。

楚公子嬰齊伐鄭，公會八國諸侯救鄭，鄭共仲、侯羽獲鄖公鍾儀，而不悉書何？曰：從善辭也。善多從善，惡多從惡，猶前欒書救鄭遂侵蔡，遇楚師于桑隧而還，不書侵蔡也。同盟馬陵何？曰：「書同盟于救鄭之下者，順也。書同盟於伐鄭之下者，強也。凡書同盟者，未盡善也，順。而未盡善者何？曰：保鄭之道，豈惟盟乎。不然，何未幾而鄭又叛也。

吳伐郯及入州來何？曰：著夷狄之強以怨晉也。初楚申公巫臣以夏姬奔晉，怨側及嬰齊赤己之族也。乃自晉請使於吳，遂通吳于晉，教吳乘車及戰陳，吳是以有諸侯也。故伐楚及巢及徐者，夷狄自相攻也，不書。至伐郯入州來，則侵中國矣，故書以怨晉也。故季文子曰：「中國不振旅，蠻夷入伐，而莫之或恤，無弔者也。」詩不云乎：「誰生厲階，至今爲梗。」

「冬大雩」何？曰：非其時也。故穀梁子曰：「雩不月而時，非之也，冬無爲雩也。」於是而知月數之未改也。凡書大者，天子之辭也。

「衛孫林父出奔」者何？曰：著林父逐君之端，定公啟之也。夫良父兼大政于衛國，身死未幾，其子未有大惡也。惡而逐之，去之日，又身如晉，以牧其田里，使林父萌叛逆之心者，有自來矣。故後七年于林父之歸不書復入，亦不書納，言有歸道也。高閌以爲羨定公之知所惡者，誤矣。

八年，「晉侯使韓穿來言汶陽之田，歸之于齊」者何？曰：此見晉君之不德，魯臣之無才也。晉景無桓、文之志，懼齊頃之七年不飲酒食肉也，故使韓穿來。季文子無子產拒環之才，乃私言于既餞之時。故曰：「歸之于齊。」王通曰：輕與者必好奪，晉景之謂矣。孔子曰，雖得之必失之，季文子之謂矣。故使者不宜使也，來言者不宜來也，歸之於者，不宜歸也。

「晉欒書侵蔡，遂侵楚，獲申驪」，獨書侵蔡者何？曰：侵楚爲報伐鄭之役，可免也。侵蔡何居？故襄陵許翰曰：

「大國爭衡而小國受敗，春秋矜焉。」

公孫嬰齊如莒何？曰：譏也。杜預曰：「因聘而逆婦也。」蓋與行父如陳、公孫茲如牟同此義，行臣然後國爾忘家矣。宋公使華元來聘，宋公使公孫壽來納幣者何？曰：著其聘爲昏也。因聘而謀昏，簡禮也。納幣而使卿，越禮也。過猶不及，故皆書。何以稱使？何休曰：「宋公無母也。」夫宋公無母，則國老告廟攝主昏矣。書宋公使，譏急昏也。不然，何方聘而謀昏？不然，又何使上卿以納幣？

九年，「杞伯來逆叔姬之喪以歸」何？曰：見叔姬之無罪，杞桓公之有私也。故四年杞伯來朝，歸叔姬也，是出之也。五年書杞叔姬來歸，則不欲顯其出也，在魯者五年矣。其書卒也，猶系之杞，未失婦道也。及其逆喪也，不稱夫人，知桓公不能有其妻也。以歸者，著叔姬之有歸道也。然皆非叔姬之罪也，且杞伯及叔姬爲夫婦，年已六十矣而始出，疑叔姬無子也。不然，則寵妾妬之也。故易曰：「夫夫婦婦而家道正。」

「同盟于蒲」何？曰：譏晉之失信于汶陽之田而瀆盟也。季文子曰：「德則不競，尋盟何爲？」故未幾鄭叛而會楚于鄧，知盟之無益也。故曰：「同盟者，不同也。」

「晉人執鄭伯，欒書伐鄭」何？曰：責晉也。鄭人貪利，會楚於鄧以背蒲盟。責晉者何？曰：春秋正己而正人。于鞌之役，取賂以盟；汶陽之言，二三其德。鄭之所以叛也。故季文子曰：「行父懼晉之不遠猷而失諸侯也。」故楚、鄭會鄧，嬰齊救鄭，皆沒而不書，特書執伐于蒲盟之下，隱鄭之從楚，以顯晉之失信也。不然，何晉稱人。」

楚公子嬰齊伐莒，莒潰，楚人入鄆何？曰：責晉之不能救也。春盟于蒲，冬遭大患而不恤，伯者固如是乎？然則晉何以不救也？曰：晉景以士燮之言，歸鍾儀于楚以求成，楚遂使公子辰來結成，晉又使糴茷如楚以報之，晉、楚既成，焉能救莒。然則許其成乎？曰：沒而不書，獨書莒潰，入鄆于蒲盟之下。聖人責晉之意見矣，蓋不與其成也。不與其既盟中國，叛而又之楚也。此與鄭奚異乎？故皆不書也。

「秦人、白狄伐晉」何？曰：責晉也。晉外失信于諸侯，內讒殺乎大夫。盟莒而不救其患，伐郯而不恤其憂，此速鄭人之叛，而召秦人、白狄之師也。故傳曰：「諸侯貳也。」季文子曰：「伯主將德是以，而二三之，其何以長有諸侯乎？」斯言也驗矣。胡氏、家氏以爲稱人罪秦者如之何？曰：于秦稱人，于白狄舉號，華夷自分，但並舉之則不可耳。

十年，衛侯之弟黑背侵鄭，不書晉命何？曰：罪晉也。夫晉若責鄭之失信從楚也，然鄭伯已如晉，晉已執之矣，又殺其行人矣，伐其國都矣。又命衛以侵之者何也？且晉歸鍾儀以求成，楚使公子辰結成，晉又使羅茷如楚，又安尤乎鄭哉。若衛受大國非禮之命，輕用其師，不貶而見矣。其曰：「衛侯之弟者，剽由是立耳。」

公會五國諸侯伐鄭何？曰：責晉也。欒書以鄭人圍許而立髡頑也，受子罕襄鐘之賂。而已歸鄭伯，其責晉何？曰：上書鄭人圍許，善公孫申之謀也。若曰：鄭君雖不在，猶爲國有人乎？此書伐鄭，蓋沒其歸鄭伯之事。若曰：鄭伯已執之矣，而又屢伐之何也？若鄭伯既至，乃討立君者殺叔申，則非義矣。此書晉侯者州蒲乎？曰：然，譬之天子，晉景猶大（太）上皇乎。

十一年，晉侯使郤犨盟何？曰：罪魯之君臣不能有立也。成公如晉，則使送葬。諸侯不在，則又止之。請受盟而後得歸。未幾而郤犨來。乃及盟，又未幾，而行父如晉涖盟。進退行止，惟晉所使，聽命于天子不是過也。季文子稱賢大夫，而謀國如此，何哉？而晉之君臣，忌人之善言，惟強力是恃，皆可見矣。

十二年，「周公出奔晉」何？曰：罪累上也。見王室猶侯國也。楚與伯輿爭政。王已使劉子復之，陽樊盟於鄄而入。三日復奔，叛盟而失信，則是自絕于天也，宜罪之在楚也。曰：使惠、襄偪楚者，誰之過乎？德政不平，而盟其臣，亦已甚矣。故楚不書名而書出，王室亦已挾矣，有外之辭也。然晉伯主，受其逋逃而不歸，豈人臣哉？故穀梁子曰：「上雖失之，下孰敢有之。上下皆失之矣。」

晉郤至爭鄇田于京師，奚不書？曰：不成爭也。王使劉子、單子訟于晉曰：昔蘇忿生以溫爲司寇，蘇氏即狄而奔衛。襄王勞文公而賜之溫。狐氏、陽氏先處之，而後及郤氏，若治其舊，則王官之邑也。晉侯使郤至勿敢爭。

瑣澤之會，宋華元合晉、楚之成，晉士燮、楚公子罷盟于宋西門之外也，何以不書？曰：不與其有此盟也。故林堯叟曰：「存中國也，然傷之甚矣。」以是爲傷中國也，故是冬郤至如楚聘涖盟，宴于地室。楚公子罷如晉聘涖盟，晉侯及罷盟于赤棘，及前羅茷、公子辰皆不書。至於宋之盟，楚且先歃，雖欲存中國不可得矣，故始書。

十三年，「公如京師」何？曰：幸之也。幸其有尊君之名，不幸其無尊君之實也。故書于郤錡乞師之下，自京師會伐秦之上也。夫會伐秦，自起魯始也。自京師者何？胡氏曰：「以伐秦爲遂事，明朝王爲重，存人臣之禮也。」劉康公、成肅公皆在會，肅公又嘗受脤不敬，康公譏之矣。何以削之？曰：書此，則若諸侯誠心朝王，與聞其事而命二公矣。然而未然也，故沒其事。則若諸侯出京師而始伐秦，而王不知也，猶爲有王乎？不然，天子、三公加外諸侯一等，曹伯廬卒于師尚書之，成肅公卒於瑕，削之何邪？曰：下書公至自伐秦，故不書卒瑕也。孫炎曰：「不以京師者，明本非朝京師也，足以考削劉、單之意也。」

十四年，「衛孫林父自晉歸于衛」何？曰：著林父逐君之由，衛君辨之不早也。故孫炎曰：「衛大夫由晉而得歸，衛國之事可知矣。」李廉曰：「林父逐衎立剽叛戚，且爲之伐衛，皆關乎是也。」

「叔孫僑如如齊逆女」，「僑如以夫人婦姜氏至自齊」。左氏以爲「稱族，尊君命」，「舍族，尊夫人」何？曰：非也。胡氏曰：「一事而再見者，卒名耳。」故穀梁子曰：「大夫以夫人，非正也。刺不親迎也。」

十五年，「仲嬰齊」卒何？曰：劉炫曰：「仲遂受姓爲仲氏，故子孫稱仲也。」胡氏以爲：「以後歸父，則弟不可爲兄嗣。以後襄仲，則以父字爲氏，亦非者。誤矣。」

公會諸侯同盟于戚。「晉侯執曹伯歸于京師」何？曰：「美晉而猶未盡然也。夫同盟已許其爲曹伯矣。故其執也，書『曹伯』不書名，猶曰晉已許爲曹伯而又執之也。」程子曰：「稽夫討也。」而張合亦曰：「一舉措不當，遂開釋奸之門，可不慎乎。」諸侯將見曹子臧于王而立之，子臧辭以守節，遂出奔宋，何以不書？曰：初負芻之爲逆也，子臧將亡，既請而遂已。於此而奔，奔之後矣，故弗書也。

「楚子伐鄭」何？曰：足以考晉、楚相成之無益。此宋西門之盟，所以削而不書也。子反曰：「敵利則進，何盟之有。」言楚之不可信，必至此也。鄭子罕侵楚，取新石亦不書，所係小也。

宋華元以不賴寵而出奔，以國人與，晉許其討賊而後入，故書殺大夫山於華元歸宋之下，而山去其族，其說是也。魚石、向爲人、向帶、鱗朱、魚府，皆山族而出奔者也。何獨書魚石？曰：魚石爲左師，在六官之上，蕩澤所恃以殺公子肥者也。書魚石舉重也，何以不去其族？曰：比于手伐本根者，則有間矣。且華元之奔也，魚石能止之；華元之入也，魚石能請之。是殺山者，亦石之力也。與趙穿恃盾以弑君，盾反討賊者異矣，故不去其族。

于鍾離兩書會何？曰：不與其會吳也。已會矣，而又會何也？故穀梁子曰：「內諸夏而外夷狄也。」故雖以中國大夫，猶不欲其往會吳子也。況于柤皆諸侯乎。此而不慎，黃池之盟爭伯矣。

「許遷于葉」，則楚公子申遷之也，自遷云何？曰：許畏鄭逼，請于楚耳。中國不能居，則入夷狄矣。許之不能自強固可責，而中國之不能字小，尤可罪也。

十六年，楚子反背盟侵鄭，鄭亦叛晉侵宋，晉厲乞合諸侯之師未及也，而先敗楚、鄭于鄢陵，斯亦安攘之師，城濮之類也，何以書及？曰：此聖人責中國以德不以兵威之意也。故當其時，范文子曰：「自非聖人，外寧必有內憂。」又曰：「惟命不于常，有德之謂。」晉之君臣，不能聽言，惟恃兵力，一戰幸勝，遽自驕溢。楚猶是滋爲中國患，自鄢陵始，故曰及。

「楚殺其大夫公子側」何？曰：罪楚共及嬰齊也。共王雖自任過，而子重則欲子反圖之也。然則貪利背盟，忘申叔時之言，而集其矢于君目，則足以殺其軀而已矣。

「沙隨不見公」何？曰：此雖晉郤犨取僑如之貨，而譖公于晉厲也。君子而求其故焉。則公上不能正其母，下不能治其臣，亦宜乎其然耳。諸傳以爲自反而縮者何歟？

會伐鄭，書尹子者何？曰：挾王臣以討鄭也。故自京師會伐秦，削劉子、單子者，明無朝王之實。此書尹子者，明有挾王之意。然後天子尊而諸侯卑矣。

「沙隨不見公」，而書「公至自會」，公再會尹子。及諸侯伐鄭，亦未見公，書公至自會何？曰：皆不欲晉郤犨聽僑如之譖而止公也。若曰公實與焉耳。

「晉人執季孫行父，舍之于苕丘」何？曰：稱人而執，見郤犨聽僑如之譖，非其執也，舍之于者。見季文子之無罪而復舍之也，其范文子所謂「信讒慝而棄忠良」乎。故下書僑如奔齊、行父及郤犨盟、刺公子偃並上沙隨不見公，則穆姜與僑如欲去季、孟以立偃之情，僑如譖行父及蔑之實，郤犨取貨之跡，行父代君而見執之忠，而公殺無罪之弟，皆可見矣。

十七年，「衛北宮括帥師侵鄭」，不書鄭子駟侵晉虛、滑；公會尹、單及諸侯伐鄭，同盟柯陵，不書楚子重救鄭；公再會單子及諸侯伐鄭，又不書楚公子申救鄭何？曰：畧楚、鄭之師，見王室不競德，而重以兵力加人。雖以王臣伯主屢伐，而不能服也。故柯陵之盟，畧尹、單于外諸侯而書同，若曰以同盟而病楚，斯亦末乎。襄三年雞澤同盟，亦猶是耳。

郤錡、郤犨、郤至之殺厲公，聽胥童、夷陽五、長魚矯而殺之也。胥童之殺，欒書、中行偃殺之也。厲公之弑，欒書、中行偃執諸匠麗氏，而使程滑弑之也。皆書曰晉何？曰：見晉之君臣，皆無道也。夫三郤之死，雖厲公聽讒，然實欒書之譖也。君不得獨受其咎矣。厲公之弑，胥童之殺，雖書偃之爲，然其無道之甚，讒邪之慘，蓋晉國之所同也。晉人亦當分其惡矣，故書晉也。若郤錡將聘不敬，郤犨取賂僑如，郤至譖殺宗伯，其與五、矯奚異哉？皆足以殺其軀耳。

齊高無咎出奔莒，不書高弱以盧叛，及下年書「齊殺其大夫國佐」，不書國佐殺慶克于盧師以穀叛何？曰：此春秋免高、國之辭也。齊靈上縱其母聲孟子，而使慶克亂于宮闈，不能誅已矣。乃聽其讒譖，刖鮑牽，逐無咎，宜高弱之以盧叛也。又使慶克圍盧，賊安在哉？國佐同姓之臣，誅克是也，但不應以穀叛耳。以叛而復受君盟，亦已免矣，乃又殺之何也。齊靈將不欲正國乎？

十八年，「公如晉」「公至自晉」何？曰：晉方弑君，公不能討而又朝之。其斯以爲危乎。

「晉侯使士匄來聘」「士魴來乞師」何？曰：罪晉侯也。國有弑逆，悼公初立，雖能逐不臣者七人，乃舍欒書、荀偃之首惡而不討，反遣使修聘乞師，爲他人謀，可謂舍田而耘人之田矣。其以書、偃弑君之後，使荀罃、士魴逆己于京師而得之乎。是雖不與聞乎，故亦縱賊之徒也。故春書君弑，夏書士魴乞師。及冬虛橙同盟，又書晉侯以爲主，罪其縱賊忘喪也。

「楚、鄭伐宋，納魚石于彭城，以魚石繫之宋何？」曰：「蕩澤之殺公子肥，固恃魚石，然迎華元以殺蕩澤者，則魚石耳。計其功亦可贖其過，故不終絶也。係之宋又書復入，不以彭城係之宋也。若曰猶爲我國耳，視歸雖不及，視納與叛則又過也。故其下諸國圍宋彭城也，晉以五大夫在彭城者歸，寘諸瓠丘。夫晉悼初伯，而刑賞如此，則得之矣。其不書老佐、華喜圍彭城，而書諸國大夫圍宋彭城於楚、鄭侵宋之下何？」曰：「魚石若自是歸，而請罪于君，以補前行之愆，猶可赦也。乃復假強夷之師以敵國兵，是幾乎叛矣。故子重救彭城不書而書侵。始以彭城係之宋，明楚不得取之宋，魚石不得受之楚也。

春秋說志卷之四

襄公

元年，既書「圍宋彭城」，又書「韓厥伐鄭」何？曰：譏晉悼也，使賊討賊也。主圍者欒書之子，佐師者荀偃親行。夫書、偃弒厲公，悼公不能討已矣，乃使之圍魚石而伐鄭。彼楚、鄭、魚石，其能服邪。伯者舉事不知易簡之道每如是。故春秋若取其事，而必覈其實。

二年，書「晉師、宋師、衛甯殖侵鄭」何？曰：譏伐喪也。何以師係之大夫上也？曰：師雖與大夫等，然晉師伯主也，宋師主兵者也。蓋其春鄭雖受楚令而伐宋，然至是既有國喪，晉率二國伐之則甚矣，故首晉師。

諸大夫再會于戚而城虎牢，鄭人始成，何以不係之鄭也？曰：雖責鄭之不能有，亦以大虎牢也。若曰虎牢中國之防也，得虎牢則得中國矣。以虎牢中國之防，諸侯不與而諸大夫城之，足以知政在大夫矣。此仲孫蔑之謀，而荀罃專之也。

三年，「公如晉」矣，又書「公及晉侯盟于長樗」何？曰：罪魯大臣之棄禮也。襄公四歲即位，至是方七歲耳。而晉悼止長十歲，皆孺子侯也。爲國大臣者，固不可以君之無知而長其驕，亦不可以君之無知而踰其卑。孟獻子相，其君稽首于晉，且曰：「敝邑介在東表，密邇仇讎，寡君將君是望，敢不稽首。」是欺其君之無知，太卑而可踰也，故及盟。

公會單子及諸侯，既同盟于雞澤矣，「陳侯使袁僑如會」，何以不書如盟？又書「叔孫豹及諸侯之大夫及陳袁僑盟」，不亦煩乎？曰：不以新附之大夫敵諸侯也。故杜預曰：「言諸侯之大夫，則雞澤之諸侯也。殊袁僑者，明諸侯之大夫所以盟袁僑也。」楚子辛爲令尹，侵欲于小國。陳成公是以使袁僑求成，陳請服也。而言及袁僑何？曰：請服，陳之勢也。及盟，晉之志也。志大而勢小也。雞澤之同盟許之乎？曰：以同盟而懼楚，亦末矣。故卒不能有陳也。

四年，「陳人圍頓」何？曰：方入中國，而即肆暴以怒楚，其能安乎？且當喪而興兵革，君子之所惡也。故前此楚公子何忌侵陳，楚彭名侵陳，皆不書。

五年，晉人執王叔陳生奚不書？曰：存王室也。陳生愬戎于晉，而魏絳受戎虎豹之皮，已和戎矣。爲是執陳生而使士魴如京師，言其貳戎，斯豈惟諸侯淩王室哉？夷狄亦掩王矣。書而存之，人倫滅矣，故削。

「叔孫豹、鄫世子巫如晉」，何以不書及？曰：雖則附庸諸侯，亦非大夫之所得及也。何以後于豹？曰：魯嘗請于晉以屬鄫，至是穆叔以鄫覿也。以鄫覿故先豹，其實也；不以大夫及諸侯，其名也。故陸淳曰：「魯、晉俱失正矣。」

救陳何？曰：程子曰：「與之可也。」然則猶有所未盡乎？曰：「然。所以服楚者，亦末也。故上書「救陳」雖美也；而下書「公至自救陳」者，則又致勞矣。言不能終有陳，徒勞而無功也。故范宣子曰：「陳近于楚，民朝夕急，能無往乎。」有陳非吾事也，無之而後可。夫救人者，心力俱至。而將之以德，然後能成。若斯言者，名雖救與戍也，其實不能有矣。未久而陳逃也。

七年，「夏四月，三卜郊不從，乃免牲。」孟獻子曰：「吾乃今而後知有卜筮。郊，祀后稷以祈農事也。是故啟蟄而郊，郊而後耕。既耕而郊，宜不從也。」夫獻子惡足以知之。夫子曰：「知其說者之于天下也，其如視諸斯乎。」故不從者，天不從也。」然此即獻子之言，亦可知春秋月數之不改。

于鄬之會，爲救圍陳也，何以不書？曰：責晉之不能終救也。陳侯逃歸，而鄭大夫叛，以弑其君。責晉奈何？曰：鄭子駟、子豐謂鄭伯曰：「中國不足歸也。以中國爲義，則伐我喪。以中國爲強，則不若楚。」于是弑之于鄵耳。使鄭大夫之弑君者，晉也。然中心從中國者鄭伯也，書弑則顯鄭伯之有惡也，故從其瘧疾之僞赴而書卒，存鄭伯也。不沒其實而書于鄵，誅鄭大夫也。鄭伯方弑于鄵，晉不能討，誠子駟之所云耳也，斯陳侯逃歸矣。故曰責晉也。故范寧曰：「鄭伯欲從中國，而罹其凶禍。諸侯不討，陳於是懼而去之也。若公羊子以爲爲中國諱，穀梁子以爲不以夷狄之民加中國之君，則其說大鑿矣。」

八年，「鄭人侵蔡，獲公子燮」何？曰：此子駟之欲致楚也。弑僖公之實見之矣。曰：侵蔡者，子國、子耳，而歸于騑何？曰：子國，子產之父也。子產曰：「小國無文德，而有武功，禍莫大焉。自今鄭國，不四五年，弗得寧。」發曰：「國有大命，而有正卿。童子言焉，將爲戮矣。」所謂正卿，蓋騑也。是子國亦知伐蔡不利，逼于子駟，不得已也。故子囊之師未至，而鄭犧牲玉帛已待于境上矣。以是而觀，鄭伯未見諸侯、卒于鄵，蓋諸大夫不欲其見之也。

邢丘之會，魯侯在而書季孫宿，及齊高厚、宋向戌、衛甯殖，又書人何？曰：此著季孫之強也。諸大夫稱人，猶有不敢敵君之意，而季氏遂居然如晉侯、鄭伯也。且子駟去年弑僖公于鄵，今年鄭簡公即會于邢丘，而不見討，如此而猶曰：「命以朝聘之數。」使諸侯之大夫聽命，不亦虛乎？故君子以宿爲當魯君也，晉悼、鄭簡其奈何哉！然則何至人諸大夫乎？曰：不有人諸大夫之事，則無以見季孫之不稱人也。

九年冬伐鄭，而書同盟于戲奈何？曰：罪晉及諸侯，且志不同也。晉士匄曰：「自今既盟之後，鄭國而不惟晉命是聽，而有異志者，有如此盟。」〔一〕鄭公子騑曰：「自今既盟之後，鄭國而不惟有禮與強可以庇民者是從，而敢有異志者亦如

〔一〕據杜預春秋經傳集解襄公九年左傳，該引文出自晉士莊子之口，而非晉士匄之口。疑誤。

之。」智罃曰：「我實不德，而要人以盟，豈禮也哉！姑盟而退。」嗟乎，伯者所見之卑也。子駟負弑君之罪而不能討，乃與之論盟乎。不討其弑君而討其從楚，故屢盟無益也。故未閲月，楚子伐鄭，子駟復與楚乎。明年，楚、鄭又伐宋，圍桐門矣。

十年，公會十一國諸侯及吳于柤，「遂滅偪陽」，以予宋向戌，向戌不受。以予宋公，遂以偪陽子歸。則何以言「遂滅」？曰：言易也。荀偃、士匄親受矢石，不及七日克之也。不書歸，免偪陽子也。穀梁子曰：「遂，直遂也。不以中國從夷狄也。言中國諸侯從夷狄而滅之也。」

「盜殺鄭公子騑、公子發、公孫輒」，此鄭尉止、司臣、侯晉、堵女父、子師僕爲黜車、爭田之故，殺子騑于朝及子國、子耳也，書「盜」何？曰：言中國之無人也。騑弑其君髡頑以從楚，至是四年矣。天王方伯皆不能正名其罪以討之，而本國之大夫如子國、子耳者，又且從之，猶爲國有人乎？故書「盜殺」。若曰中國人不能殺盜，乃能殺之。中國曾盜之不若也，故三卿不書大夫，明其爲于鄵之賊也。騑弑其君，並及發、輒者何？曰：子公弑君而書子家，謂其從也。況二子可否，惟騑是聽，雖家人子弟之忠言，惟恐騑聞之以遭戮。其何以爲卿乎？故逮之也。子產聞盜，庀群司，閉府庫，慎藏閉，完守成列而後出，殺尉止，子師僕，盜衆盡死，奚不書？曰：子報父仇，常事也。以爲常事而不書，其春秋示臣子報仇之意深矣。

戍虎牢係之鄭，城不係之鄭者何？曰：城疑諸侯之能有虎牢也，故不鄭。戍斷諸侯不能有虎牢也，故係鄭。曰：此鄭虎牢也，我安能戍之哉？如其能有也，又奚書子囊救鄭，及楚、鄭伐宋乎。故公羊子曰：「係之鄭，諸侯莫之主有也。」穀梁子曰：「曰鄭虎牢，決鄭乎？虎牢也，亂賊之虎牢，雖不有可也。」

十一年，「作三軍」何？曰：作者，不宜作也。三軍，魯之舊也，奚作乎？作之，則非其舊矣。非其舊者，三子三分公室，各有其一。季氏以其役邑入者，無征；不入者，倍征。孟氏使半爲臣，若子若弟。叔孫氏使盡爲臣也。蓋季氏攘竊兵權，欲弱公室也。

公會十一國諸侯伐鄭何？曰：此中鄭子展侵宋致師之謀也。善之乎？曰：未善也。以下書同盟及楚、鄭復伐宋可見也。晉、鄭於是乎各竭其力矣。漢董公曰：「名其爲賊，敵乃可服。使當騈殺僖公之日，中國舉師以討騈而殺之，楚將奔命之不暇矣。何至屢盟屢伐而未服也。」故程子曰：「王道易簡，本乎人情，如履大路而行。」伯者崎嶇反側于曲徑之中，其斯之謂歟。

伐鄭會蕭魚，晉趙武入盟，鄭伯、鄭子展出盟，晉侯于是歸鄭囚，納斥候，禁侵掠，奚不書盟？曰：已盟而後會也。已盟而後會，則有私焉耳，故不書。鄭伯、子展如會，如屈完、袁僑例也，不書何哉？曰：晉人取鄭師悝、師觸、師蠲，廣車、軘車、兵車百乘，歌鐘二肆，鎛磬女樂之賂。若曰斯會也，非鄭之所汲汲也。故猶有可議焉。胡氏以爲晉悼公推至誠以待人，雖取其大端，若更能絶其賄賂，斯近王矣。

「楚人執鄭行人良霄」何？曰：不與楚執也。行人而執之可乎？故啖助曰：「稱行人而執，以其事執也。」杜預亦曰：「言非使人之罪，譏也。」蓋良霄如楚告絶以服晉。楚怒而執之焉耳。

「秦庶長鮑、庶長武伐晉，奚不書救鄭？晉師敗績于櫟乎？曰：貶秦而恕晉也。故家玄翁曰：不與秦人爲楚而救鄭也。

十二年，王求昏于齊，使陰里結之，奚不書？曰：以下書劉夏逆后，此可勿志也。然則劉夏奚書！譏士也。

十四年，于向之會何？曰：爲吳謀伐楚也。未伐楚而伐秦何？曰：伐秦亦伐楚也。宿及叔老皆列者何？曰：見季孫之强也。見季孫以卿爲介也。齊崔杼、宋華閲、衛北宮括奚稱人？曰：左氏曰：「貶其惰慢不攝也。伐秦書括，攝也。」夫惰慢不及會，書之奈何？曰：爲宋興師，知其必會。雖無人焉亦列也，以其不知爲閲也，故人耳。杼雖不攝，然而其君則不叛也，故同宋。范宣子將執戎子駒支，以戎子駒支之有辭也。使即事于會，奚不書？曰：于吳已殊會，又書戎子，亦已甚矣。然則伐秦與之乎？曰：雖報于櫟之役，然濟涇而怠。荀偃欲西，欒黶欲東，多遺秦禽，遷延無功，其晉政之衰乎。

「衛侯出奔齊」，既曰「奔」矣，奚不名？曰：以自奔爲文，師曠所語晉悼者是也。見衛獻之自取也。不名者，見林父逐之罪也。若曰衛獻雖有三罪，自取出奔，然猶可以君國，未應比于失地者而名之，則林父逐君之惡，不當立剽之意著矣。故許翰曰：「抑強臣而存大義也。」然則林父殺子（嬌）〔蟜〕〔一〕、子伯、子皮、子行四大夫也，亦不書何？曰：林父之敗公徒于阿澤，使庾公差逐君出境矣，又奚論乎殺四大夫也？不書殺四大夫，見林父之惡有大于此者也，不書立剽何？曰：不與其立也，若林父自爲君也。

「會于戚」何？曰：譏晉侯及諸大夫也。孫林父逐君立剽，晉侯乃聽師曠、荀偃之言以定衛，人之倫滅矣。奚不貶而稱人？曰：以顯孫林父，故弗人也。顯林父而弗人，季孫宿、士匄、華閱、公孫蠆亦弗人何？曰：猶林父也。故高閱曰：明皆林父之儔也。

十五年，齊侯伐我北鄙，圍成，公救成至遇何？曰：兵弱不敢救也。雖城成郛，其奈何？是故莒四伐于前，齊六伐于後，邾三伐于中，皆自作三軍始也。故許翰曰：「政在君則民一，民一則國強；政在臣則民二，民二則國弱。」

十六年，「葬晉悼公」奚書？曰：見于賢君而反簡禮也。悼公在位十有六年，即位入國，明日逐不臣者七人；即位一月，取六官于民譽；八年九合，三分四軍。雖其大道未聞，當其天資，視桓、文猶過也。魯于厲公，親往葬之。其餘他公，數遣上卿。至是而使微者會葬，可謂失輕重矣。宜乎于天王之喪，恝然不往也。

湨梁之會，十一國諸侯爲魯討邾、莒也，而獨書大夫盟者何？曰：盟，重事也；會，輕事也。諸侯當其輕，大夫當其重，此世變也。且以一齊高厚之逃而爲是盟，蓋不得乎大夫，則不可以爲諸侯矣。于是而見晉平公不能繼悼公之業，而羊舌肸非智咎之材，傷之甚也。故公羊子曰：「偏刺天下之大夫君若贅旒然也。」

叔老會鄭伯、晉荀偃、衛甯殖、宋人伐許。許男請遷于晉，許大夫不可。晉人伐許，先書鄭伯何？曰：陳傅良曰：「春秋不以大夫主諸侯，則推而屬之鄭也。君臣之分也。」

〔一〕「子嬌」：春秋經傳集解襄公八、九、十、十四年傳文作「子蟜」，當據改。

十七年，衛石買、孫蒯以曹人詢蒯父之逐君也，伐曹取重丘，獨書石買何？曰：著買之黨惡而伐人也。逐君者可知矣。曹人訴晉，晉執買于長子，執蒯于純晉，又獨書石買何？曰：言逐君者，晉已定其位，又執其子，則非情也。以爲非情而不書，書執石買，晉侯馭刑之失輕重，黨惡之私情見矣。

十八年，書「同圍齊」何？曰：合莒、邾、曹、衛、魯也。莒、邾蓋齊之黨，而魯、晉之仇，曹、衛則自相仇者也。今晉能合之而無異，故曰「同圍齊」。諸前傳皆以爲同惡齊，則此諸侯嘗惡陳、鄭、楚，屢伐圍者也，奚不書「同」乎？若齊靈背盟棄好，肆其暴橫，數伐鄰國，自得此圍，不假言矣。

「曹伯負芻卒于師」何？曰：著惡人之善終于師也。有師而不加也，使罪人得以完終焉。雖然，人不討而天終討之，曰卒之於師耳。

十九年，同「盟祝柯」，反不書「同」如「圍齊」何？曰：方盟祝柯，而即執邾子，當其盟則有不同心者矣。圍齊而以伐致何？曰：恕魯也。圍齊者諸侯，伐齊者魯也。齊人率邾、莒九伐而三圍乎魯焉，魯報之未過也。

「取邾田，自漷水」，則諸侯次于泗上，彊(強)之以歸魯者，奚言乎魯取？曰：譏魯及晉也。魯取其田于邾，晉取其賂于魯，其義一也。若皆執邾子而取之者也。

晉欒魴、衛孫林父帥師伐齊，奚不書欒魴？曰：著林父之惡也。既逐其君于齊，又伐其君于齊耳。若書欒魴，則斯師之名義謂何？此聖人討賊之精意，張洽以爲林父並將者，非也。

「鄭殺其大夫公子嘉」，何以書鄭殺而不去其大夫？曰：討純門之師及爲政而專者。豈至殺乎？若討西宮之難，嘉在賞之之列矣。

二十年，「盟于澶淵」，齊服也，奚不書同？曰：越二年而齊復伐衛伐晉，安在其爲服也？

蔡殺其大夫公子燮，蔡公子履出奔楚，陳侯之弟黄出奔楚何？曰：此見中國之弱，而陳、蔡之國皆懼楚也。故出奔者，亦不敢之中國耳。燮謀國以從晉而見殺，慶虎、慶寅譖黄而楚討，中國不能庇，則夷狄從耳。

二十一年，邾庶其以漆、閭丘來奔，季武子使臧武仲詰盜。武仲曰：「庶其竊邑于邾，子爲正卿，妻以公之姑姊，皆有賜于從者。賞盜也，賞而去之，其或難焉。」此盜也，奚不書叛？曰：其始也，邾雖從齊伐魯矣，然晉人兩執其君，魯又取邾田自漷水。未幾，仲孫速又伐邾。邾小國也，侵削若是，庶其所以不能安于邾也。越二年，邾畀我亦來奔矣。故聖人不以叛書，責魯、邾之君也。邾子不能安其臣，魯逼之使叛而又受之。若曰誨之爲盜也，庶其之罪，又何言哉。

晉欒盈出奔楚，則其母之欒祁通于州賓，懼盈之討也，譖于其外祖士匄而逐之者也。奚以自奔爲文？曰：欒黶汰虐已甚，而懷子又濟其父之惡，故有母不能正，是以出也。然范宣子不能正其女，獨無罪乎？曰：女已出，在外者也，蓋有代我而主之者也。夫宣子已逐懷子，又殺箕遺、黄淵、嘉父、司空靖、邴豫、董叔、羊舌虎，雖賢如叔向，亦幾不免，不亦過乎，又奚不書？曰：斯皆欒盈之黨，朋淫于家者也；若叔向者，社稷之固。宣子從祁奚言，諸公而免之，亦可謂得善善惡惡之常矣。以爲常而不書，其春秋示賞罰人之道乎。

商任之會何？曰：左氏曰：「錮欒盈也。」可乎？曰：貶也。以一大夫之私，撼動八國諸侯，使其世臣不獲容于天下，大夫幾乎有天子之權矣。此且爲貶，而況于沙隨之會再錮之乎？然沙隨之會，盈已在齊，而齊侯與會，安在其爲錮也？

二十二年，「楚殺其大夫公子追舒」，何也？曰：譏楚之無君臣也。子南寵觀起，未益禄而多馬，則亦康王未能禁之于蚤也。乃謀于其子而殺之，並其子死之，則康王之過也。觀起、棄疾之死奚不書？曰：觀起小臣而僭侈，棄疾謀君而殺父，皆宜死者也。然則棄疾如之何？曰：瞽瞍殺人，舜竊負而逃。惜乎舒也，不逢申叔豫耳。

二十三年，「晉欒盈復入于晉，入于曲沃」，則齊侯使析歸父以藩載，而納之于曲沃者也。奚不書自？曰：陸淳曰：「潛至也。」入曲沃又書入晉何？曰：盈之入也，晉人大懼，范宣子以其子桓子之謀，奉君以走固宮。盈以曲沃之甲乘公門，矢及君屋，則若已入晉矣。其曰入曲沃者，則士鞅逆魏舒以如公，使斐豹殺督戎以敗欒氏，盈奔曲沃，蓋不成乎入晉也。故又曰：入于曲沃，比魚石之罪加一等矣，故曰：晉人殺欒盈。胡氏曰：「人而不仁，疾之已甚，亂也。」

「齊侯伐衛，遂伐晉。」晉嘗追齊師獲晏犛，奚不書？曰：免晉也。免晉則罪齊矣，又何以先伐衛也？曰：意在伐衛，以伐晉爲奇兵耳。故晏平仲曰：「君恃勇力以伐盟主，若不濟，國之福也。不德而有功，憂必及君。」是初舉斯師者乃齊也。

「臧孫紇出奔邾」，則孟孫、羯譖紇將爲亂，季孫宿怒而逐之者也，奚言乎自奔？曰：紇既阿季孫之私，廢公鉏之長而立悼子。故羯用豊點之謀，借公鉏以立己，而廢其兄秩也。羯德公鉏，公鉏怨紇，故羯亦怨紇。故借除于臧氏，以葬甲從而譖行，紇由是斬鹿門之關以出也，其自取乎。故仲尼曰：「以臧武仲之智，而不容于魯國。作不順而施不恕也。」紇自邾如防，自防奔齊，奚不書奔齊？紇自防使來告曰：「苟守先祀，無廢二勳，敢不辟邑。」乃立臧爲。若不獲立，則不辟邑矣。不書奔齊而書奔邾，明要君也。

齊侯襲莒，門于且于，華還、杞梁不貪莒子重賂以棄君命，遂死于陳，奚不書？曰：齊侯以強襲弱，罪莫大焉。二子不正其君而犯難焉。曾其妻之不若也。故勿書。

二十四年，叔孫豹如晉何？曰：杜預曰：「賀克欒氏也。」夫穆叔謂范宣子以三不朽，豈其以克欒氏爲立功乎？亦已誤矣。

「叔孫豹如京師」何？曰：穀、洛鬭，毀王宮。齊人城之，穆子始入賀也。始入賀，而王即以大路賜之。不知魯侯來朝，何以與之乎？當是時也，諸侯如天子，大夫如諸侯。

二十五年，齊崔杼弑其君光，子崔氏不書殺，賈舉、州綽、邴師、祝佗父十人者，晏嬰所謂非其私昵，誰敢任之者？是已。若太史兄弟三人者，皆以書弑君而死之，亦奚不書？曰：史載人君之言動，有儆諫之義焉。至使莊公數報棠姜于崔杼之第，以歿其身而後死焉。則亦奚史乎哉。

再會夷儀以伐齊，奚不書伐齊？曰：本爲報朝歌之役，乃受隰鉏之成，慶封之賂而止也。若書伐齊，疑于得討崔杼之美矣。爲其失實也，故不書。其曰諸侯同盟于重丘者，曰諸侯同盟于齊之地耳。蓋若齊景及崔杼皆主斯會也。人倫于是滅矣，此春秋討賊之意也。

會夷儀之衛侯，則林父所立之剽也；入夷儀之衛侯，則林父所逐之衎也。皆不名何？曰：不書剽，見林父當國，而諸侯定其位也。不書衎，見林父之不得而逐也。然則剽亦與有罪焉。若曰君方自夷儀入焉，國中立爲君者誰耶？一國而二君可乎？若書衎，恐疑于剽之當立也。

鄭公孫舍之及子產入陳。陳侯擁社，使其衆，男女別而累，以待于朝。子展執縶而見，子美入，數俘而出。祝祓社，司徒致民，司馬致節，司空致地而還。是役也。諸卿皆與，不稱人，又獨書子展者何？曰：見陳嘗黨楚以伐鄭之罪也。故子產戎服獻捷於晉，數陳之罪，士莊伯不能詰，仲尼亦許其「言以足志，文以足言。言之無文，行之不遠」。晉爲伯，鄭入陳，非文辭不爲功也。若是已矣，公孫夏何以又伐陳也？曰：初未成也。自是陳始及鄭平矣。然則與鄭乎？曰：崔杼弑君，人人得而討之。子產謀鄭，乃舍介狄而入陳，不亦左乎？此惠而不知爲政也。

二十六年，「衛甯喜弑其君剽」何？曰：喜嘗從其父以君剽矣，又從其父而弑之，爲君者亦已難矣。故右宰穀曰：「獲罪于兩君，天下誰畜之。」其曰甯喜弑其君剽，甯喜之君也。立剽奚不書？曰：不與其立剽也，亦以見孫、甯逐君而當君也。至其見弑而後書者，録衎入與喜罪也。林父逐君十二年矣。列會諸侯大夫不書叛，至是始書入戚以叛何？曰：著始制戚者之過也。又以見立剽而逐衎者，林父也。前十二年非叛乎？曰：林父雖叛衎，未叛社稷。社稷爲重，君爲輕。故于衛侯，復歸書名也。前何以不書名？曰：前若名衎，則剽爲賢，而當立矣。剽既弑，然後可名衎，以責其失地也。初衎與喜之言歸也，喜曰：「必子鮮在。」子鮮既言公命于喜，喜而後弑剽也，奚不及乎鱄？曰：子鮮一心以從衎者也，安知所謂剽哉？蘧伯玉，衛之賢大夫也。林父告則出奔，君逐而復仕。甯喜告則出奔，君弑而復仕。忠臣固如是乎？曰：伯玉未執國政，先難而行者也。夫子以爲卷而懷之者，其此也乎。

公會晉人、鄭良霄、宋人、曹人于澶淵，以討衛，疆戚田。取衛西鄙懿氏六十以與孫氏，此晉趙武、宋向戌也，奚稱人？曰：貶其釋君而助臣也。故其下執甯喜亦稱晉人，言執非其罪也。曰：汝何納君而伐孫氏也？然則鄭良霄無貶乎？

曰：胡氏曰：「鄭子產新得政，爲衛侯，故如晉，而晉即會之也。」晉人執衛侯囚之士弱氏，奚不書？曰：未成乎執也。晏嬰私于叔向曰：「爲臣執君若之何？」趙文子告于晉侯，釋之矣。

宋公殺其世子痤，此寺人伊戾之譏，向戌之疾，芮姬之嬖也，奚言乎宋公？曰：行二人之志者誰也？夫小人一行間焉，父子天性且不能保，況疏遠之賢乎？此人君之側，君子常少，諂諛常多，世之所以鮮治也。

二十七年，于宋之會，向戌欲弭諸侯之兵。蓋晉趙武、楚屈建主會，以長楚者也，是夷狄之盛也，奚不書人？曰：書人則無以明其爲諸大夫也。明其爲諸大夫，而以趙武、屈建主會，中國、夷狄之勢成矣，是大夫之爲也。孟子曰：「今之大夫，今之諸侯之罪人也。」其謂是乎！其長晉者何？曰：楚雖先歃，然長晉者，非美之也。若曰尸此盟者其晉乎，中國胥而爲夷矣。然則向戌之謀不善邪？曰：當是時也，石惡、崔杼皆弒君，諸大夫爲此會以伐之。楚將斂衽而朝矣，曾是不爲，乃驅中國以長夷以爲美乎。

「衛殺其大夫甯喜」，喜嘗弒君剽，而書「衛殺」，不去大夫何？曰：夫剽，喜以爲君，而喜弒之。故曰喜弒其君，言喜之君也。故蘧伯玉曰：「瑗不得聞君之出，敢聞其入？」夫喜，衎以爲大夫，而衎殺之，故曰「衛殺」，言衎之大夫也。故子鮮曰：「逐我者出，納我者死。賞罰無章，何以沮勸？」故鱄出奔晉，穀梁子以爲鱄之去合乎春秋。

「豹及諸侯之大夫盟于宋」何？曰：以見于宋之會無諸侯也。若曰此皆諸侯之大夫也，復盟于宋，以從楚耳。蓋不能討齊弒君，相率而入于夷狄也。是中國之滅，大夫之罪也。孫覺曰：「溴梁之會，諸侯會而曰大夫盟者，大夫無諸侯也。于宋之盟，諸侯不在，而曰「豹及諸侯之大夫盟于宋」者，不與大夫無諸侯也。公羊子以爲再言豹者，殆諸侯也爲衛石惡在是也。曰：衛石惡在，是以爲殆諸侯？齊崔杼不在，是不蘉勸諸侯乎？

二十八年，齊慶封、盧蒲嫳殺崔成、崔強，遂殺崔杼及其族，奚不書齊人殺崔杼乎？曰：此非討賊也。杼再娶東郭姜生明，遂廢其前子成、強，而以東郭姜之孤棠無咎及東郭偃爲相，成、強殺偃、無咎。杼怒而見慶封，慶封遂及嫳討成、強，殺之，盡滅崔氏之族。非其討賊也，故不書。其書慶封來奔何？曰：子家好田而嗜酒，乃以其政委於其子舍，遂及嫳易內而飲酒。初崔慶爲黨而弑莊公，莊公之幸臣盧蒲癸、王何皆出奔，至是歸，復嬖于舍。故癸、何得以殺舍于嘗，而子家不能入也，夫當其弑君也。崔慶莫強焉，未幾而兩族俱斃，亂臣賊子可以懼矣。其曰來奔者，罪我之納逆也。

公如楚，則及宋公、陳侯、鄭伯、許男也，奚獨書公？曰：存中國也。若備書旅見乎楚，則中國之弱亦甚矣。是向戌之啟禍也，聖人所不忍也，但舉魯以見之耳。嗚呼，于天子未有若是行也。

二十九年春，王正月，書公在楚何？曰：天王崩，而公在楚以送葬，不亦傎乎？且公外則楚止送葬以親襚，內則季孫宿取卞而不敢入，榮成伯爲之賦式微，公之昏弱亦甚矣。故穀梁子以爲閔公也。其訓公至自楚，則曰喜之也。殆閔其往而喜其來也，可以得經意矣。

晉侯使士鞅來聘，杞子來盟何？曰：見魯之不競也。內則分于三家，士鞅至而公臣不能具三耦；外則侵于諸侯，爲晉歸田，甘自瘠以肥杞。故書杞子來盟于士鞅來聘之下，亦以見晉有所求而爲之也。

吳子使札來聘何也？曰：顯札也。顯之，奚不字之？曰：君前臣名，禮之大閑也。故季友、子突、叔肸書字者，皆不在君前也。然則何爲乎顯札？曰：札之行雖過乎中庸，然其讓國之風，足以厲春秋時之亂賊矣。先乎吳子且舉號焉，此而書札，故知其爲顯之也。胡氏之說非歟？曰：非也。札在襄二十九年來聘，昭十五年夷末卒，二年趙武方問季子得立于吳屈孤庸也。亂未至而預刺之，春秋不如是之刻也。

三十年，宋災，宋伯姬卒。叔弓如宋葬宋共姬何？曰：賢之也。待傅母而卒于災，可以爲共矣，其無忝于夫之謚乎。然則何以賢之？曰：當是時也，天下諸侯大夫或上叛其天王，或下逆其君父，書「共姬」，以見一婦人也，優乎天下之大夫遠矣。

「天王殺其弟佞夫。」夫殺佞夫者尹言多、劉毅、單蔑、甘過、鞏成也，而曰天王殺弟者何？曰：儋括逐成愆而欲立佞夫，佞夫所不知也。佞夫，王之母弟也。此五臣者，非有王之意，安敢動斯刃哉。

鄭良霄出奔許，自許入于鄭。鄭人殺良霄，子產蓋嘗枕肱而哭，斂襚而殯之。則伯有者，亦未爲盡非也，況子皙、駟帶相爭殺之乎！乃去大夫而書鄭人殺之者何？曰：伯有汰侈，嗜酒而飲于窟室，而又強使子皙如楚，子皙率駟氏之甲以伐之。伯有奔許已矣，乃復因鄭伯及大夫盟于大宮也。遂及馬師頡介於襄庫，以伐北門。駟帶始率國人殺之羊肆耳，故以討賊書也。然則子產非歟？曰：雖勿哭，可也。惠而不知爲政，其此也乎。

三十一年，「莒人弑其君密州」何？曰：莒犁比公生去疾及展輿，乃舍去疾而立展輿，又廢之，而且行虐焉。國人爲是弑之也。程子曰：「莒子虐，國人弑之而立展輿。展輿非親弑也，故書國人。」程氏之說，可謂得經旨矣。

春秋說志卷之五

昭公

元年，于虢之會，尋宋之盟。仍讀舊書，何以亦先趙武？曰：罪趙武崇僭逆也，是僭逆之魁耳。夫楚圍設服離衛蒲宮，有前二人執戈，居然楚子以臨諸大夫矣。使趙文子率諸大夫執圍，數其罪，歸于京師，豈惟伸大義于天下，亦楚國之所共願也。乃若言其假而不返，或以君哉美之。釋其賊而尚其強，猶曰以信爲本，擬于「不僭不賊」。夫僭賊在邇而不問，又誰則也？小信破義，其是會乎？故申之會不殊淮夷狄諸侯也。虢之會先趙武，次楚圍，而後諸大夫，若曰皆圍之兄弟耳。或曰楚勢方張，其能執圍乎？曰：圍聘于鄭，娶于公孫段氏，既聘，將以衆逹。子產使館于外，圍至垂橐而入，況此大義之所在，其執之何有？釋此不爲，方講小信。劉子言武老將知而耄及之者[一]，其偷之甚乎！

[一] 傳曰：「劉子歸以語王曰：諺所謂老將知而耄及之者，其趙孟之謂乎！」

取鄆，季孫宿乘莒亂，伐而取之者也，不書何？曰：　若公取之也。季孫無君，又何言哉？不書伐者，取可以兼乎伐。夫尋盟未退，瀆齊盟。微叔孫豹之忠信貞義，魯且危矣。堅冰之戒，其謂此乎！故疆鄆田，且書叔弓帥師，此不書季孫。

天王使劉子勞趙武于潁，奚不書？曰：　武驅中國而長夷狄，王罰所必及也。如是而猶勞焉，而王又甚于武矣，不書者，甚之也。且劉子欲武遠績禹功，大庇其民，武曰：「吾儕偷食，朝不謀夕。」劉子以爲神怒民叛，不復有年以語王也。不知王及劉子又何居？

秦鍼奔晉何？曰：　豈惟桓、景之過哉，或亦鍼昧于子弟之道耳。故丹朱以朋淫殄世，衛戌以富侈出亡，皆鍼之徒也。

去疾未爲君，係之莒。展輿已爲君，削其子者何？曰：　入者不爲犯法，出者不能逃刑，是春秋討賊之旨也。若更責去疾，則天王、諸侯環視展輿而不討之者如之何？

「楚子麇卒」何？曰：　言天下不以圍爲弒君也。始而十國大夫會于虢，以尊其僭；終而十二國諸侯會于申，以聽其奸。雖宋向戌、鄭子產皆獻禮焉，是天下不以圍爲弒君也。天下不以圍爲弒君，而聖人亦不以爲弒君何？曰：　見天下不以圍爲弒君也，甚其事也。若革其僞赴而不書卒，則是時猶有人倫，反非其實矣。然則他國亦有書弒君者何？曰：　亂莫甚于夷狄矣，又弒其君矣，又率中國而從之，尊爲盟主，猶爲國有人乎，其去禽獸幾何？春秋自此無伯矣。夫圍將及伍舉聘鄭，聞王疾遂還，以冠纓縊殺王，今「卒」之，不亦沒其實乎？曰：　下書公子比奔晉，不可掩矣。

二年春，晉侯使韓起來聘。夏，叔弓聘于晉。何其已速乎？曰：　韓宣子知禮者也。觀易、象與魯春秋于太史氏，而知周公之德；因季武子賦甘棠，而思召公之賢，其志大矣。故魯選于三卿之中，以忠信卑讓之子叔子者報聘也。斯聘也，其亦異乎因聘而謀昏者矣。

鄭殺其大夫公孫黑，則子產數其三死罪而殺之者也，奚言乎鄭殺？曰：　豈惟見執政者因其疾而幸勝之哉？而鄭簡公用是人以爲大夫而不能去，使至於將作亂焉，亦其罪也。故劉絢曰：「惡鄭伯也。」

公如晉，至河乃復。季孫宿如晉何？曰：　知其不可而不往，可也。已往而見拒，勿復，亦可也。如其既復也，宿亦勿往，可也。不可往而往不智，見拒而復不勇，既復而宿又往不君，甚之哉！如湛氏以爲三可恥也。故胡康侯曰：「昭公失國之因，季氏逐君之漸，晉人下比之跡，皆見矣。」

三年，叔弓如滕，葬滕成公何？曰：杜氏曰：「卿共小國之葬，過也。魯葬襄公，滕子來會，故魯厚報之。」[一]然則有不葬天王者，豈以王不會葬乎？故君子循理不循情。

「四年春正月，大雨雹」何？曰：正月非當大雨也，而又雹乎，況去冬大雨雹乎。陰淫極，故正月亦大雨雹。陽淫極，故八月猶大雩。陰陽不調，君臣失位之象也。申豐乃以藏冰之事對季孫。其杜欽、谷永釋王氏，而以女寵言災異乎？

于申之會謀伐吳，楚子以夷狄而又弑君以主會，故不殊淮夷，明在會之諸侯皆夷狄也，胡康侯之説允矣。然是會也，椒舉請于晉，而叔向許之。楚虔問其禮，而子產、向戌獻之。胡氏以爲賢者聽天所命何？曰：賢者行法以俟命，肸、僑、戌法未之能行也，命安在乎？天豈有使中國從夷狄之命哉？然則三子者，亦狄臣耳，故仲尼之徒所不道也。

楚人執徐子，不書徐子名。執齊慶封殺之，不書楚人殺。滅賴，而書遂者何？曰：不與楚人執，不與楚人殺，不與楚人滅也，若曰弑逆之賊不討，其禍至于吞噬中國而難禦也，故曰遂也。然則慶封不可誅乎？曰：穀梁子曰：「春秋之義，用賢治不肖，不以亂易亂也。」故楚徇慶封曰：「無或如齊慶封，弑其君，弱其孤，以盟其大夫。」慶封曰：「無或如楚共王之庶子圍，殺其君兄之子麇而代之，以盟諸侯也。」然則中國諸侯從楚者，則何以異於慶封乎？

叔孫豹卒，則其庚宗婦人所生之子豎牛斷其食而卒也，奚不書？曰：爲賢者諱也。穆叔忠于魯而禍于家，雖其自取，不可以其子之惡而掩其忠也。況杜洩不從季孫、南遺之言，執王命而竟以路葬，恩禮之厚，又若此乎，故又得書曰也。

五年，晉韓起、羊舌肸爲楚送女，過鄭，罕虎、游吉戒以楚王汰侈已甚，叔向以爲不能及人。然微薳啟彊[二]之言，圍且以

[一] 杜氏語原文作：「卿共小國之葬，禮過厚。葬襄公，滕子來會，故魯厚報之。」

[二] 按，「彊」，或作「強」。阮元校曰：「纂圖本、閩、監、毛本『強』作『彊』，是也。下同。」見春秋左傳正義，十三經注疏。

起爲閽，肸爲司宮矣。弑君之賊，與之爲昏，且涉是險而行，何不書？曰：斯當時之勢也。故齊景涕泣而女吳，晉平遣卿以送女，惟其不討賊也，是以至此耳，春秋削而不書，其示人正本謹初之意深矣。

莒牟夷以牟婁、防、茲來奔何？曰：譏莒、魯之君，而尤重乎魯也。然則牟夷無罪乎？曰：莒亂而著丘公不能撫其民。魯往年取鄆，今年取鄫。故外有侵削之國，而內無安靖之主，牟夷所以以地叛也。牟夷之罪，又何言哉！其重魯何？曰：逼之使叛，而又受其利也。故下書叔弓敗莒師於蚡泉，而不書莒人來討者，可知其罪魯矣。

楚子帥諸侯伐吳，越始見經而稱「人」何？曰：從徐，文也。伐吳可乎？曰：以弑逆之人而稱兵，不貶而罪見也。故前此不書吳伐楚，入棘、櫟、麻。此不書敗楚師于鵲岸。下書楚薳罷伐吳，又不書吳敗楚于房鍾，皆可見也。以爲進而稱「人」者何也？曾是從逆以爲善乎。胡康侯亦誤矣。

「六年，宋華合比出奔衛」何？曰：平公在位四十餘年，以伊柳而殺子逐臣，其暗如是，宦寺之惑人可痛也。雖然，伊柳之譖，無戌、亥之證亦不能行，伊柳何足道哉。

「七年，暨齊平」何？曰：非我所欲也。故穀梁子曰：「暨者不得已也，以外及內曰暨。」不書主名何？曰：見季氏之專也。書公則非其本意，書季氏則不可爲之訓也。何休以爲國中皆安，故以舉國言之者，非也。

「公如楚」，「公至自楚」何？曰：忘其楚之弑逆也。聽薳啟彊之言，落一章華之臺，七閱月而後返，其臣仲孫貜且以不能答郊勞爲病。君臣舉動如此，其國可知矣。

「石言于晉魏榆」，奚不書？曰：非天下災也。梁山雖晉，則關天下耳。

「八年，陳侯之弟招殺陳世子偃師」何？曰：責陳侯也。猶曰此陳侯之弟殺之也，非伊異人也。夫哀公既以偃師爲太子，又復寵次子留，屬諸司徒招與公子過者何也？招非恃哀公之意，不敢稱斯刃耳，故曰陳侯之弟也，若招之罪，不假言矣。惟如此也，故哀公縊，不書招及留弑其君，而書「陳侯溺卒」，見其自取也。留既爲君矣，出奔鄭不書陳侯留，書「公子留」，見其不當寵也。夫招歸罪于過而殺之，書「陳人殺其大夫公子過」者何？曰：討賊之辭也。過且如此，招可知矣。

然則何以書「執陳公子招，放之于越」，若宥招者何也？曰：楚子自弑其君，而又假奉孫吳以滅陳，其志豈討招哉？故書執招、殺孔奐于滅陳之下，不與其滅與執也，不以亂治亂也，不足也。又書「葬陳哀公」「叔弓會楚子于陳」及「陳災」，公羊子所謂存陳也。夫楚負弑逆，肆其强暴，滅賴滅陳，卒無能救，其諸晉已許之乎！中國之弱甚矣。

九年，周甘人及晉閻嘉爭閻田，晉梁丙、張趯帥陰戎伐潁，侵王室也，奚不書？曰：不成乎侵也。王使詹桓伯辭于晉，叔向及韓宣子遂使趙成如周吊，致閻田，反潁俘，以不成乎侵而不書。其取人改過之意見矣。

「十年，齊欒施來奔」何？曰：責魯之受叛也。欒施、高强伐君虎門，以伐陳、鮑，不勝而奔魯。魯而不受，爲亂者孤矣。不書高强何？高閔曰非卿也。

叔孫舍[一]如晉，葬晉平公，則齊國弱、宋華定、衛北宮喜、鄭罕虎及許、曹、莒、邾、滕、薛、杞、小邾大夫皆在也，奚不書？曰：舉舍以見之也。平公在位二十五年，溴梁之會，大夫執政。澶淵之會，不討蔡逆，于宋于虢，楚人先歃。孟子所謂不與賢者共政也。失伯道矣。葬之者何？曰：不廢禮也。

「十一年，楚子虔誘蔡侯般殺之于申」，何以皆書名也？曰：春秋之義，不以賊討賊也。均賊也，皆書名，又書誘殺，虔之罪重于般矣。故下書楚公子棄疾圍蔡，言般雖殺，其國猶有人也。楚何名也，其圍之乎？

「夫人歸氏薨，大蒐于比蒲」何？曰：夫人薨而搜，見君之忘親，臣之忘上也。君忘親爲不孝，臣忘上爲不忠，不孝不忠，魯其危乎。是故葬齊歸而不戚，未葬而仲孫貜會邾子盟于祲祥，又納泉丘人女以生懿子、敬叔也。故晉叔向曰：「有三年之喪，無一日之戚，國不恤喪，不忌君也。君無戚容，不顧親也。能無卑乎，殆其失國。」[二]

[一] 「舍」：春秋左傳作「叔孫婼」。下同。

[二] 此句，左傳原文曰：「有三年之喪，而無一日之戚。國不恤喪，不忌君也。君無戚容，不顧親也。國不忌君，君不顧親，能無卑乎？殆其失國。」

會于厥憖者何？曰：楚師圍蔡。晉荀吴謂韓宣子曰：「不能救陳，又不救蔡，物無以親已。爲盟主而不恤亡國，焉用之？」[一]是會爲謀救蔡也。奚不書「救」？曰：不能救也。楚圍蔡于四月，滅蔡于十一月，會在八月，解圍則已遲，救滅則無師，故八國大夫書名，非褒也。若曰無事而私相會聚耳，若又曰諸大夫也，謀蔡而不能救，亦可恥也。其書「執蔡世子有以歸」者何？見世子當君父見殺、邦國見圍之日，不及即位而報仇之節也。不然，蔡既滅也，何以又書執蔡世子有乎？故胡康侯曰：「世子無降服之狀，强執以歸，而虐用之也。」

十二年，齊高偃納北燕伯于陽，「出奔」何以名，「納」何以不名也？曰：出奔而名，罪燕伯之用變，自取之也。納而不名，罪大夫之已甚，拒其君也。故穀梁子曰：「納者，内不受也。」其曰高偃，不以大夫納諸侯也。衛衎出不名，而入名者何？曰：始罪大夫，而終罪衛君也。

公如晉，至河乃復，蓋莒人訴魯取鄆，伐國敗師于晉也，故晉辭以平公之喪拒公耳。然公自有夫人歸氏之喪，未練而出朝，彼何重君，而此何棄親也？

「葬鄭簡公」何？曰：譏子產當國，葬之速也。三月而葬也，且簡公以國反正，息諸侯兵民，蒙慈仁之惠，賢諸侯也，其禮可略乎？前此叔弓葬宋平公，則二月也。書叔弓何？曰：又以責卿共同列之葬也，若叔孫舍一月而葬平公者，則又甚矣。

「公子憖出奔齊」，則憖與南蒯、叔仲小謀去季氏，而憖告公如晉，南蒯懼不克，以費叛如齊，憖還及衛，聞費叛而奔齊耳。其曰「出奔」何？曰：若書如晉還至衛奔齊，則非與聞其謀者也。然則譏之乎？曰：子仲之志雖美，舉之不得其人也，南蒯豈徐季氏者哉？故子服惠伯曰：「忠信之事則可。」何以不書「南蒯以費叛」？曰：若宜叛也。以爲若宜叛，罪季氏之教之者深矣。

[一] 此句，左傳原文曰：「不能救陳，又不能救蔡，物以無親，晉之不能，亦可知也已。爲盟主，而不恤亡國，將焉用之？」

楚子伐徐，則使蕩侯、潘子、司馬督、囂尹午、陵尹喜圍徐以懼吳，而楚子次乾谿以援者也，其書「楚子伐徐」何？曰：舍其臣而書君，罪楚子之横，志乾谿之由也。楚子弑君而立者也，已執徐子而滅賴、滅陳、滅蔡矣。至乾谿之次，右尹子革夕，楚子遂欲求周鼎，取鄭田以畏諸侯，其志無上矣。雖子革以倚相告以祈招之詩，猶不能自克，而遂及于難。故曰「楚子伐徐」，多楚子之罪也。

「十三年，叔弓帥師圍費」何？曰：見以叛不能討叛也。季氏不稟于君，而擅使叔弓帥師圍費，其與南蒯無幾矣，故不書。平子以治區夫之謀，費人叛南氏，亦不書。南蒯以費叛也。

「楚公子比自晉歸于楚，弑其君虔于乾谿。」此觀從以楚子殺其父起也，假蔡公棄疾之命，召子干于晉，盟而襲蔡，遂及棄疾、蔓成然、蔡朝吳帥陳、蔡、不羹、許、葉之師入楚，殺太子禄及群公子，比立爲王。楚子聞之，縊于棘（圍）〔闈〕〔一〕芋尹申亥氏。若治始謀，則在觀從；若治挾衆，則在棄疾。子干奔晉十三年矣，而書比弑何？曰：觀從何足道。棄疾未爲王，虔雖弑君，比非有討賊之心，志在于篡位耳。故雖縊，書「弑」也。其曰「自晉歸于楚」何？罪晉也。罪晉不能討賊于始，而反成弑君者之自也。弑則不地，于乾谿何？終虔惡也，不聽祈招之詩也。

「楚公子棄疾殺公子比。」夫棄疾既立比爲王，而已爲司馬，奚不言弑君？曰：棄疾立有五利，比立有五難。況初假棄疾命召比者，觀從也，棄疾見之而逃。始謀者比，自立爲王者比，棄疾遂因國人夜駭，逼比而自縊。書「殺公子比」，不與比爲君也。

平丘之會何？曰：著晉之失諸侯也。夫「晉成虒祁，諸侯朝而歸者，皆有二心」，齊侯如晉，燕而投壺曰：「寡人中此，與君代興。」邾、莒亦訴魯取郠于晉曰：「我之不共，魯故之以。」于是叔向曰：「諸侯不可以不示威。」遂治兵于邾南，甲車四千乘。此合諸侯也。而曰失者何也？曰：謀國有要，不勞而成功，失會無材，屢盟而滋叛。夫諸侯之二，雖因虒

〔一〕按「闈」，原作「圍」，阮元校：「石經、宋殘本、宋本、岳本「圍」作「闈」，是也。釋文同。」故「圍」當做「闈」。此據春秋左傳正義改。

祁，實以晉受楚其柄也。當楚虔初弑君也，使椒舉如晉求諸侯，叔向對曰：「諸侯君實有之，何辱命焉？」使晉不許楚，移此會于前，爲討賊之舉，中國莫安，豈有滅賴、滅陳、滅蔡之事哉？至此猶不知省過，乃因齊、魯而耀甲兵以威之，其能得諸侯乎？故有不與盟者，有與盟而强之者。故曰「失諸侯也」。其曰同盟，雖同懼楚，志不同也。然則公不與盟，善之乎？曰：有强臣而不能制其叛以侵邾、莒，至使晉侯使叔向辭公，且南蒯、子仲之憂，不君甚矣，以爲自反而縮者，吾不知之矣。其曰「晉人執季孫意如以歸」何？曰：執意如是矣。劉子在會，不歸京師，而且受其貨。雖得賊不許也。

「葬蔡靈公」何？曰：失德不葬，滅國不葬，弑君不葬，葬蔡靈公，譏葬弑君也。

十四年，晉殺其大夫羊舌鮒及雍子，奚不書？曰：當也。邢侯與雍子爭田，罪在雍子。雍子納其女于叔魚，叔魚蔽罪邢侯，邢侯遂殺二子于朝。韓宣子問焉，叔向曰：「『昏、墨、賊，殺』〔二〕，三人同罪，施生戮死可也。」乃施邢侯，而屍雍子、叔魚于市。仲尼謂叔向爲「古之遺直」。三數叔魚之惡，不爲末減，殺親益榮，猶義也夫，故曰當也。當而不書，其示以義刑義殺乎！

「十五年，吴子夷末卒」何？曰：以是可以考書札來聘之非貶也。夷末是年始卒，而札在十八九年之前。乃譏其讓國治亂，豈天理人情哉？

「有事于武宫，籥入，叔弓卒，去樂卒事」何？曰：譏失禮也。叔弓涖事，卒於祭所，武公以下，苟有仁心，肯嗜飲食邪？而猶卒事，不亦誣乎？主祭者不能專其誠，受祭者不忍食其肉，廢之可也。故曾子問：「諸侯祭社稷，俎豆既陳，聞天子崩，後之喪，君薨，夫人之喪。」孔子曰：「廢。」此雖大夫，然而卒於祭所，非聞矣，亦可推也。自左氏、公、穀以下，皆謂之禮，予未之前聞也。

〔二〕按，此句爲叔向引夏書之文。左傳原文爲：叔向曰：「三人同罪，施生戮死可也。……己惡而掠美爲昏，貪以敗官爲墨，殺人不忌爲賊。夏書曰：『昏、墨、賊，殺。』皋陶之刑也。請從之。」

晉荀吴伐鮮虞何？曰：罪荀吴也。夫鼓人或以城叛，荀吴曰不可，欲城而邇奸。鼓人告食竭力盡，而後取之，克鼓而反，不戮一人，何以罪吴乎？曰：吴常僞會齊師，假道鮮虞，入昔陽而滅肥。春秋書晉伐鮮虞，以狄之矣。使其國伐，已受惡，未能顯其名也。至是乃又假仁義之名，其欺謾亦甚矣。且吴敗狄則詐以卒，滅肥則假以道，是何有於一鼓人哉，可不伐而降也。行譎於大，而行正於小，予未之能信也。故此書荀吴者，明前晉伐鮮虞，而謀國于狄者皆吴也。人臣以詐謀國之罪，不容誅已。故後七年，鼓人復叛，荀吴復畧東陽，使師僞糴者，負甲以息於昔陽之門外，遂襲鼓，使涉佗守之。胡氏謂以正兵加敵，而不納其叛臣者，安在哉？

「十六年，齊侯伐徐」何？曰：譏齊侯也。故不書及莒人、郯人、徐人盟于蒲隧者，畧之也。畧之者，微之也。言盟爲無益輕重耳，以齊受徐甲父之鼎也。

「公至自晉」何？曰：危之也。公去年冬如晉，今年夏始歸，雖意如之執，不如是之久也。何危如之？無忠信剛正之氣而欲學禮，鮮不亂夫。

「季孫意如如晉，葬晉昭公」何？曰：譏卿共葬事也。昭公在位日淺，雖有厥慭、平丘之會，然皆不能有諸侯也，其餘則用荀吴以詐伐鮮虞耳。賢侯猶且不可，而況此乎，亦已過矣。

「十七年，郯子來朝」何？曰：家玄翁曰：「録之也。」仲尼所謂「天子失官，學在四夷」〔一〕者也。

晉荀吴滅陸渾之戎何？曰：譏吴崇詐以驚王室也。夫夷、夏有防，其始晉武遷陸渾于伊川者已非矣。晉頃如改先人之過，告諸天子徙而去之可也。乃以數睦于楚，故先使屠蒯有事於雒與三塗，掩其不備而滅之，微萇弘覺客容之猛也而儆〔二〕戎備，王室亦危矣。投鼠忌器，況王室乎？吴之用詐也，不惟大鹵鮮虞，至王室亦不顧矣。嗚呼！此晉室自平公以

〔一〕左傳原文曰：「仲尼聞之，見於郯子而學之。既而告人曰：『吾聞之，天子失官，學在四夷，猶信。』」

〔二〕「儆」：左傳作「警」。

來之所以卑歟。胡氏以爲林父滅潞氏稱師，士會滅甲氏稱人。此若不貶荀吳者，過矣。

有星孛于大辰，梓慎、裨竈皆以爲衛、宋、陳、鄭火。胡氏以爲大辰，心也，心爲明堂，前星大子，後星庶子，當後五年王室亂。劉、單立王猛，尹、召立子朝之驗，之二説奚居？曰：慎、竈言于未然，胡氏擬于已亂。言于未然，雖難而小；擬于已亂，雖易而大。故許翰曰：「大辰、明堂當宋分。故王室亂宋亦亂，衛、陳、鄭災氣所溢也。然鄭有令政而無後災，是知禍福可轉也。」

「楚人及吳戰于長岸」，何以不言敗？曰：楚雖敗吳，獲其乘舟餘皇。然吳公子光以長鬣三人，覆敗楚師取餘皇以歸。故胡氏以爲不言敗，勝負敵也。吳先伐楚，而曰楚人及吳何。春秋雖于夷狄，以應兵爲主也，且楚方用費無極之讒、囊瓦之貪，而不知伐也，而伐吳何哉？春秋待楚又重于吳矣。故吳不書人，而楚書及，以責楚也。

「十八年，宋、衛、陳、鄭災」，外災不書？曰：四國也，大之也。大之而書，示人未災而修政，當災而弭患，既災而改過也。是故子產以天道爲遠，人道爲邇，乃免後災。陳不救火，許不吊災，是以先亡也。

「十九年，許世子止弒其君買」何？曰：罪臣子事君父之忽也。忽則不敬莫大焉，又何必操刃爲弒君哉！故君子無微而不慎也，而況于藥不嘗乎！止雖不立乎位，以與其弟虺哭泣歠飦粥，嗌不容粒，未踰年而死，亦不足贖其罪也。若是何以書「葬許悼公」乎？曰：言無賊可討也。穀梁子曰：「日卒時葬，不使止爲弒父也。」湛子曰：「罪世子有致弒之道也。或者止之比黨，速欲止之定位，因藥進毒；或者止察之不早，而比及匪人，又不先嘗藥以杜其邪謀；或後稍知，未真而隱之，皆不能免於與弒之罪，如漢霍光之隱妻逆也。」此説亦通。

齊高發伐莒，何以不書「入紀」也？曰：莒子既不事齊，而致齊師，其奔紀鄣，使齊師鼓噪而入，則以所殺其夫之嫠婦也，不書「入紀」，莒自取也。

「二十年，曹公孫會自鄸出奔宋」，奔不言自，而言自鄸，曹無大夫，而言公孫何？曰：顯子臧也。鄸者子臧之邑，會者子臧之子也。顯子臧而言之者何？見會之不能繼前烈也。公羊子以爲叛。劉敞以爲待放者。是以至于善，善長而賢之者，則非春秋之意矣。叛而賞之，是何理邪。

「盜殺衛侯之兄縶」者何？曰：罪衛靈也。夫宗魯，齊豹之盜，孟縶之賊，而以爲罪衛靈者何？曰：殺孟縶者宗魯，養宗魯者齊豹，用齊豹者衛靈，且齊豹伐公也。使無公南楚伐受其矢，雖公出次，死烏亦不可得矣。故曰衛侯之兄，盜可得而殺，衛侯亦危矣。夫宗魯也，雖由豹見于縶爲驂乘，既知豹謀，乃周事豹而又死縶，雖止得以盜成名。琴張猶欲吊之何也？故湛子比宗魯於雍糾之婦，蔡仲之女云。

「宋華亥、向寧、華定出奔陳」，則宋元公無信多私，而惡華、向，殺華、向之質，而攻之者也。何以自奔爲文？曰：三卿淩其君而殺其公子六人，欲安其身，亦已難矣。故公子城、公孫忌八子出奔不書也。

「二十一年，宋華亥、向寧、華定入于宋南里以叛」何？曰：此宋之南里也，又入之而以叛也，非所得入也。猶以三卿系之宋何？曰：言入宋南里以叛者，非伊異人也，宋大夫也。胡氏以戚與朝歌及蕭爲林父、荀寅、士吉射、樂大心之私邑，南里爲宋國城内之里名。若是，則私邑可叛乎。

「蔡侯朱出奔楚」，則「費無極取貨于東國，而謂蔡人曰：『朱不用命于楚，君王將立東國。若不從王欲，楚必圍蔡。』蔡人懼，出朱而立東國」，乃以自奔爲文，而書名何？曰：此不能有爲，從夷狄有禍之驗也。

「二十二年，齊侯伐莒」何？曰：譏侵小也。莒子不聽苑羊牧之諫，敗齊師于壽餘，而譏齊侯何？曰：先使北郭啟伐莒者，齊侯也。故司馬竈如莒蒞盟，莒子如齊蒞盟皆不書。書此者，見其無上事而伐人也。

「宋華亥、向寧、華定自宋南里出奔楚」，初華登以吴師救華氏，齊烏枝鳴、廚人濮敗華氏于新里，而晉荀吴、齊苑何忌、衛公子朝又救宋，敗之于赭丘，圍南里，奚不書，而獨書出奔何？曰：罪諸侯懼賊及與楚也。當是時也，華亥搏膺而呼，謂華貙曰：「吾爲欒氏矣！」言必見殺也，使貙送華登犯師而出，如楚乞師。楚薳越逆華氏，於是諸侯之戍宋者曰，若華氏知困而致死，楚恥無功而疾戰，非吾利也。不如出之，以爲楚功，宋人從之。故曰「自宋南里出奔楚」，見懼賊與楚也。嗚呼！華氏叛君而黨夷，楚人釋君而助臣，中國猶不能亢不衷焉。中國猶爲有人乎，華氏與楚人何足道哉！

「叔鞅入京師葬景王」何？曰：四月崩而六月葬，宜諸侯之不至也。故高閌曰：「天子而用大夫之禮也。」「王室亂」何？曰：景王死而王室即亂，言景王作之也。夫太子壽卒，次猛，次即匄，子朝則庶子也。王以賓起欲立子朝，故子朝作亂，帥郊、要、餞之甲以逐劉子、單子也。其曰「劉子、單子以王猛居于皇」何？譏諸侯也。天王崩，王室亂，諸侯無匡之者。故劉蚠、單旗雖不得以天年而不書名也。諸侯不生名，況臣稱爵于上，而王稱名於下可乎？曰：以猛係之王者，明當有天下也。以王而稱猛者，別于群王子也。猛當立，諸侯不能匡，景王不能定，故書劉、單以也。胡氏以爲猛無寵乎景王，不能自定其位，制在劉、單。曰以者，能廢立之也。又曰：「挾天子以令諸侯者，則過矣。」劉絢以爲景王在，而劉、單不能格君心者，則又愚也。且當聽賓孟犧雞之言，而田于北山也。微王疾，已殺劉、單矣，以爲不諫亦非也。然則與劉、單乎？曰：王室亂，大臣有能左右天子者，豈曰不可？故再書劉子、單子以王猛入于王城，亦不名也。能左右之曰以，既曰王猛矣。於其卒何以又曰「王子猛」也？曰：「王子猛」者，不成乎王也。一年不二君也，前何以去其子？曰：權也。前言子，若群王子矣，無以明其當立也。然則劉、單之能左右之者，亦是矣。晉籍談、荀躒帥師納王于王城，奚不書。曰：沒之也。小國大夫有事，諸侯皆會盟也。王室亂而使大夫往，可勿志也。故明年談、躒及箕遺、樂征圍郊以伐子朝，始書晉人，不惟微其事，又以見緩不及事也。

「二十三年，晉人執我行人叔孫舍[一]」何？曰：見婼不辱君命，故稱行人。見晉非伯討，故曰晉人執我行人也。曰：邾人城翼，還自離姑，武成[二]人塞其前，斷其後之木而弗殊，遂取邾師，獲徐鉏、丘弱、茅地。邾人訴于晉，晉人來討，舍如晉，晉執之。曰「舍不辱君命，晉非伯討」何？曰：魯人之取邾師，固爲侵小矣。晉人會諸侯而正之，亦宜也。彼其行人已來，有說邾之事矣。乃聽邾人之訴而執之，非禮也。且舍之在晉也，晉欲使與邾大夫班坐，舍執周制不果坐；又欲

[一] 「叔孫舍」：春秋左傳作「叔孫婼」。
[二] 「武成」：左傳作「武城」。

以舍與郲人，舍去衆與兵而朝，以示必死，不果與。范鞅求貨，舍又欲之，而拘申豐，請冠盡冠，請狗殺狗，其所館墻屋，去如始至。有光于父豹裂裳帛以拒樂王鮒者也，真行人矣。故曰不辱君命。

「蔡侯東國卒于楚」何？曰：見貨之不足以藩身，宜其卒于楚也。初費無極取東國之貨，逐蔡侯朱，于是東國亦朝于楚而卒矣，貨安在哉？何以不書東國如楚，曰：微之也，如莒子庚輿來奔，其前固未嘗詳莒子出入也。

「吳敗頓、胡、沈、蔡、陳、許之師于雞父，胡子髡、沈子逞滅，獲陳夏齧」何？曰：惡中國之從夷也。夫中國從楚，以爲可恃也，復敗于吳，而見滅與獲焉。此從夷之效也，故楚令尹薳越帥六國之師救州來，會吳戰于雞父。不書楚而書六國，若曰六國之師胡爲而至雞父哉。宜爲吳所敗滅也。然則州來不可救乎？曰：王室方亂，而陳、蔡、許、沈之國，不遣一介以問，至聽楚而救州來，竟何如也？胡氏曰：「書其敗不以國分，而以君大夫爲序。書其死不以事同，而以君臣爲別。辨上下，定民志也。」

「天王居于狄泉，尹氏立王子朝」，前書王猛，此不書王匄何？曰：已踰年也。故曰尹氏，明不與劉子、單子同也。書王子朝，明不與王猛同，而況敢敵天王乎。劉、單伐尹氏而敗績，故天王出居狄泉。夫劉、單既能以王猛，又盡力以定敬王，亦庶乎以安社稷爲說者也。以爲廢立誤矣。

「二十四年，吳滅巢」，家玄翁以爲能復諸樊門矢之仇也。奚舉號？曰：吳本以楚子爲舟師，以畧其疆，遂踵楚而滅巢，不爲復讎舉也。然亦可以見其強矣。故沈尹戌曰：「亡郢之始于此乎在。」[一]故舉號以夷吳也。

「二十五年，叔孫舍如宋」何？曰：爲季孫意如逆妻也。豈惟見平子之專恣，而舍之大卑可踰，亦可見矣。乃以宋桐門右師語，卑大夫而賤司城氏爲賤宗賤身何哉？將非樂祁所謂魂魄去而喪心乎？不然，何以不如箕館之強也。

黃父之會何？曰：此鄭游吉以嫠不恤緯之言，動范鞅大國之憂，以謀王室也。夫王室之亂，至是已四年矣。天子蒙

[一] 左傳原文曰：「亡郢之始，於此在矣。」

塵，而魯君帶疾以朝晉，季孫使舍如宋以逆妻，舉魯一國如此。況如陳、蔡、許、沈之君，從楚以救州來之類者，可勿悉也，視王室如何哉？黄父之會，諸侯不行，而大夫且至曰：明年將納王。書以譏之也。

「有鸜鵒來巢」何？曰：左氏曰「書所無也」，公羊子曰「宜穴又巢也」，張洽曰「不特如師已」。言昭公出奔之兆，亦必如邵子所謂天下將亂，地氣自南而北。蓋吳、楚、越迭主夏盟也。

公孫于齊，次于陽州。初季孫意如以季姒之故，殺季公鳥之臣申夜姑，而公若怒，以郈氏之雞金距，故益宫于郈氏，而郈昭伯怒。以臧氏執臧會于季氏之故，拘臧氏老，而臧孫怒，於是公若以公爲、公果、公賁告於昭公，昭公遂及郈孫伐季氏，季氏請待、請囚、請亡，皆不許。叔孫司馬鬷戾遂救季氏，陷西北隅，孟孫何忌殺郈昭伯，遂伐公徒，子家羈止公，公不肯。遂與臧孫如墓謀以行，則二家輔季氏逐公也。而曰公孫于齊何？曰：昭公居常而不能有其政，任其賢臨變而不能聽其言，制其忿，故及之也。季氏之惡，不假言矣。其曰次於陽州，胡氏曰：「待齊命也。」

齊侯唁公于野井，使國子、高子致糗服器用，而昭公每稱宗廟先君以答之。孔子以爲其禮與辭足觀者何？曰：禮與辭足觀也，若其行其實，皆不足觀也。聖人之微辭也如是，夫林放問禮之本，子曰：「大哉，問！」

「戊辰，叔孫舍〔一〕卒」何？曰：責備賢者，一死不足以塞責也。舍既爲季孫逆婦，又安能止季孫逐君。雖其言曰：「子以逐君成名，子孫不忘，不亦傷乎？」平子曰：「苟使意如得改事君，所謂生死而肉骨也。」昭子如齊，與公言：「將安衆而納公。」公徒將殺昭子，則以叔孫舊黨季氏，其司馬鬷戾實敗公徒救季氏也，于是昭子自鑄歸，平子遂有異志，昭子乃使祝宗祈死以卒。夫未變而無正色不可動以非之操，既變而無討賊返君之材，且一司馬不能正，而況于季氏乎。家玄翁以爲舍之爲君死，比於士燮者，誤矣。

「宋公佐卒于曲棘」者何？曰：爲其媚季孫意如之逐君也。蓋將如晉謀講逐君之事，以蓋意如之愆而免其危也。

〔一〕即叔孫婼。詳見前注，下同。

初元公夫人曹氏生子，妻意如，或謂曹氏勿與，魯將逐之。曹氏告元公，元公告樂祁，樂祁曰：「與之，魯君必出，魯君失民久矣。」夫知季氏之將逐君而嫁之女，見季氏之已逐君而死其危。於季氏且不得爲賢舅，豈有正倫恤患之心哉。如其有是心也，當其初則不妻矣。以爲賢于當時之諸侯者，過也。不然何他國皆坐視不行，而元公獨舉之邪。夫曲棘，宋封內地，曰卒于曲棘，譏不得薨于正寢也。

齊侯取鄆，爲昭公居也，何言乎「取鄆」？曰：伐季氏正也，取鄆非正也。伐季氏可勿取鄆矣，取鄆非所以伐季氏也，舍其大而小是謀也。以晏子相之，而不能有爲，是以大人貴格君心。昭公不君，季氏不臣，又何言哉！

「二十六年，公至自齊，居于鄆」何？曰：穀梁子曰：「居于鄆者，公在外也。至自齊者，道義不外公也。」杜預曰：「入魯境故書至，猶在外故書地。」胡氏所謂存一國之防也。

公圍成，則齊侯使公子鉏帥師圍成，及成師戰于炊鼻，不書齊師者何？曰：齊景聽梁丘據之讒言，不能自行，故畧其無討賊之誠也。夫外使申豐以賂據，內使成大夫受師以拒齊者，季平子也。而書「圍成」何？曰：著孟氏之罪也，孟氏而黨季氏也。夫孟懿子，孔子之門人也，嘗問孝于夫子矣，當公之奔也，則懿子殺郈昭伯而敗公徒。及公之伐也，則據成以與公戰，所謂無違者安在也？懿子且如此，況季氏乎。故孫炎曰：見國內皆叛也。

「公會齊侯、莒子、邾子、杞伯，盟于鄟陵，公至自會，居于鄆」者何？曰：左氏曰：「納公也。」夫季氏使梁丘據以宋元公、叔孫舍之事怵齊景公之心也，安能納乎？故上書會盟，下書自會居鄆，猶夫舊也。故孫炎曰：謀納公而不能也。

天王入于成周，則晉知礫、趙鞅納王，使成公般戍之者也，奚不書？曰：游吉激之，單旗請之。劉蚠既焚，瀕于危亡，五年而後救。故春秋畧之也。不得爲勤王之師也。不曰京師，曰成周者何？曰：下都非舊京師也。故公羊子曰：明在東周也。

尹氏、召伯、毛伯以王子朝奔楚，召伯盈逐王子朝，逆王于尸，及劉子、單子盟，王始入成周。從子朝者，則召氏之族，及毛伯得、尹氏固、南宮囂也，何以書召伯？曰：召伯始既倡其亂，終不能禁其族。即召伯耳，奚不名？曰：此召伯、毛伯皆爽之後也，今乃不能繼先烈，黨尹氏，爲亂矣，猶尹氏也。

「二十七年，吴弑其君僚」，則諸樊之子光伏甲于堀室而享僚，使鱄設諸寘劍于魚中而弑之者也。其曰「吴弑」者何？曰：此著有吴者之罪也。壽夢基亂于始也。夫壽夢有四子，定于立嫡，則諸樊可也；定于立賢，則季札可也。乃欲四子相傳，致國季子，安知三子皆以次蚤死，而季子獨生邪。僚之見弑，宜矣，故曰吴也。

「楚殺其大夫郤宛。」則費無極誘使子惡置甲于門，以飲令尹子常。子常使鄢將師攻郤氏，且爇之盡滅其族。而曰「楚殺」者何？曰：子常賄而信讒，昭王昏而失人，國無君臣矣。故雖子惡之直和國人説之，而不能存也。

晉士鞅、宋樂祁犂、衛北宫喜、曹、邾、滕人會于扈，令戍周且納公，范鞅取貨于季孫，以辭宋、衛。戍周不急，而納公不成，其列序諸大夫者何？曰：著范鞅之受貨，及祁、喜之從之也。言其會爲取貨于季孫耳，非勤王助君也。

楚費無極去朝吴，出蔡侯朱，喪太子建，殺連尹奢，屏王耳目，使不聰明，令尹囊瓦以沈尹戌興謗之言而殺之，奚不書？曰去讒，常經也。以爲常經而不書，其示人遠讒之意乎。

「二十八年，公如晉，次于乾侯」者何？曰：去年如齊，齊侯享公，使宰獻而請安，又請使子仲之子重爲齊侯夫人者，見可謂卑公甚矣，子家子遂以君出，故至是如晉也。

「二十九年，公至自乾侯，居于鄆，齊侯使高張來唁公」者何？曰：去齊如晉，晉亦不禮而歸。故齊侯使高張，雖唁公實誚公也。夫據鞅取季氏之貨，景、頃聽，據鞅之言，故公往來，無所依也。當是時，晏嬰在，不知何以謀齊也。

「三十年，公在乾侯」者何？曰：前書鄆潰譏君，此則譏魯之群臣也。雖則鄆潰，不獲入魯，而居乾侯，爲群臣者亦何忍哉，季氏不足道矣。

「吴滅徐，徐子章羽奔楚」，奚名乎？曰：徐子已斷髮，攜其夫人以逆吴子。吴子唁之，乃遂奔楚，不死社稷，故名也。若闔廬者，憾徐不執掩餘，鍾吾人不執燭庸，乃執鍾吾子，遂伐徐，防山以水滅之，真狄道也，故舉號焉。

「三十一年，季孫意如會晉荀躒于適歷」何？曰：罪荀躒也。荀躒如意如耳，不以爲罪，而又會之也。荀躒如意如，則晉定如魯昭矣。晉侯將納公，士鞅曰：「若召季孫不來，信不臣矣，然後伐之。」[一]召季孫，鞅使私焉，曰：「子必來，我受其無咎。」奚書荀躒？曰：于扈既以士鞅主會而取貨，此並見荀躒以從鞅也。故下書「晉侯使荀躒唁公于乾侯」，公曰：「所能見夫人者，有如河！」[二]荀躒掩耳而走，謂季孫曰：「君怒未怠，子姑歸祭。」公由是終不入矣。諺所謂使鬼而觀病者乎？故曰荀躒也。夫不恤見逐之君，而信不臣者之言，陰交其臣，陽唁其君，其曰「晉侯使躒」，則又罪晉侯也。

「黑肱以濫來奔」何？曰：惡類相聚也。季孫始執政，而莒牟夷、邾庶其以其地來奔，季孫既逐君，而邾快、黑肱以地來奔。善能感善，惡能感惡，各以類也。黑肱不係之邾者，杜預曰：「闕文也。」

「三十二年，公在乾侯，取闞」[三]何？曰：見有所據者也，猶曰取而奪之云耳。其薨乾侯者何？曰：見天下無王，亦無伯也。

定公

吉問：「執宋仲幾」何？曰：京師，王都也。仲幾，宋臣也。范獻子，晉人也，而擅執宋臣於王都。雖有城成周之勞，君子不與也。晉將恃勞以滅王綱乎？春秋明道不計功。

誘以舒鳩敗于豫章者，吳也。而以楚人主伐者，動以讒而不思服桐之道耳，吳不足道也。

栢舉之戰，不書楚子奔隨，而書囊瓦奔鄭者何？曰：楚之禍，囊瓦貪以致之也。然下書入郢，則國無其人，不待言楚

[一] 左傳原文云：「晉侯將以師納公。范獻子曰：若召季孫而不來，則信不臣矣，然後伐之，若何？」

[二] 左傳曰：「己所能見夫人者，有如河！」

[三] 春秋原文曰：「三十有二年，春，王正月，公在乾侯。取闞。」

子之奔矣。於此亦可見國君用貪人以致禍敗。吳不足道也。

卒意如者何？曰：定公既立，則意如不得不卒，德其立己也。其忘昭公乎？若曰昭公薨于外，而意如卒于内，雖天道亦左矣。

從祀先公甚順也，盜竊寶玉甚逆也，順事非逆人之所能爲，於順祀之時，而懷爲盜之心。雖謂之逆祀可也。其曰得者，幸辭也。若寶玉大弓非魯舊有，胡然而得之也，其不知善守之道明矣。

夾谷曰會，齊所欲也。歸田曰來，非魯志也。夫孔子相君以會齊，其先以誠意禮容感之者深矣，故言出而齊人化且服。

州仇憾公若藐之不欲立己也，乃使侯犯殺若藐，犯之不從以叛，亦有由矣。其書帥師圍郈，著州仇不懲忿而致禍也。

其曰家臣強叛，不假言矣。

仲佗、石彄皆辰之所與，宋公寵魋，則斯人皆難存矣。然至於叛，則與魋又何異哉？樂大心嘗衰絰生子而見逐，其從叛人，固其志也。

觀墮郈、墮費之事，見聖人之道，雖強如三桓亦可行，此無他，中其幾耳。然至圍成不克，聖人亦不汲汲。則知別有所爲，或先圖其本，不以墮成爲功也。

寅及士吉射伐鞅，而書鞅入晉陽以叛，貪衛貢以殺午者鞅也。及智文子、韓簡子、魏襄子逐荀範，而書荀範入朝歌以叛。荀範先伐趙氏而始禍，至是不聽齊高彊之言，而又伐君也。鞅書以叛，而又書歸晉，晉無人焉耳？故胡氏曰：「晉無政刑也。」

吳子光，越殺之於檇李也，而書卒，若其自取焉。故許翰以爲玩兵滅身、戕民伐國之戒。

天子使石尚歸脤於諸侯，不聞諸侯入見天子，而穀梁子猶以爲貴復正也。世道至是，雖學者亦迷矣。

衛世子蒯聵出奔宋，可以見夫婦父子之倫絕。蒯聵，戲陽速之不若也。靈公，宋野人之不若也。

哀公

仲仁問：「納戚」者何？曰：惟靈公不父，故蒯聵不子。惟蒯聵不子，故輒又不父。聵以逆而不得入，輒得不以逆而不拒哉。可以知本末矣。

州來不書吳遷者何？曰：蔡嘗倚吳以伐楚，謂吳可信也，而不知己不自立，吳能滅之。是自遷也。

石曼姑圍戚，與蒯聵率戲陽速朝少君之意同。公羊子謂不以父命辭王父命，不以家事辭王事者，亂矣。

書盜殺蔡侯於前，而書辰奔及殺姓、霍於後，言辰、姓、霍不能先正其君，至於危而後殺之，真盜徒也。胡氏以爲畧公孫翩弑君之名者，蓋嘗謀國不使至于是而弗見庸也，縱若是，君可弑乎？

陳乞之處國夏、高張，與處陽生同一詭於義者，故不免弑君之名。鮑牧從誣亦類乞，故朱毛輩不足道。

魯不聽子服景伯仁信之言，既執邾子矣。若齊、吳不伐我，取讙、闡，則邾子不歸。胡氏猶以爲能去惡而不積乎，惟勢利恃者魯也，諱之奚益。

仁問：齊陽生卒者何？曰：雖則魯、吳伐齊，而齊人自弑悼公，乃曰不忍以夷狄之民加中國之君，彼齊之臣子又何加其君邪？不書弑而書卒，其陽生弑荼之自取乎。故上書吳伐齊，下書齊侯卒，若曰死於吳師耳。私約於陳乞者，豈能令終乎？

伐陳惡也，結得書名救陳善也，札不得書名者何？曰：此謂書名以彰楚暴，隱名以見中國之衰也。中國衰者，吳能救之也，意在取吳以病中國，不係於札之名不名也。

黄池之會夷狄盛，而主會乃書魯、晉及會者何？曰：見中國之衰，會其我所欲也。若曰匪異人任，中國自取耳。當其先也，于蜀之盟，中國乃及楚，不能自立以從夷矣，春秋恥之，遂至于宋之盟，楚人先歃，于申之會，楚子序于中國諸侯之上，用齊桓、晉文之禮，不可遏矣。又不知自立，浸淫至於黄池，遂於吴以及會焉，猶謂中國爲有人乎。嗚呼！此春秋之所以終「西狩獲麟」，宜乎其然也。

禮問

禮問卷之一

冠問

朝問：「將冠子，冠者至，揖讓而入，聞齊衰、大功之喪」，「内喪則廢矣」。又將冠子，「未及期日，而有齊衰、大功、小功之喪，則因喪服而冠」者何？[一]夫纔聞喪時，即廢冠禮矣。既身有喪，乃及期日而行冠禮。期日不可改乎？先生曰：始之廢冠，是初聞喪，心不安，即臨喪，以盡處變之道，喪重而冠輕也，雖廢亦可矣。及既有喪也。期日未至，則是日哭臨之禮皆盡矣。此期而行冠禮，心則稍安，況又以喪冠行禮哉！若期近，則亦可改矣。夫冠亦重事也，禮有不可廢者，此之謂也。

霄問：仲止之冠也，渭陽公不爲主以應賓，而子代之者何？曰：吾父告諸廟，使柟習禮于君子，敢不執其勞？古者筮日于廟，所卦者執卦以視主人，今以大統曆選日者何？曰：制也。帳房設洗陳服皆如禮矣，乃不用爵弁服皮弁服，而儒弁襴衫絲弁阜衫者何？曰：亦由夫制也。古可因者則從古，古可革者則從今。古冠者見于母，母拜之。今四拜于

〔一〕語見禮記曾子問，原文：「曾子問曰：『將冠子，冠者至，揖讓而入，聞齊衰、大功之喪，如之何？』孔子曰：『内喪則廢。外喪則冠而不醴，徹饌而埽，即位而哭。如冠者未至，則廢。如將冠子，而未及期日，而有齊衰、大功、小功之喪，則因喪服而冠。』」

母，母立受者何？曰：子雖黃耇台背，不可無親也。母而拜子，古之不可從者也。

光祖問：士冠禮「三加彌尊」，重冠事也。諭俗恒言令民間不必盡行古冠禮，但將加幘之時，召族人、戚人、鄰人及知禮長者命教之，乃冠幘，拜祖宗。父母兄弟而退者，不亦太簡乎？曰：如古禮之繁也，其誰民能行之？不幾于盡廢乎？如恒言之簡也，猶爲存乎其意耳，不猶愈于盡廢者哉！是故君子之于禮也，舉其質不泥其文。

婚問

官問：婚有六禮。今俗惟用「納幣」「請期」「親迎」者何？先生曰：「納吉」「納徵」「納采」，實未嘗忘也，但行之者苟簡耳。問「納幣」。曰：昔文中謂「婚娶論財，夷虜之道」。今天下皆論財矣，欲興桃夭肅雝之化也，不亦難乎？無惑乎治日之少也。

朝問：婚禮「既納幣，有吉日」，是將取之期也，其約爲婚姻非一日矣。如一旦遭父母之喪，則事之變而深不得已者，如致命女氏，不得嗣爲兄弟，固爲重喪之義。女氏諾而不敢嫁，亦當時重婚之義，皆禮也。如之何？免喪之後，女氏請娶，而男終前約而不娶，似非近情乎？先生曰：是設爲禮文之辭者，讀之太緊耳。蓋女之父母使人請，婿弗取而後嫁之禮也，是設辭耳。此可見終婚之義，注非是矣。

楊明久之妻死，其子之服未祥也，其繼妻又欲死。有爲楊子謀者，欲爲其子先娶也。楊子惑而問焉。先生曰：此大倫也。使汝子無知，則可。如其有知也，不歸怨于汝乎？君子宅身，一曰義，二曰命，禍福不與焉。嘗聞教子以義方，子是之舉，亦爲納之于邪矣。

光祖問：諭俗恒言「屏七慝以正婚姻」，皆古禮之所無也。則胡爲言之？曰：古禮廢，則今慝興矣，故七慝屏則六禮復。

光祖嘗詢：江南風俗，皆苦生女分家貲以隨嫁，與吾秦晉之俗大不同矣，敢問孰爲近古？先生曰：江北婚禮浮于男，江南婚禮浮于女，以言其失古則均焉。嗚呼！安得復見儷皮釐降之風乎？

大器問：今有女家父將喪，男之父母即使子迎女過門矣，又欲子之完親也。如之何？先生曰：禮：女在途而女之父母死則女反。若女過門，母死不復反。今女父將喪迎嫁，皆非禮也，而況于完親乎？

入學問

介問：子之遣栖就學于馬子也，冠履盥洗，先期請諾。及期，又冠履盥洗。帥栖以見者何？曰：師者，人之所由成也，敢不重乎？冠履盥洗，事師如神也。從師釋采于文宣王者何？曰：禮不云乎？皮弁祭菜示敬道也。古者以周公爲先師，今以孔子爲先師。贄之以幣者何？曰：宦學事師，非禮不親也。皷篋而肄小雅三者何？曰：考德存乎方冊，興詩莫如小雅。故記曰：「遜業而官始也。」執事者撤菜，栖奉先生座於堂者何？曰：古者謀于長者，則操几杖以從之，而況于師乎？既肄雅出，取夏楚升堂者何？曰：有不興斯懲之矣！故曰「收其威」也！教之以孝弟謹信，餘力而學文者何？曰：既釋采于先師，斯以行其言也。先師之言此，深切于弟子耳。延先生以三獻之禮，設介僎者何？曰：賓師也。賓師以介僎者，以殷禮待之耳。

射御問

端溪子問：古之射也，以觀德；今之射也，以講武。古之御也，以範馳驅；今之御也，以上枉道。是故觀德者，讓之地也。講武者，爭之門也。範馳者，正之本也。枉道者，邪之階也。嗚呼！其諸古今之所不同乎？曰：斯其人有志于古乎？昔仲尼辭執射而執御！

大器問：射禮，當物及物者何？曰：物者，所履之地也，以有事於此也。故曰「物」猶易「爻」字作「物」字也。古人文字甚雅實。又曰：儀禮所遺者，禮記載者七八矣。王安石教人讀禮記，然所好者則惟文耳。

詔問射義。先生曰：天子有天子射，諸侯有諸侯射。虞廷雖庶頑讒說，侯以明之，今也惟作一輕事矣。故文人以筆墨爲業，武人以弧矢爲藝。

朝問：射有射禮、射義矣，御惟曲禮中展軨効駕數段，何也？曰：此可考見古人御之之法。有欲求執御之旨者，可取觀之矣。

沐問：鄉射、大射皆先燕而後射，何也？曰：此可見古人雖一飲食亦不徒然也，必繼之以道德焉。故其詩曰「序賓以賢及不侮」云。

欽臯問：五御今可復乎？曰：古乘車則可行，今惟乘馬。効其法而用之，可也。然豈惟馬哉？凡侍御於君子長者，皆御也。又曰：御禮不行，始有少陵長、賤妨貴、卑踰尊之風矣。

朝問：侍射則約矢，侍投則擁矢，亦有御道乎？曰：然小則童子御燭易簀，大則杜簣御飲以止鐘，皆是也。

祭問

武緣李白夫問：禮：天子七廟，諸侯五廟，大夫三廟，適士二廟，官師一廟。說禮者曰：「七廟」者，祀七世。若官師，止祀一世，不能祭其祖。宋程氏禮：冬至祭始祖。朱子曰：熹則不敢。故祀止四世者何？先生曰：三代諸侯多出于天子，其始祖，天子祀之矣，故諸侯五廟。大夫多出于諸侯，其高祖，諸侯祀之矣，故大夫三廟。適士官師多出于大夫，其曾祖，大夫祀之矣。故適士官師二廟一廟。自漢以來，郡縣天下諸侯非繼禰之宗，大夫有百世之胤，諸侯而棄始祖，大夫而棄高祖，適士而棄曾祖，官師而棄祖，則庶人例當棄其父矣。夫自天子至庶人，分有貴賤，而祖無親疎之異，禮有隆殺而孝無彼此之殊。竊議天子七世七廟，太上也。公侯卿相，一廟五楹，祀五世。大夫一廟三楹，祀五世。郎吏一廟二楹，祀五世。庶人宗子，祀五世于寢，似義起之禮也。如家禮之説，援古則似僭，通衆則尊卑混淆，故程氏禮則近經。今天下閭閻庶民，多畫神主于軸，其譜牒可考之家，雖十世祖皆祀之矣，未聞有禁也。故程氏禮本人情，通上下，可以發孝，可以殫仁，可以洞幽，可以詔明，可以酌古，可以準今。于孝子順孫之義，其庶幾乎？雖然此文也，如諸侯大夫能治其國家。雖豚肩不掩豆，其祖固享之，如其廢政妨賢，病國虐民，雖八佾雍徹，其祖亦怨恫也。

有仕于京者，繼母且死，乃謀奔喪，而祭先繼母乎？先先母乎？先生曰：喪，不葬不祭，又何先後之問耶？且子父存乎？曰：父存。曰：父存，雖喪亦主之矣，而況于祭也。子有哭號而已，不得而餘謀也。

問：古人不墓祭，後人乃有墓祭者何？曰：古者葬之中野，不封不樹，不知其處，故不墓祭。後世有封樹矣，故祭之。人有論墓乃是枯骨而魂不附，故迎魂祭之于家廟，墓不必祭也。殊不知古人有祭於祊者，猶恐其在於祊也。況屍骸所在乎？！故墓祭者，亦義起之禮也。祭於門者，以親嘗出入於門耳。

威問：祠堂之祭。先生曰：柟家中人亦少，只設屋一間如祠堂。槅作五座，中安始祖神主，餘安高曾祖考四世神主。障用一紵幔，遇祭則揭幔設祭，孫死則附於祖座中。高曾祖忌日能記，則出主亦祭之。蓋從程氏禮也。

威問：禮謂：「天地之祭，越紼而行事。」〔一〕程子謂：「越紼猶在殯宮，此事難行，只可使宰相攝耳。」〔二〕子厚又曰：

〔一〕語見禮記王制，原文：「唯祭天地社稷，爲越紼而行事。」

〔二〕語見河南程氏遺書卷二下，原文：「禮言：『唯天地之祭爲越紼而行事』，此事難行。既言越紼，則是猶在殯宮，於時無由致得齋，又安能脱喪服衣祭服？此皆難行。縱天地之祀爲不可廢，只消使冢宰攝爾。」

「父在爲母喪，則不敢以喪服見其父。況天子爲父母之喪，而可以事上帝，不如無祭。」此三說者如之何？〔一〕先生曰：祭時天子三年之喪，則宰相亦有三年之喪矣。就是天子可祭，不必使攝也。天子事天地，雖則天子之父，亦是天地所生也，亦難比天地矣，如之何不祭乎？子厚之言又一說也。古者父在爲母，齊衰期年，是以不敢見父。今也父母皆行斬衰三年，喪服亦可見父，不必泥矣。又曰：若在殯宮，當卜郊。光祖曰：王石渠先生奏：「祀孔子與先農同。」此高天下之見也。然孔子之功德，實與天地參焉。以祀先農者而祀之，光祖以爲猶有屈也。然當時禮官不肯從者。其故何哉？先生曰：汝知吾人之徒乎？非先農不能生，非孔子不能教，教養同功，但世多忘先農耳。

先生曰：當祭而太廟火，其祭也，如之何？孔子曰：「接祭而已矣。」注解：「接」字爲「捷」，速疾之義。當見火時，更有何心行禮而疾速也。王摽曰：「解作『接續』之義可也。」見火，則不行禮而救火。及救火也，又接前禮以行之。如之何？先生曰：此解甚暢，亦可以見禮時爲大矣。

先生曰：孔廟從祀之舛，亦猶仕路乎？薛先生何也？曰：汲黯、蘇武、黃憲、陳寔、郭泰、諸葛亮、宋璟、韓休、尹焞而不祀，馬融、揚雄而祀，何也？曰：數子無著書。七十子之祀者，亦有不知其名者，其著書安存乎？夫祀也，紀德則人務實，紀言則人務名。世之治亂所係也。其可苟乎？

或問曰：左傳有子雖齊聖，不先父食之說，若孔廟顏子、曾子、子思，皆先父食也，不知當時何所據以行之乎？光祖不能答，敢問。先生曰：子不先父，一國宗廟之祭也，主于論孝，不論功；文廟之祭，天下報功之典也，主于論功，不敘論。若別立廟以祀，無繇、點、鯉，斯盡善也。

光祖問曰：魯用天子之禮樂，孔子常不足矣。如久于相魯，將革之乎？從之乎？先生曰：孔子于衛且正名，況于

〔一〕語見河南程氏遺書卷二下，原文：「父在爲母喪，則不敢見其父，不敢非禮見也。今天子爲父之喪，以此見上帝，是以非禮見上帝也，故不如無祭。」

魯乎？觀吾不欲觀之言，以及墮郈墮費之行，可知其必革矣。所未可必者，顧用我者如何耳？

器問祀祖。先生曰：此報本之大者也，當必誠必敬。後世士大夫，多不以此爲重。苟學者省去糜費，立家廟，置祭器禮器，更與族人鄉人習行，亦可變俗也。

方秀才拜先生，祭茶。先生曰：茶不必祭，祭酒則可。酒，尊者祭過，亦不必。且禮者，宜也。父子不同席，若父喜命坐，則亦不可泥也。

先生於七月中元，召王朝大器，賜飲。曰：此酒祭先之餘也。朝問：此則吾鄉謂之麻穀節？曰：然。遂指庭下薥秫曰：養之久矣，爲今節獻，蓋憶吾鄉舊俗百穀之意。又問：何所取意？曰：秋穀既成，獻麻穀以薦新也。

喪服問

霄問：斬衰再期大祥，始斷杖、食肉、飲酒、復寢，不數閏，二十七月而禫者何？曰：以期不足也，加隆焉，故再之。又不足也，加隆焉，故時之，故二十七月當三年也。古者三年取一月，故二十五月。今三年取一時，故二十七月。親始死，品官丈夫白布衣，被髮徒跣。婦人青縑衣，被髮不徒跣。皆啼哭。庶人扱上衽，皆曰藉藁寢尸旁者何？曰：色服則不忍，制服則不忍，故曰衣者素所衣也，志不及于改之耳。婦人雖是衣，亦可也。被髮徒跣，不可以爲人也，自誅之甚也。或曰：始生之象也。古者雞斯徒跣，扱上衽，交手哭，擗踴，貴賤一也，當給大喪事，及哭臨者，皆無跣。十五舉音者何？曰：爲郡臣略也。自漢文帝之詔始也，古者百姓如喪考妣，百官皆衣白幘不冠，閉城門宮門，東漢之禮也。小斂而袒括髮，婦人髽者何？曰：蓋有爲之括髮髽者矣，非其子之志也。子之志其猶欲被髮乎？故袒袒者誅乎其心也，親不斂子不襲。問喪曰：懣氣盛，故袒而踴之。所以動體安心下氣也。故婦人不可袒，則發心擊胸爵踴。殷殷田田，如壞牆然。古者小斂環絰麻帶散垂，公大夫士一也。既成服，則加絰于冠，綬麻帶不散垂。

斬衰裳者何？　衰裳皆斬也。衰也者，摧也，摧折其心，若不能以生，明欲斬也，猶曰「天胡不斬吾身」云耳。「不斷」則「絞」也，故「帶」曰「絞帶」，二者刑之極者也。而孝子兼服之，痛之甚也。故縣子曰：「三年之喪如斬。」負版者，負衰也。負其摧悲之意于背，猶曰『前後無怙恃』也。辟領者，適也。適者，責也。開其領以責心也，則何以至是乎？痛之甚也，其有事于天地祖宗。及朝或公門，雖未殯，則烏紗帽黑角帶，黲布衣不變麻履者何？」曰：尊天而崇王也。古者凡見人，無免絰。雖朝于君無免絰。惟公門有稅齊衰。天子大袖布襴衫、白綾襯衫，宋王淮之議也。

杖何以竹？何以桐？天地之體，陰陽之義也。竹杖員，節著于外。桐杖方，心通于內也。何以言苴言削？言「苴」，貌若苴。言「削」，辯其爲方也。婦人何以不杖？猶童子不病之說也，其後世乎？古者君之喪，三日子夫人杖，五日大夫世婦杖。大夫之喪，三日，主人主婦室老杖。士之喪，三日，主人主婦杖。庶人亦杖者何？父母之喪，無貴賤一也。以輪人闒轂輠輪而廢魯叔孫州仇之過也。古有去杖、輯杖，授人杖者何？古者子大夫爲君，寢門外杖，內則輯杖。大夫世婦在其次。杖，即位，使人執之。子有王命，及聽卜，有事于尸。大夫有君命，內子有夫人之命，皆去杖。子有國君之命，大夫于君所及。大夫之子有大夫之命，皆輯杖。爲世婦之命授人杖。士則如大夫。

絰也者，實也。明孝子之實心也。何以在首？何以在腰？曰：冠紳不可以有加也。今也加絰乎其上，其心實有所重乎？惡乎見。上見于首下見于腰也。男子重首，婦人重帶者何？曰：陰陽之義也。故古者男子三年之喪既練矣，有期之喪既葬矣。則絰期之絰，帶故葛帶，遇麻斷本者，免亦絰之。皆帶其故葛帶。若婦人則故葛絰而帶期之麻帶。絰帶三寸，自漢景帝始也。古者首絰圍九寸，腰絰圍七寸。三寸者，緦絰也。吉冠纓武異材，喪冠纓武同材。斬衰之冠，則又異于他衰冠也。故繩纓，以辯布纓澡纓也；條尸禹，以辯布武澡武也；右縫，以辯小功緦絲也。外畢，以辯吉冠也。是故天子右縫十有二棷，皇太子親王右縫九棷，皇孫諸王右縫七棷，卿大夫右縫或五棷，士及庶人右縫皆三棷。服圖說曰：「古者五服皆三棷。」朱子曰：「天子當十二梁，羣臣如其本品。」古者斬衰冠六升，衰三升。既葬，受以成布。衰六升，冠七升。

麻屨者繩屨也。古者菅屨外納，練而後麻屨。今也綫屨，必也菅屨。

居於倚廬，哀親之在外者，則何以不居殯居墓？曰：始死有居殯者矣。既葬有居墓者矣。達之天下，則居廬也。庶人何以不廬？庶人不能廬也。古者天子諒陰居廬，故康王居翼室于路寢。故宮正，大喪則授廬舍，辯其親疏貴賤之居。君，宮之。大夫士，壇之。或曰：諸侯大夫居倚廬，士居堊室。倚廬中施白縑帳蓐素床，自魏始也。身除喪服而居諒陰，晉杜預之議也。

寢苫枕塊，哀親之在土也。酌何以謂之土？曰：弗褥弗簀則土矣。然猶苫焉者，不敢以先父母之遺體即病也。寢不脱經帶，經帶不脱，況衰裳乎？衰裳不脱，況褻衣乎？故期年之内，體有垢不知搔，頭有瘍不思沐。

孔子曰「稽顙而後拜，頎乎其至也。拜而後稽顙，頽乎其順也。三年之喪，吾從其至也」[一]何？曰：告哀于人也。上不能問天，下可以叩地，其稽顙乎？周人之禮也。殷人拜而後稽顙，故哭晝夜無時，焦肺傷腎乾肝。如中路嬰兒失其母也，安得復見其形容、聞其謦欬哉？不可得矣。十五舉音，爲臣民設也，漢景帝則行之。

三日始食粥。三日之前，不能粥也。朝夕皆溢米，溢米之上，不能加也。曾子水漿不入口者七日，後魏孝文勺飲不入口者五日，後周武帝溢米累旬，蓋瘡劇者痛甚，然非所以達衆人也。於是乎有未葬食肉者矣，出乘素車樸馬，布裹鞍轡，何不思頃刻以即安也？周人木車，蒲蔽，犬榠尾櫜疏飾，小箙皆疏，始喪之車也。素車，棼蔽，犬榠素飾，小箙皆素，既卒哭之車也。藻車，藻蔽，鹿淺榠革飾，既練之車也。駹車，雚蔽，然榠髹飾，大祥之車也。漆車，藩蔽，豻榠雀飾，既禫之車也。漢氏無布車兵器，魏氏韜輦版轝細犢車皆施縑裹。婦人麻布大袖圓領長衫者何？衰之變也。禮，婦人言衰不言裳。衰之長可以掩裳。秦人以長衫爲背子，故長衫者，衰之變也。麻布蓋頭者何？布總之變也。自有書儀以來，未之有改也。丘文莊曰：「唐幕羅之變也。」家禮有布頭須竹釵者何？」曰：箭笄之變也。奚不經乎？既蓋頭奚經也。故有腰經無首經，

[一] 語見禮記檀弓上，原文：「孔子曰：『拜而後稽顙，頽乎其順也。稽顙而後拜，頎乎其至也。三年之喪，吾從其至者。』」

白羅蓋頭，宋王淮之議也。古者婦人惡笄有首髽，虞之剪屏柱楣，疏食水飲，朝一溢米。丈夫以葛絰易腰絰，婦人以葛絰易首絰者何？曰：節之也。人子之心無窮也。制禮者曰：「死者既棺椁而竁不可起矣，生者不節，是以死傷生矣，故節之也。」

文廟之喪，九虞畢，惟與朝夕奠也。今大夫士既虞，遂罷朝夕哭。庶人既七，遂罷朝夕哭，則又厚自摶也。練去首絰、負版、辟領衰、繩屨，猶腰絰不除。婦人去腰絰，則奚冠、奚衰、奚帶。曰：其衰猶斬也，其升同大功。故禮曰：「服其功衰，不言裳者，衰之長或可以掩裳。」其今之直領長衫而不緝者乎？今大夫士以下，練而白布齊，是斬衰一年也。既葬而白布齊，是斬衰三月也。

文皇后之喪期，東宮、親王，熟布練冠九梱，皇孫熟布冠七梱，皇孫女熟布蓋頭，則大夫士亦可例降也。今大夫士皆熟緋裹大冒，不然則熟麻冒，然其廢冠則一也。古者婦人去腰絰則葛帶，今不帶。古者練冠縓緣，今不縓緣。不縓緣可，不帶不可。天子白羅袍、銀帶、絲鞋，白羅軟角巾。卿大夫士布襴衫。宋王淮之議也。

子爲父母何也？曰：至親一體也。中古，子爲父斬衰三年，爲母齊衰期年。父卒，始齊衰三年。非所以順子心也。夫天子事天地無隆殺，孝子事父母無厚薄。傳：母且爲長子三年。子之不三年其母，顛也。堯典曰：如喪考妣，三載。周公曰：父母之喪無貴賤，一也。孔子曰：予也，有三年之愛於其父母乎？皆高皇帝之志耳。禮言：家無二尊者，有見于喻日，未見於喻天地也。既殯，皇帝卜日，斬衰受命于大行皇帝几筵，遂以衰冕升奉天殿，告天地，謁告于奉先殿。遂以朝于大行皇帝及母后，乃即位于奉天殿，以覲羣臣。羣臣皆朝服表賀。帝免賀，班詔于承天門及天下，以來年改元。退乃斬衰。越二十七日，素冠麻衣絰以臨朝。退則斬衰三年，何也？曰：尊天命也。故既殯麻冕黼裳以即位，康王之所受顧命也。夫宅憂諒陰，使冢宰聽政，不行已久矣。視事而素冠麻衣絰，退則衰服，亦義起也，故朱元晦亦取之。夫不可曠年無君也，故定位于既殯；不可一年二君也，故改元于來年。故春秋王侯，初喪之年不稱君，求賻求金不稱使。定公元年夏六月，昭公之喪至自乾侯。戊辰，定公即位。沈子曰：正棺乎兩楹之間，然後即位也。未殯，雖有天子之命，猶不敢，況臨羣臣乎？數日而葬，葬畢即位，西漢之禮也。始死不待旦而即位，後魏崔光之議也。九虞卒哭而祔，皇帝衰服，拜于几筵。祭服奉神主，謁大廟。出，還至思善門。衰服奉神主于几筵。至小祥，始練冠。十二槪，去首絰，負版，辟領衰者何？曰：尊祖也。伊尹以太甲祇見厥祖，知其必不以衰服入廟也。況祔乎履袍而祔，宋紹興之禮也。

古諸侯世子不爲天子斬。今皇太子、親王、世子、郡王各曁其妃及公主、郡主爲先天子者何？曰：至尊也。至尊一統也。古世子而曰有繼世之體而不斬，是二統矣。視事則素服、烏紗帽、黑角帶者何？曰：降太上也。古者諸侯爲天子，方喪三年。太子諸王，皆古諸侯也。然則今何以二十七日也？自宣德始也。然皇帝於祔廟之後，素服御西角門以視朝。時享，服黃袍。至禫，始釋素服，則猶三年也。內外文武諸臣於始崩，素服、烏紗帽、黑角帶聽詔。四日成服。在內，臨于思善門。朝夕三日，又朝十日。在外，哭臨于牙門，其數同。若入朝及視事，則布裹紗帽、垂帶、素服、腰絰、麻鞋。退服斬衰。既二十七日，乃素服、烏帽、角帶。二十七日何？曰：亦方喪之義也。其然者，降皇太子諸王也。故聽選辦事諸官，衰服哭臨順天十三日，又素服十四日，不臨。生儒吏典僧道諸人，素服哭臨順天十三日，又素服十四日，不臨。軍民婦人，皆素服二十七日。天下軍民男女，皆素服十有三日。羣臣命婦，麻布大袖圓領，麻衣蓋頭，腰絰。入臨三日，又素服二十四日，外命婦，其服同，不臨。又以降文武諸臣也。故古者與諸侯兄弟者之卿大夫爲天子斬，大夫之適子與夫人及太子，皆斬。若非兄弟適子，則有不斬者矣。故曰：天子崩三日，祝先杖，五日，官長杖，七日，國中男女服，三月，天下服。又曰：君之喪，諸達官之長杖三日也。子夫人杖五日，大夫世婦杖。然則今何以皆二十七日也。曰：自宣德始也，從諸王也。羣臣用布四腳幞頭直領布襴衫麻絰者何？曰：宋淳熙之禮也。軍吏之貧者，以白紙爲冠巾者何？曰：宋朱元晦之議始也。

高皇后、文皇后何以皆二十七日也？曰：此羣臣之服也。爲太祖、太宗壓也。高皇后崩于洪武十五年，文皇后崩于永樂五年，故不得三年也。然斬衰二十七日，素服百日，始服黲衣，則亦三年之漸耳。然而皇太子親王皇孫及女未嘗不三年也。故典曰：熟布冠，九椒或七椒，去首絰，負版，辟領衰，及皇孫女熟布蓋頭，則喪高皇后既練之服也。可知其三年矣。君臣皆衰服二十七日，皇帝成服三日聽政，內命婦四品以上，衰服入臨三日，又素服二十四日，外命婦素服二十七日，聽選諸官以下，皆素服二十七日。在內哭臨順天，在外哭臨衙門，皆三日。天下軍民男女，素服十有三日。自正統七年喪誠孝皇太后始也。

二十七日奚始乎？曰：自周末以來因襲之漸也。故諸侯于先君之喪，未練不避征伐會盟者，自桓王以後始也。高宗諒陰，禮壞樂崩，自宰予、顓孫師猶然惑也。父兄百官所不欲，滕魯之習也。驅天下皆重服，久臨三年，至使文帝不忍行，秦及漢之過也。浹辰而葬，葬畢服大功十日，小功十四日，纖七日，釋服。自漢景帝始也。喪母三十六日而起視事，翟方進之爲相也。旬月而葬，葬畢即除，乃吉服諒陰。魏、晉、六朝也，裴秀、傅玄、張靜、杜預、游明根、高閭、李彪之徒之罪也。君臣實二十七日，無所損益者，唐及五代也。三日聽政，十三日小祥，期而又小祥，二十四日大祥，再期而又大祥者，宋也。數日行于朝，數月行于宫也。令吏六百石以上喪平帝三年，王莽之姦也。疏素終三年，晉武帝之志也。期而祥，改曰而禫，非後魏孝文之罪也。越期不取閏，以二十六月爲非二十五月者，晉王彪之罪也。終喪三年，五服之內，亦今依禮，後周武帝之志也。漢唐之間由君廢，魏晉之間由臣廢，多二十七日也。

女在室及已嫁反，爲父母者何？曰：女子子、男子，皆子也。故公主、郡主皆斬衰。古者女在室及已嫁反，爲父布總、箭笄、髽衰三年，則爲忍于其母矣。記曰：女爲父母，喪未練而出，則三年；既練而出，則已；未練而反，則期；既練而反，則遂之。實未之舍母也。

庶子爲所生母者何？曰：猶父視之，有妻妾也。由子視之，知其母不敢知其妾也。生身之恩莫大焉，而不三年，非所以存其子也。禮：庶子爲生母練冠、麻衣、縓緣。既葬而除。又曰：庶子爲父後者，父死，爲其母緦，則豈不與義而傷仁。故孟子曰：雖加一日，愈于已也。且今繼母、慈母、養母，皆三年，生母而不三年，何居？夫父命他妾養己者，比于父之他妾生己者，不既輕矣乎？生母無服，雖聖人之制，亦可改也。繼母者何？曰：子夏曰：其配父，與因母同。孝子不敢殊也。慈母者何？曰：子夏曰：貴父之命也。貴父之命，即與母同，不亦重乎？且孔子又何以非魯昭公之練冠以居邪？曰：此非孔子之言也。孔子曰：子生三年，免于父母之懷。夫慈母故亦有三年之懷矣。不然不生，不然不長，不然不知有父也，故三年。養母者何？曰：吾母不以其子爲子也，吾斯出；養母不以其子爲子也，吾斯入。吾母既不三年，養母又不三年，天下豈有無母之子哉？父卒，嫡孫爲祖父母，祖卒，爲曾高祖父母者何？曰：父祖子孫，一體也。祖喪其子，孫喪其父也。祖無子何以有孫，孫無祖何以有父也。父亡于祖之下，孫承于子之下矣。故祖卒，曾祖曾孫猶父子也。曾祖卒，高祖玄孫猶父子也，是以承重三年也。古者齊衰三年。

爲人後者爲所後父母者何？曰：子夏曰：受重者必以尊服服之。何如而可爲之後？同宗則可爲之後。何如而可以爲人後？支子可也。爲所後者祖父母妻、妻之父母昆弟、昆弟之子，若子。故法立嫡子不先長子者杖。立異姓者杖。乞養異姓者杖。以子與異姓人爲子者杖。立嗣同宗失尊卑之序者杖。妻妾爲夫者何？曰：夫至尊也。不有夫，則不有妻與妾也。故在家從父，適人從夫，夫死從子。古者皆三年也。婦爲舅姑，庶子之妻爲夫之所生母者何？曰：從夫也。夫之父母，婦之舅姑也，舅姑之尊也。夫之生母，亦猶夫之姑也。故曰：「男子免于堂，婦人髽于室。」夫爲人後，則妻從服者何？曰：亦猶夫，從夫也。夫在此，則此妻也。夫在彼，則彼妻也。古者爲舅姑期年，則已瀆。

齊衰杖期，疏衰裳齊。牡麻絰，冠布纓，布帶、削杖、繩屨者何？曰：子夏曰：「齊者，緝也。牡麻者，枲麻也。牡麻絰，右本在上。冠者沽功也。衰五升，冠八升。」夫今之繩屨猶麻屨也。古者疏屨。子夏曰：「藨蒯之草也。」古有齊衰三年，今無齊衰三年。凡齊衰皆歸期，凡三年皆歸斬。

牡麻何以謂之枲麻？曰：齊衰，貌若枲也。故斬衰之哭，若往而不反。齊衰之哭，若往而反。古者齊衰之喪，二日不食疏食水飲，不食菜果。居堊室，苄剪不納。終喪不飲酒食肉御于內。冠七升，疏衰四升。既葬，受以成布。衰七升，冠八升。古者爲母齊衰三年，或期年也。是亦若是其重也，故雜記云：「期年之喪，十一月而練，十三月而祥，十五月而禫。」[一]今也，母之服既斬矣，期之服可節矣。或問曰：若之何節之？曰：喪大記曰：「期之喪，三不食。疏食水飲，不食果菜。三月既喪，食肉飲酒。」[二]既虞，卒哭。遭大功之喪何以？曰：麻葛兼服之。斬衰之葛，與齊衰之麻同。齊衰之葛，與大功之麻同。大功之葛，與小功之麻同。小功之葛，與緦麻之麻同。緦麻之葛，則兼服之也。

「嫡子衆子暨其妻爲庶母」者何？曰：貴父之妾也。貴父之妾，比于世母叔母矣，故期也。古者重嫡子，父母之所三年者也，以其重體傳重也，故古者雖庶子爲父後者。爲其母緦，故士爲庶母緦，大夫以上無服。然爲緦則已輕，爲期則已重。爲緦已輕，況無服乎？爲期已重，況嫡子乎？大夫嫡子，小功可也，衆子大功。士以下，衆子期可也，嫡子大功。庶子爲父後者爲其母，同衆子。若爲天子後者，無服，練冠麻衣，既葬而除。晉孝武帝之太子，猶然行之也。爲嫁母，出母，及父卒，繼母嫁，已從之者何？曰：嫁者，母之志也。出者，父之志也。生身之恩不可忘，則子之志也。故杖期何以不三年？曰：母有外子，子有內母。子有內母，則有所謂三年者矣。母有外子，則有爲之三年者矣。故伯魚母出，期而猶哭。孔子言其甚也。古者出妻之子爲母期，則爲外祖父母無服。爲父後者爲出母，亦無服。傳曰：「絕族無施服，親者屬。」又曰：「與尊者爲一體，不敢服私親也。」[三]夫全服則傷義，無服則傷仁。故小功則緦麻可也，杖期則大功可也。繼母嫁，必言己從之者爲之期何？曰：明不從則不期也，與生母異矣。配父，則如生母。不配父，則不如生母。然則不從之者何？服無緦乎？從生母嫁者何服？其齊衰三年乎？典不言而見也。

「夫爲妻」何？曰：報也。妻斬衰三年于夫，夫不能杖期于妻者，非夫也。妻也者，齊也，與夫齊也。夫尊而妻卑，

[一] 語見禮記雜記，原文：「期之喪，十一月而練，十三月而祥，十五月而禫。」
[二] 語見禮記喪大記，原文：「期之喪，三不食。食，疏食水飲，不食菜果。三月既葬，食肉飲酒。」
[三] 語見儀禮喪服，原文：「與尊者爲一體，不敢服其私親也。」

天地之義也。以其齊也，故杖。以其卑也，故期。記，父在則爲妻不杖。服問曰「君所主：夫人妻、太子、適婦」〔一〕。故不杖，齊衰不杖期。古者不杖期麻屨，其冠衰之升同杖期。父母爲嫡長子及衆子，爲女在室者。繼母慈母爲長子及衆子，嫁母出母爲其子。妾爲夫之長子及衆子及所生子，繼母嫁，爲前夫之子從己者何？曰：報之也。以親則至期，以卑則不杖。古者父母爲嫡長子斬衰三年。傳曰：「正體于上，又乃將所傳重也。」又曰：「父之所不降，母亦不敢降也。」其爲衆子，則亦不杖期也。夫異之以斬衰，則已尊。同子于衆子，則已卑。夫衆子同于兄弟之子，已矣，其可並嫡長子而同之邪。今典爲長子婦期，爲衆子婦大功，必爲長子杖期，爲衆子不杖期也，不然異矣。婦不異其身，必所正體傳重也。爲長子不杖期，其紀録之誤乎？繼母慈母以下，奚不言爲女？承子文也。古者爲嫡長婦大功。

「孫爲祖父母」者何？曰：子夏曰：「至尊也。」至尊奚獨父。有父爲之三年，則不取奪尊也。父卒，則嫡孫爲之三年。其不言孫女子者，猶孫也，雖適人亦不降。明不可無祖也。古者爲君之父母、妻、長子、祖父母亦期。爲世叔父母及姑姊妹在室者何？曰：與尊長一體也。蓋曰：此父之兄弟姊妹也，亦不敢以異己之兄弟姊妹云爾。故爲兄弟姊妹亦不敢以異父之兄弟姊妹也。爲兄弟之子、兄弟之女在室者何？曰：兄弟之子猶子也，兄弟之女猶女也。皆吾父之孫也。則不忍以遽異也。古者大夫爲世父母、叔父母、子、昆弟，昆弟之子爲士者，則大功。婦人爲夫兄弟之子女如大夫者何？曰：有母道也。故得從夫也。其父母以上則降者何？曰：由外入也。由外入者，猶内出者也。

「女在室，及適人而無夫與子者，爲其兄弟之子」者何？曰：無夫與子，猶在室耳。在室而不爲兄弟兄弟之子期，則何以受兄弟兄弟之子期也？如夫與子之喪未禫也，而遭兄弟兄弟之子之喪，如之何？大功，在室則如兄弟。妾爲嫡妻者何？曰：妻尊也。夫尊于外，妻尊于内也。子夏曰：「妾之事女君，與婦之事舅姑等」，是踰分也。故今婦從夫。爲舅姑三年，爲女君期。天下之達禮也。

〔一〕語見禮記服問，原文：「君所主，夫人妻、大子、適婦。」

「爲繼母同居，兩無大功之親」者何？曰：無大功，則無期親可知矣，故同居則各爲之期也。子夏曰：「夫死，妻雖子幼，以之適人。」[一]後夫前子，兩無大功之親。後夫以其貨財爲前子築宮廟，歲時使之祀焉。妻不敢與焉。若是，則繼父之服也。同居，則服齊衰期。異居，則服齊衰三月。必嘗同居，則不爲異居。

「女出嫁，爲父母」者何？曰：女欲三年，不可得也。不可得者，婦人不貳斬也。記「惡笄者，首以髽」。卒哭，子折笄首，以笄布總。其爲兄弟之爲父後者何？曰：此非但親兄弟也，或緦麻兄弟，或小功兄弟。今爲吾父後，于己有宗道焉。歸將依之，猶爲有父也，故期焉耳。故傳曰：「婦人雖在外，必有歸宗，曰小宗。」

「妾爲其父母」者何？曰：妻妾于夫，則有貴賤矣。于父母之喪，無貴賤一也。傳爲「妾不得體君，爲其父母遂」[二]者，非也。

「祖爲嫡孫」者何？曰：「子夏曰：『不敢降其適也。』有適子者無適孫，孫婦亦如之。故古者雖大夫亦爲適孫爲士期者。」

「爲人後者爲其父母」者何？曰：重生我也。雖後于人，生身之恩不可忘也。然則何以不斬？曰：子夏曰：不二斬也。持重于大宗者，降其小宗也。爲人後者，後大宗也。大宗者，尊之統也。禽獸知母而不知父。野人曰：「父母何算焉？」都邑之士，則知尊禰矣。大夫及學士，則知尊祖矣。諸侯及其太祖，天子及其始祖之所自出尊者尊統上，卑者尊統下。大宗者，尊之統也，收族者也，不可以絕。故族人以支子後大宗也。適孫不得後大宗。故漢唐宋間，由藩王入承大統。於其父母猶稱皇考皇妣者，其亦不講于大宗也哉！

「父母爲長子婦」者何？曰：重長子也。重其夫，則及其妻矣。故衆子婦爲之大功。夫其妻且爲之期，則於其夫必

[一] 語見儀禮喪服，原文：「夫死，妻稺子幼，子無大功之親，與之適人。」
[二] 語見儀禮喪服，原文：「妾不得體君，得爲其父母遂也。」

杖期也。不然，無解于衆子。不然，無解于爲長子婦期。古者爲嫡婦大功。

「齊衰五月，疏衰裳，牡麻絰。禮言無受，不言冠屨，其殺期歟？故其居服飲食之節視期年。夫五月者，小功之服也。」何以「不歸之小功」？曰：將爲尊者服也，不敢以卑者服黨之耳。故稱齊衰，尊祖也。五月三月自祖而推，服之殺也。故子夏曰：「不敢以兄弟之服服至尊也。」古無齊衰五月，今有齊衰五月。爲曾祖父者何？曰：尊祖也。何以齊衰五月也？曰：期嫌于祖，則已重。齊衰三月，嫌于高祖，則已輕。故齊衰五月。古者三月，非所以達曾孫之志也。然雖大夫，其爲曾祖父母如士者，如衆人也。曾孫女雖適人，不降者何？明不可無祖也，祖不可降也。曾孫女而遇服曾祖，天下之難得也。惡乎而可降？

「齊衰三月，疏衰裳，牡麻絰。禮言無受，不言冠屨，其殺齊衰五月乎？」古者畿内之民爲天子，庶人爲國君，大夫在外爲舊君。臣之母妻。大夫在外，其妻長子爲舊國君。大夫爲宗子，宗子之母妻。寄公爲所寓。皆是服也。

「爲高祖父母」何？曰：尊祖也。何以三月也？曰：其數若緦父之父，推之往也。其服若期祖之祖，推之來也。玄孫女雖適人，不降何？曰：亦猶夫曾孫女之于曾祖也。玄孫女遇服高祖，古今之所難得者也。惡乎而可降？傳不見高祖或仍曾祖也。

「爲繼父先同居今不同居」者何？曰：當其同居，由彼祀先也。當其不同居，則我祀先也。當其不同居，不忘其由彼祀先也。故齊衰三月其雖同居，兩有大功以上親者。何亦以齊衰三月？曰：不敢以他人之財加期親也。仁爲重，義次之，財爲輕。齊衰三月。

「大功布衰裳，牡麻絰，纓布帶。三月，受以小功。即葛，九月者，無受之服。則古之喪未成人者也。」傳曰：「喪成人者其文縟，喪未成人者其文不縟，故殤之絰不摎垂。年十九至十六爲長殤，十五至十二爲中殤，十一至八歲爲下殤，不滿八歲以下爲無服之殤。無服之殤，以日易月，殤而不服。故子生三月而父名之，死則哭之，未名則不哭也。」〔二〕是服叔父之長殤中殤。及姑姊妹，昆弟，夫之昆弟之子，女子子。適孫之長殤中殤。大夫之庶子爲適昆弟，公爲適子，大夫爲適子之長殤中殤，其長殤皆九月，纓絰；其中殤七月，不纓絰。引間傳曰：大功布九升，三不食。始死，不食醯醬。寢有席，其哭。三曲而依，三月不御于內。〔三〕司服，卿大夫之服。自玄冕而下，如孤之服，其凶服，加以大功小功。士之服，自皮弁而下。如大夫之服，其凶服，亦如之注。謂天子諸侯惟有齊斬，卿以下有大功，士以下並加緦也。今大夫以下，期年之服，行之者有矣。未有行功衰者也。士以下，行功衰者有矣，未有行緦麻者也。夫期功不廢絲竹，自晉謝安始也。

「爲同堂兄弟及姐妹在室」者何？曰：降父之兄弟姐妹也，爲姑及姊妹及兄弟之女適人者，及爲女適人者何？曰：出也。出，則有代我而爲之期者矣。我而期之，是奪人之喪也。女與兄弟之女及姑姊妹皆同何？曰：上體乎祖，下體乎父，皆一體也。遽別焉，是教之二親也。古者君爲姑姊妹女子之嫁于國君者亦大功。傳曰：「尊同則得服其親服。」諸侯之子稱公子，公子不得禰先君。公子之子禰公孫，公孫不得祖諸侯。此自卑別于尊者也。君公子之子孫有封爲國君者，則世世祖是人也，不祖公子。此自尊別于卑者也。是故，始封之君，不臣諸昆弟，封君之子，不臣諸父而臣昆弟。封君之孫，盡臣諸父昆弟，故君之所爲服，子不敢不服也。君之所不服，子亦不敢服也。故古者雖大夫、大夫之妻、大夫之子、公之昆弟，爲姑姊妹女子嫁于大夫者，亦大功。其爲從父昆弟、庶孫、姑姊妹女子子適士者，則小功。爲衆子婦何？曰：降嫡長子婦也。爲兄弟之子之婦何？曰：猶衆子婦也，古者皆小功。祖爲衆孫及孫女在室者何？曰：降孫也。

〔二〕語見儀禮喪服，原文：「喪成人者其文縟，喪未成人者其文不縟，故殤之絰不樛垂，蓋未成人也。年十九至十六爲長殤，十五至十二爲中殤，十一至八歲爲下殤，不滿八歲以下皆爲無服之殤。無服之殤以日易月，以日易月之殤，殤而無服。故子生三月則父名之，死則哭之，未名則不哭也。」

〔三〕此段乃爲禮記間問的概括，非直接援引。

「婦人爲夫之祖父母、世叔父母、兄弟之子婦、兄弟之女適人者。」上何不從夫？下何以從夫也。曰：「上焉者，夫之所尊也。下焉者，夫之所親也。夫之所尊，先我而有者也，我自外入也。可降夫之所親，後我而有者也，彼自內出也，可不降也。」「爲兄弟之子爲人後者何？」曰：亦猶夫女及兄弟之女適人也。蓋有爲之期年者矣。然猶不忍忘兄弟之戚焉。是以大功，則我庶子爲人後者，其亦猶是夫。女出嫁，爲世叔父母，爲兄弟及兄弟之子。爲姑姊妹及兄弟之女在室者何？曰：出也。不敢以在室之服服之。不敢以在室之服服之者，從夫也。

「爲後者爲其兄弟及姑姊妹在室」者何？曰：既期乎所後者之兄弟姑姊妹，則先兄弟姑姊妹有代我而期者矣。我而期之，是饗人之喪也，故爲之大功。其妻爲夫之先父母何？曰：夫之所降，妻亦不敢不降也。夫降而期，妻降而大功，然則何以不從期？由夫所後父母者娶也，則又降焉耳，故于夫之先兄弟姑姊妹又無服。

小功布衰裳，牡麻絰，三月，即葛，五月。古者又有繐衰裳，牡麻絰，既葬除之，則諸侯之大夫爲天子也。其澡麻帶絰五月者，則爲叔父及昆弟及嫡孫之下殤，大夫庶子爲適昆弟爲姑姊妹女子子之下殤。爲人後者爲其昆弟之長殤，婦人爲夫之叔父之長殤。昆弟之子，女子子，夫之昆弟之子，女子子之下殤。爲姪庶孫丈夫婦人之長殤也。間傳：小功緦麻，再不食，始死。不飲醴酒，寢有牀。又曰：比葬。食肉飲酒，不與人樂之。其衰，十升至十有二升。

「爲曾祖父母，及從祖。祖姑在室，同堂伯叔父母，及堂姑在室。爲再從兄弟，及再從姊妹在室，及堂姊妹適人者，爲同堂兄弟之子。子之女在室者，爲嫡孫婦。及孫女適人，及兄弟之孫、之孫女在室」者何？曰：此曾祖之服也，自祖而降也。曾祖之服五月，故同曾祖者皆小功也。夫從祖父母，則曾祖之子也。堂叔父母，則從祖之子也。再從兄弟，則同堂伯叔父母之子也，皆自曾祖而出也。故於再從兄弟，及其身不及其子，其身同曾祖也。於從兄弟，及其子不及其孫，其子同曾祖也。今兄弟及其孫不及曾孫，其孫同曾祖也。故小功之服，上及于祖之兄弟，下及于孫之從兄弟。上及于祖之兄弟，同曾祖也。下及于孫之從兄弟，則吾從祖亦猶同曾祖也，故曰曾祖之服也。姑姊妹女子子猶丈夫也，其輕也。及其室，其重也。及其嫁，爲兄弟之妻何？曰：兄弟之子且期年，況其妻乎？兄弟之孫且小功，況其祖乎？古者嫂叔無服。傳曰：

「其夫屬乎婦道者，妻皆母道也。其夫屬乎子道者，妻皆婦道也。謂弟之妻婦者，是嫂亦可謂之母乎？故名者，人治之大者也。可無慎乎？」夫雖然，然非所以兄弟也，故典爲兄弟之妻小功，以義制也。

「婦人爲夫之兄弟及夫兄弟之妻」，何以「皆小功」？曰：婦人之道，恩重于內，義輕于外，陰陽之義也。陰不可以兼外也，故丈夫爲兄弟期年，爲兄弟之妻小功。婦人則于期年者降，于小功者不降也。爲夫之姑姊妹在室，及夫兄弟之孫、之孫女在室，及夫同堂兄弟之子、之子女在室者，何以皆小功也？曰：夫之姑姊妹猶夫之兄弟，夫之兄弟之孫同堂兄弟之子猶己之子孫也，故小功者不降，期年者降也。則何以小功者皆不降也？曰：於其兄弟之妻，有妯娌之道焉；於其兄弟之孫，同堂兄弟之子，有父母之道焉。故皆不降也。故傳曰：「姊妹相與居室中，則生小功之親焉。」〔二〕故同堂兄弟反緦麻，其子女反小功。

爲人後者爲其姑姊妹適人者何？曰：爲所後者之姑姊妹降也。所後者之姑姊妹之適人也，爲之大功？則姑姊妹之適人也，可小功矣。

爲外祖父母何？曰：母之父母也，雖欲期年而不可得也。故爲之小功。然則何以不大功乎？曰：外親之服，皆緦麻也。雖小功也，爲尊加矣。母之兄弟姊妹，何以亦小功也？曰：子夏曰：「以名加也。」夫名之曰舅曰姨，猶從母也。猶從母也，其尊固矣，故不敢以緦也。□記：「庶子爲後者，爲其外祖父從母舅無服。非爲後者，爲君母之父母從母如邦人。」〔三〕爲同母異父之兄弟姊妹何？曰：猶再從兄弟姊妹也。以同母，則可期。以異父，則可免。以同母而異父，則期可降也。異父而同母，則免可升也。異父不足以一降也，同母不足以一升也。故亦爲之小功。

爲姊妹之子何？曰：報也。彼以吾爲舅矣。吾安得不爲之甥服？古者相爲緦。

〔二〕語見儀禮喪服，原文：「傳曰：娣姒婦者，弟長也，何以小功也？以爲相與居室中，則生小功之親焉。」

〔三〕語見儀禮喪服，原文：「庶子爲後者，爲其外祖父母、從母、舅無服。不爲後，如邦人。」

緦麻三月。古者緦十五升抽其半。有事其縷，無事其布。曰：緦，古者小功。緦麻，容貌可也。古者童子雖當室，緦爲庶孫之中殤，從祖父從祖昆弟之長殤，從父之昆弟侄之下殤，夫之叔父之中殤下殤，從母之長殤，從父昆弟之子之孫之長殤，皆緦。注：「首絰三寸，腰絰二寸。」幾今之齊衰之絰矣。

爲族曾祖父母、族伯叔祖父母、族兄弟及族曾祖姑族姊妹皆在室，及從祖祖姑從祖姊妹之出嫁者，爲同堂兄弟之妻、之子、之婦、之女適人，之孫、之孫女在室，及己之曾孫、玄孫，爲再從兄弟之子，爲兄弟之婦、之孫女適人，之曾孫何以皆緦麻也？曰：此高祖之服也，自曾祖而降也。高祖之服三月，故同高祖者，皆緦麻也。夫族曾祖父母，即從曾祖父母，高祖之子也。族伯叔祖父母，即再從祖父母，族曾祖之子也。族父母，即三從父母，族伯叔祖父母之子也。族兄弟，即三從兄弟，族父母之子也。皆出于高祖也。故於三從兄弟，及其身不及其子，其子比吾子，非同高祖也。於再從兄弟，及其子不及其孫，其孫比吾孫，非同高祖也。于兄弟，及其曾孫不及其玄孫，其玄孫比吾玄孫，同高祖也。故緦麻之服，上及于曾祖之兄弟，下及于曾孫之從兄弟。上及于曾祖之兄弟，同高祖也。下及于曾孫之從兄弟，則吾即其從曾祖。自彼視之亦猶同高祖也，故曰高祖之服也。姑姊妹女子子猶丈夫也，其輕者及其在室，其重者及其出嫁也。曾玄孫何以皆緦麻乎？以卑略也。玄孫不可以不之服也，故亦緦不可復降爾也。

婦人爲夫之曾祖、高祖父母，何以皆緦麻也？曰：遠略也。婦人自舅姑以上皆降于丈夫，故于祖既降爲大功，則曾祖不可不降也。高祖復降，則無服，故曾祖高祖皆緦也。上及于夫之從祖祖父母，從祖父母，不及從曾祖，再從祖父母；下及其夫之再從兄弟之子以下，何也？曰：婦人之道，恩重於下，義輕於上。陰陽之義也。陰不可以兼上也，故其上也。於夫之小功者且降，況緦麻乎？其下也，有妣道焉，則不可降也。故於夫之外祖父母，及舅、及姨、及從祖祖姑從祖姑在室，及同堂兄弟，皆緦者，猶降其祖之義也。

爲乳母何？曰：子夏曰：「以名服也。」何謂也？曰：既爲乳母矣，則不可以不服也。

爲舅之子，姑之子，母姨之子者何？曰：從父母也。是故從父則及其表兄弟，從母則及其內兄弟。舅姨，母兄弟之在內者也。姑，父兄弟之在外者也。

爲外孫男女及其婦何？曰：報也。視己之孫則降三等矣。

爲甥婦何？曰：亦報之也。然視己之婦亦降三等矣。

爲妻之父母何？曰：降母之父母也。妻亡別娶，及妻母雖嫁出，亦猶服之者何？曰：亦降母也。故母出則爲繼母之黨服，不爲其母之黨服。母死則爲母之黨服，不爲繼母之黨服。夫母之黨制于父，妻之黨制于己也。

爲壻何？曰：報也。以緦報緦，不亦重乎？曰：無緦則無服。古者迭爲賓主。

女出嫁，爲本宗從祖祖父母，從祖祖姑從祖姑在室，及同堂兄弟之子女，同堂姊妹之出嫁者何？曰：降兄弟也。降兄弟，則上不及其從父母之祖，下不及其從兄弟之孫。

爲人後者爲本生外祖父母何？曰：有所後者之外祖父母之小功也，故爲外祖父母緦。蓋有代爲之小功者矣。

禮問卷之二

喪問

光祖問：孝子在初喪，水漿不入口者，何故止於三日也？先生曰：節也。不及乎是日，忘死也。過乎是日者，滅生也，故子思以曾子爲不然。

光祖問，禮曰「居喪讀喪禮」，若三年問、奔喪、喪服記、雜記、間傳諸篇。平居不可讀乎？若不讀，何以見古人之行與制禮者之心歟？先生曰：孝子讀此未免起不忍之心故耳，故伊川喪母而後喪禮熟。

霄問：數七而奠，古乎？先生曰：非古也。然自唐宋以來，未之有改也。故生聞七七禮，死不七七奠，非所以安死效生也。且夫同姓有宗人焉，同媒有戚人焉，同邑有黨人焉，同遊有友人焉，皆期七而一奠也。數七而奠，亦所以聯民厚俗也。

端溪子問：孔子食於有喪之側未嘗飽與，所謂是日哭則不歌。未嘗不歎聖人心地只是出於自然，至誠惻怛作聖之基也。孟子亦曰：「哭死而哀，非爲生。」嗚呼！風俗日漓，禮教日壞，往往臨喪不哀，甚至父母之喪，亦恬然如平時也。曰：習俗成。雖賢者亦改其初心，有道者宜振之耳。

光祖曰：食旨不甘，聞樂不樂，此夫子萬世之教也。近見都城大邑于初喪之時，親朋攜酒肴及歌者，甚自晝達旦之宴，謂之伴喪。敢問此果成風而難變，抑變之者無其人耶？先生曰：嗚呼！悲哉！俗也。惟有以生爲憂者矣，故有以死爲樂者矣。又曰：民不知生，故不知死，則豈民之罪哉？！

問：少師奉子哭踴。先生曰：其責甚重，少有不謹不如不文之爲愈。諸侯適天子及相見，告奠祖禰，俱互見。

揚州有五士謁先生。中間有斬衰者，問太極剛柔。先生曰：只在目前不高遠也，如居喪未葬讀喪禮，既葬讀祭禮，便是太極剛柔，不涉于虛無矣。後其人杜門守禮以終喪。

葬問

朝疑葬先輕而後重。謂先葬母後葬父，葬事似不情如何？先生曰：古者不合葬，其用此禮與。

介送雲岩先生之葬，偕行之人有欲由徑者。介曰：送葬不由徑。

或曰：呂仲止復生矣。介曰：正念仲止，不忍背也。先生聞之曰：亦有此志乎。

朝問：夏后氏三年之葬，既殯而致事。殷人既葬而致事，夫既聞喪，即當致事于君，如之何待殯葬後方致事也？

曰：此禮之善者也。初聞喪時，只以哀親爲重，將他事皆不理矣。待殯葬致事於君也，又何妨？

朝邑王夔舜臣父卒。有遺命，欲停屍以待繼母之終，然後合葬。先生曰：從親一言而暴親屍於久遠，不可。古人嘗有從治命而不從亂命者矣。且待繼母之終也，是又何心哉？

希古問：門人葬孔子，用三代之禮，豈孔子本心邪？先生曰：然。孔子曰：「縱不得大葬，甯死于道路乎？」但門人尊孔子，難以孔子本心論也。辟如周人追王大王王季亦然。在亶父季歷則無此心！在文王武王，則有此理。

先生謂馬伯循曰：外曾祖宋公之德，柟未之及見也。聞諸長老曰：公之爲書生，采薪養親，面無戚容。教授藩府，藩王語默稟度焉，曰「眞吾師也」。及其垂歿也，墓位當絕穴，子弟請易之。公曰：「玉兄弟四人，當誰易也？」卒定焉。此與曾子易簀亦近哉！馬子曰：理聞諸王太師端毅公評西安人物矣，比宋公於漢毛萇、伏生。

霄問：葬速執事之客用酒肉乎？先生曰：然不以哀而至者，酒肉可也。迎會葬之客，用酒肉乎？曰：不可強也。然則程子陷人于惡之說非歟？曰：程子道廣。

石希孟問：人於父母，生無以爲養，死無以爲葬，何以處之？先生曰：古之人有行之者，江革行傭以供母，董永賣身以葬父，未爲無養無葬也。

廬墓問

曲沃楊祉曰：友有娶妻于他縣者，女在途而友之母死，如之何？先生曰：女奔喪而不返，夫則居廬，於喪而婚禮也。今子之友奚爲也。曰：婦居喪於室，夫居廬於墓。曰：善哉，可與幾禮矣。

光祖問：父母或有先亡者，爲子欲廬墓，盡心于死者，而生者又不能養，當何如以處之？先生曰：廬墓非古也。父先亡，廬之可也。母先亡，廬之不可也。

濫問

威問衣服之制。先生曰：古人製物，無一物不寓道也。如製冠則有冠之道，製衣則有衣之道，製鞋履則有鞋履之道。人服此而思其理，則邪僻之心無自而入矣。故曰：「衣有深衣，其意深遠。履有絇綦，以爲行戒。」故夫子曰：「立則見其參于前，在輿則見其倚于衡。」諸生今日之學，雖一衣解結，亦要存念，務時時有所見，方可謂滿目皆忠信篤敬也。

唐希古問：申生待烹之事，人議其未免陷父於惡，如之何？先生曰：晉獻公溺於驪姬，元則惡人耳。申生不逃待烹，雖若過乎中庸，其心則合乎天理之公也，故謂之恭世子。若再議之，是世之逆命不死者卻善矣。又曰：除是申生道與舜同，應再有處耳。

戴鷟問申生待烹，未得爲盡善。先生曰：送林基學有言：顏子以一簞食供親而親不以爲薄，一瓢飲供親而親不以爲菲，是以顏子方能樂也。亦猶顏子能諭親于道，故能如此耳。然則申生平日諭親於道處，亦恐未如舜乎？汪三山曰：申生之生未盡善，其死亦未盡善。曰：今且取其恭耳。

張伊問謚法。先生曰：後世可爲大易矣，其胡能沮勸邪。故凡爲翰林者，累官至師保，皆謚「文」。他官雖或經天緯地，弗論焉。凡爲將領者，累官至侯伯，皆謚「武」。他官雖或運籌決策，不論焉。不有後日之公論，則王安石朱元晦之皆「文公」也。誰其辨之哉？

河東書院記成。張子仲脩曰：儀禮之文，復見於世矣。曰：吾將使諸生循此而求先生之實，非敢徒擒文爾也。

權用言閭閻之苦，風俗之害。曰：里老之不選德，小學之不選師，鄉飲之不選賢。欲以安民而善俗，吾未見其有日也。何其已細乎？平天下亦猶是也。

諸問周禮。先生曰：即孔子之答諸弟子耳，何謂也？曰：天以一氣化生萬物，聖人以一貫曲成群賢，王者以一理分統衆職，其義一也。夫周禮行，天下無窮民。

西里子曰：今小學不選師，鄉飲不選德。尋將爲有司，欲一更之，則怨謗聿興，奈何？曰：易不云乎，已日乃革之。夫我之道未信于民，而遽更張，豈惟俗怨謗哉！故君子修身以論政，政端而民自化。如有未順者，更之亦不爲異矣。

端溪子問：至禮不讓，而天下治至樂無聲。而天下和，其五帝之事乎。三王而下，涉乎跡矣。後世至禮壞而民無所措手足，至樂崩而民之怨咨生焉，而欲至治太和，難乎？曰：只是個仁則不難，故孟子曰：「惟仁者宜在高位。」

光祖問：有爲人子者，常以仁義之言陳於父母，猶有傷風敗俗之爲，不知更有何道以事之耶？先生曰：雖則仁義之言，其作用亦當有法。不然，則爲非仁之仁，非義之義，難以諭之于道。

學者當看禮記，便要習而行之，則邪僻之心無自而入矣。張子亦曰：「習禮養浩然之氣。」

先生曰：禮也者，束人筋骸，固人肌膚。詩書是格言，如如何不格物？如何不致知？格致工夫在禮上，乃有安頓處也。然又要忠信，忠信，禮之本也。無本不立，無文不行。

先生謂希古曰：讀禮，可將古之典禮與今之典禮比合。昔孔子學三代禮，惟從周焉。即博學約禮也。應德問：月令甚瑣碎，不可看。希古說：歷歷可行。先生曰：只如尚書「撫于五辰，庶績其凝」，便好。若十二月，便難行矣。又如劉向云：「某事應其事失，反使人君不信其言。」

官問：君子不教子。周公則撻伯禽，孔子則訓伯魚。周公、孔子非歟？先生曰：此孟子因責善之事而說之激也。古之聖人自胎妊及食食能言，已教之矣。子之不教，是愈疏不慈也。故教則可，責善則不可。責善非教歟？曰：教有養之之道，責善有服之之道。若周公之撻伯禽，則爲成王也。

詔問：儀禮曰：「此先王經世之書。」此禮之廢于後世久矣。學者不可不講而習之，如冠、婚、祭、射諸篇，既講究之，尤當習演其事。乃能行之，非惟檢束身心，宛然可復見先王時景象。故常語學者，當先禮學也。

詔問：周禮王制，何以不同？曰：自平王至秦漢間，已三四百年。漢儒記認失眞，河間獻王雖購求遺書，其間或有缺失者，或漢儒以意補之。故有不同，若孟子班爵禄之制則已。曰：未聞其詳矣。

摽問：宋宣公傳位于穆公，穆公傳位于殤公，其事是乎？曰：公羊所謂君子大居正，或不可以立嫡之事泥之也。古人有行之而善者，堯舜也。有行而不善者，燕噲子之也。堯於他人且傳之位，況其弟乎？只看所傳之賢否何如耳？弟賢則舍子而立弟，子賢則舍弟而立子，要之不可爲典常耳。若漢高帝舍惠帝而立文帝，則必無呂氏之禍。吳壽夢之事，若以立嫡爲主，則諸樊可也。若以立賢爲主，則季札可也。若欲傳于諸樊，以次及札，使餘祭諸人皆各永年，則將相去百餘年然後及札，是札終不得傳矣。文王不傳于伯邑考而傳于武王，未必非正也。問：春秋書季札來聘，而不書公子者，其亦以季子之讓爲不中乎？曰：非也。春秋之法，在夷則去之，故其君多不得書。季札其臣也，而書之賢之也。蓋以不書公子者，在夷也。又問：季札之才近伯夷，何如？曰：然。札，賢者也。觀其葬子于嬴博之間，又問樂於魯，皆是未易及也。又問：相傳孔子十字碑，眞否？曰：此字有古意，若非漢人筆。先生命諸生習禮，曰：上東階則先右足，上西階則先左足。及叉手出言，則總是存心處耳。

端溪子問：老子有言：「不見可欲，則心不亂。」然則必見欲而亂乎？夫使吾心有主，其能亂否乎？若吾夫子所謂，非禮勿視聽云然者，然後爲無弊耳。曰：人於非禮，耳目雖勿視聽，而心中不忘，則亦亂耳，不知端溪子將何以爲勿也？

先生謂桑子兼善曰：古之聖人說禮樂者，莫如孔子，故曰：「人而不仁，如禮樂何？」又曰：「禮云樂云，玉帛鐘鼓云乎哉！」然則鐘鼓玉帛亦可廢乎？曰：有廢之而用者，有用之而廢者，故世治矣。無此不足爲甚損，世亂矣，有此不足爲甚益，故君子探其本。

光祖曰：周禮林孝存作十論七難以排之，何休以爲六國陰謀之書，或謂劉歆附益佐王莽者，朱子曰「規模皆是周公做，但言語是他人做」，斯數説者敢問何家爲的乎？先生曰：朱子言是也。但云言語是他人做，恐不然，非周公不能有此筆力也。細玩之，如畫工然，物物而得所。試體之，如治家然，人人而遂欲。必君臣一德者，斯能舉而措之耳。林氏何氏諸說，將無有見于新莽、宇文周輩之爲者而立論乎？又曰：縱有差繆處，則周人後世之損益也。如大明會典，據今變例者亦多矣。

問：文王舍伯邑考而立武王，夫子則以公儀仲子立孫爲是，如何？曰：立嫡的事是常經。文王舍伯邑考而立武王，立德也。堯舜之子苟可繼，又何必尋取舜禹？他人且傳之，況其子乎？惟子是丹朱商均，故立德。夫子所言立嫡，亦據其子孫不相上下者言之耳。

江西有五人來見。先生謂之曰：若等爲實學，動静當以禮也。一人對曰：「是横渠以禮教人乎？」先生曰：不特張子耳，曾子亦然。雖孔子亦曰「非禮勿視」，「爲國以禮」也。

先生曰：教諸君學禮，猶堤坊之于水也。若人無禮以堤坊其身，則滿腔一團私意，縱横四出矣。

儀禮就東西南北調一兩個字，多少委曲，是謂之至文，非聖人不能作也。

衣服飲食皆要見道理在，故無時非禮，則非僻之心無自而入。大器問：禮可以義起。曰：固是要合人心。謝以中曰「禮可以義起」，鄒東郭答之「甚好」。曰：協諸義而協，則可不協諸義，而協則亦可乎。

問：月令，朱子嘗以夏月非周月者何？曰：周月總是夏月，古人改正不改月。如元祀十有二月乙丑，則以十二月爲首，未嘗改十二月爲正月也。如周改十一月爲正月，則春當爲冬，夏當爲春，四時亦不定矣。此豈可改者乎？故「春王正月」，春秋則從正月記起，以見從夏時耳。胡氏程子皆以爲周正，至其後來所記之事，皆易其日月。此豈聖人之信史耶？

問禮樂可分否？先生曰：不可分。禮樂乃行道之器物也，道不過五倫，惟禮樂能舉之。如一吏部，每朝高聲問安。父母方寢，心不安，是一于禮而失其和。敝處有一秀才，父子嘻嘻，甚至嘲戲，是失其禮而一于和。禮勝則離，樂勝則流。如司馬溫公事兄，因寒問衣，得無薄乎？隨時致問，不驚人駭俗，藹然可愛。易中孚：「豚魚，吉。」程明道對神宗云：「陛下奈何輕天下士乎？」此言何等從容不迫！何城又問：後世君臣，但見其禮而不見其和，和可復行否？先生曰：只遇主於巷，納約自牖，信而後諫，便是和意也。

栖入學儀　栖記

弘治壬戌，兄業太學，父命栖隨之。就學于京師，師事馬伯循先生。先期一日，兄晨興，冠履、衣紳、盥洗，詣先生，再拜曰：「柟有弟栖，蠢愚罔知。有志也，願灑掃于門下。」先生曰：「理不敏，不足以範栖，敢辭柟？」曰：「先生志在及人，寧棄柟？」先生曰：「吾子重有命，敢不敬從。」兄再拜，先生荅拜乃出。

厥明，兄及栖皆冠履衣紳盥洗。命栖曰：「往事爾師，如事父母，夙夜無違命，敬恭爾業。」栖再拜受命，遂灑掃書堂，設先師文宣王像于座北，南面。香案在其前，設菜于堂奧。西階側設卓，陳贄小雅及篋，書在篋內，篋在小雅南。設洗于阼階側，執事者倚夏楚于二門之內，夏左，告具。兄再拜速先生曰：「日者辱諾誨栖矣，謹率以見。」先生冠履衣紳，曰：「理既與之矣，願以見于先師。」兄在西階，先生在阼階，揖讓升堂就位。栖立于門外，北面，皆再拜。先生退盥于阼階，詣香案，跪釋菜，俯伏興。復位，皆再拜。兄揖先生于堂內西壁下，東西北上，栖在門外西階下。有先入學者，在其上，皆東面，執事者徹先師暨香案菜。

栖及先入學者，奉先生座于堂上。南面，兄座在右。栖奉贄如橋衡，跪于階下。曰：「小子栖無知，願共灑掃。」先生曰：「予既與爾矣，去爾幣升堂。」對曰：「栖不依于贄，不敢見。」先生曰：「諾。」栖升堂，奠幣于奧。即位再拜，退出門外。先入學者北面立，奉小雅，歌鹿鳴皇華。歌闋，栖鼓篋升堂跪。先生曰：「先師之教，孝弟謹信，有餘力則學文。余及爾小子勖。」栖對曰：「敢不努力從以問旋？」俯伏興出，取夏楚以升堂，跪。先生曰：「斯教之輔也。爾克敬，免之矣。」栖再拜出，倚夏楚于堂側。

兄遂延先生以三獻之禮。設先生卓于堂西北，南面五蔬在內。雞在蔬南，豚臑豚胳在雞東，羊若牛脯在雞者，其外爲果果。設主卓于堂東南，北面僎席于堂東北。南面，介席于主西。北面，以秦子世觀爲僎，寇子子惇介。設壺罍斝爵在南，設洗于門外阼階上。執事者立于西階邇簷，兄揖先生及僎、介就位。兄降洗，先生辭洗。曰：「理不敏，不足習禮。」兄曰：「請受教于長者。」卒洗，酌爵初獻，東面再拜。先生奠爵几上，西面答再拜，遂揖僎及介，報揖。卒爵，降洗，兄辭洗。卒洗，兄主受虚爵，酌以再獻、再拜。先生奠爵，答再拜。卒爵，降洗。兄辭洗，卒洗。兄受酬，西面再拜。先生奠爵于卓上，答再拜。兄揖僎、介，卒爵，降洗，酌以酢先生。先生再拜，兄奠爵，答再拜。栖及先人學者，歌菁者莪，卒爵樂闋。降洗，卒洗，主受虚爵獻介，亦如之。執事者承虚爵以倚壘，兄揖先生及僎、介，既席，乃羞。無算爵，有觶散，皆用之。既賓起，兄再拜，賓答拜。明日兄再拜謝。

渭陽公祭儀 柟記

渭陽公日昧爽而興，盥洗，設香案于中庭，跪炷香，瞻天稽首三。乃望闕稽首三。遂帥子弟興事，以爲常。月朔，晨興盥洗如日禮。焚神錢，瞻天稽首三。告曰：「某月朔，遂炷香于廟。」稽首四，拜告曰：「某月朔，其月半，亦如朔。」

元日，前夕。公冠履衣紳盥洗，設饌楮香燭于中堂；又設楮于祊側，乃告于廟，曰：「明日，某年月元日，孝玄孫溥，奉主于中堂。」執事者啟櫝出主，置于中堂南面，如廟。主人跪稽首，炷香再拜。執事者進饌于始祖考妣，一卓五味在内，其南五蔬，脯醢外蔬。五餅若飯外醢，黍中，名果外餅。盤饊夾肆，若升脊肺胉臑，則内果。若得異味，皆在右。筋在蔬醬之間，遂進饌于高祖考妣曾祖考妣，皆如始祖考妣。酒茶香燭之案則共之。在其南，主人就位，率子弟再拜。興，詣香案跪，曰：「某年月日，封翰林院修撰孝玄孫溥，謹以疏醴致祭于始祖考義士府君，始祖妣李氏；高祖考齊東府君，高祖妣李氏；曾祖考老人府君，曾祖妣高氏；顯祖考總旗府君，祖妣鄭氏；顯考處士府君，顯妣魏氏、劉氏，曰：『維歲改易，音容日遠。追慕罔極，實用切懷。敬陳菲奠，尚饗。』」其以殯安人宋氏，子秀才栖俯酹酒稽首，復位再拜。闔門，侑食畢，退寢。雞初鳴，執事者羞長麫，位皆一盂，乃辭神。主人以下，就位再拜。遂焚楮酹酒。暨湯，又焚于初，前徹饌，遂奉主如前。入于廟，炷香稽首以退。北初寅，公盥洗冠履衣紳，設香案于庭中，陳香燭果餅神前，率子弟瞻天跪，曰：「某年月元日，酹酒稽首三，乃望闕稽首三。」乃身送香燭神錢于文宣王廟及縣四街之廟，皆稽首。質明，公冠履衣紳，拜宗人之尊長者及鄉黨戚黨之尊長者于其家，然後受子弟卑幼之拜。若有縣大夫及庠師之禮，則報拜。

元宵，公冠履衣紳盥洗，設卓于中庭，瞻天炷香稽首，曰：「某年月元宵，乃燃燈薦饌焚香稽首。」遂詣廟，啓櫝焚香，再拜，告曰：「某年月元宵，具官孝玄孫溥，薦燈，侑以饌。」再拜，遂布燈于門戶灶井。翼日，入主于櫝，闔廟門。

清明前一日，公冠履衣紳盥洗，率子弟詣先塋，設饌于本土地及各冢，皆一卓五蔬在內，五醢外蔬。醢外，餅若飯，名果在其南，盤饊夾肆。子弟告設具，公率子弟詣土地，再拜炷香酹酒，曰：「某年月日，具官呂溥，敢告于本塋土地之神曰：『節屆清明，凡我先人，皆神是依，式是薄奠，尚饗。』」遂詣高祖妣李氏。再拜，跪炷香，酹酒，曰：「某年月日，具官孝孫溥，謹瞻拜丘墓。實切怵惕，尚饗。」焚楮拜。遂詣曾祖考妣祖考妣，皆如初。祝辭孫上改稱曾，改曾稱元。遂西過縣丞先叔先嬸，祝曰：「侄溥謹以時禮附獻。」再拜，酹酒，焚楮，遂北祭掃于新塋考妣，如祭祖考妣儀，祝改孫稱子，禮土地如先塋。乃命子弟祭掃于嬪安人宋氏及子秀才栖。明日，遂祭于奉政原之遠塋，皆如初。

端午，公冠履衣紳盥洗詣廟，子弟啟櫝出主，跪炷香，再拜。薦角黍新蔬果，祝曰：「節屆端陽，天道極泰。具官玄孫溥，謹以蔬果告虔。」酹酒，焚楮，再拜。子弟入主于櫝，闔廟門。

六月六日，公盥洗，命子弟奠湯焚楮于先塋諸墓，不設饌，祝曰：「天道亢陽，孫某謹奠湯茶。」

七月望日，既夕。公冠履衣紳盥洗詣廟，設楮，又設于初側，子弟啓櫝出主，公跪炷香，再拜，薦麻穀蔬果，祝曰：「時屆新秋，稼穡可望。玄孫溥，謹以穡事告虔。」餘如端午。

重陽，公冠履衣紳盥洗詣廟，子弟啟櫝出主，公跪炷香，再拜，薦糕新蔬果。祝曰：「節屆重陽，時序屢易，玄孫溥謹以糕果告虔。」餘如七月望。

十月朔，既夕，如七月望。公薦餛飩新蔬果，祝曰：「時屆孟冬，霜露既降，實切悽愴。玄孫某謹以蔬果告虔。」餘同七月望，加寒衣。

長至，既夕，如十月朔。雞初鳴薦長麵，祝曰：「惟茲長至，天道攸始，謹以蔬果告虔。」餘同十月朔。

柟授官。公聞報之明日，盥洗望闕稽首。乃詣廟，跪曰：「年月日，孝玄孫溥，敢昭告于始祖考妣曾祖考妣顯考妣曰：『蒙庇積德，惟爾來孫柟于今年戊辰三月叨獲及第，授官修撰，所願盡忠報國，惟神陰相之。』」及柟在告病間，公選日晨興，冠履衣紳盥洗，率柟及宗人及子弟詣祭于奉政原之先塋。祝曰：「年月日，孝遠孫溥，蒙庇積德，有子柟叨進士及第，授官修撰，謹率以見。所願盡忠報國，惟神陰相之。」獻諸墓，其禮同，皆用祝。卒，以牲享宗人。其受封也，告廟祭墓皆如初，辭曰：「蒙庇積德，因暨柟受有恩，封如其官，何以報國？惟神陰相之，無忝我先德。」

安人宋氏焚黃儀　從壻張雲霄編

焚黃，主人受命于父渭陽公，有期設帷于家次。先日，主人沐浴齋戒，居外寢，戒諸兄弟及執事。厥明，晨興，冠履衣紳盥洗。告廟請主于廳事，焚香再拜。遂召執事者，設五案，敕命謄黃各一匱。同案，翟冠袍帶各一匱。同案，設饌案于特羊之內，五蔬在內，脯醢外蔬，五敦外醢，五餅南敦，盤饊夾肆，罤托香合楮燭。同案，在特羊之先，無特羊，則有鼎俎。執事者告設具，樂作導案。柟及兄弟、諸執事盛服從以詣墓。執事以次陳于羨道左，祝召序立再拜。樂作，二祝以主人詣香案，跪，主人炷香，酹酒。樂止，右祝告曰：「維正德九年，歲次甲戌，五月癸丑朔，越二十日乙丑，孝子翰林院修撰呂柟，敢昭告于顯妣宋氏之靈曰：『柟承慈訓，竊祿于朝。仰荷皇仁，推恩所生。乃正德八年三月初一日，敕贈妣爲安人。惟是音容日遠，追養靡從。祗奉命書，悲喜交集。敬録以焚，實增哀殞。謹以酒果暨冠服，用寫虔告。』」左祝召宣贈安人制辭，宣訖，左祝召俯伏，召焚黃，暨袍。卒焚，再拜。樂作，執事者徹饌。樂作，迎冠帶返。敕命在先，復于聽事。二祝啟櫝出主，左祝召再拜。二祝以柟詣香案跪，炷香，樂止。右祝告曰：「年月日，孝子具官柟，敢昭告于顯妣安人宋氏之靈曰：『邇者獲有恩贈，旁求慈靈，亦既告諸墓矣。惟是神主，未更是用，謹請改題。』」並以衣冠奉祀，俯伏興。宗人置主于案，題訖。宗人奉主于座，左祝召降神，樂作再拜。二祝遂以主人詣案跪，炷香，酹酒，俯伏興。復位，再拜。樂止，宗人奉主入于廟，櫝主，遂燕兄弟、執事者于聽事，再拜而謝之。

渭陽公喪儀　從壻張雲霄編

正德丙子十一年五月丙申十六日之夕，渭陽公病革。先疾作，召匠作楸棺漆，命弟子曰：「歿既棺殯，吾畏暑與蠅，葬無出三月。」瀕革，公命左右蚤揃去垢，易裏衣襪屨，勿屨屨重。左右遂不作坌，取潘于鑊。沃巾，沐面目。櫛髮，組繪，仍笄纚，巾烏紗收架罘巾。有纓無緌，拒手足以叉巾。著新裹衣襪，屨皆繶純。無絇，乃加纊衣短裳一稱。衣有著，蔥綾服一稱，藕紵服一稱，裳屬于衣，皆不二。柟加六品服公服，亦紵一稱。有紳，已釋紳。握手以帕。兄弟諸男皆飲泣扶體，諸婦飲泣候于寢外。左右請後事，公命長子男柟曰：「竭力以報國。」命長女劉婦曰：「爲兒女無締于不潔之姻。」命長孫田曰：「力讀經書。」左右請家事，曰：「先命之矣。」他請事皆不命。乃遷于中堂床上，屬纊。既絕，男女各以其生稱而復，乃哭。祝以左右舁尸寢于地，主人被髮徒跣，擗踴號啼，馮尸于東。諸兄弟如主人，在其南，皆西面。主婦諸婦改服髻，哭于尸西。少北，有蔽，宗人戚人里人友人皆拜哭。祝奠脯醢禮酒于左膈。既憮面以纊若帛，瑱亦以纊，乃布絞縮二横三，皆析其末。布布衾于絞上，布絞紟于衾上。乃斂，不束絞不斂面，于中堂去床椸磚，邇地三寸。棺內藉以柏香磚灰，厚二寸，憮以絲紗。正棺，乃入左右實鬢蚤于棺隅。主人以下，括髮馮踴擗號。婦人髽，既祝舁蓋。蓋棺，不丁。棺外圍以新壤，沃水于壤。其下池，主人兄弟馮踴無筭。祝設椸，障以匹帛于棺前。椸前，結帛于椅。藉以衾衣，以代重。書銘于赤紵，廣終幅，長七尺，曰「明封翰林院修撰呂公之柩」，立于帛左。有跗，執事者設奠。香中卓，燭夾香，長燈內香，五果左右燈。鼎俎脯醢内果，五蔬内醢。醢内麵盂，酒茶與麵列。醯醬麵比帛之，凡脊脅胉臑皆升鼎，素俎有折體。脯薦木漆以代籩，醢薦錫磁以代豆。楮盆藉地，外卓。瀕夕，宗人戚人男女皆至，執事者致免髽。主人兄弟號擗稽顙，拜男賓于堂下；主婦稽顙，拜女賓于内。既夕，宗人奠酒炷香，執事者焚楮。主人以下皆哭踴，男賓堂外北面跪哭。親者邇前，尊者立哭，女賓立哭于主婦諸婦之後。既，主人兄弟號擗稽顙，拜謝于堂下，還，擗踴號啼。

越明日，朝祭如夕奠，以爲常，奠饌不麵，或以粲。其午奠惟親子弟舉。是日也，二祝設靈床于柩東北墉下。南面，衾裀枕簀具有，惟椸盥在其前，縣裳衣于椸上，冠紳設于東卓，邇床西面。越三日，朝奠既設，祝以主人稽顙，告曰：「某年月日，孤子修撰枘敢告顯父渭陽公之靈。曰：『不肖罪惡深重，禍延吾父，控訴靡所，祇奉遺言。』即日微斂，三日棺殯，炎蒸蠅蚋庶幾祛除，無復見面，五内崩潰。謹告。」遂號啼擗踴無筭。執事者丁棺漆會，以磚作肂，乃殯，周塗塹下池。沃土匝棺，既，乃午奠。

越四日，主人兄弟皆斬衰竹杖菅屨于堂下，主婦諸婦斬衰于室，執事者致齊衰大功小功緦麻之服于宗人，遂朝奠。是日也，主人兄弟始歠湯粥，寢苫枕塊，不脫絰，殯側哭無時。

越七日，祝以執事者殷奠，二几，有盤饊煠食在果外，皆五列。鼎俎脯醢内果，正脊若首在中，豚胉在東，羊雞魚腊在西，左右以離肝離肺，脊内五餅，五敦内餅，粟中黍稷稻以東西。五蔬内粟，五味内蔬，醬中，酒茶香燭之案其前。祝以主人稽顙，告曰：「年月日，孤子具官枘，敢告于顯父渭陽公之靈，曰：『日月不居，奄及七日，控訴靡獲，祇從今俗，哀羞七奠，心神糜碎。尚饗。』」遂號啼擗踴無筭，執事者焚楮。

比午奠，宗人戚人黨人女人薦香楮蒸盤于柩前，皆再拜，主人稽顙答拜。興，稽顙拜謝，賓答拜。司賓者飯賓于異所，司書者書名氏物楮于籍。賓既飯，且集，復拜于柩前。曰：「年月日，某等謹以薄薦，敢昭告于封君渭陽先生之柩。曰：『是日首七，某等忝與戚黨交遊，無任哀悼，尚饗。』」主人稽顙答拜，執事者焚楮。主人號擗跪哭，賓皆跪哭。女賓同主婦諸婦哭于賓西帷後。賓興，主人號擗稽顙，謝賓于堂下。自是宗人戚任罷朝夕哭奠，主人惟罷午奠，其哭仍無時，三七、五

七、七七，皆如七，二七、四七、六七、主人及齊功之戚亦午奠。

三月，卜葬有期，先期卜日。作壙于祖塋之昭位，日至期，奠既終。祝以主人詣殯，稽顙曰：「正德十一年六月甲寅，孤子具官柟，敢告于顯父渭陽公。曰：『遵守存言，葬于祖塋昭位，合妣安人宋氏。仍以季弟生員栖附，茲往作壙，不勝哀殞。謹告。』」稽顙再拜。至塋，祝以執事者設奠于本塋土地之神及祖冢，香酒果蔬，鼎俎以脯醢，飯餅具。左祝以主人及兄弟宗人再拜，右祝以主人詣香案，炷香奠酒。跪祝曰：「年月日，孤子具官柟，謹以庶羞敢告于本塋土地之神，曰：『謹卜七月九日，哀奉顯父敕封修撰渭陽呂公、顯妣敕賜安人宋氏，合葬于祖塋昭位。以季弟增廣生員呂栖附。今茲作壙，神其庇佑，俾無後虞。』」稽顙，興，復位。左祝以主人兄弟再拜，焚神錢。右祝卒禮，左祝以主人稽顙再拜。詣祖冢跪，炷香奠酒，祝跪曰：「年月日，具官孤孫柟，謹以庶羞敢告于顯祖考處士府君、顯祖妣魏氏之靈，曰：『茲日卜月，哀奉顯父修撰某、顯妣安人宋氏合葬于前昭位。附以季弟生員栖。是日作壙，畚鍤之聲，驚震靈爽，不勝哀懼！謹具。』」稽顙再拜。遂奠告諸仲止之故冢，右祝卒禮。祝以主人兄弟南詣母故冢，設奠如初。稽顙再拜，炷香奠酒，祝曰：「年月日，孤子具官柟，謹以庶羞敢告于顯妣安人宋氏曰：『茲以協卜年月日，奉葬顯父修撰渭陽公于祖塋前昭位，存受遺言，合葬顯妣。是日作壙，不勝哀殞，謹告。』」稽顙再拜。右祝卒禮，祝以主人詣殯前，稽顙跪曰：「已破土作壙，不勝哀殞。」稽顙哭，興土人作壙。據四隅，外其壤，掘中，南其壤，磚人作甕，門室周護以灰沙合土之泥。土五分之三，灰五分之二，沙五分之一有半，杵築二尺，乃實原壤。亦沃水，杵築，掩初掘五寸，崇七寸。乃作柏椁，匠人獻材，主人哭材。乃作志石，獲志文，讀于殯前，主人號擗稽顙。乃上石，工人作明器、下帳、筥筲、方相暨諸儀仗。

宗人乃禮里人以一獻之禮，使司執事。爲柩帷于門外中街，爲賓帷二于柩帷東西，爲帷皆七人、司賓二十人、司貨五人、司書二人、司具饌者四十人、司亭輿十人、司魂馬二人、禮儒士以再獻之禮。使司儀，左右祝各一人，二祝二人，司迎母柩之奠二人，司啟殯乃朝祖之奠二人，司祖奠二人，司遣奠二人，司召設儀杖一人，司空二人，司祝本塋土地及題主二人，司盥洗二人，司三虞者十人，皆前人互爲之。禮蒙士之師以一獻，使教振鐸者八童，挽歌者二十童，歌薤露蒿里蓼莪之篇。禮鄉大夫士以再獻之禮，以應賓。有翼爵者至，則應之。左賓帷三人，右賓帷三人。凡禮賓，主人皆稽顙再拜。禮役夫一食，以應役，舉三柩三十六人，執翣各六人，執銘旌各一人，執功布各一人，舉冠帶玄纁輿四人，舉苞筲罌輿四人，舉下帳輿四人，舉明器輿四人，舉二椁三十人，舉志車三人，舉鮀馬諸儀仗二十五人，舉執事僕皂八人，舉奠卓香案六人，執紙百有二十人，食工十二人以一食，擊鼓二人，爲方相及舉者十人，禮宗人之才者四人以一獻。使設靈帷于壙左，邇南南面，柩帷在壙，南面。上賓帷在墓南東偏，次賓帷在其左，皆布席，茶廚在墓西，賓至則具獻。

瀕葬二日，宗人設帷于母冢西偏。南面，設帷于呂仲止之冢東偏。南面，啟冢，瀕見櫬。主人兄弟詣殯前，稽顙告而出，辭曰：「迎母柩于帷廳以先俟。」乃仍服戴親柩衣衾翟冠既曁靈輿銘旌功布。及奠，徒跣以往，從以媼，祝先，翣人從，鐸人從，宗人分詣仲止冢。至所見柩，主人兄弟哭踴，祝止哭。主人及親媼執事者布布絞于壙底，縮二横五，布布衾于絞上。脫舊棺舁于衾上纊面，乃斂。執事者于出于帷下，親媼襲衣及履。乃加帛衣細裳纊著稱，綾衣布裳一稱，葸紵衣綠紵裳一稱，安人公服赤紵一稱，有紳，乃加翟冠。幠以赤紵夷衾，女襚衣賓于空，蓋柩。祝以功布飾柩，一池，鈕三采，無具，設奠于夷床前。祝以主人稽顙再拜，右祝以主人盥洗，詣案前，炷香酹酒跪。祝執版出主人之右，曰：「年月日，孤子具官柟，謹以庶羞敢告于顯妣安人宋氏之柩曰：『柟將以月日葬顯父修撰渭陽公于祖塋昭位，奉啟顯妣合葬。前月四日已告諸墓矣！茲者剖土收骨，心神糜碎，不孝之罪，上通于天，誰其歸咎。茲謹舁歸，式從父柩，伏惟尚饗。』」俯伏興，祝以主人降，稽顙再拜。焚楮，號擗，左祝卒禮。主人號啼載柩以行，功布先，銘從。翣人執翣以障柩，鐸人振鐸，二祝以宗人逆弟柩，至則隨之，儀如迎母柩儀。乃入于帷廳，舁人告定，翣銘功布如前列，鐸人斂鐸，執事者設奠。如殯奠，主人稽顙再拜。焚楮，哭踴，右祝止哭。主人反哭，告舁事于殯前。仍次殯側，兄弟次于母柩側，比奠則入。則入，既夕哭，祝告啓期于賓，陳饌如七奠。東方之饌亦如之，夷床厥于殯宮階間。二燭左右殯，主人及諸丈夫衰絰在殯東，婦人衰絰在殯後。左祝以主人稽顙再拜，右祝執功布入，升自西階，盡階不升堂。二祝以主人盥洗，案前跪，炷香奠酒，祝曰：「年月丙戌，孤子具官柟，謹以庶羞敢告于顯父修撰渭陽公曰：『來日戊子，哀奉靈車，往既幽宅。先事啟殯，不勝哽絕。謹告，尚享。』」主人兄弟稽顙再拜。降祖哭踴，婦人哭于後，衆丈夫及諸婦人各哭于其位。左祝取銘及靈置于階南，止哭。升夷床于柩前，乃啟殯，主人以下哭拾踴。左祝止哭，祖拂柩功布，升柩于夷床。祝跪曰：「今以吉辰遷柩，敢告。」興，舁人乃遷柩，功布先，銘從，靈從，奠從，柩從，主人以下襲哭從。詣廟門，先時，宗人入廟。啟櫝出主，焚香，祝設靈于柩前。西向，取東方之饌奠之如初。祝詣廟中香案，跪曰：「年月日，孤子具官柟于來日戊子，葬父具官某，合以妣安人宋氏于祖塋昭位。附以季弟生員栖。是日，祇奉柩車以見父也。無復羞常事矣，不勝哀惋。」興，詣柩前，跪曰：「朝祖訖。」興，主人以下哭盡哀。遂哭從，鐸人入，夾階振鐸，翣人執翣以蔽柩。遷于帷廳，如遷于祖，夷床在安人夷床之左。並皆南向，仲止夷床在其後。南向西偏，鐸人斂鐸，翣人倚翣，退。祝正柩於兩楹間，置靈如祝。執事者焚楮，主人兄弟稽顙再拜，哭盡哀。止于柩南，北面，婦人哭于後。乃代哭，奠如啟殯之奠，親賓致賻奠，以名及物告諸靈。有奠章，二祝皆斂之。主人稽顙號擗，拜送賓于門閾，執事者歸賻奠于司貨，司書者揭面書之。

明日，有司請祖期，祝告曰：「日側，主人入祖。」乃載踴無筭，乃東柩。卒束，襲降。右祝飾柩，一池，紐三采，無貝。設披屬紖，鼓人擊鼓歇，祝召執事者，設儀仗于帷廳內及門外。方相在先，狂夫爲之，執戈揚盾，執事隸人從。志車從，椁車從，木主輿從，筆石具明器輿從，下帳輿從，苞筲罋輿從，冠帶玄纁輿從，功布從，明從。皷人再擊皷。皷歇，祝召執事者，設祖奠七卓，器五爲肆，肆三爲卓，設醬于初卓中，左右以鹽椒醯蕢，韭在醬先，葱藻萊菔若萌左右韭，皆不會。廢敦五前韭，黍中稷稻粱若粟以左右，皆啟會。二卓以羊爲初，正脊在中，代脅左脊，醢臑左脅，右以肫胳。其觳脾腸胃皆不升，豕亦如之。離肝離肺左右雞若，魚鴨醢爲終肆，雞中。三卓之肆有四三，麥及米爲餅皆五，米先，牟次，蕎次，米次。設糖食于三卓之前，色一行。其次爲大糖，食卓內以五果，五牲內果，豕中左右以雞鵝魚，皆牲湆，六卓以小蜜食樹盤。七卓以大蜜食樹盤。顯妣安人之奠亦如之。季弟仲止殺三，凡其香燭茶醴特豕特羊之案，則共之。在其南，左祝以主人兄弟稽顙再拜。二祝詣主人于案前跪，炷香奠酒，左祝跪告曰：「孤子具官柟，謹用告辰。祇奉封公及母安人往既幽宅。將舁靈車，神道紆回，惟以荒蓼。無任哽絕。尚享。」弟仲止配，祝興。主人稽顙興，二祝以主人降，稽顙再拜。焚楮及帛，哭踴。二祝止哭，親賓有後賻奠者，受禮如前。及日側，皷人三擊皷。皷歇，祝祖引靈輿于内門銘次，以靈作輿，鐸人振鐸詣柩前。翣人以翣障柩，主人以下皆哭踴，禮祝以酒奠曰：「永遷之禮，靈神不留，謹奉旋車，式遵祖道。尚享。」焚楮，主人以下哭踴。

昧爽，皷人擊皷。皷歇，左命舁人加杠于夷床，遂召執事者設遣奠。徹祖奠之初卓二卓，其餘改饌不改卓。左祝北向跪曰：「遷柩就舉，敢告。」徹者入，實諸苞。主人以下哭拾踴，挽歌者接紼而俟行。翣人障柩，鐸人振鐸，主人載父夷床。宗人友人執紼披，弟梓載母夷床。母黨丈夫執紼披，婦人在後，帳以行帷，内外各以其班袒哭踴。祝止哭，皷人擊皷。皷歇，左祝召執事者，各執其事。紙先引，魂馬次之，執事隸人次之，諸儀仗次之。皷人再擊皷，皷歇，乃行。主人兄弟徒跣哭踴無筭，靈車及墓。入于靈帷，執事者設奠如朝夕奠。須臾，徹之。柩至，設于壙南，脫載，置席上。主人以下袒，各就位，馮柩哭踴。婦人哭于行帷，主人拜賓。有歸者則辭以歸，乃定。椁先，柩從。左右祝以主人入壙，右祝以銘旌谷幠于椁上，冠帶在銘上。邇首，左祝以主人稽顙哭擗，跪于柩前。執事者以玄纁授主人，右祝受而納諸車中。翣人倚于壙内柩旁，下帳設于幽堂，南向。苞實在下帳南，明器析設于倉庫，左祝告畢。遂以主人稽顙再拜興，執事者扶出壙外，哭踴襲。役人掩壙，杵築八尺，納志石，又築。左祝止主人哭，乃請學師祀本塋土地于墓東北。先期，執事者設奠具，祝以學師再拜盥洗。詣案前跪，炷香奠酒，祝跪曰：「惟正德十一年丙子，秋七月庚辰朔初九日戊子，敕封翰林院修撰呂某，配敕贈安人宋氏，暨其子增廣生員呂栖，定兹幽宅，惟神是依，神其庇佑，永無後虞。」二祝以學師降，再拜。右祝卒禮，主人稽顙再拜謝學師，酬以幣。

執事者設卓筆石具，左祝就木輿取本主，左手捧趺，右手當竅。微軒，置于案，二祝請縣大夫題主，畢。主人稽顙再拜謝大夫，酬以幣。

左祝置神主于靈輿，藏靈帛于箱。炷香酌酒，遂以主人兄弟稽顙再拜。二祝詣主人于案前跪，右祝執板，出于主人之右，曰：「孤子具官柟，敢昭告于顯考敕封翰林院修撰儒林郎渭陽公之靈曰：『形歸窀穸，神反室堂。神主既成，伏惟尊靈。舍舊從新，是憑是依。踟躕窮途，進退如癡。不勝哀殞。』」二祝以主人降，稽顙再拜，哭盡哀。神主輿既駕，主人從哭，如來儀，至家，主人號啼擗踴。左祝如式奉神主，置于靈座，執事者焚楮，祝止哭。以主人稽顙再拜，畢。主人拜賓，送于大門外，乃沐浴以俟虞，執事者歸賑于宗人戚人及祝。

執事。是日初虞，左祝召執事者。設饌于東南，如殷奠，日中，執事者告設具。有祝啟櫝出主，主人入，哭盡哀。二祝止哭，降，左祝以主人兄弟稽顙再拜。遂召執事者進饌，執事者進鼎俎脯醢五。左祝召曰：「行初獻禮。」二祝以主人盥洗，詣靈前跪，炷香，酹酒以茅沙。左祝執版出於主人之右，跪曰：「年月日，孤子具官柟，昭告于顯考修撰渭陽公之靈曰：『日月不處，奄及初虞，夙興夜居，哀痛如裂。謹以潔牲庶羞，粢盛醴齊。哀薦祫事，尚饗。』」左祝以主人俯伏興，復位。左祝召執事者進饌，執事者供五蔬及黍稷粟稻。乃行亞獻禮，二祝以宗人之戚者詣靈前跪，炷香，酹酒于茅沙。俯伏興，復位。左祝召執事者進饌，執事者供五餅，乃行終獻禮。二祝以親賓人詣靈前，如亞獻，復位。左祝召曰：「侑食，執事執注添酒。」主人以下皆出，祝闔戶，主人立于門東，西向。卑幼丈夫在其後，重行北上，左祝當戶，北面。噫歆！乃啟戶，主人以下各就位。主人詣靈座奠茶，左祝告禮成，右祝斂主。匣之，以主人辭神，稽顙再拜。左祝召焚楮，主人以下跪，哭盡哀。婦人哭于屏後，興，瘞魂帛。自是，主人日焚香，有新奠，次于主前。剛日再虞，如初虞，曰：「哀薦事。」柔日三虞，如再虞，曰：「哀薦成事。」

葬之二日，主人兄弟稽顙再拜，踵門謝宗人戚人友人鄉人之賻奠者。三日，主人兄弟復三于墓。宗人戚人皆薦香楮，祝召執事者。設奠卓于本塋土地及各冢，新冢則有特牲。執事者告設具，左祝以主人以下稽顙再拜。二祝以主人盥洗，詣土地案前跪。炷香酹酒，祝跪曰：「年月日，孤子具官柟，謹以庶羞敢告于本塋土地之神。曰：『邇者柟奉葬父母及弟于祖塋，今已二日矣。惟神是馮是依，是用祈祜于無窮。尚享！』」二祝以主人降，再拜復位。左祝召行初獻禮，二祝以主人詣新冢跪。炷香酹酒，祝跪曰：「年月日，孤子具官柟，謹以庶羞敢告于顯考修撰渭陽公、顯妣安人宋氏曰：『哀奉柩櫬，葬此幽宅，今已三日矣。號痛罔極，無任哽絕，祗從今俗。哀羞復三之奠，尚享！』」俯伏興，二祝以主人降，左祝召行分獻及亞獻禮。二祝以主人詣新冢，群祝以宗人及戚人分詣祖冢二祖冢及仲止之冢。皆炷香酹酒，俯伏興，復位。左祝召行三獻禮，二祝以主人詣新冢，如亞獻，復位。執事者焚楮，主人兄弟哭盡哀，右祝卒禮。主人兄弟稽顙再拜以謝賓宗人，邀賓于家而食之。是日後，主人使執事者禮宗人戚人及祝執事以一獻再獻之禮，有歸俎。

卒哭。十日，執事者陳奠如虞奠。質明，左祝啟櫝出主，主人以下皆入，哭盡哀。二祝止哭，以主人降，稽顙再拜。遂以主人盥洗，奉魚肉及蔬果降，左祝召行初獻禮。二祝以主人詣案前，炷香，酹酒于茅沙，祝跪曰：「年月日，具官孤子枏，敢告于顯考修撰渭陽公曰：『日月如矢，奄及卒哭，夙興夜處，號痛不寧。謹列庶羞，哀薦成事，將來日躋附父于爾顯祖考總旗府君。尚饗。』」俯伏興，復位。亞獻，終獻，侑食，闔戶，啟戶，辭神，皆如虞。自是，主人日昧爽焚香稽顙，有異味則奠，不拘朝夕。哀至哭，賓至哭，疏食水飲，不食菜果，寢席枕木。居倚廬，剪屏楣，其遇朔望及俗節，主人以下哭奠，或之墓。

卒哭明日而祔。祝設渭陽公之祖考妣位于廟中，南面；設渭陽公位于廟中東南。西向，執事者設奠，如卒哭，有二卓。黎明，主人兄弟倚杖于階。入詣靈座前，哭盡哀，祝止哭。乃變白服詣廟，左祝抽簾啟櫝，奉顯祖考總旗府君、顯祖妣鄭氏神主于座。遂以主人還詣靈座所哭，祝奉渭陽公神主詣廟。主人兄弟哭從，如從柩儀至門，二祝止哭。右祝啟櫝出主，置于位，西向，左祝召敘立參神，主人兄弟皆再拜。及降神，執事者進饌如虞，左祝召行初獻禮。二祝以主人詣祖考妣前，跪，炷香酹酒。左祝跪曰：「孝曾孫具官枏，謹以潔牲粢盛醴齊，告于曾祖考總旗府君、曾祖妣鄭氏：躋附爾孫敕封修撰某。尚享。」附伏興，祝以主人詣渭陽公位跪，炷香酹酒，祝跪曰：「薦附事于顯考修撰渭陽公府君，適于爾祖考總旗府君、祖妣鄭氏。尚享。」皆不哭。亞獻，終獻，侑食，闔門，啟門，辭神，皆如儀。左祝納祖考妣神主于龕中，匱之，納渭陽公神主於靈座。出廟門，主人哭從，如來儀，右祝止哭，卒禮。

百日。前夕，主人兄弟焚楮哭奠，告曰：「來日百日，時月倏易，不勝哀殞，祇從今俗，哀薦常事。」厥既朝奠，比午，主人兄弟暨宗人戚人遂之墓。是日也，有徵夢，焚新衣于祖冢，主人兄弟皆號啼擗踴，其餘皆如復三儀。凡朝夕奠，皆出主，重九前夕，主人兄弟焚楮哭奠。告曰：「來日重九，節令倏易，不勝哀痛。」告廟則宗人或子弟，辭曰：「來日重九，節令屢易，無任悽愴。」焚楮，不哭。厥明，宗人獻糕于廟。主人朝奠，几筵亦獻糕，比脯，則率兄弟宗人哭奠于墓。十月朔，薦餛飩，冬至薦長面，元日殷祭，有鼎俎。立春薦餅，端午薦角黍。及五月十有四日，公生忌也。薦長面，其儀皆如重九。祝辭則各異。臘朝薦粥，元宵薦燈饌，止于几筵。清明祭掃，止在墓。

小祥，用初忌。前期，沐浴，夕奠如初。厥明，陳器具殷奠，陳練冠服葛絰，及諸應易之服于阼階下具。左祝出，主人下入哭如初，出就階下。執事者各爲易其服，復入哭。左祝召哀止，復位，再拜。行初獻禮，祝辭稱常事。亞獻、終獻、侑食、闔門、噫歆、啟門、辭神、焚楮，皆如卒哭。主人食菜果。惟朔日、月半哭奠。

大祥，用第二忌日。前期一日，主人沐浴，陳器具饌，設次陳禫服，服絹齊既序立哭，儀如小祥。祝止哭，跪于主人之右。昭辭稱：「明日大祥，禮當遷主入廟，茲將告廟祧主，並改題諸考妣神主，無復能奉几筵矣。無任哽絕，謹告。」拜興，乃詣廟。執事者先期陳饌于廟，主人下變服序立。祝出主，主人下參神再拜。主人詣香案，上香酹酒。祝辭稱：「遠孫具官柟昭告于如先高曾祖考妣暨安人宋氏：『茲以先考具官府君大祥禮當遷主入廟，先祖考妣神主當祧，高曾祖考妣神主當改題。世次迭遷，不勝感愴。』」拜興，執事者進取主，置卓上，洗當改字。粉塗候乾，善書者以次改題訖，主人親安主于龕中。虛西一龕，俟新主，祝召辭神再拜，侍者紙裹祧主于別卓。焚楮及祝文畢，主人再拜謝題主者。厥明，具奠入哭。易禫服，及參神以下，皆如小祥儀。遂遷主詣廟，主人下哭從，婦人哭于堂後。至廟門，哭止，執事者徹几筵，斷杖棄屏處，乃安新主。先期，群主前皆設饌，主人偏注酒于各爵，詣案前跪，祝辭稱：「是日謹遷先考修撰之主于廟矣。奉安訖，謹告。」再拜，禮畢，乃遷祧主于廳事，具饌。主人再拜，詣香案前跪，上香酹酒，祝辭稱：「先王制禮，祀止五代，心雖無窮，分則有限，神主當祧，不勝感愴。」再拜，畢。遂奉祧主瘞本墓側，焚香酹酒再拜，畢。遂饌於本塋土地前，亦如禮，有祝辭。即日，又哭奠于新冢。如初，祝辭曰「已奉主入廟矣。奔走墓道，旁永嚴靈，無任傷苦」云。

禫儀亦略同于小祥，其迎主于寢，送主于廟，皆告廟。是日，執事者爲脫禫服，易縿色衣，終其月。祭日，卜八月二十七日，九月始御樂。

四書因問

四書因問卷一

大學

介問：「大學舊本云何？」曰：「言大人者之學，其道在明此明德以親愛下民而止至善也。夫至善，則所止之地也，非先知之則不能得也，故有先後焉。蓋所止之地皆物也，則有本末；盡止之功乃事也，則有終始。能知所先後，則物本可得而兼末不難，事始不亂而厥終自考，去道伊邇矣。」「其先後者何？」「『古之欲明明德於天下者，先治其國』以下言先也；『物格而后知至』以下言後也。能如是，則能明明德以親民而止於至善矣，斯大學之道也。然其所謂格物、致知、誠意、正心、修身、齊家、治國、平天下者，又非一言能盡其義，故下文又旁通其情焉，然皆以釋『明明德、親民、止至善』也。」「『止至善』獨言『明明德』乎？」曰：「『明德』而不能親民，非『明德』也；能親民矣而未能『止至善』，亦非『明德』也。」

「其曰『格物致知』者何？」曰：「言物非在外者也，皆關此身焉耳。故自天子至於庶人，壹是皆以修身爲本。若其本亂而末治者否矣。蓋其所厚者薄，而其所薄者厚，未之有也。誠知此身爲本，所當厚也，則心不他用，世無剩物，日無泛事，而其知至矣。故曰：『此謂知本，此謂知之至也。』此謂『格物致知』之説也。」

「其曰誠其意者何？」曰：「言在禁止自欺，惡惡如惡惡臭，好善如好好色也。是蓋遜志以求，而不問名於外，故能自慊。然其誠僞，我知之而已，故君子必慎其獨也。不見小人閒居爲不善乎，見君子而後厭然，揜其不善，而著其善。人之視己，如見其肺肝矣。然則何益哉！此誠於中，必形於外，故君子所以謹其獨也。且惡積於中，非但一人見其肺肝，蓋十目十手所指視也，不謹其獨，可乎？夫有財之富則潤屋矣，無欺之德則潤身而心廣體胖矣，故君子必誠其意以謹其獨，而不自欺可也。況乎至誠而不動者，未之有也，彼淇澳之詩，言君子盡切磋琢磨之功，極瑟僩赫喧之盛，而造乎盛德至善之誠，則當世之民不能忘也。豈惟當世，彼烈文之詩，言前王德成於己，後世之人親賢樂利各得其所，雖没世不能忘也，豈有他哉！皆由誠意耳。故康誥言文王『克明德』，太甲言成湯『顧諟天之明命』，帝典言唐堯『克明峻德』，皆自明此至誠之盛德耳。然誠意之功又不可間，雖施諸民亦然，故盤銘之『日新』，康誥之『作新民』，文王詩之『新命』，言君子内不愧己，外不愧人，仰不愧天，無所不用其誠而造其極也。是何也？誠者，人之所當止，不誠，則無物矣，故玄鳥、緡綿〔二〕之詩云爾也。然能止於誠而無入不自得者，惟文王爲然，故其詩言『緝熙敬止』，而仁、敬、孝、慈、信各臻其極也。於是孔子又因止信而言聽訟猶人，不足貴也，必也使無訟乎！蓋無情而不誠者，不得盡其僞辭，則以吾之誠意，大畏其志，而人信之也，故曰：此謂知本也。夫古人言明善誠身，然誠身實所以明善，即所以誠身，故格物。格物以修身爲知至，而此以誠身爲知本也。」曰：「若是，則程子定本何以『克明德』以下釋『明明德』，『盤銘』以下釋『親民』，『邦畿』以下釋『止至善』乎？」曰：「自格物以至平天下，固爲釋此三者而設，若又取此『克明德』以下釋之，不亦復且亂乎？又何須用八者也？且古人之立言也，論理不論文，今以其有明字多者釋『明明德』，有止字多者爲釋『止至善』，又取新字多者以釋親民，而改親民爲新民，立言者恐不若是泥也。」曰：「若是，則夫誠意者未及乎正心、修身，何以遽及於民，至有没世不忘之説乎？」曰：「噫！此腐儒之説也，誤人甚矣。從是言也，則誠意者必不接一物，閉目掩耳而後可乎！平天下者必擾擾於一世，離形去心而後可乎！故古之人，言意便及天下，言天下便本諸意，終始本末，一以貫之，但其序自此而先耳。」「若是，則釋誠意之辭，不亦煩乎？」曰：「八者之事，雖各有攸當，論其功力，皆本諸誠意。蓋格物雖在先，亦屬致知，不及誠意、力行之爲難也。能乎此，則正心以下，如水之沛然矣，其有不得其宜者，則亦斟酌損益之間，禮樂制度之際耳。故雖九章之心誠，求之十章之曰德、曰仁義、曰好惡者，皆自是而舉之也。故是章或言其功，或徵諸事，或本諸體，或稽諸效，反復推演，不一而足，雖平天

〔二〕「玄鳥」：楊本作「黃鳥」。「緡綿」：楊本作「緡蠻」。

下之意，亦宛然見矣。」

「其曰所謂修身在正其心者何？」曰：「言身有所忿懥、恐懼、好樂、憂患之偏者，即心之不得其正也。蓋意雖實，心不正難觀，即形於身者可見耳。夫心不在於正，豈惟見忿懥、恐懼形於身者之偏哉！其極至於視聽不見聞、飲食不知味矣，可不慎乎？故曰：『此謂修身在正其心。』」

「其曰所謂齊家在修其身者何？」曰：「言人於所親愛、賤惡、畏敬、哀矜、傲惰者有所偏焉，其心雖正，亦身之不修，不足以理家也。蓋此五者，雖形於一身之小，而實接乎一家之衆故也。若夫好必知其惡，惡必知其美，非身修家齊者不能，不亦少乎！故諺有之曰：『人莫知其子之惡，莫知其苗之碩。』此偏於親愛者之效也。獨舉斯二者，人之處家，好愛而易私者，莫如子與苗，此而能克，則無助苗之長，勿勞之愛矣，賤惡以下可易能也。不然，家其能齊乎？故曰：『此謂身不修不可以齊其家』。」

「其曰所謂治國必先齊其家者何？」曰：「言其家不可教而能教人者，無之。故君子之道，不出家而能成教於國焉，故家之孝、弟、慈者即國之所以事君、事長、使衆也。然其所謂孝、弟、慈者，皆本於誠焉，蓋自誠意中來也。故康誥曰『如保赤子』。心誠求之，雖不中不遠矣。未有學養子而后嫁者也』。夫能誠於爲善而一家仁讓，則一國興仁讓；誠於爲惡而一人貪戾，則一國作亂；其機如此。此謂一言僨事，一人定國也。故堯舜帥天下以仁，而民從之；桀紂帥天下以暴，而民從之；其所令反其所好之誠，而民不從也。是故君子有諸己而後求諸人，無諸己而後非諸人。所藏乎身者不恕，不本於誠焉，而能喻諸人者，未之有也。故曰『故治國在齊其家』。其下三詩，則咏嘆其意，以警發乎人，而又以證之也，其誠意溢然矣，故曰此謂治國在『齊其家』。」

「其曰所謂平天下在治其國者何？」曰：「言即興孝、興弟、不倍、恤孤以見秉彝，人心所同，不可使有一夫之不獲也。是以君子有絜矩之道以處之，絜矩之義，不過使上下四旁均齊方正而已，然其用則在好惡也。故絜矩用於好惡，則民以爲父母，如南山有臺之云也；絜矩不行於好惡而偏焉，則爲天下之戮，如節南山之云也。故文王之詩言商先王能絜矩而得衆得國，商後王不能絜矩而失衆失國，不亦明徵乎！然欲行絜矩，必以德爲本，又自誠意明德而遡之也。故自『君子先慎乎德』以至『亦悖而出』，皆言有德而能絜矩與不能者之理財也。康誥、楚書、舅犯之言則又徵之爾，證之者，言天命、人心皆歸于德而不在于財也。自『秦誓』以下至『菑必逮夫身』，則又言能絜矩與不能者之用人也。『君子有大道』，則總言理財用人，其曰大道即絜矩爾。夫理財雖貴于内本外末，然財亦不可廢也，故生財有大道，不在詭計也，惟在乎務本節用而財自足，又何必外本而内末哉！然又恐有國家者專務其財也，則又言『仁者以財發身』以下，則理財之道，非仁義不足以盡之。夫理財用人，雖皆治天下之目，用人者又理財之本也，故自『畜馬乘』以下，則又言君子不察于利，非若小人之專務財而不以義爲主也，并上言惟仁人能好惡人，則理財用人之道，亦非仁義不足以盡之。是故絜矩者，法也；仁義者，道也；好惡者，用也；理財用人者，目也。仁以本之，義以質之，絜矩以處之，好惡以行之，用人以先之，理財以後之，則孝弟慈之道周于天下矣。然其曰德、曰仁義、曰好惡者，則又皆本于誠意、正心、修身焉，故曰：本末一貫，始終一理。『明德』即所以親民，明德而能親民，無所雜焉，所謂『止至善』也。」

續因問

大學

章詔問「大學之道」。先生曰：「只當以明明德爲綱。蓋明德而不能新民也，不算他明德，故新民可兼在明明德之內。若『明明德』以新民，少有一毫私欲夾雜，亦未足爲至善，是必盡乎天理之極，而無一毫人欲之私，斯爲『止至善』矣。若夫三綱領之説，恐太涉于分析。大學之道，只在一個『明明德』都盡了，後來説『明明德于天下』，説『盛德至善』，都只是説明德，更不説新民可見。」王標曰：「九章之心誠，十章之慎德，亦爲是乎？」曰：「然。」

胡炳問：「『明明德』，明字莫只是天地生生之理，惟虛故靈，虛靈故明否？」先生曰：「這也是正謂明德只是個天地陰陽之氣，清通之極，萃于吾心者。」

炳問：「定靜安慮。靜是心不妄動，畢竟是心靜方纔定，如何説定而后能靜？」先生曰：「心之所以不靜，多緣是念頭一差，無所定向，故心動于聲色，動于貨利，動于功名，理欲交戰不能寧。一若于念頭上一定了，方纔得靜也，安只是靜到純熟處。」「何以先言知止？」曰：「大學之道，未有不先知而能行者，故自物有本末以下，泛論其理，當先於知也；欲『明明德於天下』以下，證以古人之事，惟先於知也。」

問：「格物之格，有説是格式之格，謂致吾之良知在格物。格字添出窮究字樣來，何如？」先生曰：「格物之義，自伏羲以來，未之有改也。仰觀天文，俯察地理，遠取諸物，近取諸身，其近取即是窮格之義，格式之格，恐不是孔子立言之意。」

詔問「格物」。先生曰：「這個『物』，正如孟子云『萬物皆備於我』物字一般，非是泛然不切于身的。故凡身之所到，事之所接，念慮之所起，便是物，皆是要格的。如言便有言之理，在官言官，在朝言朝。與父兄言，言慈愛；與子弟言，言事父兄。視便有視之理，或視上於面對則傲下，於帶則憂，傾則奸；坐如尸，有坐之理；立如齋，有立之理。推此類，可見無一處非物，格物之功，無一時可止息得的。」聶蘄曰：「夜睡，心下有所想像，念頭便覺萌動，此處亦有物可格否？」先生曰：「怎麽無物可格？『君子無終食之間違仁，造次必于是，顛沛必于是』，亦皆是格物，雖夢中亦要驗格也。」

易泉、聶蘄辨論格致及德性之知與聞見之知同異。先生曰：「此合内外之道也。張子嘗云：『誠明所知乃天德良知，非聞見小知而已。』後人小大同異之論，皆本諸此，殊不知張子之言必爲偏于聞見者發也。自予言之，只顧人之求知者何如耳？使求知者皆爲德性，則聞見非助我者耶？如舜聞一善言，見一善行，若決江河，則與德性渾融爲一。此等聞見惟恐其或少耳。若聞見無與於德性之知，則祇爲記誦涉獵之資，誠爲小而已。正德間，有一侍郎博學多記，冢宰薦一學士，用一故事以問侍郎，乃遂背誦不止，冢宰止之曰：『不用許多，只用前一二言足矣。』若此等，聞見不過記誦，于身心何益？且鳶魚自常人見之，一物而已，子思深有所見，便以明道之昭著於上下；程子又謂子思喫緊爲人處，活潑潑地。皆是見道之真，而非滯于聞見者也。此則合内外而一之者，夫豈可概以聞見爲小哉？故曰只顧人之求知者何如也。」

象先問：「格物是格得一物，餘可類推否？」先生曰：「始學須是著一件格，格得熟時纔可類推。若初學，只說格一件，百件便了，是又如佛家空守一個虛寂，而謂萬物可照，如何則可？」

康恕問：「格物，如鳥獸草木之類，亦須格否？」先生曰：「所謂格物，在隨時隨處格。然鳥獸草木，元初與我也是一氣生的，怎麽不要格？如伏羲亦嘗仰觀於天，俯察於地，中類於鳥獸草木之情。但遠取諸物，必須要近取諸身纔是。若離却己身，馳心鳥獸草木上，格做甚？」

王獻藎問：「學者必先致知否？」先生曰：「不先致知，則德忠朝夕往來講論爲何？」曰：「致知，先人事乎？」曰：「除了人事，焉有道理？這是分不得的。看書須要體之于身，驗之于事，方有益。若但疏解字義而已，殊無所得。」

「『自天子至於庶人，壹是皆以修身爲本』，是舉其切要言之。修身即『明明德』也，雖至平天下章，言先慎乎德，言仁義忠信，皆明德之謂。可見大學一書，只是格致誠正以修身而明明德也。」詔曰：「大學舊本以此釋格物致知，信乎？」曰：「然。」

附録　章轟二論

章詔曰：「致知是開廣聰明，推極吾心之知，所謂致良知亦是聞知。先生曰：『如孟子盡心知性之謂。盡心是致知之事，知性是格物之極。』」「格物之義，時説紛紛，如或問所謂『今日格一物，明日格一物』，此自其積累言之，若學者乃謂必待今日格一物，明日方格一物，則何時可了？若又曰『即凡天下之物，莫不因其已知之理而益窮之，以求至乎其極』，此又在渾淪處説，不知從何端而起？若以格爲正，乃後一層工夫，與正心相類，恐亦難説。惟先生曰：『物是萬物皆備於我之物，格是就身之所至，事物所接，耳目所及，念慮所起，皆是須就要辨别是非邪！正猶要專切，若不專切，方用心於此，忽馳心於彼，物何如可格？且如一坐立之間，即便可做工夫，然必以吾心德性之知爲之主，廣聞見以擴充之，如伏羲仰觀俯察、遠取諸物即近取諸身之類皆是。又如親賢讀書、開發聰明，亦其中一件。是格一事一物之理，則一事一物之知便可致矣，積久自然貫通，此方有下手做工夫處。如是可使此心常存，所謂必有事焉者。端不外此論者，輙曰只求之吾心之良知足矣，更不藉聞見。必以格爲正，恐太執泥高遠。』詔不獲已，乃辨之曰：「人生十五歲入大學，而格物致知，又大學入門始事本之於心，此本體之明不待言矣。然氣拘物蔽，而天下義理無窮，若謂更不少藉見聞，只閉門澄心便了盡天下之理，恐古之聖人亦有不能然者。且以舜之大聖，盍只索之良知而自足耶？乃猶自耕稼陶漁以至爲帝，無非取諸人者，不知何也？易曰：『君子多識前言往行，以畜其德。』書曰：『學於古訓，乃有獲。』詩曰：『如切如磋。』正講習討論之事，大學引之以釋『明明德』者。聖如孔子，猶好古敏求、博文約禮，况人不皆生知之聖！世固有童而習之，至終其身而於義理無所得者，安可言之易易如此，而概以生知之事誣吾人耶？謂略不待於聞見邪？」或曰：「千蹊萬徑，皆可以適國，子何執耶？」詔曰：「然與其從迂道、遠道而行，莫若從平平之大道，于適國尤便也。況道理乃天下公共之物，非一人之私，論者只貴虛心，正不可執一説以求勝也。朱子集諸儒之大成，其所論止一二未甚精，後人猶得以議之矣。世之儒者見道未如朱子，辨論太高遠，安知後人更無致議邪？詔淺陋無知，祗服師訓，因友辨説，以自識之，非好辨也。」

蘄嘗與諸友以大學聖經請教於先生，先生曰：「此孔門切實之學，於學者極有力。諸生宜心驗身體，庶其有得。」蘄佩服之，每於日用切己處觀省，真有涣然如醉之得醒者，而二三士友尚不免有疑，或舊有所執着甚至窮辨，蘄遂述先生教言，以與二三友共紬繹焉。

夫大學之道，雖有三言，實重於「明明德」。蓋「新民」，亦明德以新之也。「止於至善」，則明德以新民之極也。「知止而後有定」至「則近道矣」，特舉兩「知」字爲言者，明學以知爲先也。「古之欲明明德於天下」至「國治而後天下平」，則詳其中之條件，示學者以用力之地，惟在先知明德之至善也，觀「明明德於天下」一言可見。其「格物」云者，格，窮至也。物，事理也，程子所謂至其理也。即日用間，身之所值，事之所接，念慮之所到，切思其理而不爲泛焉之思，則凡物之理皆會於吾心之良知，知其有不致乎？

其有以「正」訓「格」，謂正其不正以歸於正，似矣，獨不可以言正心矣乎？又有少變其説，以去私欲爲格，似矣，獨不可以言誠意矣乎？蓋格物、致知、誠意、正心、修身，即一念慮所動之處，一時刻所用之功，其間但有先後相承之節次，非必今日格物致知，明日纔誠意，後日纔正心修身也。今之學者乃疑其先後爲支離，遂於格物上强生一意見，欲便了此下面數事，則當時聖人只説格物、致知便了，又何必言誠意、正心、修身也？夫格物，固非外意、心、身而有物可格、知可致。孟子所謂「萬物皆備於我」是也。然其所謂「反身而誠」者，雖其學已成後之事，其反身之前，格致誠正皆不可少也，故繼以强恕而行云。

程子有謂「立誠意以格之」者，經文「誠意」略不同，猶曰即切己之事，專意以格之，不可泛及他事云爾。豈程子又置誠意於格物之先，而亂聖人立言之序耶？又有附會之者曰：「格物爲去私欲，只緣人有私欲間雜，則物不能格，知不能致。」既如其説，則去私欲之先，又將尋討何等工夫來也？今之執着之私未能去，正惟於聖人全文直指未能通貫也。

又謂：「程子之『至』，乃謂以身至之，分明屬行。」殊不知程子之「至」，即周易之「知至至之」。其訓易曰「知至至之」，主知；「知終終之」，主行，則實以「至」屬知也。然又非程子意也，易言：「知至至之，可與幾也。」[一]幾即意也；可與幾，言能幾也，分明知在意先矣。

又謂：「『知』字本孟子之良知，後儒以知識粗看了，所以知行不能合一。」嗚呼！是將聾人之聽而鼓己之簧耶！蓋人心無兩樣知，蘄雖愚昧，不敢謂少有所知者非性所有也。厚誣先儒之言知識爲非良知，無乃先自誣乎？蓋物我一理，察識於物，而開明心之知，吾之知以致，非自外也。内無良知，外固無從而有知識也。是故君子多識前言往行以畜其德，凡以此也。蘄故曰：「人心無兩樣知也。」

又謂：「古本以修身釋格物，是格物以行言無疑。」噫！是又不知爲本之説也。其曰「修身爲本」者，非謂修身即格物也，猶云格物以修身爲本也。若泛泛焉窮至天下之物，而不切於修身，是則所謂馳物[二]，而非所謂格物也。是安可以古本而異今文也？其本亂末治之説，正承爲本之言而及於家國天下，要皆吾身之推，而物之所當格者也。大學之教其詳切如此。統而言之，若綱之有綱，「明明德」是也。析而言之，若綱之有目，格物、致知、誠意、正心、修身、齊家、治國、平天下是也。此目不混於彼目，而未始相離也；衆目同領於一綱，而未始不相通也。此孔門切實之學，非高遠粗淺也。學者能自得焉，將無時無處而不用其力矣。

標問「『作新民』作字」。先生曰：「是以明德之懿而顯設於條教法度之間，以爲鼓舞之具，故謂之神。」曰：「聖人神

[一] 易原文爲：「知至至之，可與言幾也。」
[二] 原作「物馳」，據楊本改。

道設教而天下服，以神言似涉於幽了。」曰：「自吾心之所有者推之以及人，而人自無不化，何神如之？」

炳問：「學不止於講習討論否？」先生曰：「聖門教人只在博文約禮。博文即格致之事，如切如磋是也；約禮即誠正之事，如琢如磨是也；講習討論便是格致事。」問：「瑟何以訓嚴密，僩何以訓武毅？」曰：「聖人之學，戒謹不睹，恐懼不聞，無一毫空隙處。少有空隙，則私便投隙而入，故少有私欲萌動，便致武毅。直是克去他，如將兵克敵方謂之武；必欲克倒他，工夫不已方謂之毅。聖賢做工夫直是如此。」

詔問：「誠意只在爲善去惡，戒自欺而求自慊否？」先生曰：「然。自欺則僞，與前所格致者背也；自慊則誠，與前所格致者合也；其幾則在慎獨。」又曰：「念慮之起，覺得善惡就是獨，必好必惡就是慎。」

王獻蓋問：「誠意之功亦難矣。大學意誠之後，猶云心不在焉，何也？」先生曰：「此問甚好，非曾用力者不能及此。蓋誠意是辨其孰爲善而實好之，孰爲惡而實惡之，意誠之後則心中皆是善的，但未至而迎，已去而留，雖是善，却不能中。故心不在者，心失乎，中也不中，故視不見，聽不聞，食不知其味，身不可得而修矣。」

象先問：「學者須是要自慊，這自慊的光景是如何？」先生曰：「此須要真無悔吝纔得。好善真如『好好色』，無不好者，挽之於中而此心無遺悔；惡惡真如『惡惡臭』，無不惡者，拒之於内而此心無遺吝。仰不愧天，俯不怍人，然後謂之自慊。此便是顔之見大心泰，孔之樂在其中，這便可想自慊的光景。」

詔問：「大學誠意，至好善如『好好色』，惡惡如『惡惡臭』足矣，何以又要正心修身工夫？」先生曰：「意乃心之萌動處，好善惡惡之誠，正心固不外此，然此猶自其幾言之，若心則全體大用無所不具，至此則無惡可言，止於其善者有太過不及失正處爾。但日用間所起之念，所應之事，紛紜雜擾於前，不無忿懥、恐懼、好樂、憂患之情，若未至而先迎，既至而不化，一有或偏，則心遂不正矣，故曰『心統性情』，必性情舉得其正而後心可正也。若修身之事，尤當直内方外，然親愛、賤惡、畏敬、哀矜、傲惰與身相熟後，便易偏了，如處家人、僮僕，既熟後不見其失，故接於身者處之失當，身其何以修乎！必如張戳處盗笋皮人，方見不偏。」

問：「忿懥、恐懼、憂患三者，其情若同，而好樂一焉，何也？」先生曰：「三者亦不同。恐懼在事變倉卒之臨，憂患在平時雜念之起，忿懥則程子所謂人情易發而難制者，惟怒爲甚，蓋與好樂本四件也。」

又問：「忘怒觀理，理有是非，非則已矣，是亦當發乎？」曰：「理當怒而不怒，非是也。」又問：「怒雖當發，若能觀理，則氣亦平而分數不至太過乎？」曰：「然。」

易泉問：「大學工夫恐太分析，意若説誠意後復有正心工夫，正心後復有修身工夫，恐太分析。」先生曰：「若無次第工夫，傳文如何説此話？且如你們歷事，知得該去，便是格物致知。若分明知得該去，意懶不去，便是不誠意了。若自强而去，不欺所知，便是誠意。雖去矣，而心猶或不平，少有忿懥之意，則心亦不正。心中雖無不平，或所遇司官加些顏色，少些容貌，這等時候，其不講氣而傲惰者鮮矣。又或以己之愆期也，致使司官呈堂，他日引見，憚其勢位尊嚴，或有惡聲厲色之加，能使顏色不變常，手足不失措者，斯爲不辟於畏敬矣。即此一事而觀，且不説朝廷三揖在列，金革百萬之衆在前，則又不知如何？此可見誠意後還有許多工夫。」

聶蘄問：「好樂憂患與畏敬哀矜等類何所分別？且心正後身何以猶有偏處？」先生曰：「好樂自心之存主處，蘄意尚在己心上畏敬，自身之臨接處説己及人了，所以大學工夫，心正後卒然臨事時，工夫不密，不覺猶有偏辟處。」蘄意尚未釋，然少頃，先生坐後帷屏被風吹側，先生猶危坐，諸生中或有愕然失聲者，或有勃然失色者，甚或有奔扶至失手足者，先生曰：「此便是畏敬而辟，此便是身之卒然臨接處，即此而觀，好樂憂患得正之後，而畏敬哀矜不免猶有所辟，豈可不加察？」諸生心始快然矣。

象先問：「家不齊只舉苗與子二者爲言，如何？」先生曰：「家之所接者人，而人莫親於子；所用者財，而財莫急於苗，故舉二者以見其餘。此而能當，則雖九族之衆、百貨之廣，皆易易耳。」

象先問：「治國在齊家，如何？」先生曰：「首言治國原於家，其本在一誠。次言治家可化乎國，其用在一恕。三引詩皆咏嘆乎此耳！孟子所謂反身而誠，强恕而行，皆本於此。」先生因講「如保赤子，心誠求之」，顧謂象先曰：「汝那裏有個潘正郎希平陞荆州府，予往問之，希平因請教。予見希平嘗置其子於樓上讀書，因謂之曰：『希平視荆民如樓上之子可矣。』希平請問其所以。予謂：『希平視其子登樓，則使人扶之；下樓，則使人挾之。時其飢，餽之食；時其渴，飲之漿；時其書聲不聞，則扑之，恐其或惰；時其書聲不絕，則節之，恐其或勞。視荆民如己子，有何不可？』希平曰：『州縣之廣，安得人人視之如己子？』予謂：『州縣之吏有如子這樣心的，把子之心事付託他，亦有無子這樣心的，把子之心事詳告他，以爲殿最，他又何不可？』希平又謂：『荆州適饑饉時，時賦稅既免，而禄米廪餼之類又不可缺；歲辦既蠲，而往來供億之類亦不可少。此等處，却如之何？』予謂：『子之家無饔飧，客無饋饌，則亦求之樓上之子乎？抑或別有處也？然此還是謂視民如子的説話，若如保赤子，赤子却是個無知不能言的，視民如無知不能言之赤子，則亦何所不至哉！』」又言：「予鄉有劉先生者，曾作縣來，凡民有罪，別縣多是罰金帛，他止是罰些米粮棗菜等物，無事時，令僧道等晒貯之。後值年荒，別縣民皆流離失所，惟他這縣獨得生全。這樣的人，皆是心誠愛民如赤子，故害未至而預〔爲〕之防。」〔二〕因謂諸生曰：「你們他日皆有安養元元之責，這等心腸，却不可不自今日預養。」

標問「十章之傳」。先生曰：「絜矩是平天下之要，『所惡』以下解絜矩之義也。『民之父母』以下則能同其好惡，而絜矩之所以得；『赫赫師尹』以下則不能同其好惡，而絜矩之所以失。『未喪師』則能絜矩而與民同欲，得衆得國矣；『儀監』之詩則不能絜矩而與民同欲，失衆失國矣。是以君子必當慎其德而不可專利，以奪民之欲也。直至仁親爲寶，皆言不可專利之意。秦誓以下言惟仁人則能盡好惡之正者，見賢不能舉則次之，好人所惡則不能絜矩之甚者，皆以言用人也。君子大道則總結焉，尤其絜矩得失之本也。然其所謂外本内末，似不必理財，然亦國用之不可無，故以生財有大道終焉。然生財之中，又必本諸仁義焉。夫平天下，治之大法也，不過理財、用人二事，而理財、用人只是公好惡，其歸只是慎德與夫仁義而已，故孟子七篇言仁義，皆本諸此。」

〔二〕四庫全書考證卷一八：「象先問治國在齊家」條「故害未至而豫爲之防」，刊本脱「爲」字，今增。

獻蓋問：「民之所好好之，民之所惡惡之，是平易近民否？」先生曰：「亦是民之好惡與我本不相遠，人惟不能平易，故相遠了，若平易，好惡便近民，故曰：『樂只君子，民之父母。』且父母生人，皆可以爲君子，豈惟乾道之中而後有二程夫子，淳熙之中而後有晦菴夫子。但人心私欲所蔽，起了藩籬，生了物我，有了親疎，立了異同，胸中皆是一團私欲，故不能爲君子。若能隨事精察，漸漸克去，撤了這藩籬，忘了這物我，一了這親疎，合了這異同，視天下之民毛髮骨爪、疾痛疴癢與我相關涉，好惡自與民同，便可以爲君子，故曰：『一日克己復禮，天下歸仁焉。』」

光祖問：「大道何在？」先生曰：「大道雖所包者廣，不外於絜矩，即明德之用也。驕者矜高，屬貴一邊；泰者侈肆，屬富一邊。惟其以貴自高，則必與下民隔絶，於人情略無所切；惟其以富自侈，則但求自足其欲，於人情初無所恤；此所以失大道也。大抵平天下之大道，既明其德，莫急於用人以理財。註疏亦有好處，朱子有采取不盡者，合觀之亦可。」

聶蘄問「絜矩」。先生曰：「矩是個爲方的器，大之而及四海，要之只在方寸。謂之絜矩，只是個無不均平意思。且如天下有樣有權勢的是一等，有樣鰥寡孤獨、顛連無告者又是一等，天下之人便有這幾等，怎麼便得均平？故堯典稱堯則曰：『平章百姓，黎民於變時雍。』此便是能絜矩的。」象先因問：「天下亦大着，怎麼便得均平如一？」先生曰：「此亦無大異術，亦只是把這些財散與百姓便能得。」問：「百姓亦多着，怎麼便能人人與他財也？」先生曰：「亦無大難事，亦只是要有個不要錢的官，人便能得也。」問：「天下非是少這般人，而莫之能用，其咎安在？」先生曰：「此只是没這個臣，苟有這个無他技、休休有容之大臣，則用人以理財，俱得其當，天下豈有不得所的道理？」問：「所以能用一个臣，其要又在君否？」曰：「這更不消説了。傳中謂仁人能好惡人，又謂『仁者以財發身』，故其要只在君心之仁，所謂明德也。凡視天下若不切己者，只是不仁，故與己不相干涉。苟知得這些人生生之理無非天地生生之理，則與我這些人元初只是一個，今又在長人之責，豈忍置之於不得所的地面，故張橫渠西銘却備言此道理。然人所以不得生者，只是無生生之具以爲衣食，故只把這些財散與人，使人有以爲生，則天下自平矣。絜矩不必拘拘以傳中次第言之，便當以身任天下之責，欲行絜矩，必先理財，使民生遂欲。理財以養民，須要用人，欲用得其人，須公好惡，則善人在位，不肖者屏去，舉賢必速，不善必遠，如是庶善惡知所勸戒。若求大道得失之幾，則惟在於忠信驕泰而已。」

先生看書之秦誓，至『一个臣無他技』處，因嘆曰：「此最天下治忽，興衰所係，書始二典而終秦誓，見得須是無秦誓妨賢病國的心胸，方可做二典時雍風動的事業。」

四書因問卷二

中庸

滋問：「中庸舊本云何？」曰：「子思子以明人而尊祖也。人也者，道也，惟孔子爲能盡之耳。故道非外物，自性而出耳。由教而爲道者，戒慎恐懼，以謹其獨，則得率性中和之道，而可以爲天下大本達道也。果致其極焉，則位天地，育萬物，天命亦在我矣。故曰：『君子中庸，小人反中庸。』惟小人反中庸，故民之鮮能久矣。民之所以鮮能者，知愚賢不肖之過不及也。夫道，如飲食，非過非不及，人自不知味耳。知者，如舜之無過，則何患道之不明？賢者，如回之無過，則何患道之不行，而自入於陷阱也？勇者，如君子中和，不倚不流，則又何患中庸不可能哉？故索隱如知者過之，行怪如賢者過之，夫子不爲半塗而不勇，則又不已也，是何也？『君子之道，費而隱』，近自夫婦，遠而至於天地，聖人不能盡其大，鳶魚不能破其小，然亦未嘗遠乎人也。故人當以己之道治己之身，忠恕以爲之綱，孝弟忠信以爲之目，則能素位而行，不願乎外。其有不得，亦正己而已，不敢有怨於正鵠也。然而行之亦有敘焉，妻子兄弟其始也。夫道，雖始於卑近，而其幽深通乎鬼神，誠有不至，鬼神可得而鑒矣！豈可以兄弟妻子卑近之處爲可忽哉？能盡之者，其惟大舜、文、武、周公、孔子乎！大舜之大德，得天；文王之作述，無慮[一]；武王、周公之達孝，易於治國；孔子之論政，本於誠明，其致一也。其下則又以誠明分天道、人道而言，凡以明孔子耳。『至誠盡性』以下，申言性也。『致曲』以下，申言教也。『前知』以下，申誠則明

[一]「慮」：楊本作「憂」。

也。『自成』以下，申明則誠也。『無息』以下，則言至誠功用之大，與天爲一也。大哉以下，則言誠之者功用之大，與聖人爲一也。然聖人治天下之目，則又有三重也。君子學雖至於聖人而無位，亦不可作禮樂焉，况愚乎！觀孔子可見矣。蓋以君子三重之道，一本諸身，而知天知人以居天位，然後能師表天下後世也。然孔子雖不得位，而其學則盡乎是矣，蓋兼帝王天地之道而時出之。孔子其至聖乎！然皆本於至誠焉。孔子其至誠乎！蓋自舜之大孝至此。所謂修道之教，而孔子爲獨聖也，則所謂天下莫能載者，孔子載之矣。衣錦以下，則又言君子作聖之功，以至其極爾。故曰：子思以明人而尊祖也。」

敬問：「修何以云品節？」曰：「道豈可云品節。」「則何以謂之教？」曰：「猶『自明誠謂之教』爾。」「戒慎恐懼及慎獨何以爲二事？」曰：「既言慎獨矣，豈又有二獨者乎？蓋言獨，雖不睹不聞，雖莫見莫顯，故君子戒慎恐懼，以謹此獨爾，是即修道之教也。能如是，則率性之道在我，故有中和之説。」「致中以位天地，致和以育萬物，然乎？」曰：「何必然。天地位，萬物育，即天命也，能盡性則得天命爾，豈可析言耶？」「不直曰性謂之中，而曰喜怒哀樂之未發者何？」曰：「以喜怒哀樂專爲情者固非，以其未發專爲性者亦非，故舜曰：『人心惟危，道心惟微，〔惟精惟一〕，允執厥中。』」「中何以爲天下之大本？」曰：「外乎此，不太過則不及，皆非理也。」「和何以爲天下之達道？」曰：「私喜私怒行於一己，不能行於衆人也。」

章詔問「天命之謂性」。先生曰：「天命只是個氣，非氣則理無所尋着，言氣則理自在其中，如形色天性也即是，如耳目手足是氣，則有聰明持行之性。」又問：「自天之賦與而言爲命，自人之禀受而言爲性，如何？」曰：「是以分爲二矣。」問：「道，教。」曰：「人率此性而出，即是道；修爲此道，即是教，猶『自明誠謂之教』也。」「其曰君子戒慎恐懼者何？」曰：「此體道之要也。不睹不聞，只是虚静之時，若此心常惺惺然，不敢怠忽，便是戒謹恐懼。」問：「隱微即不睹不聞之時，獨即隱微乎？」曰：「然。此正言所以戒懼之由也。」問：「中庸明道，乃以喜怒哀樂言者何？」曰：「人之一身，只是一個氣，與天地相爲流通。天有陰陽舒慘，人有喜怒哀樂，故曰：『湛一，氣之本；攻取，氣之欲。』」又問：「不以仁義禮智言者何？」曰：「喜怒哀樂，人所易見，雖下愚不肖亦有之，仁義禮智已自在其中，蓋體用一原之謂也。」問：「以中和而謂之大本達道者何？」曰：「不然則有過中失正之弊，喜或不本於天命之性，怒或不能必千萬人之同矣。故『致中和』，是自我而致之，不但言推極之也。若位育，是實説其理，然必聖人在天子之位，方有此功效之極。若人之一身一家，亦自有天地萬物，顧人之所致中和大小如何耳！」問：「傳以位育分屬中和，恐非子思本意。要之，中和一貫，豈容分析乎？」曰：「然。」

大器問：「戒愼恐懼與省察，只是個愼獨工夫否？」先生曰：「王介菴先生嘗言戒愼恐懼及愼獨是一個工夫。王虎谷先生曰：『某只作兩個工夫做。』然予嘗以問劉近山先生，近山先生曰：『纔説一個工夫，便是不曾用工。』然以今日吾輩各求於心，靜坐體驗，纔省察便涵養，纔閑邪便存誠，纔克己便復禮，實非有兩事也，豈不是一個工夫？不然，則天下有二獨矣。世有以不睹不聞爲理者，則理豈在心外耶？又以爲人不睹不聞者，則并其己而遺之，其踈亦甚矣。」

問：「聖賢每每説性命來，還是一個，是兩個？」先生曰：「此正是易『一陰一陽之謂道』一般。子思説自天命便謂之性，還只是一個。朱子謂『氣以成形而理亦賦』，還未盡善。天與人以陰陽五行之氣，理便在裏面了，説個『亦』字不得。」陳德文因問：「夫子説性相近處，是兼氣質説否？」先生曰：「説兼亦不是，却是兩個了。夫子此語與子思元是一般。夫子説性元來是相近的，但後來加著習染，便遠了。子思説元是打命上來的，須臾離了，便不是。但子思是恐人不識性之來歷，故原之於初。夫子因人已墮於習染了，故究之於後。語意有正反之不同耳。」

章詔問：「修道之教如何？」先生曰：「戒懼愼獨便是修道之功。聖人爲法於天下，學者取法於聖人，皆是。張橫渠不云：『糟粕煨燼，無非教也。』他把這極粗處，都看做天地教人的意思，此理殊可玩。」

先生曰：「戒懼愼獨，存天理遏人欲，兩件看，恐還不是，此只是一個工夫。但獨處却廣着，不但未與事物應接時是獨，雖是應事接物時也有獨處，人怎麽便知，惟是自家知得。這裏工夫却要上緊做，如今日諸生聚講一般，我説得有不合處，心下有未安，或只隱忍過去；朋友中説得有不是處，或亦是隱忍過去，這等也不是愼獨。」先生語意猶未畢，何堅遽問：「喜怒哀樂前氣象如何？」先生曰：「只此便不是慎獨了。我纔説未曾了，未審汝解得否？若我就口答應，亦只是空説，不是慎獨。此等處，須是要打点過，未嘗不是慎獨的工夫。」堅由是澄思。久之，先生始曰：「若説喜怒哀樂前求個氣象，便不是。須是先用過戒懼工夫，然後見得喜怒哀樂未發之中；若平日不曾用過工夫來，怎麽便見得這中的氣象？」問：「孟子説個仁義禮智，子思但言喜怒哀樂謂何？」先生曰：「人之喜怒哀樂，即是天之二氣五行，亦只是打天命之性上來的，仁義禮智隱於無形，而喜怒哀樂顯於有象，且切緊好下手做工夫耳。學者誠是養得這中好了，即當喜時體察這喜心，不使或流；怒時體察這怒心，不使或暴；哀樂亦然。則工夫無一毫滲漏，而發無不中節矣。」堅又問：「顔子到得發皆中節地位否？」先生曰：「觀他怒便不遷，樂便不改，却是做過工夫來的，到中節地位了。」

康恕問：「静存動察。」先生曰：「静所以驗動，動所以合静，交相爲用也。故存養、省察工夫只是一個，更分不得。」因講戒懼、慎獨無兩段工夫，先生曰：「做慎獨工夫，亦先須講究。如大學定静安慮，必先知止。」王材曰：「故格物致知而後可以誠意，故誠意章纔言君子必慎其獨，若不先知何者爲善所當爲、何者爲惡所當去，則何以慎其獨也。」先生曰：「是。正是我輩如今要講得明白，明日臨事庶乎不差。」

鄭若曾問「動静」。先生曰：「動静以時而言，亦以事而言。『静』字不是死的，戒慎便是動矣。獨則耳聞不得，目見不得，又無形容可狀，當屬己，若人不消説了。慎獨無有作好作惡，無纖毫私意便是。某常講致曲即是慎獨。子思推原學問，大根本在慎獨，故致中和，便能位育。天地萬物原同一氣來歷，聖人自有中和，學者必先慎獨，而後有此。」

唐應德問：「觀喜怒哀樂未發之前氣象如何？」先生曰：「只是虚静之時觀之，屬知屬動，只是心上覺得，然其前只好做戒慎恐懼工夫，就可觀也。」又問：「静時小人與君子同否？」大器曰：「小人夜之所息，不勝晝之所爲渾是私意。」先生曰：「以有私意種子在也。若言静與君子同，則動亦可與君子同乎？」

易泉問：「到位天地，育萬物，却是難事。」先生曰：「位育不難，還是致中和難。怎麽見得難？須是戒懼之意常存，處己如是，處人亦如是；在家如是，在外亦如是；今日如是，日日亦如是。這等纔能致得中和，纔可位育得天地萬物。諸生今日只要在致中和，大學謂『自天子至於庶人，壹是皆以修身爲本』，予謂中庸一是皆以致中和爲本。他日得志在位，建功立業，固不消說；不得志在下，變化得些風俗，亦便是能位育天地萬物了。這等看來，天地有大小，萬物有多寡也，隨己分量充拓去，而中和却不可不致。」

劉銑問：「君子之德，而又能隨時處中，如之何？」曰：「言君子能時時無不中耳。」「道不行，言知愚之過不及；不明言賢不肖之過不及者何？」曰：「知者知之過足以迂人心，賢者行之過足以惑人心。愚不肖之不及不假言矣，故不行、不明。然道猶飲食在人，甚切近耳，不及者自枵其腹，而過之者自取其困也。」

象先問「時中」。先生曰：「時中的地位儘難，如孔子說夏時、殷輅、周冕、韶舞，有多少不同處，與上大夫言便誾誾，與下大夫言便侃侃，麻冕純儉便從衆，拜上便違衆從下，此皆是孔子的時中處。顏子仰鑽瞻忽，每在於此。若他人要隨時，或忘却中；要執中，或背了時。看來這時中，君子非是致過中和來的，怎麽能得。」永年曰：「時中亦可分言否？」曰：「固不可分言。然自有此脈絡，如孔子祖述堯舜而又憲章文武，方能酌古準今。雖周公仰思，亦是此物。凡聖人因人變化，對時育物，皆可玩也。」

鄭若曾問：「人莫不飲食，鮮能知味，如何？」先生曰：「飲食知味處便是道，人各宜思之。」大器對不以飢渴害之，曰：「然適茶至，若曾讓汪威。」先生曰：「此便是知味處。汝要易見道，莫顯於此。」若曾曰：「如此何謂知味？」曰：「威長，汝遜之故也，不如此，只是飲茶而已。汝資質暗合，分明是道，却又不知。聖人說水是道，說門是道，說衣服是道，若褻裘，左手長、右手短便不是。今學者寬衣大帶，裝成堂堂模樣，與道不相干。且聖人顧諟天之明命，滿目皆是道理，鳶飛魚躍，活潑潑地。」大器問：「開目便錯了，何謂？」先生曰：「非禮勿視云云。」又問：「致曲心粗，只是心不存否？」先生曰：「然。必以集義爲事，自是勿忘。譬如飲茶時如此，不飲茶時亦勿忘，此謂戒慎不睹。汝們依我講着，就此下手做去，有着落，有持循。」

章詔問：「舜之大智者何？」曰：「好問好察則無遺善，不智而能之乎？隱惡揚善則人樂告以善，不智而能之乎？

擇之，審用之至也，無少遺失矣，不可謂不智也。此豈有所索隱者哉，道何爲而不行乎！」「舜爲天子，得行其道於天下，反以仁言回者何也？」曰：「此孔氏之精義也。舜有天下，故言知，其行可知矣。回在陋巷，故言行，其知可知矣。舜與顏回易地則皆然。」詔問：「舜之大智如何？」先生曰：「千古聖賢道統之傳惟在於此。如舜之好問好察，皆出於心之至誠，無一毫勉強。其所以然者何故？只是欲天下百姓各得其所。欲天下百姓各得其所，惟有此中可以近人情合天理。中雖具於吾之一心，而散見於天下之人，故一人之善未得，即一民之生未遂。抱仁民之心者，雖欲不問察以求此中不可得已。隱惡揚善，執其兩端，皆由是出。故欲觀舜之大知者，當先觀其欲並生之仁，孟子曰舜由仁義行者以此。後之學者執泥己見而訑訑自用，豈惟其知之小，亦以其仁之未聞耳！夫子曰：『三人行，必有我師。』顏子以能問於不能，皆原於此。」象先問：「舜之大知。」先生曰：「全在這好問好察上，故夫子亦嘗説好古敏求。這好的意思，後人便沒有。前日過碧峯，有個僧來見予，偶過石間，謂予曰：『玉是在頑石中別白出來的，金是在沙泥中別白出來的，君子是小人中別白出來的。』予謂：『還不是。金玉在沙泥頑石中幾曾道我是金玉，你是頑石沙泥。君子在小人中終不道我是君子，你是小人。正如舜在深山、河濱、雷澤一般，與木石居，與鹿豕遊，全不異於野人。若舜説我是聖人，這些人見舜訑訑的聲音，將望望然去了，誰與共居。舜雖好聞一善言，好見一善行，從那裡得來？這等看來，舜之知不全是生知，在一好字上。』」

何堅問：「吾輩不能好問好察，其病安在？」先生曰：「這是各有個病痛，須是各人自家檢點出來。」對曰：「只是好高不肯下人耳。」先生曰：「此還是第二層事。元來只是視天下的人與己若不相干涉，無舜這般心腸。觀舜這般並生心腸，視天下的人有一不得其所，皆是己性分上有欠缺處，故便好問如此。後來若顏子庶幾得舜的樣子，觀其自謂：『舜何人也，予何人也，有爲者亦若是。』他自是能擔當得起。子思序舜，即繼以顏子者以此。諸生中亦有爲舜的心否？有爲舜的心，須是要以能問於不能，以多問於寡，先從顏子學起。」

敬問：「『中庸不可能』之謂何？」曰：「天下國家可均，然有時而不均；爵禄可辭，然有時而不必辭；白刃可蹈，然有時而不當蹈。」「中和，不流不倚之謂何？」曰：「和而不流者，達道之正，克己者能之；中立而不倚者，大本之行，復禮者能之。雖至於國有治亂，皆守此而不變焉，可謂富貴不能淫，貧賤不能移，威武不能屈，何如其強哉！外此，雖風土之偏者且不能，而況於在人自有知愚、賢不肖者乎！故曰：『中庸不可能也。』」

象先問：「中庸却是個易簡的道理，如何人不可能？」先生曰：「中庸與易簡是相似，然易便如天，簡便如地，這等看來，豈是易能的。」問：「『舉天下國家可均』三者謂何？」先生曰：「他舉天下國家，見得是窮達所係；舉個爵祿可辭，見得是富貴所屬；舉個白刃可蹈，見得是生死所關。三者最是緊要的，合乎中庸却難。諸生今日無是三者，只當於言動、辭受、取予上做功又更切要些。能得此，亦便可入中庸矣，切毋以其粗淺而忽之也。」

問：「夫子論強，何以言中和？」先生曰：「凡學者必有個受病處，如瘡疥之類一般，有發之手者，有發之足者，有發之面目者，須是自其脈絡貫通緊要處治纔易愈。聖人之教人正如醫者之用藥，莫不是因病而發。子路剛強，蓋不足於中和，夫子語之以中立不倚，和而不流，是亦對症用藥之一驗，其於諸弟子皆然。」

敬問：「君子依乎中庸，何以曰『遯世不見知而不悔』？」曰：「斯其人與天地合德乎！故夫子曰：『下學而上達，知我者其天乎！』夫索隱行怪，已爲人矣；半途而廢者，則亦不免於爲人，故不至於聖耳。」

大器問「依乎中庸」。先生曰：「『依』字從人從衣。人之體中庸而不離，猶人之着衣而不去也。譬之窮依中庸，達時變了；達依中庸，窮時變了。是衣在人身，亦可以窮達變耶？且今日有中舉不中舉，極小小得失，你們亦有以未中爲憂者，已中爲喜者，纔滯心於此，便是離卻中庸，欲不見知而不悔難矣！故君子知此中庸，行此中庸，舉手在是，措足在是，拳拳服膺而不失，不使少離於須臾。不然，猶人之袒裼裸裎，血肉之軀盡露也。」大器問：「獨立不懼同否？」先生曰：「此就聖人自然而言，獨立就用功而言。」

大器問「費隱」。先生曰：「此體用分不得。如門腔是體，爲人行是用；燈能照滿室是用，光是體。此極言君子之道大也光，舉人與天地、聖人而言，後又舉盈天地間飛潛動植而言，皆是道也。自何處做起？在造端乎夫婦！能乎此，便與天地、聖人、萬物爲參伍。」

瀾問：「既曰天下莫能破載，以盡夫婦、天地、聖人矣，又曰鳶飛魚躍，上下察者何？」曰：「此盡之也。言鳶魚之小，若可破斯道也，然能戾天而躍淵，况愚不肖之夫婦乎！故語小，天下莫能破也。天地之大，若可載斯道也，然鳶可以戾而魚可以出，况聖人與人乎！故語大，天下莫能載也。故君子之道，其始也造端乎夫婦，其至也察乎天地，無大無小也。」

易泉問：「盡道如聖人猶有不知不能，衆人便得自諉了，如何？」先生曰：「古聖人一個禮樂不知，便往周問於老聃、萇弘，一個官不知，便往譚去問郯子，看他是何等的心地。後人猶有大於此者，亦只是隱忍將就過去了，便莫有個要求全盡無愧的。」永年問：「問禮問官，恐是小事。」先生曰：「道無大無小。知官可以安民生，知禮可以復民性，如何看做小的。」

問：「鳶飛魚躍，可以語大語小，通否？」先生曰：「此是打做一片説得的。謂道之大可載也，一鳶之飛，直至於天得；一魚之躍，直出於淵得。謂道之小可破也，莫大如天，一鳶之小，制他不飛不得；莫廣如地，一魚之小，制他不躍不得。這等看來，古人滿目便見天理流行，滿目中皆是道。孔子致嘆於逝水，子思有取於鳶魚，皆是心常見得。後來程子亦是實落爲這學問的，他看到子思鳶魚之論，便提掇出來，謂子思喫緊爲人，活潑潑地，他亦不是浪説。諸生今日亦須勿忘此意，如在旅邸中，便求所以待主人的是個甚麼道理；御奴僕，便求所以接下的是個甚麼道理；相聚講，便求所以處師友的是個甚麼道理。如此等類觸處見得，方是學問無間斷處。故『君子無終食之間違仁，造次必於是，顛沛必於是』。」

先生曰：「程子謂鳶魚之論，於學者極有力，活潑潑地，最有味。故子思及夫子説得鳶魚川流處，極是緊切的，見得工夫少有間斷，便與道不相似了，此所以須是時時省察，不使離道於須臾纔好。後來如周茂叔愛蓮花與不除窗前草，張子厚聽驢鳴，皆是於道之不可離處實落見得，非爲蓮與驢也。」

先生曰：「中庸之道，及其至察乎天地而實則造端乎夫婦，故須是打夫婦上做起。故孔子嘗謂伯魚爲周南、召南，若這裏忽略了，便是不能愼獨。道怎麼行得去？有兄弟便不能宜，有父母遂不能順。」象先問：「造端夫婦，何處下手用功？」先生曰：「古人亦曾有樣子來，舜處二女便是。」又問：「堯妻舜二女，其事亦可駭。」先生曰：「唐虞時，婚姻之禮尚未大備，如夏尚忠，只有些意思在裏面。商尚質，雖外面有些禮，却猶質樸。至周，始禮文大備了。今用的皆是〔二〕周禮。然於此等禮文不必推究，但看他至公至仁之心，他要爲天下得人，便以己之二女歸他，九男事他，故卒與之以天下。設使舜果不可以理天下，二女不爲虚歸、九男不爲虚事乎？聖人有仁天下之心，便不知有己至於如此。」

象先問：「『以人治人』如何？」先生曰：「『以人治人，改而止』，是以我之道治我之身，無過不及斯已矣。故忠恕元是我本有的，去道便不遠了。故以所致責於子臣弟友者，自責其未能言行之相顧，正是忠恕爲道的事。若説以人治人是治別人，則是自家於道尚未有得處，遽先去治人，恐去道遠甚，與人之爲道而遠人相背。」

遠問：「以人治人如之何？」曰：「以人之道治人之身，猶曰以我治我耳。此謂不遠人以爲道，未及乎治民也，故下言忠恕，乃治道之方，而孝弟忠信則其事也。」「忠恕何以違道不遠也？」曰：「道本不遠於人，而忠恕者推己以及人，是不遠人以爲道，故云不遠人之道爲邇也。」

敬問：「『素位而行，不願乎外』，章句以『素富貴』以下爲素位，『在上位』以下爲不願，如何？」曰：「非然也。無入而不自得，非不願乎？在上不陵，在下不援，非素位而行乎？蓋『素富貴』以下，乃素位不願之事；『在上位』以下，乃其故耳。故正己而不求人，斯能素位而行，不願乎其外也。居易所謂正己，俟命所謂素位而行，不願乎外也。故君子失正鵠，反求諸己者，凡以正己耳。正己者，本也。」

象先問：「君子素位而行，如何？」先生曰：「君子之所當治者，固不外乎子臣弟友之道，然人之遇，則有富貴、貧賤、夷狄、患難之不同，足以變移進道之心，故又有素位而行之説。然素位而行，不願乎外，是一套的事。『素富貴』一段是横説，『在上位』一段是縱説，只是恁地行去，無外慕的意。且如我們做官的只做官，做舉人的只做舉人，做秀才的只做秀才。若做秀才時便行中舉的事，做舉人時便要行做官的事，做官的又便要怎麼陞遷，此便不是素位而行，與子思説的卻不

〔二〕原文作「今用之，吾從周禮」，此據楊本改。

合了。故其常説顔子簞食瓢飲，只是心無外慕，故孔子恁地稱許他來。設若他心下有一毫外慕的意，雖是半簞破瓢，夫子亦決不如是稱許他了。」邦儒因問：「取譬於射是怎麽？」先生曰：「舉個射，却正是極明白的了。見得射不中的，只好説自家射得不好，怎麽好去怨那正鵠，與我有甚恩讐。可見君子只可素位而行，纔有些外慕便不是。」

官問：「妻子兄弟之翕，何以父母斯順？」曰：「父母之心如天地，妻子兄弟如萬民萬物。王者處萬民萬物不得其當，天地之心不悦，故妻子兄弟翕而後父母順。」

詔問：「『君子之道，辟如行遠必自邇』，如何？」曰：「好把造端乎夫婦來看，是道即中庸之道，以爲不可能矣。孰知不遠於人，乃自卑近始乎。人能妻子好合，兄弟既翕，如詩之云云，則父母之心其安樂之矣。蓋至是，即舜之順於父母，瞽瞍厎豫，而天下化之時也。若稍有乖戾，則父母之心愁慮疾苦不暇，豈能順乎！至若王者以天地爲父母，則天下之人皆其妻孥兄弟也，必使無一夫不獲其所而後天地順。」

象先問：「樂妻孥、宜兄弟，亦只是性情上做功夫否？」先生曰：「然。如關雎『樂而不淫，哀而不傷』，舜見象憂亦憂、象喜亦喜是也。」問：「父母順，如何就是道之高遠？」曰：「『堯舜之道，孝弟而已矣。』如舜盡事親之道而瞽瞍厎豫，瞽瞍厎豫而天下化。天下之爲父子者，定這等看來順父母的道理，是甚麽様宏大。」胡炳曰：「順父母便繼以鬼神謂何？」先生曰：「道是個無大無小、無遠無近、無隱無顯的，始雖是造端乎夫婦，極至便可通乎鬼神。」又曰：「恁地看來，子思實是得孔子之的傳，孔子實落是與鬼神相屈伸變化往來得的，故子貢問人不知，他便説『知我者其天』，子路請禱，他便説『丘之禱久』。子思非是實落見得這鬼神，怎麽説個體物不遺，便繼以誠不可揜，敢如此説來。」又曰：「不可以夫婦爲卑近而可忽，鬼神即在此。」

衢問：「鬼神之德之盛者何？」曰：「無形聲，而有形聲者不能離耳。蓋天地萬物之氣皆理也，理即誠也，不然，今之當祭鬼神如天地、山川、五祀、宗廟，彼真有形聲在俎豆之上、牲醴之旁哉？然而此心誠敬如在焉者。蓋此心之理與之通也，一有不誠，鬼神禍之。爲道者豈可以兄弟、妻子爲近而可忽，以天地萬物爲遠而可略耶！」

先生因講鬼神之爲德章，語諸生曰：「學者須是學得到通得鬼神處，方是實學。如舜納于大麓，烈風雷雨弗迷；禹黄龍負舟，須臾仰首而逝，皆是通得鬼神處。後來如宋儒程子爲鄠縣簿，有邀去看石佛放光者，辭云：『適有政，不暇往。願往時，請取其頭，以示其光。』自是遂滅。又有一人謂曰：『近有奇特事。』問之曰：『夜間宴坐，室中有光。』程子謂：『某亦有一奇特事，每食必飽。』此亦不惑於鬼神者。然聖賢能如此，却從那裏得來？亦只在不忽妻子上做起。不忽妻子處，正是慎獨，就是能與鬼神合其吉凶，所謂誠也。」

大器問：「誠何以不可揜？」先生曰：「孝弟之至，通於神明。故實理得於心，發言中節，周旋中禮，可以質鬼神，可以並日月，可以格祖考。夫何故？己心元與鬼神、日月、祖考一氣也。」

陟問：「大舜之大孝，而得禄位名壽者何？」曰：「名即德爲聖人，位即尊爲天子，禄即富有四海之内，壽即宗廟享之、子孫保之者耳。是何也？以理言之，則天之生物可知；以事言之，則嘉樂之詩可見。故大德者必受命。」

講「舜其大孝」，先生問諸生曰：「夫子言舜之大孝曰『德爲聖人』，罷了又説『尊爲天子』以下，則人之法舜以盡大孝者，亦必爲天子有四海，然後可耶？且夫子有聖人之德，而不有天下，豈於大孝亦有欠乎？」諸生未有以對，先生曰：「此蓋以『德爲聖人』爲主。有聖人之德矣，尊富自在其中，故下言必得禄位名壽及必受命，皆舉大德爲先也。雖論生物栽培之理，引嘉樂、保佑之事，皆是意耳。若孔子之事，適遭其變，故人惟當求盡於修德，而禄位之得失，又不可以爲定例也。或以『孔子萬世爲王[一]，名位千古不磨，其所必得又有大於舜者』以證斯言，其説亦通。」

九儀問：「文王言父作子述，不言文王之事者何？」曰：「言父作，則有所以承之者；言子述，則有所以傳之者。」「其曰『無憂者』何？」曰：「聖人之心，固欲天下皆入於善，而其先且急者，莫過於父子。故舜於富貴好色，人悦之，不足以解憂，而嚚訟可乎？真非堯之所喜也。」「所謂『子述之』者如之何？」曰：「武王則不失顯名，而周公又能成其德，文王

[一]「王」：楊本作「士」。

之喜而後可知也。」「不言作者之事何？」曰：「舉其述者可知耳。」「以武王爲子，而又言周公何？」「周公亦武王之聖，皆能述者也。故曰：『周公成文武之德。』」

先生曰：「只『無憂』二字，便可盡得文王的心事，便是能中庸也。」諸生問：「怎麼見得？」先生曰：「聖人之心，但要使天下之人皆與己一般纔好，然卻莫切於父子。如堯、舜有子朱、均，舜、禹有父瞽、鯀，其千方百計諭之於道，養之以善，不知費了多少心思，怎麼得無憂！文王有子皆聖，其才可使天下皆安，安天下的心志便遂了，更復何憂！」田大本問：「淵明五男皆不肖，竟委之天運，如何？」先生曰：「他幾曾有文王這心腸來。」

先生講『上祀先公以天子之禮』，象先因問：「今日祀禮，可依古之廟數否？」先生曰：「程子所制祀禮，庶幾盡善，朱子謂某則不敢，恐太拘泥些，他見禮文，故謂不敢，殊不知此卻是周禮。周家有封建，故其子孫皆世官，是以當時天子便立三昭三穆與太祖之廟而七。他的適子世爲天子了，庶子便分爲諸侯，故諸侯却不敢祖天子。諸侯之適子世爲諸侯了，其庶子便分出去爲大夫，大夫卻不敢祖諸侯。至於大夫之適子便世爲大夫了，其庶子便分爲適士，故士不敢祖大夫。後世封建之制亡祖宗，通沒有個祭的子孫，怎麼可丟得。故某之意，雖是士庶之家，時祭亦當祭始祖暨高、曾、祖、考。若始祖以下，高祖以上，皆謂之先祖，這樣的亦須歲暮一合祭，但廟數自天子至於庶人，當有等殺，而尊祖敬宗的心卻分不得貴賤。故須是如此，人子之心纔安，而禮意纔備，蓋嘗以此告武緣李白夫。」

濟民問：「武王、周公之達孝者何？」曰：「達，通也，明也。其即下所謂明郊社、禘嘗之義者乎！夫孝者，繼志述事者也。今武王、周公，其四時之祭也，修祖廟，陳宗器，設裳衣，薦時食焉；其禘祫之祭也，序昭穆，辨貴賤，辨賢逮賤，序齒焉。之二者，是乃踐位行禮奏樂，敬所尊，愛所親，事死如生，事亡如存，其志即先王之志，其事即先王之事，孝之至也。夫郊社之禮，所以事上帝后土也；宗廟禘嘗之禮，所以祀其先也。故能明郊社之禮、禘嘗之義，則是與天地合其德，與祖宗合其心，治國如視諸掌矣。能明之者，惟武王、周公爲然，故曰：『武王、周公，其達孝矣乎！』蓋仁不能以安人，不足以格神，誠不足格神，不足以治人也。」

詔問「達孝」。先生曰：「達是明也，通也，即達天德、達禮樂之達。言惟武王、周公能通明此孝道耳。其孝則謂之何？惟在善繼其志、善述其事而已。」「必以祭祀之禮爲繼述之大者，豈以國之大事在祀歟？」曰：「是固然，但祭祀時可以觀繼述之孝。夫何故？春秋修祖廟，乃四時之祭，即下嘗字也；宗廟之禮，乃禘祫之祭，即下禘字也。能修祖廟，則非不屋者比；陳宗器，則能世守，非抱祭器他歸者比；設裳衣，薦時食，則能來四方之貢，非攘竊犧牲者比。昭穆咸序，則子孫不至裸將他廟；序爵，見得天下諸侯皆來助祭；辨賢、逮賤、序齒，則又皆懽忻流通，諸父昆弟不怨。故『踐位』一節，總申上意，以見先王之位與禮樂真能保守，其志與事必如此而後爲繼述之也。明乎郊社之禮、禘嘗之義者，正以此耳，蓋郊社、禘嘗之前有多少事件皆爲治國耳。修身不待説了，其尊賢、親親、敬大臣、體羣臣、子庶民、來百工、柔遠人、懷諸侯，無一事不盡，故到祭祀時候，庶民得以供時食，諸侯以下得以序爵，親親得以序昭穆、序齒，羣臣得以序事，祖考之志與事於是乎遂矣。故來格而享之，故曰：『惟仁人爲能饗帝，惟孝子爲能享親。』此也。此便是能明此禮義，則治國之道固已在乎其先，故曰：『未能事人，焉能事鬼。』可見此孝非武王、周公莫能明也。後王不能治國，使衆叛親離、禮崩樂壞，是棄先王之志與事而不知繼述，雖有黍稷之馨以瀆鬼神，祖考亦不格矣，此便是不達乎孝者。辟如人家子孫於祖考能守其基業，遵其教訓，大則立身行道，顯揚其親，到祭祀時節，雖瓜菓菜茹之獻，祖考亦來歆享。其或蕩廢家産，虧體辱親，雖有祭祀，祖考亦含恨九泉矣。故此孝字，似武王、周公能通明的幾人？」

田問：「孔子對哀公問政之事如何？」曰：「『文武之政』以下，言人存政舉之易也；『爲政在人』以下，言得人之故也。得人之故在修身，故『仁者人也』以下至『治天下國家』，又言修身之故也。然修身以道，則有五達道之事；修道以仁，則有知、仁、勇之事。知、仁、勇即仁、義、禮也，以其出於性也，故先言仁、義、禮，以張本耳。夫治天下國家，固以修身爲本，其條目亦不可缺，故下言九經之目與其效及其事，而又本之以誠，然皆自修身推之也，故又總言曰：凡事皆本乎誠也。凡事即所謂言、行、事、道也，然皆不外於此身耳。然自此以上皆就君身而言，其在下位而爲臣者亦不可無其誠，故遂以在下位者推至於明善誠身，則亦不外於誠以修身也。誠何以若此之重耶？誠原於天也，當盡於人耳。其盡之者，推擇善而固執，故下遂以天道、人道各發其義焉。『自誠明，謂之性』，則天道也；『自明誠，謂之教』，則人道也。誠則明矣，明則誠矣，言誠明一也。」

詔問：「哀公問政一章何其言之復乎？」先生曰：「固自有序耳。『爲政在人』至『知恥近勇』，皆論修身之事，爲政之本也。自『知斯三者』至『九經行之者一』，皆論治人之事，爲政之用也。故『文武之政』以下，言立政之易存乎人也。故『爲政』以下，言行政之本存乎學也。然修身事親是學之仁也，知人知天是學之智也，故下列達德以行達道，自此開端耳。『生知』以下，是言德之有品，而入德始於三近，究其修身之本也。『知斯三者』以下，是以身爲之綱，而施政備乎九經，廣其修身之用也。其下『九經行之者一』，又言必主於誠，與達道達德同耳。『凡事豫』以下，則推論雖一言一行一事之小亦必要誠，而況於道乎！故道前定乎，誠則不窮矣。至此則政雖廣如九經，而其本尤當以道前定爲修身之要也。」問：「又言『在下位』者何？」曰：「雖在下位且不可離此誠，而況於君上乎！所以深警哀公也。自『誠者』以下，則原誠之所由出與其未誠者之功，與效君臣皆同耳。」

王獻蓋問：「齊明盛服，非禮不動。」先生曰：「此心齋肅儼然，如神明在上，雜念不生，這便是齊明。盛服亦不是綺羅之服，乃先王之法服，如深衣一般，故服其服，則思稱其服，須要整齊不亂，這便是盛服。如此則有以立其本，至視聽言動又皆以禮，身豈不修？」

問：「凡事豫則立，如何？」曰：「凡事是泛説，見達道、達德、九經，固當本於誠，雖凡事亦莫不然也。」問：「其下何以在下位者言？」曰：「聖人不欲直指人君，故借在下位者以感動之。且自『文武之政』至『不可不知天』，言立政必由於人存也。自『天下之達道五』至『知所以治天下國家』，言人存之事也。自『凡爲天下國家有九經』至『所以行之者一』，言人存以立政之事也。自『凡事豫則立』至末，又詳言所以人存之事也。故此章與大學在明明德，在新民，在止於至善一般。觀此章，有生知、學知、困知，又有安行、利行、勉行，可見知行還是兩個。陽明子以知行爲一個，還不是。」又曰：「人若能用人一己百、人十己千的工夫，便可到聖人地位。故曰『雖愚必明，雖柔必強』。聖賢只有生熟之分，熟者爲聖，生者爲賢。若自以爲不能，便是自棄。然須要立志，須要虛心、擇友；不然，終未免爲鄉人而已。」

應元問：「自誠明何以謂性，自明誠何以謂教？」先生曰：「自誠而明，是原初就是如此，無些夾雜，無些私欲，所以謂性，即『成之者性』字一般，自天生來然也。自明而誠，是有私欲雜了，必有所見聞而後有所得。故或師友之開通，典籍之覺悟，心思之擴充，言動之觀法，至於見一草一木之微也，亦或觸類知進，皆謂之教，如張子所謂『糟粕煨燼，無非教者』一般。」應元又問：「如此必先在明上做工夫乎？」曰：「古人的學問，元只是打知上起，看他下個『明』字，見得元初本是明的，但受形時，或氣少夾雜了些，且又加幾番習染過來，便與元初的本體不同了，故必須在明上起，纔到得聖的去處。正如一個鏡一般，被塵垢汚了，須要擦磨過，纔得復明。又如作室一般，亦要把那地基上的蓁蕪悉皆芟去，方好作室。故曰不明乎善，不誠乎身。大學謂在『明明德』，亦是如此。」

詔問：「誠明以下，亦各有屬乎？」先生曰：「『至誠盡性』章，申誠明之性也。『其次致曲』，申明誠之教也。『至誠可以前知』，申誠則明也。『誠則自成，而君子誠之爲貴』，申明則誠也。『至誠無息，以配天地』，申至誠盡性可以參天地之化育也。『尊德性，道問學』，申致曲也。此以上皆聖人之道德問學事。『愚不自用』及『三重』，皆論聖人之制作度數事。蓋體用之備，夫子之祖述憲章，上律下襲者，凡以此耳。故中庸之道，惟夫子爲能備之，雖大舜、文、武、周公之事，皆一以貫之矣。此非至聖不能知，夫子其至聖者乎！非至誠不能爲，夫子其至誠者乎！然學者之入門，亦惟自爲己之誠，知幾之明，以求致其極耳。至於篤恭之妙，則所謂位天地、育萬物者，不外乎此矣。」

聶蘄問：「至誠盡性。」曰：「盡性即盡其心之盡，此以前戒懼、愼獨、格致、誠正工夫都已盡了。所謂『窮理盡性以至命』亦此，乃是致中和天地位，是性本合天地萬物爲一原，由是擴之，與天地同其大，萬物同其體，斯謂之盡，而人物之性亦在盡己之性已兼了。註中『知之無不明，處之無不當』，只說得用處一邊，當先有感化的意，如鼓舞盡神，化裁盡變，皆是。如堯典稱堯只是個克明峻德，便可九族親睦，百姓平章，黎民於變時雍都了了。至於治歷若采治水，特餘事耳。『贊』是相的意思，如詩『后稷之穡，有相之道』一般。『參』如禮謂『離坐離立，毋往參焉』一般。真個天地生這些人物，非是聖人成能他，卻象是個虛設的，恁地看來，聖人真個與天地參對無愧的。」

詔問「致曲」。先生曰：「曲是纖悉委曲處皆要推而致之，使無遺欠，如易繫辭所謂『其言曲而中之』。曲如善端發見之偏，兼言之亦可。此是致知誠意工夫，戒懼慎獨工夫亦在此。」象先曰：「如何是委曲處？」曰：「如水之千流萬派，欲達江達海，中間不免有些砂石障碍，山谷轉折，便有多少委曲處，須是悉致之，纔得與江海會通。昔日有二生同欲致書於其長，一生適有事，就浼無事的這生爲之封裝。其生於己的封裝甚整飭，於人的便覺潦草，此便是不能致曲處。前日初啓東來見，說他塌屋中一友有寒疾，不能終卷，他便把己身上衣服解下一件與他穿，其友還不能寫，又教他面向裏，背向外寫，其友猶不能，又將兩個軍的衣服脫下來，將外面遮着，其友纔得終卷出。看這一事，便是他能致曲處，但未知他每事皆能如是否耳？凡學者惟是這一灣難過，須要人逐念尋究耳。」

王獻藎問：「曰致曲有誠與聖人，如何？」曰：「亦幾於聖人。到物化時，非己之化不及此，故曰『有天德便可語王道，其要只在慎獨』，其此章之謂乎！」

炳問：「致曲是集義一般否？」曰：「致曲工夫比集義還精密，譬如曾子說孝，其行孝便是義；說到斬一木、殺一禽，不以其時，非孝也，便是致曲。孟子說集義到行有不慊於心則餒，乃是曲之不致。譬如纔方飲茶，長的不肯先，幼的不敢不後，不相錯亂，其讓的意思溢然，便是致曲。若一茶之間忽略了，便不是致曲。」

斆問：「至誠盡性，何以參天地也？」曰：「天地亦此性耳，而况於人物乎！盡則有以畢其理而無餘，故能參天地耳。」

朮問：「致曲之謂何？」曰：「因其發見之一端而委曲推究，以造其極。理有未得者，力皆可得而至之，故能有誠也。誠則發見於言貌，故曰形。形則人皆可見可聞，故曰著。著則如日月炫人目，雷電震人耳，故曰明。」

朮問：「『至誠之道，可以前知』，又曰『至誠如神』者何？」曰：「上言其理，下言其人也。蓋禎祥妖孽之見蓍龜，動四體，皆至誠之所發見，然有善不善之殊。是故雖禎祥，有不善者矣；雖妖孽，有善者矣。惟至誠能知之耳。」

炳問：「禎祥妖孽何以知國家之興亡？」先生曰：「國家興亡，雖在禎祥妖孽，還看蓍龜四體上。譬如堯有九年之水，湯有七年之旱，妖孽莫加焉，未嘗見亡。又如漢文帝時，妖孽甚多，天下反庶富。漢武帝時，禎祥甚多，天下反虚耗。可見興亡不在此。蓋禎祥有不善的，妖孽有善的，惟至誠能先知道，故曰：『故至誠如神。』」

象先問：「禎祥、妖孽何以在蓍龜、四體上見得？」曰：「如衛石駘仲卒，無適子，有庶子六人，卜所以爲後者，曰：『沐浴佩玉則兆。』五人皆沐浴佩玉。石祁子曰：『孰有執親之喪而沐浴佩玉者乎？』不沐浴佩玉。石祁子兆。衛人以龜爲有知也，此便是禎祥之見乎蓍龜。如周公之握髮吐哺、赤舄几几，漢高之攝足輟洗，此便是禎祥之動乎四體。故曰：『賢才出，國將昌；子孫賢，族將大。』妖孽則反是。若只謂麟鳳之物爲禎祥，災異之類爲妖孽，淺亦甚矣，不待至誠能知之。」

先生謂陶欽夔曰：「近與學者論致曲，凡事致其委曲纖悉合當處纔是，工夫無處無之也。」欽夔曰：「誠、形、著、明、動、變、化與定、靜、安、慮，如何？」先生曰：「定、靜、安、慮主在己言，動、變、化卻及乎人物而言。」曰：「動、變、化其在慮之後乎？」先生曰：「然。」曰：「致曲工夫，權變俱在耶？」先生曰：「未可先便説權，然權亦在其中。」曰：「誠明就爲盡頭？」曰：「致曲工夫就便是明之盡頭。」

王獻藎問：「誠者自成也。」先生曰：「人心最不可不實，不實則事皆虚文，何以自成？故誠者，物之所以自成也，惟有誠心爲善，則一家之中父母、兄弟、妻妾、僮僕皆信你是善。若一家未能相信，畢竟還是不誠。」曰：「誠者之成物，是知之明而處之當否？」曰：「必須那物成，方是成物。」「堯何以不能化其子？」曰：「書曰：『克明峻德，以親九族。九族既睦，平章百姓。』固不能化其子。然九族既睦，只有一子不化，説他是睦是不睦？故丹朱不賢，不害其爲成物。」

阡問：「既曰『誠者自成』，又曰『自道』者何？」曰：「誠與道一理也。由其在心，故曰誠；由其在行，故曰道。故存其理則成物，然在心也；行其誠則爲道，然在身也。故曰『自成』『自道』。『誠者物之終始』以下，則言當誠之故。『非自成己』以下，則言誠己之大。是故君子以誠爲貴也。」

用問：「『至誠無息』以下之謂何？」曰：「『無息』以下，言聖人至誠之功用同乎天地，出於自然也。『一言』以下，則言天地至誠之功用，以見聖人之同如此也。詩則明天地聖人爲一，惟悠久耳。」

詔問：「何以曰『故至誠無息』？」曰：「此承上誠者而言，古本通爲一章。」「既曰『不息』，又曰『久』者何？」曰：「不息是無人欲之間斷，久是天理之常存。」「『不見而章』亦可以説天乎？」曰：「『不動而變』卻説地不得。」「不曰『爲物至誠』，乃曰『不貳』者何？」曰：「言不貳，正所以狀天地至誠之景象，不貳即誠也。若爲物貳也，則天可傾，不能行健以覆物；地可（折）〔拆〕[一]，不能承順以載物。只看這不貳，便見那誠字，做出無窮無間的事業模樣。」若止言至誠，則徑直而無餘味，要形容那專直翕闢的意象出來卻難，此正子思立言之妙也。「今夫天」一節言天地已盡矣，而又曰山川者何？曰：「山與水乃地中之廣大者，山水如此，則載山水之地可知矣；地既如此，則包地者可知矣。故其下引詩，只言『維天之命』，而不及地與山川，又以見聖人與天爲一，雖地與山川皆不得而比之也。故自『至誠無息』至『無爲而成』，言聖人同乎天地。『其爲物不貳』以下，言天地以見聖人。下引詩，並言天地聖人之一道也。」又問：「欲學文王從何處始？」曰：「只是從前擇善固執、明善誠身處學之。詩不云：『日就月將，學有緝熙於光明。』然就將雖日月所積而顯思之，天亦可至之，學者毋以日月可忽玩也。」

應元問：「聖人之治天下也，有禮樂刑政設施措置，如何説『不見』『不動』『無爲』」？先生曰：「聖人是德盛而民自化，如爲政以德一般，非謂全無所爲。如舜之舉元愷，但知善之當舉而已，誅四凶，但知惡之當去而已，豈是欲天下知他舉善去惡，而天下自然服他。故雖見而猶不見，雖動而猶不動，雖爲而猶無爲，大抵聖人行事，出於無心，順其自然，故如此。若後世爲政者，舉一事便要紛更舊章，就是動了；便要誇耀於人，就是見了；便要作好作惡、徵色發聲，便是有爲了。夫何故？皆只是不誠。」

〔一〕「折」：楊本作「拆」，據文意應爲「拆」更順。

威問：「天地之道，博也，厚也，高也，明也，已盡了，又説『昭昭』以下如何？」先生曰：「此正是一個學天的景象。蓋昭昭之多是天，到那日月星辰繫焉，萬物覆焉，也是天。一撮土之多是地，到那載華嶽而不重，振河海而不洩，萬物載焉，也是地。正如人，一念之誠是誠，一事之誠也是誠，至於配天地也是誠。人能自一念一事之誠，造到那配天地的所在，便是無窮之天、廣厚之地一般。若只是那一念一事之誠而不肯進，亦是昭昭之天、撮土之地一般。是以學者貴乎不息，不可安於自足。」

守德問：「『大哉』以下之謂何？」曰：「言誠之者功用之大，與聖人爲一也。」「既曰『尊德性』，又曰『道問學』者何？」曰：「問學凡以明尊德性耳。」「其下云何？」曰：「『致廣大』則或略乎精微，故又曰『盡精微』；『極高明』則或過乎中庸，故又曰『道中庸』。温故而不知新，則知無所進；敦厚而不崇禮，則行或有陋，故曰『修德以凝道』也。」「註存心、致知之分如之何？」曰：「纔存心由致知，纔致知則存心，一理也。故『尊德性』豈無致知，『道問學』豈無存心？故其詩曰『既明且哲』，合存心、致知而言也。」

永年問：「『大哉聖人之道』一章似是聖人之功業，如此皆自『尊德性』『道問學』上作起。」先生曰：「正是。蓋聖人之道，大小無所不包，如『洋洋乎！發育萬物，峻極於天』，是天道也包了。『優優大哉！禮儀三百，威儀三千』，是人道也包了。是聖人之道如此之大。然自那裡做起？卻自『尊德性』上起。『尊德性』又自那裡作起？卻又要道問學。『致廣大』以下皆其事也，前所謂『致曲』者正在於此。陸子靜專尊德性而輕問學，豈有能尊德性的道理？充陸子之道禪而後可者也。」

詔問「大哉聖人之道」。曰：「『洋洋乎，發育萬物』是就造化言，『優優大哉』是即人事言。蓋小大皆道，道器一致也。」「『故君子尊德性而道問學』者何？」曰：「道，路也，人所由也，亦有道理之道的意，然言道則非道的問學，非所事矣。道問學即尊德性工夫，存心、致知本同爲用者也。」「『致廣大』者何？」曰：「是自我致得來的，亦兼推廣説。然欲致廣大，先須克己之意，見克己，又須隨其性之偏處克之。廣大之人精微處或闊略，故又要窮理，如一言動、一飲食間皆有至理存焉。盡即盡其心之盡，欲極高明，只是無欲。道中庸，所謂存天理，近人情也。」問：「溫故屬存心，知新屬致知否？」曰：「『溫故』一句屬知，『敦厚』一句屬行，不必規規以存心、致知分也。」問：「前云發育萬物，峻極於天，言道如此之大，此乃歸之明哲保身，似覺小了，如何？」曰：「到此即孔子聖之時，易之與時消息，知進退存亡而不失其正皆是也，豈可小看！」

李生問：「監中諸友會文，出『致廣大而盡精微，極高明而道中庸』題，敢請教先生。」曰：「這題目儘大著。人之德性，元是個廣大的，可以配得天地，但人或立下意見，或分著彼此，或隔了籓墻，被這私意一蔽了，便自狹小，與天地不相似了，故須是不以一毫私意自蔽，使亦能如天地之無不覆幬持載，纔謂之致得廣大。人之德性，元本是高明的，可以配得日月，但人或溺於聲色，或雜於貨利，或急於功名，被這私欲一累了，便自卑污，與日月不相似了，故須是不以一毫私欲自累，使亦能如日月之錯行代明，纔謂之極得高明。然精微之未盡，亦未免爲廣大之欠，中庸之不道，亦未免是高明之過，故致廣大便要盡精微，極高明便要道中庸。」

問「溫故知新」。曰：「溫猶燖溫，正如冷湯酒一般，須是得火便有生氣，喫着便有滋味，良心冷了，卻如槁木死灰一般，怎能得新意出來。故修養家有所謂文武火纔煉得成丹，亦是如此。敦厚即書之『惟民生厚』，記之『忠信之人，可以學禮』一般。」因謂之曰：「就是與諸友會文之間，亦便有可致得廣大的處。」問：「何以見得？」曰：「如論文，己或有些好意思，不肯廣與人，人或有些好意思，便是知取他的，亦便是不能致廣大。須是把這心便看做與天地一般，人有善，便取於己，己有善，便持與人方好。不然，恐亦還只是做文字的秀才也。」

汝隣問：「自用、自專之謂何？」曰：「言聖人以議禮、制度、考文治天下。然而無德之愚、無位之賤，皆不可妄作以取災，何也？非天子不可爲也。況今天下一統，雖其自用、自專，其誰從之？故必德位兼備，斯可作也。彼仲尼有德之大聖也，惟無位，雖盡學夏、殷之禮而有得焉，然亦惟周是從，則亦不敢自用、自專，愚賤者豈可行乎！」

藻問：「三重之說何以寡過？」曰：「『本諸身』以下言王者有聖人之德而制三重也。『動而世爲天下道』以下言寡過也，詩則證之耳。蓋非若上下，雖善無徵不信，而民弗從者也。」「動、行奚別乎？」曰：「動以其損益製器而言，行則周旋容止之謂也。」「何以言仲尼也？」曰：「承上言，此道惟仲尼能盡之耳。蓋其學也，兼帝王、天地之道而時出之，則其德如天地之無不覆載，而四時日月之錯行代明也。惟天下至聖，德備諸己而時出之化乎人，以配天也，孔子其至聖乎！惟天下至誠，經綸立本而知化育，由與仁與天與淵爲一也，孔子其至誠乎！蓋自舜之大孝至此，皆所謂修道之教，而孔子爲獨聖也。夫焉有所倚，即其下所云也。」

威問：「三重之制如何？」先生曰：「三重非聖人胡亂制的，本諸身之有德，又驗諸民之信從然也。」永年問：「考建質，俟是後人替聖人如此説，抑是聖人自如此？」曰：「是聖人自如此。」「然則於天地何以言建？於鬼神何以言質？」曰：「天地有形，以此參彼，猶立標於此，以求其準也，故曰建。鬼神無形，以心質之，乃以明格幽，而與之合也。『動而世爲天下道』以下，正説寡過。」又問：「三重之制既本諸身有德，若民有不信從，是德猶有未盡。民若信從，使考三王而有謬，建天地而有悖，質鬼神而有疑，俟後聖而有惑也，是德有未極？」曰：「然。」問：「君子動而世爲天下道。」曰：「此『動』字就損益變革上説，如説兼言行，則重復矣，非子思本意。」「下言知天知人者何？」曰：「天之理不外於人，人之理皆原於天。知人則知天矣，言至於知天，則理無餘蘊。」

詔問：「仲尼祖述堯舜。」曰：「祖述堯舜，只自二典觀之可見；憲章文武，觀於論語亦可見，是蓋學兼古今矣。上律下襲，則天地亦兼而學之，可謂貫天人之理於一身。今學者言及帝王、天地，便委靡退怯，不敢自振，以爲終不可學，皆由志之不立，而不能以有爲也。」

象先問：「仲尼之學必兼天地、帝王者何？」曰：「看孔子的學問是何等樣大。後人雖有知古的，便不能知今，此或流於腐儒；雖有知今的，便不能知古，或拘於曲士；知天而不知地，便是能員而不能方；知地而不知天，便是能方而不能員。酌古準今，參天兩地，這便是聖人的學問，若賢人的學問，便下聖人一等了。」一生曰：「今人連賢人的學問也到不得。」先生曰：「這卻趨下了，在汝雖曰謙之至，他人視之，便覺自畫之甚矣。夫帝王、天地於我，豈有遠耶！」問：「聖人之道，恐亦只是賢人的學問做去？」先生曰：「元來規模自是不同。」

詔問「小德大德」。曰：「此言德之有大小也。自夫子身上説，即如當時列國諸侯及門人、弟子、鄉黨、宗廟、朝廷，隨其所接所問，而應答作用各有條理，即『小德川流』。其統會之地，原於一心，經綸之妙，變化無窮，即『大德敦化』。一以貫之亦此也。宜以夫子對造化同看方好。」

敬問：「『衣錦尚絅』以下者何？」曰：「言君子作聖之功也。夫聖雖可學，非有爲己之心與知幾之資者不能進。蓋纔爲己，則誠之本也；纔知幾，則明之本也，然後可以用謹獨之功矣。蓋無爲己之心，則不能爲謹獨之功；無知幾之資，則不知獨之可畏也。故君子於人所不見之處而欲無惡於志，惟在不待言動而常信敬耳。夫如是，則無言之誠，雖神明可通，而況於民乎！又何賴於賞罰哉，是何也？君子有不顯篤恭之德，百辟皆化而天下自平，雖有賞罰，無所用之。然所謂不顯之德者，亦非玄遠也，即天命之性耳！但其妙至於無聲無臭，諸詩不能形容也。」

易泉問：「子思言淡而不厭及言知遠知近等語，恐又加謹獨工夫，亦只是如此？」先生曰：「此只好就資質上説。如淡而不厭，見他是個有入誠的資質了；知遠之近，見他是有個入明的資質了，纔好加慎獨工夫。予前日亦曾與鄒東廓説來，聖賢説話，亦有不曾一句就説盡了的，如首章言個戒慎恐懼的工夫，可位育得天地萬物了，然下面便繼以智、仁、勇，又繼以九經、五達道，又繼以誠、明，然猶必須要個好資質纔做得這工夫，又説個慎獨，中間便自有許多條理。不然，只一句説了，下學怎麽得個下手的去處？」泉曰：「何不一下説了？」曰：「恐諸君就不肯用功夫也。」

王材問：「『君子之道：淡而不厭，簡而文，温而理，知遠之近，知風之自，知微之顯。』先生皆以資質言，恐不皆有此資質，亦要學力也。」曰：「是資質。無此資質者，卻要學力先變化氣質也，故學要爲己，爲己，誠之基本也。然雖是爲己，而無那明亦不可，故又要明，知幾，明之基本也。『知風之自』三句最好體認，風是甚麽的風，譬如外面有個毀的風，便知道這是我那件事做得不當，外面有個譽的風，便知道這是我那件事差強人意。知得此，纔能不怨天，不尤人，卻肯慎獨做工夫也。」

王材問：「『不動而敬，不言而信』，有記先生言者，似謂君子之誠不可掩，不待聽其言、見其動，而敬信自著如此。則皆自他人看君子言，恐此節是指君子用功言。」先生曰：「是。此是子思言君子欲平天下，打那裏起？便在獨處慎起。慎獨工夫非一朝一夕之故，凡一言一動，無時無處無不戒慎，至使家人奴隷皆曉得我的心事，如易所謂『邑人不戒』，都不待警戒他，他自是信服我，到篤恭處，便是天下人皆信服我了。」謝顧曰：「篤是慎獨工夫不息？」先生曰：「還是篤厚。此是到至誠無息處，自然功業博厚，高明悠久，配地配天，天下如何不平！」

四書因問卷三

論語

學而篇

縠問："『學與時習』，奚說乎？"曰："學言乎師諸人也，習言乎繹諸己也。師諸人，則論世於古，親仁於今者，皆具之矣。繹諸己，則內究於心，外體諸身者，皆具之矣。於是有定静，於是無愧怍，獨得於己，難語乎人，豈不說乎？""樂則如何？"曰："一可以占我道之是，二可以公衆人之善，故樂也。""不慍何以爲君子？"曰："凡因不知而慍者，道猶未得也。知道爲己物，如飲食衣服然，人雖曰未之飽煖，則吾不信也，又何慍？凡學而時習者，求至此耳。"

章詔問："『學與時習』如何？"先生曰："此是論語第一義，聖人教人爲聖爲賢處。凡單言『學』字，兼知與行言，故此『學』字，或尚友千古，學堯、舜、稷、契、周、孔之道；或親仁當世，事大夫之賢，友士之仁，欲做他那一樣人，便是學。時習，則常以所學者，內則紬繹於心，外則體驗於身，功夫不至間斷。如此則所學精深，無所愧怍憂懼，自得於己，有難以語人者，不亦說乎？學到說處，則既有所得矣。及其朋來之樂，無不知之慍，又皆是說之驗處。私小其心者，或來朋亦不樂，不知便慍怒，此亦未足以言說也，又何足以爲學乎？故學必到說樂無慍，然後爲君子。"

又問："朋來之樂及不慍何似？"曰："此意西銘已具。吾之心，欲並生哉！『己欲立而立人，己欲達而達人』，今有朋自遠方來，既足以驗吾所學之是，又得以遂吾及人之心，到此地位，誠有不知，手舞足蹈者矣。然人若不知，或毀謗之來，或殆辱之至，又何足以動吾説樂之心？此非義精仁熟，道全德備，不足以語此，故謂之君子，故顏子之不改其樂，孔子之樂在其中，皆是物也。」

田子中問：「時習只是自强不息否？」曰：「固是。然人多不能自强不息者何故？」對曰：「此不立志也。」曰：「立志猶是第二義，故知猶在先也。誠真知之，則固有不待强而不息者，雖純亦不已地位亦可到。」

又問：「不愠與樂天知命同否？」曰：「然。此正到不怨，尤知天處矣。故凡看論語，不必多，只體得此章意思，便盡得學問了。」

先生曰：「論語只學而與孝弟兩章，便可盡爲學之道。學個甚麽也？只是個仁。然學仁從那裏起？只於孝弟上起。孝弟，則九族惇睦以此，百姓昭明以此，於變時雍鳥獸魚鱉之咸若者以此。孝弟便是個根，因而仁民愛物之枝葉花蕚，油然而生，不能已也，如西銘便具爲仁的道理。」象先曰：「然則西銘可以盡仁乎？」曰：「程子謂西銘言弘仁之道，爲仁之方也。而孝弟則所以行仁之本也。是故君子務本，不可專靠西銘；不然，則牆屋上貼仁，與身體上貼得仁，豈能相干耶！」

轂問：「孝弟爲仁之本，如何？」曰：「不犯上，則族閭邦國之長皆厚之矣，類仁民；不作亂，則叛逆殄傷之心皆絶之矣，類愛物。是仁也，然皆自親親始，故孝弟爲仁之本，故天下之道皆盡於仁，仁之性盡於孝弟，故曰：『堯舜之道，孝弟而已。』西銘具言此理。」

詔問：「孝弟爲仁之本，如何？」先生曰：「求仁是學者第一件事，須使人各得其分，物各得其所快於心，然必有個根本。根本者何？孝弟是已。人能承順父母，恭敬長上，則在近，必不肯干犯鄉閭之長上；在遠，必不肯干犯邦國之長上。既不好犯上，豈復有悖逆爭鬬之事？不好犯上，則其能仁民也必矣；不好作亂，則其能愛物也必矣。堯舜之協和萬邦，鳥獸魚鱉咸若，皆自此始。不然，何以曰『堯舜之道，孝弟而已矣』。此正是學者切近用功，故記論語者叙此章於學而之後，若云所謂學者在求仁而已。」

王左卿問：「君子如何務本？」先生曰：「不好犯上與仁民相類，不好作亂與愛物相類。然民無不仁，物無不愛，這是仁。然行仁有本，只是在自己的親長始，故君子務之也。」呂時躍遂問：「爲人子，若親已沒，欲孝弟而無由得。今欲行仁，卻從何處起？」先生曰：「亦只好在孝弟起。夫孝弟豈以親之存沒有異耶？子路嘗見夫子謂：『貧時爲親負米百里之外，今累裀列鼎，思欲爲親負米不可得。』夫子曰：『若由可謂生事盡力，死事盡思者矣。』以予看來，孝弟之道，顯親爲上，安親次之，養親又次之。故夫子又嘗說：『立身行道，揚名於後世，以顯父母。』況父母之心，欲子爲善人、君子未已也，尤欲子爲賢人、聖人而後快於心。人子體得親這個意思，父母在九泉之下，心亦未嘗不安。故夫子稱舜之大孝，惟在德爲聖人；禹爲至孝，亦只在無間然處。而萬世之下，稱瞽、鯀爲聖人之父也。又如簡狄、姜嫄，他只是一個婦女，使他的名至今不泯沒者，亦只是有個教民之契、養民之稷。故人子於親在時奉養，或不能盡如己意；已不可及，只一個行道顯親，使不泯沒，是則可爲耳。」

衢問：「『巧言令色』之謂何？」曰：「不顧行而文以道德之辭者，巧言也；不務實而飾以取仁之色者，令色也。故鮮仁。」

左卿問「巧言令色」。曰：「此正與上章相反。蓋上言君子致力於本，此則專事於末。致力於本，仁之所以行也；專事於末，仁之所以亡也。巧言是不顧行而文以矜德之辭，令色是不務實而飾以取仁之色。本之則無，如之何？」

衢問：「三省何以遺君臣、父子、夫婦、兄弟乎？」曰：「此或曾子自其所不足者而言。子如其用三省也，則此三者又非爾之所切矣。」

吳光祖問：「曾子何故以此三事爲省？且先儒云曾子大賢也，尚一日三省其身，吾儕造詣不及曾子萬一，當無所不用其省可也。」先生曰：「此意雖好，看來亦不知用功切要處。且如天下道理，莫大於爲臣忠、爲子孝、爲弟弟也。曾子之所省者，略不及此，而顧拳拳於忠、信、傳習者，想必曾子於此樣大頭腦處都能無愧。至於爲人謀等事，則覺未能盡其心，故極力自省也。蓋爲人謀，是替人幹事，不切於己，似多有不著意者，然非曾子不能省此。今人爲學，當省處固多，然必省得病痛深處克之，乃能有得。不然，百孔千瘡，茫無下手處，非切實之學。」

「敬，信，節，愛，時之謂何？」曰：「敬言慎事也，則終始利害兼圖之矣。信本身帥也，則發號施令亦擧之矣。節雖主於儉約，若節於賓祭之需，亦非也。愛雖主於恤民，姑息於頑梗之輩，亦非也。役民農隙，固時也，如以生道殺民，則有六月出師者矣。故聖人之言不易觀也。」

先生謂諸生曰：「論語意無窮，盡心紬繹始得。昔趙韓王說半部論語佐太平。若果有得，『道千乘之國』一條足矣，何必半部？且如敬事有謹始慮終意，信有以身相乎意，節用不止於儉約，愛人不流於縱奸，使民如得其時，雖六月出師亦不禁也。故善用論語者，在得聖人之心；苟泥其言而忘其意，雖全部論語，其如天下何？」

敬問：「入孝出弟，不亦已析乎？」曰：「入孝父母，其兄弟皆擧之矣；出弟長上，其忠孝君王皆擧之矣。」「汎愛之謂何？」曰：「同學則規過告善，同井則相友相助，以至扶病濟窮，皆是也。」

象先問「入孝出弟」。曰：「出入字，互言之。入孝父母，其兄弟皆擧之；出弟長上，其父母皆擧之矣。」問：「餘力學文，只是不在親長之前，暫離師友之側乎？」曰：「然。」問：「四教以文爲先而行次之，此以行先於文者何？」曰：「文易於行耳，故先行，然猶有䟽文而廢行者。若先尚文了，其行不復論矣。故立教之規，以知爲先；進學之功，以行爲急。」

「賢賢章之謂已學然乎？」曰：「然。」「吳氏廢學之說如之何？」曰：「末世文士之說也。」「竭力致身之謂何？」曰：「竭力，凡力之所能者，皆盡之也；力有不能，斯已矣。致身，即以身許國之意。」

象先問：「賢賢章之謂已學然乎？」曰：「然。」「吳氏廢學之說如之何？」曰：「末世文士之說也。夫人舍聖賢，更學何事？不知此正與上章夫子之言相發明。吳氏立此說者，乃是就聖賢面頭上爲言語也。故看論語，惟當質諸心，庶無昂聖低賢之私意矣。」

「不威重，何以學不固乎？」曰：「外不威重，由内不忠信，其何以固其學乎？ 忠信者自威重，其擇友改過，皆由忠信而得之，故曰：忠信，本也。」

威問：「君子不重則不威，如何？」曰：「學者當要厚重，若能厚重，則燕朋昵友自不能近我，非禮之言自不能加我，所以可畏。若不厚重，這等事皆到我面前來，又何可畏之有？ 故易曰：『鼎有實，我仇有疾，不我能即，吉。』」又問：「威重亦可學而爲乎？」曰：「可。只是主忠信。不然，便是色莊也。」「温良恭讓，足以感人而得政矣。儉，何謂也？」曰：「侈肆而不知節者，則驕溢拒人之態也。」

問：「温良恭讓足以感人而得政，是矣。儉何以得政乎？」曰：「侈肆而不知節者，則驕溢拒人之態也，人豈肯樂告以善哉？」「以温爲首者何？」曰：「即舜之温恭，文王之徽柔也。蓋温於時爲春，於人爲仁，其氣象便有與人並生之意，見者自然親就向慕矣。故聖人之温，皆是這個仁發生出來。故嘗與諸生說先學仁，便自有此等氣象。詩云：『温温恭人，如集于木。惴惴小心，如臨于谷。』夫以温恭之人，乃猶有集木臨谷之懼者，蓋惟恐陷於私欲而違夫仁也。」

詔問：「三年無改於父之道，只承父沒說，三年之喪，哀痛不暇，故不忍遽改，如何？」先生曰：「夫所謂是道，只是家庭中日用間所行得事，如作一室，易一器，换一門戶之類，便見得父母在面前，不忍遽改。雖室不麗，器不美，門戶不方便，亦且因仍而用之矣，便是事亡如存的意。所以爲孝不必在此推求善惡也。」

衢問：「禮之用，何以又曰先王之道也？」曰：「道即事也。小大則小道大道也，然其中有節文也，則謂之禮；從容不迫也，則謂之和。故貴和固可行，一於和亦不可行。言禮樂之一也。」

大器問：「禮樂可分否？」先生曰：「不可分。禮樂乃行道器物，道不過五倫，惟禮樂能舉之。如昔有一吏部，每朝高聲問安，父母方寢，心不安，是一於禮而失其和。敝處有一秀才，父子嘻嘻，甚至嘲笑，是失其禮而一於和。禮勝則離，樂勝則流。如司馬温公事父兄，因寒問衣，得無薄乎？ 隨時致問，不驚人駭俗，藹然可愛。易曰：『中孚，豚魚吉。』程明道對神宗云：『陛下奈何輕天下士乎？』此言何等從容不迫！這兩句說話，人看見不打緊，對時發出來甚難。」何城問：

「後世君臣，但見其禮而不見其和，和可復行否？」先生曰：「可。只遇主於巷，納約自牖，信而後諫，便是和的意思。」

象先問：「禮和於道如何？」先生曰：「道者，禮和之本；禮和者，道之輿。道即五達道也。假如就父子之道觀之，冬温夏清，昏定晨省，有許多節目，此便是禮。其間有從容委曲的意思，便是和。先王之道，此其所以可觀。小道也，由此行去；大道也，由此行去。然如此而復有不可行者何？專於和也。假如就君臣言之，唐虞之時，都俞吁咈，便見禮和的意思。如後秦，便是無和的意思，陳便是無禮的意思。君臣之道若此，如何行得去？」問：「如何是道之美？」曰：「道由禮和了，建諸天地而不悖，質諸鬼神而無疑，推之四海而皆準，傳之萬世而無弊，斯是以爲美乎！」

「横渠曰：『君子寧言不顧行，不規規於非義之信；寧羞辱是逮，不接人於非禮之恭；寧孤立無助，不失親於可賤之人。』[一]與有子之言奚别乎？」曰：「是發有子之未發者也。觀書而能爲是言，可與力行矣。」

「君子好學，何也？」曰：「譬之作室，無求安飽，猶築基也；敏事慎言，猶架屋也；就正有道，猶召大匠撥正也。而室有不美者，鮮矣。非好其室者，肯如是乎？」「何以獨言食居？」曰：「此人之養生養身之最切者也，知此則衣服、車馬、器用皆可知矣。」「敏事慎言，奈何？」曰：「敏事，如見義必爲，職無不盡，皆是也；慎言，如當默雖捫舌不恤，當語雖斫頭不顧，要之，當於理也。就正不止，聽其議論矣。」

先生講無諂章罷，嘆曰：「古人用功甚切實，如子貢先貧後富，便就貧而無諂、富而無驕做起。孔子曰：『未若貧而樂，富而好禮。』以足其所未能。子貢聞教即悟，便有脱去舊習意，不似後世空説過了，又且於貧中便要求個富也。」又曰：「人未能貧而樂，則便有諂的意。雖勉强以制之，其態終一露。」

象先問：「樂與好禮，子貢至聞性與天道時，亦幾能乎？」先生曰：「子貢嘗結駟而過原憲之門，見其家無擔石，儲

[一] 張載正蒙有德篇原文爲：「君子寧言之不顧，不規規於非義之信；寧身被困辱，不徇人以非禮之恭；寧孤立無助，不失親於可賤之人。」

室如懸磬，曰：『若是乎，子之病也。』憲曰：『是貧也，非病也。』由此觀之，無諂無驕，或未之盡也，況樂與好禮乎！」

問：「貧非不能好禮，富又何難於樂乎？」「此居冢宰而握髮吐哺，赤舄几几，惟周公之稱。蔬食飲水而樂在其中，簞食瓢飲而不改其樂，孔、顔之外無幾也。」

王材問：「貧而無諂，富而無驕，未若貧而樂，富而好禮。如今做工夫，卻從樂與好禮上做，還從無諂無驕上做起也？」先生曰：「如今既知道無諂無驕不如樂與好禮，便從樂與好禮上做。」

「子貢何以可與言詩也？」曰：「詩意在言語之表，執章句者雖與之言，不入耳。故聖人獨許商、賜，故商、賜之學，其後大有所得也。」

又問：「子貢因論學而知詩，子夏因論詩而知學，此只是比辭好聽於義，似支離了？」先生曰：「是詩即是學，知詩即是知學。」

爲政篇

瑤問：「爲政以德，何以如北辰也？」曰：「德非無用之長物也。蓋身帥以正，既足以感民之良心，而用人之賢，行政之善，又足以易民之弊俗，又何刑罰、知力以作爲之哉！故不動而化，如北辰也。」「告顔子爲邦，何以不言德？」曰：「此言爲政之本，告衆人也。彼言爲政之用，告顔子也，顔子不違仁矣。」

大器問：「『居其所而衆星共之』，如何？」先生曰：「如三公、九卿、二十七大夫、八十一元士，賢者在位，能者在職，六德爲諸侯，三德爲大夫，皆拱向人君是也。故天道運於上，四時行焉，百物生焉。人君行政用人，至公無私，善不相忌也，功不相代也，而天下自化，固非嚴刑可能，又非私智可爲。此法不特天下可用，就一國一邑亦然。雖一家用之，羣衆各盡其職，而家無不成。故無爲而治，此光景惟舜有之，觀舜典便可見。」問：「註解『德』者，行道而有得於心，是否？」曰：「固然。但得之於心，便暢於四肢，發於事業。凡爲政處，皆此德意流行也。不是個塊然尸居的。」詔問：「『無爲』莫不是爲所當爲，揆之天理而順，求之人心而安，如舜舉『八元』、誅『四凶』乎？」曰：「然。」

先生曰：「『思無邪』功夫於學者極省力，須老老實實下手做方可。纔起念慮，便加省察，向正道上去，毋得使如野馬馳逐，向曲徑旁路走也。」

象先問：「道之以政，何以不如道之以德？」先生曰：「聖賢之心，真是要以德化民。至於刑政，實是不得已處。故謂刑政之效，免而無恥，德禮之效，有恥且格。其輕政刑而重德禮可見矣。」問：「書曰『伯夷降典折刑』〔二〕者何？」曰：「民間有出禮者，刑亦所不廢，乃夫子云爾者，蓋有感於春秋之時也。如孟子言善政不如善教，亦此意，蓋亦有感於戰國之時也。」

「夫子三十已立矣，何以四十始不惑、五十始知天命也？」曰：「立，言己之用力以立，猶勉然也。至四十，則雖羣言淆亂，諸誘變幻，不能惑其心矣。知天命，則進退存亡、消息盈虛之妙與天合，猶孟子言夭壽不貳矣。」「若是，不亦類不踰矩乎？」曰：「知天命，猶後天而奉天時；不踰矩，猶先天而天弗違也。若耳順，非但聞常言也，雖左異之語，變幻之說，草木之鳴，風雷之遇，皆心通也。蓋知行不可析言，内外不可判說。」

象先問：「志學如何？」先生曰：「即志於道也。」問：「四十不惑以前，在下學人事上看不惑，以後在上達天理上看乎？」曰：「纔至不惑，則知天命，耳順、不踰矩便都有了，但有生熟不同耳。」問：「顏子三十二而卒，然當時亦能不惑、知命，如何？」曰：「顏子得聖人爲之依歸，且其資質亦不下聖人，故曰：『惟我與爾有是夫。』」問：「此章是聖人假此以覺人，亦聖人實如此用功乎？」曰：「此是聖人實事，故曰『我非生知』云。」黃餘慶問：「志學是求到從心不踰矩的地否？」曰：「謂之學矩則可，謂之從心所欲不踰矩則不可。」

〔二〕尚書呂刑原文爲：「伯夷降典，折民惟刑。」

象先問：「『無違』如何？」先生曰：「聖人實爲三家生事時，雖大夫實是諸侯、天子的享用；死祭時，雖大夫實是諸侯、天子葬的喪具、祭物故云。然雖譏管仲鏤簋三歸，皆是齊之以禮，有爲而發也。」「其答武伯者，莫更覺說得重些否？蓋人子苟能體父母憂疾之心，即仁人孝子事天之心。」曰：「無違、色難，豈不可見仁人孝子之心乎？四孝皆有此意，聖人則固因人而發。故前二章告大夫，一則循理，一則守身，其辭婉。後二章告門人，一則敬親，一則愛親，其辭直。可見聖人之教，一以貫之，理一而分殊。」

敬問：「『色難』何以異于服勞、奉養也？」曰：「雖服勞、奉養，亦有色。惟弗色也，故不足以爲孝。如其服勞、奉養而又色也，豈曰不可？」又曰：「『色難』，乃富貴貧賤通行之孝。」

劉銑問：「夫子與回言終日者，何言也？」曰：「不可指也。然既曰言終日，則泛言耳，如古今人物，如日用細事，如目之所接，意之所到，何往而非理哉！」「『發』謂如之何？」曰：「蓋得于言外之意，而見之行也。猶俗云麪發、酒發耳。若曰聖人言孝則發孝，則聖人之所不言者，顔子之所不行矣。揚子雲謂夫子鑄顔回，亦粗說也。」

東郭子曰：「孔門諸弟子同領夫子之言，衆弟子違之，不足以發，惟顔子在夫子面前，是這般體認，不在夫子面前，也是這般體認，無些間斷，所以曰『亦足以發』。」先生曰：「謂衆弟子違之，亦不是。此與顔子言也。」東郭子曰：「聖人之言，學者皆得聞，只是人之領略有不同。如一貫之傳，衆人非不聞，惟曾子能唯之，而門人則曰『何謂也』。又如子貢言『夫子之言性與天道，不可得而聞』，謂之言性與天道，則非默然矣，而子貢言其不可得而聞，非真不可得聞也。聞之而不能解，則是不聞，非聖人有與言，有不與言也。」先生曰：「若謂夫子皆與言，衆弟子不足以發，似亦未必盡然。蓋夫子于人有不可與言者，有欲無言者，有與終日言者，自有多少等級，不似今人逢人開口便道一貫也。」

詔問：「吾與回言終日，如何？」先生曰：「要知終日所言者何事，蓋夫子胸中事，只是與回講得相投，他弟子便不能勾如此，俗所謂『話不投機一句多』，何能與終日？『亦足以發』，不但語處、動處是發，雖靜默處亦發也，如物得化工，時雨發榮，滋長自不能已者。」象先問：「亦是正蒙謂『顔子發聖人之蘊』否？」先生曰：「是。即俗言麯子發酒、覺子發麪之發。」

詔又問：「夫子與回是因其語之不惰，故與之終日言歟？」曰：「正是。蓋師弟子以心相遇，自不覺其言論之終日也。終日蓋泛言之耳，不可指定爲一事也。」

藻問：「子張方學干禄，而聖人又告以禄在其中者何？」曰：「此禄在其中，或指天禄也。言能言行，寡尤悔，則天子不能奪，諸侯不能取，其貴無加焉耳，其富無加焉耳，故曰『禄在其中矣』。」「然則學也，禄在其中之言，奚不同？」曰：「彼對憂道而言。」

「視、觀、察，奚别乎？」曰：「視，可說也；觀，由外觀内，因顯求隱之意；察，有參伍錯綜之意，故爲益詳也。」「子貢方人，夫子則不暇，又何以有是說也？」曰：「較人長短，以求勝己，則不可。知人以求正己，固所患也。」

書林問：「温故知新，何以非記問之學乎？」曰：「温故知新，乃用心于内之學，不止爲致知說也。如昨日所行如此，今日思繹又有得焉，是皆其進無窮之意，爲人之師，不亦可乎！程子曰：『温故知新之言，可以師法。』亦通。」

王貞立問：「温故知新，如何？」先生曰：「故者，或心思之所得，或師友之所聞，詩書之所載，方言俗語之所入。人苟一焆温之則達，天人之學在此，通幽明之奥在此。『温』字是擴充體認意。知新只是得真知了。」大器問：「此與『學而時習不亦說乎』一般否？」先生曰：「一般。時習是温故知新，是不亦說乎？如春天陽氣温温于地中，萬物自然形形色色。」

許象先又問：「『温』字怎麽樣功夫？」先生曰：「正是用功處。如煉丹家用文武火一般，如衣服一焆，飲食一焆，侍坐一焆，寢卧處一焆。孟子謂收放心，孔子謂君子無終食之間違仁。若胡思亂想，不即斬去，不止不温也。」

象先問：「『君子不器』，如何？」先生曰：「不器即詩云『左之左之，無不宜之；右之右之，無不有之』的意。」問：「古人足以當此者？」曰：「堯舜足以當之。究其極，宓子賤亦足以當之。」「子賤何足以比堯舜乎？」曰：「君子哉！子賤。夫子嘗許子賤能不器矣。蓋夫子之意，以虚足以受善。子賤之在邑，師事者有之，友事者有之，充此心無處非善，無善非取，所至能有窮乎？故曰『惜乎不齊所治者小也』〔一〕。堯舜之道，亦不過此。故堯舜之舍己從人、好問好察，又寧有外此者哉！若子貢悦不若己者處，此所以不能至不器，夫子只許以瑚璉也。」問：「魯君子者何所指？」曰：「此正孔子自任意，蓋孔子原是這般取人爲善的學問，故子賤得以取法而行之耳。」

「先行其言如何？」曰：「如敏行之意，言言不可先也，先行而後可言耳。如未行，雖勿言，可也。如已行，言未及之，勿言亦可也。言及之，言之可也。」

「周比之説如何？」曰：「周不比，便是君子；比不周，便是小人。猶曰喻于義者君子也，喻于利者小人也。」「註以周爲親厚如何？」曰：「或汲引以進，或相助濟以財，或相救免于患難，皆是。」

商經問：「攻異端之説如何？」曰：「聞之我太祖之訓曰：『去異端則其害止矣。』此説精實而真切，優於註説遠矣。」

「是知如何？」曰：「惟知之爲知之，不知爲不知，便是省得者，故曰『是知也』。註謂『亦不害其爲知，又有可知之理』，恐出夫子之意也。」

威問：「知之爲知之，不知爲不知，何以是知？」先生曰：「此便是心中明白而無欺蔽，是知之道也。若不知者，亦以爲知，則是自欺而心中昏暗，是不知也。」

「臨之以莊，民何以則敬乎？」曰：「莊則惰慢邪僻之氣不設于身體，而凡動容周旋皆中禮矣。民方畏服之不暇，又何不敬之有乎？」

象先問：「子奚不爲政如何？」先生曰：「此必聖人有爲而發，如對齊景公便曰『君君、臣臣、父父、子子』，此必因當時兄弟、父子之間孝弟之風蕩無餘矣。故云：『使我居位爲政，亦不過如是而已。』奚其爲政哉？」

〔一〕孔子家語辯政原文爲：「惜乎不齊之所以治者小也。」

象先問：「人而無信，何以不知其可？」先生曰：「不知其可也，下要見行不得，意如無輗，無以駕牛，不成大車了；無軏，無以駕馬，不成小車了。失信者，人已交接之闕，猶輗軏者，乃車與牛馬交接之處。若無信，便不成人了，其何以行哉？言人與行相違，猶車與牛馬相隔。」

仲仁問：「夏禮、殷禮者何？」曰：「禮即制度文爲，如冠、婚、喪、祭、朝覲、射、鄉之類，其所損益，亦不過是。以祭禮言之，夏玄牡，殷白牡，周騂剛，豈不可見？如曰以三綱五常爲禮，又何須言因也。」

象先問：「多聞多見則學博，擇精、守約矣，而禄在其中，是修天爵而人爵自至否？」先生曰：「古人爲學，是這般切實，只一言行間，道理便盡得了。故易云：言行，君子之樞機也。且禄在其中，只是詩之自求多福一般。若說人爵，便與子張之病不對症了。」徐又嘆曰：「今人只肯多聞多見，便亦是學了。」象先曰：「何謂也？」曰：「如古人有一善言，或不知聞的，或知聞了久之即厭倦的，或又謂吾自有真知而不肯下心多聞的。古人有一善行，或不知見的，或知見了視之若不切身的，或又謂吾自有真見而不必多見的。只這心便與道理扞格着，此吾謂孔子至聖，只在好古敏求；舜之大智，只在好問好察，況下舜、孔者乎！」未幾，問：「夏、殷之禮，孔子何以皆能言之？」先生曰：「亦只從多聞多見中來也，如一個禮不知，便問於老聃；一個樂不知，便問於萇弘；下至一琴不知，便問於師襄。學問是這樣大，是以當時一萍實之微，他亦便知得，而況二代典禮之大。」「然則何以不足徵？」曰：「或者是傷時不能復行二代之典禮乎！然其缺略處亦不能無也。」

八佾篇

先生講「八佾舞於庭」，一生曰：「此亦無可說。」先生曰：「若道無說，便更有說時。」諸生中有盛服者，先生曰：「如此就是僭八佾，其原只始於恥惡衣惡食。」諸生愕然，曰：「何謂也？」先生曰：「只就今日說富商大賈，他的飲食便準玉食；閭閻富民，他的衣服便做内飾。當初亦只是要吃好的、穿好的，一向狗欲恣肆，豈意其僭妄一至於此？故易不云：『上天下澤，履；君子以辨上下，定民志。』恁地看來，其說卻甚長。」

象先問：「季氏僭八佾，三家僭雍徹，其原皆起於不仁，故繼以『人而不仁』於二章之後，記者之意深乎！」先生曰：「是如此觀。其曰可忍，正是不仁。」問：「三家之不仁，其原又何所自？」曰：「我不嘗說來，亦只起於恥惡衣惡食。」語未畢，一生遽問「知其說者」之知字如何，先生曰：「纔所言汝盡知之乎？」對曰：「猶未能盡知。」曰：「未知，豈可不求知？」既而又曰：「三家正所謂不知其說者。苟知其說，誠敬立而仁孝之意油然生矣，豈又有八佾之舞、雍詩之歌乎？」

餘慶問：「人而不仁，如禮樂何？」先生曰：「要用這禮樂，須先明此仁。仁即天地生生之德，至公而無私者也。蓋天高地下，萬物散殊，禮制定矣。流而不息，合同而化，樂斯興焉。是禮樂，即天地一元之氣，所謂仁也，人能全得天地這個一元的道理，於凡品節、制度、舞蹈、聲音，自與高下散殊、流而不息之妙相爲流通，其制禮作樂以配天地不難了。不然，少有私心偏見存乎其内，則制禮必不能與天地同體，作樂必不能與天地同和，其何以盡人物之性哉？雖有玉帛鐘鼓之盛，由君子觀之，真同兒戲耳！」

鄧士元問：「人而不仁，如禮樂何？」先生曰：「仁還是禮樂之本。夫子序此章於八佾、歌雍之後者，蓋言季氏之不仁也，故曰：『是可忍也，孰不可忍也？』忍即是不仁。先儒嘗以公言，又以愛言仁，愛字最說得好。如人深有愛君親上之心，則自不敢越禮僭樂矣。」又問：「和與仁何以別？」先生曰：「譬如事官長、處僚友，今日之相聚，長少次立，便是序；中間從容揖遜，便是和；若皆出於真誠惻怛，此便謂之仁。然必仁爲之主，則自然無不和、無不序。」又問：「林放問禮之本，夫子何不告之以此，而止云儉戚？」先生曰：「儉戚豈就爲禮之本哉！蓋禮貴得中，如人家行吉禮一般，專是奢侈，固過也，若一於儉而無敬，則又不及矣。至於有親之喪，專事繁文，固過也，若一於哀戚，而凡附於棺者通不著意，豈得爲禮之中乎？故謂儉戚爲禮之本，則不可也；謂儉戚近禮之本，可也。觀一寧字便見。」又問：「仁與禮樂一物乎？」曰：「仁者，人也；合而言之，道也。凡物喚作仁，如桃仁、杏仁，取生意包涵在内，故朱子訓仁者，本心之全德。

西銘言仁之理甚廣大，若非至公，安肯以別人之長如己之長，以別人之幼如己之幼。經禮三百，曲禮三千，無非仁也。如人說話安詳，動靜從容，皆由在內生意發達出來，故夫子教弟子莫先學仁。學仁打那處驗？在習禮樂上亦可見得，如長者與之提攜，則兩手奉長者之手；負劍辟咡詔之，則掩口而對。此等恭敬和順施於四體，非仁而何？雖謂之一物，可也。」

霄問：「儉戚爲禮喪之本乎？」曰：「敬事者，禮之本；儉而不敬，亦非也。安親者，喪之本；戚而未知所以安親，亦非也。但儉戚去本則邇，奢易去本則遠，故云然。」

「君子無所爭，何以又言爭於射乎？」曰：「言如此之爭，不害其爲爭也。是故君子欲仁不爲貪，太王好色不爲淫。」

大器問：「射可行否？」先生曰：「古人以射觀德爲重事。天子有天子射，諸侯有諸侯射。虞廷雖『庶頑讒說，侯以明之』，於今倒看作一件輕事。故文人以筆墨爲業，武人以弧矢爲藝，不能合一也。且世俗爭名於朝，爭利於市，其原起於不恭不遜，其流至於爲僭爲亂，惟君子爭〔二〕於射以觀德，此風一行，名利之爭自無矣，射何以不可行？」

定甫問：「子夏言『禮後乎』，似亦能引伸觸類，至作春秋，如何不能贊辭？」先生曰：「聖人泛應曲當，如天地之化工，故春秋之褒貶，隨意所之，無不曲中事理之宜。此豈子夏所能及？子夏若初爲君子儒，又不止能贊一辭矣。」

伯源問：「商賜可與言詩者何？」先生曰：「古人多就切己處爲學，如子貢先貧後富，便就在貧富上做無諂無驕的工夫，聖人超引他到樂好禮處，他便悟得切磋琢磨道理。舍去無諂無驕舊習，便向於禮樂處走，則其於詩，非但視爲言語誦說而已。子夏文學，平日亦只是在禮文上做功，及聞『後素』之教，便向禮之根本上求，超然於詩語外得道也。此等人學力識見皆不凡，故夫子許與言詩，若乃不達於政，不能專對者，雖誦詩三百要做甚。」

夏禮文獻不足徵，蓋志欲行夏、殷之禮。蓋嘗考之天下之事，詢之遺世之老，或緣跡以求意，或因此以識彼，乃得之也。其曰「文獻不足徵」，蓋志欲行夏、殷之禮，第惜其文獻之無也；惜文獻之無，則所以不足於周禮者可見矣。

〔二〕「爭」下楊本有「中」字。

象先問：「夏禮吾能言之，如何？」先生曰：「自夏禮之亂也，而後殷起取而修明之；自殷禮之亂也，而後周起取而修明之。故二代之禮不足證。」問：「微子『修其禮物，作賓王家』，豈無存者乎？」曰：「但謂之修，則必多有廢者矣。況至孔子時，豈復有盡存者邪？」「然則孔子曷從而能言之？」曰：「禮失而求諸野，如老聃、萇弘之徒，亦庶幾有能傳者，故孔子能言之。」

「禘自既灌而往，何以不欲觀？」曰：「方灌之時，渾爲交神，猶可說也；既灌之後，則八佾之舞、雍徹之詩、白牡騂剛，錯然並薦，宛然魯又一天子也。其夫子之所甚傷乎！故不欲觀。」

用問：「周監于二代，何以獨美其文？」曰：「此雖褒之，有貶之之意。其曰『吾從周』者，言吾乃周民，不敢違耳！」

象先問：「『子入太廟，每事問』，如何？」先生曰：「每事問，即如詩中所謂告克、告濯、告潔等事，即是禮也。又魯本諸侯，而僭用天子禮樂，孔子因而問之，將亦有所爲乎！」

「是禮者何？」曰：「言『入太廟每事問』，乃禮本如此也。」

象先問：「子貢欲去告朔之餼羊，如何？」先生曰：「此可見聖賢用心大小處。在子貢只是惜物，在孔子便是惜禮。」問：「孔子此言止爲告朔歟？」曰：「意之所該者甚廣，因名存實，因物求理，大統之道，亦在是也。」

「成事不說，遂事不諫，既往不咎，如何？」曰：「此皆泛論其理，以責宰予也，宰予以後不可不謹矣。」

先生曰：「管仲器小，夫子因或人不曾問及，亦未嘗說出。予看來管仲器小處，蓋有所在，如召陵之師，當時楚已僭王了，卻不知責，卻去責他不貢包茅。首止之盟，惠王欲舍世子鄭而立帶，亦當率諸侯切諫之，未有不從，乃會於首止。在世子，則是以子去挾父；在桓公，則是以臣去挾君。觀管仲輔桓公這二事，皆是器小，不能見大處。」

象先問：「子語魯大師，如何？」先生曰：「此亦孔子自衛反魯而正樂時言也，學者能觀樂之委曲處，亦可以得致曲之指，一貫之妙矣。」

王材問：「韶之盡美與武未盡善，固在於揖遜、征伐，而謂其性之、反之，果何以見乎？」先生曰：「舜之由仁義行，得于性之者。武之盤盂几杖有銘，丹扆有箴，實由于反之，故發于聲音容止，皆可見也。」邦彥曰：「先儒謂治定制禮，功成作樂，在三代則有大夏、大武，在漢、唐亦有七德九功之舞。我太祖之定天下，有陶凱、宋濂、王禕、牛諒博學諸賢，乃于禮、樂二書不定。今禮有大明集禮，至於樂則闕。然是豈樂之難制乎？抑樂之難究其音而不制之乎？」先生曰：「如邦彥之論，似乎樂之難；以予論樂，似乎樂之易。我嘗說賈誼每勸文帝改正朔，興禮樂，文帝謙讓曰：『方今天下瘡痍，萬民失所，我於禮樂未遑也。』後人言，使文帝能用賈誼，不知如何其制作也？我說文帝不暇于制作之文，而真有制作之實，躬修玄默，示敦樸爲天下先，斯時吏安其官，民樂其業，閭閻饜粱肉，海內多謳歌，雖謂非文帝之禮樂，不可也。傳至武帝，以李延年爲協律郎，以公孫卿、壺遂而改正朔，定曆數，斯時海內虛耗，百姓疲敝，起爲盜賊，人甚以亡秦之續譏之，雖謂武帝之能禮樂，不可也。國初之事，豈非漢文之意乎哉？吾輩今日相聚，正要學術講得明白，後或有州牧、公卿之責，務求禮樂之實，先以愛民之心爲本始得。切不可今日更一法度，明日更一禮樂，以致天下哀怨也。獨不觀宋之王安石，學問何嘗不博，亦只爲欲變禮樂，壞盡天下蒼生，至今人不屑齒者，不急其本也。邦彥所謂作樂，其亦知所先後乎！」衆愕然，曰：「此先王端本之論也。知乎此，便是仁，則能如禮樂，何矣！」

象先問：「韶盡善，如何？」先生曰：「聖人惟貴揖遜，不貴征伐。觀易雖稱武王順天應人，然稱文王以服事殷爲至德，又稱泰伯三以天下讓爲至德，則不足於武可知。然直言之恐彰君上之過，欲終不言，又無以示萬世之公，故不覺於樂上說出也。聖人用心深遠，固如此。」問：「樂上何以便知得聖人之心？」曰：「只於樂上說盡善與未善，其德之深淺亦自然影響出來，聖人之忠厚若此！」

里仁篇

弘學問：「里仁爲美，其初擇居之時而不知擇此里仁以處，則非知也，如何？」曰：「然。楚辭卜居亦是然也。」

王生問：「里仁爲美，是言擇里乎？抑擇仁乎？」先生曰：「還是擇仁，而與里亦自相通。仁如夷，則頑廉懦立；如惠，則鄙寬薄敦，所居而化矣。」語未盡，一生曰：「如某先生只著述，後世便化爲訓詁；某先生只頓悟，後世便化爲空寂。先生今日講躬行卻好也。」先生曰：「此又揚我抑人，陷于比方，失卻纔所謂仁也。」象先曰：「欲爲仁，此處恐亦須要擇。」先生曰：「擇而爲可也，擇而言不可也。」問：「比方則務外馳，故不得爲仁乎？」曰：「正是。纔比方，人便較，失卻爲己，但只揀今日所言，心裏存著，身上行著，仁在其中矣。」

「君子貪富貴，厭貧賤，是去仁也。其本則自終食、造次、顛沛之不違，始於終食、造次、顛沛之不違，斯取舍明乎？」曰：「然。」

洲問：「好仁者所至，似又愈於惡不仁？」先生曰：「天下之道，只有個仁與不仁而已。人之情，亦只有個好惡而已。」象先曰：「或有知好仁矣，係于小人之不仁，或不知惡，亦有知惡不仁矣，作主不定，或己之有仁，不能自强，如何？」先生曰：「好仁而不知惡不仁，還是好之未至也；惡不仁而不知好仁，亦是惡之未至也。未盡好惡之道也。蓋仁，元是一個理；好惡，元是一個情。」

象先問：「富與貴是人之所欲也，如何？」先生曰：「此工夫全在『無終食之間違仁』一句。」「密於一句，曰存養取舍，可分否？」曰：「取舍中有存養意，存養中有取舍意。」問：「存養中何以有取舍意？」曰：「知所好惡，非取舍而何？」「『蓋有之矣，我之未見』，奈何？」曰：「言終未見有用力者，激世之言也。」[一]

劉邦儒問：「好仁何以無尚之者？」曰：「這個『仁』字，是天地生生之理。吾之心原與天地萬物爲一體，第人爲私意所蔽，遂將此仁背去了。誠能好仁，則必視天下猶一家，萬民猶一人，心中自然廣大，凡其富貴貧賤，莫得而加尚之。以

[一]「蓋有之矣……激世之言也」一句，原文錯置，據楊本改。

故孔子惟好仁，視不義之富貴如浮雲；顏子不違仁，則簞瓢陋巷不改其樂。若學做好仁、惡不仁的工夫到著實去處者了〔二〕，雖至絕糧，不慍也。今人心中，營營擾擾，常有不足處者，只是未好仁。」先生曰：「聖門教人，常以這『仁』字來說。蓋天地以生物爲心，元氣一動，盈天地間，麒麟、鳳凰生之，昆蟲、蜂蛇亦生之；松栢、靈芝生之，菌蓬、荆棘亦生之，熙熙然，都是這生意所到。吾人之心，元與天地這個心一般大，再無遠近、彼此之别。大舜能全得這個心，故於庶頑讒說也要引他入於忠直，並生天地之間。范文正公『先天下之憂而憂，後天下之樂而樂』，他亦有這襟懷。吾輩能體得這個意思，則所遇者，即天地間聲色、貨利、富貴、勢力，俱敵吾這仁不過。凡盡力於學，須要學仁學天，方是無有不足處。孔顏之所爲樂處者，蓋得於此。」

王貴問：「人之過也，各於其黨？」先生嘆曰：「堯舜之仁，至於一世；夫子之仁，至於萬世，就在人之過裏面也，要看個仔細來。文仲子曰：『夫子於我，有罔極之恩。』誠哉斯言也。吾之於人有過，須要如此看他方是。」金受夫曰：「周公之殺兄，孔子之爲君諱，想亦是過中之仁？」先生曰：「也是。程子亦嘗說來，君子於人，當於有過中求無過，不當於無過中求有過。」

或問：「朝聞道，何以夕死可矣？」先生曰：「此須知未聞道前景象何如始得。蓋未聞道時，只是血肉之軀，利欲牽引，心常戚戚，如何得生順死安？唯聞得此道，則耳目聰明，心志寧靜，渾身皆是道理，當生而生，當死而死，雖殺身成仁，舍生取義，亦無顧累，所謂『夭壽不貳，修身以俟之』也。且如人之好酒好色，雖終其身而無悔者，是真知其味也，聞道亦然。」又曰：「此當與『知之者不如好之者，好之者不如樂之者』『君子坦蕩蕩』並看。」又曰：「我嘗把孟子謂『曠安宅而不居，舍正路而不由，哀哉』與此對看，彼謂雖生猶死，此謂雖死猶生。」

黄容問：「朝聞道，夕死可矣？」先生曰：「横渠云：『存，吾順事；没，吾寧也。』即此意。」容曰：「聞道如此之

〔二〕「了」：原文缺，據楊本補。

速乎？」曰：「這『聞』字不可輕看過了。以前不知用過多少工夫，到此方聞得，故當死之時，無有遺恨。孔子夢奠兩楹，曾子易簀而斃，看他是何等氣象！嘗説孟子曰『曠安宅而弗居，舍正路而不由，哀哉』是人失了這道，雖生猶死也。夫子曰：『朝聞道，夕死可矣。』是人得了這道，雖死猶生也。由是觀之，豈可不聞道？」

子實問：「朝聞道，如何？」曰：「試言所以聞的氣象。」子實言是持守不變的意，謝顧言如聞性與天道之聞，象先言即「存吾順事，没吾寧也」一般。先生曰：「也皆是，但所以得聞道處，汝輩皆未説及耳。」諸生請問，先生曰：「我知汝輩於這道都是可得聞的，只緣血肉之軀包裹著，惟終日戚戚，或是居室不安，或是衣服不美，或是飲食不豐，這等念慮横于胸中，怎麽得聞道？故須實見得這道，舉天下萬事萬物無以尚之。如好酒者，惟知酒之美；好貨者，惟知利之美。故雖爲酒貨殺其身，亦不悔焉，是聞酒聞貨者矣。觀此，可求所以聞道之氣象也。」諸生問：「今有一言官被罪，從容就義，亦聞道否？」先生曰：「固是好的，未知他果無怨悔否？若有一毫怨悔，猶筭不得。」因勉之曰：「聞道亦是難事，不可容易看過。」

象先問：「君子無適無莫，如何？」先生曰：「無適無莫，是不以己之私意與之，而惟義之與比。義之與比，即書『義以制事』，易『義以方外』意。」問：「孔子仕、止、久、速，各當其可，亦是皆此意否？」曰：「孔更覺自然些。義即用也，不消比得。雖然知得此意儘大，工夫儘難，如宋時韓魏公欲刺陝西義勇，是有專主意，司馬温公諫曰：『天下事非一己私議。』迨司馬温公當執政時，欲變免役法，蘇轍進言青苗可罷，免役猶可存。温公怒，不肯從，蘇公曰：『公昔能諫韓魏公刺義勇事，今日相公執政，遽不容人諫邪？』温公是事，又自專主矣。以此知己私之難克〔二〕，二公操行至此，猶未能義之與比，況下者乎？吾輩於此，正當辨析明白，庶乎臨時不昧所從。」

「懷德懷刑，奈何？」曰：「不溺所處之安爲懷德，不貪利以致害爲懷刑。」

〔二〕「克」：原作「免」，據楊本改。

滋問：「禮讓，如何？」曰：「禮以撙節退讓爲本。故凡爲禮而有遜讓之意者，皆出於中心之誠也。不如是，禮文雖具，其何如行之？」

詔問：「禮讓爲國，亦如堯之允恭克讓否？」先生曰：「然。夫禮是個讓做的，比如君臣父子之間，其朝覲定省等項節文，皆是一個禮。其中遜以處之，和以將之，便是一個讓。禮而有此讓了，爲臣的便能勸其君，爲子的便能悦其父。即如文王三分有二，猶率商之叛國以事紂；王季有疾，文王日三至寢門外，問内豎之御，其有不安節，即色憂，行不能正履。夫事上，問安，此禮也；至率叛國、行不正履，便是讓處。故當時周邦畊者讓畔，行者讓路，士讓於大夫，大夫讓於卿，雖遠如虞、芮二國爭田質成，亦皆感化而去，故以禮之讓爲國不難。若魯昭公亟習於儀文而亡其實，雖一居憂，比終喪，三易衰，卒爲季氏逐于乾侯，此正所謂『如禮何』也？諸君便有民社之寄，高才大略，皆不足貴，惟此謙虚實心不可忘耳！」

本源問：「一貫、忠恕，奚別乎？」曰：「夫子平日有得於一貫，曾子平日用力於忠恕，忠恕而熟，即一貫矣。曾子蓋熟于忠恕者也。」又曰：「聞一貫便說忠恕，即得一貫也。然豈惟忠恕哉？言敬而已矣，亦可也；信而已矣，亦可也；或言和，或言愛，亦可也。在人惟自得之。」

象先問：「一貫之方，如何？」先生曰：「一貫譬如千錢，只是一索貫串了，儘有條理而不亂載。觀曾子問，則知曾子隨事精察而力行之，但未知可一以貫之耳。夫子以其工夫至此，蓋已熟了，故以一貫提掇之，曾子便醒曰：『唯』。門人猶未盡曉，故曾子曰：夫子之道，即吾平日所謂忠恕而已矣。就變化出來，以告門人。曾子學力固如是之妙。」問：「朱子謂『曾子於其用處精察力行，未知體一』，如何？」曰：「體用本一源也。」問：「盡己之謂忠，推己之謂恕，如何？」曰：「忠恕猶形影，盡己推己，亦不可分。」又問：「忠是一，恕是貫否？」曰：「固是。但只就曾子會變化出忠恕來告門人，便是省得一貫了，不必以一貫來分貼隨事精察。觀曾子問篇，夫子所答可見，分明是一貫，但曾子不知耳。孔子見其真積力久，語之曰：『吾道一以貫之。』曾子曰『唯』。若決江河，沛然莫之能禦。」大器問：「程子曰：『一貫，乾道也；忠恕，坤道也。』如何？」曰：「亦不消如此說。此蓋曾子自門人平日用力處說，如平日用力於孝弟，則必曰夫子之道，孝弟而已；用力於誠敬，則必曰夫子之道，誠敬而已矣。」

陳世贍問：「一貫是簡易？」石希孟問：「一貫是太極否？」先生曰：「也皆是。汝們且譬如行事上看。」二生不能答，又問焉。曰：「易簡是心之明誠處，對一人如此，對千萬人如此，皆能知得我心，便是一貫。太極是至極之理，在近看如此，在遠看如此，皆能得通此理，如此便是一貫。」唐應得問：「孝弟如何做得一貫？」曰：「居處不莊，非孝也；莅官不敬，非孝也；事君不忠，非孝也；戰陣無勇，非孝也；殺一禽、拔一木不以其時，非孝也。只此便是。」

周庸泓問：「一貫。」先生曰：「聖人之道，本自浩大，若執定一貫以求，反狹小了。雖如周子以靜教人，程子以敬教人，張子以禮教人，亦終不能開濶似論語『一貫』，故曰執中猶執一也。」

裘汝中說：事到面前，不能泛應，還不是一貫。先生曰：「一貫，一貫，先要逐事磨煉。如十事中，雖不能一一做過，也要盡得三四件，方可類推。此非小事，曾子不知苦過多少功夫後，孔子方與他說一貫。今無孔子之資，又無曾子之學，遽要一貫，豈非妄想！」

象先問：「君子喻於義，如何？」先生曰：「喻兼行的意。陸象山鵞湖講章云：『所喻由於所習，所習由於所志。此正見辨志之學也。』看得最好。」

大器問「幾諫」。先生云：「就是易初六『幹父之蠱，意承考也』。在父母過將萌之際，未敗之前，此幾也。諫之可得而回，過此難爲用力矣。『勞』字就父母上看。」大器問：「亦是伯俞泣杖乎？」曰：「正是。父母打我，反勞父母也。幾諫，惟閔子其能之。母在，一子寒；母去，三子單。敬而不違，勞而不怨，大舜其能之，烝烝，乂不格奸。」世贍曰：「此只可爲賢子設。」先生曰：「此正爲衆人設，使人人可能也。」

顧問：「以約失之者之約，是約禮之約否？」先生曰：「也是。約正如綜約一般，布絲之千條萬緒，自有理而不亂。

又如人之一身，有四體、五官、百骸，總是約束於一心。不然，心不得其理〔二〕，則百體舉，莫知所屬矣。是故『以約失之者鮮』。」

「『德不孤，必有鄰』者何？」曰：「不孤者，論其理；有鄰者，指其事。指其事如此，其理爲不鑿矣。然人何憚而不爲德？」〔三〕

象先問：「事君數，斯辱矣，如何？」先生曰：「此亦看所處之位何？如夫子告子路曰『事君勿欺而犯』，似亦不以辱爲嫌。其告子貢曰『忠告而善道之』，似亦不以疏爲慮。蓋位有遠近，情有親疎，自不同也。」問：「須信而後諫之意，則無二者之患矣？」曰：「然。」

「事君數，朋友數，則奈何？」曰：「君子以格心爲本，輔仁爲先，德不足，而惟言之，恃者宜乎其辱也。」

公冶長篇

官問：「程子言嫁女量材求配，則公冶長之賢，果不及南容乎？」曰：「長也雖或陷於縲絏之中，且非其罪，況其平日乎！此與不廢免刑戮者，奚異哉？若年之長幼、時之先後之說則當矣。」

「魯有君子，子賤斯取爲君子，如宋、衛無君子，生於其地者將不爲君子乎？」曰：「此亦夫子自任爲魯之君子乎！自任爲魯之君子，則子賤知所師以行之矣。」曰：「然則子賤優於子貢乎？」曰：「然子賤之學，即舜取人爲善之意，聖學

〔二〕「理」：楊本作「正」。

〔三〕「德不孤……而不爲德」一句，楊本在下句「象先問」一段「然」之後。

之正也，故夫子曰：『堯舜務多求賢以自輔，惜乎不齊之所治者小也。』〔二〕」

遠問：「開既未能信，夫子豈不知，而又使之仕者，何也？」曰：「或開家貧，親老時可有爲，皆不可知。又夫子或知其外之材，未究其中之信，亦有之。」

何城問：「漆雕『吾斯之未能信』，所信只是理否？」先生曰：「固是。吾輩且替他想看，怎麽便不肯自信？」象先曰：「莫不是知得反身上未能誠否？」先生曰：「道理固當如此擴充看好，但且就吾人自家身上看可，比如朝廷把你做個兵部官，果能自信兵儲、邊策、将士之心一一能周知否？把你做個吏部官，果能自信庶司、百吏、賢人君子一一能周知否？漆雕開不自信，只是心不自足，故夫子悦之。且如子路，率爾而對我能〔道〕〔三〕千乘之國，便是自足了，夫子所以哂其不讓。」

象先問：「即事即物皆是學，漆雕開謂『吾斯之未能信』，不亦拘乎？」先生曰：「謂即仕而學在焉，可也；謂斯之未能信而以仕學焉，不可也。此孔子所以惡子路之佞，開一味不自信而不苟出，夫子所以取其志。」

官問：「子路聞夫子浮海之嘆，當憂不當喜，故夫子以爲好勇過我，無所取材，亦非夫子假設之言也？」曰：「然。」「與弗如者奈何？」曰：「知所弗如，則知所以求如者矣，故與之。」

問：「吾未見剛者，如何？」先生曰：「孟子云浩然之氣至大至剛，而其工夫在集義。是故剛是義理用事，慾是血氣用事，故或人疑棖悻悻爲剛，而夫子斥其乃慾也，剛與慾相反者也。」問：「顔子之請事，曾子之弘毅，不亦剛乎？而夫子云未見者，其在顔子既没之後，曾子尚幼之時乎？」曰：「理亦或然。但夫子之言也，有因人有爲而發的時候。」又曰：

〔二〕語出孔子家語辯政第一四，原文爲：「昔堯舜聽天下，務求賢以自輔。夫賢者，百福之宗也，神明之主也。惜乎不齊之所以治者小也。」

〔三〕「道」：原文脫。據楊本補。

「今日爲學，須是把一切功名富貴雜事都斬斷了，一心只求道，然後有進。今人皆被這樣事纏繞了，如何得好？然斬斷了也甚難，非是至剛的人也不能，故曰『吾未見剛者』。」

暘問：「文章、性與天道之謂何？」曰：「性與天道皆寓於文章中，但人不能識耳。子貢之得聞性與天道，其亦自文章中來〔一〕之乎；不然，則夫子之道荒矣。」

象先問：「文章、性與天道，是一樣否？」先生曰：「性與天道，只好在文章上求。如孔子有姊之喪，尚右，門人皆尚右。夫子曰：『丘有姊之喪。』由是門人皆尚左。一拱手是文章之見於威儀，而尚左尚右便是性與天道。冉求問：『聞斯行諸？』子曰：『聞斯行之。』子路問：『聞斯行諸？』曰：『有父兄在。』答二子之問，是文章之見於言詞，而一進一退便是性與天道。故遺卻性與天道而求文章，恐涉於粗跡；離卻文章而求性與天道，恐入於窈冥。此是個體用一源、顯微無間的道理。」

「子路惟恐有聞者，將惡聞乎？」曰：「非然也。自他人觀其敏行之狀，若恐有聞。若子路，則惟恐弗聞也。故曰：子路喜聞過者矣。」

象先問：「先儒言子路亞於浴沂，是子路猶下曾點一等。然子路未之能行，惟恐有聞，恐又曾點所不及？」先生曰：「正是。曾點氣象之大，行不掩言；子路功夫之密，見義必爲。亞於浴沂，特言其氣象則可，其學還是子路實落。」

問：「晏平仲善與人交，如何？」先生曰：「此亦見聖人不没人善處。沮書社之封，亦晏子也，而猶取其善交，如此可見聖人天地之量也。」

象先問：「子張問子文、文子之仁，夫子不許者何故？」先生曰：「此是子張之舊病又發作了。他見子文之三仕三已無愠色，文子之潔身去累違之一邦，是何等聲稱，以爲仁在是矣，夫子之不許是，即救聞以達、救行以忠信之遺旨也。且

〔一〕「來」：楊本作「求」。

仁者所居而化，豈復有弑逆之賊，生於其朝，與之並立乎？有不仁，則早見豫待，又豈有僭王之人，而甘爲之執政乎？」

問：「如此則二子之謂清與忠者，恐亦未之盡？」曰：「噫！若是，則又過求矣。」

葛子東問：「季文子三思而後行，以愚觀之，似有可取，朱子解三則私意起而反惑，恐非乎？」先生曰：「朱子之言是也。」閻調元說：「周公思兼三王，坐以待旦，不止於三，孟子取之；而季文子之思，孔子非之，何也？」先生曰：「周公之思與季文子之思不同。周公之思，但就其一事，或酌古，或準今，或宜土俗，或合人情，必待周知盡善而後行，此思之可貴也，故曰不，曰如之何，如之何。須熟思審處亦無妨也。文子之思，不在一事上，如聘晉而思遭喪之禮，則所思皆私意，正犯了勿參以三之條，非周公之公思也。」

州問：「甯武子之愚，何以不可及？」先生曰「元咺爭訟，成公被囚，智巧之士所深避者，武子不避艱難，卒以全君，此其愚可得而及耶？」又問：「如此則死難者在所取，然夫子不取召忽者何？」曰：「管仲舍邪而就正者也，召忽者甘於輔邪者也，故曰『自經於溝瀆而莫之知也』。」象先問：「武子之事，亦庶幾於仁乎？」曰：「否。仁則上下化之，成公不至於被囚，而其愚亦可泯於無跡，故曰謂之忠則可，謂之仁則未也。」

問：「子在陳思歸，如何？」先生曰：「狂簡如孟子所云作兩人看，即狂狷意。然狂者有志，狷者有守，此其文理，不亦可觀乎！但一失之過，一失之不及，不知俯而就，企而及，以歸於中道，此夫子所以欲歸而裁之也。故他日亦曰：『不得中行而與之，必也狂狷乎！』」

「狂簡如何？」曰：「當從孟子所解爲二人也，裁之則中行矣。」「左丘明何時人？」曰：「或即作傳者。蓋明能如是，而孔子亦欲同之也。豈惟見與人爲善之意，亦警學者也。」

「回、由及夫子之志如何？」曰：「子路不私其利，顏淵不私其善，夫子則不可以言私，蓋天地之無疆也。」

諸生問：「老安、少懷、友信。」先生曰：「孔子說個老安少懷也罷，又說個友信，如何？」諸生答曰：「友是同儕的人說三等人，見包的廣大些。」先生曰：「說的廣也是，卻不甚切。」諸生問：「是如何？」曰：「要老安少懷，須是得朋友相信，纔得行其志。如近日諸友相聚，固是彼此相信，纔得道理明。且他日得位，有寮寀亦是朋友一般，亦必是彼此相信，纔得天下治。然這等處亦甚難。如千乘之國不信其盟，而信子路之一言。又如汲黯之在漢，淮南王謂惟這人難（感）［惑］〔一〕以非，視弘輩若發蒙耳。看孔子他便要使天下之朋友皆信他，這氣象是甚么樣寬大，學者要想得之頃之。」伯源問：「所過者化，恐不是身所經歷處？」先生問：「怎麽便不是？」曰：「以孔子見侮於桓魋故耳。」先生曰：「堯舜大聖人，而子朱、均在己膝下，亦化不得，這是遭變了。故桓魋之事，所謂聖人與君不能化而入也，殊不害聖人過化存神之妙。張橫渠不嘗說來『性性爲能存神，物物爲能過化』。故凡自心思所至，政教所及，身所經歷處，皆是過。」周本洪問：「儀封人一見夫子，便道如此，怎麽恁他見得速快？」曰：「如堯於窮民，便加志；舜於讒頑，亦欲並生。孔子這個爲民的心腸，與堯舜一般，時時便發露出來，正如溫、良、恭、儉、讓，以得之一樣，故封人一見，便恁地會感發也。」因顧謂伯源曰：「聖人所過者化，此不亦一驗乎？」

問：「十室之邑如何？」先生曰：「『忠信如丘』，性相近也；『不如丘之好學』，習相遠也。好學即『習』字意。」先生因講十室之邑，因謂諸生曰：「顏子尚『無伐善』，孔子便說人有他的資質，沒有他的這樣好學。他日又曰『知我者，其天道之將興廢，命也』，不幾於自伐乎？」易泉曰：「莫不是聖人見得這個道理是合爲的，故不消避得？」先生曰：「也還未盡。聖人是與天爲一，與道爲一，說出此語自不覺。吾輩故今日與道理猶有些未盡處，要說此話便不敢。此吾輩所以須是學到那不知有天，不知有道，如此熟了，纔是學。」

〔一〕原文作「感」，據漢書汲黯傳改。

雍也篇

舉問：「仲弓言簡之得失，其喻夫子『可』字之意乎？」曰：「蓋喻『簡』字之意。此章三『可』字皆同，但簡上有『可也』字，便不同耳。」

聶蘄問：「仲弓既未喻夫子『可』字之意，何以言能默契？」先生曰：「此章三『可』字皆同，但論子桑『可』字之下加一『也』字，其詞抑而不揚，又綴以上『簡』字，其不足處已露矣。故仲弓因得以辨其簡之得失，若曰：止於『可』字上見其未盡，則可使南面之『可』難訓矣。且仲弓平日從事見賓承祭之敬，與不衣冠而處者自然不同。蓋有不待夫子詞之畢，而於簡之得失自了然也。」

楷問：「仲弓爲人重厚簡默，觀夫子答他問政，似未切於仲弓者何？」先生曰：「徐而味之，未始不切。先有司，恐所行太簡，凡事要先有司，纔細密不遺漏；赦小過，恐於大者亦赦了。這是他簡略不好處。舉賢才，想上二事，他自忖能了得。」先生謂諸生曰：「舉賢才是急務，不知夫子當時他何不以舉賢才在前說？」諸生請教，先生曰：「爲政施爲之次第當如此。使仲弓初爲宰，忽然舉起賢才來，把一切人都換了，如何使得？必先有司。雖有司不好的，也要換他。曰『赦小過』，則過之大者，亦在所不赦。看來連季氏僭竊之罪，也赦不得。曰『舉賢才』，立賢無方，不拘其類也。蓋天下四海九州之人，只是好善惡惡之良心，故曰：『爾所不知，人其舍諸。』充其氣象，一便是天地變化草木蕃，一便是天地閉塞賢人隱，係於賢才之舉否耳！」

楊邦彦問：「敬以行簡與居簡之簡同乎？」曰：「敬是行簡之本。如居簡，則一於苟簡，而不能臨民者也。」邦彦起，曰：「敬以行簡，固然如簿書、錢穀之繁，軍戎、祭祀之事，皆國用所不能無者，若徒執一行簡，亦可乎？」先生曰：「此正見行簡有其要也。彼諸葛孔明每事必周謹來，便食少事繁，此蓋不知其要矣。」邦彦又問：「然則要在用人乎？」曰：

「要在於敬。能敬以自治，而中無纖毫私滯於其中，則自然會用人，自然會理財，事事有緒而不亂矣。如自家無敬之本，惟事苟簡，吾見一身且弗治，安望其能臨民？看來今日之講，不難於簡，而難於敬。賢輩他日居位涖政，切不可忽此敬字。」

「顏子好學，獨言二者何？」曰：「不遷怒，則能制情，爲天下之達道。不貳過，則能養性，立天下之大本。堯、舜、禹之『精一』，皆是物也。」

張其怡問：「『不遷怒，不貳過』，主其心說否？」先生曰：「然。」石希孟曰：「邵子云：『顏子無形顯之過。』」曰：「此又卻不然。蓋有諸心，必於言行間一露。然於顏子亦無損，特不遠而復，更不萌作，孔子是以云然。夫七情，惟怒爲甚，能不遷怒，則喜哀樂惡皆正；五性惟過爲害，能不貳過，則仁義禮智皆善。」

黃容之問：「遷怒似難。若不貳過，凡賢者皆可，何獨顏子？」曰：「程子好獵，自謂今無此好，周茂叔曰：『何言之易也？有一日萌動時也。』後十年，果復見此心。可見周子經歷過治心功夫極密，而人於改亦非易事。故惟顏子能不貳過。」

大器問：「獨顏子能不遷怒、貳過者何？」先生曰：「今又豈特不遷不貳，諸生試求顏子如何會不遷不貳？」江成夫曰：「惟理是從。」曰：「此說固好，更還要先格物、致知、誠意、正心而後能。故博文約禮，只是做這個工夫。」

陳德文問：「夫子不許子賤好學，而許顏子者何？」先生曰：「子賤雖是好問好察，得舜、禹之正脈，恐工夫未到那熟處，如顏子之三月不違仁也。或顏子平日只在此二事上用功，故因哀公問好學，遂舉以爲對，亦以有所儆耳！」因謂文德曰：「不獨顏子，吾輩今日只好在此二事上用功。」又問：「子器近日亦曾在這上用功否？」對曰：「聞教後，每于怒時不敢妄發，但未免猶有含怒的意思在。」先生曰：「這儘覺得了，但須是用個法，把這含怒的意思都沒有了纔好。」李應明云：「這處莫不是只如定性書所謂忘怒觀理的樣子否？」先生曰：「然。故我嘗說知性便可以去過，約情便可以治怒，能得此，便是天下之大本達道，蓋理得自家的情性。故他日一喜，便進天下之賢；一怒，便安天下之民。故用功雖自一身之近，而實關天下之大。」呂時躍因問：「父母在窮困時受人挫折。今父雖沒，爲子的卻如何潛意，在己之怒不可有，在父之怒不能忘？」先生曰：「魯隱公及宋人盟于宿，予説春秋深惡其忘親德；讐于柯之盟，亦重斥之者。以小白，襄公子，桓公所死者之後，而莊公甘與之會，故在所不取也。故父與搆怒的人，雖已沒，但勿與往來可也。」潛云：「爲子的這心終不能釋然。」曰：「王者罰，弗及嗣。其父已死，怨及子孫不可也。」潛問：「爲子者將何以報父之仇？」曰：「只有行道顯親、榮親一事，則是可爲也。」

宣之問：「顏子不遷怒，夫子便稱他仁。今尹子文喜怒不形，卻不許他仁。此只一仕止之小，故不許之歟？」先生曰：「然。事跡若類，而實則不同。顏子不遷怒，正是做克己的工夫，故可許他三月不違仁。子文雖是一時如此，未知他由中達外是如此否？推之他事，便未免有窒。若欲以天下之喜爲喜，天下之怒爲怒，恐便不能，怎麼就好許他個仁？看仁是個甚麼樣大的，正如說孝一般。割股廬墓，未嘗不是孝，但比舜、禹之孝，便相懸絕。如曾子說孝，直推到殺一禽、斬一草一木不以其時，皆不得爲孝，即割股廬墓便比對不過。且王祥是個孝的，卻去事晉；鄧攸是個友的，卻去事僞漢。看他事繼母，雖生母亦不如；愛姪子，雖己子亦不過。何等奇特，推到事君上，便恁地舛錯，猶足稱孝友乎？」陳子器問：「此古人所以寧學聖人而未至，而不忍以一善成名歟？」曰：「是。固然，但謂寧學聖人而未至，則不可也，将子器尚不離含怒意乎！」

「冉子請粟，公粟乎？」曰：「然。故冉子請議於聖人耳。」忠問：「粟是公家否？」曰：「然。以下原思辭粟事證之可見。」又問：「有粟便與鄰里鄉黨，豈人情乎？」曰：「古人得俸祿，只周宗族、親戚、鄉黨、朋友，使自家俯仰無欠，不多積蓄。故齊七十家待晏子，然後舉火。」又曰：「賢而多財，則損其智，其積貨多者，則謂之守財虜耳。」

達問：「顏子三月不違仁，奈何？」曰：「仁最難言。今吾輩于此，各學寡過，各思自成其名則有之，至於使萬物各得其所之意則未之及也。未之及，便猶有利耳。故言顏子不違仁，則凡視聽言動必以禮，而夏時、殷輅、周冕、韶舞必以道，皆可見也。」「然則顏子何以獨能之？」曰：「只是語之不惰。」

大器問：「犂牛之子騂且角，說周人用騂，有以火克金之意，如何？」先生曰：「騂赤色，周用；赤者，蓋從所尚。如夏尚黑，則大事斂用昏，戎事乘驪牲用玄；殷尚白，則大事斂用日中，戎事乘翰牲用白；周尚赤，則大事斂用日出，戎事乘騵牲用騂。水火相制之說，皆出於刻意，不可從。」

問：「顏子三月不違仁，如何？」先生曰：「違仁處兼學問、資質而言。天有陰陽五行，故人所受資質便不能純，其生身帶來所好各有重處。且人分明曉得理是理，欲是欲，理有時不能勝欲，故又昏了。一昏，息了；一息，幾能勾三月不違仁也？」田子中問：「果然。今人一日一至這也難。」曰：「可知道難。自朝至晝至夜，純然天理者，方是心在於仁。故夫子嘆曰『吾未見剛者』，又繫乾曰『剛健中正』。打何處起？只是無終食違仁，造次必於是，顛沛必於是，惟剛斯能久耳。」宣之問：「冉閔、仲弓居德行科，皆未許其仁者何？」曰：「此仁推其極尤大著，非謂無私欲而有其德，一口講便了。且看顏子不改其樂處，吾輩怎麼便不常樂？是可知三月不違仁矣。」

先生謂大器曰：「人安能如顏子、閔子、子路，挺然獨立于世，其行其文，卓然照耀千古。如閔子則曰：『如有復我者，則吾必在汶上矣。』若別人，便纏繞解不去。」

「不改其樂，何樂也？」曰：「行道而有得於心則樂。夫行道而有得於心，其於富貴貧賤處之一矣。」

林穎問：「顏子之樂如何？」先生曰：「顏子所樂，還是道得于己而後樂。」問：「當時顏路在，如何能樂得？」曰：「豈是以簞瓢與親，不顧親之喜怒，而曰我惟自樂者乎？必其平日能諭親於道，以簞瓢養親而親亦喜，然後能樂。使顏子不得於父母，雖千駟萬鍾，無以解憂矣，卻是舜一般心腸。故曰人須學顏子之學。」何城問：「學顏子之方？」先生曰：「尋見顏子之樂，則知所以學顏子矣。」或問：「諸生初學，未便能語此。」曰：「學者至聖人，只是此事。雖是未至此地步，若尋究不得此意，更別無做工夫處。」城曰：「此是素位而行的意？」先生首肯。

章詔曰：「先生嘗曰：『顏樂唯見大心泰耳。』」先生曰：「然。顏子惟見其大，故外邊諸樣的物皆看輕了。諸生今日爲學，須知汝身之所始，心之所終，安泊在何處？一念去學，秀才不以未中進士爲累，做官不以升沉自累，此便是學顏子之學，而不改其樂矣。」問：「先儒謂周茂叔令程子尋『顏子之樂處，所樂何事？』伊川只答或人云，若說有道可樂，便不是顏子，如何？」先生曰：「此語極好。夫顏子心胸何等宏大，何等灑落，視世之富貴、貧賤、利害、殀壽，舉無足以動其中者，此誠見大心泰，無不足也。」先生講畢，舉昔伊川在經筵講顏子不改其樂章，曰：「陋巷之士，仁義在躬，忘其貧賤，人主崇高，奉養極備。苟不知學，安能不爲富貴所移？且顏子，王佐之才也，而簞食瓢飲；季氏，魯國之蠹也，而富於周公。魯君用舍如此，非後世之鑒乎？看書如伊川，常於文義之外，反復推明，歸之人主，古之忠臣，愛國有如此者。」

蔣參之問：「簞食瓢飲，顏子固不改其樂矣。以之而事其親，親亦樂乎？」先生曰：「我與林基學已曾說來。」易伯源請問其說，曰：「此見顏子諭親於道，使親與己而相安，纔見其樂。」鍾啓寅問：「樂處如何？」曰：「只刑於寡妻，至於兄弟，以御于家邦，就是樂了。昔者周茂叔每令二程尋仲尼、顏子樂處，未發其秘。後于通書上云：見大則心泰，心泰則無不足。此提掇一個真樂來與人講，人自不省之耳。」謝顧問：「不省者，其病何居？」曰：「天下之人，只是個不足。如衣服之美惡，飲食之豐嗇，居室之崇卑，名利之得失，文藝之高下，有許多病痛。若一橫于中，只是憂愁過了日子，那裏討個樂處？而今學者不消說甚麼，只於所不足處自家體貼看破，就見其樂。」參之又問：「使顏子居帝王之位，亦可樂乎？」曰：「如舜、禹有天下而不與也，何嘗不樂？」「亦有憂乎？」曰：「如堯以不得舜爲己憂，舜以不得禹、皋陶爲己憂。又奚而不憂？」「然則孔、顏之樂同乎？」曰：「樂在其中謂之安，不改其樂謂之利。」

「子游取澹臺滅明者何？」曰：「上可以匡邑宰之不及，下可以正風俗之不善。故以爲得人。」「然則夫子何以曰以貌取人，失之子羽？」曰：「或者子羽之貌陋也。」

「『史』『野』如何？」曰：「大抵言也。如野而兼文即君子，野豈無兼文者乎？史而兼質即君子，史亦豈無兼質者乎？故『文質彬彬』，在『史』『野』之外論亦可，在『史』『野』之中亦可。」

大器問：「『文質彬彬』解作適均，與質猶文也、文猶質也一般？」先生曰：「其實一般，只後人看書，將聖人言一樣解，將賢人的言一樣解。如子夏曰：『雖曰未學，吾必謂之學矣。』其實說得是。吳氏又說必若上章夫子之言，然後無弊，便是以私心看了。」又曰：「『彬』字從林從彡，蓋以質爲主，而以文飾之。文其質，彬彬然，斯其爲君子也。蓋質勝其文，固爲野；若文勝其質，遂至爲史，而無忠信矣。」

「知好何以不及樂乎？」「樂則夫子所謂在其中，顏子不改者也。是豈知好者可能及之乎？雖然，非知不能好，非好不能樂也。」

鳳儀問：「知、好、樂，如何？」先生曰：「此章知是下手處，樂是到頭處。」問：「樂了還有功夫否？」曰：「至此無功夫矣。如反身而誠，樂莫大焉一般。故學者必求至於樂。然欲求樂，又必從知上起，知而不至於樂，是苗而不秀，秀而不實，非學之。至樂不從知上起，又是無頭學問也。故大學之道，以格物致知爲始。」

問：「語上語下，何以可不可乎？」曰：「此爲教人者，當因人而發。若不量其受教者而亂語之，是瀆之也。故一貫，惟語于曾子；終日，惟言於顏淵；其他則有欲無言者矣。」

世寧問：「樊遲仁知之問，奈何？」曰：「務民義，是知之爲知之；遠鬼神，是不知爲不知，是知也。然必先務民義，而後能敬鬼神，故知先難後獲，則無私心矣，故仁。」又曰：「先難，自樊遲之所難者而先克之，如粗鄙近利，亦其所難也，務民義亦然。」

「仁、知、動、靜，如之何？」曰：「動者，靜之用；靜者，動之本。樂者，未嘗不壽；壽者，未嘗不樂。」

問：「樂山樂水，亦似今人登山臨水者乎？」先生曰：「今之遊山水者，與山水全不相干，只資觀視遊戲耳。惟仁知者而後有此相契氣象。」

思恭問：「予所否者何？」曰：「否，謂道之不行也。道之不行，天絶之也，故歷聘列國而無如之何。南子之見，亦欲因是行之乎，然其否甚矣。」

石希孟曰：「宰予問仁，憂陷害，又短喪，又晝寢，聖人也有這樣弟子？」先生曰：「此見宰予誠心直道處，還是聖門高弟。若後世諸儒，率多掩護不暇，心中多少委曲，不肯便道，己之所至，只揀好的講，故論人須觀其所由，庶不差。」

宣之問：「『何事於仁，必也聖乎！』仁、聖字有大小否？」先生曰：「以夫子語意看來，似有大小。」周本洪問：「仁者立人達人，人是對己之稱，故不及博施濟衆之廣與？」曰：「非然也。這是說仁者己方立那立人的心，便生己方達那達人的念，就起狀那仁的模樣耳。不是在此處求大小也。但仁者須是有博施的心，未必就能濟得衆。假如賑濟的事，一般要把這些銀兩、穀粟散與百姓。儲有千，散之千，儲有萬，散之萬，這卻不難。若是散一分，民便受一分之賜；散一斗，民便受一斗之惠，此處便難了。予往時贈惲器之賑濟均州序，嘗舉此爲說，是這一事，必須是能加志於窮民，用哲以知人，行義以革奸，審方辨物，有許多作處纔得。又如今日陝西荒旱，命下每丁給銀三錢，這卻好了。奉行者必欲民往城中自取，百姓伺候三五日來，所得的只勾打發鋪家并往返路費。這所在非是不仁，恐亦是作用處欠也。故夫子說『博施於民而能濟衆』，下一『能』字，便有許多作用。正如易說『天地設位，聖人成能』。故仁只是有是心，聖便能裁成輔相，使民各得其所，以遂其心也。」問：「如此堯舜猶病者何？」曰：「止是也，自家嘗懷歉然不足的意耳。」

威問：「言博施，又言濟衆者何？」先生曰：「亦有博施而不能濟衆者。不能濟衆，或泥於道之未通，或阻於勢之所隔，故必也聖人在天子之位，則承流宣化。有其人，然後能爲之。」「何謂立、達？」曰：「或立於德，或立於世，皆是立。或達於位，或達於道，皆是達。夫仁者之心如此，若夫學者之用功，則在能近取譬，云云。」

洲問：「『博施濟衆，堯舜猶病』，如何？」先生曰：「吾舊將『能』字重看。蓋博施，夫人所能；博施而濟衆，則或有不能。曾以賑饑一事言，見聖人固有是心，然其所及，則非聖人手足耳目之所能也。是聖人能於博施，而不能於濟衆，觀此則堯舜猶病可見。」洲又問：「昔有陳巡撫過徽，問中庸位天地、育萬物，古今誰人盡得？諸生對：惟堯舜能。然陳公曰：夫子說堯舜猶病者，看來亦未盡得。」先生笑曰：「當時何不對曰：雖先王都不盡得。」象先言：「猶病者，亦自其心不自足而言？」先生曰：「正是如此。不然，則堯舜之民於變時雍，古今之治，莫有尚焉者。若真以爲病，而不能位天地、育萬物，則古今何人不病？而中庸之語，夫子豈虛設無歸著的？故猶病二字，只可以之推堯舜之心，不可溺之而少堯舜之治。」

「立、達之謂何？」曰：「仁者無人己之間，故我方欲立、達，便欲立、達人。蓋與天地同其體用也。程子以痿痺不仁喻之，良是也。馬伯循說立、達甚博。」

述而篇

瀾問：「述作之謂何？」曰：「夫子言在我之言行，非敢有所創始也。蓋好古不信，容或有作；既信矣，又何作乎？刪述六經，亦其一事耳。」

問「信而好古」。先生曰：「凡好之不真者，皆由信之不篤也。吾輩中安有如老彭？信而好古者出焉，則樂在其中矣。」黄惟用曰：「科目害之也。」曰：「就如昨日場屋問射禮，汝豈能一一盡記無遺。今人只將書肆刊行文字來看，平生精力盡費於此，當代典禮且尚不知，況古乎？苟學者能博古通今，明體適用，主司未有不知者。雖當時不知，只爲大儒，又何不可？」

黄德宏問：「『信而好古』，如何？」先生曰：「此全在好古上。他這好古的心，又在於信上。如飢，便信食能飽，必要得碗飯吃；如寒，便信衣能煖，必要得件衣穿。且孔子之於周公，不知幾千百年，心與之信，便夢寐亦見得。」問：「何以只是好古？」曰：「古人的事，通是經歷過躬行到，故可信耳。後世多不信古，所以妄作。故孔子說『不知而作，我無是也』。」

王克章曰：「縉因先生言有感，如朱子解尊德性、道問學章，曰：『非存心無以致知，而存心者又不可以不致知。』未嘗偏廢。世儒遂肆譏詆，豈非妄作不信古者乎？」時克章言有所指，先生曰：「昔象山與晦菴鵞湖爭辨至面頸發赤，予說他這處已不是道了，更說甚的。禮云：『天下治，則行有枝葉；天下亂，則詞有枝葉。』〔一〕如只論誰不是，便是空談。我們如今若只論他人不是，恐便蹈前人的弊了。」克章云：「但世上有這等學者，殊可厭。」先生曰：「子貢方人，夫子語以不暇，故只是不怨不尤，下學上達，則知我者其天。蓋聖人惟顧己之所行，以求天知耳，那有許多閒工夫，論他人誰是誰不是也。」

「默識三者，非聖人之極至，猶不敢當，何也？」曰：「默識猶曰默而行之，不言而信，存乎德行也。學而不厭，則智也；誨人不倦，則仁也。三者真聖人之極至也，故夫子不敢當。」又曰：「默識最難，蓋口雖不言，而行未嘗無心也。」

「既曰德不修，學不講，又曰聞義不徙，不善不改，不亦復乎？」曰：「德、學則統言之，徙善改過乃其事也。」

問：「德之不修，如何？」先生曰：「修德自己身上看，然不與人講學，未免有差處，故學必講，則德之所修者至。然聞人之善，貴乎能徙。不徙義，又非所以講學也。至己有過，又不可苟安，必改過不吝。不然，則亦不能徙義矣。故講學、徙義、改過，皆所以修德也。」

庸泓問：「申申、夭夭，何等氣象？」先生曰：「申申是不局促的意，夭夭是不嚴厲的意。文王在宮，雍雍亦是如此。今之學聖人者，不問宮廷燕居，一味矜持太過，至使家人子弟莫敢親就仰視，殊失聖人此等氣象。」余宜問：「如此不近於父子嘻嘻乎？」曰：「若嘻嘻，又非申申夭夭本體。此等處，須恩義兼得、愛敬俱至者能之。」

「夫子不夢周公，其衰乎？」曰：「此夫子嘅嘆之意，實非衰也。蓋道之不行，實世所使，夫子則固未嘗一日忘也。然不能行而歸之己，故曰『吾衰也』。若横渠『既熟不夢周公』〔二〕之言，則自夫子實行而言之。」

黄惟用問：「孔子不曾見周公，怎能夢得？」先生曰：「或見其遺像，或誦其格言，或師其善行，一心通是周公，是以

〔一〕禮記表記原文爲：「天下有道，則行有枝葉；天下無道，則辭有枝葉。」
〔二〕此句，横渠正蒙作『然後不夢周公』。

嘗夢見周公，如孝子恭弟，能夢見父兄是也。」

大器曰：「『甚矣吾衰也』，吾衰是嘆其道不行故耳？」曰：「然。張子說孔子不復夢見周公是熟處，卻不然。然嘆道之不行，不歸罪於我生不辰，但曰吾衰，亦可見聖人不怨天尤人處。」

顧問：「夫子吾衰之嘆，獨歸夢於周公者，豈以堯舜之道傳之禹湯，禹湯傳之文武周公，周公没而傳泯焉。故夫子惓惓念慮，惟欲繼周公以續斯道之行乎？且夢生於思，思行其道，則神會其像。神會其像，則道行之機可卜，是故夫子之意乎？」先生曰：「此亦孟子論承三聖之意，蓋指道在人臣者而言也。周公生，成西周之治；孔子夢周公，吾其爲東周乎？傳道之論，雖亦有理，不必如此牽附。」

達問：「學至依仁而後遊藝者何？」曰：「仁苟未依，雖不遊藝，亦無損；苟依於仁，雖遊於藝，亦何加？故曰君子不多也。」

一生問：「志道、據德、依仁而後遊藝，與博約之序若相反者何？」先生曰：「道德之說與餘力學文之意同，因當時專事文辭者發，有爲言之也。博約之說與格致誠正之序同，亦萬世學者定法，其序不可亂也。他如危邦不入，亂邦不居，有道則見，無道則隱，君子守身之經也。至於欲往佛肸、弗擾之召，又曰『天下有道，丘不與易』者，聖人體道之權也。」

朱仁貴問：「志道、據德、依仁、遊藝，如何？」先生曰：「道猶路也，志於道，則在這大路上走了，若從旁蹊曲徑上走，非是荆棘掛破衣裳，便是陷穽折傷手足。志於道了，又要據德，則外面勢利、紛華、貧賤、憂戚，舉莫能動其中矣。依仁，則純乎天理而無一毫人欲之私夾雜，到此地位，外面東東西西最惑他不得了，故可遊藝。如今有道德已備者，作詩作文多幾句也不妨，初不害他大體。若大本上不曾立得，卻先去遊藝，到末上務，其不墮於荆棘、落於陷穽者，鮮矣。」

王左卿問：「志道、據德、依仁、遊藝，是一時事否？」先生曰：「一時也說得，如頃間要問這句書，就是志道。既問了，得之於心，守而勿失，便是據守此德了。外物不能引動，他念不能夾雜，便是依仁。故苟解得此，則一時也是這事。」又問：「别章何以文藝爲先乎？」曰：「凡看論語，須是活落。如以教人，定序爲言，則曰文行、忠信、博文、約禮。恐人有不行之弊，便說餘力學文。志道、據德、依仁、遊藝，故論語是一貫的道理，若不體貼活落，便滯而不相應。」象先問：「據德、依仁當重遊藝，似觀經史之類，或可少輕否？」先生曰：「此是終身去不得物，閒暇時不看經史做甚？且道德亦與藝通，古人解字甚好。據，凡物必有所據，如睡據床，坐據椅，居據屋。德爲人必據而不可離，依如人穿衣服，人無衣服，便看不得，子桑伯子不衣冠而處，欲人道同於牛馬。仁爲人所必依不可少，藝亦在其中矣。」

問：孔子食於有喪之側未嘗飽，與所謂「是日哭，則不歌」，未嘗不嘆聖人心地只是一片自然。「至誠惻怛」四字，作聖之基也[一]。孟子亦曰：「哭死而哀，非爲生者也。」嗚呼！風俗日漓，禮教日壞，往往臨喪不哀，甚至父母之喪，亦恬然如平時也。先生曰：習俗成，雖賢者亦改其初心。有道者宜振之耳！

穀問：「用舍行藏，何以夫子與顏子能之？」曰：「仁者心無私係如是。然使無具者用之，其何所行？舍之，其何所藏乎？其究自臨事而懼，好謀而成始，子路蓋不知也。」

顧問：「用舍行藏，如何？」先生曰：「聖門群弟子俱在，夫子獨許顏淵者，蓋謂其行必有具，其藏必有物也。」楊完對曰：「莫不是以道殉身，以身殉道乎？」曰：「此說亦然。蓋謂『與爾有是夫』者，言其行不徒行，必如立斯立，道斯行，綏斯來，動斯和，行夏時，乘殷輅，服周冕，樂韶舞是也。藏不徒藏，必如遯世不見知而不悔，簞瓢陋巷不改其樂是也。惟其有行藏之具，斯能通時措之宜。至於衆人縱用之，而無所可行；縱舍之，而無所可藏。又或知進而不知退，知存而不知亡，知得而不知喪，又安望其能行藏哉？故此行藏亦不易得。」張一拱問：「懼事成謀，只就行師說，或尚推廣說？」曰：「只說行師但能如此，則於凡事自無不可者矣。」

箕問：「富而可求，以義言；如不可求，以非義言。如之何？」曰：「然。」

繼祖問：「夫子學韶，何以三月不知肉味？」曰：「於是乎，見舜之德、夔之才矣，猶可以格鳥獸而來鳳凰，觀揖遜而

[一]「也」：原文無，據楊本補。

窺覆載，如之何而不懷也。」

張其瑄問：「從吾所好。」先生曰：「此夫子平日所好，只在義理上，無纖毫他念，與我有好爵，與爾縻之秉彝好德良心一般。汝們亦說從吾所好，恐不同乎！」

顧問：「子在齊聞韶，三月不知肉味，一友云：『恐溺於好了。』」先生曰：「何不教這友亦如此溺於好也。看夫子此個好，正如纔所謂樂在其中一般，豈易得的？」象先問：「史記於『子在』句下有學之二字，不知夫子於何處學？」曰：「亦只在器數上學，而性與天道在其中矣。今只觀季札觀樂一篇，韶樂當時是甚麼感得人的。孔子見當時列國搶攘，諸侯大夫尚戰力，復觀揖遜之容，文明之德，如親見得一般。且又與平日祖述意相契合了，故不覺感嘆之深。至如後世，亦有聞樂降自西王母者，此卻異於孔子之聞韶矣。」

椿問：「求仁得仁，是兼言遜國諫伐否？」先生曰：「還是專言遜國，蓋子貢惟問爭國之事也。」椿又問：「使夫子在，亦有此事乎？胡氏謂公子郢而立之，果得夫子當時處之之微意乎？」先生曰：「夫子得久於衛，必能化之，無這樣事。胡氏之言，在夫子未必如是也。」象先問：「人謂輒當迎父遜國，卒不肯立則尊之，如唐之太上皇之制，如何？」曰：「如此則是告輒以僞矣。蓋蒯聵以淫亂之恥，乃人子之情至不忍者，非有大罪逆也。輒若誠心迎立，而蒯聵能保其宗廟，奉其祭祀，收其人心，反其既往之愆，則雖靈公生存，不復怒焉。昔人所謂子方面過於睢陽，而父遂解顏於溱洧者矣，況靈公已卒世乎！若是而立之以傳位於輒，則在靈公無立孫之嫌，在蒯聵無怨子之恨，在衛輒無承祖拒父之非。父父、子子、祖祖、孫孫，又何不可？」

「樂亦在其中之謂何？」曰：「言樂亦在其中，則其他所樂可知也。蓋自足之後，諸物皆輕。得道之餘，天地同運，故富貴貧賤，處之一也。」

象先問：「樂在其中與不改其樂，字有淺深否？」先生曰：「汝不要管他淺深，今日只求自家一個樂如何？」大器曰：「此樂求之有道乎？」曰：「各人揀自己所繫累處，一切盡除去了，便心廣體胖，自能樂也。然所謂繫累，不但聲色、貨利、粗惡的，只於寫字、作詩、喜好一邊也是。程子嘗曰：『書札於儒者最近，然一向好著，亦自喪志。』便可見。」

㠓問：「曲肱而枕之，富貴未嘗不可？」先生曰：「富貴則下莞上簟，何必曲肱？然夫子蔬食飲水處皆是樂，學者不是衣食不足，便是功名纏縛，怎麽得樂？」象先問：「世之隱而不仕者，志在山中，把外面功名富貴皆放下，如何？」先生曰：「此雖不足以語聖人，然外勢利紛華，似亦擺脫得開，必須察他心中安否？我嘗說個達摩面壁十年，外面是如此，未知心下如何？隱者雖是寄跡山林，又不知他心下如何也？」

威問：「五十學易，如何？」先生曰：「予嘗謂五十而知天命，則『五十』字依經文看無妨。」問：「學易是居則觀其象而玩其占，動則觀其變而玩其辭否？」曰：「此是君子學易之功，若聖人則與天爲一。天即易也，進退存亡，仕止久速，一天而已，言學蓋謙辭耳！」問：「東漢諸賢正是不知學易道理？」曰：「固是。若胡廣輩之一於通，又不若諸賢之能守。至若京房、翼鳳之徒，則又泥矣。」

詔問：「子所雅言，何以又曰『皆雅言』也？」曰：「下『雅』字，指詩、書及禮而言。」「樂以忘憂，夫子所憂者何事乎？」曰：「發憤忘食即憂耳。故曰：德之不修，學之不講，聞義不能徙，不善不能改，是吾憂也。」

應旂問：「『發憤忘食』題目如何？」先生嘆曰：「不可作題目看過。聖人實做去，一日間不過憤樂耳。理未得也，發憤忘食，則至終日不食，終夜不寢；及既得也，樂以忘憂，雖疏食飲水，曲肱而枕，樂亦在其中矣。學者須求聖人憤樂始得。但今人一日亦有個憤樂，不知憤甚麽，樂甚的；雖知憤樂了，又或是功夫間斷，不能似聖人純亦不已，是以數百年常無聖人也。」「我非生知，好古敏求之謂何？」曰：「雖禮樂名物，皆義理耳。生而知之者，此也；好古敏求者，此也。」「子不語者何？」曰：「答述曰：語聞人言而不附耳。」

蘄問：「三人行，必有我師，如何？」先生曰：「『師』字只就言貌動靜上說。」問：「就一人身上有善惡，亦皆可師否？」曰：「然。」又問：「易云：『三人行，則損一人；一人行，則得其友。』與此同否？」曰：「彼言致一也。雖然，只要虛心。吾心不虛，則雖千萬人有善，亦在所不取，況三人乎！」又曰：「此道學之正傳，前乎大舜，樂取於人者，此也；後乎顔子〔一〕，以能問於不能者，此也。不然，則匹夫匹婦不獲自盡，雖民主罔與成功矣。」邦儒問：「『我欲仁，斯仁至』〔者〕〔二〕如何？」先生曰：「重在『欲』字上。七情，喜、怒、哀、懼、愛、惡、欲，雖是情，實爲七情之本，如目欲邪色，耳欲淫聲，則便不仁了；如非禮不欲視，非禮不欲聽，即便仁了。所欲有邪正，於仁有遠近，故曰欲仁而得仁。」

時用問：「天生德於予，不亦矜乎？」曰：「孝子有善不自居，皆歸於父母也。且其曰天生德，則亦衆人之所具也。」

「『亡而爲有』以下之謂何？」曰：「此務外而遺内者，故無恒。虛少有而不實也，約少積而不充也。」

「不知而作之者謂何？」曰：「如妄行、妄言、妄動之類。多聞指言而言，多見指行而言，然能從善而識之，去不知而作者遠矣。」

「『與其進也』，有錯簡乎？」曰：「經文亦自通。蓋『人潔』以下，申『與進』之意也。」

庸泓問「我欲仁，斯仁至矣」。先生曰：「欲乃嗜欲之欲。謂欲仁，正使人知仁爲有味，當愛慕欣樂之不忘。如體之欲衣，口之欲食；得衣則煖，得食則飽，得仁則心廣體胖，便可見得欲仁氣象。」

縠問：「『丘也幸』之謂何？」曰：「人不幸，不聞過。聖人以聞過爲幸，則不聞過者，其亦人之不幸乎！故曰：君子之過，如日月之食。」「然則聖人亦有過乎？」曰：「昭公，君也；夫子，臣也。夫子之過，不亦宜乎？」

「『子與人歌而善』，奚訓乎？」曰：「與猶許也。」

「文，莫吾猶人也，奈何？」曰：「此聖人以言爲易而難於行也。然究其極，言亦非可易者。不然，何四教以文爲首，

〔一〕「顔子」：楊本作「孔子」。
〔二〕「者」：原文脱，據楊本補。

而行次之？」

介問：「丘禱久者，奈何？」曰：「此便見聖人與天地合其德，日月合其明，鬼神合其吉凶之意。若由聖人之自言，則曰：吾嘗與神明伍也。」

象先問：「子路請禱，是否？」先生曰：「怎麽是子路？此個病痛，正如使門人爲臣一般。」問：「夫子平日謙己誨人，此處卻又直自任，如何？」曰：「夫子言天，便與天對得的；言地，便與地對得；言鬼神，便與鬼神對得的。而猶曰禱，亦是謙詞。然學者須是學道，質諸鬼神無疑，如孔子，方是學問。」「何以能便得到此？」曰：「在慎獨。始之不愧屋漏，熟之便是丘之禱久。」

「坦蕩蕩者，無愧於己，不畏於人；長戚戚者，有疚於内，必懼於外。」

林問：「温厲，威不猛，恭安，止言氣質乎？」曰：「亦聖人學問之熟如此。」

容問：「君子坦蕩蕩，如何？」先生曰：「君子慎獨工夫在前了，坦蕩蕩是其驗也。蕩蕩即是孔顔樂處。」顧問：「蕩蕩何以不同於戚戚？」先生曰：「此只是慎獨。學者能去體認，自然見得。」顧對曰：「坦蕩蕩者，富貴、貧賤處之一也，道無入而不自得，故曰蕩蕩，乃君子樂得其道之意。小人非特貧賤戚戚也，雖處富貴，患得患失，無所不至，故曰戚戚，乃小人樂得其欲之意乎？」曰：「這般説最是。今學能去了戚戚，便是坦蕩蕩。」

宗禄問：「子温而厲，如何？」先生曰：「德性而非氣質没安頓處。故曰：『乾道變化，各正性命，保合太和，乃利貞。』但氣質微，或有異處，善反之，則德性備矣。故學者在變化氣質。『子温而厲，威而不猛，恭而安』，是亦學問中來，不可全不學也。」

泰伯篇

如軫問：「泰伯三讓天下，止謂傳季歷乎？抑不從太王翦商之志乎？」曰：「謂季歷耳。」「然則傳何以云翦商？」曰：「由太王有翦商之志，欲傳位於季歷，故可言讓天下也。」

伯源問：「『民無得而稱』，如何？」先生曰：「知太王欲傳季歷，就固遜而去，世人怎麼知得他心事，故謂之至德。」

問：「文王有取商之心乎？」曰：「無。觀文王謂武王曰：汝何夢矣？武王對曰：夢帝與我九齡。文王曰：汝以爲何也？武王曰：西方有九國焉，君王其終撫諸。文王曰：非也。古者謂年齡，齒亦齡也。我百爾九十，吾與爾三焉。後果文王九十七乃終，武王九十三乃終。其言雖未必真若有之，亦足以見二聖之心。又孔子稱其以服事殷爲周之至德，尤可見。」又問：「太王時已有翦商之志，故孔子言三以天下讓。今云文王無此心，何也？」曰：「所謂翦商及云天下者，自後世孔子時言之，言商、周行事不同。商政日流於惡，周道日趨於善，周人作詩追述其初，故曰：『至於太王，實始翦商。』非太王實有此志也。若讓天下事，泰伯豈必知後有天下哉？在泰伯之時，止可謂之讓國；在武王之時，則可謂之讓天下矣。立言先後不同如此。」

「『恭而無禮』，合下二章乎？」曰：「一章亦通。上言求之遠者之弊，下言求之近者之效。」

「曾子啓手足，專言保身體乎？」曰：「非履道據德者，不足以能之。如其不然，則世之放僻邪侈，幸而獲全死者，皆曾子矣。范氏虧體行之說，則過於大析矣。」又曰：「如下所云，道者三，即戰兢之實。」

象先問：「曾子臨終而啓手足，見得平日未嘗失手足於人。若止是形體，則世之得保首領以没者，亦多矣。」先生曰：「然。曾子一出言，未嘗忘父母；一舉足，而不敢忘孝；自云戰戰兢兢，不知用過多少工夫來，故孟子謂守身事親。今之爲宦者，無見於此，而傷人害物無所不至，故人至痛詈有傷及祖父者，皆是辱親不孝之大者。故孝子必敬其身者，懼辱親也。」

「『君子所貴乎道者三』之謂何？」曰：「内外本末以一貫之矣。故容貌之動而遠暴慢，則心無不敬也；顔色之正而近信，則心無不誠也；辭氣而遠鄙背，則心無不明也。所居而化，所行而通。」「君子之道何以加諸正色之謂何？」曰：「如當喜之時而有怒色，非正也；喜而僞，喜非信也。」

詔問：「及曾子有疾事？」先生曰：「曾子易簀的去處，真是夭壽貳他不得的時。」象先在旁，或語及尹和靜出處進退甚是分明，先生曰：「彦明曾亦應過進士舉來。策問中議誅元祐黨人，是尚可以干禄乎哉？遂不對而出。看和靜這出處，去易簀不甚遠了。人之身只有個出處、進退、死生、壽夭而已，諸生做工夫過得此等關，餘皆易。」又曰：「曾子有弘毅之學，然後做得易簀之事，若孔子存而見之，不獨許顔子三月不違仁矣。」

東郭子曰：「曾子說『動容貌，斯遠暴慢矣』三句，看『遠』字、『近』字，還有工夫。」先生曰：「『斯』字便是『即』字，全無工夫。」東郭子曰：「此『斯』字，我作立之斯立之『斯』字看。」先生曰：「若作此『斯』字看，益無工夫矣。蓋此舉其自然者，以見可貴也，其工夫則在前；不能如此者，工夫則在後耳。」

一日諸生請講「所貴乎道者三」，適有二生自監中來，因言近日方得撥歷云云，子實遂言司成可謂太執矣。先生曰：「纔說『出辭氣，斯遠鄙背』，而子遽忘之乎？此心一息不存，便會忘了。」久之曰：「以此知工夫不可一時不密。」

城問：「動容貌，斯遠暴慢，是修身之本否？」曰：「此是聖賢切要處。前此顔子之非禮勿視聽言動，後此孟子之根心生色，皆是物也。」威問：「顔色何以謂之正？」曰：「正，如當喜之時，即欣然而喜；當怒之時，即艴然而怒，此便是顔色之正。然而忻然、艴然者，皆出於誠而非僞也，此便是近信。如當喜之時而有怒色，當怒之時而有喜色，皆非正也。正字非著力與動字、出字一樣看。」

濟民問：「曾子何以憶吾友？」曰：「以此知論語乃曾子及其門人所輯。曾子年少，而没在諸子之後，故有子及曾子獨稱子，故鄉黨非曾子不能畫。」

顧問：「『以能問於不能』，如何？」先生曰：「某嘗謂此節與舜之大智相類。」易伯源問：「何謂也？」曰：「舜之大智，某嘗說止是一個仁了。」「夫何故？」曰：「仁者以天地萬物爲一體，欲並生哉！無一毫私意間隔於其中，無一物處之不當，見人一善必取之於己，己有善必推之與人。問於耕稼，問於陶漁，問於在朝，莫非心之所得也。今學者只是見不破這個仁，與人物若不相干，其有不得其所者，就不肯思量去處也，更肯好問人耶？顔子之心，亦與舜同，故其言曰：『舜何人也，予何人也，有爲者亦若是。』何等激昂！」講畢，又曰：「某嘗謂大舜生於千百載之上，貴爲天子者也；顔子生於千百載之下，匹夫之微者也。自他人視之，一定把舜做個不可到的人，又何敢曰『有爲者亦若是』？顔子不畏，而有此言，故卒能如舜。我們學顔子之所學，須提醒此心，果有個『欲並生哉』『好問好察』爲舜的心纔好。」顧又問：「犯而不校，如何？」曰：「此亦人觸犯他，他自不計較。」伯源曰：「與不遷怒同乎？」曰：「然。顔子自不遷怒進而上之，就是孔子不尤人的地位。至於孟子則曰：『於禽獸又奚擇焉？』亦未免有計較的意思。故說孟子不及顔子，此去處亦略見些。」

洲問「犯而不校」。先生曰：「顔子猶從事於斯，若孔子便渾化無待於從事矣。且如桓魋要己，便曰『其如予何』，司敗譏其黨君，遂以聞過爲喜。」問：「於孟子之『三反』如何？」曰：「孟子猶以爲妄人，甚至比之禽獸何難。孟子之於顔又粗矣。」

霄問：「托孤寄命，何以不言臨大難而言大節？」曰：「此自君子之身言之也。世之有大難，乃君子之關節也，過此則君子，不過此則小人，亦有臨小利害而輒形色發聲者，如之何其能大節也？」

商經問「弘毅」。曰：「弘猶空洞也，著一偏不得，著一隘不得，著一忿恨、貪欲不得。毅如堅守其理，遇偏、隘、忿恨、貪欲之起，輒窒之不得行耳。曾子此言，或出夫子既没之後。夫子而存而聞此言也，不獨許顔子不違仁矣。」

城問「弘毅」。先生曰：「天覆地載，天地之心何等弘大。人得天地之心以生，元初與天地一般大，但自己私一勝，便自狹小，與天地不相似了。故必剖破心之籓籬，使略無間隔，亦如天之無不覆，地之無不載，此便是弘。任此而無容息，便是毅。」泉曰：「東郭子說弘之不息處便是毅。」曰：「然」。顧問：「弘而不毅，無規矩而難立然矣。毅而不弘，何以言隘陋無居？」曰：「毅亦是有力，人但不知仁之所在，東撞西撞，没個著落，故曰『隘陋無以居之』。」

問：「任重何以要弘道？遠何以要毅？」先生曰：「天下之老皆爲吾老，天下之幼皆爲吾幼，心胸何等著！故程子謂西銘言弘之道，心便如此弘了，而私意少有間息，便是不毅。觀曾子臨終，他人救死不暇，心中不安，雖一簀之微，亦必易之。看他是何等弘毅？仁以爲己任，死而後已，此曾子所以能踐形惟肖也。」

「興詩、立禮、成樂之謂何？」曰：「此言其學成之序也。故興於詩，非不學禮也，特不可謂之立；立於禮，非不知樂也，特不可謂之成。」

洲問：「記十三學樂、誦詩，二十而後學禮，與夫子興詩、立禮、成樂之次不同，如何？」先生曰：「先王之世，人人知學，故設立教之常規如此。後世政教廢弛，士風益偷，夫子之時已大非先王之日矣。故變例以示人爾。」又曰：「興與泯滅對，立與僵仆對，成與中道而止對。」〔一〕

應詔問：「立樂局使人習樂如何？」先生言：「君相能使民衣食足，而頌聲自作樂局，雖不立可也。故『人而不仁，如樂何』，意思甚廣大。不然，縱能盡習得咸、英、韶、濩來，亦不濟事。」〔二〕

翰問：「興、立、成，奚别乎？」先生曰：「興，言人之喪其良心者，猶風病臥床而不起也，興則去其風疾，生其好善惡惡之心而起之矣，非詩無以爲追風之藥也。立，言人之痿痹四體者，僵仆於地也，立則有以束其筋骸而植之，非禮無以爲楨榦之具也。凡物闕漏則不成，生澀則不成，混淆則不成，間斷則不成。和順於道德，則雖大成亦可集，故謂之『成於樂』也。然非興與立，則固無以至於成；欲成而不由於興與立，則亦無以爲入德之門。興且立矣，而成之未就，則亦非學之極至也。」〔三〕

威問：「危邦不入，如何？」先生曰：「此賢人以下之事。若夫聖人，則有不然者矣。故夫子曰：『天下有道，丘不

〔一〕〔二〕〔三〕幾段文字，四庫文淵閣本無，今據楊本補。

與易也。』觀論語者，當求其聖賢之別。」〔一〕

霄問：「民不可使知之者，責君上乎？」曰：「亦然。然豈不責學者乎？」

衢問：「能篤信好學，守死善道，則有危邦不入以下等事，而無貧且賤焉以下等事乎？」曰：「然。」「然則夫子何以無道不隱也？」曰：「惟聖人能神其化，在賢者當守其常。」

張一拱問：「篤信好學。」先生曰：「還重『信』字，此與信而好古『信』字同。凡人不好學，皆因信道不篤；不篤信，則他物可以易之。此心尚有疑貳，工夫自有作輟，安能好學？惟篤信，則見禮義之悅我心，真猶芻豢之悅我口，而始能好學不厭矣。」問：「此章之旨何居？」曰：「此是聖人示學者成法。若聖人，則隨時應變，自無不可，不拘有道無道、危邦亂邦也。故公山佛肸諸人凡有召，俱欲往之類可見。」

「夫子贊舜、禹及堯之巍巍者何？」曰：「巍巍皆就舜、禹、堯說。前非言天下小也，後非言天下大也。」「夫子既言才難，又言周之至德者何？」曰：「贊文王也。贊文王以服事殷，則所不足於武王者可推矣，故曰：『唐虞之際，於斯爲盛。』傳所謂『其旨微矣』者，此也。」

詔問：「『惟天爲大』，如何？」先生曰：「前段以德言也，後段以政言也，故惟天爲大，唯堯則之，自放勳至萬邦，時雍是也。文章即治歷，以明天道，若采以明人事，治水以明地道是也。孔子看堯典後方有此。」

一拱又問：「堯德與天準是何等氣象？」曰：「『天地之大德曰生』，稱聖人之德亦只曰好生。觀天之生物，氣化無所不到，雖至賤一草一木，無處不生育長養，如石孔中亦生一草木出來。堯之德則非但恩及濟民而已，無告者則不虐，困窮者則不廢，雖這等人亦要使之各得其所，這便是與天準處求。其所以能此，則本於欽明、文思、安安、允恭、克讓耳。如其不能恭敬克讓，又無條理，又無明見，則如何能使人各得其所？便是不能生萬民。故即此又可見與天準處在於德也。」

〔一〕此段文字，四庫文淵閣本無，今據楊本補。

宣之問：「『舜有臣五人而天下治』，夫舜在當時，止用五人而遂幹盡天下之事，而成於變風動之休〔一〕，後世用數千百人，中間豈無豪傑，而天下之治卒不古，若何也？」先生曰：「五人之德固不可尚，而其賢能（後世）〔彼此〕〔二〕相讓，同心同德，略無一毫嫌忌間隔之私。而舜又以至聖之德臨之於上，五人之用各當其才，而五人之所舉而用者，又皆五人之才。君臣上下同乎一心，一惟至公無我而已。」詔因仰嘆之曰：「此隆古何等氣象！後世人各一心，有賢能者多爲人妒嫉，且才者非所用，用者非其才。舉措失宜，勸懲無所於用，況君臣情隔，上下道睽，如何可復三代之治？」

陳〔三〕子忠甫曰：「嘗聞論大禹矣，止以菲飲食、惡衣服、卑宮室稱大聖焉，恐此三者不足以盡聖學之精微？」先生曰：「此正其精者耳。仲尼至聖也，於此三者再言其『無間然』，而吾子乃又以爲不足。夫後世學者多鶩入高遠，興論新奇，或遺落事爲，饌浮五鼎，衣度齊紈，田連阡陌，屋亘里閭，不知其過也侈，然猶以爲得道者有之。吾子乃又有是言，何也？」陳子曰：「此則『精一』『執中』固在於衣服、飲食、宮室之間耳。若是，則何以謂之人心、道心乎？」曰：「夫人豈有二心哉？心方之乎形氣，其道即寡矣，私而又害，不亦危乎？心方之乎道義，其人即寡矣，隱而難見，不亦微乎？故人心雖危，其實可制，而不可無；道心既微，其究可著，而不可昧。故飲食、衣服、宮室者，心之人；菲飲食、惡衣服、卑宮室者，心之道。此之謂『惟精惟一』乎？此之謂『允執其中』乎？當舜之時，巢父、許由之徒，有見於道心也，遂至損飲食、衣服、宮室而去之。堯、舜、禹曰：「世豈有不衣食者之道哉！」此賢知之過乎中，不可以教天下後世者也。饕餮、窮奇之徒，有見於人心也，遂至於貪飲食、衣服而亡道。堯、舜、禹曰：「世豈有喪禮儀者之人哉！」此愚不肖者之不及乎中，不可以教天下後世者也。由是言之，『精一』『執中』皆自飲食、衣服、宮室而作矣。後世學或既爲巢、許之論，而兼行饕餮、窮

〔一〕「休」：楊本作「體」。
〔二〕「後世」：楊本作「彼此」，近是。
〔三〕「陳」：原作「宋」，據楊本改。

奇之事，宜中庸之道，三代之後，民鮮能乎！」

子罕篇

弘學問：「利當絶言之可也，豈可云罕言？」曰：「衣食之業，豈不是利？豈宜盡絶？但不太生計較之意，故曰罕言。若易卦爻中盡言利也，則又義之别名，究而言之，與命、與仁等。若命、仁，非其人不可輕語，故亦罕言。」

絅問：「利者，人欲之私，絶言之可也。若命與仁，雖雅言可矣。夫子皆罕言何？」先生曰：「此問極是。若以罕言爲皆是歟，然則利不可與命、仁並；以罕言爲皆非歟，則命、仁又非利之可比。此處宜思之。」楊充之、王左卿皆請其故曰：「利不可以訓人，故罕言；命與仁，非其人也則又以難喻，故以罕言。若然，則利亦有言之之時矣。」曰：「然。易不云：『日中爲市，致天下之民，聚天下之貨，交易而退，各得其所。』此非利乎？雖炎帝神農不禁也。」「然則命與仁有言之時者何？」曰：「因由賜之不知也，則固言命也；因顏、冉之請事，則固言仁矣。」王左卿又問：「『命』字與盡性至命同乎？」曰：「推其極，則只是一個命。」又問：「有理命，有氣命，亦可分乎？」曰：「使理無氣，則理無安著處，理氣原分不得。」

「夫子何至執御也？」曰：「天下無一事非理，無一物非道，得執御之旨，則雖一貫，不外是矣，惜達巷黨人不足以語此。」「然則門人其亦不知乎？」曰：「如其不知，則必疑問，此其知之者也。」

問：「古之射也以觀德，今之射也以講武；古之御也以範馳驅，今之御也以尚枉道。是故觀德者，讓之地也；講武者，爭之門也；範馳驅者，正之本也；枉道者，邪之階也。嗚呼！其諸古今之所以不同乎？」先生曰：「斯其人誠有

志於古矣。」〔一〕

謝應熊問：「夫子執御者何？」先生曰：「以某觀之，此正聖人一貫之道。蓋天下無一事非理，無一物非道，若能解執御之旨，則雖範圍天地，曲成萬物，參贊化育，皆無難矣。詩云：『洒掃庭内，惟民之章。』夫洒是播水於地，掃是運箒於地，至微的事，而可爲民之章表。故程子曰洒掃應對與精義入神貫通，只是一理。故君子之學，立則見其參於前，在輿則見其倚於衡，無終食之間違仁纔好。」又曰：「聖人占地步愈卑，故其所就愈高；後之人占地步愈高，故其所就愈卑耳。」

「從衆從下之謂何？」曰：「此亦夫子斟酌四代禮樂之意也。如夫子生於此時，則今之車服器用必可用也，但其大義則有在耳。」又曰：「顔子仰高鑽堅者，得非麻冕拜下之類乎？」

「絶四之謂何？」曰：「以一事言亦可，以四事言亦可。」

「聖人以天自處，故論畏匡及桓魋之言，非常人所敢道也。蓋有契天之實，然後能爲齊天之言。」

威問：「意、必、固、我，分在事前、事後，如何？」先生曰：「亦不必如此。且一事之中，或只有意而無必、固者，或只有必而無固、我者，安可以在前在後言？聖人之心，無適無莫，無可無不可，故毋意、必、固、我。」

輔問：「意、必、固、我，病痛從何處起？」曰：「從意上起。」「毋意從何處做工？」曰：「只是個明誠之至，與天地萬物合通，自無意、必、固、我者矣。」

如斗問：「太宰以多能爲聖，夫子言不多者何？」曰：「天下無無理之藝，聖人無無理之能，故言其全體，則天縱之聖，乃夫子之本；指其一處，則多能之藝，亦夫子之末。但衆人以事視多能，愈見其多；夫子以理視之，不見其多矣，故曰君子不多也。使太宰既因子貢之言求『又多』之意，又因夫子之言求『不多』之故，則『天縱之聖』可識矣。」

一生問：「『君子多乎哉？不多也。』如何？」先生曰：「觀此可以知人之胸次矣。太宰便以藝看做極大的，子貢便

〔一〕楊浚本此句後有「昔仲尼辭執射而執御」一句。據上下文，此處意思未完，恐有遺漏。

以藝看做個極小的，夫子便把這藝看做一樣，無大無小也。故太宰蔽于物，子貢猶有物，夫子無物。」又曰：「只這處教顏子如何從得高堅前後之嘆，其亦在此乎！」

文舉問：「兩端者何？」曰：「天下止有兩端，非道即器。中人以上，可以語道，未嘗離乎器也；中人以下，可以語器，未嘗離乎道也。顧在人察識如何。故子貢曰：『夫子之文章，可得而聞。夫子之言性與天道，不可得而聞。』」

夢卿問：「『鄙夫空空，則叩兩端』，似與『不憤不啓』者戾乎？」先生曰：「原不相戾。鄙夫空空，是外雖無知，而其一念向道之誠，實無毫髮夾雜，故能虛以受人，可以始終本末語之。若謂憤悱，亦是他空空的去處。」

伯源曰：「空空是不著意見的人。纔著了意見，就不是空空，就不能憤悱？」曰：「然。」「子見齊衰、冕衣裳與瞽者何？」曰：「此見聖人純亦不已，與天地並運之意。在他人固有勉之不能者矣。能此，便是堯之不虐無告、不廢困窮，文王之惠鮮鰥寡、哀此煢獨也。」又曰：「此所謂『逝者如斯夫』，此所謂高堅前後處也。」

大器問：「楊龜山看論語一部書，意思盡在子見齊衰者一節，如何？」先生曰：「人多以他人之喪無干于己，又于冕衣裳者藐視之，是亦私意，于瞽者多忽之不敬，皆非仁也。孔子萬物爲一體，則不然。此與『吾執御矣』意思一般。三者之中，瞽者尤人所易忽，學到敬無目者處，方是實學。緬想其心，即堯之不侮鰥寡，舜之不虐無告，文之惠鮮鰥寡，其揆一也。所謂老安少懷者，亦即此氣象。故視尊貴與鰥寡者無異，則其心即前聖之心矣，蓋非至公至仁，不能得之也。」

世寧問：「高堅前後，安求之？」曰：「夫子之高堅，其始即學者博文之事，道之體也。夫子之在前在後，其始即學者約禮之事，道之用也。苟學者從事於博約之功，久而不已，則高堅前後者未必不如顏子之卓爾也。」「博文約禮分先後，然乎？」曰：「博文亦有先後，約禮亦有先後，乃循循也。博文非專言知，約禮非專言行。」

椿問：「高堅前後如何？」先生曰：「高明配天，可以言高；博厚配地，可以言堅；日月代明，四時錯行，可以言瞻前忽後。此夫子之道，直是無窮盡、無方體，顏子所難于步趨，而有是歎也。」「然則博文約禮，其學之法乎？」曰：「此夫子之善教也。如易曰『遠取諸物』是博文之事，『近取諸身』是約禮之事。」「然有先後乎？」曰：「二者並進。一文之博，一禮之約，非博了文而方約禮也。顏子之竭才，正是並進。蓋高堅前後，道無一息之停，學道者亦當無一息之間。如今人讀書，不得其義理，輒自阻焉。顏子惟于仰鑽瞻忽之際，愈自强不息，故所立卓爾。」又曰：「此章極言顏子當時學孔子的氣象，只在竭才而已，今人只緣不竭才。」

劉幼淳問：「顏子仰鑽瞻忽，是擇乎中庸否？」先生曰：「張子亦嘗有此說來。」問：「亦是博文約禮否？」曰：「也是。」又問：「博文約禮分先後乎？」曰：「難説博盡文纔約禮。一文之博，一禮之約，衆文之博，衆禮之約，畢竟文在先。」

伯源問：「弟子入則孝，何爲先禮而後文？」先生曰：「聖賢固有爲而發的，爲弟子的心馳于文，恐躬行便薄了，故行先文後。若平日立教，曰文行忠信，曰博文約禮，此是定序。又如子路，是個忠信明決的，不怕行不到，故孔子只就知上覺他，如曰『由，知德者鮮矣』，又曰『知之爲知之』之類。子張文爲有餘，行恐不及，故孔子多就行上覺他，如曰『居之無倦，行之以忠』，又曰『在邦必達』之類。此亦便是孔子一貫的去處。」因顧邦儒曰：「顏子仰高鑽堅、瞻前忽後，其亦在此類乎！」又曰：「今欲夫子高堅前後，先要用『仰鑽瞻忽』工夫。」

城論高堅前後。先生曰：「大略亦窺測得幾分。然顏子說個『仰鑽瞻忽』四字，道體固於是可見，其用心之密亦可想矣。」語未終，而先生以帖子付皂人，城遽請問，先生曰：「此便是高堅前後處，此便可仰鑽瞻忽也。」又曰：「自家固不當如此說，爲爾謀則善矣。」諸生起問，先生曰：「此極簡易明白，而高堅前後，深微亦即在此。故一時即可做得聖人，一日即可做得聖人，但一時不放過，一事不錯過，則自成片段學問矣。」又曰：「今欲求夫高堅前後，先要知『仰鑽瞻忽』。」

楷問仰之彌高章。先生曰：「道時中而已，以高堅前後，此夫子之道高妙，然其教人入之，不過博約二事。博而能約，斯有自得；仕止久速，各當其可；斟酌損益，皆是時中。如麻冕，禮也，則從衆。拜上，泰也，則從下。冉有問『聞斯行』，則曰『聞斯行之』；子路問『聞斯行』，則曰『如之何其聞斯行之』，皆此義也。顏子既有得于此，故學之欲罷不能，及其既竭吾才，真似在面前一般。怎麽喚做竭才？如人讀書有倦時，思義理有不通時，這去處多不去竭力思了。顏子於此更在博文約禮上竭其力，或有時見于事物，或有時見于師友，或有時見于古今，然後吾之聰明以全，而道之高妙有象。蓋夫子之道，其高妙是從心所欲不踰矩，顏子未免想象摸擬，所以又無著力處，故發『末由』之嘆。」

炳問：「顏子欲從末由，是如何景象？」先生曰：「只汝纔所問，被人誣的，便可看此景象。」炳思之未得，先生曰：「如桓魋之禍，則曰『天生德於予』。公伯寮愬子路，則曰『道興廢，命也』。孔子自家便說他已是天了，已是道了，著顏子如何樣子從他？今人如何敢自家說是個天，自家說是個道，非是謙說，實是無具故也，如子畏於匡，夫子曰『吾以汝爲死矣』，顏子說『子在，回何敢死』。看他如此說，若不在則死矣，把個生死看做個極小的事。只問個是與非，多少從容含蓄，我們如今學他，須是要常使此心對得天地，對得日月，對得鬼神，則事變之來，無所憂患，無所恐懼矣。」問：「東漢人亦能輕生，緣何又不是道？」曰：「東漢人只是硬要死，幾時有孔顏如此從容分明來。」

宗祿曰：「昨講『仰鑽瞻忽』，生未得聞，請再發之。」先生顧謂欽德輩曰：「記得前日所言否？」諸生默然，先生曰：「是尚未曾仰鑽瞻忽也。夫高堅前後，豈可他求哉？貴卿之問，便是瞻之在前；諸君之忘，便是忽焉在後。」於是諸生皆瞻顧錯愕。先生曰：「此尚不可見瞻忽也？」已而欽德問：「約禮是書之協于克一、咸有一德否？」曰：「非也。」又問：「協一、一德，尤謂之非約者何？」曰：「此約於書者也，非約於子敬者也。」於是諸生嘆曰：「高堅前後，其惟時乎！仰鑽瞻忽，其在心乎！欲罷不能，其惟學乎！」

輔問：「雅、頌得所，何如？」先生曰：「詩至春秋，殘缺失次，夫子環聘列國，以正可否，得商頌十二篇於周之太史，乃序其五篇於魯頌之上，如南陔、白華、華黍、由庚、崇丘，皆有其意而忘其辭，夫子皆序列於小雅、六月之前，亦是各得其所之義。」頃之，問諸生曰：「孔子删詩、書，作春秋，無非尊周室以黜伯功，至於詩之所載，魯僖公本諸侯也，閟宮之詩反列於頌；周平王本天子也，黍離之詩又反降於風，此其故何哉？」諸生未對，請問之。曰：「此可以觀世變矣。蓋詩言其時，春秋正其分，如天王狩于河陽之類，無非正名以統實也。」欽德曰：「孟子謂詩亡，然後春秋作，恐是此意？」曰：「然。大抵聖人作春秋，亦因詩而扶世道者耳。」子敬又問：「此章正樂，語雅、頌而專遺夫風；後云師摯之始，語國風而復遺雅、頌者何？」曰：「彼此互見。又詩之殘缺，惟雅、頌獨多耳。」楷問：「夫子反魯正樂，獨言雅、頌者何？且詩之編次，不分天子、諸侯者何？」先生曰：「言雅、頌不言風者，蓋以風在當時不甚紊亂，故曰『洋洋盈耳』也，雅、頌即是樂章，殘缺失次，夫子周流天下，詢咨訪問，得商頌十二篇於正考甫，故得知之至，其編次不分天子、諸侯，與書同義。書皆載帝王，末以秦誓，不似春秋以定名分，蓋當時天子實等於諸侯。春秋之作，出於詩、書之外，詩、書紀實，春秋存名。風在各國，有不及采者亦不録，故小國或録，而大國或不録也。然魯，諸侯也，有頌而無風；周，天子也，有風亦有頌。可以觀世變矣。」

先生曰：「『出則事公卿』四句，此亦人道之常，夫子謂『何有於我』，有甚意思？」杜欽德曰：「庸德之行。」楊完曰：「聖人之所易，衆人之所難。」曰：「二說也皆是。但說個事父兄，就有諭之於道、起敬起孝在其中，非徒晨昏定省而已也；說個事公卿，就有個畏大人、事其大夫之賢者在其中，非唯以賤事貴尊、有位有勢而已也。」「『不爲酒困』，如何？」曰：「此特一事耳。如人或困於貨色，或困於功利，或困於衣服、宮室，皆是酒困之義。若能制之不爲他所困，方可。至於喪事，又說個『勉』字，此見喪禮廢壞，非但今日，如宰我短喪於三年，滕文公說魯國先君莫之行，古時亦然。而今人斬衰、齊衰，固不必說，若緦麻、小功、大功、期服之類，一有不慎，亦累大德，故曰不敢不勉。此等在夫子尚且謙之，我們如何忽略了他？」

林穎問：「『逝者如斯夫』，如何？」先生曰：「夫子見齊衰者、冕者與瞽者，過趨坐作無兩心，其純亦不已，便是如此。學者雖是自强不息，體這樣子行去纔好。若見冕者尊貴些，便知敬待他；見瞽者是無目的，便忽略了，卻不是。且天下無目的亦廣著，如那樣有位有勢的人皆是有目的一般，那樣無位無勢的人皆是無目的一般，如於此等類，亦須是要看做一樣。」堅問：「如此則無所謂分殊矣。」先生曰：「所謂殊者，如所謂三親九族之類云耳，非是將勢强的人作一樣看，勢弱的人又作一樣看，有目的譬之是晝，無目的譬之是夜。若但知敬冕者而忽瞽者，正是如水卻流行於晝而停止於夜矣，便不是學。」

堅問：「『逝者如斯夫』，程子謂有天德，便可語王道，其要只在謹獨，如何？」先生曰：「此義極精。蓋人心本與天地相似，如西銘所云者。苟其心少有私意扞格，把天理間斷了，便是不能謹獨，與天地之化往而不息者異矣，何有乎天德？則王道安從而得？故惟聖人之心至誠不息。是慎獨，乃克己之別名。己私既克，則天理自然流行不息，如逝川然，故程子論天德、王道在慎獨。」

王左卿問：「『子在川上』，說慎獨者何？」先生曰：「此與子思見『鳶飛魚躍』，易言『天行健』，都是一樣。」章宣之曰：「亦只是不息。」曰：「雖然，水之所以不息者，亦必有其本，故云『有本者如是』。本從何處見？忠信是也。忠信者，實也。其源實則其流無窮，故曰：『習坎，有孚，維心亨。』學者做工夫，須從實上做將去，自然晝夜不息。」楊充之曰：「忠信以立其本，慎獨以研其幾，易言忠信，所以進德也。忠信亦只是一個誠。先生說出個慎獨，則人做工夫有下落著？」曰：「做慎獨工夫就是忠信。」語未畢，充之曰：「『吾未見好德如好色也』，恐是言思誠意。」先生笑曰：「言未終，又舉更端，亦是心有息處。」充之默然。曰：「我纔說慎獨工夫從那件事上做起？」充之又不應。曰：「即如纔所說一事，故君子之道，造端乎夫婦耳。夫婦居室之間，獨見獨聞最多，私意易萌，此處能處得合道，則見川上也是這道，『鳶飛魚躍』也是這道，『天行健』也是這道。故今學者，苟能自身家上體貼，果好德如好色耶？抑好德不如好色耶？終日檢省做工夫去，即是逝川之學。」

賓問：「『譬如爲山』，是論學可進而不止乎？」先生曰：「然。此章亦明白，但不知其進因甚事？其止因甚事？」琮起曰：「進是自强，止是自棄。」曰：「亦有不肯自强，果於自棄者，其故又安在？」諸生未對，先生曰：「看來還是少格致之功耳。苟真知之，則其進自不能已，雖自强亦不待用矣。若夫止，則類振恒。故某嘗說仁將熟，而一欲之弗窒，則前仁盡廢；義將精，而一利之未絕，則前義盡隳。」顧曰：「進曰吾往，將爲仁由乎己耶？止曰吾止，將畫地以自限耶？」先生曰：「然。此正不可仰賴於人。」曰：「行止非人所能，亦此意否？」先生曰：「孟子以行道言，則歸之於天；孔子以求道言，則責之於己。」

先生曰：「我嘗看夫子與回言終日，其亦回之不惰也歟！退而省其私，亦足以發，俱是他不惰處。夫惟其不惰也，故在夫子終日之言，不見其爲倦；在顔子終日之聽，不見其爲多也。」蔣三才曰：「回之違仁於三月之後，斯亦惰乎？」曰：「違仁處亦略見惰些。」易泉曰：「顔子三月不違仁，非謂三月後便違仁也。有不善未嘗不知，知之未嘗復行，其違仁處則其一念之差耳。」曰：「就是一念之差亦是違了。但我們不要說違仁於三月，且自寅至酉，幾個時辰，點檢起來不知違了多少時刻。故嘗語諸生，務要常惺惺法，做此求仁工夫。立則見其參於前，在輿則見其倚於衡。若飲食、若衣服、若居處、交際，隨事隨處要見此仁，方可學三月不違。不然，中年間是個惰過了，雖到白首亦無聞，故學至於不惰甚難。今學者但聞說及道，多便思睡了，則知此惰字甚害事。」

先生曰：「夫子謂顔淵見其進，未見其止，亦與『吾止』之止同。」易泉曰：「此處正說顔子進，進而未嘗已也。」謝顧曰：「『吾見其進』，蓋嘆其到充實之謂大；『未見其止』，蓋惜其未能大而化之也。」鍾暘曰：「先生言是」。顧曰：「但云『惜乎』，恐只是惜其死，未至於聖也。」泉曰：「聖人之言，意思深遠，這般說也是，那般說也是。」先生曰：「伯源不幾於持兩端乎？如用惟命之意，將『進止』二字還同前章『進止』二字說『惜乎』亦不妨。此多在顔子，不在時。言顔子爲人，惟見其進，未見其止，今也則亡，是可惜耳，于理亦似通。蓋分明以『止』字對『進』字而言，不可過求耳。」

泉問：「苗、秀、實，亦有別乎？」先生曰：「苗是眞種子，如和順積中、英華發外的去處。秀是暢於四支、發於事業的去處。實是義精仁熟、充實而有光輝的去處，如物之開花，到那結了果田地纔是實。孟子曰『夫仁，亦在熟之而已』，熟即實也。有子曰『君子務本』，本即苗也。是故學者做工夫，須先從根本上討分曉。」鍾暘曰：「苗、秀、實，一以貫之乎？」曰：「然。」顧問曰：「苗似共學適道的人，秀似可與立的人，實似可與權的人，如何？」亦曰：「不必如此比擬，但學者還只要從根本做起不差。」

曹鼎問：「務本何？」先生曰：「孝弟爲仁之本。」詔曰：「孝弟亦可推而廣之乎？」曰：「孝弟能推廣，可與天地並久、日月並明。故某嘗謂徐行在人有甚難處，人卻易視了他，不能擴充去耳。今人誠使一家之中，有兄長焉，亦此徐行之心，而弗敢傲也；宗族鄉黨之中，有兄長焉，亦此徐行之心，而弗敢侮也；在朝廷之僚寀，有兄長焉，亦此徐行之心，而弗敢自大也。擴而充之，以至通於神明，光於四表，格於上下，堯舜之道，亦不外是。而今人只是無徐行之心，故在家則輕視父兄，在鄉黨宗族則干犯長上，在朝廷則動作俱是意、必、固、我之私。不能舍己從人，只是不徐行的人，如何說不推廣此當在前？」

三才問：「宗族稱孝，鄉黨稱弟，如何僅爲士之次？」曰：「孝弟有淺深，此言特舉其一節耳。如王祥之孝而仕晉，鄧攸之友而仕僞漢，是不能推之矣。」楷問：「閔子之孝如何？」曰：「聖門若閔、曾之孝，可謂得堯舜之緒乎！」

楷問：「陽明先生謂『四十、五十無聞』，是不聞道。『疾没世而名不稱』，是疾名不稱道，如何？」先生曰：「說不聞道是，說疾名不稱道則非也。蓋生而務名，固君子之所深戒，若夫没世而猶無令名之播，則其平生無行可知矣，非君子之疾而何？」

先生曰：「『何用不臧』，夫子已喜子路之能守矣。及其終身誦之，則又曰『何足以臧』。豈其前方臧，乃遽不臧？」耶泉對曰：「道無終窮，學無止法，子路不恥衣敝緼袍，固可謂貧而無諂，若終身誦之，則不復知有貧而樂，故夫子抑之也。」曰：「然。學誠不容以自足，自足則不能造其極。書云『有其善，喪厥善』，必如顏子『有若無，實若虛』，可也。故朱子云『自喜其能不復求進於道也』，此說良是。」

秦泮問：「不惑、憂、懼，如何？」先生曰：「智者，知之事；仁者，行之事；勇者，知行造其極處。」

旦問：「憂、懼亦有別乎？」曰：「所謂不憂者，孔顏之樂是也；所謂不懼者，即內省不疚者也。但說個『勇』字，就是配義與道，仰不愧俯不怍，充塞天地之間，又何懼？」

顧問：「共學、適道、立權，是因人已至而不强其所未至與？」先生曰：「天下人自有許多等級，不同資質之上下，學問之淺深，亦難以一致也。」庸泓曰：「立權不知可學否？」曰：「我們且莫說權著，就學到立處也難。夫子曰『三十而立』，這便是中立不倚的『立』字，而今人都把個執一不通喚做立，斯看壞了立也。因言某（當）［嘗］贈人立字云：『泥塗而有健步，必其攀緣者也；中道而有僵伏，必其跛足者也。』此亦形容立字可以下工夫矣。宋世羅氏則曰『西漢人才可與適道，東漢人才可與立，三國人才可與權』，又以其人目之，此皆想像排比之言，不知其人可乎？」又曰：「漢儒以反經合道爲權，還是因經行不得，只用權，非反經而何？漢去古未遠，看書甚好，今不可便謂之非也。」

楷問：「顏、曾可與權否？」先生曰：「可與權，如用舍行藏、仰鑽瞻忽；曾子聞一貫，答門人以忠恕。謂非權不能也。二子固可與權，然須觀其所立處：簞食瓢飲，回也不改其樂；魯君致邑，曾子三四返而不受。故權雖難於立，然必立後方能權。汝輩欲學顏、曾之權，請先從他立處起。」問：「先生云：『品題聖門諸弟子，不若先品題自己。』此是要生實下工夫。」問：「今但知志道，猶不免有得失存亡之時，不識如何可以立到權耶？」先生曰：「纔覺乎得處、存處，不使失亡，便是立。得到不知其得處、存處，則與道存處，如是而不可與權者，則夫子有吝言矣。」

「既言共學，又言未可與適道，共學者非道乎？」曰：「學而不知道者多矣。且學或修一行或知一事，道則會其全也。」

楷問：「『可與共學』，學固道也，而又云『未可與適道』者何？」先生曰：「學如詩、書、六藝，皆學也。未可與適道者，是習而不察，未能下學上達，是道之高妙處，所謂德成而上者也。立是有堅定把持意，行止語默之間，俱是此立的道理。觀顏之易地皆然，與曾『唯』『一貫』而語門人以忠恕，亦可與權。就二子可與云一處，如顏之簞瓢陋巷不改其樂，曾之卻賜裘而不忍委身于壑，便是此章兼資質學問言，其所至之不同如此。」

鄉黨篇

「既曰『恂恂如也』，又曰『似不能言者』何？」曰：「恂恂以其貌言，似不能以其言言，便便以其言言，唯謹以其貌言。」「唯謹之爲貌奈何？」曰：「其狀若鬼神在上，君父在前耳，蓋非恂恂者不能便便也。」

達問：「『朝，與下大夫言』，如何？」曰：「接下雖以言言其貌可知矣，事上雖以貌言其言可知矣，蓋互舉耳。」

「『使擯』之謂何？」曰：「豈惟色勃、足躩爲敬君哉！雖襜如、翼如皆爲君致敬於賓介之間矣。」

瑶問：「『入公門』之謂何？」曰：「雖在朝之容，然有言門，有言位，有言堂階，有言復位者之不同，蓋必隨其地而異容也。」「『言似不足』之謂何？」曰：「蓋不敢譁越於禁密之處，如不足也。怡怡者，愛君之本心也，蓋戰懼解而本心之見矣。」

衢問：「『執圭』如何？」曰：「『鞠躬』以下言上下之分也，『享禮』以下協彼此之情也。如不勝者，身容；如揖授者，手容；戰色者，色容；如有循者，足容。是豈惟不辱君命哉！彼鄰國者，觀其使臣，可知主君矣。故子禽曰：必聞其政。」

「飲食之節如何？」曰：「此孟子所謂不以小害大、賤害貴，然於人所忽者則不食，神所惠者則急之，此可以見其心矣。『瓜祭』只作瓜，亦通，蓋皆薄物也。」

鸞問：「夫子於鄉黨恂恂，若臨是非利害之際，卻也須便便。如在宗廟朝廷，固是便便，若處僚友大人以德義行實尊讓，也須若恂恂。當時門人記載，亦就其重者論之，不知是否？」先生曰：「恂恂只可施於鄉黨，鄉黨中長幼尊卑俱無所用便便處。若恂恂處於宗廟朝廷，亦必似誾誾，不然，便陷於持祿固寵者矣。」

庸泓問：「『入公門』如何」。先生曰：「此門人於聖人之身容、色容、口容、氣容、手容、足容無不記耳。」問：「出，降一等，乃逞顔色。至復位，如何反踧踖？」曰：「所謂逞顔色者，非不敬也。蓋前戰色、足躩、屏氣，敬已至矣，故此下階，比前爲稍放耳，然而其敬則尚在。至復位而踧踖，則餘敬未忘，然後知逞顔色者之非肆也。」

顧問：「夫子之服衣之制，盛德之至也。今有志於道者便侈然，戴峩冠服深衣，自以爲聖賢之徒。聖賢果在衣服間乎？」先生曰：「程子云：『制於外以養其中，由乎中以應乎外。』作聖工夫雖不專於在外，然服堯之服亦不可廢。惟以其服而已矣，乃行之不稱也，不幾於書所謂『服美於人』者乎！」

象先問：「蔬食菜羹瓜祭，恐只作『瓜』字，亦無害。」先生曰：「然。詩云『疆埸有瓜』，故亦有瓜祭的。」又曰：「聖人存心不苟，只在這小節上愈加敬見得，如著件絺綌，他便欲表出不見體，如個席不正亦便不坐，食饐而餲亦便不食，皆是禮節之細而中庸。天下國家之九經，夏、商、周之因革損益，亦是此物。故鄉黨一篇，多是飲食、衣服、言動之微，而天下之大經大法皆自此出，故每謂此篇是夫子行之一貫。」

鸞問：「鄉人飲酒，杖者出，斯出矣。若是醉而不出，屢舞傞傞，屢舞僛僛，聖人亦應何如處？」先生曰：「古人飲酒，既立之監，或佐之史，不苟飲也。可以聖人而同於流俗乎？其温良恭儉讓格人處，自無傞傞、僛僛之徒矣。」

泉問：「『鄉人儺，朝服立於阼階』如何？」先生曰：「此見聖人從俗，然亦無所不用其誠敬也。」顧問：「儺至小事，必衣朝服以敬之，可乎？」曰：「古之朝服非如今之拘定而不可穿也，但夫子於當時亦無所作意。」鸞問：「儺以逐疫，有諸？」曰：「致中和就能位育，養真氣則塞天地，若能誠意以感之，正道以格之，疫何不可逐乎？譬如敝省有一舉人，名喚景清，孝友剛正人也。洪武年間，去京會試，過河南，有一大家女子偶感風疾，累醫弗効。其父夜間忽夢一人言曰：『汝欲女病痊，必須某日文曲星至庭即愈。』其父〔夢〕[二]覺。至某日，望來人，景清適至，其父問是何人，景曰某舉人也。其父遂以此人爲文曲星，止居數日，女病果痊。既去一二日，女病更作，其父追告之故，景曰：『治此何難！』乃寫『景清在此』四字與之，使貼在牆壁，後女病遂終愈。於是其地人家有患此疾者，率寫『景清在此』輒効，觀此可見正能勝邪。後景公及第，官至侍郎，死於建文之難。」

寅問：「『惟酒無量，不及亂』，朱子註『但以醉爲節而不及亂耳』，如何？」先生曰：「纔醉無有不亂矣。若孔子言無量者，或是三行五行，不拘限量不及亂耳，故書曰『德將無醉』，亦是此意。」

鸞問：「廄焚，子退朝，曰：『傷人乎？』不問馬。乍忽之際，固應如此。若稍從容，亦須有言及馬也。」先生曰：

〔二〕「夢」：原文脫，據楊本補。

「此正觀聖人貴人賤畜之心於乍忽之頃，從容時不須論矣。」

一拱問：「『凶服者式之，式負版者』二句是一件事？」先生曰：「然。負版爲齊衰重服見於禮記。若緦功，雖皆凶服卻無負版也。故人於凶服者式之，亦推式此負版重服者耳，非緦功輕服一概皆式之也。」

威問：「鄉黨一篇皆聖人之實跡否？」先生曰：「觀鄉黨一篇，見聖人之行之變化。觀餘篇，見聖人之言之變化。」問：「『出，降一等，逞顏色』，至『復位，踧踖』，似比降階時加敬，何也？」先生曰：「此『出，降一等，逞顏色』對前節誠爲少舒些，至復到本等班行位上又不忘敬。蓋夫子敬君不徒是敬其爵位，以天子生養天下，諸侯生養一國，百姓皆在覆幬之下。見得這意思，自不容己於敬。觀其升堂、過位、執圭、爲擯，莫非周旋中禮，盛德之至也。」

楷問：「席不正者何？」先生曰：「古人席地而坐，如席南向北向，以西方爲上，東向西向，以南方爲上也是正。如虛坐盡後，食坐盡前，有憂者側席而坐，有喪者專席而坐，如此也即是正。」又問：「儺者何？」先生曰：「亦是敬鬼神之意。逐疫之説，亦有此理，蓋人命與天時相通也。其必朝服者，想亦公服之類或當時通用。」

東郭子曰：「鄉黨一篇，先儒謂分明畫出一個聖人，此言甚是，只是精神命脈處未曾畫得出。」先生曰：「只如君在踧踖，出降怡怡之一事，非精神命脈而何？蓋一篇皆精神命脈也。大抵看此篇書，當要知其周旋中禮處。」東郭子曰：「周旋中禮，還根於盛德之至；睟面盎背，還根于仁義禮知之心。」曰：「此更消說也。今豈可謂周旋中禮、睟面盎背者，非盛德與仁義禮知耶！故觀人者，即其外可以知其內；修德者，有諸中則必形於外。」

大器問：「尹和靜云：中庸自『祖述』而下至『無聲無臭』，言孔子之大；鄉黨以下自始至終，言孔子之小。似過於分別。」先生曰：「其實分不得。不知其大者皆小也，其小者皆大也。」

因講鄉黨篇，謂諸生曰：「學須見得意思常新乃樂學，如能時習乃悅也。且學聖人，須師其意，不必泥其跡。且如平日做短右袂之衣，如何使得？縱是不得其醬不食，亦視所處之地如何，若當疏食飲水之時，雖醬亦無矣。故鄉黨記夫子威儀、飲食、衣服，皆天理之發見處。必先學此而後達道，但不必泥耳。九經、三重皆由此出。」

四書因問卷四

論語

先進篇

九霄問：「先進以下時人之言乎？」曰：「夫子之言也，猶『質勝文則野』之論耳，幾見其爲述時人之言乎！」「禮樂之謂何？」曰：「自朝覲、郊社以至享、燕、軍、射皆是也。」「先進、後進者何？」曰：「以古今言之，夏、商猶先進也，周室猶後進也。以周室言之，成、康以上先進也，平、桓以下後進也。此與吾説，夏、商之禮可並觀。」

城問：「孔子從先進，如何？」先生曰：「周自文、武、成、康時，文質卻是得宜，至於末世，便趨於文矣。勢自是如此。國初禮樂多有真實的意，其後末流至於一酒靡費十餘金，一葬祭靡費百餘金，誇耀流俗，真實的意思都忘了。故孔子謂我欲用禮樂，只從先進。」又問：「禮樂自身而言乎？自家國天下而言乎？」曰：「自身而達之家國天下皆是。」「然則聖人制作，多在天地開創時，至於中世便少，如何？」曰：「大有所作爲者，率當天造草昧之初。至於後世，不過補偏救弊而已，欲大有變革，卻難也。故易曰：『雲雷，屯；君子以經綸。』此亦可觀從先進意。」

楷問：「先進於禮樂一節，以爲述時人之言，如何？」先生曰：「只作孔子説亦通。謂先進於禮樂，時人以爲野也；後進於禮樂，時人以爲君子也。如夏、商是先進，周是後進；如自文、武、成、康以上爲先進，以下爲後進。夏尚忠，相與只是渾厚的意思在内，不在外面。到商尚質，雖漸形於外面，卻全質樸，還無文藻。至周尚文，則儀文度數纖悉備具，多在外面了。且如禹之時，菲飲食、惡衣服。再進前看，如舜連漆器也不用，抵璧投珠，土階三尺，茅茨不剪，當時百姓如何不安。」如文侯周景會曰：「禮樂從何處見？且樂何以分先後進也？」先生曰：「此禮樂就吾身之禮樂言，鐘鼓玉帛云乎哉！如文侯聞古樂則惟恐卧者，先進之樂也；鄭衛之音不知倦者，後進之禮樂也。今如琴之泛音、越調，皆新聲也；樂詩有胡部樂、俗部樂；且古詩止於四言，至漢始加五言，以後加七言；律詩又有排律，皆只是悦人。他如草堂辭，皆新聲也。有聖人作，則自唐以下皆可删也。用『如』字，尋常説禮樂不可斯須去身，何爲説『如』字？然非天子不議禮，孔子不好説用禮樂，只得如此説。且玩『如』字，正是於先進、後進之間有擬議斟酌之意耳。孔子之意，欲人復古，觀其斟酌四代之禮，於周止取個『冕』可見。」章宣之問：「『周監二代，郁郁文哉』，又云『吾從周』者，與此不相戾乎？」曰：「『吾從周』者，意在言外；『從先進』者，言在意中。」易伯源問其故。曰：「夏尚忠，商尚質，忠質者，本也。周則監之，郁郁乎文，過於夏、商之質者矣，但以當代之制，不得不從。細味其意，褒中寓貶，美中寓諷者也，故曰：意在言外。若先進者，雖文不足而誠意實有餘，與禮奢寧儉、喪易寧戚意同。説一『寧』字，皆不得已從先進之意，故曰：言在意中。」劉孟禽問：「周公制禮作樂，是損益二代忠質，故謂之郁郁，豈是不足之意乎？」曰：「恁地看，卻大遠了。觀夫子又嘗言『吾學夏禮，杞不足徵』云云，其不足去處亦略見矣。」歐陽曰大問：「禮樂不可斯須去身，説『如用之』，如何？」曰：「用者是于野人、君子之論，而斟酌去取之宜也。」「野人與『質勝文則野』同乎？」曰：「然。」「君子與『彬彬君子』同乎？」曰：「不同。『彬彬君子』，乃時中田地，非堯舜之精一不能。」顧問：「從先進只可言周，如何言夏、商？」曰：「夫子不云行夏時、乘殷輅乎！」

官問：「四科乃世俗之論乎？」曰：「非也。」「然則曾子奚不與？」曰：「曾子年最少，不與陳、蔡之阨也，故曰弟子記之耳。」「政事非力行者不能，何以在言語之下？」曰：「言語或以發揮道理，或以應對賓客，或辯於朝廷，或使於四方，非其材之長者不能，故下德行一等耳。」「文學又何以在政事之下？」曰：「文學未之及民也。」

顧問：「德行四科，恐出於門人所記，其品第不知果足信否？」先生曰：「此特各記其所長耳。然德行之科實不易得，惟顏、曾、冉、閔能之。如孟子謂善言德行，閔子善辭季氏宰，這樣去處，誰人到得？若於德行，實有諸己，則言語、政事、文學，皆其餘事耳。」又問：「行道而有得於心，亦似『不言而信，存乎德行』者乎？」曰：「然。『不言而信』去處亦不容易，如顏子未嘗説個仁，而聖門弟子無不許他仁的；閔子未嘗説個孝，而父母兄弟俱説他個孝；千乘之國不信要盟，而信子路之一言。這樣纔算得『不言而信』，不知汝輩説『不言而信』能如前賢否乎？」又問：「游、夏既以文學名科，如何春秋不能贊一辭？」曰：「此正見德行有遺漏處，便與天地不相似。設辭自有過差，不如化工。如司士賁告於子游曰：『請襲於牀。』子游曰：『諾。』縣子聞之曰：『汰哉叔氏，專以禮許人。』此等去處，便見子游雖是文學，於德行亦不足也，其能贊得春秋乎！」

「回非助我，果然乎？」曰：「不有無所不悦，何以見有所不悦之衆；不有有所不悦之非，又何以見無所不悦之是。是不助者大助也。」

許汝賢問：「回非助我者，恐只是謙詞否？」先生曰：「助我雖是謙詞，究而論之，亦是實事。蓋聖人之心，雖渾然全具，無所不通，然每因疑問引動，則思慮益以起發，知識益以開明，此便是相長處，故曰：詢於芻蕘，好察邇言。而況於師弟子問答，如孔子於子夏，初只是論詩，未想到學上，子夏便曰『禮後乎』，聖人之心遂因之有所起發矣，故謂其『啓予』。」又問：「若此，子夏不反賢於顏子歟？」曰：「顏子無所不悦，亦足以發，雖不言助聖人，而實有大助聖人者矣。故曰：詞若有憾，其實乃深喜之。」

鸞問「無所不悦景象」。先生曰：「顏子不違如愚，語之不惰，其在茲乎！看來聖門弟子亦有或惰或不悦的，故夫子有可與言，有不可與言者耳。」又問：「聖人亦有待於助乎？」曰：「怎麽不待於助！譬如今日相講，便不相質問，則雖有意思，亦含蓄不能發了。若夫子，真個如洪鐘，大叩則大鳴，小叩則小鳴，然其心則又未嘗自足，如云『好古敏求』，『不如丘之好學』，問禮、問官之類，何嘗自言『生知』，不有待於助乎！今人資質萬倍不及孔、顏，卻又把生知看難了，故或不是學問，大非夫子本意。」顧問：「顏子發聖人之蘊，那裡見得？」曰：「予嘗謂論語一書，皆夫子言語之跡；鄉黨篇，皆夫子行事之實，如鄉黨而恂恂，宗廟朝廷而便便，若飲食、衣服、交際，顔子都能一發之，但工夫有生熟耳。至於高堅前後之嘆，克復之仁，四代禮樂之政，其天德、王道則又其藴之大者，周子謂教萬世無窮，亦不外此。我們於此處細玩，孔、顔之學一一體之躬行，推之事業，則不爲空談，亦是發孔、顔之藴也。」

問：「閔子騫之孝，註以爲孝友者何？」曰：「因昆弟爲言也，如不得昆弟之心，昆弟豈能稱其孝乎！然言孝則友在其中，未有孝而不友者也。依經文爲是。」

楷問：「閔子能化其母，而申生不能悟其父者何？」先生曰：「閔子分明有德氣象，觀『母在一子寒，母去三子單』這等話，他人不能到，母聞之，何以不感化。若獻公溺驪姬，其惑甚矣，申生力量不及舜、閔子，止得爲世子耳。」

孟禽問：「夫子獨舉閔子之孝，而註以『友』字副之，如何？」先生曰：「天下豈有孝而不友者哉！觀不間於昆弟，就是他友處。詩云：『兄弟既翕，和樂且耽。』聖人遂以父母其順繼之此，亦明孝友無二道矣。」一生曰：「『克諧以孝』亦是此意。」先生曰：「如何見得？」一生曰：「舜之父頑、母嚚，象傲，傳云『克諧以孝』，則友象在其中矣。」曰：「這般看來，孔門曾、閔之孝真個是堯、舜之孝，但要人反求諸己，不在取比對也。人苟能反求諸己，得此孝友，便是他誠身的去處，然誠身尤莫先於明善也。」乾元問：「明誠有先後乎？」曰：「中庸論先後甚明。」

吴啓東問：「『三復白圭』如何？」先生曰：「此亦只是謹言。然言之在人，亦有當言的，有不當言的。如『言及之而不言謂之隱』三句，看來多言的病痛則占其二，不言的病痛獨居其一。孟子又謂以言餂之指爲穿窬之類，可見言語之謹，亦不止只是緘口結舌。南容三復白圭，後來邦有道不廢，邦無道免於刑戮，謂非謹言之功乎！而今人説話，自是異樣，如在長者面前自然畏敬不放，一到朋友中間則多是無根之談，謔笑的話説便是不謹言。」因問：「謹言工夫怎麽様下手，諸生亦試言之。」旦曰：「心存不放。」應熊曰：「言顧行。」惟用曰：「言必慮其所終。」先生曰：「皆然也，但工夫還要窮理格物以致知。若理能窮則善無不明，言辭自然安定，雖他日當國家大事，亦是據理發言，而世爲天下法者矣。」

問：「顔淵死，夫子以不徒行止顔路，而不論厚葬之非，乃責門人厚葬之非，何也？」曰：「言己之不可徒行，則顔淵之不可厚葬可知，故顔路之心遂已。至其門人厚葬，則不出於顔路之意也。然於回之死，上則歸於天喪已，下則舉世無人並其慟，而一槨不與厚葬，則其所以待顔子者，學者不可不講。」

象先問：「請車爲槨，亦是顔路學未到處。」先生曰：「顔路之請，不以爲貪；夫子之拒，不以爲吝。孔門師弟子相與之深，此亦可想見。」

城問：「厚葬門人，爲之似亦無害於理。」先生曰：「貧而厚葬，豈不害理？如子疾病，子路欲使家臣治其喪，此等處便不是理。故夫子責子路爲欺天，而於此亦曰：『非我也，夫二三子也』。又如禮記檀弓謂孔子之喪，公西赤爲志焉；子張之喪，公明儀爲志焉。中間至雜用三代之禮，使顔淵而在，亦必曰：『非我也，夫二三友也』。」

問：「季路問『事鬼神』及『問死』，夫子告以事人與知生者何？」曰：「子路剛强，非事人爲生之道，如曰誠敬事神，則子路忠信有餘，如曰原始知生，則衆人所共知也。」

大器問：「未能事人，如見在君父，其未散之精神尚不能格，何况既散之精神乎！此説如何？」先生曰：「亦好，但事人事神之説亦未盡，此乃(因)〔就〕[一]子路所不足處而言。如禮讓，如中和，如仁，如德，皆事人事神之道，子路之所不足者也。以此而言，方見聖人造化子路處。」又問：「氣聚生、氣散死之説如何？」曰：「如好勇，如行行，如暴虎馮河，皆非生道也。是故臨深履薄，吾知免夫者，其知死之道乎！」

旦問：「事神知生如何？」先生曰：「此夫子深見子路之病而抑之也。子路只是個不能事人，就不能知生，故死於孔悝之難。」顧問：「子路死難，亦勇於義者，於事人也何與？」曰：「衛輒何人而可事之乎！一事了衛輒，則其結纓而死者宜也，又安得謂之知生？向使當時夫子言之，子路能發其故，則或可以免矣。然此處，諸生更要窮究始得。」泉曰：「子路恐是血氣之質盛，學問之功少，故有此事。」曰：「不可謂子路盡無學問也。見義必爲，唯恐有聞，何等的工夫！昔

〔一〕原文作「因」，楊本作「就」，此意爲長，改。

顏子幾至聖人田地，夫子尤稱其好學，怎麽説無學問。大抵子路忠信果敢處多而精察密處少，故夫子嘗抑其無所取材、死而無悔者也。」諸生又請知生事人之故。先生曰：「事人之中，看來要一個明誠。蓋人之於神固無不敬，而明有未盡，又有非所事而事者矣，故云：『明乎郊社之禮。』能明而誠，則親親之殺、尊賢之等，決不至於諂瀆者也。故曰：幽明只是一理。知生之中，看來要一個仁義。蓋仁者，人也，與生俱生而不息也。譬如物有杏仁、棗仁、桃仁，則自然生生不已。天之生物，到春生時，萬物暢茂條達，此處卻是仁；到秋殺時，萬物憔悴枯槁，此處又卻是義。故曰：知生之道，莫大於仁義。是故子路忠信有餘而明不足，故有衛輒之事；義勇有餘而仁不足，故有孔悝之死。學者究其極而論之，則格物致知、明善誠身工夫，闕一不可。」

問：「季路問事鬼神章如何？」先生曰：「『未能事人』與『未知生』，不是泛答事，箴捄子路之失處，依註似不切。凡夫子答門人皆是醫他的病，子路於明處有不足，如强其所不知以爲知也。誠敬足以事人，添出一個明來，如入事父兄，出事公卿，皆是未知。生生是仁理，言仁則統四德，兼萬善，未知生即明（善）〔哲〕〔一〕保身之理。夫子於子路，每以剛勵之語，所謂强弗友剛克，故夫子每每以剛克之。子路在當時，只是忠信果敢不可當，但少中和之氣，以致死輒難。然其失不在於死難之日，而在於事輒之非，這便是『未能事人』『未知生』處。」

問：「夫子既樂侍側之賢，又何以言由不得其死？」曰：「如由行行裁抑之，皆可進於道也，故樂。不然，死且不保。故能知生則知死，惜子路不終夫子之樂，使之覆醢而怒也。」顧又曰：「閔子誾誾，不知與夫子誾誾同乎？」曰：「閔子之於聖人，語其偏，則具體而微，誾誾亦同；語其全，則動容周旋未必盡如聖人之中禮也。」

象先問：「子樂，亦是樂諸賢之質易變化，而斯道可寄否？」先生曰：「是如此，蓋亦不得中行，必也狂狷之意。」問「若由也，不得其死然」。曰：「此聖人直告以處死之道，而子路蓋不知也。」

〔一〕原文作「善」，楊本作「哲」，此意爲長，改。

泉問：「夫子謂『由也，不得其死』，此言恐太厲乎！」先生曰：「孔子對子路說話都是這等，如云『死而無悔』，『好勇過我』，『衽金革，死而不厭』，『無寧死於二三子之手』，都是厲言，不知夫子於此有甚意思？」泉曰：「子路恐是個血氣之勇，未消得盡。」先生曰：「厲言之者，所以抑其材之狂也。然初年雖有此氣，後來畢竟不同，就是聖門弟子亦最畏他。故曾西曰『吾先子之所畏』，夫子亦曰『片言折獄，其由也與』，固非純是血氣之勇。」

旦問：「爲長府如何？」先生曰：「此見造作之工勞民力、傷民財，役之不可以不慎也。昔蕭何治未央宮，謂非奢麗不足以重威，大失此義。」顧問：「程子云：『爲民立君，所以養之也；養民之道，在愛其力。』專語力而不語財者何？」曰：「力猶重於財也。財者，民之所出也；力者，民之所生也。傷財則竭民之血脈，而勞力則戕民之筋骨矣。閔子仍舊貫云云，豈止惜財力而已哉！充之，雖卑宮室，茅茨不剪，可以並馳於前矣。」

重光問：「閔子言必有中，是亦涵養從容者乎？」曰：「閔子言必有中，非止長府之一言，如『善爲我辭』，亦多少春温氣象；至於『必在汶上』，則又剛方不回，雖功名富貴亦繫他不得了。」先生講『由之瑟』，謂諸生曰：「子路許之升堂，亦正大矣。如何又有北鄙殺伐之聲？」余用中對曰：「升堂是正大無私。」劉孟禽曰：「『由之瑟』一事之失。」易伯源曰：「剛勇過中。」先生曰：「說一事之失，是又分爲二矣。說無私、過中，似得其意。但聖人之道一耳，如何有曰室曰堂之別，又獨不及其門乎？」諸生請問其故，曰：「一貫之道不聞，故每分道爲二。若北鄙殺伐，惟商紂有之，至於子路見義必爲，聞過必改，何等正大！特剛勇未免過中，故時每見於外也，這樣去處，亦惟聖人能測其音耳。」夏彝叔問：「與點瑟同否？」曰：「不同。」張淳夫言：「點瑟有春温意思，由瑟有秋肅意思。」曰：「然。曾點倚門而歌，亦失與時偕樂之志，若子路明決，真不可當。」泉曰：「曾點之狂，亦可謂斐然成章，與子路又奚異乎？」曰：「充舞雩之言，常存諸心不已，則堯舜氣象亦不過是，惜其不能掩言耳。」

先生講『商、師孰賢』，謂諸生曰：「過猶不及。舊看于道固爲失中，然究其進學，亦必有切近處，不知汝輩以過爲可乎？以不及爲可乎？」伯源曰：「過者還是明敏之資，不及者乃篤確之資。若論可取，明敏還好些，譬如行路者，走過百里之外，挽而回之，猶可爲也。氣弱者，或三四十里，或五六十里，疲跛不能致遠，是以不似明敏者。」先生曰：「行過百里，其力必乏，挽之亦難。使氣弱者，循序漸進不已，則百里可到矣。」

顧曰：「堂堂乎張，難與爲仁；篤信聖人，庶幾於道。意以篤實者可進。」先生曰：「此正夫子救二子之學於未成之先，畢竟後來造就不同。如子張執德不弘云云，子夏日知其所亡云云，皆是有道的説話。但如今求進道者資質篤實之學，充之可以爲聖爲賢，明敏處未免爲才高意廣所使，如子夏當初傳易述禮，自然比子張不同。」泉曰：「『子夏篤信聖人』一句恐未必然。」先生曰：「禮記紀夫子言動甚衆，子夏一一識之，渠非篤信者乎！」重光因問游、楊、尹、謝優劣。曰：「游、楊、謝才思高大，尹氏誠確處多。予嘗謂尹在程門，猶曾之在孔門也。」金用問：「後人多取游、楊而不取尹者何？」曰：「游、楊雪深三尺，特立不去，後人獨嘉其志耳。至於尹之行處，真個人所不能及，蓋亦孔門之子夏也，人但未之深考耳。」

象先問：「冉求爲季氏宰，孔子初亦不見，救止之，如何？」先生曰：「此或有難於言者。或是家貧親老爲禄仕，亦未可知。」「如仲弓亦嘗爲季氏宰，孔子亦不止他，或是望他感化季氏否？」曰：「此亦有理。大抵賢者出處之分，不可不明，『如有復我，必在汶上』，閔子得之矣。」

愚問：「『季氏富於周公』如何？」先生曰：「天下之富，不止周公，夫子謂其富於周公者，以其徒有其富而無其德也。冉求無能改於其德，反爲之聚斂附益，故夫子累責之，如曰『汝弗能救』，『可謂具臣』，皆抑而教之者也。」重光曰：「古之聚斂，必定比今不同。」顧曰：「今之聚斂，猶古之聚斂也。」泉曰：「今之聚斂，頭會箕斂，恐古未必然。」顧曰：「季氏在當時作三軍，舍中軍刻剥其民，不爲不至，安知非頭會箕斂者乎？」先生曰：「如今不要管他箕斂不箕斂，但究冉求病根在何處，方爲有益。」諸生未對，請教。先生曰：「冉求亦只是氣弱的，如云：『非不悦子之道，力不足也。』氣弱故不能作用耳。」應熊又問：「以政事許求者如何？」曰：「此或門人之記耳，但冉求亦多爲藝所使。」顧問：「聖人教人，無非道德，怎麽有這樣弟子？」曰：「冉子特見不透，故有聚斂，至於大節目處，夫子亦嘗許他。」又問：「『非吾徒』之言，聖人待弟子可不謂嚴乎？」先生曰：「非吾徒者，絶之也；鳴鼓而攻者，望之也。望則令其自改，絶則令其自訟，亦以見聖人之至仁。」

淄問「愚、魯、辟、喭。」先生曰：「四子之病，皆是氣質之偏，故夫子教以自勵，後來四子聞教，皆變化不同。」又問：「辟、喭何别？」曰：「辟是堂堂的氣象，喭是行行的氣象。我輩不可只論前賢，如各人身上都有個病痛，各能尋究出來，或好大自私，或驕奢淫欲，或貪利傲惰，能一一斬去，不使一毫萌動於中，纔能實學。」炳問：「病痛人身上俱有的，但要克治，不知不覺又發出來。」先生笑曰：「還只是不做工夫，故理欲或出或入，然不以不知不覺爲不識不知。蓋不知不覺出於欲，人所不可有；不識不知出於理，人又不可無。」光問：「程子謂曾子能傳道在魯，是魯即顏子如愚字否？」先生曰：「夫子自曾子學未成之前説，程子自曾子學已成之後説，故如此。大抵傳道還要好資質，魯還是他資質偏處，孔子言此，使自偏處克去。若顏子則言其『如愚』，非真愚也，於曾子直説『參也魯』，語意亦自可見。但曾子唯魯，故篤信聖人，至聞一貫，傳十章，而魯質至是變化盡矣，所以能任道也。」

楷問：「愚、魯、辟、喭，四子何以有是病？夫子何以示其教也？」先生曰：「此聖人教人在一字上用功處。愚是知不敏，魯是行不敏，此愚、魯之别也。學者要變化氣質是第一事，看這病痛是氣質與生俱生帶將來不好了，雖勵數子，實所以勵三千之徒，以今日觀之，亦所以勵萬世之學者也。蓋氣質未變，則出言行事終狃於偏，或見之文字而不能發其奥義，或推之行政而不能達於民情，皆是氣質爲累，纏了一生不自覺也。」

問「庶乎屢空」。曰：「屢空即庶乎也，賜不受命即不庶貨殖，即不屢空。」

顧問：「『庶乎屢空』，是安貧又能近道否？」先生曰：「説安貧近道則可，説安貧又能近道則不可。蓋貧之在人，亦最難處，如日用常行、飲食衣服，少有不足，則便歉然於中，於此都能安得，卻非見大心泰者不能，便是道了。至如子貢是個明敏的人，卻又不能受命而貨殖焉。」一生曰：「諸生不能進道，亦只是不能安貧乎？」先生曰：「人只是個不足，故雖居公卿宰輔，亦有還不足者。如季氏富於周公，反僭諸侯、天子之制度起來，亦是個不安貧的心，不知汝輩肯於此關頭見得一二分否？」癸巳正月二十一日，先生過寺，諸友咸至請講，先生曰：「今日聚講，各有疑處，都説不妨，不可以吾年少長，遂隱而不發，但隨力量所到，見識所及，雖事變相干也，須平心易氣一論。故某嘗謂，雖是做個宰相，必須盡天下之情，使大大小小之善都要用他纔好。因問前日講『庶乎屢空』，下要分安貧近道做兩截看，諸生近看以爲何如？」夢卿對曰：「安貧近道只是一事。」先生曰：「何以見得一事？」朱仁貴曰：「素貧賤，行乎貧賤。」曰：「然。安貧就是近道，如孔子之贊顔子，亦只云『不改其樂』。易曰：『顔氏之子，其殆庶幾乎。』亦只是見得這個道字。故屢空者常常如此，非止一空便了也。看來宋時周茂叔亦將到顔子田地，如光風霽月，胸次洒落，那裡有一毫富貴利達之心，故二程每見茂叔歸來，有吾與點也之意。雖二程亦惟見他光霽氣象，周子是何等襟懷！學者也要識得，常存光霽之心，則於富貴處亦略打破幾分方好。」

問：「『屢空』之空，只是虛字，若言貧，恐小了。」先生曰：「屢貧亦非小事，知破此，便尋得仲尼、顔子樂處也。」

夢卿問：「善人是如何的樣子？」先生曰：「大抵只是質美未學的人。」問：「踐跡是如何？」先生曰：「如所謂誦其詩，讀其書，尚論古之人也。」又問：「不踐跡是質美，不入室是不學否？」曰：「不踐跡，就見他不學的意思，若肯好學則又〔能入室矣〕。〔一〕」

〔夢卿〕〔二〕曰：「『十室忠信，不如丘之好學』，與此亦相類否？」〔先生答〕〔三〕曰：「（闕）聖人只是個好古敏求，我學不厭（闕）。」清曰：「聖人有生知安行之資質？〔子又曰：聖人（闕）未嘗自言生知，觀十五而志於學，（闕）末〕〔四〕十五時，亦或有同於俗者耳。」又問：「善人資質可以至於聖否？」曰：「充可欲之善不已，則神化亦可幾矣。」

〔一〕「能入室矣」：原文缺，據楊本補。

〔二〕「夢卿」：原文缺，據楊本補。

〔三〕「先生答」：原文缺，據楊本補。

〔四〕「子又曰」至「志於學，（闕）末」，原文缺，據楊本補。

問：「論、篤奚別乎？」曰：「論長於言語，篤飾其容貌也。」

問：「進求退由如何？」曰：「此便是一貫之道。持此以觀論語，則思過半矣，天下之治可從而理也。」

先生講『聞斯行諸』，謂諸生曰：「一進之，一退之，夫子作春秋之義盡在於此。」蓼卿請問其故。先生曰：「亦只是當褒而褒，當貶而貶，進退盡之矣。」又曰：「此正見聖人時中處，顏子未到這地位，所以仰鑽瞻忽也。然行夏時，乘殷輅，服周冕，樂韶舞，皆示以時中，覺他處。」漸卿問曰：「若聞得些事要幹，固當告之父兄；若聞先生之教，就該去體認，亦將告之父兄乎？」先生笑曰：「此卻太泥了，先生之教亦是此事。蓋子路是個剛勇的人，故夫子每曰『無所取材』，『何足以臧』，皆是退子路處。然漸卿此念頭卻甚質樸真切，但恐又近於無所取材耳。」

寧問：「『回何敢死』者何？」曰：「夫子如不在，則回何敢生，以此知回之一生一死，皆視夫子也，故夫子曰『視予猶父』。」廷藻問：「『子畏於匡』如何？」先生曰：「當時若子不在，回必死矣。此正見孔、顏師生相處，視義爲重，視死生爲輕，如曰『回也視予猶父，予不得視猶子』，就是父子一般。然猶一槨不許，可謂恩義兼盡者矣。後來唯尹彥明於程子有這些意思，故曰：『我死而不失其正者，尹彥明也。』彥明則曰：『不辱師門則有之，有益於世則未也。』大抵有所見後，惟知道義爲重，生死自輕，更不須論夭壽不貳也。」

「子路使子羔爲費宰，夫子不責其言而且惡其佞者何？」先生曰：「當時夫子說賊夫人之子也，不曾說專在讀書爲學。想夫子平日教人，只重在力行上，不專事讀書，故子路將此意卻來質夫子，所以夫子且不責他這話是不是，只惡其佞耳。」

伯源問：「子路『何必讀書，然後爲學』之言，恐體用之學看來還不是。」先生曰：「子路之言未嘗不是，但在此處說卻是執强耳。」徐又笑曰：「亦是夫子平日教他只重在大頭腦上，不在讀書，故子路今日反借其言以詰之也。原其初心，一定不是這等，故夫子不好與他辨別，惟曰『是故惡夫佞者』。」伯源起曰：「先生之言說出子路之雄心矣。」

象先問：「『如或知爾，則何以哉』，是欲觀群賢用世之志，如何？」先生曰：「夫子問的意儘含蓄，謂『如或知爾』，將以何者見諸行事，非專止於爲政也。」問：「夫子與點者何？」曰：「以其知足以及之，既而曾點獨後，似有喜夫子與已的意，乃問三子之言何如，夫子抑之曰『亦各言其志也已矣』。及問夫子何哂由也，又抑之曰『由之有勇知方，可謂爲國以禮，然讓者禮之實，但其言卻不讓，故哂之耳』。點猶不悟而問求、赤，故又激詞以抑之曰『安見非邦』，『非諸侯而何，赤也爲之小，孰能爲之大』。點至是庶幾有悟乎！聖人之造就人材，如天地化工一般，此亦可見。」又問：「曾點、漆雕開已見大意。」先生曰：「漆雕開還質樸些，觀其『吾斯之未能信』之言，則必無方人之問矣。此可見聖人之意亦在於見用，若從曾點之志，則至於忘世矣。使無曾點之問，則人亦將皆以點之志爲是，誠使人有曾點之志而兼有三子之才，斯全矣。」

用問：「由爲千乘之國，三年何以能使有勇知方？」曰：「孟子言省刑罰，薄税斂，深耕易耨，壯者以暇，日修其孝弟忠信，是子路之政也。子路忠信好强，而又衣敝緼袍，故有勇知方。」「冉求何以言『如其禮樂，以俟君子』？」曰：「由之知方，寓禮樂之事也，故求遜之耳。」「點方鼓瑟，何以能聞三子之撰？且三子與聖人方言志，而點乃鼓瑟，豈其禮乎？」曰：「鼓瑟希，或在夫子初問『則何以哉』之時，而記者敘於曾點言志之時，因以見威儀之從容也。」「爲國以禮者何？」曰：「指有勇知方。」「『赤也爲小』者何？」曰：「指惟赤非邦。」

楷問：「四子侍坐之章，其鼓舞羣弟子之詳，可得聞否？」先生曰：「曾點平日見夫子有老安、少懷、友信的襟懷，故其言志如此，而其躬行實有未能。」「觀三子言志，獨點樂與童冠浴沂詠歸，真不爲塵土所染，其志可尚，故夫子於四子中獨許他。」曰：「吾與點也，還不是極至。如夫子老者安之云云，纔是極至。及歷問三子之志，分明有矜誇氣象，故夫子説『亦各言其志』以抑之，點猶不悟，問夫子何哂由也，夫子既答他，又問求、赤，卻想像夫子哂爲邦一般。夫子皆舉其爲邦之事，以見爲國治人，此事亦自不可少，其實乃所以抑點也。其曰『赤也爲之小，孰能爲之大』，連曾點也不在眼裏了。且天下之實用自少不得，若人都效他，拍肩執袂閒遊，則天下百姓不安，何人去治。點之一問，本像露出，只多了這一問。看此章，要見夫子所以鍛鍊曾點處。註中蓋許其能句，爲許子路爲國以禮還是，但其言詞都是矜誇了，如夫子説『朞月可』，『三年有成』，何等謙讓。」或以子路在聖門，其君臣父子之義聞之熟矣，豈以事輒而獨昧於此乎！先生曰：「當時人只見蒯聵拒父，他得罪於父一段。論古人，須恕些，今據見成書上論容易。」易伯源問：「『赤也爲之小』，『小』字有說從『願爲小相』說來。」曰：「也不消如此拘泥。」

顏淵篇

金初見先生講克己復禮，問曰：「所謂己者，我之身也，何以欲克而去之？」先生曰：「己之與人均受天地之氣以生，其血脈本相通也。人惟私意一生，是以人自爲人，己自爲己，元初之相通者，始判然二之矣。是以君子貴克己，則一人己，平物我，直以天地萬物舉而屬之一身，是故志定於此，氣通於彼，而天下歸仁。堯舜，一民飢，曰我飢之也；一民寒，曰我寒之也；一民有罪，曰我陷溺之也。其能克己復禮者乎！西銘一篇全是發明此意。」又曰：「人惟有己，始有人，人惟無人，始無己。己者，人之敵也。」

用問：「『克己復禮爲仁』者何？」曰：「克猶克敵之克，故曰勝也。故克己則無我，無我則天理，故非禮勿視聽言動，即復天理也。然其所謂非禮者，非必如淫聲美色之類，少有纖毫過差私意皆非禮也，如視上於面下於帶之類。」「『天下歸仁』之謂何？」曰：「歸向之歸，得其志也。」「仲弓之仁何以與顏淵不同？」曰：「敬、恕是始下手處，而家邦無怨小於天下歸仁也，然能充其極，是亦歸仁耳。」又曰：「有天與己之分，故言克己復禮；有隱顯人己之分，故言敬恕。此就二子所至淺深而言，及其至則一也。」「牛之仁如何？」曰：「事至於前，不輕率妄動，則心方思慮區處之不暇矣，奚事於言乎？」

問：「象山云：顏子爲人最有精神，然用力甚難；仲弓精神不及顏子，用功卻易。觀其問仁之時，猶下『克己』二字，曰『克己復禮爲仁』； 又發露其旨，曰『一日克己復禮爲仁，天下歸仁焉』〔一〕； 既又告之曰『爲仁由己，而由人乎哉』。至仲弓問仁，夫子但答『出門如見大賓，使民如承大祭，己所不欲，勿施於人』。 只此便罷也。 顔子精神高，既磨礲得實，弓不及也。 此説如何？」先生曰：「此象山想像之言，幾於捕風捉影矣。 且顔子最有精神，用功宜易，今反以爲難； 仲弓精神不及宜難，今反以爲易。 不幾於倒説乎？ 且『如見』『如承』『勿施』等語，亦非易事。 故傳雖分克己、敬恕爲乾道、坤道，亦是就顔、仲面頭上説也。 故學者不當在比擬二賢上用功，只當就二賢比擬於己有所不及，思齊之可也。」

象先問：「克己復禮不謂之理而謂節文之禮者何？」先生曰：「纖悉處皆是天理，如張子曰：『經禮三百，曲禮三千，無一物而非仁也。』然聖人下一『復』字最好，見得天理本是我所固有的，但爲私欲障蔽去了，若克除己私，則天理即復還我矣。」問：「『一日克己復禮，天下歸仁』如何？」曰：「『一日』即聞道一般，工夫至此是成熟境界，故天下皆歸向其仁。 今雖萬世之下，孰不以孔、顔爲聖賢哉！」問：「非禮勿視聽言動如何？」曰：「非禮不但如淫邪也。」「即非禮勿視，如禮記所謂『始視面，中視袍』，皆是禮，失此則爲非禮乎？」曰：「然」。

宣之問：「非禮勿視聽言動，何以唯顔子足以當此？」先生曰：「視聽言動的工夫亦難着。 吾鄉有個行人出使於滇，黔國公請他，舉席皆是些珍寶的器皿，中有個寶石嵌的酒盃，其行人在座中時一視之，後宴畢，黔公遂取以贈。 古來有吳公子季札過徐，徐君愛其寶劍，季子心知。 之後使鄰國畢，過徐，徐君已没矣，遂解其劍，掛墓上而去。 瞻視之頃，不可不審，有如此者。 且如雖是一個言，其條件亦多著，如在官言官，在朝言朝，與父兄言言慈愛，與子弟言言孝敬； 或言及之而不言，未及之而言，未見顔色而言； 就使一揖中，也有過高過卑的，動容周旋，有多少曲折處，推此類可見，視聽言動的工夫極細密，地位儘難，須是有顔子三月不違的境界纔擔當得起。」問：「夫子告顔淵、仲弓爲仁二條，比擬於己，實未能及，但日用行事頗有不欲勿施意思，而又有責成他人待己，亦似己之待渠意，此又是私意了。 循而上之，如見如承，而克而復，

〔一〕 論語原文爲：「一日克己復禮，天下歸仁焉。」

又當何如下手？」先生曰：「既知是私意，便在此下手去之，如見如承亦是此，而克而復亦是此，顔淵不是天上客，孟禽不是塵中人。天理是一個天理，不分今古；私意無兩個私意，因别賢愚。」

問：「視聽言動乃耳目口鼻四肢之欲聲色臭味之類，顔子猶有此累乎？」先生曰：「顔子有此，何以有簞瓢之樂？夫禮者，大中至正而已；非禮者，小過不及云爾，顔子勿此而已矣。」

城問：「孔、顔窮而在下，何以言天下歸仁？」先生曰：「此言其效之至大，然亦不可小看了孔、顔。孔、顔窮而在下，便是見龍在田，天下文明之仁；達而在上，便是飛龍在天，利見大人之仁。」

象先問：「孔子答顔淵、仲弓問仁不同如何？」先生曰：「仲弓工夫未能如顔子之密，故聖人所答不同。蓋顔子無人己界限，惟求合於天；仲弓於人己中間未能脱然，乃方體驗於人。故復禮，行恕有天人之别，天下家邦有大小之殊。」

伯源問：「天下歸仁，還是許他仁否？」曰：「到此，天下已是在仁之化中了。蓋己既克，便有天下一家的意思。」伯源曰：「正先生所謂堯舜之心也，然則天下邦家有大小否？」曰：「己一克，就與天地同德，故曰天下歸仁。敬恕盡，但於人己無間，故曰邦家無怨。以人己對天下，則雖欲無大小、深淺亦難矣。中庸所謂天道、人道也。」

先生謂諸生曰：「夫子告仲弓問仁，何故以出門、使民言之？」泉對曰：「恐是仲弓爲政時，故以出門、使民告之。」曰：「然」。又問諸生曰：「夫子告樊遲曰『居處恭，執事敬』，便這等詳密，此獨言『見大賓』『承大祭』者何？」諸生未答，請教先生，曰：「仲弓是個簡略的人，雖於出門、使民，恐多無賓、祭的意思。又一簡略了，就不能恕以及物，而邦家亦生怨矣，故夫子告之如此。」又問：「仲弓居敬行簡，恐他先有敬的意思在。」先生曰：「此是夫子告仲弓大賓、大祭以後事亦未見得。夫明莫大於大賓，幽莫大於大祭，如見大賓、承大祭，幽明兩盡之矣，其爲仁尚有所遺者乎？」

程久中問：「司馬牛問仁如何？」先生曰：「司馬牛問仁、問君子，夫子告以『其言也訒』，『不憂不懼』。直待再問，然後告以先頭裏的事，有甚意思？」泉曰：「使牛不問，則夫子之言止於是乎！如子路問修己以敬一般，使不屢問，又安有安人、安百姓之告乎！看來窮究到底更好些。」先生曰：「這卻比修己以敬不同。如安人、安百姓，還在修己中推之，若其言也訒、不憂不懼，是正對司馬牛的病症，及其再問，則發以受病之原也。」顧問：「『爲之難』，敢是未爲之先，固不急遽以從事；既爲之後，不可偷安而苟且乎？」曰：「此還在未爲之先説熟思審處如之何、如之何之類。」純甫問：「君子不憂不懼，是顔子之不改其樂，孔子之樂在其中者乎？」先生曰：「『内省不疚』，其中還有多少工夫，多少委曲。若牛之於魋，未能諭之於道，如舜之處象，處便是疚也。」漸卿曰：「君子不憂不懼，孟子如何説有終身之憂？」先生曰：「汝説是『德之不修，是吾憂也』的『憂』字，這個終身之憂不可無，那個有疚之憂不可有。」純甫曰：「牛處兄弟，不得不憂。」先生曰：「若内省有疚，是徒憂矣。」又問：「牛之成就，固不可知，未審他後來處桓魋如何了？」先生曰：「觀桓魋作亂，他置邑與珪而去，便是他成就處。」又曰：「我那裡有個劉近山先生嘗自謂曰：『我連日所言所行或差，便睡不著，不是説錯了話，必是行錯了事。』以此觀之，内省不疚便覺明白。」

衢問：「四海兄弟之言如何？」曰：「此言流弊爲莊生之學也，不如孟子一本之爲正。或者以爲意圓語滯，夫意與語豈有二哉！故意圓則語亦圓，意滯則語亦滯。」

寧問：「司馬牛憂無兄弟如何？」先生曰：「牛之問雖多在於憂，夫子、子夏告之自不同。但子夏工夫難，不若從夫子之言有下手處。」泉曰：「『敬而無失』二句亦不難。」先生曰：「是固然，但處桓魋之變，從内省不疚下手，便有諭之於道，思止其亂的意思。若講敬而無失、恭而有禮，工夫且又迂遠了一步。」重光曰：「堯處丹朱尚不能化，彼安能化桓魋也？」先生笑曰：「使人人以丹朱視他，則在己全無工夫可做矣，且桓魋又非丹朱之可比也。」泉曰：「堯遜舜以天下而丹朱不言，則丹朱特不能似舜，不可授以天下者耳。」重光曰：「書曰：『無若丹朱傲。』」先生曰：「我嘗説堯舜欲使天下各得其所，如愚夫讒人尚欲化之，豈有子在膝下而不欲化之乎！看來古之聖人，惟一文王方爲無憂，若堯、舜之處丹朱、商均，不知費了多少心思。你們倘處人倫之變，亦宜體堯、舜之處丹朱、商均的意，慎毋以丹朱、商均委於下愚不移便爲了事，如牛之不内省也。故子夏之言雖善，未免有三游之失，不如夫子之真切。」

「譖、愬何以不能行？」曰：「公生明，誠則明。子張寡仁而未忠信，故其心偏而多疑，夫子所以云然。」

三才問：「夫子告子張以明，而又告之以遠，且譖、愬不行，何以見得是遠？」先生曰：「前面譖、愬不行，是不爲他所惑，故謂之明。後面不行，是并譖、愬之由而得之矣，故謂之遠。但非聖人亦説不到這等地位。看來明見處還要公方纔做得，如明見萬里之外，洞燭重淵之下，必須肚裏無一毫私意方可，所謂萬里明盡、一私難干者也。」

「民既死，何以見信立？」曰：「堯、舜、禹、湯、文、武立於唐、虞、三代，孔、顔、曾、思、孟〔一〕立於春秋、戰國，文帝、董仲舒、諸葛亮立於漢，王通、韓愈立於隋、唐，周、程、張、邵、司馬、朱、許立於宋、元，斯其人至今皆在也。」

永年問：「足食、足兵、民信如何？」先生曰：「夫子講爲政處甚多，或以德，或以禮，此獨言兵、食、信，且兵、食既去，如何又存得個信也？」涂桓曰：「張巡爲睢陽太守，兵食俱盡，猶與士卒死守，此可見兵食可去而信不可去矣。」先生曰：「援引甚切。然張巡之信，不知從何得來？汝嘗求其故否？」桓曰：「亦是張巡平日教化中來。」先生曰：「此固然。但保民爲邦之本，散財得民之基，故以根本論，信固爲主，以作用言，食尤爲先。就如張巡與士卒同死守者，亦以其平日與士卒同甘苦，飢則與食，寒則與衣，甚至愛妾亦殺，與士卒同食，有這樣忠信心腸，教人如何不信他！故我嘗謂大學一部書極廣大，而絜矩之道，只在散財，則夫子所謂足食者，豈止倉廩充、府庫實而已哉！蓋欲使匹夫匹婦各得其所，無顛連飢寒者也。故欲致此田地，只要一個仁，仁者以天地萬物爲一體，若有一體心腸，則自無一毫私意間隔於其中，就於食上亦有作用的去處。」又問：「兩『不得已』如何？」先生曰：「此設言以較其輕重耳。蓋無食做信不出，而食又不可以無信也。」漸卿問：「魏公李密開洛口倉，自以爲足食，後來亦不濟事，如何？」先生曰：「此正非足食也。所謂足食者，只是不橫征耳。故嘗説大學散財，要一個不要錢的官方纔幹得。」徐之麟曰：「民可使之信，兵不可使之信。」曰：「你只泥著『民無信不立』了，兵與民俱不可無信，故壯者以暇日修其孝弟忠信。且古者兵出於農，兵民原不可分。」問：「足食，足兵，民信之矣章旨安在？」先生曰：「夫子説是一起事，子貢分析問，故又隨問以答之也。且當時如太王去邠，連兵食都

〔一〕原「孟」下有「子」，子爲衍文，删。

不要了，邠人從之如歸市，則其信如何也。『自古皆有死，民無信不立』，何等警切！聖門之學，如子路只此一信，漢時張元伯、范巨卿鷄黍之約，也只是信。此學漢時也還謹守一節，若博學而無所成名，惟聖人能之。嘗説如汲長孺、董仲舒、王吉，西漢之能自守者。」

「子貢論文質，不無本末輕重之差乎？」曰：「此與『文質彬彬』奚異哉！子貢或祖是而言耳。」

永年問：「『文猶質也，質猶文也』，與夫子『文質彬彬』如何？」先生曰：「子貢之言，似乎『文質彬彬』而未盡；棘子成之言，似乎先進野人而不足。」又問：「先進禮樂，文質得宜，亦非全不尚文。」曰：「以此觀子貢之言，微有疵可議，若聖人『文質彬彬』還不是這等看。我説是一根樹木，質其榦也，文其枝葉也，以質爲本而以文濟之，方是『文質彬彬』，如曰文其質，彬彬然，如林木之蔚薈也。」重光曰：「『繪事後素』亦是此意。」曰：「這卻説得好。蓋虎豹之鞟，雖去其文，終與犬羊之鞟有異，如老實的雖無文可觀，自與飾文采的不同。周之後世，瓊宮瑤臺未必非尚文之弊。」一生曰：「這般看來，似周之文不如夏、商之忠、質矣。」先生曰：「文、武、成、康之文，何嘗不如夏忠、商質乎！使子孫世守其法，雖至今存可也。」重光曰：「一代不如一代，亦可見時之降矣。」先生曰：「還不要歸之於時，就歸於人之身。」

問：「百姓何如纔得足？」先生曰：「三代之時，只是以此財利與百姓同之。至戰國時，君攘其利於上，臣攘其利於下。所以孟子説：『以齊王，猶反手也。』只是散財利，則其治道真如反手之易。聖賢論治道，至爲易簡，然卻知也有難處在克己，如樊遲粗鄙近利，夫子教他先難後獲，須把私利的心克去了，方能有得也。」

錀問：「『盍徹乎』如何？」先生曰：「魯自宣公，初税畝已取其二；哀公用田賦，又取其三，其原亦只是不足。如後之税間架商賈之類，猶有甚於魯者，豈非不足啓之乎！漢文帝欲世之儉，先從身上做起，後宮衣不曳地，集書囊以爲殿幄，都是個足處。三家僭八佾，亦是恥惡衣惡食，不知足處起。若聖人欲天下萬物各得其所，恁地淡薄，如進一寶器則碎之，旨酒則絶之，曷嘗有不足的意思，汲汲於民間求賦耶！汝們須體此意，做秀才、做官俱無不足的意，亦惟求個仁纔見得。」漸卿曰：「有若言上下一體，亦是仁否？」曰：「然」。

顧問：「子張問崇德辨惑與樊遲同，夫子答之有異者何？」先生曰：「子張是個務外的，故告以忠信；樊遲是個粗鄙近利的，故告以先難後獲。病症殊，用藥亦異。」又曰：「剛健篤實、輝光忠信，所以進德也；修辭立其誠，所以居業也。立誠亦是主忠信。」蕭鳴邦問：「愛欲其生，惡欲其死，亦人之常情，如詩祝聖壽萬年、投畀豹虎之類，亦可謂之惑乎？」先生曰：「以好惡而頌詛者，公心也；以好惡而欲其生死者，私心也，公私不可以一例視。況生死亦大矣，豈好惡所能致乎！夫生死既不以好惡而致，則凡得失之小，皆不可徒生好惡之私也。」又問：「好善惡惡如何？」先生笑曰：「此惟恐其不好（惡）〔善〕[一]也。」

楷問：「此言主忠信、徙義、崇德，比文言之所謂忠信、孟子所謂集義、大傳所謂崇德處同否？」先生曰：「其忠信同，只是一誠。徙義比集義略淺些，做成了都一般。崇德如夫子日月也，如天之不可階而升也，纔是崇處，故曰『崇效天』。凡德之見於外者，皆是業業之蘊；於中者，都是德如地，生出許多草木鳥獸。元是天之氣發生出來，德之盛處，著於人則人化，著於物則物化，都是業。聖人所以崇德廣業者如此。」

謝顧曰：「昨看景公『善哉』之對，甚有感於其心。如景公之說，亦可謂真知矣，如何又不能行，反有篡國之禍乎？」先生笑而未答，徐曰：「此亦是他萌動處。」顧曰：「然則如之何？」先生曰：「不曰如之何，如之何，吾末如之何也矣。孟子亦曰：『吾如有萌焉何哉？』景公還是少充其念耳。」蕭子和曰：「亦恐非是真知。」永年曰：「固不可謂之真知，亦不可謂之知。」先生曰：「大抵景公只是個任賢不專，使其常與晏子處，則政事必善，夫何惑於羣聽，偏於欲好，使一梁丘據之言每得乘間而入，則景公何如做得主張起，終日只見和而同，那裡有個親賢士大夫之言乎！汝們在此亦要慎交，若有梁丘據之友一接，則雖欲進一步，卻被退了二步，此燕朋燕友深所當絕也。」

先生講『片言折獄』，問諸生曰：「此與『無情者不得盡其詞』同否？」諸生曰：「『無情者』一句，是使民無訟事，與

[一]「惡」：依文意，當爲「善」。

此不同。」先生又曰：「子路無宿諾與片言折獄怎見得相應著否？」漸卿對曰：「子路是個忠信的人，故無宿諾。正如生等有向上之心，則聞先生之言，就去體認一般。」先生曰：「若如此説，則忠信又在宿諾之前矣。大抵子路是個心口相應的人，故嘗未之能行，唯恐有聞，千乘之國不信其盟而信其言。曾西亦曰：『吾先子之所畏也。』這樣見信於人，如何不能折獄。」又曰：「忠信，公也；果決，明也。公則明，明則自不能欺。」永年曰：「也有忠信之人被人欺的，如何？」曰：「此不是主忠信，今人所謂老實人也。若主忠信，如之何而被人欺乎！」永年曰：「司馬温公而受欺於蔡確，如何？」曰：「君子不可小知而可大受，豈可以一事之失而蓋其平生之忠信哉！雖然，非仲開之問，則君實受譏於人者多矣。」「然則蔡確之爲人，温公何不察之而反受其欺乎？」先生曰：「非温公之不明，只緣他不喜新法之行，有意必之私，故人有奉行者，就用之耳。」一生問：「子路死於孔悝之難，如何？」曰：「是他元知之不真，錯了，非闕不宿諾故也。」

「子張之政奈何？」曰：「居之無倦，則所以存心而修身，無一時之或惰；行之以忠，則所以以心體物，以身殉道者，無一事之或欺。皆子張之所不足也。」

千鈞問「居之無倦」。先生曰：「諸生試看居個甚麼，行個甚麼。」一生曰：「居存諸心，行見於事。」先生曰：「不知存諸心者又何在也？」諸生未答，請教，先生曰：「看來居與行字相對，則居非臨民時分，此處須要個無倦，若或倦怠，則放逸之心就萌，臨政時未必不亂也。行事時須要個以忠，若或不忠，則妄動之念就生，臨政時亦未必不錯也。」顧問：「居之根本何先？」曰：「居如居敬之居。若敬心一存，則自强不息工夫無時可已，他日夫子語樊遲曰『居處恭，執事敬，與人忠』，都是個無倦。」顧起曰：「先生講『居』，説一敬字，則令人有著力處。」先生曰：「非特此耳，就如君子之九思，曾子之三貴，皆是此意。然此雖夫子明告子張，但於吾輩尤最親切。宰予晝寢，卻是倦；夫子終日不食，終夜不寢，不知老之將至，亦只無倦。不知諸生近來存心亦肯居之無倦乎？」又問：「子張『無倦』與子路同否？」曰：「人各有病痛，如剛勇過人，進鋭退速亦必倦，務外不實亦必倦，故夫子於師、由，皆告之以此。」

先生講『君子成人之美』，謂諸生曰：「淺視之，則成人之美，就君子所成者言耳；深玩之，則成人之美，成天下之美亦不外是。然此必須有舜樂與人爲善之心方纔幹得。」楷問：「誘掖奬勸，足以盡成美之意乎？」曰：「人之美不同，如欲爲未能，已爲而有小差，君子啓廸於前，周旋於後，多方以羽翼之，皆是成也。」洸問曰：「君子見人之惡，當規戒之，豈但不成之乎？」先生曰：「不成之中，已寓規戒意。」

春芳問「質直好義」。先生曰：「『十室之邑，必有忠信如丘者焉，不如丘之好學也。』質直雖是內主忠信，然人生下來已有此美質，後來又不曾壞了，故能全得，如人之生也直，無一些枉曲，無一些詐僞一般。」又曰：「質直好義是質美又能好學的意思，然此『義』字即孟子所謂『集義』之義。夫好義亦難，非深知則不能好，但夫子當初說好古、好學處多，此獨言好義，有甚意思？」史起蟄對曰：「聖學無所爲而爲，故謂之義。」先生曰：「然纔以義言，便以利對也。緣子張有務外好利之病，夫子語此好義，即對他病症而藥之耳。」又曰：「察言觀色是因人而反諸己，故曰『未見顏色而言謂之瞽』。然略有一毫自大的心便忽了，故又慮以下人。功夫到此，便是至誠能動，至誠動處，便所謂神。如今有人焉，一人說他老實，千百人通說他老實，這便是所謂達也、神也。」

問：「『質直而好義，察言而觀色，慮以下人』者何？」先生曰：「質直二字，即『人之生也直』之直，質直雖是資質，亦從工夫中來。義字對利字看，一有所爲而爲之，便是利了。此句與『敬以直內，義以方外』一般，不曰好禮好善，而獨曰好義者，蓋義者利之和也，分黑白之間耳，無所乖戾，故謂之和。『察言而觀色』，察言如因人之深淺驗己之深淺，如人言之是非邪正考之於己，句句有益。觀色上，蓋『未見顏色而言謂之瞽』，若非慮以下人也，不得如此，則在邦在家必達，至誠而不動者，未之有也。」

彝叔問：「『先事後得』是德日積而不自知乎？」先生曰：「若說日積而不自知，便是有意於得了，下不得個『後』字，但有個先事後得心，便是崇德也，如漢時董仲舒亦見得此意，曰：『正其（義）〔誼〕不謀其利〔一〕，明其道不計其功。』此言甚

〔一〕此句漢書卷五六董仲舒傳，作「正其誼不謀其利」，今依此改。

好，故程子稱其度越諸子，有儒者氣象。」又問：「『攻其惡』及『一朝之忿』如何？」先生曰：「此亦因樊遲粗鄙近利之失而告之耳。若顏、閔諸子，夫子則無此說矣。」漸卿問曰：「樊遲雖是粗鄙近利，然看他問詞卻甚切實。」先生曰：「此所以爲孔門之學。觀樊遲問學稼學圃，宰我問短喪，皆是切實，自家到處說，不比今人之泛濫高遠也。」

「『修慝』何以言『無攻人之惡』？」曰：「蓋與人惡而有藏於心，故謂之慝，猶所謂匿怨也。先事後得，則道德日進於高明，功利不萌於念慮，德豈有不崇哉！慝謂惡之匿於心者，此句似太重些。若聖門之賢，有惡之匿於心的也少了，只因本文有攻惡字樣，故如此。慝字只是匿怨而友其人，意蓋專於治己而不責人，則不怨其友矣，這便是修慝意。一朝之忿，忘身及親，忿生時也不知，一知得了，便不至於如此，惑即辨了。遲之請學則近利，唯知爲己而已，是一人之學，非千萬人之學也。所以夫子開廣他都是學者，須以天下爲一家，視萬物爲一體，胸中纔弘大。然空有此志也不得，又須逐事一一克己，使其與天同覆，與地同載，這方是學問之道。」

易叔德問：「樊遲問仁，夫子告以愛人如何？」先生曰：「如舜之仁智俱備，孔子之綏來動和，孟子之所謂過化存神可見。」漸卿問：「樊遲問知，夫子告以知人，此是知以後事，若己未能知而欲知人，似太難了。」先生曰：「觀舜有天下而能舉皋陶，湯有天下而能舉伊尹，知人亦不見難。但於衆人之中，如何便知得皋陶、伊尹之賢而能舉用之，可見知人此處還有工夫，非徒知也。」又曰：「只一『知』字，也有仁的意思，如知之明處是知，至於無私處便是仁也。」伯源曰：「夫子以愛人爲仁，然則博愛之謂仁，韓子亦說得通了。」先生曰：「然」。

問「存神」。曰：「如舜選於衆，舉皋陶，不仁者遠，便是神也。蓋舜所存，特舉皋陶耳，而不仁者遠，此處不可測度，這般神，非舜至明不能知，非舜至公不能行。易曰：『鼓舞之謂神。』〔二〕舜提掇一個皋陶起來，便是鼓舞之具，千百年之遠，千萬人之衆，皆沒他這個手段，非神而何！」

〔二〕易傳繫辭上原文爲「鼓之舞之以盡神」。

問：「聖人過化存神如何？心所存主處便神妙不測也，須有些作用處，請破此疑。」先生曰：「舊講舜舉皋陶，湯舉伊尹事，孟禽未之聞耶？蓋舜、湯舉此一人極爲簡易，亦無甚動作，然四海九州之不仁者皆化而爲仁，便可觀過化存神處。易曰：『鼓之舞之之謂神。』[一]惟舜、湯能知此意，漢、唐諸君雖有英賢，卻沒這個舉皋陶、伊尹的手段，故其治或雜霸或雜夷，難與帝王比隆。且子曾入天地壇、帝王廟乎？當其入之之時，貌必莊而無惰容，心必肅而無雜念，是誰使之然哉！蓋天地帝王過化存神、不見而章如此。」又問：「此與舉皋陶、伊尹奚比乎？」曰：「凡所謂神化者，至公而無私，至明而不昧。漢、唐之時，雖有皋陶、伊尹，或明不足以知其賢，縱或知之，又爲私意親幸所蔽，不能用其賢，此不可以反觀舜、湯耶？」問：「舜有天下，選於衆，舉皋陶；湯有天下，選於衆，舉伊尹，如何使不仁者遠？」先生曰：「此與舜其大知也，與舜好問而好察邇言，與夫子之得邦家、綏來動和，皆是過化存神一般意思。蓋其舉皋陶、舉伊尹，如今據見成看著，不覺在當時卻也甚難。舜滿朝中獨舉著一個皋陶，湯滿朝中獨舉著一個伊尹來，皋陶、伊尹既舉，則其所用者，又是他一樣的人，所以天下無不治，這就是神了。如今俗稱神明，只明之極，無一毫私欲便是神。當時舜好問，其舉皋陶也，不知問過幾番了，其仁天下之心如天地覆載，如有賢未舉，則無以使人各得其所，這便有害吾之仁了。」

楷問：「忠告善道如何盡得友道？」先生曰：「忠告是盡其心以告，再無所隱諱，無所蓋藏。然使直戇又不是，又須善其說以道之，辭氣和婉，使人聽於耳、入於心，如此朋友如何有不聽。若視朋友如路人，如何肯忠告也，這須是視朋友猶己，惟恐他流於不是處，非仁不能也。至於不可則止，卻是義不獨交友，事君之法亦如此。」程惟信對曰：「恐難責諸臣皆然。」先生曰：「須看所居之位，所處之勢何如，古人云：『有諸己而後求諸人，無諸己而後非諸人』，纔是忠告。如今朋友相會，便說某人的不是，還只是我的不是，如臣之於君，還只是臣的不是。古人都不見人的不是，只見己的不是，若不是善道，則忠告亦無用處。」

[一] 易傳繫辭上原文爲「鼓之舞之以盡神」。

「以文會友如何？」曰：「即易『麗澤』之意，其下即相觀爲善也。」

楷問：「以文會友中如何能取善以輔仁？」先生曰：「聖門諸賢相與所講，如冠婚喪祭之禮，視聽言動之節，三千三百之禮文。相會便講論，這都是格物的工夫，其有得處，正要來輔吾之仁耳。然不説輔道德禮智，獨説輔仁者何？」程默曰：「聖門學者都是求仁矣。」先生曰：「何爲都是求仁工夫？」默曰：「仁最親切。」先生曰：「仁何最切？」曰：「孟子嘗言之矣。」曰：「仁者人也，合而言之，道也。人之所以爲人，有這個仁方是人，若徒血肉之心，貫串以私意，不但不能通天下，雖鄉里也通不得，只見藩籬，如何能通得天地萬物。夫子説體仁，是一體通是仁，連毛髮骨爪通是仁，都不見有人己，方能通得天下九州、天地萬物，然後見鰥寡孤獨纔有這矜憐之心，然後能位天地育萬物。如伊尹視一夫一婦不得其所，若己推而納之溝中，都是仁。如聖門顔子問仁，夫子告以克己復禮爲仁，克了己，纔通天地萬物。程子以醫書手足痿痺爲不仁，最爲善狀。故孔門諸弟子，有許治百乘之家者，有許治其賦者，有許爲之宰者，獨不許其仁。其以仁爲學，如堯之其仁如天，舜之其德好生，雖庶頑讒説，欲並生哉也！」

汝化問「君子以文會友」。先生曰：「我們今日講論，亦是以文會友，然不以友輔仁，則德無由而進。故記曰：『相觀而善之謂摩。』夫子所謂擇善而從，不善而改，皆是此意。若人無輔仁之友，吾見日夜親接，都是這樣燕朋燕友，怎麽不至下流，譬如火消金，雖金是個真的，亦被他耗也。」

子路篇

增問：「『勞之』如字讀？」曰：「是並耕也，『勞』作去聲讀。」

宗汝翰問：「夫子告子路『無倦』如何？」先生曰：「聖人嘗言無倦，不知何以到得此？諸生亦尋究否？」對曰：「去聲色貨利之私欲可以到得。」曰：「然。但爲政之根本，須要有如保赤子的心，視天下萬物都要各得其所纔好。若有這點心腸存於中，則雖居宰輔，居郡邑，事官長，都是這一體心腸，那裡有個倦意。而今人只是或有爲名而爲者，或有爲利而爲者，是皆病根，不能斬絶，一時變動起來，卻又倦也。」又問：「『勞之』如何？」先生曰：「書曰『勞者勞之』，易曰『君子〔以〕勞民勸相』，與此『勞』字一樣，若謂以身勞之，似又與並耕者同矣。」

楷問：「『先之勞之』者是何物？其厭倦者從何生？」先生曰：「先勞是政者，正也，所以正人之不正也。子路這個所在都認得了，故不問而直請其益，然難於無倦。惟是民胞物與的心，視萬物爲一體，民有飢寒昏愚，真如保赤子，自住不得，方能無倦。蓋聖門之學，仁也。有一日至焉者，有三月不違仁者，是亦有時而倦也。是其倦處，由知之不至，如大學知止而後有定、静、安、慮，是大學之道，所以格、致、修、齊、治、平皆從知上起，故曰：『知之者不如好之者，好之者不如樂之者。』樂原於好，好原於知，孟子論智之實，知斯二者弗去是也，何等切。」

問：「『焉知賢才』者何？」曰：「此便見仲弓敬簡自守與拘處。」

汝賢問：「賢才爲政首務而先有司、赦小過者如何？」先生曰：「爲政之初就舉起賢才來，則於有司便有更改了，小過便不暇赦了，故且先有司而衆事舉，赦小過而人心安，然後舉賢才以充衆職，纔是道理。」問：「程子謂仲弓一心喪邦，何如？」曰：「仲弓慮無盡知一時賢才，但心欠明白耳，何嘗有私？謂其喪邦，卻太甚了，謂其心之卑狹則可。」先生謂諸生曰：「夫子答仲弓問政，專告以赦小過三件，有甚意思？」顧曰：「三件皆爲政之本。當時季氏强横，恐不能然，故仲弓爲季氏宰，夫子以三件告之。」先生曰：「就季氏説亦好，然再有其故否？」顧未答，請教，先生曰：「仲弓是個簡略的，若人一向簡忽了，就於爲政條目，不唯小過赦之，於大過亦或赦矣，况當時季氏不止有小過乎！此春秋所以譏肆大眚也。故我嘗聞一人説莊公忘親，本是不孝，一肆大眚，則連自家亦已赦了。此言亦好。」又問：「只説舉賢才如何？」先生曰：「説舉賢才最見親切，但仲弓是個不管别人的人，故夫子以知人告之，如曰患不知人也一般。看來知人一事，實是爲政之本，書曰『推賢讓能』，『邦乃其昌』。然賢才無處無之，若爲政者常常懷舉賢才之心，則天下賢才皆樂爲之用，須如舜之舉臯陶，湯之舉伊尹，則爾所不知者，人必不舍之也。諸生他日或居宰輔，或居郡邑，於三者皆留意焉，思過半矣。」講畢，又曰：「昔嘗説鮑叔優於管仲，蓋言鮑叔雖無治齊之功，能舉一管仲，一匡天下，民到于今受其賜，人皆謂管仲仁人之功，愚則以爲鮑叔之遺也。若管仲行政二十四年之久，何嘗有一鮑叔之舉乎！西漢時有個魏無知之舉陳平，後來陳平封户牖侯，對高帝曰：『此非臣之功也。臣非魏無知，安能進也。』高帝曰：『君子可謂不背本也。』看來古人舉賢才，皆是此意。」

用問：「名不正何以言不順、事不成、禮樂不興、刑罰不中也？」曰：「如君之名正於尊而仁，臣之名正於卑而敬也。若是言之，則順理行之則道得，極其至則禮序而樂和，又其至則刑措不用。反是，則所可讀也，言之辱也，奚其順！發於其政，害於其事，綱紀紊而條目亂，奚其成！玉帛雖具，不足以戢暴慢；鐘鼓雖列，不足以消奸慝，禮樂奚其興！於是善人蒙罪，而惡人免禍，故民無所措手足也！故君子之於言也，上思思正名，下思思措刑，豈肯苟乎！」

象先問：「孔子正名，莫不是以誠意感動他否？」先生曰：「正是。莊公不知有母，穎考叔何人，尚能錫類，況神化如夫子，定是有處。必是先以誠意感化衛輒，使之哀痛悲號，以迎蒯聵，又以誠意感動得蒯聵，使之被髮左袒，以謝南子。然後以蒯聵當位，而輒嗣之，此便是孔子的本意。謂必上告天子，下告方伯，卻是迂論，怎麽行。」

葉應元問：「夫子果爲政於衛，不知能正名否乎？」先生曰：「若子之問，亦可謂留心矣。但此處夫子必有以處之，決非虛言。我嘗觀鄭莊公、穎考叔事，若夫子爲政於衛，豈有不能化衛君者乎！其必輒去位以迎其父，蒯聵跣足以謝其母然後已，不然，則不爲衛之臣也。」漸卿問曰：「然則天王、方伯獨不可告乎？」先生曰：「天王爲鄭中肩，自家亦不能管，又安能管得衛耶！若云方伯，則又與衛同黨者也，告之又何益？」一生問曰：「蒯聵已欲殺母，恐非跣足之所能謝也。」先生曰：「亦不可如此説，但於此處求個善處纔好。」某問曰：「然則母不善而殺之非耶？」先生曰：「此處亦難説，大抵還要盡孝道，如舜母嚚，尚能厎豫，況蒯聵之母又非嚚之可比，獨不可化乎？我嘗聞某處有一出仕者，其父專好淫蕩，每夜飲至二三更纔回，其子不諫亦無一言，惟於父回時，每夜跪於門外以迎之，其後父遂感愧，卒不淫蕩。以此觀之，母之不善，亦必有可處矣。」又曰：「當時衛君不父其父而禰其祖，已是名分不正，夫子欲去正名，是全與他相反，宜乎？子路謂夫子之爲迂也，然子路亦是苟於言，全不思量的，假若思量，必不死衞亂矣。故夫子末云：『君子於其言，無所苟而已矣。』此恰是責子路也。」講畢，嘆曰：「衞君欲用夫子而終莫能用，景公欲用夫子而終亦莫能用，如孟子之於齊、梁之君也。看來理欲必不兩立，如衞君、景公亦只是自家樣子，與夫子不相合耳。你們若自家不肯學好，必與善友處不得，若與善友處得，亦是自家學好處，少見其益。」

「樊遲學稼圃，亦人事之常，而夫子拒之甚者何？」曰：「夫子設教，固欲使天下爲農圃者各得其所，而遲乃自欲爲農圃，則非夫子之教矣，故曰『小人』。」

戴光問：「上好禮、好義、好信，就身説，就政説？」先生曰：「觀其以上下對言，是自身而達之政説。然禮即是欲之反義，即利之反信，即僞之反，且樊遲是個粗鄙近利的，故問稼圃，夫子告之好禮好信，有警他粗鄙的意，好義，有警他近利的意。」問：「夫子拒樊遲學稼圃，類孟子之闢許行並耕否？」曰：「不類。許行蓋欲以其並耕之術施之國家，樊遲直是欲以稼圃習之於己。」

鑰問：「樊遲學稼，似與伊尹耕莘一樣，何夫子不取之耶？」先生未答，一生曰：「伊尹耕於有莘，樂堯舜之道，與樊遲之問不同。」先生曰：「是固然。大抵農圃也只是小道，若聖人教人，還有個明德新民之學也。」又問：「樊遲未仕時，夫子告以上好禮、好義、好信，不幾於相戾乎？」先生曰：「樊遲志陋，若非夫子進他，則不知有這等高明事了。故夫子曰：『小人哉！』抑之也。究而論之，稼圃之事，僅利於一己，若大人以天下爲度，便欲使物物各得其所者耳，何屑於稼圃。看來聖門教人，只是這個仁，不知你們有這心腸否，若無這樣心腸，不惟不能視萬物爲一體，且將分爾我、隔形骸，雖於稼圃亦不能通矣。」某問曰：「好禮工夫甚難。」先生曰：「禮無處無之，如未仕時，亦有這禮。惰慢之氣不設於身體，周旋中規，折旋中矩，皆是好禮的工夫。」

民問：「誦詩何以達政？」衢曰：「二南之化，自修身、齊家始。」懷仁曰：「『思無邪』言偏行不至前。」曰：「二子之言，其本也，皆不可無。然政有徑情而直行者賦是也，有因此而識彼者興是也，有不見是圖者比是也，豈可不知！」

漢問：「冉牛、閔子、顔淵善言德行，宰我、子貢善爲說辭，皆學詩，能專對能言，而今之學詩者，又何其不然也？」先生曰：「顔、冉輩身有之，言出且爲詩矣。余嘗謂，讀詩與易，當忘其言而求其意。得其意，則或諷或直無不可，所以專對能言，非今之記誦可比也。宰我、子貢亦未如顔子親切。」問：「誦詩者多矣，不能達政專對何故？」先生曰：「如二南所言，皆修身正家之事，故關雎叙后妃之德，葛覃叙后妃之政，采蘩、采蘋叙諸侯大夫之妻被其化以奉祭祀。有此大根本了，則推之必準，令之必行，動之必化，根本既立，則無所不可。嘗有句云：『看到二南牆面處，何人知向造端尋。』若是身未修，家未齊，人將指而議之矣，焉能達政，焉能專對邪！蓋愚暗驕妬之性，在婦人最難化，情愛昵比之私，雖男子亦難克，此處克不得，如何能治得人！傳夫子之學者，作中庸，論道察乎天地，其造端在夫婦，故二南詩多說婦女之事，能化得他，則推之政事裕如矣。今日也要化其妻，使知敬舅姑、親祭祀，久之自變。」

一生曰：「『詩三百，一言以蔽之，曰：思無邪。』人能治其性情，必達於政體人情矣。」先生曰：「此是詩之大綱，亦一說也。」先生問諸生曰：「誦詩三百，如何便能達於爲政而專對乎？」顧對曰：「詩可以興，可以群，可以觀。」又曰：「汝爲周南、召南，看來還要學詩方纔筭得。」先生嘆曰：「汝所說正與我問的相反了，此一處尚不能專對，又可使於四方耶？」宗周曰：「誦有尚友的意思。」先生曰：「尚友意思也有。」金瀚曰：「『詩三百，一言以蔽之，曰：思無邪。』恐在是否？」先生曰：「說『思無邪』，好做工夫，然求其本，還要從修身上做起。蓋治天下，禮樂名物靡不具載於詩，若自家不能體貼，則身不行道，不行於妻子；若能修身，則其身正，不令而行，授之以政則達，使於四方則能專對也。觀諸文王，至於兄弟以御於家邦，亦只是刑于寡妻，皆從修身上做起，故二南、國風，多是載婦女之詩。」

問「正身正人」。先生曰：「嘗說大學明德、新民、止至善不可作三綱領，明德處即有以新民，正身能正人也。」

「公子荆何以善居室？」曰：「方始有而即以爲苟合，方少有而即以爲苟完，方富有輪奐未斲也而即以爲苟美，故爲善。」

問：「夫子善子荆之居室，是治家理財否？」先生曰：「居室是蓋屋，若說理財，卻是崇貨利了。雖指居室一事，其他若飲食、若衣服、若取予皆在中矣。蓋欲美者，人之常情，聖人不禁人之美，而不欲人之盡美也。」

問：「居室，人之常情，夫子獨稱公子荆者如何？」先生曰：「天下人説通容易，至於蓋房子時，則就異樣，無不欲盡其美也，然其心亦只在見得不大耳。若見大，則心泰，不唯房子，雖飲食衣服恁地可澹泊也。故禹卑宫室，聖人稱無間然，顔子之在陋巷，又那裡討個好房子耶！」又曰：「我那裡有個劉近山先生，做大司徒回，蓋房子住皆破壞舊板，人問其何以不用好木？近山先生嘆曰：『同歸於朽爛耳。』援引此事，雖不甚切，緣他這個心腸，安有欲速盡美的意思。又有一家，居屋梁棟極其華美，甚至以鐵爲貫條，其孫尚幼，持其祖，手指曰：『無以鐵爲之，後來取賣不便耳。』後未三十四年，其家悉賣無遺。緣這般人，使他見得破，則必以善遺子孫矣，豈復以好房子遺子孫，使之不能守乎！」又曰：「欲美者，人之同心；欲盡美者，聖人所不取也。觀小雅斯干之詩，固言居室，然『式相好矣，無相猶矣，似續妣祖』，便以孝友爲之根本也。」

林問：「夫子自言三年有成，而王者必世後仁，然則聖人有過於王者乎？」曰：「『三年有成』，爲衛靈公不能用而發，指一邦而言也；『必世』，舉天下也，故遲速不同。」

城問：「『三年有成』，如何？」先生曰：「如禮樂舉，刑罰清，教化行，君子在位，小人在野，老者衣帛食肉，黎民不飢不寒，此等類皆是。」問：「夫子自言此者何？」曰：「慨世無用己者而道不得及民意耳。」象先問：「孟子自謂『以齊王，猶反手』，而夫子自謂『三年有成』，如何？」先生曰：「時有難易，故致效有遲速。孟子亦嘗自較量來，夏后、殷、周之盛，勢未有過於齊，民之憔悴於虐政，時未有過於齊，故可『以齊王，猶反手』。孔子之時，煞難些，須是三年方成得，然此亦孔子自道。子貢嘗謂孔子之得邦家，所謂立之斯立，道之斯行，綏之斯來，動之斯和；孟子謂君子所過者化，所存者神，似亦不須三年得。」

問：「聖人三年有成，王者必世而後仁，聖人比王者這般大，三年比一世這般快，若何？」先生曰：「紀綱布比教化浹，自然大小不同，然聖人是據一國言，王者是據天下言，仁比有成，此固遲速之不同。」

紐問：「『勝殘去殺』者何？」先生曰：「善人不過不爲縱欲傷財之事，不用掊克慘刻之人，僅能足民而已，故其效止於勝殘去殺，蓋徒以資質美故耳。」「然則聖人以學問用，便禮備樂和者乎？」曰：「然。悠久然後博厚，博厚然後高明，亦必世而後仁也。」

完問：「政事之別如何？」先生曰：「只在公私之間而已。以其出於公也，故謂之政；以其出於私也，故謂之事，如事出於公而議於家，亦政也。」頃之嘆曰：「以後世看季氏，但知季氏是臣，魯公是君；以當時看季氏，惟知有季氏而已。雖當時之賢，亦不知有魯君，故冉求爲之聚斂伐顓臾，皆不知其非，蓋魯君盡爲季氏所掩耳。」「然則閔子知之乎？」先生曰：「閔子平日知有君臣之分，雖仕時亦不從他欲也。」「然則用孔子如之何？」先生曰：「如有用我，吾爲東周，佛肸尚然，況於季氏乎！」

德文問：「一言興邦喪邦，如何？」先生曰：「『爲君難』的說話，是言中兼行意，『不善莫違』的說話，是行中兼言意。聖人言行互相發明至於如此，但不知夫子怎麼先言兩句不可若是其幾，又言不幾乎一言興邦喪邦，前後若不類，諸生亦尋究否？」宗周曰：「言中已著了行意。」先生曰：「此固然。大抵定公[一]是個輕易人，聖人欲其知爲君之難，故先把此言打動他。可見聖人愛君，有許多宛轉，有許多抑揚進退處，有非言語之所能形容者，雖作春秋亦此意也。此如漢時汲黯對武帝曰：『陛下内多欲而外施仁義。』言雖剛直，卻又少了委曲，不似夫子這般春温秋肅者也，看來告君亦最難事。」

既曰：「言不可若是其幾，而又曰不幾乎一言而興喪其邦者何？」曰：「此聖人抑揚頓挫之法，欲其言之入也，蓋必先抑其言而重其效，然後可揚其言，而其效可輕而至也。」又曰：「如其善莫違帶行說。」

應旂問：「近悅遠來如何就是爲政之道？」曰：「夫子獨語此二句，可見葉是小邑，葉公不能得民之心，故近者亦或怨謗，遠者亦或避去，故夫子以是警之。但得民之道，還要得民之心；得其心，又在乎所欲與聚、所惡勿施而已。爲政者

[一]「定公」：楊本作「哀公」。

能體此心，則雖御諸天下亦可也。看來『悦』字還是政之本，然必近者悦而後遠者來。」又曰：「『悦』之一字，人最要去體認。如在君臣朋友以義合，悦有時而可無；在父子兄弟以恩，悦無時而可少。故民雖至愚，若有一毫不周悉處，即便不悦，教人如何不去體貼。」

官問：「欲速、見小利之謂何？」曰：「欲速指王政而言，伯術權謀皆小利之類也。」

象先問：「『無欲速，無見小利』，如何？」先生曰：「『無欲速』是毅一般，就志説；『無見小利』是弘一般，就量説。想子夏是個規模狹隘的人，故或淺迫而不能悠遠，或卑小而不能廣大，夫子特言此，所以藥他的病痛，然究其極，帝王之治，亦不外此。」又問：「小利之謂何？」曰：「國富兵强，皆小利也，而欲成禮樂大事，豈不難乎！」又曰：「欲速，如求治太急，取必太過，將必至於尚刑而任術。」

黄昭問：「『無欲速』，如何？」先生曰：「汝們亦尋究否？」昭對曰：「以純王之心，行純王之政。」曰：「然。夫子他日亦曰『仁者先難而後獲』，都是此意。後來董子説『正其(義)〔誼〕不謀其利，明其道不計其功』，祖述此章的説話，但不知此處何以見得？」朱仁貴曰：「素位而行。」先生曰：「何以見其素位而行？」仁貴未答，先生曰：「此處須見得破纔好。周子曰：『見大則心泰，心泰則無不足。』若無不足，則所見者大，雖富貴、貧賤、患難皆無入而不自得，又安有欲速見小利的心，然欲到此田地，還須要格物致知。」夢卿問格致之要。先生曰：「我與夢卿説此久矣。」參之曰：「近見一先生講格字，如格式之格，物如天則之物，如何？」先生曰：「格物工夫，我説不消遠求，只就身之所致，事之所接，念慮之所起，都是格物。就如説一句話，一句話中的格物，講一章書，一章書的格物，此物如孟子所謂『萬物皆備於我』，『有物有則』的字一般，若有一不格，則知就不致矣。」語未畢，適褚貴卿至，揖先生及諸生，惟曹元節侍立不揖，先生問其故，元節曰：「褚乃守貞之師也，生當穿衣以致揖。」先生笑曰：「此處正是格物。在貴卿，不可脱其衣；在元節，不可不著其衣。諸生即是以處天下之事，吾見格致工夫無時無刻而可了也。」

「『居處恭』以下云何？」曰：「人只有動静，非静而居處，則動而執事。與人也，持此恭、敬、忠，雖之夷狄不廢，則如天之公誠而無私，如天之廣大而無偏，如天之行健而無息，故爲仁。」

顧問：「『居處恭』如何足以盡仁？」先生曰：「仁道本大，夫子謂恭、敬、忠足以盡仁，亦必須格物致知方纔見得。」應旂、黃昭對曰：「仁，人心也。心體事而無不在，則仁就在其中矣。」先生曰：「不知汝們説仁在其中，何以見得？」泉曰：「若人肯做工夫，則雖『執事敬』一句而有餘，若不肯做工夫，雖加千萬言，亦不濟事。況篤恭而天下平，恐説一句，亦可以盡仁也。」先生曰：「然。看來夫子説個居處恭，像個静時的工夫；執事敬，像個動時的工夫。但居處最私意易萌時節，若或一毫放肆懈惰，則暴慢之念起，就不仁也。故程子每見門人静坐，遂嘆其善學。夫子燕居，則申申夭夭如也，此又聖賢之别。至於臨事，尤當敬而無失，一毫不敬，則苟簡起來，亦不足謂之仁矣。」語未完，應旂遽問「父子相隱如何謂之直」，先生笑曰：「此節未明，就問及彼，亦只是執事不敬。蓋敬者，主一無適，不東那西移的意思。」

又問：「『與人忠』，如何？」先生曰：「仁者以天地萬物爲一體，自無物我藩籬之隔，而今人只見不破這些，故代人幹的事就不如己幹的事，這皆謂之不忠，所謂『雖之夷狄，不可棄』者，『造次、顛沛必於是』之意也。樊遲大抵粗鄙近利，夫子因其病而藥之耳。今之學者果能體貼做工夫去，又何愁仁不可到耶！」講畢，又曰：「仲常纔問父子相隱者，我説當時人把直字錯看了，故夫子反其言告之，此亦作春秋顯微闡幽之意。但求其極，父子相隱，固是天理人情之至，然瞽瞍殺人，舜則竊負而逃，管、蔡流言，周公誅之，卻亦謂之直也。」

漸卿問：「不辱君命，如何謂之士之大？」先生曰：「汝亦求其故否？」漸卿對曰：「如宋時，富弼使契丹，卻獻納二字，亦可謂之不辱。」曰：「然。還有個孔道輔使契丹，見契丹以文宣王優戲，輒正色斥之，亦正是不辱的去處。我嘗云：看爲士之大處，不止乎不辱君命，觀『行己有恥』，就見其大也。然有恥亦不容易，此亦是慎獨工夫，人有這點工夫一存於中，則君命自然不肯辱矣。」

「孝弟何以爲行己有恥之次？」曰：「孝弟止稱於宗族鄉黨而未廣，則其行與材皆不足也，故爲次。若斗筲之人，視此猶萬斛之多也，何足數乎！」

城問：「『堯舜之道，孝弟而已』，何以爲『行己有恥』之次？」先生曰：「『行己有恥』是人有不爲者而後可以有爲，至使於四方，則其用亦廣大。孝弟雖堯舜不過是，然只見稱於鄉黨宗族，未嘗到擴而充之，足以保四海處，故曰次。」問：「『行己有恥』者何？」先生曰：「恥如恥君不爲堯舜，恥己不爲周召者也。不辱君命，不獨貴於能言而已，如言足以應對，德足以觀感，節足以善道，皆是也。」又問：「孝弟，堯舜之道也，何以爲次？」曰：「天下之士就之，則天下稱其孝弟，不止宗族鄉黨者矣。若行己有恥、不辱君命，不惟能孝弟父兄，而又可移之君長矣。且行己有恥亦惡不仁者之事，所包亦廣。」問：「『何足算』之謂何？」曰：「算，數也。行己有恥，萬人之傑也；宗族稱孝，千人之俊也，其器量才識，豈可一二數。斗筲僅容一二斗，又下硜硜小人一等，何足數哉！子貢問每下，故以此抑之。」

增問：「『中行』而猶曰教云者何？」曰：「『中行』在中道而行之人，其立尚未知，况於權乎！」

應旂問：「夫子思狂狷者，恐斯時，顔、曾、冉、閔不在其門歟！」先生曰：「不必如此說。聖人之心，至公至仁，只是望天下以中行之士，故如此云。然中行又不得，故思其次，曰狂狷也。我嘗言，狂狷與狂簡同。狂者，志大的人，故見狷者，每指其隘；狷者，有守的人，故見狂者，每指其過。二者俱不知所以裁之。我說求中行之士，不消離此二等人了，惟能以狂者之志而兼乎狷者之守，也是『中行』；以狷者之守而兼狂者之志，也是『中行』。」諸生皆曰：「此發夫子之蘊，尤覺明白。」

一生問：「『不恒其德，或承之羞』，如何？」先生曰：「易云：『不恒其德，無所容也。』我說天地間只有個君子、小人二樣人而已。若人爲君子之行，則爲君子所容矣，然不恒其德，君子從而指之：汝非吾之徒也。君子又不容之矣。若爲小人之行，宜爲小人所容矣，然又不恒其德，小人從而指之曰：汝嘗變而同流，今又若此，亦非吾之黨也。小人又不容之矣。這樣人，只是個無恒，就不能見容於人，怎麽不承羞耶！我們各人點檢起來，果恒其德而無羞乎？抑不恒其德而有羞乎？誠能奮發決斷，不做兩邊人，則不爲空講矣。」

應鴻問「君子和而不同」。先生曰：「註云：『和者，無乖戾之意。』最說得好。而今人只是立脚不定，故或蕩於聲色，或殖於貨財，或滯於文藝，此心不能與天地同，其大亦只是和而同於人也。若於此開頭決破幾分，亦見學有得力的去處。」泉曰：「易云『同人于野，亨』，『同人于宗，吝』，斯亦以同而異者乎？」曰：「然。易謂同而異此之謂和而不同也。」

問：「『鄉人皆好』，如何？」先生曰：「聖人説話，多少委曲，先云『未可也』，又曰『不如鄉人之善者好之，其不善者惡之』，此亦是『和而不同』的意思。」又問：「『君子泰而不驕』，如何？」先生曰：「此與和而不同一樣。但大學説驕泰，此又説『泰而不驕』，又何所分別？」諸生未答，先生曰：「看來只是公私之別。聖人歷舉君子、小人相對講，分明見得君子循理之謂泰，小人從欲之謂驕。」

顧問：「剛、毅、木、訥，何以見其近仁？」先生曰：「剛、毅、木、訥，質之美者也。剛毅則果確，於外一毫物欲撓他不得；木訥是質樸，於内一毫邪慮雜他不得。人若有這等資質，教他如何不近乎仁！」「然則子路亦剛勇也，卻如何不近仁耶？」先生曰：「夫子不云：好剛不好學，其蔽也狂；好勇不好學，其蔽也亂。又云：十室忠信，不如丘之好學。看來有四者之資，還要有不息之學，使有其資而又學焉，則與仁爲一矣，豈止近乎！若恃其質而不學焉，就去仁遠矣，敢曰近乎！然四者之中，剛又爲最。」顧曰：「夫子嘆『吾未見剛者』，亦是此意也。」曰：「然。易云『剛健中正』，又云『天德之剛』，可見剛資近道尤差。」易德問：「『剛、毅、木、訥，近仁』，如無這樣近仁的資質，又當何如用功？」先生曰：「此須要先變化了那不剛毅木訥資質，尋向上去，就可近仁。若徒恃有這好資質，不去用功，亦不濟事。」象先問：「『剛、毅、木、訥，近仁』，如何？」先生曰：「剛是有爲的，毅是有守的，木是質樸的，訥是遲鈍的，四者皆質之美，故近仁。然而不學，則剛未免於狂，毅未免於固，木未免於野，訥未免於鈍，去仁亦遠矣。」

「剛、毅、木、訥近仁，各言一質可近仁乎？」曰：「然。」「則他質不可爲仁乎？」曰：「他質皆當勉於此四者，而不勉亦未必能仁也。」

「『切切偲偲』云何？」曰：「切切以規過言，偲偲以告善言。」

象先問：「『切切偲偲』『怡怡』何如？」先生曰：「切切，自我告人之善，盡心而無隱匿；偲偲，自我言人之不善，詳勉而無疎略；怡怡，卻又和悅。子路氣質粗率剛勇，三者皆其所不足，故夫子云然。」

問：「子路問士，夫子緣何告以切切偲偲，而復以朋友、兄弟實之乎？」先生曰：「此處意思，諸生亦尋究否？」一生曰：「兄弟有賊恩之禍，朋友有善柔之損，夫子恐其混於所施，故如此說。」先生曰：「此言亦是，但怎麽見得兄弟無賊恩之禍，朋友無善柔之損？」諸生未答，先生曰：「夫子告子路二句，似乎怡怡一句還略重些。蓋子路是個剛勇的人，其於兄弟處未必怡怡，故夫子語之曰若朋友切偲，子路還寬容易到得，但於兄弟上亦切偲，難保其不賊恩也，故夫子他日告子路問『聞斯行諸』，亦曰『有父兄在』，恐是此意。」

先生曰：「堯舜時去古未遠，人心純是好的，易於變化，故當時人人比屋可封，雖一二讒頑難化，止四凶、驩兜數人而已。時至春秋，習染日深，人心不復如古，孔子之相事而爲君，相與而爲徒者，皆多是先經過一番習染來歷，變化甚難，如子路行行，子張務外好高，樊遲粗鄙近利，當時所謂高弟且若此，他又何説(載)〔哉〕〔一〕！觀論語中，無往而非因人變化，委曲成就，正如天地一大鑪冶，使孔子得位，便是堯舜一般手段。凡看論語，此等處，更須思索，不可一下看過。」

憲問篇

民問：「『邦有道，穀』與『邦無道，穀』者何？」曰：「此欲憲爲有道之不穀也，然能恥有道之穀，則必恥無道之穀矣。」

伯源問：「『邦無道，穀，恥也』，若人皆如是，則天下事孰能與之整頓。」先生曰：「此亦論守身之常法耳。」「如夫子曰：『天下有道，丘不與易』。佛肸召，弗擾召，亦去；南子召，亦去，此皆是磨不磷、涅不緇，時中的去處。後來楊龜山

〔一〕「哉」：原誤作「載」，據文意改。

出來，人都議他，蔡京是何等樣人，而推轂其手。象山曰：『龜山當時亦不曾附他。』先生曰：「雖不附他，卻亦不曾見救正他，當時知得是如此，只合不出來更好。至尹彥明最得聖人（闕），見南子否，彥明曰：『學不到磨不磷、涅不緇去處，不見也。』他日，朝廷徵彥明，然其時宰方禁程氏僞學，彥明行已在途矣，奏曰：『學程氏者，焞也。』看來彥明惑他不得。」

倪維熙問：「克、伐、怨、欲何以能使之不行？」先生曰：「即程子所謂『明理可以治懼』數語例看方好。蓋人之好勝者，多由其心之弗虛也，故虛己可以治克；人之自矜者多是爲人也，故爲己可以治伐；人之動輒忿怨者是不知命也，故知命可以治怨；人之多欲者是不知愛身也，故愛身可以治欲。」

游震得問：「克、伐、怨、欲不行，既以爲難，又何不許其仁？」先生曰：「説一克、伐、怨、欲不行，則其病痛非止四者。況能制之病根，尚未純然盡去，如何就得謂之仁？」伯源曰：「孟子云：『其爲人也寡欲。』只一欲字，則該夫四者，又何説許多！」先生曰：「固然。但聖人之言，有一言而有餘，有數言而不足，泥之則不可。」歐陽曰大曰：「克、伐、怨、欲不行，雖未是仁，亦做得個仁的工夫否？」先生曰：「爲仁的工夫不在這裏下手，克己便是爲仁的工夫。這個工夫，孔門惟顏子知之。」德對曰：「仁則自無四者之累，不行則私欲病根終是不曾剪除。」先生曰：「仁貴何以見仁則自無四者之累？」德對曰：「仁者視天下之事皆己之所當爲故也。」先生曰：「這個也是仁的影像，易所謂『君子體仁足以長人』的心，就是那西銘所云的模樣一般，故能以天下爲一家，視中國猶一人，見不如己者，方哀矜憫恤之不暇，又焉有四者之累乎！故予嘗爲之説曰：知分則不克，知止則不伐，知命則不怨，知足則不欲。」

叔防問：「『可以爲難，仁則吾不知也』，如何？」先生曰：「仁者渾然天理，所謂中有主，則外邪自不能入。若但按伏不行，謂之難則可，謂之仁則不可。」問：「『不行』與『克己』如何？」曰：「『不行』功夫粗，不曾在源頭上用功來，如釋氏煉魔一般，非實見得，故學者必須從格致誠正來，則能知止，纔知止，則日用間純是天理用事，己私自退聽。不然，只如破屋禦寇一般，旁潰竊發，實難支撐得住。須是實見得，日日緝理自己的墻屋，有個天理在內作主人了，而私意自能不容，故『不行』足以語此。」

漸卿問：「克、伐、怨、欲不行，如何不謂之仁？」先生曰：「註云：『仁則天理渾然，自無四者之累。』此亦明白，但不知自無四者之累，諸生何以見得？」朱仁貴曰：「仁則無人己之間。」蔣參之曰：「廓然而大公，物來而順應。」先生曰：「二説俱是，但無累處尤未發出。」仁貴曰：「先生常教人見得破，人見大則心泰，恐是此意。」先生曰：「見字最説得好。夫仁者，以天地萬物爲一體，如舜之欲並生哉！學者須識得這仁體，方纔幹得克、伐、怨、欲不行。我嘗説仁之體，『己欲立而立人』就在裏面，『己欲達而達人』就在裏面。仁者有這様心腸，則惟舍己從人，樂取諸人以爲善，那裏有個克、伐、怨、欲。」伯源曰：「『克、伐、怨、欲』與『克己』同否？」先生曰：「有大小之不同。蓋人凡有毫釐細微之間，不能與天地同其大，這就謂之『己』。人能克己，幾到化處，若克、伐、怨、欲不行，還是强制之耳。」伯源曰：「夫子許原憲可以爲難，語意還像許他意，若做到熟處，亦是克己。」先生曰：「然。我曾云『明理可以制欲』四句，人皆能制之不行，亦不可不謂之大。但當初原憲以是爲問，亦就見他伐處。」伯源起曰：「在先生仁體之論，原憲之功不可有；在學者求仁之功，原憲之功不可無。」先生曰：「伯源此言更覺親切。」伯源又曰：「看來仁亦只是公，張子曰：『公則一，私則萬殊。』〔一〕恐是此意。」先生曰：「參之纔謂大，公卻是公則一。然説個仁體則大，公在其中矣。」

問：「意所便安處如何去得？」先生曰：「不止一端，如便於飲食、衣服、居處俱是，只是人受病處不同，須是於意所便安處一刀兩段，方能有爲。且有一朋友好睡，常説天怎麽没個閏五更來，雖是戲謔，其便於睡如此。若能於中夜之間思道理起，在慎獨上用功夫，便去其意所便安處矣。」

顧問：「懷居如何不足謂之士？」先生曰：「舊謂懷居是意所便安，怎麽様見得便安？」德對曰：「譬如人共功而爭共財，而貪討便益的一般。」先生曰：「如何見得是便益？」德曰：「有己無人也。」先生曰：「固然，此俱是凡人的話，全與己不相干。我説懷居，個個都是有的，或躭欲者，或躭貨者，或躭酒者，或躭詩文者，或躭名利者，都是個私心。然原人

〔一〕此句是程頤所説，非張載之言，見河南程氏遺書卷一五入關語録。

之初心，本如天無不覆，地無不載，但一染〔二〕於私心，就不能與天地同其大也。譬如我今早送劉汝繼歸，餞之通濟門外羅家時，家人誤説我在前面，汝繼直去，至高橋門未久，人來報云：劉相公已去矣。時易伯源、歐陽曰大、周時敷、謝伯已皆在，惟伯源曰：『汝繼雖去，必返，來拜辭先生。』已而汝繼果自高橋門而返。是雖足以見伯源知汝繼之深，然往回三十餘里，自他人處之，一定溺於便安，未肯就回，這樣去處，亦見汝繼勇處。當初夫子贊顏子曰『有不善未嘗不知，知之未嘗復行』，『回雖不敏，請事斯語』，看他多少勇處。我們於今點檢各人，如或染於氣習，或捧於流俗，一刀斬斷，如天行健可。」

田問：「危言危行訓殆，如何？」曰：「亦通。然訓高峻者，非故爲是高大也，自卑諂之人視之，則見其高峻耳。」

應旂問「危言危行」。先生曰：「我説有道時，君明臣良，法度畢張，如何又要危言危行，此處諸生亦尋究否？」德曰：「危是都、俞、吁、咈之意。」寧曰：「安不忘危。」先生曰：「此固然，但我看『危』字像茅容在樹下正襟危坐『危』字一般，如云端正其行、端正其言云爾。」又問：「邦無道，何以言孫？」先生曰：「這又看地位不同，如不在言責，則謂之言孫可也；如位在言責，則謂之言孫不可也。此又要因時酌宜者耳。」

先生講『有德者必有言』，謂諸生曰：「此二『言』字與二『勇』字亦相同否？」泉曰：「言出於口則一。」應鴻對曰：「上是義理之勇，下是血氣之勇。」先生曰：「固然。有德者必有言，如雍之言然，閔子言必有中一般；有言者不必有德，恰是巧言鮮矣仁意。看來仁則不佞，怎麽樣説有德者必有言，仁是慈祥愷悌的，怎麽又有個勇？蓋有德者必有言，如顔子、閔子善言德行，謂實有諸己，則言之親切，分外有味；仁者必有勇，如殺身成仁一般。」又問：「子路好勇，如何又不許他仁？」先生曰：「不觀夫子説子路好勇過我，無所取材者乎！」

問：「南宫适爲君子之人而有尚德之心，其言果當否？」先生曰：「夫子許南宫适恥與羿、奡同列，則知其爲君子，究其心，尊崇禹、稷，尚實德也。但夫子嘗曰：『得見君子者斯可矣。』論語中只許子賤『君子哉若人』『君子哉蘧伯玉』，不

〔二〕「染」：楊本作「溺溺」。

知三個君子亦同乎？」泉對曰：「君子都同。」曰：「然。看來蘧伯玉之君子是言其出處，子賤之君子是言其尊賢取友，南宫适之君子是言其尚德。究而言之，蘧伯玉是學者以後事，南宫适是個論人的事，至於子賤之尊賢取友，最今日學者切要之功，不可不知。我嘗説子賤之心，雖堯舜之道亦不過如此，舍己從人，樂取人以爲善，不恥下問都是這一樣心腸。」泉問：「夫子説『魯無君子，斯焉取斯』，則子賤工夫不全靠着人乎？」先生曰：「不然。舊時我説夫子説此句話，亦微有自寓意，如云使魯無這樣尊賢取友的人，則子賤亦無所式法者也。」問：「權力之人能富貴人，能予奪人，氣焰灼然，豪傑之士亦墮其穽中，雖有遲隱之禍，亦不自知，而且有以爲得計，非尚德君子，其孰能辨其不義之富貴而不處哉！道德之士，見亂知退，不求聞達，窮約終身，日亦不給，當權力之時，其又孰知有道德之士也！自非尚德君子，焉能安道德之貧賤而危權力之富貴哉！适爲此言，誠尚德之君子，而不爲權力所動者矣。夫子他日以邦有道不廢、邦無道免於刑戮許之，得非有見於此之故哉！知羿、奡不得其死，其遇無道也，必有處矣；知禹、稷而有天下，其遇有道也，必見用矣。」先生曰：「然。」又問：「南容言羿、奡不得其死，禹、稷而有天下，只是見得利害明白，未必見理之是非也。」曰：「此利害自理出來，如孟子所謂義利者，且夫子以尚德許之，其見理也可知。」

「子産、管仲孰優？」曰：「其管仲乎！管仲奪伯氏駢邑而伯氏無怨言，此蓋自其尊王攘夷、一匡天下而言也。至子産之世，方獻六王、四臣之禮於楚，如之何其可及也。司馬遷人物表序管仲、子産皆於上中，而與顔、曾同科，過矣。孟公綽不可以爲滕、薛大夫，則不可以爲魯大夫可知。」

衢問：「子路問成人，夫子先後言之者何？」曰：「兼四子之長，而文以禮樂，雖聖人之盡人道不過如此，此其人之至者爲可學也。『今之成人』以下，乃抑子路也，猶曰：是道也，何足以臧云爾。蓋見利思義，見危授命，久要不忘平生之言，子路素所長，自謂成人者也，故夫子借其言曰：何必然。」

象先問：「兼知、仁、勇、藝，而又文之禮樂，可謂全；盡人道，而猶謂非其至者，如何？」先生曰：「全得是數件，非人之至者莫能。兩『亦可』字，有抑揚。夫子告子路，意以兼四子之長，而文之以禮樂，亦可以成人矣，爾卻似還未能耳！

意謂今之成人者，何必如此，見(得)[利]思義，見危授命，久要不忘平生之言亦可矣，成人豈但止此而已乎！　故夫子上段所以進子路之不足，下段所以抑子路之有餘。」

先生曰：「子路爲人粗俗直遂，未必知、不欲、勇、藝也，故兼四長而文之禮樂，成人矣。」曰：「勇，子路長也，而又曰勇者何？」曰：「卞莊子有母在，三戰三敗，而愛其死；　子路一時意氣，必有不暇深思者，殆卞莊子不如也。」曰：「『文之以禮樂』且如文，臧武仲之知，其若之何？」曰：「知所當知，禮也；　自得不迫，樂也。」又曰：「知、不欲、勇、藝，各取其偏長也，非取其全體也，文之禮樂，則偏長者又皆大中至正矣。」

「『其然，豈其然乎』者何？」曰：「『其然』者，疑之也；『豈其然乎』者，決之也。」

先生曰：「『如其仁』，猶言似個仁耳。傳言誰如其仁，似許管仲，甚大矣。夫仁，自顏子外，雖仲弓亦未許焉，而曰誰如其仁，則顏、冉皆不如矣。」問：「管仲不死，誠是乎？」曰：「輔子糾原不是，相桓亦何不可？」曰：「然則召忽死之，不義乎？」曰：「未爲不義，但匹夫匹婦之諒耳，亦不足取也。」

「愚又憶『如其仁』二句，但訓作『子如其仁乎』，『子如其仁乎』。夫子路暴虎馮河，死而無悔，好勇之士也，而又責管仲不能死，其輕死可知矣。夫子曰：『管仲九合諸侯，不以兵車。』有仁者之功如此，子如其仁乎，子如其仁乎！　蓋抑子路之意，而其許管仲，亦自有輕矣，且『如』與『乎』最相應。」先生曰：「夫子其實不許管仲爲仁，觀指其器小曰『焉得儉』，曰『不知禮』可見，其他作處亦與聖賢懸隔。胡安定曰：『葵丘之會，會之大者也；首止之盟，盟之美者也。』吾意不然。夫葵丘之會，責楚包茅不貢，至於僭王之號，乃遺而不問，何哉？周襄王欲易世子而立少子，亦當率諸侯諫之，明告以嫡庶之不可易王。管仲率諸侯，未必不聽，乃率諸侯，會世子與之盟，是子脅父，臣脅君也，此則不可。」

城問：「夫子許管仲『如其仁』，如何？」先生曰：「如者，似也，言似亦仁矣，因子路疑其未仁之言，故反之。若謂『誰如其仁』，卻太甚了。孔門顏子尚不能無違於三月之後，仲弓諸子皆謂不知其仁，仲何人而足以語此。禮鏤簋、三歸、反坫，皆是己私，皆是害人的，夫子所以又謂之器小。」問：「仲之不死是否？」曰：「聖人已自說開了，謂豈若匹夫匹婦之爲諒，蓋桓公兄而子糾弟，仲失在輔糾，後悔過，事桓又且有功，似亦無害。」

象先問：「夫子請討陳恒，實所以陰制三家否？」先生曰：「正是觀其始，而曰『以吾從大夫之後，不敢不告，君曰告夫三子者』，繼而『之三子告，不可』，又曰『以吾從大夫之後，不敢不告』，語雖似婉而意實，凛然制三家意，亦寓其中。」

用問：「『君曰告夫三子者』何？」曰：「尊君命也。人君有命，而其臣敢不從乎！亦所以警三子也。」「『不敢不告』者何？」曰：「皆言告陳恒弑君，實所以警三子也。」

「『勿欺』『犯之』者何？」曰：「或强所不知，或言所不能，或有所隱諱，或有所回護，皆不誠之心，所謂欺也，不欺而後可犯，故云『勿欺也』，不止是不詐而已。一是推誠相與，不爲面是背非；一是量主所能，不可責其所難及。須要有知人之明，有愛人之誠，可以濟此。然這去處，卻須正言直義，不得委曲順從，故又言『犯之』，以足其義。」

象先問：「夫子欲寡過未能，如何？」先生曰：「此使者稱伯玉平日立心如此，不敢暇逸，其賢可知。」問：「莫不是『學如不及，猶恐失之』一般否？」曰：「然。」問：「如何方得寡過，其肯綮處可得聞歟？」先生曰：「人惟爲聲色貨利所纏縛，如墜於井底一般，須斬去世間一切可愛可惜、可喜可慕的心，一於天理便好，如日月之明一般。此何等氣象，學者須從難處克將去，久之自與天合，不患不寡過也。」

弘學問：「『君子道者三』，若他處直言聖仁，則吾豈敢，此又言不憂、不惑、不懼何？」曰：「三者乃君子之道，而我不能，惟仁者、智者、勇者能之，故歸之耳。」又曰：「仁者的不憂，知者的不惑，勇者的不懼，此君子之道，我未能也。」

城問：「『不逆詐，不億不信，抑亦先覺』，如何？」先生曰：「此所謂誠則明也。誠者，非如今老實之謂，實理得之心而無一毫私僞入之。詐、不信，正與吾相反，故一一自能先覺；若逆詐、億不信，則先自處以不誠了，烏能覺得。」

「『疾固』者何？」曰：「觀此則聖人並生之仁、愛友之義皆可見矣，禮恭言直何足道乎！」

城問：「以德報德，若到公法上便如何處？」先生曰：「此言無德不酬，平日曾有德於我者，須還以德報他纔是，若到公法上更說甚的，親莫如兄，而周公誅管、蔡，權莫如君，瞽瞍僅得竊負而逃，此又不可執一論。以德報德，公法之外可爲也。」

城問：「莫我知一章如何？」先生曰：「天之於萬物屈伸變化何所容心，人苟吉凶禍福不得於天，遂怨起天來，榮辱得失不得於人，遂尤起人來，便與天不相似了。故唯不怨不尤，自吾五常百行上做去，自然上達，渾然與天爲一，此正邵子所謂思慮初起，鬼神莫知之時。這等所在，人怎麼知得，故知聖人者非天而誰？然聖人語遠而實近，語高而實卑，極其至於知天，而要不外乎一心。故學者只反求之心，亦便可到知天處。」

增問：「『不怨天，不尤人』者何？」曰：「天以吉凶禍福言，人以榮辱窮通言，是皆在外者也，故不怨尤，下學上達，得其理則，天在我。故子貢不受命而貨殖則怨天，方人則尤人，夫子非因子貢如是不如是言也。」

詔問：「爲學曰只要正己，孔子曰上不怨天，下不尤人，知我者其天乎！若求人知，路頭就狹了。天那處去尋得，不怨尤就得人，得人就是得天，書曰：『天視自我民視，天聽自我民聽。』學者未省。」曰：「本之一心，達之一身，施之宗族，推之鄉黨，然後達諸政事，無往不可。凡事要仁有餘而義不足，則人無不得者。」

鸞問：「下學人事，上達天理，請舉一二事例之，是如何樣子？」先生曰：「程子『洒掃應對是其然，必有所以然』之言極明白，今孟禽欲舉一二事爲樣子者，只是把天理看在蒼然之表以爲上也，把人事看在渺然之軀以爲下也。孟禽只在人事上作，則天理自隨，孟禽作處殊無高卑難易之別。」又曰：「上下只是精粗顯微字樣，如易云：『形而上者謂之道，形而下者謂之器。』此不是大樣子耶！」

永年問：「『莫我知』者何？」先生曰：「若是尤人者，或與人辨是非，若是怨天者，或有籲天之言，人便知道他意所在，聖人既不如此，人從何處窺測其隱微之際，唯蒼蒼之天知之耳。」又曰：「只說不尤人怨天，不說下學上達，恰似至命不盡性；只說下學上達，不說不尤人怨天，恰似盡性不至命。『默而識之，不言而信，存乎德行』與此互相發明。」先生曰：「怨天尤人，此心只是私己，先與天不相似了。下學上達，便與天爲一，非天孰知之。下學上達，所謂循禮樂天，與天爲一者也，然則匪天，其孰知之。」

「常人豈足以知之哉！不怨不尤，不求在外者也；下學上達，求在我者也。聖人與天地合德，四時合序，鬼神合吉凶，皆在下學上達內。」

先生曰：「下學上達，省察吾自省察之，克治吾自克治之，用力於不睹不聞之時，己所獨知之地，知我者非天，其誰乎！此皆篤實自得之事。子貢爲人，務爲皎皎之行，以求人知；及不知，而不免乎怨尤也，故夫子以是告之。」

先生曰：「下學上達章，見聖人與上天爲一心；誰毀誰譽章，見聖人與天下爲一心。知天知人，無己而已。」

「末之難」者，夫聖人之出處，係斯文之廢興，關生民之休戚，爲世道之升降，旋乾轉坤，傾否爲泰，與斯民並育並生於覆載之下，則固難矣。若但果於忘世，獨善其身，如荷蕢云云者，是誠無所難也，故荷蕢晨門輩無可者也，聖人無可無不可者也。

象先問：「『修己安百姓』，如何？」先生曰：「説『修己以敬』，則安人安百姓都有了，子路不足，故復告之以此。然『修己以敬』云者，見得心無雜念，身無惰容，行無妄爲，事無苟作，所謂篤恭而天下平乎！安百姓夫何難！故予嘗謂：新民惟明明德者能之。細看『修己以敬』四字，一部大學都可了得。」

「修己以安人及百姓，亦須學乎？」曰：「然。修己而不能安百姓，猶修己之未至也，此在明明德，在親民之意。」

先生曰：「修己以敬，則心無二念，身無惰容，事無苟爲，聰明睿智皆由此出，所謂寬裕温柔、齋莊中正、發强剛毅、文理密察皆具之矣。安人安百姓，非敬其何以安之乎？此一部大學也，子路只是要功業上求君子，殊不知功業從德上發出來也。」

東郭子曰：「聖賢論學，只是一個意思，如『修己以敬』一句盡之矣。如曰『戒慎乎其所不睹，恐懼乎其所不聞』，此敬也；如曰『出門如見大賓，使民如承大祭』，亦敬也；如曰『戰戰兢兢，如臨深淵，如履薄冰』，亦敬也。看起來只是一個『修己以敬』工夫。」先生曰：「『修己以敬』固是，然其中還有格物、致知、誠意、正心許多工夫，此一言是渾淪的説，不能便盡得。」東郭子曰：「然則『修己以敬』可包得格物、致知、誠意、正心否？」先生曰：「也包得。然必格物致知然後能知戒慎恐懼耳。」東郭子曰：「這卻不是。人能修己以敬，則以之格物而物格，以之致知而知致，以之誠意而意誠，以之正心而心正，不是先格物致知而後能戒慎恐懼也。」先生曰：「『修己以敬』，如云以敬修己，修字中卻有工夫，如用敬以格物，用敬以致知，用敬以誠意，用敬以正心，是如此說，非謂先敬而後以之格物云也。『堯舜猶病諸』，是夫子推堯舜當時之心，自以爲百姓或有未安者。修己安百姓，便有用人行政，皆在其中。戰國之時，人君只見目前之利，故孟子與他說如此者後來必有害，皆鄙仁義爲迂濶，故與他說仁義，則不遺其親、不後其君，未嘗不利也。若與賢哲言，不消如此道。」

衛靈公篇

用問：君子固窮固守之乎？曰：固有窮時所包者廣，小人斯濫，則君子守窮之意自見。

夫子既言非多學而識，何以又言我學不厭也？曰：子貢謂君子多學而識，乃學在事以應來事，猶今記文義者以來應題也。夫子所謂「學不厭」者，正盡一貫之方耳。先生曰：予「一以貫之」這「一」字，非泛然的如書「咸有一德」之「一」，然亦未嘗不自多學中來，但其多識前言往行便要蓄德，多聞多見便要寡尤寡悔，所以擴充是一而至於純，故足一貫通得萬事，若乃泛泛說個一，則或二以二，或三以三，元自不純理與我不相屬了，又何以貫通天下事？

問孔子「一貫」。如知得天命之性原頭道理，便是知得形上之道，其形下之氣千變萬化，無不貫也。曰：子謂一爲何物？曰：形上之道無形影，只得言中耳。曰：未是也。蔡先生曰：精粹無雜者一也，終始無間者一也。一者，通古今達上下，萬化之原，萬事之幹，語其理則無二，語其運則無息，語其體則並包而無所遺也。則一，天而已，純乎天理無二無息而無不包，夫何所不貫？若少有私欲，便雜而二，便斷而息，心有遺理便不能包，何以能貫？故學至於一謂之曰中可也，忠信可也，誠敬可也，皆一之別名耳。易曰：「天下之動貞夫一」，順此一則吉，逆此一則凶。信乎？上足以貫天下之道矣。曰：然。則學之奈何？曰：亦不外乎多聞多見，但既所聞所見，約歸一理，久之自貫矣，記問之學不足言也。

「『恭己正南面』者何？」曰：「此夫子畫舜無爲之像也，言能用人也，豈獨紹堯而已哉！」

光問：「恭己南面之謂何？」先生曰：「此正狀他無爲處，其無爲則本之能任九官、十二牧，故有爲之作耳、作目、作股肱者，而舜第黈纊塞耳、冕旒蔽目而已，復何爲哉！　凡言無爲，只是順其自然，行所無事，不用智術，不動刑罰便是，無爲非尸居不動也。」曰：「九官、十二牧，堯亦有用之者矣，而何不言堯無爲？」曰：「紹堯之後其一也，又堯之朝雖用此數人，然與舜最久處同事，而知其立心制行，任之不改者，邪不能間者，舜也。」

光問：「無爲而治唯舜，如何？」先生曰：「孔子稱舜無爲，正如孟子稱禹行其所無事一般，但不爲智巧而有所作爲耳！　獨稱舜者，見得他是紹堯之後，而又得禹、皋陶、伯益等作股肱耳目，故舜得以黈纊塞耳、冕旒蔽目，『恭己正南面而已』，此句正是狀舜的無爲景象。」

楊子問：「舜無爲而治天下，禹無事而平水土，其神乎？」先生曰：「舜有四目四耳，故無爲；禹有九手九足，故無事，如其神。」「如其神何謂也？」曰：「舜以四方之耳目爲耳目，禹以九州之手足爲手足，故書曰：『舜明四目，禹拜昌言。』」

象先問：「參前倚衡，正是慎獨工夫否？」先生曰：「正是。如養由基穿楊中虱一般，初見虱心極小，久後見得虱心如許大，然後發無不中。做忠信篤敬工夫，念念不忘，亦能如此，夫然後無入而不自得。不然，欲以一時一刻之工夫，而遽謂忠信篤敬，欲行之蠻貊，卻難。」問：「程子謂學要鞭辟近裏，如何？」曰：「辟即『師也辟』。辟字堂堂，卻不能近裏，故夫子告之忠信篤敬，使自己身上做來。」問：「子張書紳，卻是知實下切己工夫否？」曰：「然。」

官問：「既言『言忠信』以下，又言『參於前』以下者何？」曰：「上論其能行之理，下指其爲行之功。」「立與在輿者何？」曰：「此活言也。豈惟立哉！坐、作、寢、興皆然也。豈惟輿哉！鄉、家、朝、廟皆然也。」

問：「夫子於蘧伯玉，邦有道言仕，於邦無道言可卷而懷之者何？」曰：「以見有道之仕，則有可舒而布之者矣，異於原憲有道無道之皆穀也，斯是爲君子。」

顏子問：「爲邦獨告以四代禮樂者何？」曰：「此其大例耳，其他因時制宜、隨事處中者，皆可得而知也，然惟不違仁者可以能之。不然，幾何不爲鄭聲、佞人之所惑乎！」

象先問：「顏子問爲邦，夫子不告以爲政之本，卻從制度上説，如何？」先生曰：「顏子從事博文約禮而見道卓爾，大本上再不消説得，但恐於制度文爲、斟酌時宜上或欠，故舉四者以告之，然此特其大者。如舉一殷輅，則凡質之得中如輅者皆當用；舉一周冕，則凡文之得中如冕者皆當用，可考而推也。」問：「先儒謂『放鄭聲，遠佞人』，法外之意如何？」曰：「非是。此言雖序在後，最急務也。假如或用殷冕、周輅，而無佞人，猶不害於治。苟使一佞人奸於其間，則雖有夏時、殷輅、周冕、韶舞舉，莫知所以用之者矣，故用法在先去佞人纔是。」又曰：「載觀論語中二章，便可見得孔、顏之學，如高堅前後，博文約禮，此孔、顏之天德，夏時、殷輅、周冕、韶舞，此孔、顏之王道，故曰：有天德便可語王道。」

先生曰：「喟然之歎，顏子之天德也；爲邦之問，顏子之王道也。顏子克己復禮，其於修己治人之事，則固有餘矣，至於斟酌百王，所謂進退古今、表裏人物者，恐或少此耳，故夫子告之以此。又顏子博文，其於四代禮樂已無不講矣，聖人告之以斟酌四代之道，欲其約之禮也。」「然此數條，亦其大例耳？」先生曰：「乘殷輅，凡三代質得中如此類皆可取也；服周冕，凡三代文得中如此類者皆可取也。」

問：「夫子嘗云『放鄭聲』，何以又詩存鄭衛之風而不刪？」先生曰：「夫子之放鄭聲者，非放鄭衛之詩也。蓋言成文，謂之聲。鄭人生於沙土之上，聲音婉媚，甚蕩人心志，故特曰放之。若今鄭詩，紀一國致亂之由，爲後世興亡之戒，盡目之淫亂之詩可乎？後來唐之杜甫、鮑照諸人，或憤忠而詠，或傷時而發，雖不足以繼三百篇，然人誦之，其世之衰亂，俗之薄惡，皆得知之，此亦不可忽也。」

「『義以爲質』云何？」曰：「質猶姿質，乃人之體也。義以爲質，則利欲之私不設於身矣。又必禮行此質，孫出此質，信成此質，斯中正和樂，至誠不息，爲人亦全矣，故曰君子。」

先生曰：「矜者，端莊嚴敬，易至於知有己而不知有人，便與物戾，然君子與人友愛之心未嘗不寓於其中，故不爭。羣則温良慈愛，然是則曰是，非則曰非，自不黨也。」又曰：「矜處己也不爭，不失人也；羣處人也不黨，不失己也。」又曰：「矜不爭者，無可無不可也；羣不黨者，無不可無可也。君子雖不以言舉人，如人之行乎其言也，則人固當舉矣。故惟智者不失人，亦不失言。」

光問：「忠恕二者似難分得，夫子告子貢終身行之，只言恕者如何？」先生曰：「先儒嘗説忠恕猶形影，專言恕則忠自在其中。告子貢只言恕者，子貢自謂不欲人之加諸我，我亦欲無加諸人，便欲以仁自任，恕或在所不足，故告以終身行之，惟恕也，亦足以觀前篇欲以博施濟衆言仁，夫子只告以能近取譬，亦此意。」

己所不欲，猶知有我也，因有我而知有人，則能克己而恕矣，雖聖人無我，亦由此進。常人有我之心常存，聖人教人就從有我上取譬去，可謂極親切。

官問：「『己所不欲，勿施於人』，此亦可易爲乎？」先生曰：「難矣哉！何謂也？充此則天地變化，草木蕃，堯舜其猶病諸！」

濤問：「仲尼不毀譽者何？」先生曰：「昔者夫子嘗曰：『傳兩喜、兩怒之言，天下之至難者也。夫兩喜，必多溢美之言；兩怒，必多溢惡之言。』『故法言曰：傳其情，無傳其溢言，則幾乎全。』夫子耳順者，其奚毀譽哉！」

象先問：「夫子言『吾之於人，誰毀誰譽』，莫不是見得當時好惡，每生愛憎之口而不本於人心之公，故云歟？」先生曰：「亦是，可與莫我知也夫章參看。彼言不怨不尤，見得合之天理而當處；此言誰毀誰譽，見得即之人心而安處。天人元只是一個理，聖人元只是一個心。」

城問：「『人能弘道，非道弘人』，如何？」先生曰：「道無體，以人爲體；人無用，以道爲用。」問：「下一『弘』字是欲人擴充意否？」曰：「然。夫子日夜所思與夫所謂學者，只是遇着事時，便求事之理於心，觸類而長，思之不置，要求一個至當處，如周公思兼三王處也是。」

思與學各有知行。思者，體會於心，所謂近取諸身也；學者，徵驗於事，所謂遠取諸物也；學是博之以文，思即約之以禮也。「學而不思則罔，思而不學則殆」，即同此思、學。夫子終日不食，終夜不寢以思，所思只是個念慮所起處求義理。夫子直是剛勇，故至於日夜不已，又且云「不如學也」。

象先問：「知及仁守，似無私欲了，而猶有不莊，動不以禮之弊，如何？」先生曰：「專言仁則包四者，對智言是一偏之仁。理有諸己，尚未純熟，故當臨涖之時、舉動之際，此心少懈，即妄念便生，須是逐時照管，令盡善盡美纔使得。」

「『動之不以禮未善』者何？」曰：「言所以感動鼓舞乎民者，而身猶未即乎禮，是其學猶未至也。」

雲霄問：「『民之於仁，甚於水火』其下是也，如何？」曰：「然。」「然則註不亦多乎？」曰：「註雖多而意美。」

楊氏釋師冕章言：『推之天下無一物不得其所。』甚善。

季氏篇

用問：「既言東蒙主，又言邦域之中，又言社稷之臣者何？」曰：「東蒙主似以社言，邦域似以稷言。」「社稷，魯之社稷乎？」曰：「雖顓臾之社稷亦屬魯也。」舍曰：「欲之者何？」曰：「不説貪利，而又文之以辭，然其欲自不能掩也。」

「遠人者何？」曰：「因顓臾而言遠邦之人也。如指顓臾，何以言動干戈於邦內乎！」「文德者何？」曰：「即干戈之反也。來之者，如朝聘職貢之至也；安之者，爲之立也。」

「『天下有道，則政不在大夫』，何以遺諸侯乎？」曰：「政如政逮於大夫之政，乃號令之謂，非必禮樂征伐也。」「『庶人不議』，何以又言天下有道？」曰：「兼上二『有道』統言之也。」

文舉問：「禄去公室，何以不言政？」曰：「甚言之也。禄且去，而况於政乎！」「逮於大夫，何以不言禄？」曰：「禄亦大夫之素有，不可言也，言政則禄在其中矣，此聖人之文也。」

先生曰：「周家世禄，爲諸侯者，其適子繼諸侯，而別子爲大夫。爲大夫者，其適子繼大夫，而別子爲陪臣。三家者，魯桓公之後，故曰『三桓之子孫』。」

官問：「友三益者何？」先生曰：「友多聞不如友諒，友諒不如友直，爲三益之首也。交友當以直爲先且急，則便進。」

三益以友直爲首，三損以便辟爲先。故思進善，莫先聞過。

問：「三畏何以言大人、聖言？」曰：「大人以其行言，聖言以其言言，皆言天命也。天命者，性也。」

弘學問：「生知、學知、困學，而夫子自謂非生知者何？」曰：「如伏羲、神農、黄帝，斯生知者也；雖堯、舜以下，不免於學，觀典、謨可見矣。」

「九思何以爲功？」曰：「心常存則隨地而見。」

城問：「『見善如不及，見不善如探湯』，與下求志達道如何？」先生曰：「『見善如不及，見不善如探湯』，然未知施於人如何？求志達道，分明是有體有用之學，如伊尹在畎畝之中，便樂堯舜之道，及其應聘而出，便伐夏救民。見得隱居求志，不是徒隱的；行義達道，不是苟出的。」「然則與『用則行，舍則藏』如何？」曰：「此只還是體用備具，未能如用舍行藏之無意，蓋又兼乎權也。」

「陳亢既言聞君子之遠子，又聞詩、禮者何？」曰：「舊雖嘗聞詩、禮，而未知其實；今則得立與言，而始省詩、禮之所在矣。」

陽貨篇

官問：「性相近，若言氣質之性，則性便屬性善之性，若單言氣質，則又不當。舉性何以言相近？」曰：「性固性善之性也。自其氣質既定之後，賢愚相懸，若是相遠也。然其初，本甚近而無異，蓋氣質有清濁粹駁之差，而性隨之得者，亦有分數不同，是甚近也，但習之後則遠耳。故下言『上智與下愚不移』者，則習與性成耳。若謂生來不可移，則聖人無乃阻人爲善之甚乎！」

先生曰：「孔子繫易言『一陰一陽之謂道，繼之者善，成之者性』，是言性則善便在前。孟子『道性善』，則善便在後，卻源流於孔子。世儒謂孟子『性善』，專是言理，孔子『性相近』，是兼言氣質，卻不知理無了氣在那裡求理，有理便有氣，何須言兼！都失孔孟論性之旨。」

濟民問：「『能行五者於天下』之謂何？」曰：「言行此五者，推之於天下而無不通，非苟爲恭、寬、信、敏、惠而已也。故其恭則至於不侮之恭，屑屑斂容不足道也；其寬則得衆之寬，區區縱弛之寬不足言也。三者放此，故曰爲仁。」

論孔子云：「吾豈匏瓜也哉？焉能繫而不食？」王材曰：「此處恐非孔子不可。」曰：「是如楊龜山因秦檜出來便不曾成得事。」曰：「此必先量吾，有以化導得他纔可。」曰：「不但化導，卻要誠，使人信，他真個信我，我道纔得行。」堅白之至，自不能繫而不食，故堅白可以見聖人能入亂邦之體，爲東周可以見聖人能入亂邦之用。

叔防問：「孔子不見陽貨，而公山弗擾以費叛，召，子欲往者何？」先生曰：「陽貨欲見孔子之意不誠，且他當時只是陪臣，無可爲之機，見他亦無益。公山弗擾知召君子，必是有悔心之萌，欲得孔子去拯救他的意思，因其機而乘之，周道可以復興，故欲往。」城曰：「孔子去時，設施當如何？」先生曰：「想也是正名的意，必是變得弗擾來，使知有季氏；變得季氏來，使知有哀公；變得哀公來，使知有天子，故曰：『如有用我，吾其爲東周乎？』」

瑤問：「學詩者何？」曰：「興、觀、群、怨，以性情言；邇父遠君，以人倫言；鳥獸草木，以緒餘言。」「何以爲周南、召南？」曰：「在爲之而已矣。」「爲之奈何？」曰：「自妻子始，不然一步不可行也，真謂之面牆。」

問：「樂何如？」先生曰：「樂在心不在器。昔予與張允薦彈梅花三弄時，損一弦餘六弦，允薦彈之而聲和可聽。問曰：『何謂也？』允薦曰：『不徒六弦，雖一弦亦能彈之，而聲可聽。』由是觀之，可見樂在心不在器也。孔子曰：『樂云樂云，鐘鼓云乎哉？』求真樂，當求之心，不當求之器也。予爲兒時戲，擊瓦礫，吹葱筩，以爲樂，悠然有自得之趣，此真樂也。追想唐虞之時，康衢之歌，擊壤之謠，謂之真樂，信然。漢賈誼請興樂，文帝辭以未遑，可謂識真樂者矣。蓋真樂，必物理而後作，心和而後諧，特假器以宣之耳。不然，何武帝今日作天馬、芝房之歌，明日協寶鼎、赤鴈之律，民不之樂，而海内益耗者乎？孟子論樂，必歸之與民同樂，其達真樂者哉！」

問：「鄙夫何以不能事君？」先生曰：「鄙如邊鄙、鄙陋之鄙，非王都之内。一般人惟鄙陋則心小，終日患得患失，更有甚念頭到君上也。」又曰：「鄙夫如人不由大道而專務邪徑一般樣，故事其君，患得患失而長戚戚耳！」問：「去得失之病如何？」先生曰：「唯大人能格君心之非。蓋大人見大則心泰，心泰則無不足，所以以道事君不可，則止者在是矣。鄙夫之人，不阿諛以爲容，則逢迎以爲悦，如何教他能事其君？汝輩今日相聚後，將有事君之責，或爲翰苑，爲科道，爲部屬，爲郡縣，不計崇卑，務求去了邊鄙，而求大人之心可。」

先生講「古者民有三疾」，謂諸生曰：「天下之人病痛甚多，夫子獨云三件果何在乎？」謝顧起曰：「狂者是太過一邊，矜者類乎狷是不及一邊，愚者不能狂又不能狷，天下只是三等人盡之矣，故夫子嘆之耳！」曰：「誠然。但古人之病，猶是實心。今人之病，染於習俗。夫子説『性相近，習相遠，唯上智下愚不移』，此言極好。蓋人性相近，其初本無不善，一累於習染，大相遠也，然上智下愚不移，亦惟如堯、舜、桀、紂、越椒之類耳。看來天下可移者還多，可見還是性之本善。」一生曰：「此兼氣質之性乎？」曰：「天命之性非氣質沒安頓處，如何分得？」「『生之謂性』，如何？」曰：「告子初以食色爲性，故孟子矯其偏也。」「『惡亦不可不謂之性』，如何？」曰：「嘑蹴之食，乞人不屑，此亦可見。然終不如孟子曰『人無有不善，水無有不下』更覺親切。至於韓、楊、荀子之説，是皆持兩可之疑，卻誤看上智下愚也。」

「夫子於賜何以欲無言？」曰：「知與回言終日不違，則知於賜欲無言矣。夫子造就人材，如天地化工，四時行，百物生，即此可見，非虚語也。」

先生講「予欲無言」，謂諸生曰：「夫子嘗云下學上達，知我其天，今則曰天何言哉？四時行，百物生。然則夫子四時行、百物生，亦嘗求之乎？」一生曰：「鄉黨一篇言夫子之天。」梁宇曰：「惟日孜孜。」先生曰：「如何見得？夫子四時行，百物生，看來還是個仁。易曰：『君子行此四德，故曰乾元亨利貞。』如花有花之仁而生，草有草之仁而生，木有木之仁而生，物物皆是春之仁處，故天地之大德曰生，聖人之大德曰好生。聖人有好生之心，其視四海九州無一物而非己立己達意思，如何不能生百物？中庸曰：『致中和，天地位，萬物育。』此便是夫子四時行，百物生之極，故顏子所以仰鑽瞻忽不已也。我想像夫子之意，殆如是乎！」

「不有博奕」，甚言不用心者之不可也，非取博奕。

微子篇

濟民問「三仁」。曰：「三子皆爲社稷宗廟。微子之去非貪生，比干之諫非求死，箕子之不死偶然耳！」

宇問「微子篇」。先生曰：「先言商之三仁，後言周之八士，亦是舉殷鑒周之意，欲其法仁人而挽之盛世也。」

顧問：「殷有三仁，是全體之仁，一偏之仁？」先生曰：「說三仁，全體在其中矣。觀魯論在此篇，皆夫子嘆周之季，故先述商之三仁，繼接輿之隱者，又曰：『我則異於是，無可無不可。』終復紀〔一〕周公戒伯禽之詞，追思八士之盛，其傷時之意，溢於言表矣。」

雲霄問：「柳下惠爲士師，在三黜之後乎？」曰：「前亦或爲士師，然嘗三黜，至此而猶爲之也，故曰『直道而事人』。」

問：「景公知善孔子之言，如何又不能用？」先生曰：「只是用人差了，如梁丘據教之以淫刑，教之以崇侈，教之以狗馬，又有國高、慶封諸人，故晏子雖爲相，也任之不專。及其遇難也，而晏子不死，然當時不與慶封之盟，已先說過。蓋晏

〔一〕「紀」：楊本作「繼」。

子諫於前而不死於後，豫讓不諫於前而死於後。如景公者，又何以能用孔子也。」

仁問：「微子一篇奚叙乎？」曰：「三仁至矣，中道在是也。昔孔子去齊、去魯，則三仁之意乎！楚狂、沮、溺、丈人及伯夷、叔齊、太師以下，往而不返者也。若柳下惠、少連則和而不恭，皆非孔子之道也。孟子之論，其出此篇乎！周公謂魯公，言用人也，不然，則有上下之事。八士，記善人之多，以見盛時能見用於世也。」

子張篇

增問：「焉能爲有無者何？」曰：「執德不弘，不足以處天下之大事；信道不篤，不足以當天下之大任。世有此人，如太倉之加粒米；世無此人，如九牛之去一毛。」

問：「『執德不弘』，如何？」先生曰：「此子張見道之言，與曾子『士不可以不弘毅』一樣。弘就是弘篤，就是毅，大抵古人説道就説德，德者道之得也，故曰：『苟非至德至道不凝焉。』道德還要弘篤，不然以爲無也。彼又執德信道，以爲有也，彼又不弘不篤。此人有如太倉添一米，亦無益於世；無如九牛去一毛，亦無損於世也。」顧曰：「子張既同曾子之學，何曾子又云『堂堂乎張，難與並爲仁』耶？」曰：「斯言不知曾子何時而發也，或對朋友言，或對子張言而子張感而改之乎！魯論出於門人泛記，不可以一例拘也。」

問：「子夏、子張論交何如？」先生曰：「皆是也，惜未會其全耳。子夏有以見聖人之始，而無以見聖人之大；子張有以見聖人之大，而無以見聖人之成。」

先生講子夏論交，謂諸生曰：「人云子夏、子張之言有病，不知何以無病也？」顧曰：「『汎愛衆而親仁』，無病。」曰：「此又同子張尊賢容衆之説也。」顧曰：「子張云『異乎吾所聞』，蓋聞之夫子矣，其言似無病。」曰：「亦不可謂必聞之夫子也，但子夏説一『拒之』，略過甚耳。如易曰：『童蒙求我，匪我求童蒙。初筮告，再三瀆。』夫子於鄙夫之問，則『叩其兩端而竭』。看來人有求教之誠，如何拒絕得他，必不得已，如夫子所説『無友不如己者』，〔友直、友諒、多聞可也，若善柔、便佞，則勿之友可也。故今之人只是不友不如己處，做工夫方無病痛。若子張之言未嘗不是，惟道全德備者能之，揆之吾輩恐不能此也，故朱子所云甚然。〕〔一〕」

顧問：「『日知其所亡，月無忘其所能』，其亡其能者何在？」先生曰：「此亦以道言耳。如道未得而知其所亡，道已得而不忘其所能，須是好學的人方做得。夫子曰『君子食無求飽』，『敏事慎言』，就有道而正謂之好學。子夏以此爲好學，不知可相同否？」諸生陳紹儒曰：「夫子言好學之方，子夏言好學之功。」梁宇曰：「惟日孜孜。」曰：「是固然。吾意好學，只是心常在，若知無忘所能，如食無求飽，至就有道而正，通是這個心腸，如何不謂之好學！吾人今日雖有向道之心，然或間於貨利，或溺於聲色，或奪於功名富貴，或貪於飲食衣服，或困於貧賤憂戚，有一於此，怎能好學？故夫子曰：『十室之邑，必有忠信如丘者焉，不如丘之好學也。』看來資質不難而好學最難。吾人今日點檢，果能日知其所亡，月無忘其所能乎！不可徒講人之好學也。」

象先問：「博學篤志，切問近思，何以仁在其中乎？」曰：「只謂不知學的是甚，志的是甚故也。程子曰：『學者要思得之。』」

紹儒問：「『博學篤志』，『切問近思』，何以言仁在其中？」先生曰：「仁道至大著，體事而無不在，如曲儀三千，禮儀三百，通是仁之所在。如夫子云『博我以文』，都是博學工夫，若有得於己，則又篤志不變，至於所問所思，皆能切近著己，是皆心存不放，怎麼不是仁在其中！謝上蔡別程子一年，一日來見，程子問：『近日作何工夫？』對曰：『纔去得一矜字。』程子指謂人曰：『此子爲切問近思之學。』吾輩今日所學，或泛而不切，問辨又涉於高遠，閒思雜慮，二三其心，如何叫做個仁得？故曰：『學莫大於求仁。』」

〔一〕「友直……所云甚然」一句，原文脫。據楊本補。

先生因講『博學篤志』，『切問近思』，仁在其中」，而曰：「切問近思工夫甚難。昔謝上蔡別程子一年，纔去得一矜字。」象先曰：「若顔子，於矜的意思卻都沒有了。」先生曰：「固是。禹尤有大焉，書稱『汝惟不矜，天下莫與汝爭能；汝惟不伐，天下莫與汝爭功』，然禹不自知而舜稱之。顔子猶覺善在己的身上，比上蔡一年工夫纔去得一矜字又大也。聖賢之淺深，此亦可見。」

問：「信而勞民章如何？」先生曰：「勞民諫君，其道至大。夫子專言乎信，其或有一道乎？」衆皆默然，請教。曰：「我說信者，非但誠實而已也。如勞民一事，或發禁施令，或舉措好惡，務使此心通得神明，對得天地，使民皆信吾之心，則雖教民樹畜，民將曰：『君將厚我之生也。』役民板築，民將曰：『君將禦我之患也。』尚復有厲己之怨乎！」一生曰：「信而後諫，科道之官亦如此乎？」曰：「此不可執一論也。蓋科道，乃朝廷設言路之官，必信而諫，則爲曠職。至於羣僚，須如大人格君心之非，出入用舍，俱得信於朝廷，則諫無不行，言無不聽者矣。」又曰：「君者，民之父母；科道者，君之腹心。人無信不立，而況於此乎！」

用問：「君子信而後諫與勞民，其信之謂何？」曰：「正己而已。」曰：「君子之道謂何？」曰：「『先傳後倦』，言君子之無意也；『譬諸草木』，言君子之因人也。內無意曰仁，外因人曰智。子夏之言，夫子之意歟！」

問：「子夏子張論交友何如？」先生曰：「皆是也，惜未曾其全耳。子夏有以見聖人之始而無以見聖人之大，子張有以見聖人之大，而無以見聖人之成。」〔一〕問：「子游謂灑掃應對爲末，其本安在？」先生曰：「聖人之道，初無二致，灑掃應對是此道，位育天地亦是此道，無分本末也。」

問：「子夏之譏子游，如何？」先生曰：「究二子之言，似略相反，但聖人之道，原無本末始終，而子游指灑掃應對抑末矣，是分本末也；子夏云有始有卒，是分始終也。後來程子說灑掃應對便可到聖人事，是其然必有所以然，此言極好，

〔一〕此段原文脫，據楊本補。然楊本脫下一段：問：「問子游謂灑掃應對……無分本末也。」

蓋亦繹夫子之道而味二子之言，故有是説乎！予亦嘗謂夫子執御與洒掃應對，通是一貫的道理。」一生曰：「何以見得一貫？」曰：「『堯舜之道，孝弟而已』，孟子謂徐行一事，就叫做堯舜之道。道豈有二乎哉！至於洒掃，雖云容易，如曲禮『其塵不及長者』云云，中間多少曲折，方纔盡得此心。這樣地位，如何不是一貫！」

衢問：「哀矜勿喜。」曰：「咎上人之失道，憫下民之無知，則所以爲囚求生道者勞矣，豈暇喜乎！」

問：「哀矜勿喜，如何？」先生嘆曰：「曾子之言，可謂至論。古之立法，惟欲其寬；今之立法，惟恐其不密。故教民之官無，而罰民之官，今日立一人，明日立一人，不啻其幾也。朱云教之無法，養之無素。予謂今日之計，還要多立養之之法可也。」一生曰：「何故？」曰：「禮義生於富足。孟子説無恒産無恒心，最爲痛快。今之下無半畝之田，而上有倉庾之富；民無蔽體之衣，而上有絲帛之征。及至犯法，爲上者不察其心，惟巧計審明，自以爲聽訟，人以爲能吏，何嘗有『哀矜勿喜』意思，故孟子論王道，以養民爲先也。」一生曰：「先生云無恒産無恒心，爲衆人説則可，至於士子則不可。」先生曰：「此更不消説也。所謂『惟士爲能』，子獨不知之乎？然士者治生，亦不可忽。使仰不事，俯不畜，能行貿易，亦神農交易而退之意。故子貢貨殖，夫子謂其不受命者，予以爲貨殖以事其親，未爲不義，第子貢欲居積以致富，故夫子不許，惟以簞食瓢飲稱顔回也，看來貧亦學者今日第一關頭。」一生曰：「聖門自原憲、子路，甘貧者多，降及漢、魏，益見其少，惟陶淵明庶幾近之。」先生曰：「淵明詩云：『東方有一士，被服常不完；三旬九遇食，十年著一冠。』其貧可謂極矣。後來人只説顔子，不説淵明，此處試一究乎！」一生歷誦淵明之詩，謂在聖門，亦可到顔子者。曰：「此不可多求，而簞食瓢飲，顔子未嘗自言吾簞食瓢飲，惟夫子稱之。若淵明則曰：『辛苦無此比，常有好容顔。』似猶露其甘貧之意，終不若顔子忘貧耳！然其豪邁特立，亦不可少也。」

雲問：「文武道之大小謂何？」曰：「大指大體而言，如蘧瑗之君子、老聃之猶龍是也。小指一支而言，如萇弘之樂、師襄之琴是也。」

問：「夫子之門牆如何？」先生曰：「夫子之道原無門牆。」顧曰：「升堂入室奚分乎？」曰：「若門、若堂、若室，自學者所造淺深言之也。子貢謂『性與天道不可得而聞』，是不得其門而入矣。如顏子之四勿，曾子之一唯，始可以言宗廟之美，百官之富也。」

官問：「宗廟之美，百官之富，奚喻乎？」曰：「宗廟如聖而不可知之神，無跡可求；百官如大而化之之聖，無所不備。」

「子貢何以又言夫子之不可階而升也？」曰：「其以前言宮牆，日月猶有所未至乎！立立、道行、綏來、動和，其天乎！誠子禽之所未喻也，宜乎知有師而已！」

問：「『夫子之得邦家』，如何？」先生曰：「看來不疾而速，不行而至，只是一個神。易曰：『鼓之舞之之謂神。』〔二〕其機在用人上。蓋其所舉用者，如顏、曾、冉、閔之徒，如子產、伯玉、季札之輩，皆登庸之矣。」一生曰：「夫子何不盡用在門牆者？」先生曰：「七十子中如聚斂之冉求，夫子必在所舍，又焉用之。蓋人明到極處就是神了，如水之清澈，其底砂石毫髮無遁，如妍媸一過盡照了。今諸生也要如舜、湯用心，常把這意思在心，于凡世上榮華富貴都要捐除，要淡薄方好。諸葛武侯曰：非淡薄無以明志。衣服飲食俱要淡薄，苦其心志，勞其筋骨，餓其體膚，如顏子之貧不待言，如曾子耘瓜也是貧。今學者豈肯荷鋤去耘瓜，聖賢多是如此。」

堯曰篇

大器問：「堯曰止三章者何？」先生曰：「此記者之深意也。聖賢之學，有體必有用，故『大學之道，在明明德，在親民，在止於至善』。夫首叙帝王之政，止至善之的也；『尊五美，屏四惡』，知命、知禮、知言，皆明德、新民之事也。雖夫子

〔二〕易傳繫辭上原文爲「鼓之舞之以盡神」。

不得其位，『精一』『執中』之傳，聖人相承之道，豈不於是而可見哉！」

舉問：「堯曰篇奚止三章？」曰：「門人記此以終論語之意也。大抵夫子之道，不出堯、舜、禹之揖遜、湯、武之征伐耳。如是而行，政則有五美以下等事，如是而修身，則有知命以下等事。」

「『寬則得衆』以下者何？」曰：「此或武王之事。」曰：「於武王事無所見。」曰：「在孔子必有所見，不然，方言武王而又泛及他事，非理也。或曰：總括上帝王而言。亦通。」

大器問：「『尊五美』矣，而又『屏四惡』何也？」先生曰：「『尊五美』，身教也；『屏四惡』，言教也。」

大器問：「知命三者，似亦有序乎！夫約之以禮者，論語二十篇之本也；苟不先之以知命，則分亂無以爲約之之門；不繼之以知言，則識昏無以爲約之之歸。是故物委於命，禮責於己，言付於人，不識可否？」先生曰：「也有此意。」

四書因問卷五

孟子

梁惠王

穀問：「既曰『王何以利吾國』以下，又曰『萬取千焉』以下，不亦復乎？」曰：「其上以利而言也，其下以義而言也，惟不知義而後之，是以專言利也。」「何以又云乎仁？」曰：「義利，對稱之常辭也。然言義，仁在其中矣，仁在義先者也。」

「天子、三公、六卿、二十七大夫、八十一元士，如萬取千焉，盡萬乘之國不足爲其采邑，而天子又何有耶？」曰：「士食於大夫，大夫食於公卿，皆在於乘之内者也，故周禮有邦甸、邦縣、家削之賦。」

「靈臺之詩不言民樂，湯誓之書不（見）〔言〕[一]臺池、鳥獸者何？」曰：「此孟子讀詩、書之法也，乃可謂以意逆志矣。文王不能使民遂生養之性，其能使子來以成臺池而又樂其所有乎？若書既言偕亡，天下且不可得，而況有此臺池、鳥獸哉？嗚呼！惠王可以警懼矣。」

世輔問：「『百畝之田，勿奪其時』者何？」曰：「授田之時也。上已言『不違農時』，下又言『數口之家』，知其爲授

[一]「言」：原文作「見」，據楊本改。

田之時矣。」「『謹庠序之教，申之以孝弟之義』者何？」曰：「此不獨言教，躬行亦在其先也。」

思敬問：「作俑無後，奚訓乎？」曰：「言斯人也無後嗣耳。」「非後必殉葬乎？」曰：「作俑已殉葬矣。蓋此作俑者既欲死，人豈不至於死已哉！」

「壯者以暇日修其孝弟忠信，不暇之日則不孝弟忠信乎？且深耕易耨非孝弟忠信耶！」曰：「不然也。『省刑罰，薄稅斂，深耕易耨』，皆仁政之目。故觀彼奪其民時，使不得耕耨以養父母可見矣，故暇日對有甲兵之時而言也。」

濟民問：「無已則王乎之章有敘乎？」曰：「自『德何如』以至『君子遠庖厨』，言王心足以致王，而欲識其隱顯也。自『他人有心』至『王請度之』，言王恩易於致王，而欲審其輕重也。自『抑王興甲兵』至於『何以異於鄒敵楚哉』，言霸道不足以得人，又有其害也。自『今王發政施仁』至章末，言王道所以得人，又有其本也。」曰：「自『是心』以至『遠庖厨』，其言不亦復乎？」曰：「是。蓋始開其心而復達之於其所忍，因閉其心而復通之於其所不忍也。」「既言『天下可運於掌』，又言『保四海』者何？」曰：「『老吾老』以下論其理，『詩』以下證其實，『故推恩』以下行其事也。夫孟子之論王道，其本也自吾老幼，其政也制其恒産，非有異説也。然用則治，不用則亂，反掌之耳。爲政者可以知自省矣。」

思敬問：「對莊暴則曰齊國，對齊王止曰齊者何？」曰：「此孟子對君臣之異辭也。齊者，王之所有也，故不曰國；非暴之所有也，故不獨曰齊耳。」「既曰今樂古樂，何以又曰今(由)〔猶〕[一]古也？」曰：「鐘鼓、管籥、車馬、羽旄，豈有今古之異哉！故曰猶。若夫疾首蹙頞、欣欣相告，不啻南北矣！故曰今古。而范氏以爲實實今樂古樂不同，則非孟子之意矣！」

顯問：「孟子告齊宣王不曰是心足以王，則曰與百姓同樂則王，司馬氏疑孟、李氏常語、鄭氏藝圃折中譏孟子忍心忘周而無君臣之義者，信然乎哉？」曰：「不然也。凡孟子之所謂王，主救民而言，如其救民也，王自歸之耳。三氏之所謂

〔一〕「猶」：原文作「由」，據楊本改。下句同。

王，主篡竊而言，如其篡竊也，民亦叛之耳，又安有所謂王乎？余隱之及朱子辨之，又弗能究焉，宜乎至今而人猶議於斯也。」

應暘問：「文王之囿，芻蕘、雉兔之皆往，何以見之？」曰：「讀兔罝、漢廣之詩可見矣。又以見文王之囿不啻七十里也，蓋與民同樂，雖天下可爲囿矣。」

用問：「孟子論交鄰以湯、文爲仁，宜矣。夫仁智一道也，若句踐者，董子所謂先詐力而後仁義，越未有一仁者也。未有仁，則未有智矣。孟子乃躋諸太王，不亦過乎？」曰：「句踐固非太王之儔也，然其憤檇李之敗而棲會稽也，葬死問傷，養生弔死，送往迎來，去惡補不足。女子十七不嫁，丈夫二十不娶，其父母有罰。免者有醫，疾病有救。國人三請戰而後興師，可謂知耻自憤，足以近智矣。當孟子時，其君有能如此者乎？故秦穆公，五霸之亞也，孔子以其悔過，可以入聖也，録其言以終堯舜；越句踐，諸侯之末也，孟子以其知耻，可以近智也，取其志以並湯文。聖賢樂善棄過之心如此！」「夫孟子既以文王爲仁矣，又引伐密之詩，不背于字小乎？」曰：「密人侵阮，是不字小也，故伐之耳。」「樂天、畏天有優劣乎？」曰：「仁智本無高下之異，而大小固有樂畏之分。不然，何孟子嘗以太王爲仁人，而此又以爲智乎？故我將之詩獨證畏天以見樂天也。」

懷仁問：「雪宮之樂，奚指乎？」曰：「其惟仁智乎！樂而不私，憂而深，其惟仁智乎！能此者則爲諸侯，度今之諸侯可知也；不能此者則爲諸侯，憂古之王者可知也。」「然則又何以教齊王之王也？」曰：「其曰『方命虐民』，則固未嘗不尊周耳。李氏、鄭氏、司馬氏可自解矣。」「民亦樂其樂、憂其憂者何？」曰：「樂君之所有，憂君之所未遂也。」「遊言休，豫言助者何？」曰：「休猶行者之得息也，助猶飢者之得食，渴者之得飲也。」「徵招、角招者何？」曰：「蓋徵調、角調也。」

九霄問：「常語言君親無將，孟子欲齊王居明堂即取王位也，如何？」曰：「孟子之意，欲其行王政，非欲取王位也。況所引文王、公劉、太王之事，真天地爲心者也，豈有私意哉！若毀明堂，無王甚矣！李氏何不思之甚也！」「積倉亦務農之常，胥宇亦室家之理，遂以好貨加公劉，好色加太王，不亦誣乎？」曰：「此借齊王之言以導之耳。夫好貨而與民同，則非狗利之私；好色而與民同，則非燕昵之欲，可謂人心而以道心爲主矣，於前賢奚污焉！」

藻問：「孟子既曰『國君進賢，如不得已』，又曰『左右皆曰』以下者何？」曰：「其皆曰賢者，不啻爲衆所悦，恐或溺於尊親也；其皆不可者，不啻爲俗所憎，恐或拘於卑疏也。」又曰：「『可殺』以下者何？」曰：「上言命德，此言討罪耳。」「左右、國人其言皆同，則又察於何所也？」曰：「或因言以察其心，或因事以考其行，或參伍以變，或錯綜其數之類也。」

仲武問：「巨室、璞玉之譬，不亦復乎？」曰：「前欲，愛賢如大木；後欲，其愛國如玉也。愛賢然後能愛國耳。」

九式問：「滕，小國，雖鑿池築城，亦不能以禦齊、楚，孟子爲滕謀者，非誣則迂矣。」曰：「孟子欲其與民效死以守城池，非專以城池爲險也，然得民至於效死，豈惟守城池也哉！」

冰曰：「創業垂統者，奈何？」曰：「業，基也，猶土地也。統，緒也，猶基業也。創之者，或增益於前，或不失其舊，皆自爲善中得之耳。然其意，但使子孫可繼耳，而行善以光先人，非有志於取天下也。」

劉銑問：「孟子謂滕君擇斯二者，夫遷矣，而齊、楚又侵，如之何？」曰：「孟子之意，非欲滕君之遷也。蓋言能如太王去邠遷岐，從之者如歸市，則遷耳；不能，則效死勿去也。若雖遷而無從之者，遍天下不可以立身，况太王所避者，狄也。滕如得民如歸市，彼齊、楚者，亦國中人耳，又何懼以遷哉！」

世輔問：「既曰『行，或使之；止，或尼之』，又曰『行止，非人所能』，不亦背乎？」曰：「言人之行止，雖有使尼，而其所以行止，非人之所能使尼也，蓋有使之不能行，尼之不能止者矣。雖曰使尼之而行止，其究亦非人也。嗚呼！此見孟子以天自處矣，固以見臧倉不能止，亦以沮樂正子不能使也。」

公孫丑

官問：「孟子尊曾西、子路而卑管仲、晏子，至復以當時比紂，文王比齊王，而曰功必倍之，真忘周室矣。彼管、晏者，又何嘗廢周也！温公之疑，然矣。」曰：「非然也。當管、晏之時，楚獨稱王，天下諸侯未然也，故管、晏之時君伯。孟子之時，韓、趙、魏，大夫也，亦已爲王，而諸侯有稱東、西帝者矣，故孟子以其君王。管、晏時可尊王而不尊，孟子時當行王道而不能行，故孟子卑管、晏而稱文王。」「微子、微仲、王子比干、箕子、膠鬲，幾人乎？」曰：「五人耳，子皆爵也。」

達問：「不動心之章亦有叙乎？」曰：「自北宫黝養勇至曾子守約，皆言不動心之道，而以曾子爲是也。自不得於言至反動其心，則論告子不動心之失，而以己爲是也。『難言』以下，則言養氣之事。『宰我、子貢』以下，則又兼言之，而究其學於孔子也。」「既曰難言，何以又曰至大至剛，塞於天地也？」曰：「此其所難言也，配義與道即塞天地之事也。集義所生，原其生氣之由也；必有事焉以下，斯爲養之之方耳。」「宋人之事，何以獨譬助長乎？」曰：「有事於此，未免興助長之心也。」「詖、淫、邪、遁者何？」曰：「心開明者，則見四方上下，故爲一偏之言者，乃其心之蔽也。心無所沉溺者，能酌言也。有所陷矣，如淪於淵、如投於井，蓋不復知天地之大道，將肆其所見而猖狂自恣、放蕩不檢矣，斯淫辭也。邪正不兩立，心離乎道，言必邪，其心自求於理而不通，是窮也，則必不認所學之非，而陰附理以爲言，猶夷之推墨附儒之意者，遁辭也。」「伯夷、伊尹之不同道者何？」曰：「孟子言與己不同道也，故願學孔子耳。夫孔子，雖堯舜之賢，百世之王及出類拔萃之聖且不能及，而况伯夷、伊尹乎！此孟子之見獨高而願學之也。」「夫子優於百世之王者何？」曰：「求夏時、殷輅、周冕之禮，則知綏來動和之政如天不可升，非一王所能舉也。求用韶舞之樂，則知温、良、恭、儉、讓之德無人不可感，非一世所能成也。」

顒問：「七十子之服孔子者何？」曰：「此形容中心悦而誠服之狀耳，其詩則證之也。夫東西南北無不服，則盡乎天下矣。如夫子而有位，則天下皆七十子也。是故湯以七十里，文王以百里。」

鼐問：「仁不仁之榮辱者何？」曰：「其下是也。是故大國必畏榮莫甚焉，是自求禍辱莫甚焉。」

士華問：「『尊賢使能，俊傑在位』，奚訓乎？」曰：「賢以德言，能以才言，皆所謂人之俊傑也。」「『廛無夫里之布』者何？」曰：「既廛矣，與民之有職業、宅之有毛者均矣。又令之出布，非仁也，故止賦市地之廛耳。」

商經問：「乍見孺子而有怵惕、惻隱之心，何以言內交孺子父母、要譽鄉黨朋友及惡其聲而然也？」曰：「父母，孺子之至親者也；及鄉黨朋友、惡其聲名，己之所好者也。當是時也，事出倉卒，興乃偶爾，雖孺子父母不能啓其愛，無求於彼也；雖鄉黨朋友不能歆其念，令名美譽不能感其中，無意於我也，皆天真之自然耳，故曰『人皆有不忍人之心也』。」「若是，又何以四端、四體言之？」曰：「四端言其本於性也，四體言其見於身也。夫本於性，猶隱然；見於身，則顯矣，而人猶不知存是心耶！」「既曰『火然』『泉達』，又曰『保四海』者何？」曰：「擴而充之，求充也。苟能充之，果充也。故有淺深耳。此章非言人臣。」「其曰『謂其君不能者』何？」曰：「凡言人，蓋皆有志於四方者也。有志於四方，則有志於正君矣，故下曰『保四海』。夫一人也且如此，況於爲君者乎！」

得興問：「孟子論擇術而言里仁爲美以下何？」曰：「術莫大于仁也。故惟仁至貴而人之至賤者乃自取，惟仁本直而人之或枉者則自求。」

濟民問：「舜之與人爲善，亦有是心乎？」曰：「與人爲惡，則無是心也；與人爲善之心，豈止有之耶！蓋加于衆人之心萬倍矣，故曰『欲並生哉』！故自『耕稼』以下言其實，自『取諸人』以下言其所以大也。」

弘學問：「伯夷、柳下惠隘，不恭，推其弊乎？」曰：「一清一和而不即隘與不恭也，又奚推？故孟子學孔子。」

景章問：「天時謂時日支干、孤虛王相者何？」曰：「王相以其相生相助而言，如甲子、乙丑遇壬癸之類也。孤虛以相克相害而言，如庚申、辛酉遇丙午、丁未之類也。」「既有天時、地利，然則人可以勝天地乎？」曰：「人得天地之氣獨全，與在天之時日、在地之城池不同，故一得其和，天地從之矣。蓋天地人，一道也。故曰：得道者多助，多助之至，天下順之也。」

雲霄問：「孟子于景丑論朝齊王，其言亦有叙乎？」曰：「自『内則父子』以下因論敬，而言用敬莫如我也。自『父召無諾』以下因論禮，而言失禮莫如王也。敬在心，以言言；禮在貌，以行言。」「孟子既言『朝廷莫如爵』，又言『惡得有其一，以慢其二哉』，則齊王者，何與孟子論齒于鄉黨耶？」曰：「不然。言朝廷之上亦有論齒、德之處而論爵則多，鄉黨之中亦有論爵、德之處而論齒則多，是故燕毛序齒，建官惟賢，左右惟人，此商、周之朝廷也；一命不齒于鄉黨，鄉里以爲儀表，此周、漢之鄉黨也。故莫如云者，非必止在其一尊也。」

士問：「孟子受餽于諸侯，何至兼金百鎰、七十、五十之多也？」曰：「君子辭受論義，不論多寡，故舜受堯之天下不以爲泰。」

世用問：「孟子處孔距心及蚳鼃，皆非鼃、距先有所問也，孟子乃先言之，如此可謂不在其位而謀其政矣。又況于未問而言乎！」曰：「聖賢之心，苟可以救民而正君，不暇計其他也。于距心，則救民之事；于蚳鼃，則正君之事。二子之所行，即孟子之所行也。又距心、蚳鼃在交遊之間，亦不可知。」

滋問：「孟子反齊，滕之路，不與王驩言，君子之處小人，不亦太過乎？」曰：「賓師之體，亦自如是耳。故曰『既或治之，予何言哉』，然其所不言之意，固已深矣。」

士問：「禮，天子椁四重，諸侯、大夫以下降殺以一。今孟子言自天子達於庶人，棺椁皆七寸，不亦無等威乎？」曰：「所用之木不同。如天子之木，則固題輳者也。」

增問：「今之君子，豈徒順之，順君之過乎？」曰：「順己之過即順君之過，文君之過即文己之過也。」

增問：「繆公之待子思、泄柳、申詳異乎？」曰：「泄柳、申詳之賢不及子思，故繆公待子思特優也。故曰：吾於子思則師之，若泄柳、申詳，其顔般之徒乎！」

達問：「孟子言『以其時考之』以上言不豫者何？」曰：「言天必欲平治天下，又何必不豫哉！」

滕文公

增問：「孟子之論性善，既稱堯舜，何以又言道一而述三言也？」曰：「前證以二聖之行，後證以三賢之言也。」「引一言足矣，何至於三言？」曰：「成覸，時人也，其言猶可疑。顔淵，大賢也，其言不可疑。周公，大聖也，其言益不可疑也。」「既言性又言道者何？」曰：「性隱而道顯，道即性也，曉人當如是耳。」

衢問：「三年之喪斬衰，而孟子言『齊疏』者何？」曰：「齊疏，非齊衰也，言齊之粗疏，齊之疏則斬矣。」「滕父兄百官言喪祭從先祖，而世子以爲不我足者何哉？」曰：「世子言己平日馳馬試劍，父兄百官不欲顯言其不能行大事，特假志言以沮之耳。嗚呼！即世子斯言，可知其終必能盡大事也。世子亦賢乎哉！」

雲霄問：「孟子既言賢君恭儉，又言禮下、取於民有制者何？」曰：「恭儉，德之體也；禮下、取民有制，德之用也。」「其實皆什一者何？」曰：「夏取一於什之内，殷取一於什之外，周之用徹亦取一於什之外，故曰皆什一也。」「徹法奚訓乎？」曰：「同力合作、計畝均分之訓的矣。但所謂鄉遂用貢、都鄙用助者，孟子尚未之言耳。『雖周亦助』，始度周亦用助而請野以下，斯孟子斟酌三代之法而欲滕行之也，未必皆周之徹耳。」曰：「如龍子、孟子之言，則禹之制貢亦不仁之甚矣，禹何以爲聖人？」曰：「此後世守法者之過也。觀禹貢『兖州之賦曰作十有三載乃同』，而冀、梁等州皆言錯者，可以見禹之心矣。」「助法之善何？」曰：「豈惟見天時，私田凶者公亦凶，亦以見地利，私田肥者公亦肥也。若貢法，上不論天時之旱澇，下不論地利之肥瘠，亦如後世計畝徵税之弊矣。故孟子既以數歲爲常言貢之弊，而復以雨我公田、私田言助之善矣。夫貢，固有不雨而徹者矣。」「孟子既言請野九一，國中什一，又言鄉田同井以下者何？」曰：「蓋不以助之善爲可廢也。國中什一，權處焉耳。要其常，惟助法也。蓋既不失治下之理，又不失事上之忠，如之何其勿行之。」「既用助法，則有公田厚君子，私田厚小人矣，又用圭田及餘夫之田者何？」曰：「公田所入之粟，意必計官尊卑爲降殺。若圭田，則仕者皆同也。餘夫一區，則傷義；不田，則傷仁。故二十五畝者，曲成之道也。」「餘夫田奚在乎？」曰：「雖在井之內亦可也，雖在井之外亦可也。在井之內，或數夫而共一區；在井之外，或數人而共一溝。圭田亦若是處耳。不然，或在官之餘田也。」

世用問：「孟子闢許行之並耕，既自『種粟』以下，又自『有大人之事』以下者何？」曰：「上以人有定業語之而不悟，則必以人有定分者曉之也。夫人有定分，實天下之通義，觀堯、舜命禹、稷、契之事可見矣，故其下申言。」「所憂之大，不同農夫也，是何也？」「蓋其德與小善不同，而其心與志末者異耳。此堯舜之憂所以爲大也。」「陳良既北學於中國，乃至使北方學者未能或先，而良獨爲豪傑者何？且其所從受學者亦不及良耶？」曰：「豪傑以資質言，孟子固曰雖無文王，猶興也。然則良之所從學，則亦無常師乎？且以孟子言陳良爲豪傑，則孟子亦可知矣。」「子夏、子張、子游、曾子尊聖人何以不同？」曰：「三子者得聖道一支，故其所尊者小。曾子得聖道全體，故其所尊者大也。」「物之不齊而謂之情者何？」曰：「情，實也，猶性之(者)〔著〕[一]也，而許子欲齊之，真乃爲僞耳，而曰國中無僞何耶？」

勳問：「孟子『彼有取爾』以下，既即經意以明夷之所援之非矣，其言『天之生物』以下者何？」曰：「此即天理以明其所學之非也。夫父母保赤子，推之匍匐入井，其恩至矣。此亦可見一本也，而夷子以爲愛無差等，非二本而何哉！」

商經問：「孟子論不見諸侯，既言『齊景公田』，以下又言『枉尋直尺』至『雖若丘陵弗爲』者何？」曰：「上即其義言不可往，下就其利言亦不可往耳。如枉道以下，則又言其所以不可往之故也。」

文舉問：「孟子言衍、儀乃妾婦之道，彼妾婦者，豈一怒而諸侯懼哉？」曰：「求富貴於此邦而不得也，則必怒而陰行諂謀於他國以賊乎此邦，非妾婦而何哉！彼居廣居，立正位，行大道，窮達無二者，果如是乎？」

增問：「『三月無君則弔』之謂何？」曰：「弔如弔喪之弔，不獲祭其先人與亡其先人者等也，故人皆弔之。」「願有室

〔一〕「著」：原文作「者」，據楊本改。

家，不言男女而言父母之心者何？」曰：「父母之心可說也，男女之心不可說也，故『不待父母之命』以下，則賤男女之心也。君子而易仕與賤男女，奚異哉！」

思敬問：「孟子既言傳食諸侯之泰以爲輕仁義者矣，其自『其志將以求食』以下則謂之何？」曰：「上因彭更言食功，責其反慢乎大功也，下因彭更論食志，詰其實貴乎無功也。蓋自『何以其志爲哉』以下，借以有功發其食志之言，難以無功得其食功之心故耳。孟子辨佞之巧如此夫。」

聘問：「孟子論王政，言湯則言爲童子復讐，言武王則言士女爲綏者何？」曰：「此可見湯、武父母斯民之心矣，斯謂之王政。」

世寧問：「孟子論宋王之爲善，而欲長幼卑尊皆薛居州，則何以能之？」曰：「此謂戴不勝也。戴氏，其宋國執政之臣；薛居州，其戴氏所喜之人乎！相國之體用人之法，俱盡之於斯言矣！戴氏而知此，宋雖以王天下，不難也。」

雲霄問：「君子之所養可知者，止言曾子、子路乎？」曰：「雖段干木、泄柳者，處之已甚，亦豈諂笑之徒哉！則夫子見陽貨之事可知矣，然則不見諸侯豈無義乎！」「集註謂此章言聖人禮義之中正者何？」曰：「此章非謂評品聖賢，乃論見諸侯之事也。」

九儀問：「戴盈之言『待來年』者何？」曰：「此必有牽滯不斷之欲，故云爾。故曰：改過不速者，遷善必不勇。」「孟子叙治亂，言堯舜既沒，及紂，天下又大亂。啟、少康、太甲、武丁且勿言，禹、湯亦在亂數乎？」曰：「上既堯使禹治洪水，故言堯舜，正以言禹也。其曰『暴君代作』，則湯、太甲、武丁之賢自不沒矣，但不如唐虞之際，聖賢之接跡爲盛耳！故曰『及紂之身，天下又大亂』。」「周室之治，始於文王，成於武王，而乃叙周公爲首，以天下大悅係之，而以文謨武烈之書證之於後者何？」曰：「雖則文謨武烈，亦周公之所相也。」「然則文、武不及周公乎？」曰：「此章叙治亂，多自臣下而言，蓋寓自任之意。是故堯舜之時，不言堯舜，言禹；周公之初，不言文、武，言周公；春秋之時，言孔子也；孔子之後，則孟子自繼之矣。故曰：禹抑洪水，周公兼夷狄，孔子成春秋，我亦欲正人心云。故此章治亂各凡三節也。」「孔子之言春秋，若曰『知我則無罪』，若曰『罪我則不知』，兼之者何也？」曰：「知我者，其天乎！罪我者，其天〔二〕乎！」「孟子叙當時之亂，無父無君之禽獸，至於率獸相食者何？」曰：「此即孔子亂臣賊子之世，傳所謂甚於禹之洪水，毒於周公之夷狄、猛〔三〕獸者也。」「其曰『聖人之徒』者何？」曰：「言世無有獨能爲距楊、墨之説者也，有則亦聖人之徒，人亦何故而從楊、墨乎！嗚呼！孟子於此，雖欲辭斯道之傳，不可得矣。」

弘學問：「孟子前既言『充仲子之操，則蚓而後可者也』，末又言『若仲子者，蚓而後充其操者』，奚不同？」曰：「上言若仲子之廉，蚓優乎仲子；下言若仲子之廉，仲子必學，蚓然後至也，是豈人所爲哉！且母兄與妻孰重，棄其大而小是爲，雖此於世之卑汚苟賤者不同，然語其亂倫則一也。」

〔二〕「天」：楊本作「人」。
〔三〕「猛」：楊本作「禽」。

續因問（鷲峯東所語）

梁惠王

象先問："聖賢之心，直是與天地萬物爲一體。欲使天下萬物各得其所，卻有個要處，只在君上轉移。故孟子因惠王招賢，説以仁義，其心便可想見。此意未知是否？"先生曰："豈惟招而後往見哉！昔者孔子轍環天下，其之荆也，先之以子夏，申之以冉有，是何等樣心！"

問："'未有仁而遺其親，未有義而後其君，'註云：'此言仁義未嘗不利。'象先以爲仁義者，吾心之天理，人之居仁由義，是天理合當如此的，而民之興起，自無不愛親急君之理，是仁義本無一毫求利之心。若説仁義有愛親急君之利，恐涉於有所利而爲，適所以開惠王求利之端，殊非拔本塞源之意，如何？"先生曰："註亦不妨。小人不見利不勸，孟子對個惠王只得如此説。昔其師子思亦曰：'仁義固所以利之也。'"一友問："孟軻氏於齊王好勇好貨好色之類，莫不委曲順導，未嘗遽忤其説，而於惠王利國之問，遂斷然遏絶之曰不可者，何故？"象先曰："好勇好貨好色，此一人之私情也，而宣王天資樸實，自説己短，無所隱護，孟子以爲猶可引歸於善，故其意婉。若利國之問，干係治體，故遏絶之辭，不得不嚴。未知是否？"先生曰："此亦然。但聖賢之言，圓轉流通，應口而出，無非至理，其説到仁義未嘗不利處，與論好勇好貨之致王者，亦未嘗不同也。"

柳本泰問："引靈臺之詩與本詩文辭不同者何？"先生曰："如今引詩、書，皆是就字意上看矣。若孟子引詩、書，因其曰臺沼有一'靈'字，即知道民歡樂之也，因其'麀鹿攸伏'等語，即知民樂其有麋鹿魚鼈也，因其有'時日曷喪'之語，即知其雖有臺池鳥獸不能樂也。蓋他得其大，意不在尋行數墨耳。」

象先問：「民樂臺沼麀鹿魚鼈，不惟可見文王先憂後樂之情，亦可見能盡己性則能盡人物之性。」先生曰：「然。故予嘗説靈臺之篇，一章言能仁民也，二章言能愛物也，三章言能養士作人也。惟文王能修身以養士而作人，斯能盡民物之性耳。然則惠王不能與民同樂者，將所謂修身作人者，初未有乎！」

或問：「使聖人當釁鐘之時，亦以羊易牛，如齊宣王乎？」象先曰：「不然。宣王之見牛，所謂乍見孺子將入井者，而羊又未見，故以易牛可也。若聖人既知得釁鐘是用之以禮，雖見牛之觳觫，亦不必易也。故易牛之事，只可在無心中偶一行之耳，是否？」先生曰：「然。有仁術者，雖牲殺必備；養仁術者，於庖厨亦遠。孟子姑即齊王之微仁而開廣之，非所以論於仁之全也。」

象先問：「一友云：輕重長短不在物，亦不在心，在心之應物上。不知是否？」先生曰：「輕重長短雖在物，而所以能輕重長短實在心。不然，則老老幼幼，猶恩加百姓也，恩加百姓，猶不忍牛之觳觫也。」

「宋儒范氏云：『必欲以禮樂治天下，當如孔子之言，必用韶舞，必放鄭聲，爲邦之正道。』孟子謂今樂猶古樂，乃救時之急務，所以不同。」象先謂：「孟軻氏述與民同樂一段，非用韶舞之意乎？述不與民同樂一段，非放鄭聲之意乎？而謂孟子之言不出於正道，孔子之心不切於救民，可乎？不識以何者而謂其有不同也？」先生曰：「此辯亦是范氏，蓋就其立言之體而斷之也。」

「張南軒云：『文王之囿，或蒐田所及，而民遂指爲文王之囿耳。』象先意以爲此論良是。夫囿者，蓄育鳥獸之所，果以閒曠七十里之地爲蓄育鳥獸，恐亦非制節謹度者矣。」先生曰：「自不妨。既與民同樂，雖數百里亦可也。」或問：「孟軻氏於滕只説苟爲善，後世子孫必王，又謂文王以百里起何耶？」一友云：「王者必世而後仁，文王自后稷、太王積德深矣，故文王可以百里起。滕欲爲善，纔自文公始，故王須待其子孫。」象先意謂：「此固是一説，大抵王天下，德爲上，勢亦次之。當時滕止五十里，國勢煞弱，且列國漫無統紀，欲朝行仁而暮及於天下卻難。文王時，方百里起，且天下只有個商，舍商之暴，便歸於周之仁矣，其勢較易。若説必待數世而後王，君人者便得以委諸人而生，今之民固不得蒙王者之澤矣。且孟軻氏謂『以齊王猶反手』者，又何也！」先生曰：「此論亦是。」

達問：「句踐之專吴也，用大夫種之謀，以己女女吴王，大夫女女吴大夫，士女女吴士，復納美女於太宰嚭，撫越十四年而遂滅吴。董子所謂先詐力而後仁義者也，孟子比諸太王，不亦過乎？」先生曰：「句踐固非太王之儔矣，然其憤檇李之敗，而棲會稽也，葬死問傷，養生弔憂，送往迎來，去惡補不足，免者醫，病者救，怨曠者有罰，國人三請戰而後興師，可謂知辱自憤，近於知矣。當是時也，有如此君者乎？故秦穆公，五伯之亞也，孔子以其悔過，可以入聖也，録其書以終堯舜；越句踐，諸侯之末也，孟子以其知恥，可以入智也，取其志以並湯、文。聖賢樂善棄過之心如此夫。」

何堅問：「『樂正子曰君爲來見也』，如何？」先生曰：「樂正子自以爲已能使魯君見孟子，但臧倉沮之，故不行。故孟子説：行，雖或有使之者；止，或有尼之者，然其實，非人所能爲。以此觀之，則魯君今日之止，臧倉固不能沮，樂克亦焉能使之行哉！蓋亦沮樂正子耳。觀孟子，滕文問他守國之法，便告以鑿池、築城、效死之説。梁惠問利國，齊宣好色好貨好樂，皆隨事區處應答，不失其正。鑿乎，可以見之實用，可謂深達一貫之道矣！」

公孫丑

官問：「孟子尊曾西、子路而卑管仲、晏嬰，至復以當時比紂，文王比齊王，而曰『功必倍之』，真忘周室矣。彼管、晏者，又何嘗廢周也！溫公之疑，然矣。」先生曰：「非然也。當管、晏之時，楚獨稱王，天下諸侯未然也，故管、晏以其君伯。孟子之時，韓、趙、魏大夫也亦已爲王，而諸侯有稱東、西帝者矣，故孟子以其君王。管、晏時，可尊王而不尊；孟子時，當行王道而不能行，故孟子卑管、晏而稱文王。」

問：「孟子時，雖列國相雄長，以今觀之，不過一諸侯。況周室尚存，名分固在，孟子爲大賢，遨遊其間，初未嘗仕，何故於齊、梁皆稱臣？何故以王稱諸侯？」先生曰：「周制，雖士於大夫亦稱臣，故有輿臣皂之說。況是時，周室雖存實亡，韓、趙、魏大夫也且稱王，況諸侯乎！是故孔子時，猶可尊周，至孟子時，則難矣。」

象先問：「持志養氣是一時工夫，非判然二事，如手容恭、足容重一般。手容、足容是氣，而其所以恭且重者孰主之，皆志爲之也。故觀孟子前面並說持志養氣，後面只說養氣，更不說持志可知矣。然則『志至氣次』之說如何？此『次』字，正如春秋傳所謂某師次於某處之次一般，非有先後之可言也。」先生曰：「志雖至極而氣即次於志，非可緩之物。可見，雖養氣亦用志也。不然，蹷者、趨者雖是氣，而所以蹷趨者亦是志之未持也，故孟子說善養浩然之氣爲不動心。」

象先問：「孟子所謂直養，即子思所謂致曲工夫一般。集義只是事事皆直，仰不愧，俯不怍，浩然之氣自生，而今只將自家心體上驗到那無私曲處，自然有此氣象，故謝良佐有云：『浩然之氣，須於心得其正時識取。』此等說集義似亦盡了。」先生曰：「不知當三五人看又如何，不知當百數十人看又如何，如有未然，焉得謂之盡乎！」象先愕然曰：「安能必百數十人之皆然哉！」先生曰：「只如此亦可以觀集義。」

象先問：「塞於天地之間，此是對後人欠缺時說，不然，雖不說充塞亦得。故程子曰：『天人一也，更不分別。』謝上蔡曰：『浩然是無虧欠時，下面配義與道便是塞於天地的事。』有說此段是氣之體，下段是氣之用，恐不可如是支離也。」先生曰：「以予觀之，上段雖謂之用可也，下段雖謂之體可也，蓋不有配義與道之體，則無充塞天地之用矣。然則所謂難言者，豈惟在剛大充塞也！且據剛大充塞而言，固謂之難言，若配義與道，豈可以易而說乎！故有配義與道，則不患無剛大充塞矣。剛大充塞，不是做功處，所說配義與道，便是塞天地事良是。」

問：「塞乎天地之間，六合是恁的大，吾人以眇然之軀何以塞之？」先生曰：「吾與天地本同一氣，吾之言即是天言，吾之行即是天行，與天原無二理，故與天地一般大，塞猶是小言之也。」

象先問：「『其爲氣也，配義與道』，李延平說氣與道義元是一滾出來的，此論極是，卻又將『襯貼』字解『配』字，恐未穩。夫天之生人，道義與氣便一齊俱足，無有個無理之氣，惟直養無害便與道義渾合無間，故云『配』耳。孟子下一『配』

字，對失養時言之故也。註云：『若無此氣，一時所爲未必不出於道義，然其體有不充，亦不免於疑懼，而不足以有爲。』恐亦未安。蓋無浩然之氣，便無道義了，便欿然餒矣，安有道義於一時而後日纔餒耶！是否？」先生曰：「這『配』字，如廣大配天地、變通配四時之配。蓋天地就是個廣大，不是廣大，又是一個物與天地相對合也，故配義與道，方是浩然之氣耳。苟無道義，雖謂之血肉之軀可也，又安得以言浩然哉！觀諸乞墦之人、紾臂之子，又何嘗一時所爲出於道義哉！」年問：「配義與道者何？」先生曰：「言此氣是搭合着道義說，不然，則見富貴也動，見貧賤也動，而餒矣。」又問：「孟子不及孔子者在何處？」先生曰：「只這說浩然之氣，便是不及孔子處。孔子何嘗無浩然之氣，卻不如此說，與天地合德矣，又何須說充塞。」

或問：「孟軻氏上說『配義與道』，下只云『是集義所生者』何？」象先曰：「朱子不解云：『道者，天理之自然。義者，人心之裁制。』故如慈孝之理，是道也；如撫養、教訓、溫清、定省之類，是義也。蓋道，其全體；義，其條件也。道上卻無做工夫處，故下面只說集義。是否？」先生曰：「此看亦可謂善屬辭比事矣，然集義處即是道，不以道言者，道統乎義也。易云：『殊途而同歸』，亦此意。」

王材問：「『必有事焉，而勿正，心勿忘，勿助長也』，見朋友記先生語『勿忘』云：若坐馳了，卻是（忽）〔忘〕〔二〕心不可。竊意既謂之必有事，如何又有坐馳？」曰：「此記者誤也。必有事，以集義爲事矣，若爲他念牽扯，此便是忘。勿忘，即是不息，不息最難。」曰：「必有事，即是有爲者，辟若掘井；勿忘，即是掘井九仞而不及泉，猶爲棄井也。」先生曰：「然。」

先生曰：「陳白沙謂舞雩三三兩兩，只在勿忘勿助之間。想當時，曾點只是知足以及之，恐勿忘勿助工夫卻欠缺些；不然，則不止於狂矣。」

〔二〕「忘」：原文作「忽」，據楊本改。

問：「孟子所謂勿忘勿助，只是説自然而已，蓋忘則涉於無情，助則出於有意也。」先生曰：「勿忘亦非自然，蓋自强也，功夫全在此。」

濟民問：「舜之與人爲善，亦出於有心乎？」先生曰：「與人爲惡，則無是心也，與人爲善之心，豈止有之耶！蓋加於中人之心萬倍矣，故曰『欲並生哉』，故自耕稼以下言其實，自取諸人以下言其所以大。」

王材問：「孟子曰：『天時不如地利，地利不如人和。』只此二言，省了多少兵家説話，孔子所謂『我戰則克』，其道想亦是如此。」先生曰：「然。看來只是要得人心，就如程子云『今將數千人能使他依時及節得飯喫，亦是難事』，左氏所謂『三軍之士皆如挾纊』，此是人和。至於『昔日之羊，子爲政；今日之事，我爲政』，雖有天時地利，何所用之？」曰：「就是吳起所以成功，亦是能與士卒同甘苦，但此恐還是第二着。」先生曰：「是。教之孝弟忠信之行、務農講武之法是第一着。若夫凶年饑歲，君之民，使老稚轉乎溝壑，壯者散而之四方，則所謂夫民今而後得反之矣。」

先生曰：「曾子曰『彼以其富，我以吾仁』等，以今學者觀之，似不當説不知，還不欲如此，抑是氣歉不敢説？」欽夔曰：「還是氣歉。」先生曰：「然〔雖然〕〔二〕連此語不道，方是孔子。」

滕文公

先生曰：「孔子繫易言：『一陰一陽之謂道，繼之者善，成之者性。』是性則善便在前。孟子道性善便在後，卻源流於孔子。世儒謂孟子性善專是言理，孔子性相近是兼言氣質，卻不知理無了氣，再那裏有理，有理便有氣，何須言兼，都失卻孔孟論性之旨了。」

〔二〕「雖然」：原文脱，據楊本補。

孟子引書，多就己意説，如言「若藥不瞑眩」，蓋言滕雖可以爲善國，然而非勇不能也。

柳本泰問助貢之法。先生曰：「『莫善於助，莫不善於貢』，此是就後面行之者説。若在夏禹之時，貢法自是善，或上上錯，或中上錯，或下上錯，至兖州則十有三年其賦貢，豈爲不善。」

老泉論井田終行不得也，迂矣。橫渠欲買田一區自行井田，恐亦難，只是當時他心上有不平處，故欲爲之也。欲行井田，如古之制，必是創業之君乃可。易曰：「雲雷屯，君子以經綸。」必是時而後可以有爲也，然又須思量，整置設法備盡，使後世無所改易方爲無弊。若繼世之君，此法如何行得？必也其均田乎！均田即仲舒限田，此法甚好，其次唐口分世業法亦善，廉吏奉行者少，此朝廷之法所以難行。

光祖問曰：「禹貢所載九州田賦，上上者今反爲下下，下下者今反爲上上，如雍、冀、豫不如荆、揚是也，豈風氣有遷轉耶？」先生曰：「風氣遷轉雖亦有之，但堯之時，禹治洪水既平，西北最高，故水初落時，田壤方藉漸漬灌漑，是以田賦爲上，而荆、揚一帶，地勢卑，淤水盡渰没，故其土爲塗泥，財賦尚未甚美也。及至後來，水既歸壑，流行日下，地之高者無所潤澤，故西北之土多乾枯，甚至深掘猶未見泉，而東南田壤猶禹時之西北，是以其産勝也。此皆土地因時之水勢高下而有肥磽，不專委之風氣之遷轉、人事之勤惰也。田下而賦上，田上而賦下，據一時言之。賦不止田中所出，如山林、川澤之財皆是，故總計之爲上爲下也。孔氏言田下賦上，人功修，田上賦下，人力廢，亦未爲得。」

滋問：「禹之治水，不顧妻子矣，其後戒舜，猶識之不忘，聖人亦常情乎？」先生曰：「聖人之心固人情耳，但視事有輕重，則非人所及耳。當其水之方割也，視萬姓重，視妻子輕，猶堯爲天下得人，捐二女，棄九男，不恤也，豈人所可及哉！及其戒舜，猶述之者，職於懲丹朱耳，蓋以人所易戀者言之也。嗚呼！此聖人行高而言卑。」

王標問：「舉齊景公，言不可往見之義，『枉尺』以下何也？」曰：「就以利言，亦不可。蓋枉己者未有能直人，是以理斷其無枉尺直尋之事也。」

王標問：「『居天下之廣居』，其意何在？」先生曰：「廣居、正位、大道而以天下言者，見天下莫能尚也。所居、所立、所行者，皆天下莫能尚的大境界，彼富貴、貧賤、威武或以順從乎人者，何足道哉！」

王獻蓋問：「孔子三月無君，胡爲乎皇皇如也？」先生曰：「聖人見天下陷溺荼毒，性未復，生未遂，故皇皇，然要出去救他。蓋其民胞物與之心，視天下疾痛疴癢與己一般，故如此。學者須要有這樣心腸方好，若後之汲汲於仕者，蓋爲富貴利禄計耳，故曰：同行異情。」

光祖問：「孔子之心，常以尊周爲本，其至齊、衛之邦，皆見其君，何獨至周之都而不見其王耶？果周王衰甚，難於扶持？抑周無賢人之引歟？」先生曰：「無賢人之引或然。蓋夫子亦嘗至周問禮樂矣，知禮樂者未嘗薦夫子，況其他乎！故曰：古之君子未嘗不欲仕，又惡不由其道。」

標問：「戴不勝何如人？」先生曰：「必是宋之相臣，故孟子以人事君之道告之。」

戴盈之章，王政行農則什一而税，商賈則關市無征，天下多少快活。

四書因問卷六

孟子

離婁上

敩問：「『離婁之明』以下，孟子既言治天下當遵法度，又言『聖人既竭目力』以下者何？」曰：「言人當知所以可遵也，出於聖人心思之政，如之何其勿遵之，不然，不智孰甚焉。」「何以又言『惟仁者宜在高位』？」曰：「惟有仁心仁聞者，爲能遵行仁政故耳。故人臣之責難於君者，責仁政也，故曰恭；陳善閉邪者，陳仁心也，故曰敬。恭則尊君如元首，欲四海之咸服，非啻望以庸君小康也；敬則愛君如腹心，欲萬理之皆備，不止擴其善念美意也。故是章之旨，君道在仁智，臣道在恭敬。」

問：「至禮不讓而天下治，至樂無聲而天下和，其五帝之事乎？三王而下涉乎跡矣。後世至禮壞而民無所措手足，至樂崩而民之怨咨生焉，而欲至治太和難乎？」曰：「只是個仁則難，故孟子曰：『惟仁者宜在高位。』」

思敬問：「聖人人倫之至者，奚在乎？」曰：「仁而已矣。是故堯舜之事君治民不外乎此，幽厲之身危國削惟反乎此耳。」

王標問：「三代之得天下章如何？」先生曰：「天子不仁，諸侯不仁，是承上意推之，以至於卿大夫、士庶人俱有不仁之禍，見爲天子、諸侯者，不可以不仁也。」

思敬問：「孟子既以天下得失、國之廢興論仁，又言卿大夫、士庶人以下者何？」曰：「舉小以見大也，小則有宗廟、四體者且不敢違仁，况於天子、諸侯乎，可不懼哉！」

應暘問：「孟子於『恒言』奚謂乎？」曰：「聖賢之心，雖微言不略也。夫孟子以人言天下於國之先，言國於家之先，非其序也，又遺其身而弗及，非其本也，故序而究言之耳。」「朱子言：『韓退之言誠正而不及格物爲語焉不詳，擇焉不精。』然則孟子何以并誠正亦未及也？」曰：「言修身，誠意，則自格物以下皆可見矣，如必盡録經文而以爲知道，又何所自得哉！」

田問：「『爲政不難』者何？」曰：「德教溢乎四海即爲政也，不得罪於巨室即不難也。夫不得罪於巨室，非修德之誠，致行之密，處事之當，接人之恭，聽言之審，待物之洪不行也。夫爲政不難，而不得罪之道亦甚易。」

恭問：「小國師大國而恥受命，猶弟子恥受命於先師，言必不可也。如恥之，莫如師文王。文王不受命於大國乎？」曰：「非然也。是猶父不得而子之説也，故曰『仁者不可爲衆』，言仁者之前不能爲其衆耳。邵子曰：『以一人之人當兆人之人者，其惟文王乎！』受命不受命，不足道也。」

仲武問：「既言『得天下有道，得其民斯得天下』，又言得其心者何？」曰：「有雖得民而不得其心，如伯者是也。」「所欲與聚，所惡勿施即仁乎？」曰：「然。故孟子自離婁以下七章，其言仁皆主愛也。」「孔子何以不以愛爲仁，但孔子於管仲亦許其仁，於顔回何以止許三月不違仁乎？」曰：「顔子言其具體耳，非管仲之所及也。管仲則仁之一支也，但其似之耳。」

守德問：「曠安宅，舍正路，何以可哀也？」曰：「是猶逃亡迷失之子，其死喪未可知也而安居，在路者垂涕泣而求之耳。故孔子以夕死爲可，而孟子以此爲哀也，是世固有雖生如死、雖死如生者矣。」

劉銑問：「既曰『道在邇』，何以又曰『事在易』？」曰：「事即以道爲事也。在邇，猶言在近有道也。夫親長在人豈遠，而孝弟豈難者哉！」

官問：「至誠必動者何？」曰：「舜盡事親之道，而瞽瞍底豫，其明善誠身之極乎！故曰：舜明於庶物，察於人倫，由仁義行，非行仁義也。」

薦問：「闢草萊、任土地，亦聖人重農之一事，何以當次刑也？」曰：「不勸其君以仁政，而惟土地之闢，固有侮奪人者矣，罪雖不比於死，亦不可宥也。」

陟問：「孔子論觀人有定規矣，而孟子乃云聽言觀眸子者何？」曰：「雖孔子視以觀由察安，或亦用言與眸子耳。」「視以觀由察安，非皋陶『載采采』之説乎？」曰：「雖『載采采』，而言與眸子亦不可舍也。言，心聲也；眸子，心象也。」

林問：「恭儉不可聲音笑貌爲者何？」曰：「雖見於聲音笑貌者，亦實心之不可掩耳。若徒以聲音笑貌爲者，有時而侮奪人矣。故恭者惟爲肅己，儉者惟爲節財，其用自能不侮奪人。」

文舉問：「君子不教子，則周公撻伯禽，孔子訓伯魚者，非歟？」曰：「此孟子因責善之事而説之激也。古之聖賢，自妊子、食食、能言也，教之矣。子之不教，是愈疏也，故教則可責，善則不可責。」「善非教歟？」曰：「教有養之之道，責善有服之之道，若周公之事，則爲成王以責善也。」

標問：「『古者易子而教之』何如？」先生曰：「孔子言聞道則死亦可安，孟子言不聞道則生亦可哀。君子不教子，以周公撻伯禽，孔子訓伯魚之事觀之，孟子意重在責善上。古有胎教，君子何嘗不教子，但孟子教字説得重。」

衢問：「孟子論事親守身，又以守身爲事親之本，其卒也，獨證以曾子之事親者何？」曰：「若曾子者，可謂不失其身而能事親者乎！夫所謂養志者，豈酒肉有無之順意哉！則於其身之所行可知矣。」

王標問守身之道。先生曰：「此是個事親之本，下邊説曾子能養志，意思多少周詳，到此地位，是個百行俱備的人，守身不待言矣，可也還是許他。」

田問：「大人之格君心，既曰仁義，又曰正者何？」曰：「雖仁義而少偏，非姑息則殘忍矣，故正者，至中之道也。」

本泰問：「格君心之非。」先生曰：「格字最廣，隨其君意發動向著處，即有以預防之，不拘何事，但將萌之欲，就是如舜曰『威之』，禹就說『帝光天之下』等語，就是杜其用威之念。極而論之，則如伊尹見太甲不能變，乃放之桐宮，使之思法乃祖，處仁遷義，亦是格君心處。」

標問：「孟子何以責樂正子？」先生曰：「樂正子早見長者而後求舍館，必有審擇所處之意，蓋樂正子從子敖来，想亦同一舍館也，是個爲善不力的人，故責之。」

洙問：「以新造之地無所舍館，即見長者，不亦迫乎？」曰：「孟子之意，豈獨以其遲慢者哉？雖則舍館亦當咨之於師耳。惟不咨之師，故主於子敖。」

標問：「仁之實一章如何？」先生曰：「只是平鋪說孝弟到樂處，自有個生意，若勉强的人，如何有生意出來，故曰：『知之者不如好之者，好之者不如樂之者。』老萊子詐跌臥地，疑未及此，今看小兒女在父母膝下，就有這意思。」

吳光祖問仁之實章。先生曰：「重在樂上，如讀書得樂，生意自不可遏，若樂於事親便不可已，則不知手舞足蹈，成於樂之謂也。謂之不如樂之者，學者須推求猛省。『知斯二者弗去』，是知行並用之功也。『樂斯二者』，樂即所謂有深愛也，生則隨其念慮之發，皆孝之心矣。足之蹈、手之舞，要亦有越禮意思，但孝弟之心至，惡可已，則自不覺得手舞而足蹈，要皆是孝弟呈露而不自知，雖舞蹈亦不爲過矣。」

充問：「『樂之實』者何？」曰：「此惟自得爲能識之。蓋人心惟樂乎道也，則意念之動、思惟之興皆在於是矣。於是乎日新，於是乎起義，於是乎藻行，又其究也，思若或啓之，行若或翼之，人不能遏，已不能罷，是故足蹈而我不知也，手舞而我不知也，皆愛敬之舞蹈也，斯其爲樂之實乎！若老萊子之事，猶爲有知乎，爾蓋不免於用意，非其熟也。」

世寧問：「不可以爲人與子者何？」曰：「不得乎親，是禽獸也，是草木也。苟欲爲人，天下豈有無父之人哉！親心如之何矣。不順乎親，是秦人也，是越人也，苟欲爲子，孝子豈忍失道之父哉！親身如之何矣。故舜怨慕云。」

「何謂天下之父母便化便定？」先生曰：「人於父母不豫處，鮮有不見父母之非者，今見瞽瞍是這等至頑的父，乃亦可厎豫，可見只是爲子者不盡道故耳，父母豈可怨尤者哉！此化與定之所由也。爲人子者，父母非瞽瞍，尚有不能致其厎豫者，可以自省矣。」

先生嘆曰：「自古聖人第一舜難，舜遭人倫之變而皆能化之，可見舜之爲善之心無一息之間。」

離婁下

本泰問：「東夷何在？」先生曰：「在邊境夷服之地。諸馮、負夏是今山西夏縣地，鳴條就接著歷山，近人有指山東并浙上虞有舜冢等名，遂謂東夷乃此兩處。不知山東以陳敬仲奔齊，上虞乃舜後姚姓封於此，子孫不忘遠祖，故皆立此名色，遂有此耳。」

斅問：「孟子言舜、文若合符節者何？」曰：「此孟子自任之志也。夫理無舜、文之異，故其行也若合符節耳。孟子若得志，固知符節乎舜、文矣。」

本泰問：「符節之説如何？」先生曰：「符節是孟子自任之意，見得他若得志就是行舜、文之道，所得者就是舜、文這一派子，又以見得當時所行皆不是舜、文的道理。」

阡問：「孟子既言『焉得人人而濟之』，又言『日亦不足』者何？」曰：「上言小惠難廣，下言難久也，王政廣大而久遠，自可廢此矣。」

九霄問：「君雖土芥乎臣，臣遽待以寇讎，不亦過乎？從此言則簒逆之所興也！」曰：「此孟子對君之辭，以警齊王耳。若與人臣言，則言忠。」

世輔問：「既曰禮義，何以又曰非也？」曰：「此爲禮義者之過中失正耳。故伯夷之義、柳下惠之禮，君子且不由，况仲之廉、鬻拳之忠者乎！故君子擇乎中庸。」

士華問：「中才之養云何？」曰：「知養赤子之方，則知養中才之道。是故或覺之以行，或悟之以言，或如三遷以擇其居，或遺一經以定其業，或爲之求師，或爲之選友；不作不法，恐其無觀，不適不道，恐其濟惡；或懾之以禁其邪，或嘻之以誘其善，蓋即身修而家齊者也。若因小失則視如途人，因小怒待如寇讎，此不中才者愈入於惡，而我之中才抑豈得爲善哉？家之所由敗也。」

穀問：「『人有不爲』者何？」曰：「惡不改不足以遷善，舊不更不足以從新。易曰：『鼎顛趾，利出否，得妾以其子，无咎。』」

九式問：「大人止於不失赤子之心乎？」曰：「然。」「擴充之説如之何？」曰：「夫人既長此心，不患其不能擴充，惟患其或失耳。」

潮問：「自得何以安居資深？」曰：「今有攘人之物而據之者，見脇則惴，聞議則驚，惡乎安？藉之如草芥，用之如泥沙，惡乎深？以其非自得之物也。故自得者，心有所契，身有所合，藉而用之，混混如汲源泉矣。使非深造乎斯道，而馳心異端焉，幾何不爲攘之徒也！」「『取之左右』者何？」曰：「猶曰：左右取之也。」

大器問：「『深造』如何？」先生曰：「『深造』是進進不已意，道是道理進進不已，必以道理，欲其自得之也。自得意甚好，是前面原有的失了，今得之也。蓋進進不已而以道理尋，將來反其固有，則自居安、資深、逢原矣。此一時事，非以次第言，但積久耳。」

本泰問：「何謂『自得』？」先生曰：「『深造』正爲『自得』字設。蓋造詣不深，安能自得，然非以道，則所以深造者，果是何物？此『道』字，雖説是進爲之方，然必以道理『道』字説，如云知所當知、行所當行云云。居安、資深、逢原，不出自得之外，乃是自得之漸漸進於熟的地位，無甚工夫，就是孔子不惑、知命後到於從心不踰矩的一般。」

大器問：「服人、養人如何？」先生曰：「以善服人，有矜高自大意，以善養人，就是欲並生哉，真如天之無不覆，地之無不載。」

張偉問：「『不祥之實』云何？」曰：「蔽賢之人，其言豈有實哉！」「舜由仁義行，何以又曰『非行仁義』？」曰：「以仁義爲在外之物也，取而行之，謂之行仁義。以仁義皆根於心，自心而發也，故曰『由仁義行』。」

本泰問：「何以謂由仁義行？」先生曰：「由仁義行只是率性如此，行仁義的是智者利仁。」

編曰：「三王四事，萬世無弊者也，豈有不合，勞周公以仰思？」曰：「當時之事，或有不合於四事，仰而思之，蓋師四事之意而行之也。是故既醉以酒，屢形於詩，速由率殺，疊見於書矣。」又曰：「仰思，斟酌之意，雖三王之事，亦有斟酌。是故有惡有好，禹道之權也，執中而又無方，湯道之權也；遠近如一，武王道之權也；不合而仰思，周公之權也。」

繼祖問：「魯之春秋，乃言其事，則齊桓、晉文者何？」曰：「此春秋，名雖類乎列國之史事，則兼乎天下之道，故義取於孔子，而志欲復乎王跡也。」

伊問：「君子之澤，百世不沒，孟子云五世而斬者何？」曰：「此自其子孫而言也。是故雖有善者繼之，至五世必衰，或生一不肖，夏、商、周之世可數也。雖有惡者繼之，至五世必斬，反生一賢，漢世張、杜之後可辨也。孟子蓋言孔子至此尚未五世，其家尚有傳孔子之道者，故己得私淑之耳。若論孔子澤在天下者，雖萬世未艾也。」

介問：「傷廉、傷惠、傷勇者何？」曰：「此皆承第二句者言也。蓋取與死之義少，無取與死之義多，故有傷耳。若介乎二者之間，則不可言傷也。」

保之問：「孟子論性言『故』『利』者何？」曰：「『故』『利』一道也。若不知利，則莫肯求其故；不知故，則無由知其利。故其下以在地之水、在天之星辰明之，蓋皆已然之跡而出於自然者也，則在人之性可知矣。」

本泰問：「天下之言性一章，是爲智發歟？」先生曰：「程子亦謂專爲智而發，然實是論性也，但能知得自然，便是智耳。孟子意謂人性本善，人但把那故之已然處看就見矣，此處不必兼水說，只是說人性也。第二節是即地理中所有之水，亦只是就順的說。第三節是即天文中之故，亦只是就順的說。蓋即天地之性，以明人性之本善也。」

輔問：「孟子不與王驩言，蓋其本心也。然始弔於滕，則言既治其事，後弔於公行子，則言朝廷之禮者何？」曰：

「君子之絶小人，據道則無隙，執禮則無尤。」

士昂問：「仁禮豈有不忠，而又反其忠者何？」曰：「人固有行如仁禮而心不然者矣，反之而志於忠，雖舜奚讓焉，雖惡奚患焉！」

本泰問「存心」。先生曰：「是個頭腦工夫，下三『自反』，皆是存心處。憂之如舜處，亦是舉所以示自反之則也。觀舜之思親處，歷山、雷澤等處，只是自反。這個學孔子，惟顔子能學得。」

思敬問：「既曰『禹、稷、顔回同道』，又曰『易地皆然』者何？」曰：「『同道』承上孔子兩賢之言也，『易地』承上思溺思飢言也，蓋同道則能易地矣。是故當禹、稷之地，天下溺飢，由我致之也，故過門而不入，如同室之鬭也。當顔子之地，天下溺飢，非由我致之也，故簞瓢而自樂，如鄉隣之鬭也。下章言曾子、子思之事，蓋亦類此。觀此可見孟子論世之友矣。」

守德問：「責善而爲賊恩之大，不孝莫大焉，何以言章子非不孝也？」曰：「原其責善之心，豈有惡意哉！豈有不孝哉！但其後傷恩至此耳。」

顒問：「『堯舜與人同』，孟子不亦自任之過乎？」曰：「儲子言『果有以異於人』，則爲不知孟子矣，故孟子不得不自任也。」

萬章上

懷仁問：「孟子言舜『竭力耕田』以下，不幾於自伐而非父母乎？」曰：「非然也。舜若曰：我竭力耕田，但供子職而已，此何足道哉！若父母之不我愛，必其心或未誠，道或未盡，志或未順，顔或未承，難或未紓，用意不周，過失不覺，將無以是得罪於父母乎？若是，雖日用三牲之養，未足爲孝，况耕田乎！故視帝九男二女、百官牛羊以至天下悦而歸己，真草芥耳。此怨慕之心，自『人少則慕』以下言慕也，惟慕斯怨，惟怨斯慕。」

大器問：「『共爲子職』，不自任乎？」先生曰：「『舜往於田』，『我竭力耕田，共爲子職而已矣』，謂只能幹得這事而已，其所不能者，自家不知也，故曰『怨慕』。」

顓問：「『帝亦知告焉則不得妻』者何？」曰：「帝亦知舜告親則必害舜不得妻，故雖以帝之妻舜而舜不告，帝亦不以爲異也。」「然則非帝之告瞽瞍乎？」曰：「若是，可謂君稟民命矣。」「舜有牛羊倉廩不以供父母，至使象殺其身而取之，孝子仁兄固如是乎？」曰：「此或初受之時，舜未得而專也。然孟子直答萬章，而不辨孝子仁兄之心，雖父母兄弟疾怨之甚而不懷也，事之有無不論矣，若余隱之辨史剡所謂閭父里嫗之言者，所論亦小矣。」

問：「帝之妻舜而不告。」曰：「非謂帝不告於瞽瞍，豈有人君以女妻人，而必告其父母哉！只謂帝之妻舜，乃亦聽不告而就妻之才與『帝亦知告焉則不得妻』相應，不然，豈有人君告於其臣，有不從之理，瞽瞍雖惡，亦豈敢違君之命哉！」

霄問：「曰堯視天下重於己子然乎？」先生曰：「然。昔堯以天下之故，嬪二女於虞舜，若試之而不可登庸焉，二女爲虛歸矣。及舜既可用也，又廢乎丹朱，當是時也，視天下重，視二女九男輕。」「然則孟子何以言幼吾幼以及人幼？」曰：「推恩之仁，篤近而及遠，博愛之仁，舍小而謀大。」

守德問：「放、封之奚異？」曰：「萬章始言『則放之』者，謂舍去也。後問『放者何謂』，如放驩兜之放與有庳之封不相背乎，故問也。」「『不及貢，以政接於有庳』者何？」曰：「此一句讀也，蓋凡朝貢之期即有政耳。」

本泰問：「舜何以不藏怒宿怨？」先生曰：「觀不藏怒宿怨，可見舜之處弟全是一個至愛，再無纖毫他意。夫以象至不仁，而舜親愛如此，若至凡人可以觀矣。」

問：「周公之處管、蔡不如舜之處象，何也？」先生曰：「舜當時與象同其好惡，同則心與之一而未始有違，故象不格奸。若周公處管、蔡者，恐不在於監殷之時，在於未使之日。公既居冢宰之位，彼其心以爲兄也，乃不冢宰，不肯帖服，且或未同其好惡，故不能平，遂以殷畔。此管、蔡者，乃小人之心也；周公者，聖人之懷也。公以聖人之懷待管、蔡，於其委曲處或未察耳，管、蔡以小人之心窺周公，凡其直遂處皆生忌也。故孟子謂周公爲有過，舜爲仁人。」

挺問：「是詩也，至『孝思維則』者何？」曰：「此皆言舜無臣父之事也。蓋上言說詩之法，有詩可辨也；下言孝親之至，有詩可證也。」「既言『孝子之至』以下，又引書者何？」曰：「上言尊養其親者，豈有子臣其父之理；下言變化其親者，乃似父不得而子之說。咸丘蒙將非誤傳瞽瞍允若之事，以爲臣父乎！」

霄問：「孟子既言天與舜之天下，又言薦於天而天受、暴於民而民受者何？」曰：「言天民一理也。故自舜相堯二十有八載以下，是指其事皆出於天也；太誓以下，則證其理實本於民也。爲君者欲得乎天，亦求之民耳。」

得輿問：「『舜薦禹於天，十有七年』以下，述天與賢之事；『禹薦益於天，七年』以下，述天與子之事。『丹朱不肖』以至『莫之致而至』者何？」曰：「此以人事言也。夫堯、舜之子不肖，而舜、禹施澤於民久，故舜、禹雖避，不能違天之從也。禹之子啓賢，而益施澤於民未久，故益雖避，不能來朝覲、訟獄、謳歌也。是天之與賢與子，其實不外乎民耳！」「『匹夫』以下則謂之何？」曰：「『匹夫』以下言與賢之故，故仲尼猶舜、禹也，但無天子之薦，不可以爲非天與賢。『繼世』以下言與子之故，故太甲、成王猶啓也，但桀、紂無太甲、成王之賢，不可以爲非天與子。故曰：賢有可禪之義，難居乎一聖；子有繼世之常，或廢乎三賢也。」「『義一』者何？」曰：「言或禪或繼，主於得民，天無私心也，禹豈德衰者哉！」

時欽問：「割烹之事奚辨乎？」曰：「述處窮之介者，言無要君之理也；述出仕之實者，言無要君之事也。」「『吾未聞』以下則又合出處而斷之耳，『幡然』以下言不亦復乎？」曰：「『與我處畎畝』以下述伊尹之言也，『思天下之民』以下推伊尹之心也，皆其自任之重耳。」

本泰問伊尹。先生曰：「耕莘言伊尹隱處之時所守如此，只是一個義；後言伊尹既出之時所任如此，只是一個仁。然必有所守之義，而後有所任之仁，此正所謂人有不爲而後可以有爲，皆是決伊尹無辱己要君之事。」

充賜問：「孔子主癰疽與瘠環之辨，奈何？」曰：「自『有命』以下即孔子處常之言，見其無此道也；自『孔子不悅於魯、衛』以下即孔子處變之行，見其無此事也；『觀近臣』以下則言孔子與癰疽、瘠環玉石不同性，薰蕕不同器。若有此主，則孔子亦癰疽、瘠環矣。」

本泰問：「『孔子不悅於魯、衛』，如何？」先生曰：「『爲陳侯周臣』，蓋言此時司城貞子適爲陳侯周之臣，以見孔子在陳是主貞子，不然，孔子過宋尚微服避難，決無在宋主之理。既在陳，則貞子，宋大夫也，如何見貞子，此時方去宋適陳，爲陳侯周臣也。」

明遠問：「百里奚智賢奚多乎？」曰：「凡爲汚事者，其心必不明，其行必不賢。百里奚事君之實，不可得聞，即虞亡而秦伯，可知其智賢矣。」

萬章下

何城問：「孔子，聖之時。」先生曰：「亦是四時之時。此見孟子善言孔子，其原得於子思，故曰『譬如天地之無不持載』云云，此見孔子就是個天地，當寒則寒，當暑則暑，何有一毫意、必、固、我之私乎！始終條理，總是論孔子之全，然三子之偏，各自成一個條理者，亦自可見此聖、智二字比上聖、智二字不同。此智字是孔子之智，可以兼聖字，此聖字是三子之聖，兼不得智字。蓋孔子之智，知至而能亦至也，三子之聖，聖雖至而智則有偏，故所成就的聖亦偏。如此說，見取譬力之義。」

王材曰：「觀伊尹，方其在有莘之野，辭受取予，一介不苟；及仕湯也，必待三聘之誠。處則樂堯舜之道，出則欲天下之人匹夫匹婦咸被堯舜之澤，此其道已不下於孔子矣，而孟子等之夷、惠，乃若是班乎？」先生曰：「子言良是。伊尹於夷、惠爲大矣，但方之孔子，少不及耳。」材曰：「仲尼行無轍跡，伊尹不及者，其惟有跡乎？」先生曰：「然。」

景章問：「孟子譬孔子之聖，既以樂又以射者何？」曰：「樂言乎其全也，三子各有條理也，所缺者多矣；射言乎其中也，三子同未有的也，所偏者遠矣。故全且中，斯時矣。」「然則智優於聖乎？」曰：「聖有全體，有一支。玉振之聖，舉全體也；力至之聖，言一支也。是故三子聖之不能全者，其亦智之有所不足乎！」

如軫問：「班禄之制奈何？」曰：「非惟爵有通於天下，施於中國者，雖禄亦有然也。故自『天子之制』至『附庸』，通於天下者也；自『天子之卿』至『小國代其耕』者，施於中國者也。『耕者所獲』以下，則又兼王畿侯國而言耳。」曰：「君且勿論，一大國之卿，其田三萬二千畝，不亦多乎？如有三卿，則君田又安在耶？且與孟子所言公田、圭田等不同者何耶？」曰：「此或計一歲公田所入之禄當此田數耳，不然，則爲井於三萬二千畝之地者，其公田皆卿之數乎。故觀其禄，以是爲差，非必三萬二千畝者盡一卿有也。」

輅問：「孟子論友，不挾長、貴與兄弟，至引獻子以下，皆主挾貴者何？」曰：「不挾長與兄弟，人情或可免，惟挾貴，則世俗之常態也。況孟子所論，專爲治天下之大綱而言乎，故曰『其義一也』，其義一則貴不可挾矣。」「貴貴尊賢，專指堯舜乎？」曰：「然。惟堯舜能盡之耳。子思雖知貴貴，而惠公尊賢則不至，獻子等未盡尊賢之實，而樂正裘、牧仲、顔般、王順、亥唐亦恐未能盡貴貴之道也。」

本泰問：「貴貴尊賢何以謂之『義一』？」先生曰：「貴貴尊賢皆是義。然貴貴，非時人所謂貴貴，觀舜之於堯，就是貴貴之義。夫以舜之聖，堯得而友之，非舜之貴貴而何。不然，挾所有以自高，便非貴貴之義矣。樂正裘等是知貴貴之義者。子思貴貴，而費惠公之尊賢又欠平公。亥唐之事，兩失之矣。此必堯舜而後能盡也。」

大器問「貴貴」。先生曰：「如惠公得子思，則子思能貴貴。子思大賢也，得大賢而友之，非貴貴乎！汲黯曰：『大將軍有揖客，獨不爲重。』是汲黯亦知貴貴也。」

緘問：「孟子論交際，何獨以孔子爲言？」曰：「孔子大中至正之聖，孟子之所學者也，是故以是折衷耳。是故先辨賜之可受，度以孔子之心也，後辨賜之可受，證以孔子之事也，則孟子之受餽於宋、薛者，皆由是耳。」「方論交際，而以孔子三仕爲言者何？」曰：「因有際可、公養之仕也。」

章詔問：「孟子既舉孔子爲委吏、乘田，以見居卑窮者不可有出位之望。」「又言『立乎人之本朝』者何？」曰：「道不行則富且尊焉，恥也，不如居卑窮之爲安耳。」

問：「孔子亦獵較，未是親爲之，如何？」先生曰：「將舜之陶漁耕稼，亦非親爲耶！夫禮從宜，使從俗，入門問諱，入國問禁，聖人行不絶俗，自是如此。」

本泰問：「何以言人之本朝？」先生曰：「見得是人之本朝也，豈可輕易把他做壞了，既是我立他的朝，就是本朝矣，又豈可輕易把自家的本朝來做壞了。此見孟子激切之辭。」

瑶問：「周與賜，奚不同？」曰：「周之粟無定數，賜之禄有定品。故以其賜之也，雖抱關擊柝無羨禄；以其周之也，雖繼粟繼肉、百官牛羊不過也。故餽無常職而食於上者以爲不恭，則已仕者當盡其職也。子思拒臺及堯養舜之事，則未仕者當守其道也，如此則天下不治者鮮矣。」

大器問：「君之周士如何？」先生曰：「君之於士固當周之，然爲士者必如子思、舜方可以受君之周也。然孟子、子思，舜之徒也，而當時不能周之，兹固可重慨矣。」

印問：「不見諸侯，何言之已煩乎？」曰：「先言守禮，實因未仕之義，後辨守道，不同已仕之人。故自爲多聞以下又言非道之招，凡賢人皆不肯從，以職之召，雖聖人亦不敢違也。蓋禮之所在，即義之所在。故庶人固當守此禮義，而求見者亦當由禮義之門路也。不然，是自閉其門，賢者可得見乎？」「以多聞爲師者何？」曰：「賢，言才能也；多聞，言其畜德也。其下賢人，則兼舉之耳。」

本泰問：「多聞與賢何分？」先生曰：「多聞重於賢，賢則指其能也，如曰賢於某事云云，觀下『師』字與『欲見賢而召之』語可見。」

詩問：「論世何以爲知其人乎？」曰：「此非徒誦詩、讀書，又當因其所處之世而論之，以求其心也。是故周公所以仰思其不合，孔子所以折衷乎四代，故孟子以禹、稷、顔回爲一道也。」

堅問：「論其世何以不曰論其行？」先生曰：「仁人之行，皆與世推移，隨時處中者也。故當論其世，若禪繼放伐等豈可不以世觀乎？此考古之法，執此以讀史，可以知人矣。」

王材問：「『一鄉之善士斯友一鄉之善士』，註曰：『言己之善蓋於一鄉，然後能盡友一鄉之善士。』夫在我之善既已蓋於一鄉，則一鄉之人皆將求友於我，如晦翁之云，恐非所以論於我之取友也。」先生曰：「然。蓋言能友一鄉之善士者，乃成一鄉之善士也，其要只在心虛，若先有一毫自是自足之心，則善斯不我入矣。便是爲人君者，位已極高，勢已極隆，若不是虛心樂取，則天下之善何由而至。故曰：『匹夫匹婦不獲自盡，民主罔與成厥功。』」

告子上

雲霄問：「杞柳之説何以爲禍？」曰：「是以仁義爲惡者也，非禍而何？」

大器問：「既曰『人性之善，猶水之就下』，又曰『人無有不善，水無有不下』者何？」曰：「知水之無不下，則知人性之無不善。故曰『人性之善，猶水之就下也』。」

養敬問：「孟子辨性，何至以犬、牛、人曉告子也？」曰：「犬之不可爲牛，則羽、雪、玉不可爲一白矣。」「使當時即謂之曰此白羽也即白雪也，不知告子何以辯之哉？且其下章言白馬、白人不異，彼告子何不以楚人之長爲即吾之長乎？彼長而我長之以下，何其言之復乎？」曰：「先因其以彼長爲義，則示以所長者出乎心也。後因其以悅長爲義，則示以所悅者出於心也。」

本源問：「公都子既知行吾敬爲義内矣，何至又勞孟子之數譬也？」曰：「始因季子之難，乃求之於師也；終因季子之辨，遂得之於己也。蓋學者於義未精，未免於語有滯，於理未會，未免於語有阻耳。」

本源問：「孟子闢公都子，三説性而猶據情與才言性者何？」曰：「情者，性之動也，有是性，斯有是情。才者，性之能也，有是才，因有是性。夫惻隱、羞惡、辭讓、是非，斯其情豈不善哉，則知仁義禮智之不惡矣。求則得，舍則失，斯其才豈不善哉，則知仁義禮智之非外矣。故有物有則，人之情也，民之秉彝，人之性也，好是懿德，人之才也。論性者惟於其發用處觀之自見矣，故曰：『故者以利爲本。』」

廷璽問：「富歲一章有要乎？」曰：「『富歲』以下言才同也，『故凡同類者』以下言形同也，『口之於味』以下言性同也。夫性則聖人亦心之所同然，形則聖人亦我之所同類，人亦何憚而不用其才哉！」

本泰問：「富歲一章如何？」先生曰：「此是孟子要人知充其才，(若)〔非〕〔二〕是論才之同，此章皆是才之同，何也？正欲人知其同，則知才之可充矣。理義之悅心，非是理義來悅我心，如此說理義，又吾心外之物矣。此蓋指人心之本體，言人心自有理義，惟不爲欲所蔽，而此理義在心，則自有個悅處。此當意會。」

本泰問「夜氣」。曰：「夜氣之說，有夜氣，有旦氣，有晝氣。晝氣之後有夜氣，夜氣之發爲旦氣，旦氣不梏於晝氣則充長矣。孟子此言氣字，即是性字。蓋性何處尋？只在氣上，但有本體與役於氣之別耳，非謂性自性、氣自氣也。彼惻隱是性，發見於事是情，能惻隱皆是氣做出來，使無是氣，則無是惻隱矣。先儒喻氣猶舟也，性猶人也，氣載乎性，猶舟之載乎人，則分性氣爲二，大不是。試看人於今，何性不從氣發出來。」

雲霄問：「山木言性，於人言情何？」曰：「互舉之也。此通上三章，皆論性才而以才爲主，其實一理也。」「夜氣與旦氣、晝氣同否？」曰：「夜氣則晝氣之衰，旦氣則夜氣之積，晝氣則旦氣之衰。故夜氣多勝晝氣，夜氣少伏晝氣。蓋人之禀氣非如聖人之至清，未免有濁也，有濁而遇晝之所接所見，則引而混淆并其清者亡矣。夫是以君子遠酒徒淫朋也。」「夜氣與浩然之氣同否？」曰：「當夜氣時，可觀浩然之氣。」「『苟得其養』以下云何？」曰：「言用才也，養於操而已矣。」

濤問：「『無或乎王之不智』者何？」曰：「易生之物，言其不親賢也，是不智也；奕秋之譬，言其不專心也，非不智也。夫內不專心，而外常不親乎賢，欲德之進難矣。」

〔二〕「非」：原文作「若」，據楊本改。

鸞問：「魚我所欲之章其言何煩乎？」曰：「『魚我所欲』以下皆言舍生取義，出於良心，人皆有之也。『萬鍾不辨禮義』以下則言其無失此心耳。故斯心也，上爲天之所授，下爲人之所同。爲天之所授也，則雖生與患有不用且避者矣；爲人之所同也，則雖生與死有不受且屑者矣。」「既言『生亦所欲，所欲有甚於生者』一節，又言『如使人之所欲』一節者何？」曰：「上正言之，下反言之也。」

官問：「學問之道，求其放心，傳謂學問非止一端，又曰如是而可以上達者何？」曰：「學問之道，即求放心也。仁，人心也，放心則不仁，求放心則仁矣，即此是上達。」

士裔問：「無名之指言不知類，拱把之桐梓言弗思者何？」曰：「桐梓與身，其類甚明，不必言類。若指之與心，則固身所有之物耳，故以類言。然言不知類，則其不思可知，言不思，則其不知類亦可知也。」

明堂問：「『兼所愛』者云何？」曰：「此章言養體當審，蓋人品之所由分也。不然，而惟以飲食，則人賤之矣，是賤場師，是狼疾人也，下章『鈞是人也』，亦謂此耳。但此章言所以小人之故，下章言所以大人之故也，然則夫人不亦可慎乎！」

大紀問：「既言『仁義忠信』，又言『樂善不倦』者何？」曰：「善即仁義忠信，樂此不倦耳。」

劉銑問：「既言『飽乎仁義』，又言『令聞廣譽』者何？」曰：「有實則有名矣。」「何以言膏粱、文繡？」曰：「欲貴者，此二事爲急耳。」「仁義之人不御膏粱、文繡乎？」曰：「傳食諸侯，孟子且爲之，衮衣赤舄，周公之所以几几也。但飽德之人以四海爲一腹，雖咀膏粱，思飢者不知其味之美也；令聞之人以九州爲一體，雖見衣文繡，思寒者固欲被之也，又何願哉！」

本泰問：「有令聞廣譽於身，便不願人之文繡，然則君子亦有心於名乎？」先生曰：「不然。蓋君子以此自考，必有聞譽後可以驗吾飽德之實，所以不願文繡。」

保之問：「仁何以言熟？」曰：「譬之五穀，忠信以地之，格致以耕之，克己以耘之，多就有道、多聞善言以灌培之，堅志自强以長之，閑邪以防之，則熟矣。」

告子下

滋問：「孟子論禮重於食色，既言寸木以下，又言紾臂以下者何？」曰：「上所謂啓其憤也，下所謂發其悱也。」「既譬寸木，又譬鉤金者何？」曰：「寸木以變言也，金羽以常言也。如不以變言，而岑樓與寸木並立於平地，其高下奚啻？尋文之不同，禮重於食色，固若是矣。如必以常言，而鉤金與輿羽並稱於權衡，其輕重奚啻？銖兩之不同，食色之輕於禮，固若是矣。不然，紾兄之臂，踰鄰之牆，人豈有爲之者哉！故由任人之言天下亂，由孟子之言天下治。」

本泰問：「『不揣其本』如何？」先生曰：「此下二節，見其必不然之意。上是以本末論，下是以輕重論，然此且把外邊粗處與他論，至下文『紾兄之臂』則就其良心本然之處而痛箴之。觀其曰『則』曰『則』者，正欲反求而得其本心也，此處纔可以觀禮與食色之重輕矣。」

大器問：「孟子爲屋廬子辨食色與禮之輕重，如何？」先生曰：「孟子初間猶是即其粗跡辨其輕重，自踰東家牆以下，則是指其本心之明自然過不去處，則雖得食與色，有所不爲，連輕重也不消論矣。」

世用問：「孟子與曹交論爲堯舜，舉下三端者何？」曰：「『奚有於是』以下言能爲，『徐行』以下言易爲，『服堯』以下言其爲之也。徐行後長，此見堯舜之道最易簡而可行，故曰：『堯舜之道，孝弟而已矣。』」堅問：「孝弟何以只言徐行後長？」曰：「天下未有能弟而不孝者。」堅曰：「孝弟能盡堯舜之道否？」曰：「然。」未達。曰：「心和順盡之矣。」

爵問：「孟子論小弁之怨者何？」曰：「上言情不同於越人，鄙高子治詩之非也；下言事不同於凱風，以大舜養親爲是也。高子乃比而一之，不亦過乎！」

堅問：「小弁之怨何如？」先生曰：「小弁有個趨舜之路，何以爲小人之詩？然卒至不肯報父之讐，其去舜也又遠矣。」

邦憲問：「宋牼未嘗言利，孟子何以言『號則不可』乎？」曰：「『我將言其不利』，則必以求利爲言也，是其號也。」

邦憲問：「屋廬子喜得孟子之間，不幾於樂其師之有過乎？」曰：「不然也。連言：孟子此處，我已得其義矣。蓋喜其學之有進，遂質而問之耳。故後之悅，即前之喜也。」

大器問：「屋廬子何以喜？」先生曰：「屋廬子之喜，喜自己學問有進，能見得孟子處事有義理處，故曰『連得間矣』，與陳臻不同。」

王獻藎問：「孟子於季子、儲子之幣受之不報，何也？」先生曰：「想當時亦交之有名。觀後車數十乘，從者數百人，以傳食於諸侯，孟子蓋以繼往開來自任，故交以道，接以禮，如餽贐、聞戒皆受之。若子思則不同他，説伋雖貧，不敢以身爲溝壑。」「今之以禮來餽者，受之可乎？」曰：「如何不受，但看他有故無故。」

詔問：「名實之辨者何？」曰：「存之心爲仁，名實之本也；發之行爲賢，名實之用也。由其心仁也，故伯夷、伊尹、柳下惠有去不去，皆非心之異也。由其行賢也，故公儀子、子柳、子思、百里奚、孔子有用不用，皆非賢之罪也。」

本泰問：「孟子言夷、尹、柳下惠數人果同歟？」先生曰：「夷、尹、柳下惠所行不同，而同歸於仁。下言公儀子、子柳、子思與孔子所行不同，而同歸於賢。」

問：「臣之於君，以一燔肉不至就去了，可乎？」曰：「此便是任其微罪，與曾子以蒸〔梨〕〔一〕不熟出妻意同。」

祖學問：「五霸，三王之罪人者何？」曰：「由是知天下之亂，君之責少，臣之責多也。臣之失，學術不明耳。是故戰國之時，天下學術皆儀、秦，迷其君者衆矣，孟子以一人而辨之，不亦難乎！漢、晉、隋、唐、宋、元之際，天下學術皆功利，而董仲舒、王通、程顥、許衡皆以一人而辨之，不亦難乎！」

〔一〕「梨」：原文脱，據楊本補。

本泰問：「五霸五禁之盟非不好，然何以得罪於三王乎？」先生曰：「此五禁皆非五霸能躬行者，且如內嬖六人，五公子争立，其於初命何如？又如城邢、城楚丘於專封之事，又何如？五禁雖曰尊周，凡其所爲率皆無王之事。問楚之王祭不供似矣，然楚僭號稱王，則舍而不問，是有二王也，何尊王之有？首止之盟似矣，然不告於王，請立其子而私與子盟，是處其子以拒父，其自處則抗君，何尊王之有？問其事若是而原其心實非，此謂假借以求濟其貪欲之私耳。」

顧問：「五霸者，三王之罪人，孟子第其罪而歸重於大夫何也？」先生曰：「主治者寡而輔治者多，君有不善，臣猶得以救正之。今之大夫，乃逢君之惡，其罪豈不加於諸侯五霸之上乎？此君子所以重學術也。學術正，則所以事君者無不正矣。此固孟子之微意。」

如斗問：「孟子語慎子，既言天子之地方千里以下，又言周公之封於魯以下者何？」曰：「上言不可不及乎百里，下言不可過乎百里，百里者，中制也。」

道柔問：「『由今之道，無變今之俗』，何以不同？」曰：「道者，上之所行；俗者，下之所成。今之道，即富國强兵之道；今之俗，即以此爲良臣也。」

顧問：「『魯欲使樂正子爲政』，如何？」先生曰：「此見聖賢心學只是個好善，如舜之好問好察，皆是此意。孔子稱子賤爲君子，亦只是個取善。比如子貢亦可謂賢矣，夫子只許以器，許子賤爲君子，君子則不器矣。取善之大如此，知此則三人行之有師亦此也，尚友於古亦此也，何患治天下之難！」

道柔問：「好善何以優於天下？」曰：「雖舜之好問好察亦不外是。聖賢之所以成德而致治者，此好善其要道也。」

達問：「孟子嘗言士無事而食不可，又曰君之於民固周之及。答陳子之三就，若以爲仕者，則不可言周，若以爲庶民，則又何以言公養之仕也？」曰：「此或以道不行而謝官，飢餓不能遠去，則猶就其國，受免死之周耳，雖未有離乎仕，然已近於庶民矣，故曰周。若未仕之庶民，其周之也，雖繼粟繼肉不以爲過，奚啻免死耶！」「温公以爲飲食而仕，是鬻先王之道以售其身者，如之何？」曰：「免死之周而不受，仲子之廉矣。君子見泰者不爲也，若余隱之謂孔子棲棲皇皇，爲禮貌飲食，則所見益陋；而朱子謂孟子通上下言之，若君子自處，則在所擇者，又非孟子之本意矣。」

本泰問：「朝不食，夕不食，周之何以可受？」先生曰：「如此乃見中道耳。曾子曰『其謝也可食』，正此意。」

仲仁問：「忍性之性，氣禀食色乎？」曰：「孟子既非告子食色之性，豈有躬自言之者乎？蓋其曰動心者，心則放逸怠惰，則困勞苦飢餓而又興作也。忍性者，性有或微或晦，則因空乏拂亂而又忍定也。蓋人恒過，然後能改耳。故勞苦飢餓空乏拂亂皆困心，衡慮徵色發聲之物而增益其不能者之地也，豈惟人哉，雖國亦然矣。」「人恒過，非止中人乎？」曰：「並上下觀之，似皆一事也。」

盡心上

德盛問：「盡心之章，其言不亦復乎？」曰：「知性，言窮理也；養性，言盡性也；立命，言至命也。天之命不過乎性，性之理不外乎心。流行者命也，其主命者性也，舍其性命者心也。夫知性而至於殀壽不貳，則凡禍福榮辱皆不足言矣，此心之靈與天奚異哉！養性而至於修身俟死，則凡仕止久速皆無不宜矣，此身之動與天奚違哉！故曰：立命。蓋命雖出於天，而實由於我矣。雖或遭殀，在我未嘗不壽，天不得而殀之也；雖或遭壽，在我者未嘗（或）〔不〕[一]殀，天不得而壽之也。」

王材問：「『盡其心者，知其性也。知其性，則知天矣。存其心，養其性，所以事天也。』朱子謂前節爲造其理，後節爲履其事。竊謂孔子不惑、知命，必於四十、五十言之。學至於盡心知性知天，則已窮神知化，與天爲一矣，如是而後存且養而履其事乎？陽明先生以前節爲生知安行之事，次節爲學知利行之事，不知以爲何如？」先生曰：「朱子之說是也。陽

〔一〕「不」：原文作「或」，據楊本改。

明以末節爲困知勉行，不然。蓋人所最惑者，殀壽也。至於殀壽不貳，修身以俟之，則命自我立矣，到命自我立處，知天事天又不足言，此乃是至極。」「然則『知天』與『五十而知天命』不同乎？」曰：「不同。彼是兼行言，此只是知。」

「知性就是知天，心便於此盡了，是知性乃盡心的工夫，存心在何處？存惟養性，乃所以存心。蓋性乃心之所具之理，使不養性則心不存矣，故養性乃是存心的事務。試觀人之能順其性而不害者，又豈有心不存乎！」

本泰問：「何以謂立命？」先生曰：「立命之説，謂知天而以殀壽貳其心，猶不謂知天之至；事天而不能修身以俟死，猶不謂事天之至。蓋生死，人之大關係，最能惑不貳，能修身以俟之，是我之命雖天所付，實能全盡於我，不謂命自我立乎！命一也，無所謂氣命，無所謂理命，蓋天命流行，只是生物，著在人物就是性，就是氣，再無二樣，莫非命也。」

堅問：「『張子説『合虛與氣，有性之名』，如何？」曰：「觀合字，似還分理氣爲二，亦有病，終不如孔孟言性之善，如説『天命之謂性』，何等是好！理氣非二物，若無此氣，理卻安在何處？故易言『一陰一陽之謂道』。」

介問：「『萬物皆備於我』，何言誠與仁乎？」曰：「自其無妄言之謂之誠，自其無私言之謂之仁，無妄即無私也。蓋天下之理，至仁而備，至誠而極，恕則入仁之路也。夫何故？仁包萬物，恕則求通乎物，猶所謂誠之者也。」

顧問「萬物皆備於我」。先生曰：「先提一個『萬物皆備於我』，見得盡萬物之理，皆具於人之一身，然惟反求諸己，無一事一物處之不得其當，則自有樂處。此當以内省不疚，夫何憂何懼，照看就見。然此豈易能哉！未至是者，惟在强恕而行，則求仁自近。蓋曲無不致，則德無不實，隨事皆强恕焉，其去道也，夫何遠哉！故反身而誠，自學之已成者説。」

東郭子曰：「『萬物皆備於我』，朱註解得好。」先生曰：「此章當與西銘並看。」東郭子曰：「然。我亦嘗謂當相並看，『于時保之，子之翼也』，乃賢者之事，即『强恕而行，求仁莫近焉』意。『樂且不憂，純乎孝者也』，乃聖人之事，即『反身而誠，樂莫大焉』意。」先生曰：「然。但人做工夫要尋路途，使不迷耳。」

孟子謂宋勾踐既言人知人不知下，何以又言窮達？蓋宋勾踐志於出者也，正是以窮達介意，故孟子説窮也，只尊德樂義，何囂囂如之。

良弼問：「孟子既言尊德樂義，又言窮不失義、達不離道者何？」曰：「惟不以窮達爲心，而以道義爲重，斯見其尊樂之實耳。苟失道義，而惟志於遊説以求達，幾何其能囂囂也？」「既言澤加於民，又言兼善天下，既言修身見於世，又言獨善其身者何？」曰：「言澤加於民者，非一國一方也，乃天下耳。修身見世，非沽名釣譽也，乃獨善耳。故周於善者，自有其用，妙於用者，自有其實也。」

滂問：「豪傑之士云何？」曰：「此以資質言也。當商之季，在周之始，紂惡方深於四海，而文王未顯於西土，伯夷則起於北海，太公則興於東海，三仁共立於亂朝，十亂並生於豐、岐，此豈文王興之哉！如此，則前篇所言空乏拂亂、勞苦飢餓，莫非豪傑所興之地也。若夫瞻父母之德者，汝墳之凡民也；感游女之化者，江漢之凡民也。若無文王，則無此德化矣。」

文學問：「『皞皞如』者何？」曰：「『殺之』以下乃其象也，『君子』以下乃其故也。若集傳所言因民之事，則有跡可求，其氣象狹矣。所引舜、孔之事，則所過有限，其擬議泥矣。夫化者，神之用；神者，化之本。其曰過者，非必身皆經歷也。凡言語之出，風聲之至，條教之加，皆是也。其曰存者，非必身常操持也，凡意念之動，謀慮之起，經畫之方，皆是也。故化即顯諸仁，神即藏諸用，由上譬之，不怨不庸，民日遷善，所過者化也。殺之利之，而不知爲之，所存者神也。」「藝圃折衷，乃改王者之民爲驩虞，帝者之民爲皞皞者何？」曰：「若是，則禹、湯、文、武皆造爲，與五霸同一假矣。」

思敬問：「『良知』『良能』者何？」曰：「知爲良心者，有驗於人之幼也，原爲所性者，有驗於人之同也。使非原於天命之性，則固不能不學而能不慮而知矣。」

何廷仁言：「陽明先生以良知教人，於學者甚有益。」先生曰：「此是渾淪的説話，若聖人之教人則不如是。人之資質有高下，工夫有生熟，學術有淺深，不可概以此語之。是以聖人或因人病處説，或因人不足處説，或因人學術有偏處説，未嘗執定一言以教人。至於立成法以詔後世，則曰『吾道一以貫之』，曰『博學於文，約之以禮』。蓋渾淪之言，可以立法，不可因人而施。」

堅問：「孟子言良知良能，陽明先生止言良知，何也？」先生曰：「且如言仁，有兼言之者，有偏言之者，陽明之説，兼言之也。但致良知，必須學於古訓，以明其心。猶鏡之有塵，必用藥物以磨之可也，如其不用藥物以磨之，而能使之明者難矣。」

先生曰：「我今日見何廷仁，廷仁又言良知之説，我説良知之説非是不好，大抵學者不可執泥，須是使別言語皆可入，若執泥了此一説，則別言語皆不能入。如古人教人，或以忠恕，或以静，或以敬，或以禮，皆是提掇出好處教人的，不可謂以忠恕教人，就説良知、静、敬之類不好，亦不可謂以静、敬、良知教人，就説忠恕之類不好。須要變通，使人言皆可入。」

田問：「既言仁言、仁聲，又言善政、善教者何？」曰：「仁言類善政，仁聲類善教。大抵言與政，末也；聲與教，本也。」

思敬問：「『舜居深山之中』者何？」曰：「此言舜之貌雖少異於人，舜之心則大異於人也，故曰：『堯舜與民同類者。』」

應箕問：「『如此而已』者何？」曰：「此言人之爲人，不過乎外無妄行、内無妄思而已也。」

應箕問：「操心之危與慮患之深，奚異乎？」曰：「操心危，惟務急乎！忠孝以全臣子之節，其握髮吐哺，宵衣旰食，蓋有薄冰之履而深淵之殞者矣。慮患深，惟恐違乎！忠孝以干惡逆之誅，其言必防失，行必防弊，蓋有不見是圖意外而慮者矣。由是其智皆出於術也。」

濟民問：「達可行於天下，固如伊、吕之輩矣。正己物正，孔孟奚獨不能然？」曰：「此必待上用之而後可，不然，奚其正。是故畎畝之舜，所化者歷山耕夫耳。」

詩問：「『三樂』奚主乎？」曰：「不愧不怍，其要乎！不然，雖父母存，兄弟無故，亦或有不樂，而教育英才又何以爲之具也。」

滋問：「君子所欲所樂，亦非不美之事，何以與所性異也？」曰：「君子之情，固在同乎人；而君子之性，實在有諸己也。夫有諸己，則可以兼同乎人；不然，雖欲同乎人，不可得矣。」「『分定』者何？」曰：「分猶分量之分。斯分也，其大同天地，其遠亘古今，其輕重不可權衡，其長短不可丈尺，未嘗不足或虧欠也，大行奚能加（若）〔者〕[一]，可加也，是性可得而贅疣也。未嘗有餘或剩溢也，窮居奚能損！若可損也，是性可得而克減也。」「睟面盎背，四體喻者，奚狀乎？」曰：「如堯就之如日，望之如雲，如程子如春之煦，如玉之潤，皆可以觀睟面也。如詩云『委蛇委蛇』，『如山如河』，『不震不騰』，『不騫不崩』，皆可以觀盎背也。四體之喻，則取予皆當，進退咸中矣。」

顧問「分定」。曰：「人之性無一毫不足處，亦無一毫有餘處，何以有加損也？此便是分定。」「『根於心』者何？」曰：「根字，借草木之根字說來。蓋君子，仁義禮智在心，就是木之根在地，生得自然牢固，故其生色處處皆妙，〔就〕[二]如草木之生枝柯花葉一般，皆自然發見出來。」

滋問：「孟子言文王善養老，既舉五畝之宅以下，又言所謂養老者以下何？」曰：「上雖舉文王之政，似論其理，下則行其事耳。」

騰遠問：「登東山之說如之何？」曰：「言孔子之道出乎天下人之上也，學者但未能見之耳，有遊其門者斯知之，故曰聖人之道大也。夫子（其）〔豈〕[三]小天下者哉！言天下自小耳。是故高明配天，萬物覆焉，其諸升山乎！則夫立丘垤之間，限城郭之內者，皆將以聖道爲不可階而升矣。博厚配地，萬物載焉，豈惟觀海乎！則夫游溝瀆之中，涉沼沚之上者，皆將以聖道爲不可葦而航矣。」「瀾非水之源也，奚觀乎？」曰：「源大者瀾必大，源小者瀾必小。故容光必照，如日月之有明也。」「既言聖道之大，又言其本者何？」曰：「大猶貫也，本猶一也。」「君子而後達者何？」曰：「君子之學，自近而

[一]「者」：原文作「若」，據楊本改。
[二]「就」：原文脫，據楊本補。
[三]「豈」：原文作「其」，據楊本改。

遠，由卑而高。是故物未格，不敢以言意誠；意未誠，不敢以言心正；心未正，不敢以言身修；身未修，不敢以言家齊。是故興詩而後立禮，立禮而後成樂，志道而後據德，據德而後依仁，皆其序也。」

本泰問：「登東山章如何？」先生曰：「上二句自聖人所至而言，下二句自人之觀聖人而言。聖人之門就是孔子之門，凡此皆以聖人之道大言。流水、成章，只以大學之序言，蓋能格物致知，然後誠意、正心、修身纔可至於大處。此行遠自邇、登高自卑之意，不然，望洋而已，終可至乎？」

元吉問：「雞鳴爲善，只主敬者何？」曰：「言其心常存也。若其條目，則或省察以克己，或涵養以復禮，或有所得以待旦，或有求而忘寐，皆是也。然孟子之意，但爲自雞鳴而起以後，皆在善事耳。亦不可執一論也。」

章詔問：「『孳孳爲善者，舜之徒也』，意以舜取諸人以爲善，故稱之歟？」先生曰：「然。孟子言舜處甚多，如好問好察之類皆是。」

光祖問曰：「近世義利不明，光祖嘗用意體貼，爲力實難，請示切要。」先生曰：「此問甚好。南軒『無所爲而爲』之言極精，舜、跖之分，正在於此，推之家國之存亡，天下之理亂，罔不由之。如尚義者在位，則所用皆義人，所行皆義政，天下無不治矣。尚利者在位，求其弊，可勝言哉！然其初要在謹獨。但於一言之發，一事之動，一財之得，就當審處，不可有一毫適己自便之心，久之自然純熟，可以造於無所爲而爲矣。昔舜飯糗茹草，若將終身，此正見義不見利之大節，學者能甘貧儉約，不爲利動，自無往而非義。」或又問曰：「今有人未純乎義，欲矯强之，又恐近名，奈何？」曰：「矯强爲義，有何不可？但要内外如一。苟其心未必義而外詐飾，以爲義人，則曰好名者也，更當痛自懲艾。」

繼祖問：「既言『執一』，又言『廢百』者何？」曰：「上言三子之學皆偏，下言三子之害皆大也。道如此路，千蹊萬徑皆可以適國，東阡西陌皆可以歸家。如執一路而往，終身由之而失道，衆人從之而皆迷者也。是故爲仁則至於忘親，爲義則至於忘君，爲中則至於廢中。」

鸞問：「『人心亦皆有害』者何？」曰：「心對口腹言也，口腹之害即心之害也，非又有一人也，故曰人能無以飢渴之害爲心害，則不憂不及人也。」

弘學問：「『惡知其非有』者何？」曰：「其非有仁義也，不自知耳，蓋熟於假者也，即莫覺其僞之説。」

藻問：「放太甲而民大悦者何？」曰：「放之而悦，其不虐我乎！反之而悦，其將澤我乎！」

光祖曰：「伊尹放太甲於桐，使思其祖而改過也，其心甚公。至霍光則直廢昌邑於一旦，是因人言、襲盛名。人皆以爲前有伊尹、後有霍光者何也？」先生曰：「霍光安能比伊尹哉！迎昌邑已不似立太甲，廢昌邑又不類放太甲。伊尹之志，有商天下皆知也；霍光之心，所知者楊敞、田延年耳。其後妻顯謀篡，而子山、禹横逆，乃光恬不介意，將亦比其子如伊陟耶！」

斆問：「漢薄昭，文帝舅也，殺漢使者，文帝使羣臣喪服往殺之，程子以爲使太后不食而死則如何？而況天子之父殺人，皋陶執之哉！」曰：「孟子斯言，示人臣以守法爲重，天子以化親爲孝。故虞廷有執法之臣，而其君無殺人之父，蓋瞽瞍厎豫也。故古者德爲聖人，斯尊爲天子，聖人之父，雖頑如瞽瞍且化，況其他乎！温公乃疑其君臣相與爲僞，誤矣。」

穀問：「既舉王子宫室以下，又舉魯君以下，不亦復乎？」曰：「上言移居之異，因憶居仁者或又異也。下指移居果同，以見居仁者必不同也。是故允恭克讓之堯，則協乎温恭允塞之舜；不虐無告之舜，即符乎不侮鰥寡之文也。」

九皋問：「形色之異者何？」曰：「耳目手足之謂形，視聽持行之謂色，聰明恭重之謂踐形。」

蒙問：「『雖加一日愈於已』者何？」曰：「以此知古人亦不忍於妾母之子無服於妾母也，故今之妾母之子，爲其母亦斬衰杖三年。」

汝鄰問「五教」。曰：「其究皆爲二者耳。故時雨、荅問、私淑艾，無非成德而達材，但時雨有不待荅問者。」因時雨，王材曰：「聖人時雨之化，恐不止是顏、曾，凡因善而長，因失而救，皆是時雨。」先生曰：「此是汝資質所到。如今日之雨，豈但禾苗種之美者得其益，凡園中蔬菓之類皆沾被也。聖人啓憤發悱，反三隅而復，皆是時雨。」

世英問：「既曰大匠以下，又曰君子以下者何？」曰：「上言法不可以自貶，以狥人之不能也；下言法未嘗自私，以待人之能也。學者不以能自奮，而以不能自畫，何哉？」

萬春問：「不可已及退速之病。」曰：「在勇與恒耳。」「不恒何以治之？」曰：「吾末如之何矣。」

仲武問：「急先務者何？」曰：「即親與賢也。故親賢之爲務，即當務之爲急也。」「故其下專言不知務親與賢二事乎？」曰：「仁知莫先於親親，莫次於尊賢。或曰『先務，因時而言』，亦通。」

本泰問：「親賢、先務，何分？」先生曰：「親賢就是先務，言雖平而意則相資。試觀唐虞之治，其先務豈外於此。觀下言，此之謂不知務可見。」

盡心下

如斗問：「『彼善於此』者何？」曰：「斷盡春秋之義矣。故春秋於征伐之事必加貶責，而其中或有不得已而被兵，或有舉辭興兵者，是以褒之也。穆修、孫復謂春秋有貶而無褒，則過矣。」

洙問：「書不可以盡信？」曰：「豈惟書哉！雖詩亦不可盡信，『靡有孑遺』，周之餘民果如此乎？故伊尹曰『善無常主，協於克一』，夫子曰『博文約禮』。」

「盡信書」，孟子蓋欲人約之以禮也，意以人之讀書，皆是博之以文，使不約之以禮，則徒泥其文，反不如無書之愈也。

充問：「戰、陳既皆大罪，何以獨言『焉用戰』？」曰：「湯、武爲陳則有矣，故詩曰『陳於牧野』，書曰『陳於商郊』。」「然則罪乎？」曰：「其爲戰也，非志於戰，而求善爲此也，不得不陳。」

世寧問：「規矩與巧奚異乎？」曰：「巧亦不出乎規矩之中，在人求之如何耳。」

勳問：「伯夷、柳下惠何以能爲百世之師？」曰：「豈惟百世，雖千世之下，聞其風而不動心者，非人也。蓋其道雖未中，然造於聖而志於誠，自能動物耳。」

介問：「稽大不理於口，孟子不責其反躬，而以『無傷』言之者何？」曰：「示之以孔子、文王之事，所以儆之者深矣。稽能如孔子、文王，則不理於口，無傷也。稽不能如孔子、文王，則不理於口也宜矣。」

本泰問：「稽大不理於口，孟子不勉貉稽以反己，乃曰『無傷』，何也？」先生曰：「學者如孔子、文王這等的人，則雖有謗毀容，何傷！是即反己也。」

印問：「發棠賑饑豈搏虎之惡，而孟子以馮婦自喻者何？」曰：「所言於君，而讒諂皆在左右，其言之行否，真搏虎耳。」

雲霄問：「孟子既斥告子食色之性，其曰『性也，有命焉』者何？」曰：「不曰『君子不謂性』乎！言常人則以此爲性矣，而君子不謂之性也。命亦然。」

本泰問「性命」。先生曰：「人通把這個口鼻耳目、四肢之欲當做個性，君子則以爲有命，不把此叫做個性。人通把後五者叫做個命，君子則以爲有性，不把此叫做個命。蓋前『命』字正與後『性』字同，前之曰『性』也，後之曰『命』也，都不是孟子自家說作性、說作命，乃是當時之見，如告子以食色爲性，便是以前五者爲性也。」

九儀問：「既曰『有諸己之謂信』，又曰『充實』者何？」曰：「信即實也，擴充其實，斯生意無窮矣，故美。」

爵問：「孟子既言達不忍、不爲，又言無欲害人、無穿窬之心者何？」曰：「上言用力之始，下言功之成也。」「『無受爾汝之實』以下者何？」曰：「此因充無穿窬之心而言。然『爾汝』以行言也，『言餂』以言言也。」「何以獨申言無穿窬之心？」曰：「收心之學，以仁爲主，是以上篇雖並言仁義，而學問之道止言仁，能仁則義在其中矣。擴充之學以義爲主，是以此章雖並言仁義，而穿窬之譬止言義，能義則仁在其中矣。其實一理也。」

本泰問：「『充無受爾汝之實』，如何？」先生曰：「此節說行，下節說言。蓋能於此等去處都盡去了，乃是能滿其無穿窬之量，此處最是人所易忽處，故孟子曰：這便是穿窬之類，何必真爲穿窬始是不義也。」

應暘問：「狂狷、鄉原奚別？」曰：「狂狷雖過不及，然其心實；鄉原雖似無過不及，然其心僞。真僞者，人道賊德之所由分也。故曰：於中未中者，孔子待之甚恕；似德非德者，孔子惡之甚嚴也。反經之政，即絶鄉原之法耳。」

阡問：「孟子何以言孔子時無見知？」曰：「此其自任之言，見其必有也。蓋曰：道傳於古者皆已有聞知，道傳於今者乃至無見知者乎！可知其自任矣。」「顔、曾、冉、閔非見知者乎？」曰：「此具體而微，孟子以爲姑舍是者也。」「於文王不言顛括、閎夭、周公，獨言太公望、散宜生；湯不言仲虺，言伊尹、萊朱；堯、舜不言稷、契、伯夷、夔、龍，言禹、皋陶者何？」曰：「禹、皋陶能兼稷、契之事，太公、伊尹則湯、文嘗以爲師矣。或曰萊朱即仲虺。」

附录

附録一

四庫全書總目提要〔一〕

周易說翼三卷（江西巡撫采進本）　明呂柟撰。柟字仲木，號涇野，高陵人。正德戊辰進士第一，官至南京禮部右侍郎，事蹟具明史儒林傳。是編乃柟平時講授，其門人馬書林、韋鸞、滿潮等，録其問答之語而成。每卦皆有論數條，專主義理，不及象數。前有嘉靖己亥王獻芝序，後有李遂跋。

尚書說要五卷（浙江汪啟淑家藏本）　明呂柟撰。柟有周易說翼，已著録。是編乃其及門人論書之說，詮次成帙，與蔡傳間有出入，如以舜典在璿璣玉衡爲北斗，以武成非錯簡之類，改從古說，異乎蔡傳者也。以洪範爲洛書，以伊訓元祀十有二月，證三代不改月之類，沿襲誤解，乃同乎蔡傳者也。大抵推尋文句，雖間有闡發，亦皆以私意揣摩，如謂堯典仲夏稱日永，仲冬不稱宵永，爲扶陽抑陰之義。以書序君奭不悅，爲不悅仕進，是果經意乎。其言禹貢水土之序及五服之遠近，亦皆臆度之辭，無典據也。

毛詩說序六卷（浙江朱彝尊家曝書亭藏本）　明呂柟撰。柟有周易說翼，已著録。是書以小序爲主，而設爲門人問答

〔一〕　録自中華書局一九九七年整理本欽定四庫全書總目。

以明之。每章標舉大意，主于疏通毛義而止，其諸説之異同，皆不置辯。其名物訓詁，亦皆弗詳，猶説詩家之簡嚴者，但疏解未免太略。此本傳寫訛脱，不可解處尤多。

春秋説志五卷（浙江吳玉墀家藏本）　明呂柟撰。柟有周易説翼，已著録。柟所著他書，率篤實近理，惟此書務爲新説苛論。凡所譏刺，皆假他事以發之，而所書之本事，反置不論。如以公及邾儀父盟于蔑，祭伯來，公及戎盟于唐，鄭人伐衛，衛人殺州吁，皆爲平王之罪。又如叔孫豹卒，謂經不書餓死，乃爲賢者諱。謂郯子來朝，以其知禮録之，大抵褒貶迂刻，不近情理，至謂書季孫意如之卒，爲見天道之左，則聖人並怨天矣，其失不止於穿鑿也。

禮問二卷（浙江巡撫采進本）　明呂柟撰。柟有周易説翼，已著録。是書雜論冠昏喪祭之禮，皆及門人問答之辭，末載入學儀及渭陽公祭儀之類，則此書之附録也。朱彝尊經義考，載柟禮問内外篇二卷，云未見。今本卷數相符，而不分内外篇，或彝尊傳聞未確歟。其中如正子夏傳「妾不得體君爲其父母遂」二語之誤，本於鄭注。解曾子問「接祭」之「接」，爲「接續」之「接」，本於衛湜禮記集説，持擇頗爲有見。至論廟制，謂古之諸侯，多出於天子，其始祖天子祀之，故諸侯五廟。今考王制祭法，諸侯五廟，皆有始祖廟，則諸侯原祀及始祖，不特天子祀之也。況王制鄭注曰：「太祖別子始爵者」，孔疏曰：「凡始封之君，謂王之弟封爲諸侯，爲後世之太祖。如以此始封之別子爲始祖，天子安得祀之。」如以爲始封之君所自出之王，則諸侯不得祖天子，魯有文王廟，鄭有厲王廟。孔疏皆以爲非禮之正，安得據以爲通例耶？柟又謂「儀禮喪服，父卒，繼母嫁，從，爲之服期。」則從生母嫁者當三年，不知儀禮經文，必特著「從」之一字，是知繼母嫁，必從乃服期，不從即不服也。檀弓「子思之母死於衛」，鄭注：「嫁母齊衰期，則知生母嫁，即不從亦必服期也。」生母之厚于繼母，義在於此。若必加服至三年，豈不念嫁母有絶族之義，安得與無故而服三年者同也！今律文生母嫁者在期服章，不別從與不從，蓋准鄭義。柟説似過於情，其他條亦多循舊義，少所闡發。若全載家祭及焚黄文，則更爲氾濫矣。

四書因問提要

臣等謹案：四書因問六卷，明呂柟撰。柟字仲木，號涇野，高陵人。正德戊辰進士第一人，官至南京禮部右侍郎，謚文簡，事蹟具明史儒林傳。是編記其門人質問四書之語，大學、中庸各一卷，論語、孟子各二卷，然其中稱柟爲先生，又原本先生字或跳行，似乎非柟自作。卷首有其門人魏廷萱等校刊字，當即廷萱等所記也。其書大學，從古本次序。中庸亦從古本。分章所説，多因四書之言，推而證諸躬行，見諸實事，如因講八佾舞於庭章，而指在座門人衣服華靡者曰：「此便是僭之類。」皆開示親切，不徒爲訓詁空談。柟文集佶屈聱牙，純爲僞體，而其解四書平正篤實乃如此。蓋其文章染李夢陽之派，而學問則宗法薛瑄，二事淵源各別，故一人而如出兩手耳。乾隆四十三年六月恭校上。

附録二

史傳　序跋

明史　呂柟傳

呂柟，字仲木，高陵人，别號涇野，學者稱涇野先生。正德三年登進士第一，授修撰。劉瑾以柟同鄉欲致之，謝不往。又因西夏事，疏請帝入宮親政事，潛消禍本。瑾惡其直，欲殺之，引疾去。瑾誅，以薦復官。乾清宮災，應詔陳六事，其言除義子，遣番僧，取回鎮守太監，尤人所不敢言。是年秋，以父病歸。都御史盛應期，御史朱節、熊相、曹圭累疏薦。適世宗嗣位，首召柟。上疏勸勤學以爲新政之助，略曰：「克己慎獨，上對天心，親賢遠讒，下通民志，庶太平之業可致。」

大禮議興，與張、桂忤。以十三事自陳，中以大禮未定，諂言日進，引爲己罪。上怒，下詔獄，謫解州判官，攝行州事。恤煢獨，減丁役，勸農桑，興水利，築堤護鹽池，行呂氏鄉約及文公家禮，求子夏後，建司馬溫公祠。四方學者日至，御史爲辟解梁書院以居之。三年，御史盧煥等累薦，陞南京宗人府經歷，歷官尚寶司卿。吴、楚、閩、越士從者百餘人。晉南京太僕寺少卿。太廟災，乞罷黜，不允。選國子監祭酒，晉南京禮部右侍郎，署吏部事。帝將躬祀顯陵，累疏勸止，不報。值天變，遂乞致仕歸。年六十四卒，高陵人爲罷市者三日。解梁及四方學者聞之，皆設位，持心喪。訃聞，上輟朝一日，賜祭葬。

柟受業渭南薛敬之，接河東薛瑄之傳，學以窮理實踐爲主。官南都，與湛若水、鄒守益共主講席。仕三十餘年，家無長物，終身未嘗有惰容。時天下言學者，不歸王守仁，則歸湛若水，獨守程、朱不變者，惟枏與羅欽順云。所著有四書因問、易說翼、書說要、詩說序、春秋説志、禮問内外篇、史約、小學釋、寒暑經圖解、史館獻納、宋四子抄釋、南省奏稿、涇野詩文集。萬曆、崇禎間，李禎、趙錦、周子義、王士性、蔣德璟先後請從祀孔廟，下部議，未及行。

枏弟子，涇陽呂潛，字時見，舉於鄉，官工部司務。張節，字介夫。咸寧李挺，字正五，皆有學行。潛里人郭郛，字維藩，由舉人官馬湖知府。藍田王之士，字欲立。由舉人以趙用賢薦，授國子博士。兩人不及枏門，亦秦士之篤學者也。

（録自上海古籍出版社、上海書店一九八六年據清乾隆四年本影印）

關學編　涇野呂先生

先生名枏，字仲木，高陵人。世居涇水北，自號涇野，學者尊之曰涇野先生。父溥，號渭陽，有隱德。先生少儁悟絕人，羈丱爲諸生，受尚書于高學諭儔、邑人孫大行昂，即有志聖賢之學。又問道于渭南薛思菴氏，克乎有得。不妄語，不苟交。夙夜居一矮屋，危坐誦讀，雖炎暑不廢衣冠。

年十七八，夢明道程子、東萊呂氏，就正所學，由是學益進。督學邃菴楊公、虎谷王公拔入正學書院，與群俊茂遊。大參熊公、李公延教其子，先生辭不獲，乃館於開元寺。後聞父疾，即徒步歸，二公以夫馬追送不及。先生曰：「親在床褥，安忍俟乘爲也！」父尋愈，構雲槐精舍，聚徒講學其中，二公仍遣子熊慶浩、李繼祖卒業焉。弘治辛酉，舉於鄉。明年，計偕不第，遊成均，與三原馬伯循、秦世觀，榆次寇子惇，安陽張仲修、崔仲鳧，林縣馬敬臣諸同志講學寶邛寺。嘗約曰：「文必載道，行必顧言。毋徒舉業以要利禄，毋徒任重弗克有終。」日孜孜惟以古聖賢進德修業爲事。遣弟棲師事伯循，其入學儀式京師傳以爲法。同邑高朝用時爲地官郎，謂檢討王敬夫曰：「予邑有顏子，子知之乎？」敬夫曰：「豈呂仲木耶？」自是納爲厚交。

乙丑，敬皇帝賓天，與諸生哭臨，先生聲出淚下，衆嘩爲迂，弗恤也。孫行人殁于京，遺孤不在側，先生衰絰哭拜，吊者或曰：「禮與？」曰：「禮，喪無主。比鄰爲主，況師乎？」及返葬於鄉，猶是服也。宿館下三日，哭而相葬事。既歸，復講學於精舍，從遊者日衆。

正德戊辰，舉南宫第六人，廷對擢第一，授翰林修撰。凡知先生者皆喜曰：「今得其狀元矣！」時閹瑾竊政，以枌榆故致賀，先生卻之，瑾銜甚。自是遜避不與往來。在翰林二年，操介益勵。禄入，祗祀其先，父母書問至，必再拜使者受之，退而跪讀。期功喪爲位而哭，門無饋遺。時何粹夫瑭爲編修，以道自守，不爲流俗所喜，先生日相切劘，歡如也。會西夏構亂，疏請上入宫御經筵，親政事，不報。瑾惡其言，益銜甚。乃與粹夫相繼引去。未幾，瑾敗，禍延朝紳，人咸服先生之明。家居，杜門謝客者三年，臺省交章薦其往拒逆瑾，卓識偉節，宜召擢大用。壬申，起供舊職。上疏勸學，謂：「文王『緝熙敬止』，咸和萬民，斯享靈囿之樂。元順帝廢學縱欲，盛有臺沼，我太祖代取之，人主可不深念？」或謂：「元主之戒，傷於太直」，先生曰：「賈山借秦爲喻，漢文尚能用之，況主上過漢文遠甚，柟獨不能爲賈山乎？」疏入，上亦嘉納。未幾，乾清宫災，復應詔言六事：一曰逐日臨朝聽政；二曰還處宫寢，預圖儲貳；三曰郊社禘嘗祗肅欽承；四曰日朝兩宫，承顔順志；五曰遣去義子、番僧、邊軍，令各寧業；六曰天下鎮守中官貪婪，取回別用。不報。先生復引疾去。崔仲鳧歎曰：「古有直躬進退不失其道者，吾于呂仲木見之矣！」

歸而卜築邑東門外，扁曰「東郭別墅」，四方學者日集。都御史虎谷王公薦其學行高古，乞代己任，不報。渭陽公病，先生侍湯藥，晝夜衣不解帶，履恒無聲。如是一年，鬚髮爲白。比卒，哀毁踰禮。既葬，廬墓側，旦夕焚香號泣，門人感之，皆隨先生居。乃與平定李應箕、同邑楊九儀輩講古今喪禮。當襄事時，郡守致賻，受之，既而馳幣勾文辭。門人問故，先生曰：「方卒哭而遽懷金爲文，吾不忍也。」既禫，釋服，復講學於別墅，遠方從者彌衆。別墅不能容，又築東林書屋居焉。鎮守閹廖饋以豚米，卻之。廖素張甚，乃戒使者曰：「凡過高陵毋擾，有呂公在也。」有客以兼金乞居間，先生笑而謝曰：

「人心如青天天日，乃以鳥獸視耶？」其人慚曰：「吾姑試子耳。」門庭肅然，無異寒素。

世廟即位，詔起原官。時朝鮮國奏稱：「狀元呂柟、主事馬理爲中國人才第一，朝廷宜加厚遇。仍乞頒賜其文，使本國爲式。」其爲外國敬慕如此。上御經筵，先生進講，適值仁祖淳皇后忌辰，口奏宜存驂服。禮罷，賜酒饌，朝論韙之。癸未，分校禮闈，取李舜臣輩，悉名士。時陽明先生講學東南，當路某深嫉之，主試者以道學發策，有焚書禁學之議，先生力辨而扶救之，得不行。場中一士子對策，欲將令宗陸辨朱者誅其人，火其書，極肆詆毀，甚合問目意，且經書、論、表俱可，同事者欲取之。先生曰：「觀此人今日迎合主司，他日必迎合權勢。」同事者深以爲然，遂置之。念新天子即位，上書請講聖學，略曰：「學貴于力行而知要，故慎獨克己，上對天心。親賢遠讒，下通民志，天下中興太平之業，寔在於此。」不報。在史館，與鄒東廓友善。甲申，奉修省詔，復以十三事上，言頗過切直。時東廓亦上封事，同下詔獄。一時直聲震天下，人人有「真鐵漢」之稱。尋謫東廓判廣德，先生判解州。

道出，上黨隱士仇欄兄弟遮道問學。有梓匠張提者，役于仇氏，聞先生講，喜甚，跽而求教。先生誨以善言，提大悟，昔嘗取人一木作界方，至是遂還其主。仇氏兄弟益爲感動。先生喜形諸詩云：「豈有征夫能過化，雄山村裡似堯時。」既至解，仰堯舜故址，慨然以作士變俗爲己任。解士子視聖學與舉業爲二，先生曰：「苟知舉業聖學爲一，則干祿念輕，救世意重。」於是講學崇甯宮，每講諸士，雖舉業拳拳，不離聖賢之學。諸士皆欣然向道，以爲聖賢復出也。會守缺，先生攝事，不以遷客自解免。恤煢減役，勸農課桑，築堤以護鹽池，開渠以興水利，善政犂然。郡庠士及四方來學者益衆，乃建解梁書院居之，選少而俊秀者歌詩、習小學諸儀，朔望令耆德者講會典、行鄉約，廉孝弟節義者表其閭。求子夏後，教之學。建溫公祠，正夷齊墓，訂雲長集。久之，政舉化行，俗用丕變。丁亥，轉南吏部考功郎中。解梁門人王光祖謂「先生在解三年，未嘗言及朝廷事」。爲考功，躬親吏牘。少司馬王浚川薦其性行淳篤，學問淵粹，遷南尚寶卿。久之，遷南太常少卿。往太常讌樂甚褻，先生悉革之。乙未，遷國子祭酒。

先生在南都幾九載，海內學者大集。初講于柳灣精舍，既講於鷲峰東所，後又講于太常南所，風動江南，環向而聽者前後幾千餘人。閩中林穎、浙中王健以謁選行，中途聞先生風，遂止，乃買舟泛江從之遊。上黨仇欄不遠數千里復來受學。先生猶日請益於甘泉湛先生，日切琢於鄒東廓、穆玄菴、顧東橋諸君子。時東廓亦由廣德移南，蓋相得甚歡云。其在國學，益以師道自任，自講期外，尤日進諸生，諄諄發明，使人人知聖人可學而至。嘗取儀禮諸篇，令按圖習之，登降俛仰，鐘鼓管籥，洋然改觀易聽。有以孝廉著者揭榜示旌。喪者吊而賻，病者問而醫，死者哭而歸骸其鄉。又奏減歷俸以通淹滯，絕請托以杜幸門。凡監規之久馳者，罔不畢舉。六館僚屬，觀法清慎，諸生皆循循雅飭，一時太學有古辟雍之風。京邸縉紳多執弟子禮從學，而內使大興沈東亦時時聽講焉，其感人如此。人人稱爲「真祭酒」。

臺臣張景薦其德行、文學，真海内碩儒，當代師表。丙申，晉南禮部右侍郎。東南學者喜先生復至，益日納履其門，乃復講于禮部南所。時上將躬視承天山陵，累疏勸止，不報。署南吏曹，篆疏薦何塘、穆孔暉、徐階、唐順之等二十人。入賀，會有論湛先生僞學者，先生白諸當路曰：「聖皇在上，賢相輔之，豈可使明時有學禁之舉乎？」事遂已。

時霍文敏爲南宗伯，與夏貴溪故有隙，時時噂詬夏，先生乘間諷曰：「大臣宜當和衷，過規之可也，背憎非體。」霍誤疑先生黨夏。已先生來闕下，夏已柄國，數短霍于先生，先生毅然曰：「霍君性雖少褊，故天下才也。公爲相，當爲國惜才。」由是夏亦誤疑先生黨霍。會廟災，自陳，遂致仕，然先生終未嘗以此向人自白也。歸而講學北泉精舍。越四年，壬寅七月初一日卒，距生成化己亥四月二十一日，年六十有四。卒之日，高陵人爲罷市。休寧門人胡大器先至高陵侍疾，遂視殮殯而執喪焉。四方門人聞者皆爲位而哭。

先生性至孝友儉樸。事繼母侯色養篤至。室無妾媵，與李淑人相敬如賓。事叔父博如父。歲饑，嘗分俸賙其族衆。姊劉家窶甚，時時濟之。憫外祖宋乏嗣，每展墓流涕。從舅瑾寓同州，特訪迓歸。平生未嘗干謁人，亦不受人干謁。不事生產。既歿，家無長物。

蓋先生之學，以立志爲先，慎獨爲要，忠信爲本，格致爲功，而一準之以禮。重躬行，不事口耳。平居端嚴恪毅，接人則和易可親，至義理所執，則鏗然兢烈，置死生利害弗顧也。嘗訪王心齋艮於泰州，趙玉泉初于黎城。每遇同志，雖深夜必往訪，苟非其人，即一刺不輕投。教人因材造就，總之以安貧改過爲言，不爲玄虛高遠之論。門人侍數十年，未嘗見有偷語惰容。論者謂關中之學自横渠張子後，惟先生爲集大成云。

所著有四書因問、周易説翼、尚書説要、毛詩説序、春秋説志、禮問内篇外篇、宋四子抄釋、史館獻納、南省奏稿、詩樂圖譜、史約、高陵志、解州志及涇野文集别集傳世。

隆慶初，贈禮部尚書，謚文簡。

（録自清光緒二十二年馮恭定公集之卷二十二）

重刻四書因問序　楊浚

四書因問者，高陵吕涇野先生荅其門人質問語也。程朱表章四書，爲學者進德修業階梯，一時名儒輩出，遠軼漢唐。元延祐中以之取士，舉業興，德業微矣。然其時去程朱之世未遠，學者猶知敦繹理義，歸於實踐。自明永樂大全出，士子奉爲揣摩弋獲之書，描摹語氣，不求心得，德業、舉業判爲兩途焉。先生與甘泉、姚江生同時，天下言學者不歸王，則歸湛，先生獨紹河東之傳，守程朱不變。是書析疑辨難，闡發切至，淑己淑人，不爲舉業發，而舉業亦不外是。其言理氣不相離，存養省察，工夫無二致，皆從體驗中來。而於諸生問「致廣大」題，即與之言「作文，用心之公私推之。人有善，取諸己；己有善，持與人，這便不爲私意所蔽，便廣大了」之類，皆因文見道，親切開示處，甘泉所謂二業合併者，先生近之矣。先生著書數十種，近皆散佚，惟涇野内篇、高陵縣志猶存。是書則三輔讀書之士多所未聞，殊爲憾事。辛卯秋，余橐筆錦江，得是書，爲在籍夔堂龍觀察所刊，深喜先生理學傳書之未泯也。夫關中自明中葉以來，言理學者惟先生與三原馬伯循，伯循無傳書，先生有傳書，無傳人。卑者沉埋功利，高者墮入枯禪，即如國初諸公深知講求聖學，而往往有宗姚江之説，謂本體無層次，工夫亦無層次，孔子立志、不惑、知命、耳順、從心，孟子善、信、美、大、聖、神都是一齊下手，並謂化、神只是家常飯，自已離了化、神無巢穴，孟子知性、知天，是從化、神悟入，所言皆頓悟法門。以佛理説聖學，其害道可勝言哉！余因是書足以救俗學而正異學，亟付剞劂，歸貯關中書院，俾梓鄉髦士由此而上溯閩、洛、洙、泗，體認躬行，不至空談心性。涵養德業，發爲文章，以無負國家四子書取士之意，是則先生答問之志也夫。梓成，親校復序而書之。

道光十二年歲次壬辰夏六月，富平縣後學楊浚謹序。

附録三

涇野先生著作存目存書知見録[一]

一、涇野子内篇

（一）四庫全書文淵閣本（明刻本），二十七卷（四庫全書文淵閣本第七一四册）

（二）清乾隆四年（一七三九）刻本，二十七卷（西北大學圖書館藏）

（三）清光緒七年（一八八一）景槐書院刊本，二十七卷（陝西師範大學圖書館藏）。（國史經籍志、千頃堂書目、明史藝文志著録，作三十三卷）；

又：千頃堂書目、明史藝文志著録涇野先生語録，二十卷。雍正陝西通志經籍著録並有馮從吾序：「涇野先生語録，……舊名内篇，今更題曰涇野先生語録，志實也。」

二、涇野先生文集

（一）涇野先生文集，三十六卷，明嘉靖三十四年（一五五五）于德昌刻本（即真定本）。（見四庫全書存目叢書集部第六〇至六一册）

（二）涇野先生文集（善本）二十卷，明嘉靖三十四年于德昌刻本。（陝西師範大學圖書館藏）（或爲三十六卷本節選

[一] 參考趙瑞民點校涇野子内篇附録，中華書局一九九二年版。

本）

（三）涇野子先生文集，三十八卷。明萬曆二十年（一五九二）李楨刻本。（續修四庫全書第一三三七至一三三八册）

（四）重刻呂涇野先生文集，三十八卷。清道光十二年（一八三二）富平楊浚重刊本。關中書院藏版。（此據明萬曆李楨本刊刻，陝西師範大學圖書館藏）續刻呂涇野先生文集八卷，清道光十二年楊浚重編校，（此本内容明萬曆李楨本無，但見於明嘉靖于德昌刻本）（國史經籍志著録三十三卷，千頃堂書目著録三十七卷，明史藝文志著録五十卷）

三、涇野先生別集（詩文集）

涇野先生別集，十三卷。清道光二十三年（一八四三）三原李錫齡校刊本。（陝西師範大學圖書館藏）

四、四書因問

（一）四庫全書文淵閣本，六卷（第一〇六册）。又有王雲伍文淵閣四庫珍本（第八十八册）。

（二）清魏廷萱會集，道光十二年富平楊浚重刊本。六卷。（陝西師範大學圖書館有藏）

（三）明内閣藏書目録著録六册。雍正陝西通志經籍著録，作七卷。（按：明清官私書目皆作六卷，疑「七」爲「六」之誤）

（四）清嘉靖三年藍田縣刻本，作六卷。

（五）清楊浚續刻呂涇野先生文集提及，道光十一年曾在四川鄂光幕中翻刻四書因問。高陵縣續志載，知縣龍萬育於嘉靖三年重刻四書因問，並載龍氏序文。二刻本今未見。

五、呂涇野五經説二十一卷，包括周易説翼三卷，尚書説要五卷，毛詩説序六卷，禮問二卷，春秋説志五卷。

（一）明嘉靖三十二年（一五五三）謝少南刻本。（分別見四庫全書存目叢書經部第四十九、六十、一一四、一一七册，即周易説翼三卷，尚書説要五卷，毛詩説序六卷，禮問二卷，春秋説志五卷。另，續修四庫全書收録三種周易説翼（三卷）、尚書説要（五卷）、春秋説志（五卷）三書，亦據明嘉靖三十二年謝少南刻本。

（二）清咸豐八年（一八五八）惜陰軒叢書續編，二十一卷，李錫齡輯，有王治序。（此據明關中正學書院謝少南本翻刻）（陝西師範大學圖書館藏）

（三）中華書局叢書集成初編據惜陰軒叢書續編本翻刻本排印，各經説皆有單行本。

（四）明王圻續文獻通考經籍考著録（不著數）。

（五）毛詩説序，千頃堂書目、經義考、明史藝文志、續文獻通考經籍考作毛詩序説。尚書説要一書，經義考、續文獻通考經籍考則作尚書説疑。毛詩説序亦有嘉靖二十一年何叔防原刊藍印本。

（六）周易説翼，傳是樓書目著録二卷，雍正陝西通志經籍著録四卷。亦有嘉靖間刻本，三卷，並附王獻芝嘉靖十年序文。又有江西巡撫采進本。

六、宋四子抄釋二十一卷，包括周子抄釋三卷，二程子抄釋八卷，張子抄釋六卷，朱子抄釋二卷。

（一）四庫全書文淵閣本，明嘉靖十六年汪克儉刻本（見四庫全書文淵閣本第七一五册）

（二）惜陰軒叢書（道光本）三原李錫齡輯（陝西師範大學圖書館藏）。

（三）中華書局叢書集成初編收録。

七、十四遊記

十四遊記十四卷，詩一卷。一九八三年據明嘉靖十六年（一五三七）胡大器刻本複印本。（陝西師範大學圖書館有藏）

八、涇野呂先生語要一卷

明馮從吾輯。清李元春注關中四先生要語録之一種，關中道脈四種書本（清李元春輯，道光十年）。（陝西師範大學圖書館有藏）

九、呂先生語録一卷

叢書綜録著録一卷，明葉廷秀輯評葉潤山輯著全書之一種。

十、呂涇野粹言

明陳繼儒輯古今粹之一種，無卷數。

十一、喻俗恒言

嘉靖二十六年刊本（陝西省博物館館藏圖書目録著録，一冊，無卷數）。

十二、呂涇野集

叢書綜録集部著録一卷，清范鄗鼎輯廣理學備考之一種，康熙中五經堂刊、道光五年洪洞張恢等修補刊本。

十三、涇野集

北京圖書館善本書目、叢書綜録子部儒家類著録四卷。明于孔兼輯六子書之一種，萬曆刻本。

十四、詩樂圖譜

千頃堂書目著録，十八卷，嘉靖十五年序。明史藝文志著録（作行樂圖譜，誤），十八卷。雍正陝西通志經籍著録，無卷數，並録呂柟自序（序又見三十八卷本涇野先生文集卷三）。其事見涇野子内篇卷二三太學語。

十五、小學釋詩

明史本傳記載（亦作小學釋）。千頃堂書目著録，作小學釋詩，無卷數。

十六、史約

明史藝文志著録，三十七卷。雍正陝西通志經籍著録，無卷數，其事見涇野子内篇卷一雲槐精舍語，據此，是書約在正德年間完成。

十七、寒暑經圖解

千頃堂書目、明史藝文志著録一卷。

十八、監規發明

千頃堂書目著録，無卷數。其事見涇野子内篇卷二三太學語，吕柟任國子監祭酒在嘉靖十四五年間，是書即作於此時。

十九、署解文移

千頃堂書目著録，無卷數。

二十、諭解州略

清雍正陜西通志經籍著録一卷，並録胡大器序。

二十一、告民條要

明高儒撰百川書志著録，無卷數。

二十二、雜著

（一）解州約，見於清乾隆四年高陵樊景顔重刻涇野子内篇紀事。

（二）上陵詩賦曲頌，渭陽公集，見於墓誌銘、行狀（渭陽公集，吕柟父號渭陽，此集當是代其父所撰）。

二十三、方志

潛江縣志，千頃堂書目著録四卷。

高陵縣志，千頃堂書目著録，嘉靖二十年修，無卷數。清光緒十年刻本，七卷，附有明楊九式撰吕涇野先生續傳一卷。（另有明嘉靖二十年、清嘉慶三年两種刻本傳世）

解州志，明史藝文志著録四卷。中國地方志綜録增訂本著録，不分卷，嘉靖四年修，康熙四年解縣喬庭桂重修，抄本。

陽武縣志，天一閣書目著録七卷（應爲七篇三卷），刊本，明嘉靖五年吕柟修並序。中國地方志綜録（增訂本）著録三卷，嘉靖五年刊本。

陝西通志，與趙廷瑞、馬理合撰。爲明嘉靖二十一年間編纂完成。今有由董健橋總校點、三秦出版社二〇〇六年出版的點校本。

圖書在版編目(CIP)數據

呂柟集·涇野經學文集/［明］呂柟著；劉學智點校整理.—西安：西北大學出版社，2014.12
（關學文庫/劉學智，方光華主編）
ISBN 978-7-5604-3557-2

Ⅰ.①呂… Ⅱ.①呂…②劉… Ⅲ.①呂柟（1479～1542）—理學—文集 Ⅳ.①B248.995－53

中國版本圖書館CIP數據核字(2014)第313466號
國家社會科學基金資助項目“明代關學重要文獻研究”(項目號04B2X025)

出品人 徐 曄 馬 來
篆 刻 路毓賢
出版統籌 張 萍 何惠昂

呂柟集·涇野經學文集 ［明］呂柟 著 劉學智 點校整理

審定專家 駱守中 **責任編輯** 馬 平
裝幀設計 澤 海 **版式統籌** 李玉皓
出版發行 西北大學出版社
地 址 西安市太白北路229號 郵 編 710069
網 址 http://nwupress.nwu.edu.cn E－mail xdpress@nwu.edu.cn
電 話 029-88303593 88302590
經 銷 全國新華書店
印 裝 陝西博文印務有限責任公司
開 本 720毫米×1020毫米 1/16
印 張 34.75
字 數 530千字
版 次 2015年1月第1版 2015年1月第1次印刷
書 號 ISBN 978-7-5604-3557-2
定 價 122.00圓